STUART PIGOTT
WEIN WEIT WEG

STUART PIGOTT

WEIN WEIT WEG

Expeditionen von Norwegen über den Kaukasus nach China

Aus dem Englischen
von Ursula Heinzelmann

Scherz

Bei den Recherchen zu diesem Buch habe ich mit vielen Menschen gesprochen,
die namentlich nicht unbedingt erwähnt werden wollten.
In diesen Fällen habe ich mich für Phantasienamen entschieden.
Stuart Pigott

Vor 35 Jahren hast du mich überzeugt,
dass es möglich und gut ist, Schriftsteller zu werden.
DANKE RICHARD ACZEL

www.fischerverlage.de

Originalausgabe

Erschienen bei Scherz, einem Verlag der
S. Fischer Verlag GmbH, Frankfurt am Main

Gesamtherstellung: CPI – Ebner & Spiegel, Ulm
Printed in Germany

ISBN 978-3-502-15115-9

Inhalt

Wer hat die Seele des Weins getötet?

20. Juli 2006 Eine bewaldete Bergkette nach der anderen, so weit das Auge reicht. Manchen Gipfel schmückt eine altertümliche Burg. Direkt vor mir klammern sich Reben in vollem Laub mit noch embryonalen Träubchen an einen steilen Hang, der von alten Baumriesen umwachsen ist. Ich habe das Gefühl, ganz allein in einer Waldlichtung zu stehen. Traumhaft!

Aber ich brauche mich nicht zu kneifen, ich bin ganz wach. Und eigentlich kann jeder, der ein Auto oder kräftige Beine und die nötige Entschlossenheit besitzt, diesen »Traum« erleben. Doch nur wenige tun das, weil dieser einst heiß begehrte Weinberg lange Zeit vollkommen in Vergessenheit geraten war und jetzt ganz verloren und einsam wirkt.

Auch ich hätte nicht hergefunden, wenn ich einem neuen Rotwein, der hier wächst, nicht sofort verfallen wäre. Weinverkosten ist manchmal analytische Pflichtarbeit, aber manchmal auch Liebe auf den ersten Schluck. Dann schmeckt kein anderer Wein mehr, weil keiner wie dieser schmeckt. Wie kann ein Rotwein so reichhaltig und großzügig wirken, und dabei doch so zart und ätherisch? Köstlich und einzigartig! Ich verstehe zwar die Zusammenhänge noch nicht, aber dieser traumhafte Ort ist ganz offensichtlich einer der Gründe, die für seinen einzigartigen Duft und unvergleichlichen Geschmack verantwortlich sind.

Nach ein paar Minuten reiner Begeisterung kommt mir plötzlich in den Sinn, dass in den Supermarkt- und Discounter-Regalen auf vielen Etiketten aus aller Welt sehr ähnliche Weinlandschaften abgebildet sind. Von Südafrika bis Kalifornien, von Australien bis nach Chile verkaufen heute schlaue Marketing-Strategen großer Weinkonzerne Weine mit Hilfe von austauschbaren Bildern eines angeblich wiederentdeckten Weinparadieses. Was noch schlimmer ist: Die

Weine hinter diesen Etiketten schmecken oft genauso austauschbar wie diese Bilder aussehen; fruchtig, weich und süßlich. Vor ein paar Jahren habe ich diesen Geschmack »flauschig-weißes Kuschelhäschen« getauft, weil er ganz unverhohlen auf den globalen Baby-Geschmack abzielt, der im Unterbewusstsein jedes Menschen fest verankert ist, unabhängig von allen kulturellen und psychologischen Unterschieden. Ob Softdrinks, Fertiggerichte oder Wein, die industriellen Lebensmittel- und Getränke-Produzenten drücken weltweit denselben Knopf im menschlichen Gehirn, um die Umsätze in die Höhe zu treiben. Oft scheinen Geschäftsgier, Globalisierung und Hightech der Weinbranche die Kehle zuzuschnüren, und seit einiger Zeit ist der Vorwurf zu hören, sie würden die Seele des Weines töten. »Mord!« lautet die Anklage – doch ist eine Leiche aufgetaucht? Wer ist der wahre Mörder? Was sein Motiv?

Ernsthafte Beschuldigungen liegen vor, und es kursieren hässliche Gerüchte. Eines davon betrifft die Billigweine in den Supermarkt- und Discounter-Regalen der Welt: Genau jetzt, in diesem Moment, in dem Sie diese Zeilen lesen, warten riesige Kargoschiffe auf weiter See mit containergroßen Tanks voller Wein aus diversen Kontinenten auf Bestellungen. Wenn diese eintreffen, bewegen sich die Schiffe in die Häfen weit entfernter Länder, unter anderem auch nach Deutschland. Dort wird der Wein entladen, abgefüllt und landet für maximal 2,49 Euro die Flasche in den Supermarktregalen; ein vollkommen normaler Prozess. Der unschöne Teil der Geschichte ist, dass angeblich von den Bestellungen abhängt, welches Herkunftsland auf dem Etikett dieser Flaschen auftauchen wird. Bis das Schiff im Hafen einläuft, sind auf wundersame und unerklärliche Weise Dokumente aus dem Nichts aufgetaucht, die das betreffende Herkunftsland für den entsprechenden Wein belegen. Ich konnte dieses Gerücht bis jetzt weder widerlegen noch stichhaltige Beweise für diese Behauptungen auftreiben.

Vielleicht wurde dieser Betrug bislang nicht aufgedeckt, weil die betreffenden Weine zwar aus vielen verschiedenen Ecken von Planet Wein stammen, aber aus denselben Rebsorten und von Weinbergen, die auf dieselbe intensive Weise bewirtschaftet werden. Altmodische Handarbeit würde das Endprodukt viel zu teuer machen: Die vollständige Mechanisierung kann den Arbeitsaufwand auf nur etwa 50 Fahrerstunden pro Hektar jährlich reduzieren. Unabhängig von dem Herkunftsland werden die Trauben dann nach einem Einheitsschema in stark automatisierten Kellereien von industriellen Ausmaßen zu Wein verarbeitet. Regionalcharakter, also etwas im Duft und Geschmack, das den Wein von der Masse anderer ähnlich hergestellter Produkte abheben würde, ist nicht erwünscht und wird vor dem Versand weg- und glatt gebügelt. Diese – »Orbitweine« kreisen im Nichts, bzw. es besteht keine echte Verbindung zwischen ihnen und einem bestimmten Punkt auf der Oberfläche von Planet Wein. Sie könnten alle irgendwo erzeugt worden sein, wo es verhältnismäßig warm ist und es genügend Niederschlag gibt oder Wasser zum Bewässern der Weinberge vorhanden ist.

Eine andere Erklärung, warum dieser Betrug noch nicht aufgedeckt wurde, ist eine neue Strategie der Supermärkte und Discounter, immer mehr Weine mit exklusiven Etiketten, auf denen allein der Rebsortenname herausgestellt wird, ins Angebot zu nehmen. Das Herkunftsland wird zwar rechtmäßig angegeben, aber so klein wie nur möglich gedruckt, um zu vermeiden, dass es den Konsumenten auffällt, wenn es gewechselt wird.

In den Augen der Medien ist einer der Hauptverdächtigen in dem angeblichen Mordfall eine neue Technologie namens *Spinning Cone Column*, Schleuderkegelkolonne, mit der in industriellen Kellereien unerwünschte Komponenten aus dem Wein entfernt werden können. Die Kritiker behaupten, dass sich damit der Wein in seine zahlreichen Bestandteile zerlegen lässt, so dass die dann beliebig nach den Wünschen des »Weinmachers« neu kombiniert werden können. So gesehen klingt es eher nach Frankensteins Monster: ein Wesen, das aus Leichenteilen zum künstlichen Leben erweckt wird. Der Apparat selbst ähnelt dem Hubble-Weltraumteleskop ohne Antennen und Solarsegel und wirkt deshalb auch teuflisch verdächtig.

Tatsächlich handelt es sich dabei jedoch um nichts anderes als eine spezielle Art von Zentrifuge, mit der sich Aromen und/oder Alkohol aus dem Wein holen lassen. Sie wird in ihrer Heimat Kalifornien üblicherweise wegen »überschüssigen« Alkohols eingesetzt, weil zu hohe Alkoholwerte einerseits die Konsumenten abschrecken und der Produzent andererseits dafür mehr Steuern zahlen muss. »Schleuder ihn runter!«, ist ein gebräuchlicher Satz in der dortigen Weinbranche, wo etwa 600 Betriebe seit 1996 eines oder mehrere dieser teuren Geräte von ConeTech in Santa Rosa erstanden haben.

Im März letzten Jahres hat die O.I.V., die internationale Organisation für Rebe und Wein in Paris, die Methode abgesegnet, weil sie keine negativen Folgen für die menschliche Gesundheit habe und den Alkoholgehalt von Weinen effektiv reduziert. Es gibt viele warme Weinanbauregionen, nicht nur in Übersee, sondern auch rund ums Mittelmeer und auf der Iberischen Halbinsel, wo hohe Alkoholwerte ein echtes Problem darstellen. Je mehr Alkohol ein Wein enthält, umso weniger nimmt unser Geruchssinn von den Aromen wahr, was dazu führt, dass andere Komponenten – auch der Alkohol – geschmacklich stärker hervortreten. Dieser Teufelskreis kann den Wein auf der Zunge förmlich brennen lassen, und die neue Technologie bietet eine Möglichkeit, daraus auszubrechen.

Trotzdem löste ein Handelsabkommen in Sachen Wein zwischen der EU und den USA, das im November letzten Jahres dem EU-Ministerrat zur Ratifizierung vorgelegt wurde, einen Sturm der Entrüstung aus. Dr. Rudolf Nickenig, Geschäftsführer des deutschen Weinbauverbands, kommentierte das Abkommen in der Fachzeitschrift »Die Weinwirtschaft« im November 2005, in dem die Amerikaner sich verpflichteten, europäische Herkunftsbezeichnungen zu respektieren, wenn die Europäer ihrerseits die amerikanischen Produktionsmethoden akzeptierten, mit den Worten: »In dem Handelsabkommen hat sich das amerikanische Verständnis vom Wein als Industrieprodukt durchgesetzt.«

Obgleich das EU-USA-Abkommen eigentlich nur die längst bestehende Praxis besiegelte, polarisierten andere Kommentatoren in der deutschen Weinbranche noch weiter, indem sie deutsche oder europäische Winzer als »klein und ehrlich« darstellten, amerikanische hingegen als »groß und böse«. Bald fanden sich auch prominente Unterstützer dieses opportunistischen Denkens, wie der Fernsehmoderator und Schriftsteller Ulrich Wickert, der in der Frankfurter Allgemeinen Sonntagszeitung im Dezember 2005 zitiert wurde, er wünsche seinen Feinden »amerikanischen Wein, dessen Geschmack durch die Zentrifuge bestimmt wurde, damit ihnen Hören und Sehen vergeht«.

Doch die altmodische Auffassung, dass manipulierter Wein zwangsläufig ungesund ist, wenn nicht sogar giftig, wurde mit der neuen Technologie meist aus rein politischen Gründen in Verbindung gebracht. Den Höhepunkt erreichte das, als die rechtsextreme NPD während des Wahlkampfs in Rheinland-Pfalz dieses Vorurteil in ihrem anti-amerikanischen und nationalistischen Wahlkampf mit folgendem Slogan funktionalisierte:

DEUTSCHER
WEIN
statt Amifusel

Vollkommen außer Acht wurde dabei gelassen, dass viele große Kellereien in Deutschland mit den für die Supermärkte und Discounter bestimmten Weinen genauso wenig zimperlich im Keller umgehen wie ihre Kollegen in Übersee. Dass die NPD dieses Thema für sich vereinnahmt hat, scheint jedoch viele aus ihrer Scheinheiligkeit aufgeschreckt zu haben. Inzwischen ist in der deutschen Weinbranche, der Gastronomie und der Weinpresse Konsens, dass die Schleuderschlegelkolonne zwar keine Wunder vollbringen kann, sich aber andererseits nicht einmal der Totschlag an der Seele des Weins gegen sie vorbringen lässt, geschweige denn Mord. Also auch hier sind wir auf der falschen Täter-Spur. Aber: Wer oder was ist dann der Täter?

Einige Verdächtige unter den kellerwirtschaftlichen Methoden gibt es schon so lange, dass sie gar nicht beachtet werden. Ich werde nie meinen Schock vergessen, als ich zum ersten Mal die Liste des Liquor Control Board of Ontario, kurz LCBO, gesehen habe, dem staatlichen Alkohol-Monopol dieses kanadischen Bundesstaats. Bis zu diesem Zeitpunkt war ich ein militanter Gegner aller staatlichen Alkoholmonopole – warum sollte eine Regierung in so direkter Form darüber entscheiden, was wir trinken? –, aber plötzlich schickte ich ein stilles Dankgebet in Richtung LCBO. In ihrer Liste gaben sie nicht nur den Alkoholgehalt aller Weine an, sondern auch die Süße. »1« stand für Weine, die zwischen null und drei Gramm unvergorener Süße enthalten, also knochentrockene, »2« bezeichnete Weine zwischen drei und sechs Gramm, und so weiter. Als Staatsmonopol sind sie in der Lage, jeden einzelnen Produzenten, der seinen Wein bei ihnen gelistet sehen möchte, zur Angabe dieser Informationen zu zwingen. Neben den Namen vieler der günstigeren Rotweine, allen voran jenen aus Übersee, standen eine 2, 3 oder gar 4 und 5. Kein Wunder, dass sie süß schmecken, du Trottel Pigott, sie sind süß!

Ich fand schnell heraus, dass diese Süße in Form von Traubensaftkonzentrat zugesetzt wurde. Im Land der Schleuderschlegelkolonne heißt ein beliebtes Konzentrat für Rotweine »Mega-Purple«, megalilarot. Damit wird der Wein dunkler in der Farbe, während die kantigen Geschmacksecken schön gefällig abgerundet werden. Warum war mir das nicht eher aufgefallen? Auch ich war auf die Etiketten hereingefallen, die suggerieren, der Inhalt der Flasche sei trocken, dies aber in keiner Weise tatsächlich behaupten; ich war genauso ein Marketing-Opfer geworden wie viele normale Konsumenten!

Es erscheint mir pervers, dass der Aufbau weltweit erfolgreicher Weinmarken im 21. Jahrhundert den Einsatz von Kellertechnologie des 20. Jahrhunderts erfordert, um zum niedrigsten gemeinsamen Nenner zu kommen – dem Babygeschmack. Die Übersee-Rotweine, die trocken aussehen, aber eigentlich süß sind, sind die Liebfraumilch unserer Zeit! Aber auch sie werden in der Mülltonne der Weingeschichte landen, ganz wie die Liebfraumilch, wenn der aktuelle Rot-(und-Süß-)Weinboom vorbei ist.

Dagegen ist die globale Klimaerwärmung eine ganz neue Entwicklung, die für den Weinbau an vielen Orten eine echte Bedrohung darstellt. Bis jetzt schienen die Auswirkungen in Nord-Europa allerdings vorwiegend positiv, deshalb zählt sie noch nicht offiziell zu den Mordverdächtigen. Ich stoße in den Medien sogar immer wieder auf die Meinung, dass die Ausbreitung des Weinbaus in Richtung der immer wärmeren Erdpole zu den wenigen positiven Seiten der globalen Klimaerwärmung zählt.

Paradoxerweise war für mich eine Reise in die Tropen, in das neue Weinbauland Thailand, vor gut vier Jahren, der Auslöser für ein radikales Umdenken. Den alten Weinregeln zufolge, die in den allermeisten Weinbüchern immer noch stehen, ist der qualitätsorientierte Weinbau in den Tropen vollkommen unmöglich. Doch in Thailand wurde mir klar, dass die menschliche Findigkeit die grundsätzlichen Probleme weitgehend gelöst hat.

Diese Recherche überzeugte mich davon, dass in der Weinwelt fundamentale Veränderungen im Gange waren, die keineswegs pauschal als negativ zu werten sind. Vielleicht ist der Verdacht, die Seele des Weins werde ermordet, eher ein Zeichen der Unfähigkeit vieler Weinfachleute, mit dieser Umwälzung Schritt zu halten? Auf der Suche nach Antworten auf diese Fragen und um die fundamentalen Änderungen richtig zu begreifen, musste ich weitab der ausgetretenen Pfade in den alten Weinbauregionen Westeuropas – dem Kern der »alten« Weinwelt – und den etablierten Überseegebieten der Rebe wie Kalifornien, Südafrika und Australien – der »neuen« Weinwelt – Nachforschungen anstellen. Zugleich und parallel dazu zogen auch direkt vor meiner eigenen Haustür in Deutschland radikale Veränderungen meine Aufmerksamkeit auf sich. Jungwinzer hat es immer gegeben, aber diese verhielten sich ganz anders, sorgten viel schneller für Medienwirbel und erste Erfolge.

Ich hatte keine Ahnung, ob irgendeine dieser Recherchen handfeste Indizien liefern würde. Hat es einen Mord gegeben? Wer war dafür verantwortlich? Eins war mir jedoch klar: Ich musste all diese Spuren prüfen. Wohin sie mich führen würden, lag vollkommen im

Dunkeln. Mir schwante nicht im Geringsten, was für ein waghalsiger, haarsträubender Ritt auf einem Torpedo das Ganze werden würde – aber letztendlich landete ich im verblüffenden »Hier und Jetzt« von Planet Wein.

Es erfordert ernsthafte Anstrengungen und große Offenheit, um sich mit dem Hier und Jetzt auf nachhaltige Weise auseinanderzusetzen. Wenn ich nicht ganz am Anfang meiner Recherche meine Vorurteile über Bord werfe, werde ich immer mindestens einen Schritt der Realität der Gegenwart hinterherhinken.

Eines dieser Vorurteile war die herkömmliche Ansicht zur Globalisierung hier im Westen. Wir meinen, wir müssten in weit entfernte Länder exportieren, um das Wirtschaftswachstum zu erreichen, das wir (ohne es je ernsthaft in Frage zu stellen) als essentiell betrachten. Unsere Industrie bedient sich freizügig des Wirtschaftswachstums der Entwicklungsländer, doch wenn diese Rechnung aufgeht, dann haben wir ein schlechtes Gewissen, weil wir befürchten, die dortigen Kulturen zu zerstören. Im Geist sehen wir jede dieser Kulturen als großes Puzzle, bei dem nach und nach »ihre« Teile durch »unsere« ausgetauscht werden, bis alles »Exotische« verschwunden ist. Doch diese einfache Sichtweise der Globalisierung trifft nur selten die tatsächlichen Geschehnisse, sei es nun in der Nähe oder in der Ferne.

Und so bin ich an diesen Traum-Ort geraten, aber liegt er nahe oder fern von meinem Zuhause in Berlin? Wenn ich nicht wüsste, wo ich mich befände; wenn ich entführt worden wäre, man mir die Augen verbunden und mich mit einem Fallschirm aus einem Flugzeug gestoßen hätte, dann käme ich nie darauf, in der Pfalz gelandet zu sein. Der größte Teil der Reben in diesem Gebiet wächst an sanften Hängen oder auf flachem Gelände drüben in der Rheinebene. Viel davon wird maschinell bewirtschaftet, um kostengünstig Flaschen für die Supermärkte und Discounter zu füllen, und ich kann mir nicht vorstellen, wie Wein sonst so günstig angeboten werden könnte, ohne die Löhne auf das Niveau von vor zwei Generationen zu senken. Die andere glanzvolle Seite dieses Gebiets sind die vielen trockenen Weißen und Roten, die weltweit in der ersten Liga des Weins mitspielen.

Bevor ich mich auf den Weg hierher machte, habe ich Fotos von diesem Weinberg im Internet gesehen, deshalb wusste ich, dass er abgelegen, einsam und mitten im Wald liegt. Das macht auch aus einer anderen Perspektive Sinn, denn als ich dem Wein aus diesen Spätburgunder-Reben auf der ProWein in Düsseldorf vor drei Monaten zum ersten Mal begegnete, machte sein Geschmack auf mich einen ähnlichen Eindruck wie jetzt die Landschaft selbst. Beide liegen weit abseits der Gebietsnorm.

Wie die erstmals gezeigten Werke eines unbekannten Künstlers wurde dieser Wein von den Profis und den Medien auf der ProWein-Messe weitgehend ignoriert. Große Geschäfte lassen sich damit nicht machen, weil die Menge viel zu klein ist, und der Geschmack entspricht nicht so richtig den gängigen Weinmoden. Deshalb gab es keine Schlagzeilen in den Fernsehnachrichten oder Zeitungen, und auch keine Massen, die die Weinläden gestürmt hätten, um zumindest eine Flasche dieses Wahnsinnsweins zu ergattern.

Nein, mit einem leisen Blubb fiel etwas in einen stillen Teich, und ich hatte das Glück, in der Nähe zu sein, so dass mich die Wellen, die dabei entstanden, schnell erreichten. Und ich weiß, dass sie sich immer noch weiter ausbreiten. Alles ändert sich, in diesem Fall wegen der fünf nahezu unbekannten jungen Winzer, die für diesen revolutionären Wein verantwortlich und jetzt weiter unten am Weinberg schwer am Diskutieren sind.

Der rote Buntsandsteinboden des Gräfenhausener Weinbergs, auf dem ich stehe, war einst eine berühmte Rotwein-Lage, die jedoch vor Jahrzehnten aus unerklärlichen Gründen vollständig in Vergessenheit geriet. Dann traten die Fünf von der »Südpfalz ConneXion« als Rettungsteam auf: Sven Leiner vom Weingut Jürgen Leiner und Boris Kranz vom Weingut Kranz, beide in Ilbesheim, Volker Gies vom Weingut Gies-Düppel und Peter Siener vom Weingut Siener in Birkweiler sowie Klaus Scheu vom Weinhof Scheu in Schweigen-Rechtenbach.

Einer der wichtigsten Punkte, auf die ich bei meiner Recherche stieß, war die Tendenz der neuen Winzergeneration in Deutschland, sich zu Gruppen zusammenzuschließen. Sie funktionieren wie Rockgruppen, oder gelegentlich, wie im Fall von »message in a bottle« in Rheinhessen, auch wie eine Big Band. Und ein Teil der Inspiration für diese Kollektive, deren Ziel darin liegt, die Möglichkeiten bei Weinbau und Vermarktung zu erweitern, kommt tatsächlich aus der Popkultur. Viele dieser Gruppen erzeugen jedes Jahr zusätzlich zu ihren eigenen Solo-Weinen einen oder mehrere gemeinsame Weine – einem neuen Album entsprechend – und gehen dann wie eine Rockband auf Tour, um sie zu promoten.

2002 hat die »Südpfalz ConneXion« eimerweise Schweiß und Muskeln investiert, um dieses Stück Land vom Gebüsch zu befreien und darauf Spätburgunder-Reben zu pflanzen. Es war ein ziemlich wildes Unterfangen, keiner der etablierten Winzer im Gebiet war auch nur im Geringsten an dieser Lage interessiert. Sie war ihnen zu steil, zu verwildert, wirtschaftlich zu unsicher, kurz gesagt: in jeder Beziehung zu abwegig. Wenn diese jungen Kerle nicht gewillt gewesen wären, sich auf diese Abwege einzulassen, hätte das für den Gräfenhausen das Todesurteil bedeutet. Die Fünf waren jedoch bereit zu schuften und drei Jahre auf den ersten Ertrag zu warten.

Doch sie hatten Glück. 2003 konnten sie die Spätburgunder-Reben pachten, die seit 40 Jahren unmittelbar neben ihren »Babys« wachsen, und damit direkt in die Produktion einsteigen. Verkauft wurden die 300 Flaschen des ersten Jahrgangs an die luxuriöse MS Europa, auf historischem Terrain. 1929 war nämlich der Gräfenhausen Rotwein der teuerste deutsche Wein auf der Karte des Vorläufers dieses Kreuzfahrtschiffs; 77 Jahre später hat der 2003 der fünf jungen Pfälzer dieses Privileg zurückerobert. Das große Rad der Zeit hat sich um 360 Grad gedreht, dabei aber eine Spiralbewegung beschrieben, die kein Experte vorhergesehen hatte.

Mit dem Jahrgang 2004 erzeugten sie bereits über 600 Flaschen, und Menschen wie du und ich haben endlich die Chance, den Wein käuflich zu erstehen. Ich habe keinen Augenblick gezögert und sofort sechs Flaschen à 34 Euro bestellt. Das ist ein ziemlich stolzer Preis für junge Winzer, die bei den Kritikern, deren Köpfe voller tröstend nostalgischer Bilder ihrer Winzerhelden sind, noch um Anerkennung kämpfen.

Die Fünf sehen auch ein bisschen wild aus, trotz der schwarzen Polo-Hemden mit dem Gruppenlogo, die sie alle tragen. Ihr Versuch der Corporate Identity kann nicht darüber hinwegtäuschen, dass sie in Erscheinung und Wesen eine ziemlich schräge Menagerie sind. Mich haben sie im Moment vollkommen vergessen, weil sie so intensiv ins Gespräch mit meinem Freund Mark Lingenfelder aus Kalifornien vertieft sind, der zu den weltführenden Weinbau-Spezialisten gehört, obgleich sein Name nur wenigen Insidern geläufig ist. Er hat Pinot-noir-Reben – wie der Spätburgunder in der englischsprachigen Welt genannt wird – vor seinem Haus im Russian River Valley in Sonoma County nördlich von San Francisco stehen, aber sein Hauptjob ist die Verwaltung der Weinberge der Chalk Hill Winery. Sobald die jungen Pfälzer und der Mann aus Kalifornien auf das Thema Reben kamen, verstanden sie sich auf Anhieb bestens, obgleich der beinahe kahle Lingenfelder zur Generation ihrer Eltern gehört, aus einer anderen Kultur stammt und kein Deutsch spricht, während ihr Englisch ziemlich holprig ist. Ich kann die Energie förmlich spüren, die wie Funken über die große Kluft springt.

Lange sah die Weinwelt ganz anders aus. Frankreich behauptete, es sei der unbestrittene Favorit des Weltweinrennens, mit Italien und Spanien in der Spitzengruppe, während andere europäische Weinbauländer sich als neidische Zuschauer danach sehnten, nicht ganz weit hinten zu liegen. Die ambitionierten Winzer in Kalifornien, Australien und Chile gaben dann gewagte Gebote für die *Pole Position* beim globalen Wein-Grand-Prix ab. Doch weder damals noch heute ist ihnen klar, dass es sich bei diesem scheinbar dramatischen Kampf um die Vorherrschaft nur um Schattenboxen handelt.

Beim Wein sind heute alle offiziellen und inoffiziellen Grenzen verschwunden, fast alle Schranken gefallen. Ideen, Erfahrung und Möglichkeiten fließen ebenso wie Technologien und fertige Produkte mehr oder weniger ungehindert in alle möglichen Richtungen gleichzeitig. Deshalb hat Planet Wein weder Zentrum noch Ränder; die Situation der Winzer und Weintrinker ist heute tendentiell überall die gleiche. Die einzige Frage ist, ob man beschließt, weiterhin so zu tun, als habe sich nichts geändert, und sich in einer gemütlichen, aber dunklen Ecke seiner eigenen Vorstellungen verkriecht, oder aber die neue Wirklichkeit akzeptiert und hinaus ins Licht tritt.

Der arme Lingenfelder musste schwer unter der Sonne leiden, seit ich ihn vor drei Tagen am Flughafen von Basel abgeholt habe. Er hatte sich vorgestellt, dass die Tour durch ein paar europäische Anbaugebiete, die laut Experten eindeutig zur kühlen Klimazone gehören, nach der Hitze des kalifornischen Sommers eine abwechselnde Erfrischung sein würde. Doch als wir im Elsass waren, brüteten die Weinberge förmlich in der Sonne und wir mit ihnen, und als wir über den Rhein nach Baden fuhren, wurde es noch heißer. Der Regionalzug, der uns gestern Nachmittag in die Südpfalz brachte, hielt aus unerklärlichem Grund mitten zwischen den Feldern, wir öffneten alle Fenster, aber es wehte nicht das geringste Lüftchen. Glücklicherweise ist es heute etwas kühler, sonst hätten wir wahrscheinlich schon den Kernschmelzpunkt erreicht.

Selbst im Jahrhundertsommer 2003, als sogar die konservativsten unter den deutschen Winzern die globale Klimaerwärmung als Fakt anerkennen mussten, war es nicht ganz so heiß. Diese klimatische Veränderung bedeutet, dass die Winzer hier zunehmend mit den Problemen konfrontiert werden, die ihren Kollegen in Kalifornien nur allzu vertraut sind, deshalb das große Interesse der Fünf an allem, was Lingenfelder zu sagen hat. Das ist auch die einzige Chance für einen einheimischen Winzer, damit die neue Situation nicht zum Verhängnis wird, denn die Rebe ist kein Kaktus. Sie braucht Hilfe, um mit solchen Extremsituationen fertig zu werden; der Winzer muss helfen, wenn die Rebe sich nicht mehr weiter anpassen kann.

Es gibt keine Zweifel mehr daran, dass die Pfälzer Weine, wie fast alle Weine der Welt, sich durch die klimatischen Verschiebungen bereits wesentlich verändert haben, und es bringt überhaupt nichts, dies als Winzer einfach abzustreiten. Die Probleme warmer Übersee-gebiete, des Mittelmeerbeckens und der Iberischen Halbinsel werden allmählich auch zu den unsrigen. Der Alkoholgehalt liegt heute mindestens ein Volumenprozent höher als vor einer Generation, die Säure entsprechend niedriger. Die Weine schmecken voller, weicher und mächtiger als früher. Ein Winzer, der diese Wahrheit ignoriert, wird mit ziemlicher Sicherheit schwere, stumpfe Weine im Keller haben, die wahrscheinlich auch übermäßig alkoholisch wirken. Wer als Winzer jedoch darauf reagiert und diese Veränderungen als Chance sieht, kann spektakuläre Weine erzeugen, die unbestreitbar neu sind und doch ganz klar ihre Herkunft erkennen lassen.

Gestern Abend im Garten des Weinguts Dr. Wehrheim in Birkweiler schenkte uns der jugendlich wirkende, aber doch bereits über 50-jährige Karl-Heinz Wehrheim genau so einen Wein ein: seinen 2003 Weißburgunder aus der Lage Mandelberg, der zu der neuen Elitekategorie von trockenen deutschen Weinen aus Einzellagen namens Großes Gewächs gehört.

Lingenfelder schwieg ein paar Minuten lang, während er diesen extravaganten, aber anmutigen Wein in sich aufnahm.

»Das ist der beste trockene Weißwein, den ich je getrunken habe«, sagte er schließlich mit großem Nachdruck. Ich hatte eine solche Reaktion überhaupt nicht erwartet, und unserem Gastgeber ging es nicht anders; erstaunte Stille.

»Danke«, sagte Karl-Heinz dann leicht benommen. Er ist durchaus stolz auf seine Weine, aber nicht unbedingt auf der Jagd nach Superlativen. Er dachte, es würde einfach ein Grillabend mit dem netten Weinjournalisten Stuart Pigott und einem seiner Winzerkumpel aus Kalifornien werden, deshalb holte er als Erstes seinen leichtesten trockenen Riesling aus dem Keller. Der war wunderbar erfrischend, nachdem wir im Zug bei lebendigem Leibe gebraten worden waren, und ich musste Karl-Heinz schwer drängen, bis er uns seinen Spitzen-Weißburgunder zeigte. Der noch embryonal wirkende 2005 Mandelberg Großes Gewächs und der jetzt geschmeidige und reife 1998 bestätigten dann, dass es sich beim 2003 weder um Zufall noch um eine Eintagsfliege handelte. Lingenfelder hat recht; dies ist eine der bemerkenswertesten Innovationen auf Planet Wein!

Also mussten wir heute Morgen die Parzelle anschauen, wo diese Weine gewachsen sind, ein eher sanfter Hang über dem Dorf, der anders als Gräfenhausen vollkommen unspektakulär wirkt. Aber Lingenfelders Pinot-noir-Weinberge sehen auch nicht außergewöhnlich aus und haben doch einige erstaunliche Weine hervorgebracht. Dadurch waren wir etwas zu spät dran für unser Treffen mit den Fünf, hatten aber einen angemessenen Einstieg ins Thema Reben und Trauben.

Hier in der Abgeschiedenheit von Gräfenhausen habe ich endlich die Ruhe, auf die Recherche der letzten Jahre zurückzublicken, und muss mir selbst gegenüber zugeben, dass ich mit einem meiner wichtigsten Themen nicht weit genug gekommen bin, nämlich dem neuen Wein-Norden. Damit meine ich die neuen Weine von Standorten an hohen Breitengraden, die laut den alten Weinregeln ungeeignet für den Weinbau sind, wo der Weinbau erst in den letzten Jahren dank der globalen Klimaerwärmung hingekommen ist. Inzwischen gibt es viele Winzer, die Angst vor den neuen Nordweinen haben bzw. fürchten, sie könnten langfristig den etablierten Weingebieten starke Konkurrenten werden oder diese gar töten. Ich muss endlich diesem fundamentalen Phänomen auf den Grund gehen.

Inzwischen ist mir auch klar, dass ich beim neuen Weinkontinent Asien erst am Anfang stehe. Ich weiß jetzt, wie der Weinbau in tropischem Monsunklima funktioniert, nämlich durch den Trick, die Rebe dazu zu zwingen, zwei Wachstumszyklen pro Jahr zu durchlaufen, aber nur die Trauben zu lesen, die während der Trockenzeit reifen. Doch wie sieht es mit Weinbau und Weinkonsum in Japan aus, der etablierten Wirtschaftsspitze des Kontinents, und wie ist es mit der aufstrebenden Macht China? Wie passt Wein tatsächlich zu der Mischung von Hypermoderne und archaischen Ritualen in Japan, und was bedeutet er für Chinas Neureiche und Yuppies in einer theoretisch immer noch kommunistischen, aber offensichtlich konsumorientierten Gesellschaft? Wie verhält es sich mit all diesen Dingen, die uns im Westen als widersprüchlich erscheinen?

Dann ist da noch die Frage des Weinbaus in den Ländern, die einst hinter dem eisernen Vorhang lagen, die mir seit langem im Kopf herumgeistert. Ich habe viel über die Renaissance des berühmten Weinbaugebiets Tokaj in Ungarn gelesen, in das viel westliches Kapital und Wissen gepumpt worden ist, aber wie sieht es mit der ehemaligen Sowjetunion selbst aus? Bis zum Zusammenbruch 1991 war die UdSSR der viertgrößte Weinproduzent der Welt, wobei das Gros dieser Weine aus den heute unabhängigen Republiken Moldawien und Georgien stammte. Was ist jetzt dort los? Vor wenigen Wochen war ich in Moskau, um die neue Kultur des Weinkonsums da zu erkunden, mit erstaunlichen Ergebnissen. Manche europäischen Weinhändler haben schon laut geklagt, dass »kulturlose, neureiche Weintrinker« im ehemaligen kommunistischen Osten und im asiatischen Fernen Osten fast die ganzen Spitzenweine der alten Weinwelt weggeschnappt haben. Das klingt schon wie Mord am Weinmarkt! Es gibt noch viel zu erforschen, wenn ich den neuen Planet Wein wirklich begreifen und herausfinden will, ob jemand die Seele des Weins auf dem Gewissen hat, und wer dieser Jemand ist.

Und jetzt stehe ich hier mit einer Gruppe junger, wilder deutscher Winzer. Um ehrlich zu sein, ist es wie eine Droge, die ich nie ausprobieren wollte und die mich doch längst fest in ihren Fängen hält. Ich bin zwar erst spät auf diese Story gestoßen, aber als ich anfing, mich damit zu beschäftigen, konnte ich nicht mehr davon loskommen. Durch junge Weinrebellen wie Thomas Hensel aus Bad Dürkheim und Markus Schneider aus Ellerstadt, beide hier in der Pfalz, und den einsamen Langenlonsheimer Kämpfer Martin Tesch an der Nahe habe ich entdeckt, wie Wein innerhalb der deutschen Gesellschaft grundlegend neu definiert wird. Das war bei den von diesen Weinrebellen veranstalteten Wein-Parties zu spüren, wo alle Anwesenden zugleich die geostationäre Umlaufbahn nur wenige Millimeter über der Erde erreichten. Sie und die Wein-Groupies, die sie umgeben, sind Lichtjahre entfernt von dem stark ritualisierten Wein-Elitismus, der vor 1989 in Westdeutschland herrschte.

Jetzt habe ich gehört, dass Outsider aus vollkommen anderen Berufen und mit nur wenig Geld in der Tasche Teilzeit-Winzer werden und Weine machen wollen, die neben denen der Profis problemlos bestehen können. An der Mosel scheint es ein richtiges Nest von ihnen zu geben. Die Frage ist, ob diese Entwicklung eher eine nicht ernstzunehmende Modeerscheinung ist, oder ob es sich um ein zukunftsweisendes Modell handelt? Der Fall, den ich zu lösen versuche, ist immer noch komplex, und es gibt beinahe zu viele Spuren zu verfolgen. Ich wäre nie bis zu diesem Punkt gekommen, wenn ich nicht *Gonzo*-Weinjournalist geworden wäre. *Gonzo* ist ein Begriff, der das Werk von Hunter S. Thompson aus den 1960er- und -70er-Jahren beschreibt, dessen Ziel darin lag, so nah ans Thema heranzukommen, dass er mit ihm verschmolz. Die jungen und wilden Winzer Deutschlands haben mich in ihre Welt kriechen lassen, und ihre Welt ist eine Zeitlang in mich gekrochen. Diese Erfahrung hat mir bei den Begegnungen mit anderen Kulturen und Undercover-Reportagen an vertrauten Orten enorm geholfen.

Danach war es mehr als merkwürdig, wieder zum normalen Journalismus zurückzukehren. Das *Gonzo*-Ziel, als Journalist mit dem Thema eins zu werden, erschien mir inzwischen vollkommen normal, die kritische Distanz des objektiven, konventionellen Journalismus hingegen mindestens als Hindernis, schlimmstenfalls als Lüge. Doch jetzt kommen die Fünf mit Lingenfelder wieder den Berg hinauf.

»Auf dem Traktor ist es hier ziemlich spannend, da wird jede Menge Adrenalin frei!«, ruft mir der bärenartige Klaus Scheu zu, der seine langen Haare zu einem unordentlichen Pferdeschwanz zusammengebunden trägt. Diesen Hang mit einem Traktor hinunterfahren – das würde ich nicht einmal aus *Gonzo*-Gründen tun! Die anderen sind sich einig, es sei jetzt Zeit für eine Verkostung, deshalb steigen wir in den Minibus und fahren zurück in Richtung Zivilisation. Als wir auf der A10 sind, gibt sich die Klimaanlage im Kampf gegen die Hitze, die durch jede Ritze dieser rollenden Metallkiste zu drücken scheint, endgültig geschlagen. Ein Lastwagen einer Mineralwassermarke fährt neben uns, und Lingenfelder ist plötzlich ganz aufgeregt.

»Ich springe hinüber, macht die Fenster auf!«, ruft er und die Fünf lachen, aber für mich klingt es, als habe die Hitze seinen Verstand ernsthaft in Mitleidenschaft gezogen.

Wir fahren von der Autobahn ab und sind wenig später an dem unauffälligen Hauptquartier des Weinguts Gies-Düppel. Wir halten vor dem Schuppen, in dem das neue Kelterhaus untergebracht ist. Volker Gies springt aus dem Auto und holt als erstes einen Wasserschlauch, womit sich alle Fünf die in Sandalen steckenden Füße abspritzen, die wie Lingenfelders und meine Stiefel mit dem roten Staub aus Gräfenhausen überzogen sind.

»Ich habe mich vorbereitet«, frotzle ich, aber es klingt nicht gerade nach Abenteurer. Warum habe ich das gesagt?

»Vielleicht solltest du nächstes Mal barfuss kommen!«, schießt der bebrillte, drahtige Sven Leiner zurück. Ich habe es verdient.

Wir steigen in den neuen Keller hinunter, in dem kleine Eichenfässer, aus Frankreich für teures Geld importiert, in ordentlichen Reihen entlang nackten Betonwänden liegen, und gehen in einen kleineren Raum, der offensichtlich für die Lagerung überschaubarer Mengen Flaschenweine bestimmt ist; die Schatzkammer. Wir sind nicht hergekommen, um die Architektur zu bewundern, sondern um der Hitze zu entkommen, und als wir uns um den langen Holztisch setzen, der schon für die Verkostung mit Gläsern vorbereitet ist, sind wir alle froh über die angenehme Kühle. Schweiß wird mit Papier- und Stofftaschentüchern von schmalen und breiten Stirnen gewischt.

Obgleich der Plan lautet, zwei verschiedene Spätburgunder von jedem der Fünf zu probieren, erklärt Klaus Scheu, wir müssten mit seinem 2005 Weißburgunder Kabinett trocken beginnen, weil er nur einen Rotwein hat. Noch eine willkommene saftige und herbe Erfrischung! Doch dann konzentrieren wir uns ausschließlich auf Spätburgunder-Rotwein. Scheus 2004 ist warm und einladend, wirkt aber trotzdem geradlinig und klar. Selbst in einer verrückten Berliner Bar würde sein Urheber als wild durchgehen. Er scheint zu vibrieren vor statischer Elektrizität in psychologischer Form; große Inspirationsschläge sind vielleicht nicht sein Ding, aber es gehen ständig Funken von ihm aus.

»Oh, ein Zwei-Affen-Wein!«, kommentiert Lingenfelder dann ironisch, und in der Tat sind auf dem Etikett des 2005 Spätburgunder aus dem Rittersberg, den Boris Kranz jetzt einschenkt, zwei Affen abgebildet.

»Der wurde nach nur einem halben Jahr im Holzfass abgefüllt«, erklärt Kranz in seinem üblichen sachlichen Ton. Der Wein ist ebenfalls ein Schwall von Frucht, wirkt leicht im Körper, aber dabei sehr saftig und vollkommen frei von übertriebenem Ernst. Er schreit lautlos: »Trink mich!«

»Ein *köstlicher* Zwei-Affen-Wein! Was kostet er?«, fragt der Kalifornier.

»Fünf Euro und 80 Cents«, entgegnet Kranz.

»Wow!«, sagt Lingenfelder.

Der folgende 2004 Kirchberg ist wesentlich üppiger und erinnert im Aroma außer an die Kirschen, die er mit dem Zwei-Affen-Wein teilt, auch an getrocknete Tomaten. Man muss sich mehr konzentrieren, um alles mitzukriegen, was im Glas abgeht, aber diese Investition bringt eine höhere Rendite als irgendwelche Anleihen oder Aktien heutzutage.

Als nächstes ist Volker Gies an der Reihe, worauf ich mich frage, ob sie vielleicht gewürfelt oder geknobelt haben, um die Reihenfolge zu bestimmen, oder ob es sich um eine Art Ritual handelt. Wie schon bei meinem ersten Treffen mit der Gruppe im März scheint es innerhalb der Fünfergruppe keine Rangordnung zu geben. Mit dem normalen 2004 von Gies gehen wir einen Schritt zurück zu den erschwinglichen Trinkweinen. Dieser wirkt sehr duftig, aber dabei ziemlich füllig, mit einem kernigen *Touch*, der ihn deutlich von den Vorgängern unterscheidet. Dann kommt sein 2004 Kastanienbusch, durch den eine Gewürzader zu laufen scheint und der richtig strahlt.

Damit könnte ich mich lange beschäftigen, wenn wir nicht unser Programm einhalten müssten.

Sven Leiners Weine kannte ich teilweise schon, bevor ich sie in der Gruppe erlebt habe, aber um ehrlich zu sein, auch erst seit viel zu kurzer Zeit. Wie Kranz und Gies ist Leiner ein schlanker Typ, aber er strahlt eine beinahe hämische Lust aus, die Dinge grundsätzlich anders zu machen. Ich meine, welcher andere Winzer würde die Käfer und Krabbeltiere, die in seinen biodynamisch bewirtschafteten Weinbergen leben, auf den Etiketten seiner Weine abbilden? Es gibt sogar ein Weingut-T-Shirt mit den ganzen Viechern darauf, auf das laut seiner Aussage besonders junge Frauen richtig abfahren. Na, er sieht auch nicht schlecht aus, vielleicht geht es da eher um ihn selbst als Objekt der Begierde?

Sein 2004 Tradition schmeckt überhaupt nicht nach Krabbeltieren, sondern ist ein fester, herber Rotwein, der zugleich herausfordert und verführt. Lingenfelder stimmt mir zu, dass er sicher mit ein paar Monaten länger auf der Flasche besser schmecken wird; er braucht ganz offensichtlich eine Weile, um sich zu beruhigen. Leiners Reserve aus demselben Jahrgang ist wesentlich konzentrierter und kerniger, findet aber bei einigen wichtigen deutschen Weinkritikern nicht den geringsten Anklang, weil seine Rotweine einem nie viel Parfüm aus dem Glas entgegenschleudern, sondern die Sinne nur leise locken; ganz offensichtlich haben manche dafür nicht genug Geduld.

Lingenfelder schreckt vor Überraschung zurück, als er den ersten Schluck von Peter Sieners 2004 No. 1 nimmt, und ich kann es ihm nicht verübeln, denn im Vergleich mit Leiners gelenkigen Marathonläufern tritt hier ein korpulenter Gewichtheber auf. Groß, entschlossen und dunkel ist der Rotwein und lässt keinen Zweifel daran, wer der Boss ist. Das passt alles zu Siener, der uns jetzt eine Fassprobe seines 2003 Buntsandstein einschenkt. Es ist das gleiche Muttergestein wie in Gräfenhausen und vielen anderen Pfälzer Lagen, und der Wein ein Muskelberg, der jedoch mit der erstaunlichen Beweglichkeit eines Sumo-Ringers über den Gaumen tanzt.

Schließlich kommt eine stämmige Flasche mit einem rot-weißen

Jugendstil-Etikett auf den Tisch, die ich überall wieder erkennen würde – endlich der Gräfenhausen Spätburgunder selbst! Die Fassprobe des 2005 ist ein wesentlich körperreicherer Wein als der 2004, der aber die gleiche Seidigkeit hat und ewig lange anhält, nachdem ich ihn geschluckt habe. Ich weiß sofort, dass ich wieder in den sauren Apfel beißen muss und sechs Flaschen dieses Mal nicht genug sein werden; mein Vorrat vom 2004 ist schon so gut wie erschöpft!

»Sehr beeindruckend«, sagt Lingenfelder. »Ich habe gesehen, wie ihr im Weinberg arbeitet, was macht ihr im Keller?«

»Als wir den Weinberg angelegt haben, haben wir ein paar der alten Leute im Dorf gefragt, wie die berühmten Rotweine damals gemacht wurden«, erklärt Leiner, »und sie haben uns erzählt, dass sie den Wein auf den Beerenhäuten vergoren hätten und am Ende der alkoholischen Gärung eine Schicht aus Lehm und Stroh auf den oben schwimmenden Kuchen aus Beerenhäuten gepackt wurde. Unter dieser Kruste blieb der unfertige junge Wein bis Weihnachten. Erst dann haben sie ihn abgepresst und in Fässer gelegt, alte Fässer, die kein Aroma an den Wein abgeben. Wir haben etwas moderne Technologie eingesetzt, um denselben Effekt zu erreichen.«

Viele Verfechter der modernen Schnell-und-sauber-Richtung der Kellerwirtschaft würden das eher als Voodoo denn als akzeptable Methode bezeichnen. Aber auch die moderne Richtung wird von einer wachsenden Zahl von Weinfreunden immer unverblümter des schnellen und sauberen Mordes an der Weinseele bezichtigt. Heute verbringen die meisten besseren Spätburgunder-Rotweine zwei oder maximal drei Wochen während und nach der Gärung auf der Maische bzw. mazerieren mit Beerenhäuten, Fruchtfleisch und Kernen – nicht zwei oder drei Monate wie der Gräfenhausen! Meine Vermutung ist, dass die Einzigartigkeit dieses Weins auf der Verbindung dieser Methode mit der außergewöhnlichen Lage beruht. Am spannendsten dabei ist, wie die Fünf diese verlorene Gleichung durch ein gewagtes Beispiel angewandter Weinarchäologie wieder entdeckt haben.

»Eigentlich bin ich von den günstigsten Weinen, die wir verkostet haben, ebenso beeindruckt wie von den teuren«, bemerkt Lingenfelder dann, »wenn ich sie zu Hause für diese Preise bekommen könnte, würde ich sie definitiv sehr oft trinken.«

Ich finde die Vielfalt der gerade verkosteten Rotweine am auffälligsten. Trotz ihrer Jugend hat jeder dieser Winzer bereits seinen eigenständigen Stil entwickelt. Diese Situation ist besonders interessant, weil man die Weine durchaus als untereinander widersprüchlich bezeichnen könnte. Aber hier gibt es kein »Falsch« oder »Richtig« – die Betrachtungsweise, die einem großen Teil des üblichen Weinjournalismus zugrunde liegt, wo der Kritiker für den Leser entscheidet, was er zu denken und zu trinken hat. Die Fünf sind ganz offensichtlich anders eingestellt; für sie ergänzen sich gegensätzliche Weinstile statt einander auszuschließen. Jeder von ihnen arbeitet an seiner eigenen Vision von Pfälzer Spätburgunder, und zusammen entwickeln sie eine weitere Variante – den Gräfenhausener – ganz nach dem hedonistischen und lebensbejahenden Motto: »Je mehr, umso lustiger!«

Die Winzergeneration ihrer Eltern hatte weder Zeit noch Sinn für solche Ästhetik oder Innovation. Sie waren damit beschäftigt, ihre Weine zumindest für ein paar Pfennige teurer zu verkaufen, als sie die Erzeugung kostete. Ein solch kreativer Austausch unter Kollegen war für sie unvorstellbar; die Kellertüren waren für Kollegen fest verschlossen, weil sie nur als Konkurrenten galten; ein im schlimmsten Fall von Neid und Verfolgungswahn geprägtes soziokulturelles Milieu.

Der Wechsel von geschlossen und ausschließend hin zu offen und bejahend ist zweifellos ein Ausdruck der Globalisierung. Er wäre nicht möglich gewesen ohne mutige Wein-Erneuerer wie Robert Mondavi im kalifornischen Napa Valley und Angelo Gaja im italienischen Piemont, die in den letzten Jahrzehnten vorhergehenden Generationen bewiesen haben, dass es sehr wohl möglich ist, die Dinge ganz anders zu machen, spektakulären Erfolg zu haben und weltweit berühmt zu werden. Für die jungen deutschen Weinrebellen ist es selbstverständlich, dass das Winzerleben voller kreativer Möglichkeiten steckt, weil man sich seine Vorbilder auf dem gesamten Planet Wein suchen kann, statt in allem nur Papi nachzueifern. Für sie gibt es keinen Zweifel, dass die Seele des Weins noch lebendig ist; aber übersehen sie, von ihrem eigenen Optimismus abgelenkt, dass ein Mord schon verübt wurde und die Leiche direkt vor ihnen liegt?

Die alten Regeln des Wein-Spiels sind offensichtlich längst überfällig geworden. Alles hat sich geändert oder wird sich bald ändern. Mit diesen Gedanken werde ich losreisen, um den verschiedenen Spuren zu folgen!

DER NEUE WEIN-NORDEN I
Sommerwein in Dänemark und Norwegen

14. Juni 2007 Als ich durch die Fenster des Lieferwagens starre, in dem ich durch ein absolut seelenloses Stück Vorort fahre, überkommt mich ein ungutes Gefühl der Vertrautheit. Was tue ich hier? Die grüne Straße mit den schmucken kleinen weißen Häusern und Bungalows ähnelt auf erschreckende Weise dem äußeren Vorort von London, in dem ich aufgewachsen bin. Genau für solche Orte hat der französische Kulturtheoretiker Paul Virilio den Begriff »Megasuburbia« geschaffen.

Der Lieferwagen hält unvermittelt am Straßenrand, was mich aus meinen Gedanken reißt. Der Fahrer deutet auf ein großes Gewächshaus von der Art, in dem Gärtner Tomaten und ganze Armeen von geklonten Zimmerpflanzen ziehen. Damit kenne ich mich aus, meinen ersten Job nach der Schule hatte ich in einer Gärtnerei; wieder diese Vertrautheit. Dann erkenne ich sie: vor den weißgestrichenen Glaswänden stehen Reben in Reih und Glied – hier in Megasuburbia!

Ich steige aus, um mir das näher anzuschauen, und halte die Szene mit der Digitalkamera fest, mit der ich meine Erforschung von Planet Wein dokumentiere. Selbst meinem ungeschulten Auge ist nach einem Blick auf die Form der Blätter – groß und rund mit gezackten Rändern – klar, dass es sich um eine andere Art von Reben handelt als die, denen ich normalerweise begegne, sei es in den deutschen Weinbauregionen oder an entfernteren Orten mit mediterranem Klima. Es sieht hier sowieso ganz anders aus, aber das ist keine Überraschung, schließlich bin ich gerade in Kopenhagen, bzw. København, aus dem Flieger gestiegen.

Warum schaue ich mir diesen Weinberg auf 55° 38' Nord an? Vor drei Jahren hat der 2002 Nordlund, der erste Wein von diesen 2,5 Hektar mit 10 000 Reben, in der dänischen Presse für eine kleine

Sensation gesorgt. »Miraklet I Avedøre«, ein Wunder im Kopenhagener Vorort Avedøre, lautete die Schlagzeile in der Zeitschrift »Ud & Se« im März 2004. Der Wein war rot und ziemlich teuer, doch die 7200 Flaschen des ersten Jahrgangs waren schnell ausverkauft. Ein Kultwein aus Dänemark? Ist die globale Erwärmung schon so weit fortgeschritten, dass man hier Rotwein machen kann? Das musste entweder ein Marketing-Gag sein, oder die nördliche Grenze für den Weinbau war schon weit über den bis dahin in Fachkreisen als absolut geltenden 50. Breitengrad in Richtung Polarkreis gerutscht. In dem Bewusstsein, dass ich die neue nördliche Grenze für den Qualitätsweinbau erst beim Überschreiten erkennen würde, entschied ich mich für diesen neuen Weinberg als Einstieg, um von dort aus weiter nach Norden zu fahren. Mein Ziel: Oslo, 60° Nord.

Mein Fahrer und Führer ist heute Jens Michael Gundersen, ein bebrillter, stämmiger junger Mann in schwarzer Lederjacke und Erzeuger des Rotweins, der Dänemark zum anerkannten Weinbauland gemacht hat. Nach weiteren drei Nordlund-Jahrgängen hat er seinen Anteil an dem Unternehmen an seinen Partner verkauft. Aus dem, was er mir, seit wir uns vor einer halben Stunde am Flughafen getroffen haben, erzählt, klingt durch, dass die Trennung alles andere als freundschaftlich ablief. Grund genug für ihn, mit seiner drei Jahre alten Tochter Alma, die wir gerade vom Kindergarten abgeholt haben, im Wagen zu bleiben. Ich klettere wieder auf den Beifahrersitz und danke ihm für die Gelegenheit, den historischen Ursprung der dänischen Weinrevolution mit eigenen Augen zu sehen.

»Sie können auf der Insel Fejø ein paar Jahrgänge von Nordlund verkosten, da befinden sich meine neuen Weinberge«, sagt er in perfektem Englisch. »Es ist eine lange Fahrt dahin, und wir müssen einen Zwischenstopp auf der Insel Møn machen, deshalb sollten wir sofort losfahren, und ich erkläre Ihnen unterwegs die drei Gründe, warum der Weinbau hier funktioniert.« Zunächst erläutert er mir, dass der skandinavische Weinbau viel bekannter sein könnte, es aber keine Bücher zum Thema gebe und so gut wie alle Websites nur in skandinavischen Sprachen seien. Im Gegensatz dazu hat der englische Weinbau bereits seit einigen Jahren den Exoten-Status hinter sich gelassen und bewegt sich stetig in Richtung internationale Akzeptanz, wozu sowohl allgemeine Qualitätssteigerung als auch die Begeisterung der Medien über die englischen Schaumweine beigetragen haben. Der hiesige Weinbau hingegen ist außerhalb von Dänemark mit seinen 5,4 Millionen Einwohnern lediglich ein Pünktchen auf dem Radarschirm der Weinszene: Ist es ein Vogel, ein Flugzeug? Nein, ein dänischer Wein, ein skandinavischer Wein, oder sollten wir ihn nordischen Wein nennen?

»Erstens, wir haben dasselbe Golfstrom-Klima wie England, mit kühlen, maritimen Sommern und milden Wintern, deshalb liegt die Herausforderung darin, die wärmsten, sonnigsten und trockensten Lagen Dänemarks zu finden. Zweitens, Rebe ist nicht gleich Rebe. Es gibt eine enorme genetische Bandbreite und darunter auch Sorten, die für unser Klima gut geeignet sind. Drittens, uns ist bewusst geworden, dass wir es mit nicht-arktischem Klima und guten Reben schaffen können!«

Die Logik des ersten Punkts leuchtet mir theoretisch ein, und mein Führer scheint das zu wissen. Trotzdem fordert er mich auf, ein Buch namens »Eksotiske Planten« aus dem Handschuhfach zu nehmen, das er verfasst hat. Ganz offensichtlich ist die Rebe nicht die einzige exotische Pflanze in diesem Land, die ihn fasziniert. Einige Klimakarten mit bunten breiten Streifen zeigen, dass der größte Teil von Ost-Dänemark ein viel milderes und sonnigeres Klima genießt als allgemein angenommen. Die Ostsee-Insel Bornholm z.B. belegt bei den Sonnenstunden den Spitzenplatz, leidet aber häufig unter kalten Ostwinden, die mir von Berliner Wintern mehr als vertraut sind. Fejø liegt mitten im wärmsten und trockensten Teil Dänemarks.

»Diese Karten beruhen auf alten meteorologischen Daten, vor den Auswirkungen der globalen Erwärmung«, fügt Gundersen hinzu. Es scheint, dass wir sie in Europa ohne die Luftverschmutzung Osteuropas viel eher gespürt hätten. Der Fall des Kommunismus und der darauf folgende Zusammenbruch der osteuropäischen Industrie sorgte beinahe schlagartig über dem gesamten Kontinent für saubere

Luft, und das war auch die Zeit, als die Sommer wärmer und wirklich kalte Winter deutlich seltener wurden.

Gerade habe ich von einer Studie aus 2004 von Dr. Gregory Jones an der Southern Oregon University gehört, der mittels einer Computer-Simulation namens »Hadley Centre Climate Model« die zu erwartenden Temperaturveränderungen in 27 Weinanbaugebieten rund um den Erdball zwischen 2000 und 2049 prognostiziert hat. Er kommt zum Schluss, dass die Durchschnittstemperaturen im Rheintal und Moseltal während dieses Zeitraums um 1,51 °C steigen werden. Das scheint viel zu sein, vor allem wenn man bedenkt, dass es während der letzten zwei Dekaden des 20. Jahrhunderts da eine Steigerung von etwa 1 °C gab. Das liegt aber am unteren Ende der Skala seiner Prophezeiungen für die bedeutenden Weingebiete Europas. Für Bordeaux erwartet er einen Anstieg der Durchschnittstemperatur bis 2049 von 2,33 °C und für Rioja 2,52 °C! In beiden Fällen würde das umfassende Neupflanzungen, ja eine komplette Umorientierung der Produktion bedeuten. Ich würde das für die betroffenen Erzeuger als einen erheblichen Nachteil der globalen Klimaerwärmung bezeichnen. Ich vermute auch, dass Dr. Jones' Einschätzungen noch zu optimistisch sein könnten. Dann könnte es erhebliche sozioökonomische Folgen geben, besonders für Gebiete wie La Mancha in Spanien, die schon am warmen Ende der Klimaskala für Weinbau liegen. Da könnte es zu Wüstenbildung kommen!

Der zweite Punkt ist mir ebenfalls vertraut, zumindest seit meiner Reise in die Dakotas im Oktober 2005. Dort bin ich einem bemerkenswerten Rotwein namens »The Wild Grape« begegnet, der aus wilden *Vitis-riparia*-Trauben entsteht, die auf der Rosebud Reservation von den Sicangu Lakota gesammelt werden, einem Stamm der Great Sioux Nation. Diese Trauben stammten von einer ganz anderen Art von Rebe als der uns vertrauten *Vitis vinifera*, zu der alles von Merlot über Chardonnay bis zum Riesling gehört. Eine der tradierten Weinregeln behauptet, wohlschmeckender Wein könne ausschließlich aus *Vinifera*-Sorten entstehen, aber Eldon Nygaard von Valiant Vineyards in Vermillion/South Dakota, Erzeuger des Wild

Grape, hat das Gegenteil bewiesen. Und er war ein norwegischer Amerikaner dritter Generation, jemand von »dort oben«.

Doch all das lässt den dritten Punkt offen. Und wenn ich mich umschaue, was hinter mir im Lieferwagen liegt, dann macht mich dieses »Wir schaffen das!« etwas nervös. Flüchtig betrachtet wirken die an eine Seite des Wagens gelehnte Matratze, die Kartons mit irgendwelchem Zeug und die mannshohen Topfpflanzen, als würde ich einem Freund beim übereilten Umzug helfen. Doch meine Skepsis zeigt bei Gundersen keinerlei Wirkung, er sprudelt weiterhin förmlich vor Informationen. Als mir die grundlegenden Fakten, warum Weinbau in Dänemark überhaupt möglich ist, um die Mittagszeit vertraut sind, geht er dazu über, mir zu erklären, wie das im Allgemeinen anzustellen sei.

»Jede Rebsorte, die zur gleichen Zeit wie Müller-Thurgau oder früher reift, wird in Dänemark reif«, sagt er mit Nachdruck. Müller-Thurgau ist die erste von Menschenhand, 1882 durch Professor Hermann Müller, geschaffene Rebkreuzung. Müllers Ziel war es, den Winzern in kühleren Gebieten wie seinem heimatlichen Kanton Thurgau in der östlichen Schweiz eine Rebsorte zu bieten, die bessere trockene Weißweine hervorbringen würde. Erst viel später, in den Wirtschaftswunderjahren, wurde Müller-Thurgau durch die Klonselektion zu dem Massenertragsmonster, das den Liebfraumilch-Exportboom der 1970er- und frühen -80er-Jahre antrieb. In den letzten Jahren habe ich jedoch am Bodensee einige wunderbar frische und elegante trockene Müller-Thurgau verkostet, darunter auch welche aus dem Thurgau. Noch überraschender waren die intensiv mineralischen, trockenen Weine aus dieser Sorte von jungen wilden deutschen Winzern namens Christian und Simone Stahl (in Auernhofen/Franken) aus dem nahezu unbekannten Taubertal. Angesichts der Tatsache, dass einer der Elternteile des Müller-Thurgau Riesling heißt, sollte dies aber eigentlich nicht verwundern.

»Am Müller-Thurgau selbst sind wir allerdings nicht interessiert, weil er stark zur Fäulnis neigt. Aber Frühburgunder wird in Dänemark reif, das ist für uns der Heilige Gral!«, fährt Gundersen fort.

Fäulnis der edlen und weniger edlen Art entsteht durch Feuchtigkeit und Wärme unmittelbar vor der Lese und ist in der Tat eine Schwäche des Müller-Thurgaus. Frühburgunder ist eine frühreifende Mutation des Spätburgunders oder Pinot noir, deren Weine auch ohne die Lagerung in neuen Eichenholzfässern feine Röstaromen zeigen. Bei idealen Reifebedingungen und unter den geleitenden Händen einer begabten Winzerin wie etwa Meike Näkel vom Weingut Meyer-Näkel in Dürnau an der Ahr oder Sebastian Fürst in Bürgstadt/Franken hat sie das Potential zu außerordentlich sinnlicher Seidigkeit. Wenn sie Ähnliches hier schaffen würden, dann wären sie wirklich auf den Heiligen Gral des Rotweins gestoßen! Aber mein gesprächiger Gastgeber ist schon beim nächsten Kapitel: Geschichte.

»Mit dem Frühburgunder und dem Müller-Thurgau hätten wir schon Ende des 19. Jahrhunderts Wein anbauen können«, redet Gundersen weiter, »aber die Weingeschichte beginnt erst 1973, mit dem Beitritt Dänemarks zur EU.« Jetzt sind wir dem dritten Punkt wirklich auf der Spur. »Seitdem ist der durchschnittliche Weinkonsum pro Einwohner von fünf auf 35 Liter gestiegen. Die ersten Reben unter freiem Himmel wurden um 1980 gepflanzt. 1993 gründete sich der dänische Winzerverband. Es begann mit 30 Mitgliedern, inzwischen sind wir bei 1200. Die meisten davon sind Hobbywinzer, aber etwa 20 bereits Profis, und 30 bis 40 auf dem Weg dahin. Es gibt jetzt um die 60 Hektar Reben in Dänemark.« Vor diesem Hintergrund ist Dänemark am 1. August 2000 von der Europäischen Kommission als Tafelweinerzeuger anerkannt worden, was bedeutet, dass unter bestimmten Regeln und Bedingungen kommerzieller Weinbau auf einer Fläche von bis zu 100 Hektar möglich ist. Nach dem, was Gundersen erzählt, scheinen sie dies bald voll auszuschöpfen und sind damit Schweden und Irland, die diesen Status zur selben Zeit erlangten, weit voraus.

»Am Beispiel England habe ich gelernt, was ich nicht tun sollte, nämlich mich an Weinen vom Typ Liebfraumilch zu versuchen. Wir könnten da nie mithalten, was die Produktionskosten betrifft. Wir müssen besondere Weine erzeugen, für die die Leute gewillt sind, einen Preis zu bezahlen, der den Weinbau wirtschaftlich macht.« Er hat die klimatischen und wirtschaftlichen Fakten fest im Blick. »Ich habe festgestellt, dass die deutsche Rotweintraube Rondo in unserem Klima gedeihen und gute Weine hervorbringen würde, deshalb konzentriere ich mich jetzt auf Deutschland«, sagt er weiter und meint damit die deutsche Weinkultur der Gegenwart, in der trockener Rotwein eine überraschend große Rolle spielt, nicht das Deutschland aus Liebfraumilch-Zeiten, das der größte Teil der Weinbranche inzwischen so entschlossen hinter sich gelassen hat.

»Da wir entschieden haben, uns hier niederzulassen, sollten wir es uns so angenehm wie möglich machen. Wir sollten gutes Weide-Rindfleisch haben und charaktervollen, faszinierenden Wein.« Für ihn ist der Weinbau nicht nur eine persönliche Leidenschaft, sondern Teil einer sozio-ökonomischen Vision nachhaltigen Wirtschaftens in einem kleinen Staat mit so gut wie keinen natürlichen Ressourcen.

»Als Landwirt muss man sein eigenes Land haben. Ich habe nach der Côte d'Or Dänemarks gesucht.« Seine Gedanken fließen munter weiter, während wir auf der Autobahn E47 Kopenhagen immer weiter hinter uns lassen und nach Südwesten düsen. Die Côte d'Or im Burgund ist die Heimat von Spätburgunder/Pinot noir und Ursprung des teuersten Rotweins der Welt: dem Romanée Conti Grand Cru der Domaine de la Romanée Conti. Für eine Flasche des letzten Jahrgangs bekommt man von 2000 Euro nicht viel Wechselgeld zurück – dank der Neureichen, die von Moskau bis nach Shanghai entschieden haben, dass der große Gott des Geldes gesprochen hat und dies der ultimative Rotwein ist.

»Ob ich sie gefunden habe? Naja, für dänische Verhältnisse ist es ein Volltreffer. 2003 habe ich meine ersten Reben auf der Insel Fejø gepflanzt.« Erst jetzt nehme ich die supergrüne Landschaft wahr, durch die wir fahren, deren sanfte Hügel mich stark an bestimmte Ecken Südenglands erinnern. »Die Leute meinen, Dänemark sei flach. Ich nenne es ein Waschbrett, weil es gewellt ist. Wir haben keine steilen Hänge wie am Rhein oder an der Mosel, aber es ist nicht flach!« Plötzlich sind wir an der Küste, schießen über eine Brücke und ein Schild sagt mir, dass wir die gleichermaßen grüne Insel Møn erreicht haben.

»Wir halten hier bei einem Konkurrenten. Ich wollte immer Konkurrenz. Wenn in Barolo nur ein einzelner Winzer guten Wein machen würde, würde kein Mensch hinfahren. Wenn wir in Dänemark nur einen guten Wein machen, dann sind wir kein Weinbauland!«

»Wie unterscheidet sich das Klima hier von dem auf Fejø?«, frage ich ihn.

»Møn hat das kalte Wasser der Ostsee und den kalten Wind aus Russland im Frühling, deshalb treiben die Reben spät aus, und die Trauben reifen dadurch später. Fejø liegt im inneren Meer zwischen den größeren dänischen Inseln, wo das Wasser viel wärmer ist. Das bestimmt unser Klima.« All das ist wesentlich präziser als die Information, die man von den meisten Winzern an der Côte d'Or erhält, wo der schöne Schein zeitloser Perfektion nur selten getrübt wird.

»Aber wie ist es mit dem Regen?«, bohre ich weiter, mit dem Gedanken an all das saftige grüne Gras.

»Den Leuten ist nicht klar, dass es hier weniger regnet als in England, Deutschland oder sogar Bordeaux – da, der Holunder!« Der Lieferwagen schwenkt nach rechts, und für den Bruchteil einer Sekunde fürchte ich, er habe die Straße und unsere Geschwindigkeit vergessen … Aber nein, wir sind von der Autobahn abgebogen, und neben der Straße leuchtet eine Reihe von großen Holunderbüschen in voller Blüte. »Das bedeutet, dass meine Reben auf Fejø auch blühen«, erklärt er seinen Ausbruch.

Wir fahren jetzt in sanften Kurven zwischen hohen Hecken hindurch, und wenn ich es nicht besser wüsste, nähme ich an, wir seien in Suffolk. Bei jeder Abzweigung starrt Gundersen nachdenklich auf die kleinen Schilder, dann lässt er plötzlich einen vergnügten Jauchzer los. Als wir auf die Ursache zu fahren, einen gelben Bungalow zwischen Bäumen, kann ich zwar keine Reben entdecken, aber ein Schild mit der Aufschrift: »HJELM VINGÅRD«

Wir halten in der Auffahrt, und ein großer schlaksiger Typ mit schütterem Haar und silbergrauem Bart in Jeans, einem alten blauen Sweatshirt und Birkenstock-Sandalen kommt auf uns zu. Gundersen hilft Alma aus dem Wagen und begrüßt dann seinen Konkurrenten mit den unsichtbaren Reben mit großer Herzlichkeit.

»Hallo, mein Name ist Jørgen Teik Hansen«, stellt er sich mir vor. »Ich habe meine ersten Reben 1977 und meinen ersten richtigen Weinberg 1981 gepflanzt. 1999 bin ich hierher gezogen und habe bis jetzt beinahe einen Hektar angelegt.« Aber wo sind diese Reben?

»Kommt mit!«, erwidert er mit einem breiten Lächeln. Wir gehen um das Haus herum, und da ist er; ein gepflegter Weinberg an einem leichten Hang auf 54° 56' Nord. Die Reihen sind breit genug für einen kleinen Traktor, und das Gras dazwischen ist ganz offensichtlich vor kurzem geschnitten worden.

»Rote Sorten rechts, weiße links. Der Boden ist Ton über Kalkstein, also ideal für Reben. Auf der Ostseite dieser Insel gibt es große Kalksteinklippen.« Hier ist jemand, der an den Einfluss des Bodens auf die Reben glaubt, im Kontrast zu Gundersens Betonung der klimatischen Faktoren. Reben und Gras sind grün, aber der Boden ist vor Trockenheit aufgesprungen; zweifellos mäht er das Gras in regelmäßigen Abständen, damit es bei dem spärlichen Niederschlag während der Wachstumsphase keine zu starke Konkurrenz zu den Reben darstellt.

Hansen rattert eine Liste von roten Rebsorten herunter, als wir mit ihm den Hang hinunterlaufen. Außer der ersten sind mir alle vertraut: »Castel, Frühburgunder, Léon Millot, Regent und Rondo.« Es folgen die weißen, eine etwas gemischtere Gruppe: »Madeleine Angevine, Merzling, Orion, Ortega, Solaris und Zalas Perle … Solaris bildet viel Zucker, über 100° Oechsle.« Eine dreistellige Zahl auf der Skala für die Messung des Zuckergehalts der Trauben ist ein ziemlich sicheres Zeichen für hohe Reife. »Letztes Jahr habe ich von meinen 120 Merzling-Reben 600 Kilo Trauben geerntet.« Weltweit sind für qualitätsorientierte Winzer solche Erträge gleichbedeutend mit dünnem, saurem Wein, und hier im neuen Norden dürfte das Ergebnis nicht viel besser als leicht gefärbtes Wasser sein. »Dafür habe ich keine einzige Traube Madeleine Angevine geerntet, die Wespen haben alles gefressen. Hasen sind auch ein Problem. Wir müssen die jungen Reben in Plastikbeutel einpacken, damit sie nicht aufgefressen werden!« Er brüstet sich keinesfalls nur mit seinem Erfolg.

Dann gehen wir in eine kleine Scheune hinter dem Haus. An der Wand hängen Urkunden und Medaillen von Weinwettbewerben, darunter eine Goldmedaille mit einer eingeprägten »1« des dänischen Winzerverbands. Die dazugehörige Urkunde besagt, dass sie seinem 2005 Rondo-Rotwein verliehen wurde. Eine zweite Holztür führt in eine blitzsaubere Mikro-Kellerei mit einigen kleinen Edelstahltanks und zwei Barriques bzw. kleinen neuen Eichenfässern.

»Das war mal ein Schweinestall«, erklärt er mit einem Lächeln und greift nach drei Verkostungsgläsern. »Wir probieren ein paar 2006er … hmm, zuerst den Merzling.« Ich wappne mich innerlich gegen einen Säureangriff, doch zu meiner Überraschung ist der Wein würzig, leicht und angenehm säurefrisch. Nachdem er gekostet hat, gibt Gundersen sein Glas an Alma weiter. Sie greift mit beiden Händen danach, nimmt einen kleinen Schluck, rollt ihn im Mund und spuckt ihn sehr professionell aus; nicht schlecht für eine Dreijährige! Es folgt ein Verschnitt von Ortega und Zalas Perle, der mich an Fruchtgelee erinnert, aber ebenfalls angenehm frisch und saftig schmeckt.

»Rondo Rosé«, sagt Hansen, während er die nächste Probe aus einem der Edelstahltanks verteilt. Der Wein duftet floral, wirkt fruchtig, aber ein wenig einfach im Geschmack.

»Der Farbe kann man sich bei Rondo kaum erwehren«, wirft Gundersen ein. »Aber aus Rondo kann man alles machen, vom dicken gerbstoffbetonten Rotwein bis zum Rosé, es ist die beste rote Sorte, die wir in Dänemark haben«, erwidert unser Gastgeber mit Nachdruck. »Das nächste ist roter Rondo, aber er hat nicht viel Gerbstoff.« Mit einer Glaspipette zieht er eine Probe aus einem der Barriquefässer. Der Duft erinnert mich sofort an bestimmte kalifornische Pinots noirs, es sind dieselben reifen Aromen nach roten Beeren. Dass der

Wein in unseren Gläsern wesentlich leichter ist als alles, was unter der kalifornischen Sonne wächst, ist keine Überraschung, aber dass er so geschmeidig ist, statt sauer oder grün … definitiv ein gelungener Rotwein.

Hansen sammelt die Gläser ein, spült sie und stellt sie wieder ins Regal. Das bedeutet, dass ich diesen Solaris aus den superreifen Trauben mit den dreistelligen Oechslewerten nicht verkosten werde. Das ist eine echte Enttäuschung, ich bin sicher, dass ich etwas Wichtiges über die Weinmöglichkeiten an diesem exzentrischen Ort gelernt hätte. Wir folgen ihm ins Haus, das mit unbefangener und doch stilsicherer Einfachheit eingerichtet ist: Regale aus unbearbeitetem Holz hängen neben kleinen modernen Gemälden, die alles andere als wertlos wirken. Bevor ich sie näher begutachten kann, bringt Hansen eine halbe Flasche Wein und neue Gläser.

»Ich dachte mir, Sie würden sicher gerne den 2005 Frühburgunder verkosten«, sagt er. Ich hätte den prämierten Rondo vorgezogen, aber er hat uns bereits erzählt, dass es von diesem Wein nur ein Barriquefass gab, beziehungsweise 300 Flaschen. Da der dänische Winzerverband mit den Goldmedaillen sehr sparsam ist, ist der Wein bestimmt seit Monaten ausverkauft. Ein anderer großer, hagerer alter Kerl, den ich vorhin schon draußen gesehen habe, kommt herein, sagt aber nichts. Hansen stellt ihn als seinen Nachbarn vor: »Er erledigt für mich ziemlich viel Arbeit im Weinberg, denn ich bin eigentlich Künstler und mein Atelier ist in Kopenhagen.« Der Wein duftet nach schwarzer Johannisbeerlimonade, ist aber im Geschmack etwas unklar und in der Konsistenz nicht seidig; in Ordnung, aber kein großer Frühburgunder.

»Wann war Ihr erster Jahrgang hier?«, erkundige ich mich vorsichtig.

»Wir haben unsere ersten Trauben 2002 geerntet, aber 2005 war der erste professionelle Jahrgang.« Sieben Jahre vom ersten Spatenstich bis zum ersten Einkommen ist eine lange Zeit, er muss ein ziemlich erfolgreicher Künstler sein. Für einen Weinkeller-Autodidakten sind das in einem derart herausfordernden Klima gute erste

Ergebnisse. Die kritische Frage lautet aber, in welchem Maß sich die Weine durch Erfahrung steigern lassen? Genug, um daraus ein wirtschaftliches Unternehmen zu machen? Ich bin froh, dass ich mich dieser Frage nicht in Form von Kontoauszügen und Steuerbescheiden stellen muss!

Gundersen sagt, es sei an der Zeit weiterzufahren, also verabschieden wir uns, und ich bemühe mich, das Hungergefühl in meinem Magen zu ignorieren. Als wir wieder auf die E47 einbiegen und weiter nach Westen fahren, entschuldigt sich Gundersen, dass das von ihm mitgebrachte Brot und der Käse dazu in einem der Kartons hinten sind. Für genau solche Notfälle habe ich immer eine Schachtel schottische Haferkekse in meinem Handgepäck, die ich jetzt zu seinem sichtlichen Entzücken heraushole. Alma schaut neugierig, schüttelt aber ablehnend die blonden Locken, als ich ihr einen Keks anbiete.

»Ich weiß eigentlich gar nichts über Rondo«, sage ich dann. Mein Begleiter füllt bereitwillig diese Wissenslücke aus: »Rondo ist eine Hybride, 1964 von Professor Kraus in der damaligen Tschechoslowakei gekreuzt, der die Samen an Professor Helmut Becker von der Forschungsanstalt Geisenheim im Rheingau schickte. Der säte sie aus und selektierte die interessantesten Pflanzen, darunter auch Rondo. Eine andere interessante Sorte, die Becker auf diese Weise entwickelt hat, ist Bolero. Er scheint hier sogar noch besser zu reifen als Rondo, und der Wein ist normaler, ich meine, mehr wie *Vinifera*-Weine.«

Mein Wissen über kälte- und pilzresistente Sorten – Rondo ist extrem widerstandsfähig gegen falschen Mehltau oder *Peronospora* – wächst rasant. Wir sind inzwischen schon wieder von der Autobahn abgebogen und auf dem Weg zur Fähre nach Fejø. Die Wolken brechen langsam auf. Ich versuche, meine Erwartungen im Zaum zu halten; ich meine, Fejø wird kein Inselparadies sein, sondern eher noch ein kleines Stück grünes gewelltes Land.

»Im Smålandsfarvandet-Meer gibt es eine Reihe von Inseln«, erklärt Gundersen. »Ich bin nicht der einzige hier mit Reben, aber man braucht den richtigen Ort. Teile von der Insel Lileø liegen unter Meeresniveau, und im letzten Winter ist es passiert: Der Weinberg wurde vom Meer überschwemmt. Mein neuer Weinberg auf Fejø liegt auf dem höchsten Punkt der Insel.« Ich bin jetzt extrem gespannt.

Wir reihen uns in die Schlange von Autos am Kai ein. Das Nummernschild des schwarzen Toyota vor uns macht deutlich, dass unser Ziel für die Dänen genauso eine Kultinsel ist wie Sylt für die Deutschen: FEJØ.

»Ich hatte schon vor vielen Jahren gehört, dass die Insel ein besonderes Klima hat, das sich vor allem für den Obstbau eignet«, mein Führer kocht jetzt förmlich vor Aufregung. »Jørgen meint, der Boden sei das Wichtigste für den Wein, deshalb ist er nach Møn gegangen, aber ich glaube, dass Sonne und Wärme entscheidender sind und bin nach Fejø.« Im Herbst wirkt das Wasser dieses flachgründigen Meeres als Wärmereservoir.

Eine Viertelstunde später rollen wir auch schon von der Fähre, biegen sofort links ab und fahren einen Uferfeldweg entlang, der so grün ist, dass er nur selten benutzt zu werden scheint. Eine Reihe nicht besonders hübscher Hütten trennt uns vom Wasser und blockiert die ansonsten bestimmt großartige Aussicht.

»2003 haben meine Frau und ich beschlossen, dieses kleine Stück Land zu kaufen und ein bisschen was zu pflanzen, unter anderem auch Reben.« Wir halten vor einem wesentlich ansehnlicheren Holzhäuschen mit Veranda, das in hellem Blau und Weiß gestrichen ist. Es ist umgeben von üppigem Grün: Ich kann heranreifende Feigen, Aprikosen und Pfirsiche erkennen, außerdem einige Eukalyptusbäume und Palmen. Die Zusammenstellung – jemand hat diese Exoten ganz klar sehr überlegt komponiert – wirkt subtropisch, Lichtjahre entfernt von allem, was ich mit 54° 57’ Nord oder Dänemark assoziiere!

»Das Haus ist eine Nachahmung von einer Bahamas-Strandhütte, die wir auf der Chelsea Flower Show in London gesehen haben«, beginnt der nächste Teil dieser subtropischen nordischen Saga. Langsam fühle ich mich wie eine Art merkwürdiger Weinschiffbrüchiger des 21. Jahrhunderts …

»Die meisten Reben hier sind Rondo, der zu einem ziemlichen

Dschungel wächst, wenn man ihn nicht unter Kontrolle hält«, erklärt der Rotweinpionier von Fejø und bestätigt damit, dass polar und tropisch irgendwie nicht mehr die eindeutigen Gegensätze sind, wie es in meiner Kindheit schien. Wir gehen um die Strandhütte herum zu seinem Weinberg. »Das ist Bolero, und er blüht schon!« Er hatte recht mit dem Holunder. »Nachher verkosten wir den 2005 Rondo und Bolero von diesen Reben, unsere erste Lese.« Das ist aber sicher nicht der Hügel, von dem er vorher erzählt hat, oder?

»Nein, da fahren wir gleich hin. Unser neuer Weinberg wird viel größer sein, wenn er fertig bepflanzt ist. Es ist ein zwei Hektar großes Grundstück, das ist das Maximum an landwirtschaftlicher Fläche, das man in Dänemark als Nicht-Landwirt besitzen darf.« Wir fahren grüne Alleen entlang, an reetgedeckten Häusern vorbei und trotz des saftigen Grases überall wirkt die Gegend anders als die Landschaft, durch die wir vorher gefahren sind.

»Nirgendwo in Dänemark sieht man sonst überall Walnussbäume. Zusammen mit den Obstplantagen und den Reben bedeutet das ein großes Potential für den Tourismus. Wir haben jetzt zwei Leute, die Mostäpfel anbauen und das Tafelobst macht ein Typ vom Bodensee, der sich auch mit dem Destillieren auskennt, so dass wir die kleinste dänische Insel werden könnten, wo man sich auf vier verschiedene Weisen betrinken kann!« Inzwischen nähern wir uns einem ziemlich neuen zweistöckigen Backsteinhaus mit einem einstöckigen Anbau, der beinahe gleich groß ist. Als wir aussteigen, ist mir klar, dass Gundersen, seitdem er Nordlund verlassen hat, auf die Füße gefallen ist; er braucht keine Kellerei zu bauen.

Wir drehen sofort eine Runde, und Alma folgt uns auf ihrem Dreirad. Der Weinberg ist erst halb angelegt. Hier gibt es kein Team erfahrener Weinbergsarbeiter und keine modernen Pflanzmaschinen, so dass es ein weitaus größeres und anstrengenderes Unternehmen ist als zu Hause.

»Das ist der größte Bolero-Weinberg der Welt! Außerdem ist es der Mutterweingarten, der andere dänische Winzer mit Bolero-Reben versorgt, deshalb haben wir zwei Ernten, eine mit Trauben und eine mit Rebholz.« Alles, was Gundersen unternimmt, scheint System zu haben und wirtschaftlich Sinn zu machen, obgleich dies nach den alten Weinregeln oberhalb der klimatischen nordischen Grenze liegt.

»Die andere Sorte ist der weiße Solaris, da sollten wir unsere erste kleine Ernte 2008 bekommen«, fährt er fort. Durch die Reihe von Pappeln am Rand des Weinbergs kann ich einen langgestreckten flachen Hang hinunter zum Meer blicken. Wir sind nur 14 Meter über dem Meeresspiegel, aber das ist genau die Höhe der meisten Weinberge der Spitzenlagen im Médoc, wie etwa von Château Lafite-Rothschild in Pauillac. Diese wurden damals in den 1680er-Jahren auch neu angelegt, auf Land, das wenige Jahrzehnte zuvor als weitgehend ungeeignet für den Weinbau galt. Im Médoc war das Problem Staunässe im Boden, und die holländischen Ingenieure, die Colbert angeheuert hatte, um dieses sumpfige Stück Land trockenzulegen, lösten es. Das Médoc ist ein nach cartesianischen Prinzipien geschaffenes künstliches Terroir. Heute spielt die globale Erwärmung eine ähnliche Rolle für diese dänischen Inseln, selbst wenn dieser Effekt nicht beabsichtigt und eher von der menschlichen Hybris verursacht ist als von einem ehrgeizigen Plan.

Im Haus bahnen wir uns einen Weg zum Esstisch, neben dem ein eingerahmtes Poster von dem Film »Sideways« hängt. An der Wand lehnt eine Sammlung alter Korkenzieher. Gundersen stellt eine Reihe von bordeaux-förmigen Flaschen auf den Tisch, von denen einige das Nordlund-Etikett tragen, andere hingegen anonym auftreten. Ich helfe ihm mit Weingläsern, Brot und Käse für unseren Weinverkostungslunch. Als er beginnt, die Flaschen zu öffnen, schaue ich auf die Uhr: Es ist 18.20 Uhr.

»Der erste Wein ist der 2002 Nordlund, der erste kommerzielle Jahrgang, so gut wie ausschließlich Rondo, von dem ein Teil in gebrauchtem Holz lagerte, während ein anderer Teil nie im Holzfass war. Ich habe von Anfang an gesagt, dass er ein Alterungspotential von fünf Jahren hat.« Diese Zeitspanne läuft gerade ab, aber der Wein ist noch in guter Form; zugegebenermaßen gereift, aber er schmeckt nicht alt. Er zeigt sogar eine attraktive Kirschnote, darunter etwas Kräutriges, wie manche kleineren Bordeaux, frische, nicht aggressive Säure und einiges an warmem Gerbstoff.

Der folgende 2003 Nordlund, auch vorwiegend aus Rondo-Trauben, hat einen leichten Korkschmecker, aber ich kann trotzdem erkennen, dass es ein wesentlich gehaltvollerer und jugendlicher Wein ist. Der nächste Wein ist eine Sonderabfüllung 2003 Nordlund, für die die Trauben zwei Monate auf Matten getrocknet wurden, wie es beim norditalienischen Amarone üblich ist. Es ist ein erstaunlicher Wein, der nach Dörrpflaumen und Pflaumenmarmelade duftet und doch ein kräftiger, muskulöser, fester Rotwein ist – ich hätte auf mindestens zehn Breitengrade südlicher getippt!

Dann schenkt Gundersen den letzten Nordlund ein, den er selbst abgefüllt hat, den 2004. »Das war ein lausiger Jahrgang«, sagt er und leidet ganz offensichtlich noch immer bei dem bloßen Gedanken daran, »wir hatten Probleme mit Mehltau, dazu schlechte Reife.« Auch dieser Wein erinnert mich an einen leichteren Bordeaux, hat aber mehr Substanz als sein Bruder aus 2002.

Für die ersten Jahrgänge eines Weinbauexperiments sind es beachtliche Ergebnisse ungeachtet der geographischen Lage. Darüber hinaus hat Gundersen bewiesen, dass sich um 55° Nord gute Rotweine erzeugen lassen, wenn man die drei Grundsätze für den dänischen Weinbau versteht und befolgt. Damit ist die wirtschaftliche Grundlage zumindest für eine kleine Branche vorhanden.

»Jetzt aber das erste Experiment hier von der Insel«, reißt mich Gundersen aus meinen Überlegungen und greift nach einer der Flaschen ohne Etikett. »Das ist reiner Rondo, aber wir hatten nur 200 Liter. Das reicht nicht, um ein Barrique zu füllen, deshalb hat er überhaupt kein Holz gesehen.« Die Farbe erinnert an Rote-Bete-Saft, der Duft hingegen an einen Cocktail aus wilden Beeren und Kräutern. In meinem Mund explodiert der Geschmack förmlich, schießt in alle möglichen Richtungen, und der reichlich vorhandene Gerbstoff wirkt ziemlich kantig. Zweifellos hätte ein Jahr im Barrique das alles etwas geglättet, aber eigentlich ist es aufregend – wirklich und wahrhaftig ein Erlebnis der wilden Weinwelt.

»Der letzte Wein ist reiner Bolero, leider gab es davon nur fünf Liter, und wegen dieser winzigen Menge habe ich während der Gärung zuviel Zucker zugegeben.« Sein Geständnis bedeutet, dass dieser Wein wahrscheinlich vor Alkohol strotzen wird, weil der Zucker von den Hefen in Äthanol, Kohlensäure und Wärme verwandelt wird. Aus dem Glas steigt mir der Duft schwarzer Kirschen in die Nase. Der Wein ist üppig, wesentlich weicher als der Rondo und ein bisschen warm vom Alkohol, aber das ist bei vielen spanischen, kalifornischen und australischen Rotweinen auch der Fall. Ich kann kaum glauben, dass er wirklich volle 16 Volumenprozent Alkohol haben soll; es schmeckt nach maximal 14!

Doch jetzt ist endgültig der Moment für Brot und Käse gekommen. Wie wird er sein neues Weingut hier auf der Insel nennen? »Ich ziehe eigentlich dänische Namen vor, aber es wird Hideaway heißen, Versteck, weil meine Frau Karin und ich es so von Anfang an genannt haben«, sagt er.

Nach dem Essen helfe ich ihm, das Zeug aus dem Lieferwagen in die Kellerei zu tragen, die bis jetzt noch als Lager fungiert. Dann fahren wir los, um vor der Fähre zurück nach Kopenhagen unsere Tour einmal rund um Fejø zu vollenden. Die Wolken haben sich jetzt beinahe vollständig verzogen, und der Wind hat sich gelegt. Er erzählt mir, dass es auf der Insel bereits drei andere kleine Weinberge gibt und er die Trauben davon kaufen wird.

Unten am Kieselstrand ist das Meer erstaunlich ruhig und erinnert mich eher an den Bodensee als an irgendein salziges Gewässer. Oder ist mein Gastgeber der Robinson Crusoe der neuen Weinwelt? Einen Moment blicken wir beide in Gedanken versunken in die Weite des Horizonts, wo die anderen Inseln zwischen Meer und Himmel zu schweben scheinen, die Zeit steht still … dann deutet er in Richtung Lileøy.

»Wir werden hier bald die erste Weinstraße haben, die man mit dem Boot befährt!«, sagt er. Das ist natürlich ein super Marketingspruch, vielleicht sogar ein grandioses Verkaufsargument – oder habe ich mich schon zu sehr von seiner Begeisterung anstecken lassen?

Mit diesen Überlegungen erreichen wir die Fähre. Genauer gesagt erreichen wir die Anlegestelle der Fähre, gerade nachdem die Fähre abgelegt hat. Shit, bedeutet das, dass wir jetzt wahrhaftig nordische Wein-Schiffbrüchige sind?

»Nein, es gibt noch eine letzte Fähre, aber die fährt erst kurz nach zehn, da haben wir jetzt zwei Stunden Zeit«, beruhigt mich Gundersen. Trotzdem werde ich so bei meinem Freund, dem letzten Wikinger, in Charlottenlund am nördlichen Rand von Kopenhagen sicher erst nach Mitternacht ankommen, und noch dazu hat mein Mobiltelefon seinen Geist aufgegeben und seine Nummer mit sich in unerreichbare Gefilde genommen ... Als wir zurück zum Haus fahren, sind wir beide nicht besonders gut gelaunt. Ich hänge mein Telefon noch einmal ans Ladegerät und lege mich dann aufs Sofa, um die eigenen Batterien aufzuladen, die von dem frühen Flug heute Morgen aus Frankfurt auch nicht gerade in bestem Zustand sind. Eine wilde Folge von Edvard-Munch-Gemälden schießt mir durch den Kopf, als ich wegdöse – Norwegen, das übermorgen auf meinem Reiseplan steht, kündigt sich an ...

Doch zuerst die Fähre, um zurück nach Kopenhagen und zum letzten Wikinger zu kommen. Diesmal sind wir pünktlich und rollen an Bord. Plötzlich fällt mir auf, dass mit dem Himmel, in den wenigen Minuten, seit wir in Hideaway in den Lieferwagen gestiegen sind, etwas Merkwürdiges passiert ist. Sofort zücke ich die Digitalkamera. Wenn ich diese erstaunlichen Farben nicht sofort auf der Speicherkarte festhalte, wird meine Frau denken, ich hätte mit irgendwelchen Drogen experimentiert, wenn ich ihr davon berichte. Das ist nicht nur ein enormer roter und goldener Sonnenuntergang, er ist rot, gold, bernstein und himmelblau zugleich, und am Horizont ist das Meer lila! Ganz langsam werden die Farben intensiver, und es wird immer schwieriger, die Gemälde von Edvard Munch und die Wirklichkeit hier auf der Fähre auseinanderzuhalten ...

15. Juni 2007 »Ich erkläre Ihnen den Weg, es ist nicht weit zum Weinberg«, sagt der hagere Kerl mit dem Glatzkopf und graubraunem Bart fröhlich, während er auf den Rücksitz des Volvo-Kombis des letzten Wikingers klettert. Lars Hagerman spricht perfektes Englisch. Er ist Schwede, pensionierter Meeresbiologe und ganz offensichtlich hoch erfreut, dass ein Journalist sich für sein Weingut interessiert. Wir fahren die Auffahrt zurück zu der Nebenstraße des kleinstädtischen Ålsgård am westlichen Rand des Øresund, der Dänemark von Schweden trennt, eine knappe Autostunde nördlich von Kopenhagen. Es regnet nach Art englischer Sommer vor der Klimaerwärmung, also kräftig, die supergrüne Landschaft sieht kein bisschen nach Wein aus, und wir bewegen uns jetzt auf 56° 04' Nord. Jage ich einem Phantom nach? Plötzlich sehe ich ein winziges Stück mit Reben zwischen den Bungalows.

»Der Weinberg gehört mir nicht mehr«, trällert unser Führer von hinten, «das sind 126 Stöcke Ortega, die ich 1992 gepflanzt habe. Macht jetzt ein junger Kerl. Hier rechts.« Ich spüre immer Mitleid mit Ortega y Gasset, wenn ich seinen Namen in Verbindung mit dieser Rebkreuzung höre, die in Deutschland meist kitschige Weine hervorbringt. Was hat der spanische Philosoph in seinem Leben verbrochen, um mit seinem Namen für diese Weine herhalten zu müssen?

Einen Moment später ertönt die Anweisung, gegenüber einer Baumreihe zu halten. Wir folgen dem gutgelaunten Schweden über die Straße und an den Bäumen vorbei. Der Regen ist jetzt glücklicherweise nur noch ein Tröpfeln, dafür ist es von unten umso nasser, weil wir durch ein Feld mit beinahe schulterhohem Gras laufen. Dem letzten Wikinger neben mir scheint das nichts auszumachen, genausowenig wie meine verspätete Ankunft heute Nacht. Sein wirklicher Name ist Nils Zeeberg. Ich nenne ihn den letzten Wikinger, weil er sich mir, als wir uns vor 15 Jahren an der Mosel kennengelernt haben, als Wikinger vorgestellt hat und mir bis jetzt keine weiteren Überlebenden dieser Spezies begegnet sind. Er hat sich ziemlich verändert, seit ich ihn das letzte Mal gesehen habe. Das war vor zehn

Jahren in Berlin, wo er plötzlich mit einem roten Londoner Doppeldeckerbus bei uns vorfuhr, in dem er mit seiner Familie und einem autistisch wirkenden Techniker auf einer Anti-Folter-Kampagne einmal rund um die Erde unterwegs war. Die ganze Mannschaft belegte für den Nachmittag unser Badezimmer, dann gingen wir mit ihnen in die Kurpfalz-Weinstuben und fütterten sie mit Saumagen und Riesling. Jetzt betreibt der letzte Wikinger das angesagte Plan B Café im Zentrum von Kopenhagen … aber zurück zum dänischen Wein.

Tatsächlich stehen wir plötzlich am oberen Ende eines tatsächlichen Weinbergs, der wesentlich professioneller wirkt als die 126 Ortega-Stöcke. In einen großen Kiesel am Tor sind folgende Worte gemeißelt: »Domaine Aalsgaard 1998«

»Ich habe hier 2000 Reben in 57 Reihen, insgesamt 0,7 Hektar, alles mit deutschen Sorten. Das ist genau soviel, wie ich selber bewältigen kann. Ich bin so oft wie möglich hier draußen, ich liebe es«, legt Hagerman los. Liebevoll scheint die richtige Beschreibung für diesen Weinberg. Da gibt es kein einziges gelbes Blatt, alle Triebe sind ganz exakt an den Drähten platziert, damit sie sich nicht gegenseitig beschatten, und die embryonalen Trauben sind gleichmäßig in Wachstum und Entwicklung. Hier hat jemand mit großer Fürsorge und Erfahrung gearbeitet.

»Ich war der erste professionelle Winzer in Dänemark. Ich kann davon nicht leben, dafür habe ich eine Rente, aber zumindest spuckt es Geld.« Das klingt wesentlich vielversprechender, als ich erwartet habe, trotzdem scheint dieses Wetter nicht gerade hilfreich, um es vorsichtig auszudrücken. »Um diese Jahreszeit ist das Wetter nicht so wichtig, aber im September kurz vor der Lese ist es wirklich entscheidend! Aber selbst wenn das Wetter gut ist, sortieren wir die Trauben beim Lesen.« Und wie war der letzte Herbst, die letzte Lese?

»Wenn uns nicht der Regen gezwungen hätte, früher als geplant zu ernten, wären die Trauben reifer gewesen«, lautet seine nicht ganz so fröhliche Antwort. Der letzte Wikinger wird allmählich gesprächiger, wirkt aber immer noch ziemlich skeptisch. Verständlich, ohne gesunde reife Trauben ist noch nie ein wirklich aufregender Wein entstanden, ganz unabhängig vom Können des Winzers oder der ihm zur Verfügung stehenden Technik. Der Moment der Wahrheit rückt immer näher; Hagerman läuft bereits zurück zum Auto.

Auf der Domaine selbst – eigentlich ein Bungalow hinter einem großen Haus, das finanzielle Sicherheit ausstrahlt – steht unter einem Schutzdach ein Ferrari-Traktor, daneben ein kleiner Anhänger, offensichtlich für den Traubentransport vom Weinberg. Der Ferrarifahrer bittet uns in einen engen Raum mit großen Terracottafliesen und glänzend weißen Wänden; die Kellerei. Es ist eng hier wegen einer kleinen senkrechten pneumatischen Presse, die mit dem Druck vom Wasserhahn funktioniert, und einer Reihe von kleinen »immervoll« Edelstahltanks mit Schwimmdeckeln, die in einem Halbrund stehen. Der größte von diesen Tanks mit flexiblem Volumen misst 300 Liter.

»In die Presse passt genau eine Hängerladung Trauben«, erklärt uns der praktische Winzer. Er hat wirklich alles ganz im Griff, als ob er schon jahrzehntelang dabei wäre. »In Dänemark gibt es inzwischen 23 professionelle Weinerzeuger, von denen schon zehn Flaschenwein verkaufen, aber ich bin der einzige, der sich ausschließlich auf trockenen Weißwein konzentriert.« So etwas hört man auf der ganzen Welt von den besten Erzeugern, denn ihnen allen gemeinsam ist der weise Glaube an die eigenen Vorlieben, statt sich zu verbiegen, um die angeblichen Vorlieben der stillen Mehrheit zu bedienen.

»Seit heute ist es in Dänemark gestattet, nicht mehr nur Tafelweine, sondern auch regionale Weine zu erzeugen«, bemerkt der Weißweinpionier mit hörbarem Stolz in der Stimme und greift nach der ersten Flasche. »Das bedeutet, dass wir jetzt auch die Rebsorte aufs Etikett schreiben dürfen. Bei diesem 2006 steht dagegen noch ein ›O‹ für Ortega.« Attraktive Zitrusaromen, frisch und sauber – trotzdem ist das ein etwas einfacher und etwas leichter Wein. Der zweite und der dritte Wein fallen in dieselbe Kategorie: gut gemacht, aber nichts Aufregendes; der 2006 K(erner) ist schlank, ein wenig an Ananas erinnernd, der 2006 M(adeleine) A(ngevine) eher floral. Alle drei haben moderate 10,5 bis 11 Volumenprozent Alkohol, während auf dem nächsten Etikett 2006 SO und 13,5 Volumenprozent steht.

»Der Solaris hatte letztes Jahr über 100° Oechsle und somit über 13 Volumenprozent Alkohol«, erklärt er. Der Wein duftet wie ein hervorragender trockener Riesling aus irgendeiner Ecke in Deutschland. Das hätte ich jedenfalls vermutet, wenn meine Frau ihn mir zu Hause blind eingeschenkt hätte. Im Geschmack entdecke ich Zitrusschalen, getrockneten Apfel und Maracuja, alles wunderbar ausbalanciert von der rassigen Säure – einfach köstlich. Solaris scheint sich hier richtig wohlzufühlen.

»Ich hatte keine Ahnung, dass so etwas in Dänemark möglich ist«, lässt sich unvermutet der letzte Wikinger vernehmen, plötzlich sehr lebhaft, und wir kaufen Hagerman beide einige Flaschen ab, um unsere Entdeckung Ungläubigen demonstrieren zu können. So gewinnen neue Winzer und neue Weingebiete an Bekanntheit und Freunden.

»Jetzt verstehen Sie, warum ich nur noch Solaris pflanze«, sagt der Weißweinforscher abschließend. Solaris scheint das weiße Pendant zu Rondo und Bolero zu sein. Warum auf berühmten Rebsorten bestehen, bloß weil sie in bestimmten Kreisen bekannt sind, wenn sie sich unter den herrschenden Bedingungen nicht wohl fühlen? Daraus kann nichts Solides werden, weder in der Flasche noch auf dem Bankkonto.

17. Juni 2007 »Es ist möglich, in Norwegen Trauben zu erzeugen, und das milde Klima entlang der Küste ist dafür natürlich sehr geeignet, aber ich weiß nicht, ob diese norwegischen Trauben dann auch einen guten Wein ergeben würden, und wenn, ob dieser Wein dann im Vergleich zu den sehr guten deutschen oder französischen Weinen, die es im norwegischen Vinmonopolet relativ günstig gibt, nicht sehr teuer wäre,« steht in der E-Mail, die mir Frau Rebstock, eine Winzerin aus dem Südwesten Deutschlands, eben gegeben hat. Wir sind auf der Express-Fähre von Hirtshals in Nord-Dänemark nach Kristiansand in Südnorwegen. Herr und Frau Rebstock fahren dahin, um zu erforschen, ob sie dort erfolgreich Rotwein anbauen könnten; für mich die optimale Chance, um den neuen Hohen Norden des Weins kennenzulernen. In mehreren Hinsichten fahren wir in eine ganz andere Welt des Weins als zu Hause. Das norwegische Staatsweinmonopol verkauft nicht nur Wein, sondern alle Getränke, die 4,7 Volumenprozent oder mehr Alkohol enthalten. Was das bedeutet, werden wir auch bald lernen.

Die Mail kommt von Anita Sønsteby, Obstbau-Spezialistin an der Bioforsk-Forschungsstation in der südnorwegischen Region Telemark. Sie klingt zugleich ermutigend, was Theorie und Klima betrifft, und ausgesprochen entmutigend für Praxis und Wirtschaftlichkeit. Doch sie schreibt noch weiter: »Journalisten finden es sehr interessant, über meine Arbeit auf diesem Gebiet zu schreiben, mehr als über unsere anderen, wichtigeren Arbeiten mit anderen Beeren, und das ist zweifellos der Grund, warum Sie auf meinen Namen in den Nachrichten gestoßen sind.«

Gelobt seien die heiligen Beeren Norwegens und die wichtigen Wissenschaftler-Priester, die so wichtige Arbeiten über sie verfassen! Sønstebys letzte Bemerkung könnte eine der Verhaltensformen sein, wie sie viele wichtige Wissenschaftler an den Tag legen, um in Ruhe gelassen zu werden, aber ich habe das Gefühl, sie wäre eigentlich gerne noch ein wenig direkter geworden. Dabei hatten die Rebstocks sie nur ganz höflich nach Informationen, Weblinks oder anderen Kontakten gefragt – und dann dieser Schlag ins Gesicht. Glücklicherweise scheint ihnen das nichts auszumachen. Sie gehören zu den freundlichsten und unkompliziertesten Menschen, die ich kenne.

Aber auch ich habe gelernt, solche Äußerungen nicht persönlich zu nehmen; wir Weinjournalisten sind es gewöhnt, von den Weinwissenschaftlern als Ignoranten abgetan zu werden. Außerdem hat mir Frau Rebstock ein extrem effizientes Medikament verabreicht, als ich ihr vor der Abfahrt erzählt habe, wie leicht ich seekrank werde. Jetzt sind die Gewässer des Skagerrak um uns ruhig und still wie ein See, und ich bin so super-entspannt, dass ich wie auf einer huldvollen Wolke zu schweben scheine.

Glücklicherweise gibt es in dem ansehnlichen Stapel von Informationen, die Frau Rebstock zum Thema Weinbau in Norwegen zusammengetragen hat, auch Stimmen, die deutlich anders als die von Anita Sønsteby klingen. Vor ihrer Abfahrt habe sie alle Klimadaten sorgfältig studiert, erzählt mir Frau Rebstock, inklusive der wichtigen Faktoren Niederschlag und Feuchtigkeit. Sie beeinflussen das Wachstum der Reben ganz entscheidend, ein Übermaß davon in Verbindung mit Wärme kann zu zahlreichen Pilz-Problemen führen. Es ist eine positive Überraschung, dass ein Arm des Golfstroms um Schottland herum bis nach Oslo reicht. Das bedeutet, dass im Gegensatz zu den Ostseeküsten die norwegische Küste im Winter nahezu eisfrei bleibt. Frau Rebstock erklärt mir, dass Norwegens Hauptstadt trotz der milden, feuchten südwestlichen Luftströmungen vom Atlantik ähnliche Feuchtigkeitswerte hat wie Karlsruhe. Wie sieht es mit der Durchschnittstemperatur aus?

»Übers ganze Jahr ist es in Oslo nur vier Grad kälter als in Karlsruhe«, lautet vergnügt die Antwort, deren Bedeutung mich im Zusammenhang mit Rotwein in Südnorwegen sofort auf die nächste Fähre zurück nach Hirthals rennen lassen würde. Aber die optimistische Unerschrockenheit der beiden Rebstocks hat mir sofort gefallen, als wir uns vor vielen Jahren kennenlernten. Inzwischen ist mir auch klar, dass die beiden enorm viel über den Rotweinan- und -ausbau wissen, wenn auch die Fachpresse ihre Weine oft verkannt hat.

»Das Problem mit dieser Angabe für die durchschnittliche Feuchtigkeit ist, dass die Tag-Nacht-Schwankungen dabei nicht berücksichtigt sind«, fährt sie fort, wie immer mit einem feinen Gespür für wichtige Details. »Nach warmen Tagen steigt die Feuchtigkeit von etwa 60 Prozent tagsüber auf bis zu 98 Prozent in der Nacht.« Wieder eine Zahl, die mich als potentieller norwegischer Weinproduzent selbst in meinem halb schwebenden Zustand in tiefe Depressionen versetzen würde. Sie jedoch ist unbeirrt. »Bei kühlem feuchten Wetter wächst die Rebe besser als bei Hitze und Trockenheit, in Südfrankreich und in Spanien ist es im Sommer oft zu heiß, und es herrscht Trockenstress; dann schalten die Reben einfach ab.« Das stimmt, aber es gibt einen Unterschied zwischen kühl und kalt, genauso wie zwischen feucht und nass. Aber da landet schon die nächste Statistik auf meinem Schoß, ein ausführlicher klimatischer Vergleich von Oslo und Trier. Darauf kann ich erkennen, dass die höchste je gemessene Temperatur in der norwegischen Hauptstadt bei 33,7 °C liegt, zugegebenermaßen nicht so weit unter den 37,1 °C der alten Römerstadt an der Mosel. Oslo meldet einen Jahresdurchschnitt von 768 Millimeter Niederschlag, knapp unter Triers 784 Millimeter. Durchschnittliche Sonnenstunden pro Tag in Oslo: 4,6. Das steht gut da, verglichen mit nur 4,3 in Trier. Die großartigen Moselweine kommen aus Weinbergen, die nur eine kurze Autofahrt von Trier liegen … aber es sind natürlich Weißweine, und weiße Trauben kommen im Allgemeinen mit weniger Wärme aus als rote.

Ich habe Mühe, diese Masse von Informationen zu entwirren, und fühle mich, als habe man mir ein wüstes Knäuel von elektrischen Kabeln zusammen mit der dringenden Aufforderung zu der richtigen Verbindung überantwortet. Welcher dieser Punkte ist der Schlüssel, um diese Daten für den Weinbau richtig zu interpretieren? Vielleicht liegt es an der medikamentösen Entspannung, aber ich fühle mich gänzlich überfordert. Trotz der sehr ähnlichen Zahlen muss sich das Wetter in Oslo einfach grundlegend von dem in Trier unterscheiden, das gute 10° südlicher liegt und 250 Kilometer vom Meer entfernt, oder?

Bevor ich mich jedoch richtig konzentrieren kann, hat Frau Rebstock eine dreidimensionale Karte der Telemark aus der Tasche gezogen. Hatten wir nicht gerade von Küstenlagen gesprochen? Hier sind ernstzunehmende Berge, Flüsse und Seen, aber nur wenig Küste und wenige der Fjorde. Wenn man alle Inseln mit einbezieht, dann hat Norwegen etwa 80 000 Kilometer Küste, ohne sie sind es immerhin noch 25 000 Kilometer, während das Land in Luftlinie gemessen nur etwa 2500 Kilometer lang ist. Diese Küste ist, dank der Klimaerwärmung, ein großer Touristenmagnet geworden.

»Hier gibt es Schwemmböden und Obstbau«, deutet sie auf bestimmte Gebiete der Karte«, hier sieht es etwa wie in Württemberg aus, dort eher wie in den Alpen, und hier gibt es richtiges Gras.« Richtiges Gras? Gibt es das nicht überall in Norwegen? Plötzlich fühle ich mich nicht nur überfordert, sondern auch hoffnungslos naiv, in ein Land zu fahren, über dessen Geographie und Kultur ich anscheinend so gut wie nichts weiß. Und dafür gibt es eigentlich keine Entschuldigung, denn meine Freundin, die halbdeutsche, halbnorwegische Journalistin Ebba Drolshagen hat jede Menge Hilfestellung für die Planung dieser Reise geleistet. Als sie dann noch zustimmte, selbst mitzukommen und als Übersetzerin zu agieren, war ich so beruhigt, dass ich mich ganz der unvorbelasteten Strategie verschrieb. Selbst Ebbas Buch »Gebrauchsanweisung für Norwegen« habe ich gerade erst angefangen zu lesen. Das bereue ich jetzt, weil es einen wunderbaren Humor hat, brillant geschrieben ist und ihr Leben mit einem Fuß in Norwegen und einem in Deutschland perfekt widerspiegelt.

Ich brauche dringend eine Stärkung und beschließe, den Wein zu probieren, der im Preis für das Mittagessen unserer Captain's Class inbegriffen ist. An der Theke gibt es drei Zapfhähne aus Edelstahl:

ØL HVITVIN RØDVIN

Ich kann so ungefähr erraten, was sich dahinter verbirgt, doch welches ist die richtige, angenehmere Wahl? Ich probiere einen Tropfen Weißwein, der sich als so süß und weich entpuppt, dass ich mir ein Glas Rotwein zapfe. Aber weinartiges alkoholisches Getränk wäre eine passendere Beschreibung für diese rote Flüssigkeit; der einfache chilenische Cabernet Sauvignon, den wir gestern Abend in Ålborg in einem ziemlich schrägen chinesischen Lokal zum »chinesischen« Steak und Pommes frites getrunken haben, war wesentlich besser. Ich hake also den Wein für heute mittag ab und mache mich auf die Suche nach einer englischsprachigen Zeitung. Am Kiosk fällt mir die neueste Ausgabe von »National Geographic« ins Auge:

THE BIG Ice on the Run
THAW NORWAY Seas on the Rise

Da ist sie wieder, die globale Erwärmung. Aber reicht es schon für reife Trauben in Norwegen? Dann unterbricht eine energische Stimme aus dem Lautsprecher meinen Gedankenfluss. In einer Sprache nach der anderen höre ich, dass es an der Zeit sei, zu den Autos zurückzukehren, worauf am Kiosk abrupt die Rolläden fallen. Ich gehe zeitungslos zwei Decks hinunter zum Auto der Rebstocks.

Hoffentlich haben wir das Auto gut gepackt und erregen keinen Verdacht beim norwegischen Zoll. Wir haben weit mehr Wein dabei, als erlaubt ist, und wer weiß, ob dieses Medikament hier legal ist. Als sich der Bug der Fähre öffnet und wir an den Zollbeamten vorbei rollen, muss ich an meine nervigen Probleme im Oktober 2004 bei der Einreise nach Kanada (der andere neue Weinnorden) denken, doch heute ist es aus unerfindlichen Gründen der Kombi vor uns, den die Vertreter der staatlichen Behörden sich zur uniformierten Brust nehmen, und so segeln wir ins steuerfreie alkoholische Nirwana!

In kürzester Zeit haben wir den Hafen hinter uns gelassen, und die Schnellstraße wird von Kiefern und Fichten, Kastanien und Linden gesäumt. Es sieht genauso aus, wie ich mir Südnorwegen vorgestellt habe; dicht bewaldet und unglaublich grün. Schließlich hat Bergen an der Westküste von Südnorwegen den meisten Niederschlag von allen europäischen Städten. Dann kurvt die Straße zwischen zwei imposanten runden, moosüberzogenen Granithaufen hindurch.

»Das ganze Land liegt auf Klippen!«, erklärt mir Herr Rebstock von vorn. »Bis vor 40 Jahren waren die Norweger arm, weil sie nur vom Fischen und den Wäldern leben mussten.« »Und sie haben ein bisschen Glas, Porzellan und Möbel produziert«, fügt seine Frau hinzu.

Die beiden waren schon oft hier, so dass sie die Veränderungen miterlebt haben, seitdem am Heiligabend des Jahres 1969 auf der Bohrinsel Ocean Viking das erste Erdöl floss. Nur Saudi-Arabien und Russland exportieren heute mehr Öl als Norwegen. Der norwegische Nationalfonds ist auf 244 Milliarden Euro angewachsen, beinahe 51 695 Euro für jeden der 4,72 Millionen norwegischen Staatsbürger, und er wächst weiter. Das Bruttosozialprodukt liegt volle 69 Prozent über dem EU-Durchschnitt und seit 2001 steht das Land an erster Stelle des *UN Human Development Index*, der den Lebensstandard aller Mitgliedsstaaten angibt. All diese beeindruckenden Zahlen vermitteln aber natürlich nur eine vage Vorstellung von der hiesigen Gesellschaft und Kultur. Ein weiterer norwegischer Superlativ, über den ich gerade gelesen habe, zeigt, wie komplex die Wirklichkeit ist: Journalisten ohne Grenzen hält Norwegen für das Land mit der größten Pressefreiheit. Das ist ein ziemlicher Gegensatz zu manchen anderen Ländern, in denen ich für dieses Buch recherchiert habe.

»Das ist hier die typische Farbe für Häuser«, erklärt Frau Rebstock und deutet auf eine Gruppe dunkelroter Holzhäuser. »Sie streichen ihre Häuser jeden Sommer, das hier bekommt sicher bald die 27. Schicht«, spottet er.

Dann folgen weite Felder zwischen Autobahn und Wald. Die Kohlköpfe in schnurgeraden Reihen wirken sehr glücklich, während das Gras furchtbar aussieht. »Das soll Getreide sein«, kommentiert Frau Rebstock höchst ironisch, »das bauen sie hier nur an, um die staatlichen Subventionen zu kassieren.«

Doch wenn Getreide hier so reagiert, welche Chance haben dann Reben? Wir kommen an einem gerade gerodeten Stück Wald vorbei. »Ein gut ausgeruhter Waldboden wäre ideal für Wein«, begeistert sich Herr Rebstock und erinnert mich einmal mehr daran, welch ernsthaften Hintergrund diese Reise für ihn und seine Frau hat. Welches Wagnis sie einzugehen bereit sind, wird mir erst allmählich so richtig bewusst. Wir kommen an einem Schild vorbei, das die Geschwindigkeit trotz zwei Spuren in beide Richtungen, gerader und nahezu leerer Straße auf 80 Kilometer pro Stunde beschränkt. In Deutschland wäre das beinahe ein Grund für ein Volksbegehren. Ich muss noch viel mehr lernen über diese fremde Kultur, die räumlich so nah vor meiner Haustür liegt. Doch jetzt biegen wir ab und halten plötzlich.

Es gibt kein Schild, aber Frau Rebstock ist überzeugt, dass das große Holzhaus direkt an der Straße, das in ungewöhnlichem Mausgrau gestrichen ist, unser Hotel sein muss: Engelgaard, Engelhof. Auf unser Klingeln erscheint die Chefin, eine große blonde norwegische Amazone im Zweireiher. Während sie uns die Zimmer zeigt, erzählt sie, dass das Haus 1890 als Heim für Obdachlose erbaut und 2003 renoviert wurde.

»Ich hatte nicht im Traum gedacht, dass ich so etwas je machen würde«, sagt sie, obgleich jedes Zimmer wie ein anderer kleiner Traum wirkt, »aber jetzt finde ich es wie ein Wunder. Wir sind anders. Wir haben keine Minibars und keine Fernseher in den Zimmern.« Ich entscheide mich ohne Probleme für das Schreibzimmer, weil es da einen stabilen Holztisch gibt, an dem ich tatsächlich schreiben kann, und weil es von der Straße abgewandt liegt. Die Rebstocks überraschen mich, als sie ein sehr cooles Designerzimmer wählen, vielleicht bewirkt sie doch Wunder. Dann stellen sie sich ihr als Winzer vor, und die Amazone hat sofort einen Kontakt parat. Ole Puntervold steht sogar im Telefonbuch als Winzer! Vielleicht hat sich diese Norwegenweingeschichte seit ihrem letzten Besuch 2005 schon viel weiter und schneller entwickelt, als wir uns vorstellen? Ich schicke Ebba eine SMS, dass wir in Norwegen sind, das Hotel ist super und bis morgen. Dann lautet die Anweisung der Rebstocks, einfach nur die Sachen aufs Zimmer zu bringen; wir wollen einen alten Freund von ihnen besuchen.

Nach einer kurzen, magenaufwirbelnden Fahrt kommen wir zum *Staubø Kultursenter*, das in einem großen alten dreistöckigen Haus am Hafen untergebracht ist, direkt am tiefblauen, kristallklaren Wasser des Eikelandsfjord. Das Erdgeschoss ist aus Stein gebaut und wesentlich niedriger als die oberen, hölzernen Stockwerke. Wir müssen uns alle ducken, als wir in das Café treten. Einen Moment später taucht ein großer, drahtiger Mittsechziger in Strickjacke, Jeans und Sandalen auf, der die Rebstocks herzlich begrüßt, sich mir als Eldrup A. Hansen vorstellt und auf mich wie ein angesehener Professor wirkt. Er besteht darauf, für uns Kaffee und frische Waffeln mit Erdbeermarmelade zuzubereiten.

»Was genau haben Sie vor in Norwegen?«, fragt er.

»Wir sind auf der Suche nach Trauben«, antwortet Herr Rebstock mit gewohnter Direktheit.

»Ich erinnere mich, dass Sie mal daran interessiert waren, hier Wein aus Äpfeln zu machen«, bemerkt der Professor.

»Nein, wir wollen Wein aus Trauben machen, Rotwein.«

»Dann werden Sie hierherziehen?«, fragt der Professor fröhlich.

»Nicht unbedingt«, lautet die vorsichtige deutsche Antwort.

Ich muss an die langen Winter und Nächte denken. Es gibt eine Vorgeschichte zu ihrer Mission, die äußeren Sphären des Weinbaus zu erforschen, von der ich erfahren habe, als wir zum ersten Mal über eine gemeinsame Reise nach Norwegen sprachen. Warme, sonnige Ferien hatten die Rebstocks hier verbracht, die die Möglichkeit des Weinbaus anzudeuten schienen, und dann beschloss ihr ältester Sohn, nach dem Studium den Familienbetrieb zu übernehmen. Ihre ungewöhnlich pragmatische Reaktion auf diese anscheinend eher überraschende Entwicklung – Generationskonflikte sind leider auch in der Weinbranche an der Tagesordnung – bestand darin, ihn in seiner Entscheidung zu ermutigen und für sich selbst eine neue Herausforderung für die Zeit nach der Übergabe zu suchen.

Der Professor sagt, es sei schade, dass wir nicht einen Tag früher gekommen seien, er gehöre zu einer Gruppe privater Bierbrauer und gestern hätten wir die Erzeugnisse sämtlicher Mitglieder probieren können. Das wäre für meine Zwecke perfekt gewesen, bestätige ich ihm, weil ich nicht nur am Wein, sondern allen alkoholischen Getränken in Norwegen und der hiesigen Kultur im Allgemeinen interessiert bin.

»Dann hätten Sie wirklich dabei sein sollen! Wir waren zu 40, alle am Witze erzählen, lachen, Krabben essen, Bier und anderes trinken!« Abgesehen von der indirekten, augenzwinkernden Erwähnung illegaler Destillate entspricht das sicher nicht dem Bild, das die Welt im Allgemeinen von den Norwegern hat. Normalerweise denken wir, die seien grundsätzlich entweder stocknüchtern oder sturzbetrunken; Witze in fröhlicher Runde sind da nicht vorgesehen. Dann fragt er, ob wir mit hochkommen wollen, weil das *Kultursenter* jetzt schließt. Herr Rebstock bietet sofort an, Wein aus dem Auto zu holen, und der Abend hat begonnen.

All dieses Gerede über Apfelwein, Bier und Schnaps macht mir klar, wie sehr sich diese Recherchereise vom gewohnten Schema abheben wird, das meist einer Weinverkostungstour entspricht, auch wenn oft viel anderes nebenher passiert. Norwegen scheint weinbautechnisch ein gutes Jahrzehnt hinter Dänemark zu liegen, und es gibt hier anscheinend keine vergleichbare Truppe etablierter Weinpioniere wie Nordlund, Hideaway oder Domaine Aalsgaard, die sich mit einigen E-Mails und Anrufen zu einem Besuchsprogramm koordinieren ließen. Diese Reise wird eher wie die Suche nach Gold in einem neu entdeckten Land. Die erste Frage lautet jetzt, wie Reben tatsächlich auf das Klima reagieren, das die Datensammlung von Frau Rebstock umreißt, und für die Antwort darauf müssen wir zuerst Reben finden. Aber wir wissen nicht einmal, wo wir suchen sollen.

Die großzügigen Räume im ersten Stock bieten einen phantastischen Blick über den Fjord und wirken strahlend hell nach der dunklen Enge unten. Wir setzen uns an einen ovalen Glastisch, unser Gastgeber stellt vor jeden von uns ein großes Weinglas, und Herr Rebstock zieht den Korken aus einer Flasche seines 2003 Standard-Rotweins.

»Letztes Mal hatten sie deutsches Wasser dabei, das ließ sich erst trinken, nachdem wir es zu gleichen Teilen mit norwegischem Wasser gemischt hatten!«, witzelt der Professor mit kryptischer Ironie. Die Rebstocks haben mir bereits erzählt, dass sie bei ihrem letzten Norwegenbesuch eine beträchtliche Menge unverdünnten Obstler in alten Mineralwasserflaschen geschmuggelt haben, sehr zum Entzücken der Norweger, die mit diesen Mitbringseln bedacht wurden. Der Bericht unserer heutigen Schmuggel-Erfolge sorgt für ein breites Grinsen auf dem Gesicht des Professors. Mit einem Blitzen in den Augen erzählt er mir, dass dieser behutsame Verstoß gegen die Gesetze einen beträchtlichen Anteil der Verführung ausmacht, die der Alkohol auf ihn und seine Landsleute ausübt. Laut (legaler, also offizieller) Statistik trinken sie umgerechnet nur 4,4 Liter reinen Alkohol im Jahr, eine Pfütze im Vergleich zu den 10,2 Litern, die die Deutschen im Durchschnitt wegkippen. Selbst unter Einbeziehung illegaler anderer Dinge liegen die Norweger hinter Island an zweitniedrigster Stelle des europäischen Alkoholkonsums.

»Gibt es irgendwo Apfelplantagen?«, fragt Frau Rebstock den Professor unvermittelt.

»Nein, ich glaube, da sollten Sie in die Telemark fahren«, empfiehlt er. »Und ernten die Leute, die hier in ihren Gärten Apfelbäume haben, jedes Jahr Äpfel?«

»Ich glaube schon« – der Professor scheint diese Fragen ebenso verwirrend zu finden wie ich. Ich dachte, die Rebstocks wollten Traubenwein machen?

»Das heißt, es gibt keinen Frost während der Apfelblüte?«, bohrt Frau Rebstock jedoch beharrlich weiter und erntet darauf ein bejahendes Nicken. Jetzt verstehe ich, worauf sie hinaus will! Apfelbäume blühen im Allgemeinen im Mai, wenn die jungen Triebe der Reben extrem frostempfindlich sind und so die gesamte Ernte eines Jahrgangs ganz früh zerstört werden kann. Für einen Weinbaubetrieb könnte dies in der Aufbauphase den finanziellen Ruin bedeuten.

»Hatte Ihre Mutter Tomaten in ihrem Garten, ich meine, im Freien, nicht im Gewächshaus?«, fragt sie weiter und versucht dieses Mal herauszufinden, wie warm die Sommer hier wirklich sind.

»Ja, hatte sie. Ich hatte auch mal 150 Tomatenpflanzen im Garten und habe ein Kilo Tomaten von jeder geerntet. Ich wünschte, ich hätte zehn Hektar gepflanzt!«,

Die deutschen Augen werden immer größer während dieser Auskünfte. Als der Professor kurz hinausgeht, bricht Herr Rebstock sein Schweigen, und eine Flut von Gedanken schießt heraus.

»Ich glaube nicht, dass Trauben hier funktionieren werden. Wo soll das Land herkommen? Die Felder sind hier alle so klein, und ist euch aufgefallen, wie sie aussehen? Jedes einzelne war sumpfig am niedrigsten Punkt. Das Wasser sammelt sich dort, weil direkt darunter der Granit liegt und es nicht ablaufen kann.«

Wie schon gesagt, die Rebe ist kein Kaktus, aber ein durchlässiger Boden ist wichtig, weil sie es hasst, nasse Füße bzw. Wurzeln zu haben; das bedeutet nämlich, dass keine Luft an die Wurzeln kommt. Es gibt z.B. Jahrgänge wie 2001 in Bordeaux, in denen die Weine trotz aller in den Weinbergen des Médoc installierten Entwässerungskanäle und -rohre am Ende grün schmecken, weil die Reben zu lange im quietschnassen Boden standen. Angesichts der grenzwertigen Klimasituation hier wäre das beinahe so fatal wie Frost im Frühling. Die Probleme, denen sich norwegische Winzer – wenn es sie überhaupt gibt – und die Rebstocks bei der Erfüllung ihres Traums stellen müssen, sind viel erheblicher, als mir bei der Planung dieser Reise bewusst war. Vielleicht verschwenden wir alle zusammen unsere Zeit hier oben im hohen Norden?

Der Professor kommt mit einem aufgeschlagenen Telefonbuch zurück. »Ein Weinberg wäre natürlich sehr interessant für uns«, sagt er, während er sucht, »wir müssen unseren eigenen Wein aus unserer eigenen Stadt haben! Ich rufe den Bürgermeister von Arendal an, und vielleicht kann auch die Zeitung helfen.«

Er scheint seine Skepsis vergessen zu haben, und es kommt plötzlich Bewegung in die Sache. Er erreicht einen der Zeitungsleute, der fragt, nach was für Land die beiden suchen.

»Nah am Meer oder einem See, wo man Freilandtomaten anbauen könnte«, antwortet Herr Rebstock. »Und welche anderen Pflanzen?«, kommt die nächste Frage. »Äpfel, noch besser Aprikosen.« Mir scheint, die deutschen Ansprüche sind bewusst hoch, um sich in der Folge nicht mit zu vielen Nieten auseinandersetzen zu müssen. Es kann hier nicht viele Stellen geben, an denen Aprikosen reifen und es noch dazu freies Land gibt.

Unser Gastgeber tätigt noch einige Anrufe, von denen wir nicht viel mitbekommen. Doch erklärt er uns schließlich, er habe mit dem Direktor der Stadtentwicklung gesprochen, der vielleicht morgen für uns Zeit habe und sich im Hotel melden werde. Dann wird uns bewusst, dass es bereits nach zehn ist und die Waffeln in unseren Mägen längst der Vergangenheit angehören. Herr Rebstock organisiert noch ein Boot für eine Angelpartie morgen Abend, wir bedanken uns beim Professor für seine Hilfe und verabschieden uns.

Im Engelgaard belegen wir den Tisch oben im Flur. Ich hole eine Flasche 2005 Hideaway Rondo, die Rebstocks organisieren Gläser, Teller und Besteck für die Pizza, die wir von einer Tankstelle geholt haben. Der Wein sorgt für eine positive Überraschung und viel Gesprächsstoff. Doch da taucht plötzlich die Amazone auf und wirkt ausgesprochen verärgert. Ich fühle mich wie ein Schuljunge, der beim Rauchen erwischt wird. Sie erklärt uns sehr höflich, dass das Trinken laut norwegischem Gesetz nur auf unseren Zimmern gestattet ist, nicht aber in einem »öffentlichen Raum« wie dem Flur des Hotels. Solange uns niemand ertappt, sei es aber okay, lenkt sie dann unerwartet ein und holt mir sogar meine Flasche 2006 SO von der Domaine Aalsgaard aus dem Kühlschrank der abgeschlossenen Küche. Wir sind also alle Verbrecher, aber das ist nicht schlimm, vielleicht sogar ein besonderer norwegischer Kitzel.

18. Juni 2007 »Höchstens 25 Schnittblumen … und fünf Topfpflanzen«, gluckst Frau Rebstock und versucht vergeblich, ihren Lachanfall unter Kontrolle zu halten. Wir sind auf dem Weg zu unserem ersten Weintermin nördlich des 58. Breitengrads, und sie studiert gerade die norwegischen Zollbestimmungen. Sie zeigt mir eine Seite, auf der sehr groß und in Rot »VERBOTEN« steht, und liest vor: »Pflanzen oder Pflanzenteile, die für den Anbau bestimmt sind«. Das gilt natürlich auch für Reben, so dass sicher ein spezieller Antrag nötig ist, für eine spezielle Genehmigung, mit speziell aufwendiger Bürokratie…

Doch jetzt müssen wir erst den Wegweiser nach Kargus finden, an dem wir anscheinend schon einmal vorbeigefahren sind. Da ist es! Wir biegen von der Schnellstraße ab in ein kleines Industriegebiet. Die Nummer 59 liegt ganz am Ende und sieht besonders wenig inspirierend aus; ein kastenförmiger Schuppen mit ein paar Türen und Fenstern. Es könnte auch eine Schraubenfabrik sein.

In dem Kasten gibt es eine Sekretärin, die uns ins Büro von Ole

Puntervold geleitet. Der ist um die 50, wie die meisten Männer in dieser Ecke der Welt groß, hager und bärtig. Sein Blick ist zugleich freundlich und gespannt.

»Wir sind deutsche Winzer und würden gern ein paar Apfelbaumplantagen anschauen«, erklärt Frau Rebstock, nachdem wir uns vorgestellt haben.

»Ihnen ist klar, dass Sie hier in Norwegen sind?«, lautet Ole Puntervolds halb ernste, halb ironische Reaktion darauf.

»Aber Sie arbeiten mit Äpfeln, norwegischen Äpfeln?«, entgegnet sie ruhig, weil sie heute Morgen noch diesbezüglich recherchiert hat.

»Ja, aus diesem Teil des Landes und der Telemark«, bestätigt er, »in einem guten Jahr erzeugen wir 300 000 Flaschen Apfelsaft. Das Klima dieses Gebiets ist eigentlich für Äpfel gut geeignet, aber es gibt leider nicht viele.«

»Haben Sie je Probleme mit Frost während der Blüte?«, verfolgt sie wieder ihre Strategie. »Nein, aber es hat Probleme gegeben wegen zu wenig Bienen. Unter 10 °C kommen sie nicht aus ihren Stöcken.« Noch ein unerwartetes Phänomen in diesem räumlich so nahen und doch so unterschiedlichen Land! Zweifellos werden die Rebstocks noch ganz andere entdecken, wenn sie sich tatsächlich ans Rebenpflanzen machen. Sie versuchen jetzt einfach nur sicherzustellen, dass sie nicht gleich am Anfang in Riesenkomplikationen geraten.

Die Tür öffnet sich, und die Sekretärin bringt ein Tablett mit vier Weingläsern sowie einer Karaffe mit einer klaren, bernsteinfarbenen Flüssigkeit; filtrierter Apfelsaft, nehme ich an.

»Der ist vom letzten Jahrgang«, sagt Puntervold, während er einschenkt und die Gläser verteilt, »absolut naturreiner Saft ohne jegliche Zusätze. Durch die komplexe Säure ist er eine gute Alternative zu Wein.« Da hat er recht, denn der Saft ist nicht nur wunderbar aromatisch, sondern durch die Säure auch lebhaft und fein. Wenn es den Rebstocks je gelingt, einen norwegischen Wein entsprechender Qualität zu produzieren, dann wäre das ein Riesenerfolg.

»Wir sind eine kleine Firma, 1951 von meinem Vater gegründet. Er hatte vorher 20 Jahre lang für Fuhr gearbeitet, bei Grimstad, damals der größte Obstweinproduzent in Norwegen. 1933 hat er als Erster mit gezüchteten Hefestämmen zu arbeiten begonnen, das war ein großer Fortschritt«, erklärt er. Die sogenannte spontane Gärung mit natürlichen Hefen klingt großartig, und wenn alles gut klappt, kann das Ergebnis auch großartig sein. Im ungünstigen Fall ist allerdings eher die Bezeichnung Essig angebracht, unabhängig davon, ob das Ausgangsprodukt Trauben oder andere Früchte sind, und auch der muss nicht unbedingt gut sein.

»Ich habe hier 1977 angefangen, und vor zwei Jahren haben wir die erste neue Lizenz zum Destillieren bekommen, die in Norwegen seit 1927 erteilt worden ist«, fährt er fort. Er hat mit der Produktion eines Apfelbrands im Stil eines Calvados begonnen, aber auch wieder mit Obstweinen. »Wir probieren es mit Rhabarber und Kirschen, müssen aber bei der Vermarktung bei allem, was bei 4,7 Volumenprozent oder mehr Alkohol liegt, über das Monopol gehen.« Das Problem mit dem Vinmonopolet ist mir bereits von deutschen Winzern erklärt worden: Es ist schwierig, einen Platz in ihrem regulären Sortiment zu ergattern, das landesweit in den Regalen der Kette steht. Alles andere landet auf der sogenannten Bestillingsliste bzw. Bestell-Liste, muss per Mailorder bestellt werden und verkauft sich deshalb nur, wenn es über die Presse bekannt wird. Sein Eple Brent oder »Calvados« stand im November 2005 erstmals auf der Bestillingsliste, wurde aber viel besprochen und ging daher auch gut weg.

»Weinjournalisten sind hier sehr einflussreich, weil ich weder direkt ab Hof verkaufen darf, noch mit den Leuten sprechen darf, die fürs Vinmonopolet arbeiten«, klärt er uns weiter auf. Anscheinend hat er einen guten Draht zu den Journalisten, doch wie schmeckt sein Stoff? Er holt eine Flasche und schenkt jedem von uns bedächtig einen kleinen Schluck ein. Das schmucklose Büro scheint beinahe umgehend von reifen Äpfeln erfüllt. Der Brand schmeckt sehr klar und weich, die 40 Volumenprozent Alkohol kaum spürbar; wenn das Calvados wäre, dann würde er einiges kosten! Letztes Jahr hat er beinahe 3000 Halbliterflaschen erzeugt, dieses Jahr hofft er auf 5000.

»Wir erzeugen auch Akevitt, der in Norwegen traditionell in alten

Sherryfässern reift«, erzählt er weiter. Das ist genau die gleiche Tradition wie bei schottischem Whisky, obgleich der aus gemälzter Gerste entsteht, während für den Akevitt oder Aquavit norwegische Kartoffeln mit Dill- und Kümmelextrakten aromatisiert werden.

»Die Farbe geht auf die Sherryfässer zurück, wird aber natürlich mit Karamel korrigiert.« Das klingt jetzt ironisch. Diese Art von Farbkorrektur ist bei vielen Arten von fassgereiften Spirituosen üblich und hinterlässt auch geschmacklich ihre süßen Spuren.

Puntervold steht auf, um uns den Betrieb zu zeigen, also scheint es leider keinen Probeschluck vom Akevitt zu geben. Der Kasten ist nicht gerade romantisch, aber tadellos durchorganisiert und für alle entscheidenden Produktionsschritte mit den besten Maschinen ausgestattet, die derzeit auf dem Markt erhältlich sind, allen voran einer äußerst schonend arbeitenden Presse, die das Aroma der Äpfel einfängt, ohne die herbe Strenge der Kerngehäuse zu extrahieren. Er sagt, er filtriere und fülle den Apfelsaft so schnell wie möglich ab, um dieses Aroma zu erhalten.

»Während der Ernte arbeiten wir sechs Wochen lang sieben Tage die Woche, aber in einem guten Jahr stellt das auch 40 Prozent unseres Jahresumsatzes dar, und wir sind beim Preis nicht marktabhängig.« Das scheint ganz anders als beim Rest der Apfelsaftwelt, wo billiges Saftkonzentrat aus China vielen kleineren Produzenten in Europa das Leben mehr als schwer macht; eine hässliche Seite der Globalisierung.

Als wir wieder im Büro sitzen, spüre ich die Ungeduld meiner deutschen Begleiter. Sie sind jetzt enorm gespannt, was er zu ihrem Vorhaben sagen wird. Seine Antwort beginnt mit einer Liste der Fruchtweine, die in Norwegen erzeugt worden sind. Einen Moment lang frage ich mich, ob er begriffen hat, dass es ihnen um Trauben geht.

»Nun, und irgendwann hat natürlich jemand auch mit Trauben experimentiert. Er hatte eine Abmachung mit der Familie Munch und durfte ihren Namen für den Wein nutzen, und das machte den Wein sehr teuer …« Er meint den norwegischen Wein L'Esprit d'Edvard Munch, der 1995 bis 1999 aus Trauben vom westlichen Ufer des Oslofjord von Sven Erik Hansen erzeugt wurde, einem schwedischen Einwanderer. Leider ist Hansen mit seiner Unternehmung gescheitert und musste das Anwesen wenige Jahre später verkaufen. Frau Rebstock hat mir jedoch auf der Fähre erzählt, dass wir eventuell Aussicht auf einen Termin mit dem neuen Besitzer haben und diese historischen Reben also tatsächlich zu Gesicht bekommen könnten. Vielleicht ist das der einzige Weinberg diese Woche?! Doch wie sieht es mit dem Weinbau hier aus, quetschen die Rebstocks Puntervold weiter aus.

»Weder hier noch in der Telemark hat es je jemand probiert, aber mit der Klimaerwärmung steigen natürlich die Chancen.«

Es ist 16.10 Uhr, als wir vor dem Bahnhof Arendal halten, wo Ebba auf uns wartet. Sie ist zweifellos sauer, dass wir sie haben warten lassen, oder macht sich Sorgen, wie sie mit den Rebstocks auskommen wird. Sie kommen vom Land, stehen mit beiden Beinen fest auf dem Weinbergsboden, während sie eine urbane Intellektuelle ist.

»Ist das Wetter nicht wunderbar!«, ruft uns Ebba zu meiner Erleichterung entgegen, »wenn es so ist, dann lächelt ganz Norwegen.« Ihre gute Laune wirkt auch bei den Rebstocks wahre Wunder. Vielleicht waren meine ganzen Sorgen nur Selbstbeschäftigungstherapie, oder wie ein Buddhist wie ich sagen würde, nur Dinge, die meinen Geist von der Erleuchtung abgelenkt haben.

Wir fahren direkt zum nächsten Supermarkt, um für unsere Angel-Picknick-Partie einzukaufen. Wie gewohnt weiß Ebba genau, was sie will, und findet auch sofort heraus, wo sie es bekommt, aber dagegen habe ich nichts, dann sind wir hier schneller fertig.

»Das ist wie mit Papa zu reisen, wenn man 16 ist«, sagt sie, als ich erzähle, dass wir nicht sehr viele Termine haben und die Recherchemethode hauptsächlich Fügung heißen wird. »Aber wenn ihr wollt, kann ich euch die Mutter spielen.«

»Hast du doch schon!«, spöttelt Frau Rebstock und spielt damit auf Ebbas Organisation unserer Einkäufe an.

»Oh, das war nichts, wartet mal, bis ich richtig loslege!«, schießt Ebba unter allgemeinem Gelächter zurück. Ich glaube es kaum, aber innerhalb von nicht einmal einer halben Stunde sind wir zu einer richtigen Clique geworden.

Im Engelsgaard braucht Ebba einen Moment, um sich für ein Zimmer zu entscheiden, aber pünktlich um sechs sind wir am *Staubø Kultursenter* und ziehen Rettungswesten an, während der Professor ein kleines Holzboot mit einem Außenbordmotor für uns vorbereitet. Der Himmel ist reinstes, tiefstes Himmelblau, die Luft mild, wir sind gut ausgerüstet mit frischem Riesling und frischen Krabben – es könnte kaum idyllischer sein.

»Ein Picknick auf dem Boot gehört einfach zu Norwegen!«, sagt Ebba. Herr Rebstock wirft den Motor an, und wir schießen los, den Wind im Haar.

Nach einigen Minuten kommen wir an einem etwas überdimensionierten gelben Bungalow mit einem Schild vorbei: »SCANMATIC«. »Von denen habe ich einen Großteil der Klimadaten bekommen«, bemerkt Frau Rebstock. »Sie haben mir auch gesagt, dass sich das Meer hier während der letzten Woche schlagartig von 13 auf 18 °C erwärmt hat.« Das erscheint mir ein großer Sprung.

Dann halten wir an einer Bootstankstelle und decken uns mit bleifreiem Sprit und Eis ein. Eis! Ich habe seit Jahren kein Eis am Stiel mehr gegessen, wahrscheinlich sind es Jahrzehnte: das heutige Programm ist ein kompletter Rückfall in meine Kindheit.

Wir fahren weiter auf den Eikelandfjord hinaus und tauchen in den dichten Jodgeruch des Meeres ein. Ziemlich bald spüren wir die Wellen, und sofort protestiert mein Magen. Wir ziehen uns an den Rand der ruhigeren Zone zurück und werfen die Angeln aus. Ebba macht sich mit geübten Fingern daran, die *Reker*, Krabben zu pulen. Ich öffne eine Flasche 2004 Riesling trocken von Bernhard Ellwanger in Weinstadt/Württemberg und schenke den Rebstocks und mir selbst ein. Die Reker mit Weißbrot und Majonäse vertragen sich aufs beste mit dem lebhaften Riesling, und die Kulisse steigert das Ganze ins Traumhafte.

Als wir das Boot am *Kultursenter* festmachen, kommt es mir vor wie etwa halb acht, ist aber schon nach neun Uhr. Das kommt davon, wenn man sich an einem der längsten Tage des Jahres auf 59° 07' Nord bewegt statt den gewohnten Berliner 52° 30'. Man wartet und wartet auf den Sonnenuntergang, der doch nie zu kommen scheint.

Der Professor hat wieder Kaffee und Waffeln für uns, und ich beginne mich zu fragen, ob ich in diesem Land nicht am Ende doch ein paar Pfund zulegen werde, obwohl ich auf eine gastronomische Walachei vorbereitet war. Deutlich nach zehn raffen wir unser Zeug zusammen, um zurück zum Engelgaard zu fahren, und die Sonne hat sich wieder nur ein winziges Stückchen in Richtung Horizont bewegt. Ebba gibt ein lautjauchzendes »Wooow!« von sich. Keine Frage, die Entdeckungsreise dieser verrückten Clique wird etwas Besonderes.

19. Juni 2007 »Zehn Hektar aufzutreiben könnte schwierig werden ... könnte es auch eine Insel sein?«, fragt Trond G. Hansen die Rebstocks. Der Stadtentwicklungsdirektor von Arendal ist erfüllt von lächelndem Optimismus, als wir ihn in einem kleinen Konferenzraum im fünften Stock des ultramodernen Rådhus treffen, dessen Bau gerade erst fertig geworden ist. Er hat sich uns als »Wirtschaftsberater der Gemeinde seit etwa fünf Jahren« vorgestellt und hinzugefügt: »Ich habe an allen Seiten des Tisches gesessen, aber lag niemals darunter.« Jetzt heißt es herauszufinden, ob er den Rebstocks weiterhelfen kann. Sie sind sich einig, dass eine Insel passen würde, und der selbstbewusste, betont lässig gekleidete Hansen nickt nachdenklich.

Er schließt die Vorhänge und beginnt mit einer Powerpoint-Präsentation über Stadt und Landkreis. Sie unterscheidet sich nicht groß von anderen Vorträgen dieser Art, viel Statistik und schöne Landschaftsbilder, bis er nach etwa einer halben Stunde auf nachhaltig wirtschaftende Unternehmen, die sich hier angesiedelt haben, zu sprechen kommt.

Dabei klickt er sich zum letzten Bild, das die Insel zeigt, auf der das Umwelt-Festival der Stadt stattfindet; hier im Kuwait des Nordens strebt man nicht mehr nur an kohlenstoffneutral zu sein, sondern ist schon bei einer negativen Kohlenstoff-Bilanz angelangt. Wie auch auf dem Festland ist der größte Teil der Insel von Wald bedeckt.

»Könnte man einen Teil dieser Bäume fällen?«, erkundigt sich Herr Rebstock vorsichtig, um nicht sofort wie ein Anti-Öko zu klingen.

»Vielleicht an manchen Stellen, aber vielleicht nicht zehn Hektar«, lautet die ebenso vorsichtige Antwort. Mir ist bereits seit langem klar, dass die Rebstocks weder zehn Hektar Wald roden, noch soviel Reben auf einmal pflanzen wollen, aber sie werden sich letztendlich nur für einen wirklich geeigneten Ort entscheiden, wo es das Potential für zehn Hektar gibt. Es geht darum, mit den bestmöglichen Aussichten auf erfolgreichen Weinanbau zu starten.

Unser Gastgeber erzählt jetzt voller Begeisterung von den Plänen für einen Tunnel unter der Stadt, um den Verkehr umzuleiten, einen neuen Flughafen und einen Cargoport. Hightech-Firmen stehen schon Schlange und vielleicht kommt sogar Ikea. Die Stadt ist ein *Global Hub* des angehenden 21. Jahrhunderts, und wenn wir nicht aufpassen, dann werden wir das alles verpassen und jammern! Doch dann fallen mir die endlosen Kiefernwälder und die Felder mit dürrem Gras ein, die so tun, als seien sie Getreide.

»Sam Eyde hat gesagt, wo ein Wille ist, ist auch ein Weg«, beschließt Hansen seinen Vortrag.

»Ich glaube, das stammt von Nietzsche«, korrigiert ihn Ebba höflich. »Das haben sicher eine Menge Leute gesagt«, schaltet sich Frau Rebstock diplomatisch ein.

»Wenn Sie wieder da sind, kann ich ein paar Treffen arrangieren«, lautet seine allgemeine, vage Aufforderung, in Arendal mit der Weinbau-Entwicklung zu beginnen. Als wir gehen, weiß ich immer noch nicht, was ich von dem Ganzen halten soll, außer dass Hansen, auf die allernetteste Art, eine lebende PR-Maschine ist.

In einem Café am Hafen sucht Ebba verzweifelt nach einer Zeitung, einer Rettungsleine in die große weite Welt. Ich reiche ihr das Lokalblättchen, mehr ist hier nicht zu haben.

»Was steht drin?«, frage ich dann, weil ich genauso darauf brenne, über den Horizont dieses sonnigen Paradieses des Nordens hinauszublicken.

»Der Zoo in Kristiansand hat einen neuen Löwen«, erwidert sie trocken.

»Ein neuer Zehn-Hektar-Weinberg würde mehr hermachen in der Zeitung«, frotzle ich zurück.

»Er würde das Blatt sprengen!« Ihre Antwort lässt mich höchst unschicklich in meinen Kaffee prusten. Die hiesige Kombination von Provinzialismus und der Tendenz zu glauben, nahe an der Weltspitze zu stehen, trägt schon leicht komische Züge. Ich kann mir nicht vorstellen, dass die Rebstocks hier anbeißen werden. Ganz abgesehen von allem anderen haben wir auch nach beinahe 48 Stunden noch keine einzige Rebe gesehen! Das ist einer der Gründe, warum wir ins Auto steigen sollten und in die Telemark fahren.

Es ist eine lange Fahrt durch endlose Kiefernwälder. Doch Ebba klärt uns unterwegs über die Norweger und den Alkohol auf, warum sie die friedlichsten Menschen der Welt sind, aber auch die neidischsten und scheinheiligsten, geht dann zur Schilderung einer sehr speziellen norwegischen Fischspezialität namens *lutefisk* über. Ich muss an meine kürzliche Japanreise denken, und mir fällt auf, dass die beiden Länder viel gemeinsam haben, nicht zuletzt ihre lange Küste und die Tatsache, dass jeweils der größte Teil aus unbewohnbaren Gebirgen besteht. Außerdem essen beide Walfleisch, wogegen ich grundsätzlich nichts einzuwenden habe, solange die betreffenden Wale nicht zu einer vom Aussterben bedrohten Art gehören.

Während ich meine vergleichenden Überlegungen den anderen darlege, wird mir klar, dass es auch einen grundlegenden Unterschied gibt: Über zwei Jahrhunderte lang hat Japan bis 1868 jeden Kontakt mit dem Rest der Welt bewusst vermieden, während die Norweger immer Seefahrer und Kaufleute waren.

Doch dann ändert sich die Landschaft um uns plötzlich und drastisch. Es gibt immer noch jede Menge Kiefern, aber rechts liegt ein See, der seine Existenz ganz offensichtlich massiven Gletschermassen zu verdanken hat und von richtigen Bergen und Feldern mit saftigem Gras umgeben ist. Wer weiß, vielleicht gibt es hier sogar Weinberge …

»Ich glaube, wir sollten jemanden fragen, wo wir heute übernachten können«, verkündet Frau Rebstock zu meinem Erschrecken. Sie hat in dieser Touristengegend während der längsten Tage des Jahres kein Zimmer für uns gebucht? Vielleicht müssen wir alle im Auto kampieren oder knobeln, wer in dem einzigen noch freien Zimmer schlafen darf.

Wir zweigen in ein tristes Kaff namens Ulefoss ab und halten auf einer Art Hauptstraße. Es macht alles einen ziemlich geschlossenen Eindruck, aber Ebba springt entschlossen aus dem Auto. Sie verschwindet durch eine Tür in ein dreistöckiges Holzhaus auf der anderen Seite der Straße und taucht eine Minute später bereits wieder auf, tief im Gespräch mit zwei großen jungen Männern. Wir steigen alle aus und gehen zu ihr hinüber. Die beiden stellen sich uns als Jarle Aaheim, Chefredakteur der Lokalzeitung »Kanalen Lokalavis«, und Jan Odinsen, einer seiner Reporter vor, und wollen alles über uns wissen. Die Vorstellung, dass der Weinbau in der Telemark sein Debüt gibt, erscheint ihnen nicht im geringsten verrückt, sondern fasziniert sie ganz offensichtlich, und sie scheinen uns vollkommen ernst zu nehmen.

»Sie sind die Ersten!«, sagt Aaheim gratulierend, aber auch ein wenig belustigt, dass er sich hier unverhofft den ersten Weintouristen der Telemark gegenüber sieht.

»Ja, in ein paar Jahren werden die Leute sagen, dass genau hier alles begonnen hat!«, ergänzt Odinsen.

»Es wird eine Messingplakette an der Stelle im Boden geben, wo wir jetzt stehen«, spinnt sein Chef das Ganze weiter. Wir sind bereits Geschichte, Legende schon zu Lebzeiten.

Sie erklären uns, dass jeder vierte norwegische Apfel in Gvarv wächst, nur 15 Kilometer nordwestlich von hier, und die Produktion dort immer weiter steigt. Die Rebstocks bekommen ganz rote Ohren, das ist zweifellos der Ort, wo wir hin müssen. Glücklicherweise fällt unseren neuen Bekannten auch sofort ein Hotel ein, das beinahe direkt am Norsjø-See liegt. Hoffentlich haben sie dort Platz für uns, das letzte, was ich brauche, ist übertrieben lange und intensive Bekanntschaft mit dieser nächtlichen Luftfeuchtigkeit von 98 Prozent. Es ist eine ganz neue Erfahrung, obgleich mein Heimatland, das England meiner Kindheit, wahrhaftig feucht genug war.

Als wir aus Ulefoss herauskommen, beginnen beinahe sofort die Obstplantagen zwischen der Straße und dem See. Es sind nicht nur Äpfel, sondern auch Kirschen, und dann sehen wir ein neues Lagerhaus aus Wellblech mit einem großen Schild: »TELEFRUKT«.

»Das ist kein Hobby mehr!«, frohlockt Herr Rebstock.

»Das wären eure zehn Hektar«, sagt Ebba optimistisch.

»Seht mal dort drüben!«, ruft Herr Rebstock dann aufgeregt und zeigt auf ein altes weißgetünchtes Haus, »ist das nicht eine Rebe da an dem Haus?«, Aber bevor ich richtig hinschauen kann, sind wir schon daran vorbei, Frau Rebstock hat ein Schild für unser Hotel entdeckt, wir biegen in eine Auffahrt und erfahren zu unserem Staunen, dass sie genügend Zimmer für uns haben. Zeit für ein Nickerchen, dann eine Dusche und Umziehen fürs Abendessen.

Um sieben klopfe ich an die Tür der Rebstocks, und wir sitzen draußen an einem Holztisch, mit dem Apfelsaft von Puntervold, einer Flasche Riesling von Van Volxem in Wiltingen an der Saar und Weingläsern; perfekt! Meine Freunde scheinen in bester Stimmung, und wir leeren ein Glas nach dem anderen, während wir auf Ebba warten. Als sie schließlich auftaucht, verstummt Frau Rebstock plötzlich. Ihre Augen sind irgendwie glasig, sie starrt in die Ferne – vielleicht die lange Fahrt?

»Reben!«, springt sie dann unvermutet auf und deutet in die Richtung der Blumenbeete entlang der Auffahrt zu unserem Hotel. Direkt vor unseren Augen stehen da zwei Rebstöcke, beide an einem Drahtrahmen gezogen, gut gepflegt und bei bester Gesundheit. Es gibt sie also doch, die norwegischen Reben, und sie sehen sogar erstaunlich ähnlich wie ihre Cousins zu Hause in Deutschland und anderen seit langem etablierten Weinbauländern aus! Wir springen alle auf und rennen hinüber, obgleich es eigentlich gar keinen Grund zur Eile gibt. Selbst Ebba ist baff. Wie die Erleuchtung finden einen auch die norwegischen Reben am ehesten dann, wenn man nicht nach ihnen sucht.

20. Juni 2007 Während meiner morgendlichen Joggingrunde am See entlang war es neblig, und es ist eine Geduldsprobe, beim Frühstück ruhig zu bleiben; alles in mir ist neugierig. Die Frau von der Rezeption kommt zu uns herüber und erkundigt sich, ob wir heute abreisen. Ebba entlockt ihr sofort die Information, dass ihr Vater 5000 Apfelbäume hat und das für die Gegend nicht besonders viel ist. Dann findet Ebba heraus, dass es sich durch die Bank um frühreifende Sorten handelt, die im August geerntet werden, und die hier im Gebiet angebauten spätesten Sorten Ende September reifen. Die Frau wird richtig gesprächig und erzählt, dass Frost während der Blüte für die Äpfel kein Problem sei, anders als für die Schattenmorellen. Bis auf -20 oder -25 °C sinke die Temperatur im Winter. Das würde bedeuten, dass manche winterharten Vinifera-Sorten wie der Riesling vielleicht überleben, selbst wenn die Trauben wahrscheinlich nicht ausreifen.

»Und Wein?«, erkundigt sich Herr Rebstock vorsichtig.

»Die Reifezeit ist zu kurz. Manche haben hier schon darüber nachgedacht, aber man bräuchte eine Sorte mit einer sehr kurzen Reifezeit«, erwidert sie. Der Schnee sei dieses Jahr erst Anfang Mai endgültig verschwunden. Ihre Antworten sind mehr als präzise. Ist diese Art von Fachwissen typisch für Hotelangestellte in der Telemark?

»Noch eine letzte Frage«, sagt Herr Rebstock: »Ist es möglich, hier für 25 Jahre oder länger Land zu pachten?«, Jetzt wird es ernst.

»Zehn Jahre, ja, vielleicht 20«, meint sie. Dann erkundigen wir uns nach den Reben im Garten, und sie verspricht, den Gärtner zu schicken, der deutsch spricht. Wir sollen bei den Reben auf ihn warten.

Einige Minuten später taucht ein Mann im Overall auf und stellt sich uns in perfektem Deutsch als Björg aus der Slowakei vor. Sichtlich erfreut über unser Interesse erzählt er, dass er hier seit Anfang der 1990er-Jahre arbeitet und seitdem Müller-Thurgau, Riesling, Chasselas sowie alle ihm aus seiner Heimat vertrauten Sorten ausprobiert hat, sie aber allesamt früher oder später erfroren sind. Nur diese Delaware-Reben, eine *Vitis-labrusca*-Sorte aus Nordamerika, haben es geschafft. Sie überleben nicht nur, sondern gedeihen prächtig. Die Trauben reifen im September, und er macht keinen Wein, sondern Saft daraus. »Meine Großmutter hat diese Rebe als Unkraut bezeichnet«, beschließt er seine Geschichte.

Wir gratulieren ihm zu seiner professionellen Arbeit, genau das sollte zu den Aufgaben einer Forschungsanstalt gehören, wenn die tatsächliche Forschungsanstalt nicht so besessen mit den heiligen norwegischen Beeren wäre und unter der paranoiden Vorstellung litte, Leute wie ich seien nur auf eine witzige Geschichte aus.

Der nächste Halt ist ein Freilichtmuseum über die landwirtschaftliche Geschichte der Telemark. Ebba hat mir schon ausführlich erklärt, wie man in Norwegen, als sich das Land 1905 von Schweden trennte und unabhängig wurde, beinahe verzweifelt nach Traditionen suchte, die als Beweise für Eigenständigkeit und grundsätzliches Nicht-Schwedischsein herhalten könnten. Unter anderem führte dies dazu, dass ein dänischer Prinz mit einer englischen Frau zu König Haakon VII. gekrönt wurde; ihr erster eigener König nach 550 Jahren! Die Gebräuche der landwirtschaftlich geprägten Telemark sowie der Gegend östlich von Oslo wurden Teil des nationalen Selbstverständnisses, obgleich die meisten Geschichtsbücher sich einig sind, dass traditionell Fisch das norwegische Grundnahrungsmittel schlechthin ist. Aber vielleicht ist das auch eine Legende, denn gegen Ende des 13. Jahrhunderts zwang die Hanse, eine Vereinigung von norddeutschen Kaufleuten, dem damaligen norwegischen König mittels einer rücksichtslosen Blockade die alleinigen Handelsrechte ab. Wenn die Norweger damals nicht zumindest teilweise nicht-fischige Lebensmittel importiert hätten, wäre eine solche Taktik sinnlos gewesen.

Die Direktorin des Museums, Ingeborg Jorid Vale, eine kleine stämmige Frau im traditionellen Kleid mit roter Schürze, nimmt sich unseres Quartetts persönlich an. Sie redet unglaublich schnell, und Ebba läuft als Dolmetscherin wirklich zu persönlicher Höchstform auf. »Ich hatte mich zwischendurch gefragt, warum ich diese Reise eigentlich mache, aber jetzt ist es mir klar«, flüstert sie mir in einer Pause zu. Ohne sie wäre unser Besuch hier völlig sinnlos.

Es stellt sich heraus, dass der letzte Besitzer dieses Hofes 1975 gestorben ist und seine Erben das Ganze in ein Museum verwandelt haben. Mein Blick wandert zu einem Schaukasten mit historischen Bunads, dem traditionellen norwegischen Frauengewand, von dem es derart viele regionale Abwandlungen gibt, dass man eine dicke Schwarte mit detaillierten Beschreibungen füllen könnte, und das doch einen Ausdruck des Nationalgefühls darstellt.

Freilichtmuseen waren noch nie mein Ding, aber die Rebstocks scheinen diese ganze Folklore wahnsinnig interessant zu finden, und Ebba überstürzt sich schier beim Übersetzen. »Sie haben das alles selbst gemacht«, sagt die Direktorin gerade, während sie auf die Vitrinen deutet, »und sie haben Wein gemacht.« Wie bitte?!

Sie schlägt vor, dass wir zum Haupthaus hinübergehen, und wir folgen ihr zu der zweistöckigen Holzkonstruktion, die ein modernes Ziegeldach trägt. Sie bedeutet uns, im Salon Platz zu nehmen. Der Raum ist wie eine Zeitmaschine. Die Wände und das hölzerne Himmelbett sind in leuchtenden Farben mit volkstümlichen Motiven bemalt, um eine Standuhr mit schwarzlackiertem Kasten hängen sepiafarbene Familienfotos. Auf dem Tisch vor uns stehen eine Reihe kleiner, altmodischer Weingläser und auf einem anderen Tisch eine Handvoll geheimnisvoller Flaschen. Aus Ebbas entschlossenem Blick kann ich erkennen, dass sie die Direktorin gerade nach dem Wein fragt.

»Das hier ist kein Wein«, lautet die Antwort, wobei wir jeder ein

Glas Gravensteiner Apfelsaft aus einem *Bag-in-Box* eingeschenkt bekommen, der versteckt unter dem Tisch steht. Die Norweger scheinen apfelsaftbesessen. Aber der Duft der blassgoldenen Flüssigkeit ist phantastisch.

»Es war hier üblich, dass jeder Hof seine eigenen Obstweine machte, und jeder Gast wurde im besten Zimmer des Hauses mit einem Glas dieses süßen Obstweins empfangen«, erläutert die Direktorin. »Auch der letzte Besitzer hat hier im Keller Obstweine gemacht. Wir haben noch 20 Flaschen von 1975. Er hat Rhabarber, Pflaumen, vor allem Kriker-Pflaumen, die bis nach dem ersten Frost am Baum bleiben müssen, und natürlich rote und schwarze Johannisbeeren verarbeitet. Im Sommer ist das hier der wärmste Ort Norwegens, aber im Winter kann es auch der kälteste sein. Ich lebe auf einer Insel in einem See, und wir bauen Pflaumen, Süß- und Sauerkirschen sowie Äpfel an, aber Wein mache ich nur aus Äpfeln.« Ihre Beschreibung ist zweifelsohne von einer gewissen Übertreibung gefärbt. Es gibt wesentlich kältere Orte als diesen in Norwegen!

Wir sind auf eine alte Weinkultur gestoßen, die sich zwar grundlegend von unser eigenen unterscheidet, aber perfekt angepasst an dieses ungewöhnlich kontinentale Klima in dem ansonsten überwiegend maritim geprägten Norwegen scheint. Das erinnert mich stark an die Begegnungen mit Obstweinproduzenten in den Dakotas, von denen viele norwegischer oder schwedischer Abstammung waren. Ihre Vorfahren machten Wein aus jedweden Früchten, die in der neuen Heimat wuchsen, oftmals auch hocharomatische einheimische Sorten, eine Tradition, die sich inzwischen mit dem Qualitätsbewusstsein von Traubenweinerzeugern aus Anbaugebieten mit milderem Klima wie Kalifornien verbindet.

Jetzt wird Frau Rebstock gleich die alles entscheidende Frage stellen: Wie sieht es mit Trauben aus?

»Man kann hier auch Trauben anbauen«, nimmt da die Direktorin jedoch schon die Frage vorweg, »aber sie werden nur an wenigen Stellen reif, dort wo sich auch Aprikosen wohlfühlen.« Sie steht auf und holt eine der Flaschen von dem anderen Tisch.

»Das ist Apfelwein von 1996«, erklärt sie und schenkt jedem einen Schluck ein. Er riecht und schmeckt etwas sherry-artig, aber nicht unangenehm. »Der Anbau von Apfelbäumen scheint hier im 12. Jahrhundert von der Kirche eingeführt worden zu sein. Heute werden nur Tafelobstsorten gefördert, und die alten Sorten zum Weinmachen sind beinahe verschwunden. Wir haben im Museum noch fünf.«

Dann holt sie eine andere Flasche herüber, auf deren Etikett auf Englisch *Cherry Blossom* steht, »der kommt von Fuhr in Grimstad.« Was für ein Glück, dass wir Ebba dabei haben, die uns all diesen Goldstaub an Information präzise übersetzen kann. Der Wein riecht und schmeckt intensiv nach Pflaumen und ist keine Spur zu süß.

Auf der nächsten Flasche steht Solbœrcider. »Das bedeutet, es ist ein Wein aus schwarzen Johannisbeeren«, erklärt Ebba, »wörtlich übersetzt heißen sie allerdings Sonnenbeeren.« Und die improvisierte Verkostung und Geschichtsstunde geht noch weiter, als Nächstes wird uns 2004 Svarthyll eingeschenkt. »Holunder!«, ruft Ebba, viel Aroma schmecken wir, mit der charakteristischen leichten Herbe dieser Beeren.

Ermutigt durch die Art, wie sich der Museumsbesuch zu soviel mehr entwickelt hat, zieht Herr Rebstock eine Visitenkarte aus der Tasche und erläutert mit Ebbas Hilfe, dass seine Frau und er ein starkes Interesse haben, in Norwegen mit dem kommerziellen Weinbau zu beginnen. Die Direktorin hört sich alles sehr aufmerksam an und nimmt es offensichtlich auch ganz ernst.

»Normalerweise kann es im April noch schneien«, erklärt sie dann, »aber in den letzten Jahren war der April warm, und letztes Jahr dauerte das warme Wetter bis in den September.« Die globale Klimaerwärmung hat es zweifellos bis in die Telemark geschafft!

»Wann war der erste Frost nach dem Sommer?«, erkundigt sich Herr Rebstock.

»Ende September«, erwidert sie, »im Sommer haben wir aber mehr sonnige Tage als an der Küste. Gvarv hat die meisten Sonnentage von ganz Norwegen!« Das ist ein weiteres Stück in dem komplizierten Klima-Puzzle, das die Rebstocks zusammenzusetzen versuchen.

Schließlich erklärt die Direktorin uns noch, dass jedes Feld und jede Plantage vor dem Bepflanzen sorgfältig auf sein Geländeklima untersucht wird. »Eine Entfernung von nur 60 Metern kann einen Unterschied von 2 °C bedeuten!« Das könnte auch den Unterschied zwischen erfolgreichem Weinbau und sauren, nie reifenden Trauben ausmachen, egal wie sehr sich der Winzer bemüht.

Herr Rebstock nickt nachdenklich. Wenn sie hier Reben pflanzen, dann werden sie exakt das richtige Grundstück brauchen und um das zu finden die Unterstützung eines sehr erfahrenen örtlichen Obstbauern, der der Weinbau-Idee offen gegenübersteht. Wir verabschieden uns in bester Laune und mit dem Gefühl, eine Menge gelernt zu haben, wo wir es am wenigsten erwarteten.

»Das ist Schnee da oben, oder?«, fragt Herr Rebstock die Direktorin, die mit uns zum Auto gekommen ist, und deutet auf eine Bergspitze. Wir brauchen keinen Dolmetscher, um die bejahende Antwort zu verstehen, und selbst eine perfekte Lage erscheint plötzlich wieder grenzwertig und die Weinbau-Idee eine gewaltige Herausforderung.

Doch kurz darauf sitzen wir beim Mittagessen in Gvarv. Es sind wieder mal Waffeln angesagt, und Ebba ist bald überzeugt, dass ihr das Kjernehuset Café die besten seit Jahren serviert hat. Während die Chefin des Cafés unsere leeren Teller abräumt, teilt uns Frau Rebtsock mit, dass unser nächster Termin ziemlich abgelegen in Seljord ist, wo angeblich ein junges Paar mit einer *Startup*-Firma Obstweine macht.

Nachdem wir die richtige Straße gefunden haben und sie die Karte beiseite legen kann, holt Frau Rebstock ihren Ordner hervor und liest uns die statistischen Klimadaten der hiesigen Gegend vor. Demzufolge gibt es im Jahr durchschnittlich 59 Tage mit mindestens 20 °C und 16 Tage mit über 25 °C. Das klingt gut, es folgen aber ernüchternde Zahlen. Die monatlichen Durchschnittstemperaturen für Juni, Juli, August und September sind respektive 15, 16, 14,6 und 10,9 °C. Irgendwann im Laufe des September ist der Sommer schlagartig vorbei. Die einzigen Rebsorten, die unter diesen Bedingungen regelmäßig gute Trauben liefern könnten, sind extrem frühreifende, und die müssten wiederum ausgesprochen winterhart sein. Die durchschnittliche Jahrestemperatur von 5,3 °C – deutlich unter dem theoretischen Weinbau-Minimum von 10 °C – dokumentiert die heftige Winterkälte.

Während wir auf diesen Zahlen und Temperaturen gedanklich herumkauen, wird die Landschaft draußen deutlich rauer, die mit Kiefernwäldern überzogenen Berge und die langgestreckten Gletscherseen erscheinen mir als durch und durch nordisch. Dann sind wir auch schon in dem überraschend modern wirkenden Städtchen Seljord und müssen uns konzentrieren, um die alte Fabrik zu finden, die jetzt den Obstwein-*Startup* beherbergt. Ebba findet sie schließlich in einem kleinen Industriegebiet. Wir stellen das Auto auf einem nahezu leeren Parkplatz ab und suchen nach dem Eingang.

Da öffnet sich eine Tür, und ein junges Paar winkt uns zu, das auch im coolen Berlin-Mitte nicht weiter auffallen würde. Sie spricht noch dazu perfektes Deutsch und stellt sich uns als Elisabeth Rett vor, mit ihrem Mann Tor. Sie bitten uns in einen streng modernistischen Verkostungsraum, der nach der Speisekarte auf einer Tafel zu urteilen auch als für diese abgelegene Ecke erstaunlich cooles Café fungiert.

»Ohne Restaurant dürften wir unsere Produkte nicht zum Verkosten ausschenken«, erklärt sie, »aber wir haben fünf Monate gebraucht, um all die Anträge für eine Vierjahres-Lizenz auszufüllen!«

Herr Rebstock gibt die üblichen Erklärungen zu unseren Absichten und schließt mit der bewusst provokanten Frage, ob es hier nicht zu kalt sei für Reben.

»Ja, das ist die Frage«, erwidert Elisabeth, »ist es ganz einfach zu kalt, oder ist es vielleicht an manchen Orten doch nicht zu kalt.« Sie erklärt weiter, dass jemand in Flekkefjord einen kleinen Weinberg angelegt hat, »aber letztes Jahr hatten sie nur 1000 Kilo Trauben.«

»Nur 1000 Kilo!«, ruft Herr Rebstock aufgeregt, »aber das ist doch eine ganze Menge. Das sind immerhin 700 oder vielleicht sogar 760 Liter Wein, genug für ein normales Fass.« Ich denke mit Bedauern daran, dass Frau Rebstock vorhin gesagt hat, wir müssten nach diesem Termin direkt zu unserem Hotel fahren, damit unsere Reservierung nicht verfällt. Ich fürchte, wir haben jetzt aber keine Zeit, zu diesem Weinberg hin zu fahren: dumm!

»Wir machen Apfelwein mit 4,5 Volumenprozent Alkohol, um das Vinmonopolet zu umgehen«, sagt Elisabeth, »Eplecider und Solbœrcider in 275-Milliliter-Flaschen. So etwas gab es hier vorher nicht, wir haben ein vollkommen neues Produkt lanciert. Wir vermarkten unter der Marke Seljord. Unsere Lieblingsapfelsorte heißt Åkerø, eine alte Sorte wie Gravensteiner. Möchten Sie ihn probieren?«

Was hat sie gedacht, warum wir den ganzen Weg nach Seljord gefahren sind? Kronkorken werden geknackt, Flaschen und Weingläser vor uns auf den Tisch gestellt. Die Ausstattung ist entschieden modern, das Seljord-Logo würde auch für eine erfolgreiche norwegische *Heavy-Metal*-Gruppe passen. Der Apfelwein schmeckt jedoch weder schwer noch metallisch, sondern duftet nach reifen Früchten, ist frisch und glasklar trotz 30 Gramm natürlicher Apfelsüße.

»Der hat eine sehr feine Frucht«, sagt Herr Rebstock anerkennend, »wo haben Sie das gelernt?«

»Bei der Pomona GmbH in Hessisch Oldendorf«, entgegnet sie wie aus der Pistole geschossen, »dem ältesten Apfelweinerzeuger Norddeutschlands.« Tor lächelt voller Stolz darüber, wie selbstbewusst seine Frau mit den südlichen Weinfremdlingen umgeht. Dann verkosten wir den schwarzen Johannisbeerwein, und auch der schmeckt sehr fruchtig und natürlich. Die Säure wirkt nicht aggressiv, die Süße ist ein wenig ausgeprägter als beim Apfel, aber nicht dominant oder klebrig.

Wir drehen eine schnelle Runde durch die Kellerei, wo alles vor blitzsauberem Edelstahl nur so funkelt. Die Rebstocks sind so beeindruckt, dass sie eine Flasche ihres Rotweins aus dem Auto holen als Dankeschön. Er würde bestens zu Elchbraten passen, erklären sie den jungen Unternehmern dazu, und danach sieht die Gegend hier zweifellos aus.

»Im Herbst bringen wir ein neues Produkt heraus«, sagt Elisabeth daraufhin, »einen Wein aus Heidelbeeren und Preiselbeeren zu Elch-

und Rentierfleisch.« Das ist ein Beweis dafür, wieviel Innovation auf dem Gebiet der alkoholischen Getränke in Norwegen möglich ist. Ein köstlicher norwegischer Traubenwein wäre sicher sofort ein Verkaufsschlager. Oder wäre der Preis, den die Rebstocks dafür nehmen müssten, doch ein Problem?

Jetzt haben wir eine ziemliche Fahrt vor uns an die Westküste des Oslofjords, und nach einigen Kommentaren von Tor zur Beschaffenheit der Straßen beschließen wir, durch die Berge zu fahren. Das Wetter ist so perfekt! Frau Rebstock und Ebba sind sich einig, dass unser Hotel in Oscarstrand ist, was ein wenig merkwürdig klingt. Aber die Landschaft ist wirklich atemberaubend schön, und der Blick mit jeder Straßenkurve ein neuer und spannender.

Während wir ein paar richtig enge Kurven nehmen, die meinen Magen etwas nervös machen, studiert Ebba aufmerksam die Karte. Weil sie Oscarstrand beim besten Willen nicht finden kann, ruft sie mit ihrem Mobiltelefon das Hotel an.

»Ich habe einen furchtbaren Fehler gemacht«, bekennt sie dann. »Was ist nur in mich gefahren, dass ich Oscarstrand aufgeschrieben habe? Unser Hotel ist in Åsgårdstrand, das klingt zwar sehr ähnlich, aber das sollte mir doch aufgefallen sein, schließlich ist Åsgårdstrand die berühmte kleine Stadt, in der Edvard Munch gelebt hat!« Frau Rebstock bricht in Gelächter aus, und als Ebba noch hinzufügt: »Ich fürchte also, es wird heute nichts mit Hollywood Beach«, ist es um uns alle geschehen …

Das Abendessen in unserem Hotel ist gerade so okay. Ich verstehe nicht, wie den Norwegern dieser ganze Weltklassefisch aus dem Atlantik, den Fjorden, Flüssen und Seen förmlich in die Küche und auf den Teller hüpft und sie doch anscheinend nicht der Lage sind, einfache köstliche Gerichte daraus zu kochen. Meine Frau wäre im siebten Himmel, wenn sie mit diesen Schätzen aus der kalten Tiefe kochen könnte. Dann kommt der Lettøl-Vorfall. Lettøl ist norwegisches Leichtbier, von dem Frau Rebstock eins bestellt, nachdem sie von dem langweiligen chilenischen Weißwein genug hat, um, wie Ebba sagt, die »virtuelle Wirklichkeit Norwegens« leibhaftig zu erleben.

Sie nennt es so, weil es sich um ein alkoholisches Getränk handelt, mit dem man sich unabhängig von der konsumierten Menge einfach nicht betrinken kann. Als sie auf dem Etikett nach dem Alkoholgehalt sucht – 2,5 Volumenprozent –, entdeckt Frau Rebstock, dass das Verfallsdatum der 18. April 2007 gewesen ist. »Oh!«, sagt die Kellnerin schockiert, als Frau Rebstock es wagt, dies zu reklamieren, aber zumindest taucht die Flasche nicht auf unserer Rechnung auf.

Nach diesem Vorstoß ins Reich der alkoholarmen Getränke holen wir mehrere Flaschen voll-alkoholischen Wein aus unseren Vorräten und einen *Bag-in-Box* Eplemost als Tarnung für den illegalen öffentlichen Konsum derselben und gehen hinaus auf den Pier von Hollywood Beach, wie wir Åsgårdstrand unter uns jetzt nennen. Eine Flasche geschmeidiger 2006 Weißburgunder trocken vom Weingut Fries in Winningen/Mosel ist schnell geleert, gefolgt von einem vollblütigen Rotwein aus Westaustralien, dem 2001 Isolation Ridge Shiraz von Frankland Estate. Und 30 Minuten vor Mitternacht ist die Sonne immer noch nicht untergegangen.

»Meinst du, das wäre genug Licht, um die Photosynthese der Reben noch am Laufen zu halten?«, frage ich Herrn Rebstock.

»Bei der Temperatur klar!«, antwortet er sofort, »das ist hier der große Vorteil. Die Wachstumsperiode ist nicht sehr lang, aber es gibt wesentlich mehr Licht während dieser Jahreszeit als in Deutschland. Was die Telemark betrifft, bin ich allerdings skeptisch. Viele haben Maifröste erwähnt. Ich glaube, wir hätten bessere Aussichten mit einem Weinberg in Meeresnähe. Das andere Problem ist das Vinmonopolet, aber da habe ich schon eine Idee.«

Vielleicht ist es der Alkohol, die würzigen Aromen des Shiraz, der norwegische Mittsommernachtshimmel oder die Kombination all dieser Rauschmittel, aber Herr Rebholz hat sich etwas höchst Erstaunliches ausgedacht. Er hat sich überlegt, nur die Trauben hier anzubauen, sie dann auf einen LKW zu packen und die Expressfähre von Oslo nach Hirtshals in Dänemark zu nehmen. Die Anregung dafür stammt aus seinen Erfahrungen in der neuen Welt des Weins in Übersee, wo Trauben oft über Nacht zwischen Weinberg und Keller meilenweit transportiert werden. Er würde dann irgendwo im Norden Dänemarks für wenig Geld ein leerstehendes Fabrikgebäude mieten und dort die Trauben zu Wein verarbeiten, um ein fertiges Produkt auf EU-Gebiet, unter halbwegs weinfreundlichen Gesetzen herzustellen. Dann will er die Hälfte des erzeugten Weins über das Internet zurück an die Norweger verkaufen, die sich den Wein entweder selber abholen und nach Hause schmuggeln müssen oder ihn zweiflaschenweise, in der gesetzlich zugelassenen Höchstmenge, mit der Post zugeschickt bekommen. Wahnsinn!

»Die Fähre ist unser Partner der Zukunft«, spinnt er seinen Plan weiter aus, »wir machen den Traubentransport zu einem richtigen PR-Event, und im Gegenzug für die Werbung transportieren sie uns unentgeltlich.« Dabei geht es ihm nicht nur darum, wirtschaftlich zu arbeiten, sondern die Bürokratie clever zu umgehen, ja ihr zu trotzen.

Ebba ist bereits vor einer Stunde ins Bett verschwunden und hat daher dieses Meisterwerk anarchistischer Unternehmensplanung verpasst. Morgen früh wird sich das Ganze wahrscheinlich etwas weniger überzeugend anhören. Ich denke, es ist an der Zeit, ihrem Beispiel zu folgen, ich fühle den Alkohol in meinen Adern pulsieren, mein Kopf ist voller Shirazwürze, und obgleich es inzwischen deutlich nach Mitternacht ist, versucht sich der Himmel immer noch an einer ziemlich perfekten Imitation eines von Edvard Munch gemalten nordischen Sonnenuntergangs. Jetzt trifft es mich wie der Blitz; Munchs Landschaftsgemälde waren nicht expressionistisch, sondern realistisch!

21. Juni 2007 »Reben!«, ruft Herr Rebstock und zeigt durch die Windschutzscheibe auf ein Feld mit Reihen von Pfosten; ein frisch gepflanzter Weinberg neben schmucken Bungalows? Es ist kurz nach neun, wieder ein nordischer Morgen, wie er schöner nicht sein könnte, und wir haben vor wenigen Minuten unser Hotel in Hollywood Beach am Oslofjord verlassen. Ich dachte, wir hätten etwa eine halbe Stunde zu fahren, um zu Norwegens vorgeblich einzigem kommerziellen Weinberg zu gelangen, aber vielleicht hat selbst Frau Rebstock bei ihrer gründlichen Recherche einen zweiten gleich hier um die Ecke von Hollywood Beach übersehen?

Wir biegen in eine Seitenstraße, die sich aber als Sackgasse inmitten weißer Häuser entpuppt, die mich beängstigend an die »Truman Show« erinnern. Wir drehen um, zurück zur Hauptstraße. Herr Rebstock ist jetzt richtig besessen, zu diesem »Weinberg« zu kommen, der seiner Überzeugung nach nur wenige hundert Meter entfernt liegt. Wieder biegen wir ab, diesmal auf einen Feldweg, der durch ein Weizenfeld führt. Dem Weizen folgen Dill und Zwiebeln, und unsere Spannung steigt. Plötzlich tauchen die Pfosten auf, die viel höher als erwartet sind; wesentlich größer als ich selbst. Als wir aus dem Auto springen, habe ich das Gefühl, dass das hier irgendwie nicht ganz richtig ist für einen Weinberg, und wahrhaftig – es ist ein Erbsenfeld!

»Aber guckt euch den Boden an«, sagt Herr Rebstock unbeeindruckt und lässt eine Handvoll des sandigen Lehms durch die Finger rieseln, »das wäre ideal für Reben.« Zweifellos erwärmt er sich schnell, und da sind auch eine ganze Menge große Kieselsteine, die die Tageswärme sehr effizient speichern und an langen Abenden wie gestern abgeben. Außerdem brauchen Erbsen viel Wärme, um gut zu gedeihen; insgesamt ist unsere Entdeckung also ein Hinweis, dass Weinbau vielleicht hier gut funktionieren könnte.

Doch jetzt ist es an der Zeit, die tatsächlichen Reben bei Munch Vin anzuschauen – oder was einmal Munch Vin war – im nahe gelegenen Horten. Nachdem wir das Gut angerufen haben, um eine genaue Wegbeschreibung zu bekommen, rattert Frau Rebstock die wechselvolle Geschichte des Unternehmens herunter.

Der Weinberg ist 1992 von einem mutigen, weitsichtigen Schweden mit Erfahrung im Erdbeeranbau angelegt worden, Sven Erik Hansen. Sein großer Fehler scheint ein Abkommen mit den Erben von Edvard Munch gewesen zu sein, demzufolge er seinen Rotwein L'Esprit d'Edvard Munch nennen konnte und auf jeden Jahrgang ein anderes Munch-Gemälde drucken durfte. Diese aufwendige Marketingstrategie war zweifellos von Château Mouton-Rothschild in Pauillac/Bordeaux inspiriert, deren Wein seit 1945 jedes Jahr ein anderes Künstleretikett ziert, mit bekannten Namen wie Andy Warhol und Francis Bacon. Hansen hat versucht, jede einzelne Flasche zu einem Sammlerobjekt zu machen, was bei den Preisen, die er dafür verlangte, auch notwendig war: 1500 norwegische Kronen pro Flasche, das sind beinahe 190 Euro – ein Mouton-Preis!

Anfangs scheinen die reichen Weinsammler in Oslo auch wirklich jeder ein oder zwei Flaschen gekauft zu haben. Doch viele scheinen die Flaschen nie geöffnet zu haben, ihnen genügte es, ihre Sammlerobjekte zur Schau zu stellen. Wer den Korkenzieher ansetzte, hat das oft mit Mouton-Erwartungen getan, sich auf einen vielschichtigen, kräftigen Wein gefreut, wie ein guter Jahrgang des Premier Grand Cru Classé aus Bordeaux, was angesichts der klimatischen Bedingungen hier auf 59° 45' Nord unmöglich ist. Der Wein wurde den übertriebenen Preisen und dem prätentiösen Marketing wahrscheinlich nur selten gerecht. Hansen hatte ein schmerzhaft teures Eigentor geschossen und sah sich 1999 gezwungen, zu verkaufen. Vielleicht hat er die Situation auch noch leicht verschärft, indem er suggerierte, da er die Reben aus dem Burgund geholt hatte, könnten sie auch Pinot noir sein, die edle rote Sorte des Burgunds, die aber hier kaum eine Chance hat. Solche Weinlügen sind immer sehr gefährlich. Mit ein bisschen Glück werden wir gleich herausfinden, welche Sorten hier tatsächlich wachsen.

»Da ist es!«, sagt Frau Rebstock, und wir halten vor einem prächtigen weißen Bungalow. Eine kleine Frau mittleren Alters in makelloser weißer Bluse, ebensolchen Hosen und Designer-Sonnenbrille erscheint und stellt sich als Margrethe Usterud-Svendsen vor. Sie erzählt uns, sie habe eine Ausbildung als Psychotherapeutin gemacht und sei darauf spezialisiert, Menschen mit Depressionen zu behandeln, habe aber irgendwann auch eine Kette von Parfümerieläden besessen. Sie bittet uns hinein, führt uns durchs Haus, dessen geschmackvolle Inneneinrichtung vor Geld trieft, und hinaus auf die Terrasse, wo wir uns doch bitte setzen möchten. Es ist wie ein Logenplatz über dem Weinberg, der direkt unter dem Haus anfängt und sich sanft abfallend in Richtung Westufer des Oslofjords hinunterzieht, der etwa einen Kilometer entfernt hinter einer Reihe von Bäumen versteckt liegt.

»Wir haben das Anwesen letztes Jahr gekauft«, erklärt sie, »meine Tochter und ich. Die Pferde und Ställe gehören ihr. Der vorherige Besitzer hat sich sechs Jahre lang nicht darum gekümmert, es gab eine Menge zu tun. Der junge Mann, der dort drüben im Weinberg arbeitet, Alek, hat es schwer. Als wir kamen, war es eine Katastrophe.« Zweifellos meint sie, dass der Weinberg in einem dschungelartigen Zustand gewesen ist. Nach sechs vernachlässigten Jahren ist es eine ziemliche Leistung, ihn wieder so schnell halbwegs in Ordnung zu bekommen.

»Sven Hansen verfiel in eine tiefe Depression, als er das Gut verlor«, fährt sie fort, »aber jetzt berät er uns. Leider ist er heute in Schweden auf Familienbesuch, deshalb werden Sie ihn nicht kennenlernen.«

»Welche Rebsorten haben Sie?«, erkundigt sich Frau Rebstock sehr freundlich, wie immer auf der Suche nach harten Fakten, die ihnen helfen könnten, das große norwegische Weinpuzzle zusammenzusetzen.

»Ich hole ein paar Bilder und Infos«, entgegnet unsere Gastgeberin ebenso freundlich und kommt kurz darauf mit Fotos aus der Hansen-Zeit zurück. Den großen runden Blättern nach kann es kein Pinot noir sein, es ist wahrscheinlich nicht einmal eine *Vitis-vinifera*-Sorte. Auf dem Boden gibt es Unmengen von Kieseln, wie wir sie in dem Erbsenfeld gesehen haben. Die Infos sind ein fotokopiertes DIN-A4-Blatt, das von der russischen Rebsorte Hasansky Sladki berichtet und von einer anderen Hybride aus Minnesota/USA mit dem wenig romantischen Namen TP2-1-37. Keiner von uns hat je von den beiden gehört, und es wird auch nicht ganz klar, ob das tatsächlich die Sorten sind, die Hansen 1992 gepflanzt hat.

»Werden Sie Wein erzeugen und vermarkten?«, fragt Frau Rebstock weiter.

»Ja«, lautet die zuversichtliche Antwort, »Hans Rosenfeld, ein deutscher Einwanderer, berät mich, und er wird den Wein auch machen. Aber lassen Sie uns den Weinberg anschauen.«

Während wir hinunter zu den Reben gehen, flüstert Frau Rebstock Ebba und mir zu, dass wir morgen einen Termin mit Hans Rosenfeld und einem seiner norwegischen Kollegen namens Arild Syversen haben. Sie scheint die junge norwegische Weinszene wirklich fest im Griff zu haben.

Leider sehen die Reben aus der Nähe bei weitem nicht so überzeugend aus wie von der Veranda, auch ich kann sofort die Folgen des jahrelangen Wildwuchses erkennen. Das schlimmste Problem besteht darin, dass die Reben wie wild neue Schösslinge produziert haben, was jede Menge Arbeit bedeutet, um daraus wieder gerade Reihen von Reben in regelmäßigen Abständen zu machen. Nur so ist eine systematische Ordnung der Triebe möglich, und dadurch eine gleichmäßige Reife der Trauben; ohne jede Frage hier ebenso wie zu Hause die Grundlage für guten Wein. Eins ist klar, den Blättern nach zu urteilen – ganz wie auf Hansens Fotos – handelt es sich definitiv nicht um Pinot noir.

Herr Rebstock ist sofort tief im Gespräch mit dem jungen Mann im blauen ärmellosen Nike-T-Shirt. Alek kommt offensichtlich aus der ehemaligen Sowjetunion, spricht und versteht aber einiges an Englisch. Die Arbeit mit den Reben scheint ihn wirklich zu interessieren, und er hört sich aufmerksam alles an, was ihm die Rebstocks erzählen. Zwischen den drei entsteht sofort eine Verbundenheit, wie ich sie über die Jahre hinweg häufig und an den entlegensten Orten unter Winzern beobachtet habe. Dann taucht eine stämmige Frau in den Zwanzigern in Reitausrüstung auf und stellt sich als Caroline vor, Margrethes Tochter.

»Diese Seite des Fjords wird auch der *Sun Strip* genannt«, schwärmt sie, »hier kann es volle fünf Grad wärmer sein als auf der anderen Seite.« In ihrer Stimme schwingt echte Begeisterung mit, und die wird auch sehr vonnöten sein, um diesen halben Hektar wieder auf die Füße zu kriegen, guten Wein zu machen und den dann zu vermarkten.

»Dieser Boden mit den Kieselsteinen ist 25 Meter tief«, erklärt Margrethe, »die Blüte hat gerade begonnen, aber die Reben haben erst am 22. und 23. Mai ausgetrieben!«, Über einen Monat später als in Deutschland! Das bedeutet, dass das ganze üppige Grün vor uns – manche der Triebe sind beinahe einen Meter lang – gerade einen Monat alt ist! Das ist ein ziemlich schlüssiger Beweis dafür, wie die langen nordischen Mittsommertage das Wachstum der Reben beschleunigen. Die Rebstocks sind jetzt ebenso tief im Gespräch mit Margrethe wie schon zuvor mit Alek, und sie ist sichtlich erfreut über all die Ratschläge, mit denen sie sie überschütten. Sie schlägt vor, dass wir zurück zur Veranda gehen.

»Möchten Sie den Wein probieren, oder ist es zu früh?«, fragt sie, als wir wieder unsere Logenplätze eingenommen haben. Zu früh? Wir haben die tiefen Wasser überquert, um norwegischen Wein zu erleben! Angetan von unserer Aufregung kommt sie mit einer Flasche 1996 L'Esprit d'Edvard Munch zurück, auf dessen Etikett das berühmte Melancholie-Gemälde prangt: Ein Mann sitzt auf einem Felsen am Strand in offensichtlich depressiver Stimmung; nicht gerade das, was man Wohlfühl-Marketing nennt. Ein Anhänger am Flaschenhals erklärt den Wein zum Sammlerstück, erzählt die Geschichte des Gemäldes und enthüllt außerdem, dass der Wein von der Firma Fuhr in Grimstad ausgebaut wurde. Margrethe stellt große Weingläser auf den Tisch und schenkt den Wein ein.

Der Wein ist unbestreitbar auf der blassen Seite, aber überraschend strahlend und jugendlich in der Farbe für einen elf Jahre alten Rotwein aus Trauben, die nahe 60° Nord gewachsen sind. Die lebhaften roten Johannisbeer- und Waldbeeraromen zeigen eine gewisse oberflächliche Verwandtschaft mit manchen leichteren Pinot-noir-Weinen, die nach fünf oder sechs Jahren ähnlich riechen können, und ich kann mir deshalb vorstellen, wie Hansen dazu verführt wurde, Märchen über seine Reben nicht richtigzustellen. Der Geschmack ist nicht gerade raffiniert, mit einer kräutrigen Note, die mir sagt, dass diese Trauben nicht vollkommen reif waren, aber die Säure wirkt eher erfrischend als streng, und darunter liegt etwas warmer Gerbstoff, der das Ganze zu einem richtigen Rotwein macht. Alle am Tisch geben überraschte Laute von sich; der Wein schmeckt unerhört gut, dafür dass er von der nördlichen Grenze des Weinbaus stammt und so alt ist.

»Ich habe noch Stapel von den alten Etiketten«, erklärt uns die Gastgeberin, »aber ich werde sie nicht verwenden. Ich möchte ein neues Image und einen Preis, der die Leute die Flaschen öffnen und den Wein trinken lässt.« Es klingt, als ob sie und der Weinberg auf dem richtigen Weg sind, aber es wird garantiert kein kurzer sein. Es ist schade, dass wir jetzt gehen müssen; unser nächster Termin in Oslo ruft.

Die Fahrt ins Zentrum von Norwegens Hauptstadt ist wenig bemerkenswert, außer dass der Himmel zunehmend grauer wird. Was den Verkehr betrifft, scheinen wir endlich wieder in einer Großstadt, selbst wenn es sich nicht mit Berlin, New York oder Tokio vergleichen lässt. Aber wir sind alle noch bei der letzten Probe und reden begeistert durcheinander. Die Machbarkeit des Weinbaus, sogar der Rotweinerzeugung in diesem Teil von Norwegen ist jetzt bewiesen. 1996 war ein Jahr mit einem schönen Frühjahr und einem ebensolchen Herbst, der Sommer aber war kühl und nass. Trotzdem wurde es ein gelungener Wein. Davon abgeleitet ist Frau Rebstock überzeugt, dass in Jahren mit schönem Sommer wie 2003 oder 2006 ein deutlich kräftiger Rotwein möglich sein sollte, da die Trauben dann sicher wesentlich reifer würden. Dann stellt Herr Rebstock die Frage, ob die in Horten angepflanzten Rebsorten – was auch immer sie nun tatsächlich sind – wirklich die ideale Lösung für dieses Klima darstellen.

»Während der letzten Jahre hat es gerade bei der Züchtung neuer Rebsorten für sehr kühle Klimazonen und kurze Wachstumsperioden enorme Fortschritte gegeben«, sagt er. »Valentin Blattner, der hoch oben im schweizerischen Jura eine Rebschule und ein Weingut betreibt, hat viele neue Sorten gezüchtet, die pilzresistent sind und sehr früh reifen. Wir haben eine seiner besten neuen Sorten zu Hause gepflanzt, Cabertin, und sollten dieses Jahr die ersten Trauben davon ernten. Diese Rebsorte könnte sich hier sehr wohlfühlen.« Das klingt alles sehr stimmig, und ich bin jetzt überzeugt, dass bald etwas passieren wird; vorausgesetzt, sie finden ein passendes Grundstück.

Dann überrascht uns Ebba, indem sie uns erzählt, dass auch Margrethe von der im Vergleich zu den französischen Rotweinen, die sie normalerweise trinke, hellen Farbe und leichten Art des Weins überrascht gewesen sei. War das womöglich auch für sie die erste Begegnung mit norwegischem Wein, und hatte auch sie vielleicht Mouton-Erwartungen? Ihre Reaktion ist vollkommen verständlich, wenn man die Ergebnisse einer Studie bedenkt, die vor kurzem an der Universität von Bordeaux durchgeführt wurde. Sie kamen zu dem Schluss, dass selbst Fachleute mit jahrzehntelanger Erfahrung in ihrem Urteil von der Farbintensität eines Rotweins stark beeinflusst werden. Je tiefer in der Farbe der Wein, desto wahrscheinlicher war es, dass sie sich beeindruckt zeigten, vollkommen unabhängig vom Geschmack.

Doch da sind wir an meinem Osloer Hotel angekkommen. Wir halten, und ich hole mein Gepäck aus dem Kofferraum. Die Rebstocks übernachten in einem anderen Hotel, und Ebba wohnt bei einer Freundin in einem waldigen Vorort. Wir verabreden, uns im Bølgan & Moi-Restaurant zu treffen. In Kürze wird Øivind Hånes mich abholen, der eine Reihe von norwegischen Büchern über Wein und Essen geschrieben hat. Meine Gefährten der nordischen Weinforschung düsen weiter, und ich gehe einchecken. Die kleinen, schlichtmodernen Zimmer sind ein Kontrast zu den Hotels, die wir bis jetzt in Norwegen gesehen haben. Ich muss mich ziemlich umstellen, hatte gerade begonnen, mich ans Ländliche zu gewöhnen. Die nächste Umstellung wird vom Thema Weinerzeugung hin zu Marketing und Konsum sein; der große weiße Fleck der journalistischen Ermittlungen auf Planet Wein.

Eine Stunde später sitze ich neben Øivind Hånes in einem Taxi. Der kleine Kerl mit dem roten Gesicht verströmt soviel Energie, dass ich mich frage, ob er sie durch die thermonukleare Fusion von Schwerelementen erzeugt wie ein roter Zwergstern. Wie alt ist er? Schwer zu sagen, wahrscheinlich gut 40. Ich erzähle ihm von meinen

Weinreisen – von Moskau bis Kanada und Japan bis Norwegen – und frage ihn dann, wie er zum Weinautor geworden ist.

»Ich bin ein schüchterner Mensch«, sagt er mit Nachdruck. »Ich sitze am liebsten zu Hause und schreibe. Meinen Lebensunterhalt verdiene ich mit Romanen, aber nebenbei hat sich das mit den Weinbüchern entwickelt.« Er scheint gar nicht schüchtern, aber das liegt vielleicht daran, dass hier nur er, ich und der Taxifahrer sind und wir auf dem Weg zu einem seiner Lieblingsorte in seiner Heimatstadt sind.

»Warum kommt ein Weinjournalist nach Norwegen?«, fragt er mich. »Wir haben doch keine Trauben!«

Ich berichte, dass das nicht ganz zutrifft und ich den Beweis dafür in der Tasche habe, nämlich die halbvolle Flasche L'Esprit d'Edvard Munch, die mir Margrethe großzügigerweise als Dank für unsere Ratschläge beim Abschied in die Hand gedrückt hat. Die Melancholie wird einen zweiten Auftritt haben.

Als wir dort vor der Glasfassade vorfahren, über der in großen roten Buchstaben B & M steht, scheint die Sonne wieder. Øivind ignoriert jedoch die Terrasse und geht hinein, und ich folge ihm. Angesichts der coolen modernistischen Einrichtung könnten wir plötzlich auch in Berlin, New York oder Tokio sein.

Er schlägt einen Tisch direkt neben dem Pizza-Steinofen vor. Ein Kellner taucht mit Weingläsern auf, schenkt uns beiden aus einer klaren Flasche eine trübe grünweiße Flüssigkeit ein und zeigt mir dann das Etikett: RINGI James Grieve. Die schottische Apfelsorte James Grieve stammt von 1893 und ist ein alter Freund aus meiner Kindheit, dem ich das erste Mal im Garten meines Großvaters begegnet bin. Der Saft schmeckt sehr intensiv und fruchtig und ist doch sehr fein, leicht und beinahe übernatürlich frisch. Ich nehme sofort noch einen Schluck; erstaunlich! Es ist nicht nur der köstlichste der vielen hervorragenden Apfelsäfte unserer norwegischen Weinreise, sondern auch der beste Apfelsaft, an den ich mich erinnern kann.

»Er hat eine leise Oberstimme statt einem schweren Bass«, bemerkt Øivind, »nicht die massive, dumme Süße von Industrie-Apfelsaft … aber es gibt nicht sehr viel davon.« Das vereint den besten Apfelsaft der Welt mit den besten Weinen der Welt; die Produktion lässt sich nicht beliebig steigern, um die Nachfrage zu befriedigen. Auf dem Etikett steht, dass Jon Østen und Charlotta K. Ringi den Saft erzeugt haben, und sie beschreiben ihn als »natürliche Alternative zum Wein«, alles andere als eine Übertreibung. Es kann nicht ganz einfach sein, hier oben James Grieve anzubauen, der im allgemeinen erst Ende September bis Anfang Oktober reift, in den meisten Jahren also unmittelbar vor dem ersten Frost.

Dann steht plötzlich noch ein kleiner energiegeladener Kerl undefinierbaren Alters vor uns und stellt sich als Toralf Bølgen vor, zusammen mit Trond Moi Chef der fünf Restaurants umfassenden B & M-Kette und Co-Autor eines der Weinbücher von Øivind. Mit unverhohlenem Stolz überreicht er mir eine Weinkarte zur Begutachtung. Bereits beim Durchblättern wird klar, dass er über das neueste Geschehen auf Planet Wein ziemlich genau im Bilde ist und auch bereit, sich für die Weine einzusetzen, an die er glaubt. Da sind die Jahrgänge '95 und '96 von Roc de Cambes, einem der eigenständigsten Weine im Bordeaux, ein 2003 Icewine aus der Sorte Vidal von Inniskillin in Ontario/Kanada und eine trockene Riesling Auslese des Pfälzer Kultweinguts Koehler-Ruprecht. Alle diese Weine sind zu Hause schwierig aufzutreiben, und ich kenne in Berlin keine einzige Weinkarte, auf der sie gemeinsam stünden. Dafür müsste ich nach New York fliegen, in Tokio hätte ich aber keine Chance.

Darüber hinaus sind die Weine in der Karte auf ganz ungewöhnliche Art angeordnet. »Vor zwei Jahren habe ich begonnen, die Weine nach ihrem Charakter in Gruppen zu ordnen, statt wie gewohnt geographisch, und die Gäste mochten das«, schwärmt Toralf, »selbst wenn wir ein ziemlich lockerer Laden sind, wo man nur eine Pizza, aber auch ein Fünfgänge-Menü essen kann, gewinnen unsere Sommeliers in den nationalen Wettbewerben Goldmedaillen.«

Diese Einstellung ist mir wiederum von Berlin und New York vertraut, während die konservative Weinszene in Tokio sich noch nicht einmal in diese Richtung gewendet hat.

»Die Oberschicht hier trinkt seit Jahrhunderten Wein, aber erst um 1970 herum fingen auch normale Leute damit an«, klärt mich Øivind über den geschichtlichen Hintergrund dieses Aspekts der norwegischen Kultur der Gegenwart auf, »das war die Folge von Pauschalreisen nach Italien und Spanien … Benidorm!«

»Der norwegische Markt ist anders«, übernimmt Toralf, »hier ist Guy Charlemagne der meistverkaufte Champagner, nicht Veuve Clicquot! Und der meistverkaufte deutsche Wein ist Dr.Loosen.« Ich bin mir nicht sicher, welche dieser beiden Informationen mich mehr überrascht. Da er dort sowieso Wein abzuholen hat, schlägt Toralf vor, dass wir alle drei zum nächstgelegenen Vinmonopolet gehen, so dass ich mir die Sache selber anschauen kann. Das scheint mir eine gute Idee, also schnappt sich Toralf eine Sackkarre, und wir laufen los; durch Straßen, die ganz eindeutig cool und angesagt sind, mit Antikläden und *Designer-Flagshipstores*.

Während wir laufen, erklärt Øivind, dass die Alkoholsteuer in Norwegen bei allen Weinen effektiv gleich ist, so dass die Weine, für die das Vinmonopolet selbst mehr bezahlen muss, einen besseren Gegenwert darstellen als die, die sie für kleines Geld einkaufen, da der Anteil der Steuer am Endpreis bei letzteren viel höher ist. In Verbindung mit dem Ölgeld sorgt das offenbar für einen anhaltenden Boom bei Qualitätsweinen. Während der letzten fünf Jahre ist der Weinkonsum um 15 Prozent gestiegen, und bei deutschem Wein liegt diese Zahl noch viel höher.

Wir haben den Vinmonopolet-Laden erreicht, und als wir hineingehen, fühle ich mich wie in eine Aladin-Höhle voller guter und großer Weine dieser Welt versetzt; dazwischen jede Menge rosafarbener Phalaenopsis-Orchideen; nahezu weltweit ein zuverlässiger Indikator für Yuppie-Wohlstand. Die Preisliste zeigt, dass das Grundsortiment des Monopols 1600 Weine umfasst, aber als ich einen der Mitarbeiter anspreche, einen coolen jungen Kerl mit offenem Hemdkragen namens Robert Lie, sagt er, weil dies hier West-Oslo sei, hätten sie beinahe 2500 Weine in den Regalen. Bereits auf den ersten Blick ist es eine atemberaubende Auswahl mit Weinen vieler

Erzeuger, die zu Hause nur unter Schwierigkeiten aufzutreiben sind, wie Giacomo Conterno aus Monforte/Piemont und Comte Lafon aus Volnay/Burgund. Und da drüben steht anscheinend das gesamte Sortiment der Dr.-Loosen-Rieslinge. Ich fühle mich ein bisschen benommen, als wir zurück ins B & M gehen, um meine Reisegefährten zu treffen und etwas zu essen.

»Der große Umschwung begann um 1990«, setzt Toralf die Lektion in norwegischer Weingeschichte fort, während er seine weinbeladene Sackkarre mit geübter Hand durch die Yuppies lenkt, »vorher hat so gut wie niemand über Wein geschrieben, gab es so gut wie keine Weinpresse. Im Herbst 1986 erschien die erste Weinzeitschrift. Vielleicht wurde sie nur tausendmal verkauft, aber plötzlich begannen die Zeitungen daraufhin mit Weinkolumnen, und die Leute haben die empfohlenen Weine gekauft. In den 1980er-Jahren war Rioja sehr beliebt, französischer Wein wurde getrunken, weil es Tradition war, und die meisten haben Wein nach dem Preis gekauft. In den 1990er-Jahren kamen dann andere Faktoren ins Spiel. Zuerst waren chilenische Weine ein Verkaufsschlager; den Leuten war klar geworden, dass Wein aus anderen Ländern als Frankreich auch gut schmecken kann.« Das klingt, als sei damals etwas sehr Entscheidendes passiert, eine kulturelle Mauer aus Vorurteilen war mit Hilfe der freien Presse gesprengt worden. Vielleicht waren die Weinjournalisten aber auch nur der Funke, der den Zündstoff der persönlichen Geschmacksfreiheit zum Explodieren brachte, aber die Mauer fiel!

»Bis vor zehn Jahren«, erzählt Toralf weiter, »war Wein eine Freitag- und Samstagabendsache, erst dann wurde er zum Essensbegleiter. Es ist noch gar nicht so lange her, dass 98 Prozent der vom Monopol verkauften Weine weniger als 100 Kronen die Flasche kosteten, inzwischen sind wir eher bei 150 Kronen.« Das ist genau der Unterschied zwischen Liebfraumilch und Dr. L Riesling Kabinett von Dr. Loosen; genauer gesagt ein Quantensprung von massenerzeugten Weinen, deren Geschmack in erster Linie von den industriellen Produktionstechniken geformt wird, zu Weinen mit eigenständigem Charakter und einer Identität.

»Aber das ist ein Oslo-Phänomen«, wirft Øivind ein.

»Nein, dasselbe passiert auch in anderen Städten«, korrigiert ihn Toralf, »B & M hat auch Restaurants in Stavanger, Bergen und Kristiansand, und da beobachten wir jetzt die gleiche Tendenz.« Das klingt, als ob die Wellen der Osloer Weinrevolution gerade die Provinz erreicht haben.

Als wir wieder am B & M ankommen, entschuldigt sich Toralf, weil er in der Küche nach dem Rechten sehen muss. Von dem Tisch neben dem Pizza-Ofen winken uns die Rebstocks, Ebba und ihre schlanke blonde Freundin zu. Ebba hat mir schon erzählt, dass Ranveig Eckhoff, die sich wie ein Rockstar hinter einer großen schwarzen Sonnenbrille versteckt, Opernsängerin ist, aber inzwischen als Journalistin arbeitet. Sie möchte ein Interview mit mir machen, in der Hoffnung, es verkaufen zu können. Ich denke, das könnte schwierig werden, angesichts der Selbstbezogenheit der Norweger. Wie Ebba ganz richtig bemerkt, beginnt der Rest der Welt selbst in den liberaleren Zeitungen hier auf Seite 28.

»Wein in Norwegen, ist es hier nicht zu kalt?«, wirft mir Ranveig zu, als ich ihr gegenüber Platz nehme.

»Mit dem Öl hat es in Norwegen auch klein angefangen, oder?«, frage ich zurück und stelle meine halbvolle Flasche L'Esprit d'Edvard Munch auf den Tisch.

»Wisst ihr, wenn man in Norwegen zum Mittagessen ein Bier trinkt, gilt man als asozial!«, bricht es aus Øivind, der mich so zur Konsumfrage zurück bringt. »Entweder man trinkt in Norwegen, oder man trinkt nicht. Einfach nur ein Glas Wein am Dienstag, das gibt es nicht.« Er meint damit, dass der typische Norweger selten Alkohol trinkt, aber wenn er es tut, dann richtig und ohne Rücksicht auf Verluste, bis er entweder bewusstlos wird oder ihm das Geld ausgeht. Unsere Vorstellung vom Weingenuss klingt für viele Norweger wie Drogenkonsum.

Jetzt brauchen wir aber etwas zu essen, und nachdem ich die ganze Zeit die Pizza gerochen und beobachtet habe, beschließe ich, ein Langweiler zu sein und genau das zu bestellen – obgleich hier die

Chancen auf guten Fisch bestimmt hoch sind. Die im Hintergrund plätschernde indische Popmusik erinnert mich daran, dass ich Øivind aber noch eine letzte Frage stellen muss. Ich habe mich mit ihm über seine deutsche E-Mail-Adresse verabredet, und ich weiß, dass er viel Zeit in Köln verbringt und dort schreibt. Er gehört auch zu denen, die mit den Füßen in unterschiedlichen Kulturen stehen. Wo ist er zu Hause?

»Ich fühle mich an beiden Orten daheim«, antwortet er und wirkt jetzt tatsächlich schüchtern in dieser größeren Gruppe, »wenn ich von einem zum anderen fahre, habe ich immer das Gefühl, nach Hause zu kommen.« Und ich muss ihn natürlich den norwegischen Wein verkosten lassen. Der Kellner bringt ein frisches Glas, ich schenke ihm einen Schluck ein und warte gespannt auf seine Reaktion.

»Er ist leicht, aber wirklich gar nicht schlecht …«, bemerkt er und nimmt dann einen zweiten Schluck, »und für sein Alter ist er frisch.« Wenn Norwegen 1996 trinkbaren Rotwein produzieren konnte, was wäre dann jetzt möglich?

22. Juni 2007 Mein Versuch, im Café des Hotels ein Frühstück zu erstehen, entpuppt sich als niederschmetterndes Erlebnis, und das liegt beileibe nicht an Sprachproblemen. Zuerst stellt sich heraus, dass sie überhaupt gar nichts Süßes haben, und ich brauche Marmelade, Zucker oder Schokolade, um morgens in die Gänge zu kommen. Dann funktioniert der Kassencomputer plötzlich nicht, und ich darf meinen Kaffee und das Reker-Brötchen nicht konsumieren, bevor ich es bezahlt habe. Am Ende bleiben mir ungefähr 90 Sekunden, bevor meine Reisegenossen mich abholen. Heute steht das Treffen mit Hans Rosenfeld und Arild Syversen auf dem Programm, wahrscheinlich bedeutet das Weinberge, zumindest Reben.

Plötzlich steht also Ebba da und scheucht mich mitsamt dem halbkonsumierten Brötchen durch den strömenden Regen ins Auto. Wir fahren zuerst nach Westen, dann Südwesten aus Oslo hinaus in Richtung Asker. Frau Rebstock gibt Anweisung, von der Hauptstraße abzubiegen. Wir kurven an Reihen von Holzhäusern vorbei, einem im Bau begriffenen Altersheim im selben Stil, alles von Wald umgeben.

»Vollkommen selbstlos arbeiten wir unermüdlich, damit ihr euren Lebensabend in einem Holzhaus mitten in eurem eigenen norwegischen Weinberg verbringen könnt«, ruft Ebba sarkastisch, aber nach einem halben, unbefriedigenden Frühstück und dem Regen draußen würde mir jetzt auch noch Böseres einfallen. Doch dann sehen wir es alle. Hinter den Holzhäusern liegt ein steiler Hang mit Reben in geordneten Reihen; doch wieder wirkt etwas daran merkwürdig, sogar falsch. Der Boden ist auf seiner gesamten Oberfläche mit schwarzem Plastik abgedeckt. Es sieht beinahe aus, als ob der Hügel ein riesiges schwarzes Kondom tragen würde; vollkommen bizarr.

Oben auf dem Hügel steht eine Reihe von Gewächshäusern, und aus einem davon tritt ein großer, schlanker Mann mit Glatze in wetterfester blauer Jacke und Hosen sowie Gummistiefeln. Er deutet auf einen Parkplatz, von wo wir die wenigen Meter ins Gewächshaus rennen, in dessen Tür er steht.

Innen stellt sich uns ein kräftiger, silberhaariger Kerl, der überraschenderweise nur ein Sweatshirt, Jeans und Sandalen trägt, als Hans Rosenfeld vor, und seinen Kollegen als Arild Syversen. Wir schütteln alle die Hände, und Syversen schlägt vor, zuerst einen Rundgang durch das Gewächshaus zu machen.

»Wir haben einige neue Sorten hier drinnen, zusätzlich zu dem kleinen Feld« – sicher meint er damit den Hügel unter dem schwarzen Kondom, also den Weinberg – »nicht für die Produktion, sondern für Experimente. Es ist schwierig, die Beeren ganz reif zu bekommen wegen der kurzen, kühlen, manchmal sogar kalten Sommer.« Bei ihm klingt es wie ein aussichtsloses Unterfangen, ein sicherer Weg in die Depression und auf Margrethes Behandlungscouch.

»Normalerweise findet die Blüte Ende Juni oder Anfang Juli statt, aber dieses Jahr waren wir zwei Wochen früher dran, und die ersten Sorten sind schon mit der Blüte durch.« Er wirkt jedoch nicht besonders erfreut darüber, obgleich das eine Ernte vollreifer Beeren bedeuten könnte; er lässt es ungefähr so aufregend erscheinen, als käme die Müllabfuhr einen Tag früher als gewohnt.

»Das Feld liegt auf dem Heselberg, und es ist gut, so nahe am Meer und an einem steilen Hang zu sein«, fährt er dann fort. Ich frage nach den Rebsorten, denen ich in Dänemark begegnet bin. Es wäre interessant zu wissen, wie sie hier gedeihen, um die Situation in Dänemark und Norwegen vergleichen zu können, eine Ahnung davon zu bekommen, wie viel schwieriger der Qualitätsweinbau hier eventuell ist im Vergleich mit wenigen Graden weiter südlich.

Er sagt, sie hätten Rondo, Bolero und Solaris draußen im Feld stehen. »Solaris ist ein Fortschritt bei den weißen Sorten. Rondo reift ein bisschen spät hier in Norwegen. Viele erreichen hier nur 60 bis 70° Oechsle, während in Dänemark und Schweden 80 bis 85° üblich sind.« Oechsle sind die deutsche Maßeinheit für den Zuckergehalt der Trauben. Diese Zahlen sind solide Information, aber sie klingen für Norwegens Zukunft als Rotweinproduzent nicht besonders ermutigend. Ich frage mich auch, wie Hansen 1996 in Horten einen so guten Rotwein hinbekommen hat.

»Selbst im Vergleich mit Dänemark beginnen die Reben in Norwegen sehr spät mit ihrem Wachstum«, fährt Syversen fort. Das erklärt zweifellos den Unterschied in der Reife, den die Zahlen, die er uns gerade genannt hat, zum Ausdruck bringen. Er entspricht beinahe zwei Grad Alkohol im fertigen Wein, was wiederum der Unterschied zwischen kaum trinkbar und ziemlich köstlich sein könnte.

Die Reben vor uns wirken gesund und kräftig, aber sie sind vor dem sintflutartigen Regen durch das Glasdach geschützt. Syversen schlägt vor, das Feld anzuschauen, was ich zuerst für einen Witz halte, während er es vollkommen ernst meint. Glücklicherweise haben die Rebstocks Regenjacken dabei und auch zu meiner Ausrüstung gehört so etwas, sonst wären wir jetzt an der nördlichen Grenze des Weinbaus in echten Schwierigkeiten. Syversen scheint ein einfühlsamer und hochintelligenter Mann zu sein, aber vollkommen unfähig, seine Erfahrungen und Gedanken in einigen präzisen Sätzen zusammenzufassen.

Er erklärt uns, dass die schwarze Folie auf dem Boden dazu dient, Unkraut zu verhindern – ein Problem, das ihn anscheinend derart beunruhigt, dass er zu dieser radikalen Lösung griff – und dass das Plastik eine gewebte Struktur hat, so dass es luft- und feuchtigkeitsdurchlässig ist. Es ist beruhigend zu wissen, dass unter dem Kondom tatsächlich Erde ist, verhindert aber nicht, dass die Rebstocks und ich auf der schwarzen Folie mehr herumrutschen als laufen. Weinbau in Norwegen scheint so oder so abenteuerlich zu sein, unabhängig von der inneren Einstellung. Manche der Sorten, die Syversen als am vielversprechendsten empfindet, stammen von einem Züchter aus Minnesota namens Mark Hart. Das ist sicher der Ursprung der wenig romantischen TP2-1-37.

»Mark Hart versucht, Frostbeständigkeit und frühe Reife der *Vitis riparia* mit dem edlen Geschmack von *Vitis vinifera* zu kombinieren«, erklärt Syversen, während wir hinter ihm herschlittern, »und manche russischen Sorten wie Hasansky Sladki wachsen hier auch gut, obwohl Golubuk vielleicht für uns noch geeigneter wäre, weil diese russische Sorte zu einem Viertel Vinifera ist. Die Beeren schmecken etwas wie Cabernet Sauvignon, der auch einer der Großeltern ist.«

»Wir müssen Weine erzeugen, die die Leute auch trinken möchten«, schaltet sich Rosenfeld ein, anscheinend völlig unbeeindruckt von der Tatsache, dass er bis auf die Haut durchnässt ist. »Die Sorten, die in Minnesota und Russland gedeihen, wachsen hier gut, aber nur an Orten mit dem günstigsten Klima, nahe am Meer. Das erste Problem besteht darin, reife Trauben zu ernten, aber dann muss man auch guten Wein daraus machen und ihn angesichts der Konkurrenz der besten Weine aus der ganzen Welt verkaufen.« Das klingt sehr praktisch und bemerkenswert konkret, beinahe wie die Vorstellung eines Geschäftsplans, nach Syversens theoretischer Ausrichtung. Aber könnten wir jetzt bitte aus dem Regen herauskommen? Herrn Rebstocks Brille ist mit dicken Tropfen überzogen, und ich musste meine gerade abnehmen, um überhaupt etwas zu sehen. Die Diskussion geht in einem Schuppen neben dem Gewächshaus weiter, wo klar wird, dass Syversen für seine experimentelle Rebschule einen Teil einer Gärtnerei gemietet hat.

Rosenfeld führt seine Ansichten hinsichtlich der praktischen Bedingungen für die kommerzielle Weinerzeugung in Norwegen aus. »Wenn man einen Wein macht, der über das Vinmonopolet verkauft werden soll, dann braucht man eine Mindestmenge von mehreren 100 Flaschen pro Sorte«, sagt er, und was für uns Südmenschen beinahe lächerlich klingt, erscheint hier eine gewagte Zahl.

»Ich konzentriere mich darauf, mehr Rebsorten auszuprobieren und Reben zu verkaufen, von denen wir wissen, dass sie hier gut wachsen«, wirft Syversen seinerseits ein. Er ist ganz offensichtlich in der Experimentierphase steckengeblieben und ängstlich bemüht, den Punkt zu vermeiden, an dem Traubensaft der alkoholischen Gärung ausgesetzt werden könnte. Das Ding könnte außer Kontrolle geraten …

»Ich habe einen Auftrag für 600 Rondo-Reben«, fügt er hinzu, als sei ihm daran gelegen, die wirtschaftliche Seriosität seines Unternehmens zu verdeutlichen. Diese Anzahl von Reben ist ungefähr das Minimum, um Rosenfelds Flaschenzahl zu verwirklichen, liegt aber mehr als eine Größenordnung unter dem, was die Rebstocks vorhaben. Was werden Rosenfeld und Syversen erst zu deren Plänen sagen?

Die beiden schlagen jetzt erst einmal vor, zum Mittagessen zur Mats & Martin-Brasserie hinunterzufahren. Dort ziehe ich endlich mein Regencape aus und stelle fest, dass meine Hosen trotzdem ziemlich nass geworden sind. Ich bin heilfroh über die Aussicht auf eine Stunde trockene Wärme. Wieder hängt indische Popmusik in der Luft. Wir bestellen etwas Mediterranes zum Essen und etwas Germanisches zum Trinken. Wenige Minuten später landen Teller mit Pasta und Gläser mit Dr. L Riesling Kabinett auf unserem Tisch. Aus unerfindlichen Gründen wirkt diese Kulturen-Kollision hier überhaupt nicht verwirrend und nach unserer Schwimmstunde in Syversens Feld schmeckt alles wie Manna.

Das Einzige auf Planet Wein, das den kondom-überzogenen Hügel an Merkwürdigkeit noch übertrifft, sind die schwimmenden Weinberge in Thailand am Delta des Chao Phraya in den Tropen 46° südlich von hier, ganz am anderen Ende der klimatischen Skala. Thailand und Norwegen schieben beide die klimatischen Grenzen des Qualitätsweinbaus so weit wie nur möglich hinaus, aber sie geben ein schräges Paar ab.

»Was würden Sie sagen, wenn jemand hierher käme und mindestens zehn Hektar Weinberge anlegen wollte?«, fragt Herr Rebstock die beiden Tüftler und macht keinen Hehl daraus, dass er selbst der »jemand« ist.

»Ich würde denken, dass das zuviel ist, sogar gefährlich«, antwortet Rosenfeld mit einem leichten Zittern in der Stimme. »Ich glaube, dass Trauben in Norwegen im Freien nur in zwei von zehn Jahren vollständig ausreifen.«

»Was ist mit dem Weinberg in Horten? Wir haben den 1996 verkostet, und der schmeckt immer noch sehr gut. Das war kein richtig guter Sommer«, entgegnet Herr Rebstock. Dann erläutert er seinen anarchistischen Plan von vorgestern Nacht und lässt nur die Idee der Fähre als Geschäftspartner unerwähnt. Syversen sieht aus, als stünde er für die nächsten Tage unter Schock. Selbst der praktischere Rosenfeld wirkt bestürzt, fängt sich dann aber und sagt, wir sollten gleich mit ihm seine Reben anschauen.

Wir bedanken uns bei dem bleichen Syversen für seine Mühe und folgen dann Rosenfelds weißem Lieferwagen mit der Aufschrift: *Den blinde ku*. Keiner von uns hat die geringste Ahnung, was es mit dieser blinden Kuh auf sich haben könnte. Es schüttet immer noch, und ich bemühe mich, mit meinen Notizen hinterherzukommen. Syversen hat während unserer Schlitterpartie einige sehr fundierte Bemerkungen über spezifische Probleme des Weinbaus gemacht. Er betrachtet Oktoberfröste, die bis auf -10 °C gehen können, als das Hauptproblem. Jetzt im Juni sind die Tage hier wesentlich länger als zu Hause in Berlin, aber nach dem 21. September werden sie wesentlich schneller kürzer als weiter im Süden. Betrachtet man die ganze Situation also logisch, dann muss die volle Traubenreife schon Ende

September erreicht werden, in einem typischen Jahr knappe vier Monate nach Beginn des Wachstums der Reben im Frühjahr. Das ist fast zwei Monate weniger als in Deutschland!

Wir halten vor einem Komplex mit mehreren Holzflachbauten, von denen einer wie ein Hofladen aussieht. In den rennen wir jetzt durch den Regen, und hier löst sich das Geheimnis der blinden Kuh. Rosenfeld erzählt uns, dass er seiner Frau Inger zum 50. Geburtstag eine Kuh geschenkt hat, die zwar auf einem Auge blind war, aber Milch gab. Inger Rosenfeld begann, daraus Käse zu machen und betreibt jetzt Norwegens kleinste Käserei. Sie verkauft ihn hier, exportiert aber auch nach Frankreich und in die USA, wo sie eine Silbertrophäe damit gewonnen hat.

Während Rosenfeld hinter der Theke damit beschäftigt ist, für uns alle Kaffee zu machen, spaziere ich durch eine Hintertür in ein rundes Gewächshaus und stehe plötzlich in einem tropischen Garten mit Himalaja-Orchideen, südafrikanischen Strelitzien, südamerikanischen Passionsfruchtpflanzen und nordamerikanischen Opuntia-Kakteen, die hier friedlich nebeneinander wachsen; ein botanisches Gipfeltreffen voller Harmonie.

»Eine meiner Nichten war mit einem deutschen Winzer verheiratet, und ich habe alle deutschen Rebsorten im Freien ausprobiert; Müller-Thurgau, Traminer, Riesling … aber sie sind alle erfroren«, erzählt Rosenfeld von der Theke aus. Das erinnert stark an die Geschichte von Björg, dem slowakischen Gärtner in der Telemark. Rosenfeld bedeutet uns, den Kaffee in dem tropischen Garten einzunehmen, und wir setzen uns auf eine Holzbank unter einen blühenden Bananenbaum.

»Dann begann ich, im Gewächshaus mit Reben zu experimentieren«, fährt er fort, »ohne Heizung ist es dieselbe Temperatur wie außen, aber ohne den *Windchill*-Faktor. Es ist erstaunlich, welchen Unterschied das macht. Aber ich zeige Ihnen gleich die Reben.« Wenigstens werden wir hier nicht nass …

Aber erst möchte er den Rebstocks etwas erzählen, etwas, das ihm wichtig erscheint, wenn es ihnen ernst ist mit ihrem Weinbauprojekt hier in Norwegen, besonders wenn es um zehn Hektar oder mehr geht. Ackerland kostet vier Kronen pro Quadratmeter, oder 40 000 Kronen pro Hektar, ein Preis, den die Politiker festgelegt haben. Ein großer Teil wird verpachtet, weil der Pachtzins nicht limitiert ist, aber es gibt auch einen beträchtlichen Schwarzmarkt an Immobilien. Wenn ein Grundstück den Besitzer wechselt, dann wandert Geld oft sowohl über als auch unter den Tisch. Noch schlimmer für das Vorhaben meiner deutschen Freunde ist, dass Nachbarn bei solchen Transaktionen Vorrang genießen gegenüber Fremden, und die erste Option bei den Verwandten des Verkäufers liegt. Das klingt wie mittelalterlicher Protektionismus statt moderne freie Marktwirtschaft. Ich bin froh, dass ich nicht derjenige bin, der hier einen Weinberg anlegen möchte. Die Rebstocks scheinen hingegen nicht besonders alarmiert.

Rosenfeld führt uns durch ein leeres Gewächshaus, dann durch Ställe, schließlich müssen wir doch ein paar Meter durch den Regen rennen, in eine weitere Reihe von Plastik-Gewächshäusern. Er hebt eine Klappe, und wir stehen wieder im Trockenen – mitten in einem Weinberg! Diese Reben sind jenen in Horten und denen auf dem Kondom-Feld im Wachstum weit voraus und tragen alle bereits embryonale Trauben. Es gibt keinerlei Anzeichen von Fäulnis oder Ungeziefer. Wir gehen durch die Reihen, und er zeigt uns die verschiedenen Sorten, die er anbaut.

»Hier sind meine 100 Rieslingreben. Das ist meine Lieblingssorte, aber als sie im Freien stand, hat sie nicht einmal geblüht! Da sind Dornfelder, Solaris und Sauvignon blanc und dort Rondo, den habe ich gerade erst gepflanzt. Da drüben stehen Léon Millet und Maréchal Foch. Der Weinberg in Horten besteht mit ziemlicher Sicherheit aus diesen beiden französischen Hybriden.« Endlich wissen wir, welche Sorten Hansen 1992 gepflanzt hat!

»Ist das Pferdemist als Dünger?«, fragt Herr Rebstock und deutet auf den Boden unter den Reben.

»Nein, das sind Sägespäne, und sie dienen vor allem dazu, das Unkraut in Schach zu halten«. Rosenfeld freut sich sichtlich über unser Interesse an den Einzelheiten seiner Anbaumethoden. Trotz der »unnatürlichen« Situation im Gewächshaus erscheinen mir die Sägespäne eine wesentlich bessere Unkrautlösung als Syversens bizarres Ganzhügelkondom. Rosenfeld erklärt, dass er die Dächer auch im Sommer auf den Gewächshäusern lässt, aber die Planen an beiden Enden entfernt, so dass der Luftzug Fäulnis verhindert. Ich habe auch drei Ventilatoren bemerkt. Er bewässert die Reben mit Schläuchen, hält aber eine Tröpfchenbewässerung für die ideale Lösung, was auch sparsamer wäre. Die Heizung braucht er nur in der Phase, wenn die Reben zu wachsen beginnen und die jungen Triebe extrem frostempfindlich sind.

»Wie groß ist dieser Weinberg, ich meine wie viele Reben haben Sie?«, erkundige ich mich sehr direkt.

»Insgesamt sind es etwa 1300 Quadratmeter, und ich habe ungefähr 1000 Reben, aber wie Sie gesehen haben, sind einige davon noch nicht im Ertrag.«

»Wie groß wird Ihre Ernte dieses Jahr sein?«, frage ich weiter.

»Etwa 500 Kilo, genug Wein, um ihn zu verkaufen«, gibt er etwas verzagt zu. Das werden sicher ein paar hundert Flaschen werden, wahrscheinlich der Grund, warum er diese Zahl vorher genannt hat. Nächstes Jahr könnte die Anzahl der kommerziellen Weinerzeuger in Norwegen von null auf zwei steigen!

Wir gehen zurück zum Hofladen und bedanken uns für die überraschende Weinbergsführung. Leider möchte er uns keinen seiner experimentellen Weine kosten lassen. Die Rebstocks schenken ihm ein paar Flaschen ihres Weins und bieten ihre Hilfe an, er brauche nur anzurufen oder eine E-Mail zu schicken. Er scheint froh darüber, voraussichtlich wird er in Kürze die Trauben von zwei norwegischen Weinbergen vinifizieren müssen.

»Das war alles sehr beeindruckend«, sagt Herr Rebstock, als wir im Auto sitzen, »und Rosenfelds Reben sahen wirklich gut aus. Aber welche Erdbeeren und Tomaten schmecken besser, die im Freien gereiften oder die aus dem Gewächshaus?« Da hat er natürlich recht, weil Glas einen Teil der Sonnenstrahlung herausfiltert, der etwa Tomaten reifen lässt. Aber Rosenfelds Gewächshäuser sind aus Plastik, und ich glaube nicht, dass irgendein Experte voraussagen kann, wie Rosenfelds erste kommerzielle Weine schmecken werden.

17. Mai 2008 Wieder sitze ich mit den Rebstocks im Auto, dieses Mal jedoch in Deutschland, auf dem langen Weg von Weingut Rebstock zum Schloßgut Hohenbeilstein in dem gleichnamigen württembergischen Dorf. Wir wollen dort den Erzeuger eines trockenen Weißweins aus einer von Valentin Blattners früh reifenden, pilzresistenten neuen Kreuzungen besuchen. Die Rebstocks haben mir den 2007 Cabernet blanc gestern Abend blind eingeschenkt, und ich war sehr beeindruckt, wie sich der an Sauvignon blanc erinnernde Duft – Stachelbeeren, Maracuja, Gras – mit einer Eleganz verbindet, die bei Weinen dieser Sorte eher selten ist. Ich muss den Winzer dahinter kennenlernen, deshalb fahren wir dahin.

»Wir haben ein Stück Land gefunden in Norwegen!«, verkündet Frau Rebstock aufgeregt. »Acht Hektar in der Nähe von Grimstad, nur zwei Kilometer vom Meer entfernt.« Soll es wirklich Zufall sein, dass ich diese Neuigkeit am norwegischen Nationalfeiertag erfahre?

»Das Grundstück hat schwarzen sandigen Boden und der Wasserspiegel liegt nur anderthalb Meter unter der Oberfläche, Trockenheit sollte also kein Problem sein«, erklärt Herr Rebstock. Selbst in kühlen bis kalten Klimazonen kann das nämlich durchaus der Fall sein.

»Wir haben die Klimadaten geprüft, und es ist definitiv die wärmste Ecke Norwegens«, schwärmt Frau Rebstock weiter, »was für uns daran so günstig ist, ist, dass im Boden Kartoffel-Nematoden, also Schädlinge sind, so dass es verboten ist, dort irgendetwas anzubauen, an dem Erde haften könnte, wenn es verkauft wird. Deshalb lässt sich dort nur bestimmtes Obst oder eben Wein anbauen. Niemand will es kaufen.« Damit ist das von Rosenfeld geschilderte Problem gelöst, und sie sind jetzt nur noch wenige Schritte davon entfernt, das größte Weingut Norwegens, vielleicht ganz Skandinaviens zu gründen. Das sind wirklich aufregende Neuigkeiten, und plötzlich bin ich innerlich wieder bei unserer Forschungsreise im letzten Juni zwischen 58° und 60° Nord.

Ebba hat mir neulich gemailt, dass sie von einem Weinberg auf der polaren Seite von 60° Nord erfahren hat, der auf den zu Finnland gehörenden Åland-Inseln liegt. Ich habe sofort den alten Schulatlas meiner Frau herausgeholt, um zu sehen, wo genau diese Inseln liegen, und bin dabei auf eine Klimakarte gestoßen, die die durchschnittliche Dauer der winterlichen Vereisung der Ostsee zeigt. Daraus ging hervor, dass die Ostsee rund um diese Inseln gewöhnlich bis um den 30. April zugefroren ist, während die Küste Südnorwegens inklusive dem Oslofjord dank des Golfstroms den ganzen Winter lang eisfrei bleibt. Aber diese Daten sind beinahe 40 Jahren alt … Erfolgreicher Weinbau auf den Åland Inseln würde die nördliche Grenze für den Qualitätsweinbau in Europa noch weiter in Richtung Polarkreis verschieben.

»Und wenn du nächstes Mal kommst, haben wir eine Flasche von Hans Rosenfelds Wein für dich zum Verkosten«, verspricht Frau Rebstock. Wie Rosenfeld gesagt hat, als wir uns letztes Jahr im Juni von ihm verabschiedeten, lautet »die entscheidende Frage, ob die Leute eine zweite Flasche kaufen, wenn sie die erste probiert haben«. Genau das ist die Prüfung, die die Weine aus dem neuen Wein-Norden Europas in den nächsten Jahren bestehen müssen.

DER NEUE WEIN-NORDEN II
Im Auge des Eissturms in Michigan und Québec

12. Dezember 2007 Warum sitze ich an einem Mittwochabend mit einem großen Glas dünnem kanadischen Bier in der schäbigen *Waterworks* Sport-Bar auf dem Flughafen von Detroit? Ich bin unterwegs auf der Suche nach einem weiteren Teil der neuen nördlichen Grenze des Weinbaus hier im Herzen Amerikas und oute mich somit als unheilbarer Wiederholungstäter. Die meisten Journalisten meinen, eigentlich sei bereits eine Rechercheреise »auf Verdacht«, also ohne einen festen Abnehmer zur Veröffentlichung ihrer Geschichte, an irgendeinen obskuren Ort ein zu großes Risiko. Ich gehe hier noch viel weiter, indem ich zu genau einem solchen Ort zurückkehre, obgleich ich keine Ahnung habe, ob ich in den Weinbergen von Nord-Michigan überhaupt eine Story finden werde, die zu erzählen sich lohnt.

Vorausgesetzt, der letzte Flug von Detroit nach Traverse City hebt heute Abend tatsächlich irgendwann ab. Nach den Problemen am Schalter der Northwest Airline auf dem Flughafen von Newark heute Nachmittag bin ich diesbezüglich etwas skeptisch. Die Chefin dort erklärte mein Ticket für ungültig, sagte, ich solle mein Reisebüro kontaktieren, aber das war wegen der Zeitverschiebung zu Berlin natürlich nicht möglich. Es sah aus, als würde ich nicht weit kommen. Das ließ mich die fatalen Worte spucken: »Es ist mir egal, was es kostet, geben Sie mir einfach ein Ticket nach Traverse City«, wobei ich meine goldene American Express-Karte auf den Schalter knallte. Klingt melodramatisch, war aber reine Verzweiflung.

Die Weinbaugebiete von Nord-Michigan – die Halbinseln von Old Mission und Leelanau – unmittelbar nördlich von Traverse City erscheinen im Vergleich mit den glamourösen Superstars der berühmten Weintäler in Nordkalifornien wie verhinderte kleine Starlets. Sie liegen unweit von dem Punkt, an dem Lake Michigan an den eisigen Lake Superior im Norden grenzt, und westlich einer Stadt, die selbst Amerikaner nur selten auf der Karte zu finden in der Lage sind. Auch klimatisch ist es ein gewagter Ort für den Qualitätsweinbau, wegen derselben Kaltluftmassen, die aus Kanada auch zu den Finger Lakes im Staat New York fließen. Doch das ist nur die erste Station auf meiner Tour durch den neuen amerikanischen Wein-Norden. Danach werde ich von Traverse City nach Toronto fliegen, um Kanadas führenden Weinjournalisten, Tony Aspler, über die Entwicklungen in seinem Heimatland zu befragen. Dann geht es mit dem Express-Zug von Toronto nach Montreal, wo ich Andreas Schneider treffe, einen Apfelwein-Revoluzzer aus Deutschland, um die Apfel-Eisweine in Québec zu erforschen.

Apfel-Eiswein Québecoise ist eigentlich weder so neu noch so schräg, wie es vielleicht klingt. Bereits vor 18 Jahren ist dort der erste Wein aus Äpfeln gemacht worden, die in gefrorenem Zustand gekeltert wurden, und heute gibt es mehrere größere, international anerkannte Produzenten. Vor kurzem habe ich den 2002 Frimas von *La Face Cachée de la Pomme* aus Hemmingford probiert, der mühelos neben einigen der weltbesten Dessertweine aus Trauben bestehen kann. Doch für einen langen Moment am Northwest-Schalter schien Hemmingford/Québec unerreichbar fern.

Glücklicherweise trafen meine melodramatischen Worte und das Gold der Karte den richtigen Nerv bei der Chefin, und es gelang ihr mit beeindruckender Schnelligkeit, ein scheinbar unlösbares Problem in ein neues Ticket zu verwandeln; Buchungsgebühren wurden erlassen, Vorschriften übergangen. Das einzige Problem für mich war nun, dass ich um 844,80 US-Dollar ärmer war – aber was wäre die Alternative gewesen? Ohne diese zweite Reise zu den Weinbergen von Nord-Michigan schien die erste im Oktober 2005 völlig umsonst und meine Hoffnung auf eine gute Story geplatzt.

Der zweite Besuch einer exotischen Wein-Location ist immer ganz anders als das erste Erforschen einer fremden Gegend, weil sowohl der Reiz des Neuen als auch das Gefühl der Fremdheit keine große Rolle mehr spielen. Bis heute früh war ich ganz gelassen; wenn ich auf den Weinhalbinseln von Nord-Michigan journalistisch scheitere, sind die Apfel-Eisweine Québecs eine sichere Bank, aber jetzt bin ich völlig verunsichert.

Das Eis, oder vielmehr die Eismassen sind meine nächste große Hürde auf dieser Reise. Als ich heute Morgen auf einem Computerbildschirm in einem Copyshop in Manhattan die Nachrichten studierte, beschlich mich das Gefühl, dass das Ganze vielleicht etwas gewagter sein könnte, als ich mir vorgestellt hatte. Ich war innerlich und ausrüstungstechnisch eingestellt auf Eis und Schnee, aber als ich auf bbc.co.uk die Schlagzeile las »Kein Abflauen des strengen Eissturms in den USA«, musste ich doch schlucken. Der Bericht sprach von tausenden Menschen ohne Strom, während der Eissturm weiter durch den Midwest raste. Die »New York Times« erwähnte mindestens 20 Tote und berichtete, dass Oklahoma am schlimmsten betroffen sei. Mit dem Gefühl eines grundlegenden Missverständnisses las ich die Liste von Staaten, die laut BBC als nächste betroffen wären: Missouri, Kansas, Iowa, Illinois, Wisconsin, Indiana. Doch wie durch ein Wunder nicht Michigan …

Als ich zurück zum Washington Square Hotel ging, um mein Gepäck abzuholen und zum Flughafen von Newark zu fahren, biss mir schneidend kalter Nordwind in die Seite. Würde ich in Traverse City direkt im Auge des Eissturms sitzen? Als die Chefin in Newark mir mein teures neues Ticket ausstellte, buchte sie mich auf einen späteren Flug nach Detroit, als ich eigentlich geplant hatte, und sagte, diese Maschine sei wenigstens tatsächlich bereits eingetroffen. Einen Augenblick lang fragte ich mich, ob ich wirklich das Richtige tat. Würde es nicht sinnvoller sein, zurück nach Manhattan zu fahren und das Geld einfach auf den Kopf zu hauen? Dann schob ich diesen verführerischen Gedanken abrupt zur Seite.

Die Videoschirme hier im Flughafen Detroit zeigen Radarbilder von Nordamerika mit einem dicken blauen Keil – der Eissturm –, der sich durch den Midwest schiebt wie die Sense des Todes, aber glücklicherweise scheint Michigan bis jetzt sicher. Allerdings ist dieses Land im Winter so oder so kalt und nördlich!

Aus europäischer Sicht stimmen die Breitengrade hier nicht mit dem arktischen Wetter überein. Die Halbinseln von Old Mission und Leelanau liegen unmittelbar südlich des 45. nördlichen Breitengrads, vergleichbar mit den berühmten Weinbergen in Barolo und Barbaresco im Piemont/Italien. Wir Europäer vergessen nur allzu leicht, was 40 Grad und mehr Entfernung vom Äquator auf der Erdkugel größtenteils bedeutet. Unsere selbstbezogene Sicht beruht auf dem wohlwollenden Einfluss des Golfstroms, ohne den unser Klima dem Nordamerikas ähneln würde. Und viele Klimatologen befürchten, dass der Golfstrom irgendwann in den nächsten Jahrzehnten zum Stillstand kommen könnte. Die globale Klimaerwärmung bedeutet beileibe nicht nur, dass es überall wärmer wird, sondern es für viele Gegenden auch ziemlich unangenehme Überraschungen anderer Art geben wird.

Bei meinem letzten Besuch hier oben war alles ganz anders, nahezu idyllisch. Die Sonne schien, überall leuchteten sensationelle Herbstfarben, und auf der Old-Mission-Halbinsel bekam ich reife Riesling-Trauben zum Verkosten. Ich wurde damals am Flughafen von Sean O'Keefe, dem verrückten Kellermeister des Weinguts Château Grand Traverse, den ich fünf Jahre zuvor auf einer Riesling-Konferenz in Seattle kennengelernt hatte, und seinem Vater Ed abgeholt, einem ehemaligen FBI-Agenten. Sie fuhren mit mir direkt zum Peninsula Grill nicht weit von Château Grand Traverse. Sade, Tim Buckley und Oasis dröhnten aus den Lautsprechern, während ich drei riesige Gläser von O'Keefes saftigem, lebendigem 2004 Dry Riesling in mich hineinschlürfte. Ich war sicher, am richtigen Ort zu sein.

»Geschichte dreht sich um Ereignisse, die nie stattgefunden haben, aufgezeichnet von jemandem, der nicht dabei war!« verkündete Ed O'Keefe mit lauter Stimme, als ich mein drittes Glas in Angriff nahm. »Ich habe den Grundstein für diese Branche hier 1974 gelegt. Ich bin ein Einzelgänger. Sie nennen mich den Ayatollah des Rieslings. Ich glaube, sie haben die Entwicklung des Weinbaus in unserem Staat bewusst gebremst, indem sie den Leuten geraten haben, Hybriden zu pflanzen.« Dieses Wort sprach er voller Abscheu aus.

Eds Ablehnung von Hybriden war mir von den Finger Lakes im Staat New York vertraut, aber hier sind wir noch weiter im Norden, und der inzwischen grauhaarige ehemalige FBI-Geheimagent riskierte noch wesentlich mehr, als er '74 begann, Riesling und andere *Vitis-vinifera*-Sorten zu pflanzen. Auch wenn ich Ed gerade erst kennengelernt hatte, war mir seine Geschichte vertraut, weil einer der besten deutschen Winzer, Bernd Philippi vom Weingut Koehler-Ruprecht in Kallstadt/Pfalz, damals diese Weinberge für O'Keefe angelegt hatte. Er hatte seinen Abschluss der renommierten Weinschule in Geisenheim frisch in der Tasche, und dieses war das erste von vielen bahnbrechenden Weinprojekten, die ihn von China bis nach Südafrika führten.

»Jetzt nehmen uns die Leute ernst – wir haben die kritische Masse erreicht! Das klingt wie *Meltdown*, aber das ist es nicht«, fuhr Ed fort.

»Unser Staat ist so riesig, wir haben eigentlich gar nichts mit Detroit zu tun, aber wenn man Michigan erwähnt, dann denken alle an die Industriestadt Detroit«, unterbrach ihn Sean – er und sein Vater unterbrachen sich ständig. In den folgenden Tagen stellte ich fest, wie recht er hatte; die Old-Mission-Halbinsel ist eine kleine Welt für sich. Selbst auf der Karte sieht das merkwürdig aus: eine 18 Meilen lange und bis zu drei Meilen breite Zunge von Gletscherablagerungen, die sich in die Bucht von Grand Traverse hinausschiebt. Aber daraus habe ich keine Story machen können.

Endlich wird mein Flug aufgerufen. Die Maschine ist nur halbvoll, und alle anderen an Bord scheinen damit beschäftigt, einzelne Wörter statt Sätze, Absätze oder gar eine Geschichte zu schreiben; das gute alte Kreuzworträtsel ist im Midwest immer noch ein Renner. Mein Schreiben ist eine ganz andere Art von Rätsel, eins, das ich mir selber stelle und bei dem es auf das Arrangieren unterschiedlichster Eindrücke in eine Reihe von Wortbildern ankommt, so dass der Leser das Gefühl hat, mich auf meinen Reisen zu begleiten. Ich glaube, dies wird keine gefährliche Reise, trotz des Eissturms. Ich lehne mich zurück und versuche, ganz loszulassen. Einen Moment lang funktioniert es.

Dann wirbeln grässliche Turbulenzen das kleine Flugzeug plötzlich wie einen Federball durch die Luft, und ich muss mich ganz darauf konzentrieren, tief und gleichmäßig durchzuatmen, damit mir nicht ernsthaft übel wird. Das hatte ich nicht erwartet über der vereisten Weite dieser Gegend – doch dann eine letzte Böe und wir sind gelandet.

Als ich zum Gepäckband gehe, sehe ich die stämmige, langhaarige Erscheinung von Sean O'Keefe, der in einem kurzen dunklen Mantel auf mich wartet. Der Vollbart, an den ich mich von seinem Besuch in Berlin letztes Jahr erinnere, ist verschwunden. Was hat den einsamen Wolf bewegt, sich von diesem Markenzeichen zu verabschieden?

In Berlin hatte er eine Kiste mit trockenen Rieslingen aus Nord-Michigan dabei, darunter auch zwei Jahrgänge seines Whole Cluster. Sie überzeugten meine Frau und mich, dass dieser Kontinent beim Riesling einen entscheidenden Schritt nach vorn geschafft hatte und ich ein zweites Mal herkommen musste.

Genau wie letztes Mal sagt Sean, dass sein Vater draußen auf uns wartet, nimmt meinen Koffer und wir fahren das kurze Stück die Halbinsel hoch zum Hotel von Château Grand Traverse. Obwohl es beinahe Mitternacht ist, hat Ed jede Menge zu erzählen, denn er ist ein irischstämmiger Amerikaner und getreu seinen Wurzeln macht ihm das Geschichtenerzählen mächtigen Spaß, auch wenn nicht immer alles ganz wahr erscheint.

»Eddie meint, dass die Verkaufszahlen dieses Jahr um 36 Prozent gestiegen sind und dass es nächstes Jahr 40 sein könnten«, legt er los. Eddie ist Seans älterer Bruder und für Buchhaltung und Vermarktung zuständig. In seiner Freizeit kocht er außerdem gut genug, um ohne große Vorbereitung die Küche eines Gourmetrestaurants übernehmen zu können. Als wir in die Centre Road einbiegen, die die Halbinsel mittig hinaufführt, brennt sich mir ein Schild in den benommenen, verwirrten Geist:

MIT WEIN
ÜBERWINTERN
GESCHENKGUTSCHEINE

»Hier oben nennen sie es Indoor-Trinksaison«, erklärt Sean, »wir verkosten die Weine morgen.« Ich bekomme seine Worte kaum mit, so sehr fasziniert mich die dicke Schneedecke, die sich über die sanft geschwungenen Hügel der Old Mission zieht. Der Himmel ist voller Sterne, Orion riesig und tonangebend im Vergleich zu seinem schwachen Auftritt zu Hause in Berlin.

»Hier sind es jetzt 0,9 °C, unten am Flughafen waren es nur 0,7 °C«, jubelt Ed, stets darauf bedacht, die Vorzüge des Standorts von Château Grand Traverse herauszustellen. Diese Temperaturen sind nicht niedrig genug, um die Reben zu töten, deshalb widme ich ihnen jetzt keine Aufmerksamkeit; ich bin einfach nur froh, als wir am Hotel neben dem Weingut ankommen.

13. Dezember 2007 »Hier in Amerika sieht alles so düster aus, aber ich habe das Gefühl, wir sind ganz vorne dran, wie das Raumfahrtprogramm vor 50 Jahren.« Seans Worte lassen mich auffahren. Er redet über Wein auf der Old-Mission-Halbinsel, und mein journalistischer Instinkt sagt mir, dass er über eine Riesling-Mondlandung nachdenkt. Wie würde das in diesem nördlichen Kontext schmecken? Wir sitzen inmitten der weißen Wände des Konferenzraums des Weinguts und sollten eigentlich Seans neueste Weine verkosten. Als ich das letzte Mal aus diesem Fenster auf das »Château« geblickt habe – es sieht überhaupt nicht wie ein Schloss aus, aber das ist bei vielen Weingütern im Bordeaux nicht anders –, war es von einem breiten Streifen goldblättriger Reben umgeben, die sich an dem Hang bis hinunter zum Seeufer zogen. Heute ist es draußen jedoch weiß, was eine angemessen klinisch wirkende Kulisse für Seans Gedanken übers All darstellt.

»... mir gefällt die Vorstellung von neuen Weinen, die ins All geschossen werden«, fährt Sean fort. Seine metaphorischen Raketen-

Zündstufen sind schon voll am Glühen. Der Shuttle hat abgelegt! Aber mein Freund denkt bereits daran, wie das weinige Pendant an Uranus und Neptun vorbeifliegt, vielleicht direkt aus dem Sonnensystem hinaus.

Allerdings kann mich das nicht überraschen, jedenfalls nicht seit jenem Abend im Oktober 2005, als Sean mich Kathleen Glynn vorstellte, der Frau des Oscar-gekrönten Dokumentarfilmemachers Michael Moore. Wir waren in Seans kleinem Haus nicht weit vom Château, das eher wie ein Künstleratelier wirkt als das Zu Hause eines Winzers. Kathleen Glynn war eine Schatzgrube an Informationen über den anderen Midwest, der Lichtjahre entfernt vom Klischee der von Ultrakonservativen bewohnten Kulturwüste ist.

»Das gefällt mir am Midwest«, begeisterte sich die selbstbewusste, entschiedene Frau, die mir in engen Lederhosen gegenübersaß. »Jeder hat hier sein eigenes Programm … aber dann gibt es diese ganzen Topfpflanzen.« Das war ihre Beschreibung der Menschen, die die Welt im Allgemeinen mit dem Midwest assoziiert. Sie ratterte eine lange Liste von großen Namen aus der Pop- und Rockszene hinunter, die alle aus Michigan stammten und von denen ich nur die Hälfte mitbekam: Aretha Franklin, Al Green, Stevie Wonder, Grand Funk Railroad, Alice Cooper, Ted Nugent, Iggy Pop, The White Stripes, Madonna …

Das Material Girl hat seit ihrem ersten Fernsehauftritt vor 24 Jahren bei der Sendung »American Bandstand« über 300 Millionen Tonträger verkauft. Aber sie ist auch Mitinhaberin der Ciccone Winery auf der Leelanau-Halbinsel auf der anderen Seite der Bucht, die von ihrem Vater Tony Ciccone und ihrer Stiefmutter Joan geführt wird. Ich hatte letztes Mal sehr auf einen Besuch dort gehofft, aber jede Menge lief schief, und ich schaffte es überhaupt nicht auf die Leelanau. Jetzt steht es ganz oben auf meiner Agenda, aber ich habe das unbestimmte Gefühl, dass Sean versucht, mich von den Ciccones und ihren Weinen eher fernzuhalten, in der Befürchtung, sie seien die peinlich kitschige Seite seiner Heimat.

Kathleen Glynn war damals richtig besessen von der Frage, warum so viele Pop- und Rocklegenden aus dieser Ecke der Welt stammen, und erzählte mir, sie arbeite an einem Film darüber namens »Wednesday Night«. Ich erkannte in ihr eine verwandte journalistische Seele, und wir begannen über journalistische Methoden und Recherche-Erfahrungen zu reden.

»Hier sind wir mitten in der Höhle des Löwen!«, rief sie aus, entschlossen, mich von jeglichen eventuellen Midwest-Illusionen zu befreien, »der Auto-Staat ist ein System für sich. Öffentlicher Nahverkehr existiert hier nicht, weil GM ihn platt gemacht hat!« Sean stimmte ihr vehement zu und beteuerte, es gebe eine symbiotische Beziehung zwischen dem bestimmenden Einfluss der Autobranche auf die Infrastruktur des Staates und der Polizei, die Leute wegen Trunkenheit am Steuer einlochte. Wer weiß, wie es weitergehen wird in Detroit, wessen Einfluss wen wohin bringen wird.

Meine Notizen wurden immer spärlicher, als der Abend seinen alkoholischen Lauf nahm. Zumindest bekam ich mit, dass die ärmeren Familien alle südlich der Halbinsel leben; die Old Mission ist Nord-Michigans Luxusghetto. Schließlich fuhr mich Sean mit einem Golfcart zurück durch die Weinberge zu meinem Zimmer im Hotel, und der stürmische Wind vom See herauf ließ mich in meiner dünnen Jacke zittern.

»Wenn du hier leben wolltest, müsstest du mindestens 40 Pfund zunehmen«, bemerkte er und dachte dabei offenbar an die isolierende Wirkung subkutanen Fetts. Und zusammen mit Kathleen Glynns Kommentaren zu der Vorliebe für fritiertes Essen jeglicher Art im Midwest – sie erzählte, sie habe sich eine Weile dafür interessiert, »Fast Food Nation«, Eric Schlossers Enthüllung der amerikanischen Foodbranche zu verfilmen – schien Seans Bemerkung zu erklären, warum so gut wie jeder, den ich hier bis jetzt kennengelernt hatte, mir an Korpulenz weit überlegen war.

Aber jetzt muss ich herauskriegen, was genau hinter all diesem Gerede über ein Wein-Raumfahrtprogramm steckt. Sean schlägt vor, dass wir mit den letzten Jahrgängen seines trockenen Whole Cluster

Riesling anfangen, was mir etwas seltsam erscheint, weil Profiverkostungen eher mit den einfachsten Weinen beginnen, um sich dann die Preis- und – theoretisch – Qualitätsleiter hinaufzuarbeiten. Er scheint entschlossen, das Pferd von hinten aufzuzäumen, aber das ist schließlich seine Show.

Die Whole Cluster Rieslinge sind alles andere als korpulent und haben definitiv ihr eigenes Programm, statt als Topfpflanzen dahinzuvegetieren. Als ich sie letztes Mal probiert habe, waren die Schwankungen zwischen den Jahrgängen beträchtlich, was nicht gerade von der Sonne verwöhnt worden war, schmeckte ziemlich säuerlich. Ich meine damit die Art von spitzer Säure, wie sie bei deutschen Weinen früher üblich war, dank der globalen Erwärmung aber seit über einem Jahrzehnt der Vergangenheit angehört.

Bereits der erste Schluck des 2006 macht heute deutlich, dass dies auf der Old Mission kein einfacher Jahrgang war – es fehlt die üppige Pfirsich-Saftigkeit des köstlich reifen 2005 – aber die Säure ist eher feingliedrig als dominant, und der Duft erinnert mich an wilde Rosen und Hagebutten. Dann bricht eine richtige Welle von mineralischen Aromen über meinen Gaumen. Wow!

»Warum Whole Cluster, ich meine, warum die ganzen Trauben pressen, ohne sie zu mahlen?«, stelle ich die unvermeidliche Frage zu Namen und Herstellung des Weins.

»Ich glaube, dass in den kühlen Jahren unser Problem darin besteht, dass wir die Reife im Beerensaft haben, aber nicht in den Beerenhäuten,« erwidert Sean nachdenklich, »und wenn man dann die Trauben vor dem Keltern mahlt, führt das zu einem grünen Ton im Wein. In einem warmen Jahr ist es hingegen schade, nicht einen kleinen Teil der Trauben zu mahlen und die reifen Aromen aus den Häuten durch Mazeration zu lösen. Ich mache das inzwischen mit zehn Prozent der Trauben, vielleicht ändern wir den Namen des Weins. Vielleicht nenne ich ihn Laika nach dem ersten Hund im All. Alle anderen haben hier einen ›Hunde-Wein‹.«

Das aktuelle Etikett von Seans Whole Cluster zeigt einen Mann, der einen so riesigen Fisch trägt, dass sein Kopf dahinter verschwindet. Als ich es zum ersten Mal sah, erklärte mir Sean, es handle sich um einen gerade gefangenen Karpfen, nach dem lateinischen Motto *Carpe Diem*, nutze den Tag.

Die Manie für Tier-Etiketten im Gebiet veranlasste das Satire-Magazin »The Onion« zu einem Gesetz der Viecher-Weine, demzufolge die Qualität in der Flasche sich umgekehrt proportional zur Wildheit des abgebildeten Tieres verhalte; je knuddeliger das Tier, desto schlechter der Wein. Zu den Souvenirs von meiner letzten Reise gehört ein T-Shirt von Bowers Harbour Vineyard für ihren »Hunde-Wein« namens Otis One, eine bewusste Parodie von Opus One, dem Joint-Venture-Rotwein von Robert Mondavi und Baron Philippe de Rothschild aus dem Napa Valley. Spencer Stegenga von Bowers Harbour macht jedoch auch sehr ernstzunehmende Rieslinge und ist sehr bemüht, die Qualität seiner Pinots noirs zu steigern. Ich hoffe, ihn heute oder morgen wieder zu treffen.

»Wann waren die letzten kühlen Jahre?«, hake ich bei Sean nach, um das Thema Klimaveränderung nicht aus den Augen zu verlieren.

»2002 und 2004, aber 2003 hatten wir überhaupt keine Ernte wegen der Frühjahrsfröste«, lautet seine Antwort. Die letzten verheerenden Fröste, an die ich mich in Deutschland erinnern kann, waren im April 1997, und das letzte wirklich kühle Jahr war 1996. Das vegetabile Bouquet des 2004 Whole Cluster Riesling bestätigt Seans Beschreibung des Jahrgangs – ich rieche Fenchel und Angelika – aber der Wein schmeckt nicht streng und der lebhaften Säure stehen angenehme Blüten- und Pfirsicharomen gegenüber. Sean versteht es ganz eindeutig, das Beste aus den schwierigen Jahren zu machen, die in Nord-Michigan noch unberührt von der Klimaerwärmung scheinen.

Wir gehen weiter zum günstigeren und konventionelleren, halbtrocknen 2006 Semi-Dry Riesling, der viel mehr Pfirsich zeigt, daneben Aprikose- und Apfelaromen und eine unmittelbar ansprechende Balance von zurückhaltender Süße und lebhafter Säure, doch hat er nicht die Feinheit oder geschmackliche Nachhaltigkeit des Whole Cluster. Sean sagt, dass sie davon eine ziemliche Menge machen, um die 100 000 Flaschen im Jahr. Diese Zahl wird vom spät gelesenen 2006 Late Harvest Riesling noch deutlich übertroffen. Hier steht Michigan auf dem Etikett, im Gegensatz zu den anderen Rieslingen, die alle stolz Old Mission Peninsula als Herkunft angeben, und der Wein schmeckt wesentlich süßer.

»Das ist der Wein, der die Weinbranche Michigans groß gemacht hat, und wir sind durch ihn der größte Rieslingproduzent östlich der Rockies«, brüstet sich Sean, »ich habe Respekt vor ihm, weil er alle Weine finanziert, die ich mache.«

Die Süße des Weins stört mich nicht, auch wenn sie recht vordergründig ist, und die etwas simplen kandierten Fruchtaromen stören mich auch nicht, aber der Wein hat auch einen leichten Geranienton, der durch den Einsatz von Sorbinsäure als Konservierungsstoff entsteht; schade. Er ist aber enorm erfolgreich, weil die Topfpflanzen ihn mögen.

Seans Bruder Eddie steckt seinen Kopf durch die Tür. Wir haben verkostet und erzählt, ohne auf die Zeit zu achten, und das Mittagessen in Peninsula Grill steht an.

»Die gesamte Halbinsel war eine Blase, und viele Leute hat es erwischt«, sagt Eddie sehr direkt beim Essen in einem fast leeren Restaurant, und es ist klar, dass er Immobilien meint. Die Immobilienkrise ist ein nationales Phänomen und basiert auf Gier und einem kurzen Gedächtnis. Von 1890 bis 1997 stiegen die Hauspreise in den USA im Einklang mit der Inflationsrate, danach schossen sie in nur acht Jahren um 71 Prozent in die Höhe, bis das Unvermeidliche eintrat, wie bei jeder Blase. Hier auf der Halbinsel waren die Preise noch höher als der nationale Durchschnitt gestiegen und mussten deshalb auch noch tiefer fallen.

»Jetzt ist es hier einfach teuer«, fügt Sean hinzu, »und es wird nicht mehr gebaut.« Ich erinnere mich, wie ich 2005 die vielen riesigen neuen Luxushäuser mit Seegrundstücken angestaunt habe, als der Immobilienmarkt in schwindelnden Höhen schwebte. Wahrscheinlich war dieses Restaurant damals nicht nur voll von Touristen, sondern auch von Leuten aus der Baubranche.

»Die allgemeine Wirtschaft in Michigan bewegt sich in die falsche Richtung. Michigan hat Mississippi als den Staat abgelöst, den die meisten Amerikaner als negativ einordnen«, fährt Eddie fort. Das erinnert mich an etwas, das ich vor einer Weile im Internet gefunden habe: eine Organisation in Detroit namens *Urban Farming* hat vor zwei Jahren begonnen, leerstehende Grundstücke in der Stadt in Bio-Gemüsegärten umzuwandeln, und sie beackern bereits mehrere hundert, so viele leere Flächen gibt es. »Aber denen, die in der Weinbranche sind, weil sie in der Weinbranche sein wollen, denen geht es gut.« Und wie groß ist die Weinbranche auf der Old-Mission-Halbinsel inzwischen?

»Was sagte die Schnecke, als sie auf der Schildkröte ritt?«, fragt Eddie zurück und klingt plötzlich so abgedreht und rätselhaft wie sein Bruder. Wie soll ich das wissen?

»Huiiiiiiiiiiii!«, macht Eddie daraufhin die von der ungewohnten Geschwindigkeit aufgeregte Schnecke nach, und ich muss zugeben, dass das ein wunderbares Bild für die Relativität aller Dinge ist.

»Es gibt jetzt 242 Hektar auf der Old Mission, wir selbst haben 48 und kaufen die Trauben von 24 weiteren Hektar«, sagt Eddie, jetzt wieder in seinem üblichen Geschäftston. Nach dem fetten, guten Essen fragt Sean, ob ich ein paar seiner 2007 aus dem Tank probieren möchte. Das klingt wie eine ideale Gelegenheit, um mehr über sein Raumfahrtprogramm herausfinden.

Am Empfang des Weinguts wartet ein großer Typ in Weinbergklamotten auf die Brüder. Sie stellen ihn mir als Lenny Ligon vor. »Unser bester Trauben-Lieferant!«, schmeichelt ihm Sean. So jemand weiß am besten, wie eine Gegend tickt, und ich will diese vermutlich einmalige Chance auf keinen Fall verpassen. Was ist seine Meinung zur Entwicklung der Halbinsel?

»Die Verordnungen besagen, dass man mindestens 20 Hektar haben muss für einen öffentlichen Verkostungsraum. Das ist zuviel«, überrascht er mich, »in einem von zehn Jahren haben wir Frühjahrsfröste und sind aus dem Rennen. Man muss eine gute Lage haben, sonst funktioniert es nicht.« Das bestätigt meine Eindrücke aus der morgendlichen Verkostung. Doch jetzt winkt Sean mit dem Tankschlüssel und kann es offensichtlich kaum erwarten, mir seine neuen Babys zu zeigen. Also bedanke ich mich bei Lenny und folge meinem Gastgeber durch die Tür in die Tankhalle.

In der Halle ist es laut, weil Bernd Croissant, deutschstämmiger Kellermeister von Château Grand Traverse, mit Weinpumpen beschäftigt ist, und wir müssen zwischen den haushohen glänzenden Edelstahltanks über ein Wirrwarr von Schläuchen balancieren. Sean greift nach ein paar Gläsern, und schon geht es los.

»Ich zeige dir zuerst einen Wein, der 2007 so in der Mitte liegt«, erklärt er und lässt eine milchige Flüssigkeit aus dem Tank vor uns laufen. Der Riesling-Embryo schmeckt ziemlich hefig, aber knochentrocken, ist also zweifellos mit der Gärung durch. Reif und frisch, ein netter Wein – Sean nickt zustimmend.

»Manche haben hier 2007 bereits zum besten Jahrgang aller Zeiten deklariert, und viele Weine sind wirklich gut, aber der beste … da bin ich nicht sicher. Der nächste Wein ist von Lenny, Ende Oktober gelesen.« Dieser riecht und schmeckt wie rosa Grapefruit, aber ohne die scharfe Säure und das Bittere; nicht schlecht, wenn auch nicht besonders subtil. Mein Gastgeber nickt wieder.

»Jetzt ein anderer Riesling von Lenny, etwas früher gelesen.« Dieser Wein ist sowohl saftiger als auch eleganter, phantastisch! Jetzt kann ich die weit verbreitete Begeisterung der hiesigen Winzer für den neuen Jahrgang nachvollziehen, und auch Seans Begeisterung für Lenny als Traubenerzeuger.

»Der nächste wurde mit einer südafrikanischen Hefe vergoren«, sagt Sean und sucht eine Weile nach dem richtigen Tank. Der Wein erinnert mich an die sehr jungen Moselweine des berühmten Weinguts J. J. Prüm in Wehlen.

»Wir haben in den letzten Jahren viele verschiedene Hefen ausprobiert, jede in einem anderen Tank aus ein- und derselben Traubenpartie. Jetzt zu diesem Zeitpunkt ergeben sie Weine mit sehr unterschiedlichen Aromen, aber nach sechs Monaten kommen sie allmählich zusammen.« Er meint, dass die verschiedenen Weine aus denselben Trauben mit der Zeit immer ähnlicher riechen und schmecken. Das ist auch ein Beispiel dafür, dass man tun und machen kann, was man will, um einen Wein bewusst zu formen, er sich aber am Ende beharrlich mit seinem eigenen Charakter durchsetzt. Entscheidend für die Qualität ist, dass die Trauben gut waren, also reif, gesund und aromatisch. Hier im neuen Wein-Norden sind diese drei Faktoren eine große Herausforderung, die für Leute wie Lenny und Sean an Besessenheit grenzt.

»Jetzt den Whole Cluster, da gibt es zwei Partien«, sagt Sean, während wir uns durch die Tanks bewegen – oder sind es Raketen? »Der erste wurde Anfang Oktober gelesen.« Er hat den gleichen Pfirsichduft und -geschmack wie der 2005 heute Morgen, aber daneben auch viele andere Noten, die ich nicht sofort identifizieren kann.

»Lakritze und Fenchel«, schlägt Sean vor und trifft damit den Nagel genau auf den Kopf. Der Wein ist sehr elegant und scheint eine kleine Ewigkeit über meinen Gaumen zu rollen. Wir haben die Umlaufbahn erreicht.

»Die zweite Partie des Whole Cluster ist zwei Wochen später gelesen worden und stammt von den ältesten Rebstöcken.« Er meint die Rieslingreben, die Bernd Philippi hier vor 33 Jahren gepflanzt hat. Der Wein riecht wie kein anderer Wein, den ich je in Nord-Michigan verkostet habe, die Lakritz- und Fenchelnoten sind beinahe erschlagend intensiv, aber es gibt auch eine sehr reife Facette, die mich an Aprikosen erinnert. Der Wein wirkt außerdem voluminöser im Mund als sein Vorgänger, wie mit einem Weitwinkel aufgenommen, und ist unglaublich mineralisch im Nachgeschmack. Die letzte Stufe hat gezündet, und Seans Sonde verlässt die Umlaufbahn. Ziel? Neptun, Pluto oder ganz aus dem Sonnensystem heraus? Jetzt verstehe ich, was er mit dem Raumfahrtprogramm meint, aber wird ihm irgendjemand folgen können, wenn er diesen Wein separat abfüllt und Laika nennt? Er ist überhaupt kein knuddeliger Viecher-Wein, der die Topfpflanzen glücklich machen kann.

Sean sagt, es sei jetzt Zeit weiterzuziehen, in einer halben Stunde haben wir einen Termin bei der Left Foot Charley Winery in Traverse City. Er erklärt mir, dass dort jetzt Bryan Ulbrich das Sagen hat, der bei meinem letzten Besuch großes Ansehen als Kellermeister von Peninsula Cellars genoss. Ihn umgab als einzigen im Gebiet so etwas wie der Ansatz einer Star-Winzer-Aura. Damals waren seine Weine richtige Fruchtbomben, die bei der Berührung mit einem Weinglas explodierten.

»Stacey fährt uns rüber, und dann muss ich mit ihr einen Weihnachtsbaum kaufen«, sagt Sean, ohne zu erklären, wer Stacey ist. Das Wort Freundin kommt mir sofort in den Sinn, obwohl ich immer dachte, Sean sei ein einsamer Wolf. Ich sage ihm, dass ich noch ein paar Flaschen Riesling fürs Abendessen mitnehmen muss, die ich aus Deutschland mitgebracht habe, und wir holen sie aus dem Kühlschrank im Verkostungsraum, wo er sie heute Morgen kaltgestellt hat.

Als wir hinaus in die Dämmerung treten, wartet Stacey bereits auf uns hinter dem Lenkrad ihres sparsamen, kompakten, nicht in Detroit gebauten Autos. Sie ist unübersehbar einige Jahre jünger als Sean, der nicht mehr so ganz als junger wilder Winzer durchgeht. Sie ist hübsch auf eine unspektakuläre Midwest-Art, wirkt intelligent und nicht auf den Kopf gefallen. Sean stellt mich vor, und schon als wir losfahren, ist mir klar, dass wir uns gut verstehen.

»Da ist das Garagen-Mahal!«, ruft Sean höchst ironisch und zeigt auf ein Luxushaus unweit der Hauptstraße mit einer Monster-Garage – eine Folge der geplatzten Blase, und jetzt nur noch teuer.

»In welcher Branche arbeitest du?«, frage ich Stacey, weil ich mehr über sie herausfinden möchte.

»Ich bin Lehrerin für Bikram Yoga«, antwortet sie, »das ist die Art von Yoga, die man in einem Raum mit 40 °C und 50 Prozent Luftfeuchtigkeit praktiziert, allerdings nicht um eine Stunde zu meditieren. Da geht man eher hin, wenn man einen richtigen Tritt in den Arsch braucht, und danach scheint alles wie Meditation.«

Sean fügt hinzu, dass sie sich bei einer ihrer Stunden getroffen haben. In dieser Klimazone kann ich verstehen, dass Yoga im Warmen seinen besonderen Reiz hat, und es ist klar, wie die beiden als Paar funktionieren. Sie sorgt für Bodenhaftung bei seinen Höhenflügen, und er hilft ihr, sich von den Topfpflanzen abzuheben. Wir kurven durch die Straßen von Traverse City, an denen teilweise beeindruckende Villen stehen, die von Holzbaronen in den letzten Jahren des 19. Jahrhunderts erbaut wurden. Dann kommen wir zu einem ebenso mächtigen Backstein-Komplex aus derselben Zeit. »Das war die Irrenanstalt von Nord-Michigan, bis Reagan alle staatlichen Irrenanstalten geschlossen und die Patienten auf die Straße geworfen hat«, erklärt Sean.

Links taucht jetzt ein hell erleuchtetes Gebäude mit einer Glasfront auf, dessen verwegen schräges Dach auf den Modernismus der 1950er-Jahre verweist. Stacey parkt, und wir laufen den schneegeräumten Weg hinüber zum Eingang. Bryan hat immer noch denselben kurzen Bart, dieselbe Brille mit dem Drahtgestell und dieselbe Art von jungenhaftem Optimismus wie letztes Mal, obgleich er inzwischen stark auf die 40 zugehen muss. Er scheint jedoch viel entspannter als bei unserem letzten Treffen bei Peninsula Cellars, aber schließlich ist das jetzt auch seine eigene Show, selbst wenn er sie Left Foot Charley genannt hat, als sei er mit dem linken Fuß zuerst ins Winzerleben getreten.

»Als es noch eine Irrenanstalt war, haben hier etwa 4000 Menschen gelebt«, erklärt er die Weitläufigkeit seines neuen Betriebs. Es ist wirklich ein cooler Raum, dessen vordere Hälfte von einer extrem langen Weinverkostungstheke bestimmt wird – eine American-Wine-Bar! Er erzählt, dass er sie aus den Türen der Anstaltszimmer gebaut hat. Im hinteren Teil ist der Keller, mit Reihen von Edelstahltanks, die man durch eine Reihe großer Fenster auf Augenhöhe erkennen kann.

»Wir arbeiten hier mit acht kleinen Traubenerzeugern, die außer einem alle exklusiv an uns liefern. Einige machen das als Hobby und sämtliche Arbeit im Weinberg selbst, andere haben Helfer.« Er hält jede Rebsorte von jedem Weinberg bis kurz vor der Abfüllung separat, so dass es einen Haufen junger Weine gibt. Deshalb schlägt er vor, dass wir sofort mit dem Verkosten der 2007 Rieslinge anfangen. Das bedeutet eine Verzögerung beim Kauf des Weihnachtsbaums, weil Sean unmöglich diese Chance verpassen kann, Bryans Babys kennenzulernen. Wahrscheinlich fragt er sich, wie groß seine Raketen sind. Wir nehmen uns Barhocker rund um einen Stehtisch neben dem sehr geschmackvoll geschmückten Weihnachtsbaum, den Stacey sehnsüchtig beäugt.

Als ersten Wein bringt Bryan einen Riesling vom Reehorst Vineyard, der auf dieser Seite der Old Mission liegt. Er duftet attraktiv nach weißem Pfirsich und roten Johannisbeeren, ist saftig, schlanker, rassiger und weniger extrovertiert als die Weine, an die ich mich aus Bryans Zeiten bei Peninsula Cellars erinnere. Der nächste Wein kommt von der Seventh Hill Farm.

»Diese Reben sind elf Jahre alt; damals haben viele Leute Cabernet Sauvignon gepflanzt«, erklärt unser Gastgeber. Die weltweit verbreitete Winzer-Mode, Cabernet Sauvignon aller klimatischen Logik zum Trotz an viel zu kühlen Orten zu pflanzen, hat auch Nord-Michigan längst erreicht.

»Aber Thomas Scheuermann, der deutschstämmige Besitzer, ist ein kluger Mensch, und er hat Riesling gepflanzt.« Jetzt, wo überall auf Planet Wein in den kühlen Anbaugebieten massenweise Cabernet-Sauvignon-Reben gerodet werden, hat sich das ausgezahlt.

Der Wein ist weniger aromatisch, aber voller im Körper und in der Textur, mit einem bloßen Hauch von Restsüße. Bryan macht sich Sorgen wegen der Hefenote, aber es ist erst Dezember, also noch mehrere Monate bis zur Abfüllung. Solche Noten verschwinden langsam mit der Zeit, wenn es kein grundlegendes Problem gibt. Ich versichere ihm, dass der Wein genau richtig ist und nur ein Weilchen braucht, um sich zu sortieren.

Dann zeigt er uns zwei Rieslinge von der Leelanau-Halbinsel. Sean hat mir erzählt, dass man auf der Old Mission allgemein vom »Balkan« spricht; ein Zeichen von Rivalität, bei der Leelanau eindeutig der Verlierer zu sein scheint. Der erste Wein wirkt ziemlich streng in seiner extremen Jugendlichkeit, die Säure wirkt nach der anfänglichen Süße beinahe wie ein elektrischer Schlag am Gaumen. Der zweite hingegen beeindruckt uns. Ich kenne den an weiße Gummibärchen erinnernden Duft von deutschen Weinen, wo er immer ein Zeichen für ein hässliches Entlein ist, das sich irgendwann in einen wunderschönen Schwan verwandeln wird. Die Säure ist in diesem Fall eng verwoben mit einer fruchtigen Süße.

Bryan stimmt unseren Kommentaren zu und erklärt, er plane den zweiten Wein mit einer Partie von der Old Mission zu verschneiden, um ihm zu etwas mehr Körper zu verhelfen. »Jemand hat vorgeschlagen, eine weiße Fahne aufs Etikett zu drucken, als Zeichen der Neutralität«, juxt er, und mir fällt sofort Friede auf Erden als Name für den Wein ein.

»Wenn Leelanau ihre Abwehrraketen von ihrem Stützpunkt abziehen, dann denken wir über den Abzug unserer nach«, entgegnet Sean halbernst. Die hässlichen Bilder aus den Zeiten des Kalten Kriegs scheinen wie die Kehrseite seiner Raumfahrtprogramm-Metapher.

»Ich glaube, wir werden ihn *Geneva Conference* nennen«, greift Bryan den Faden auf. Doch jetzt ist endgültig die Zeit für den Weihnachtsbaumkauf gekommen, so dass uns Stacey und Sean den Rest der Weine alleine probieren lassen.

Bryan stellt eine Reihe offener Flaschen seiner 2006 Weine auf den Tisch. Der Seventh Hill Farm Riesling hat ein Bouquet, das mich an perfekt gereifte goldene Birnen denken lässt, ist dann im Geschmack sehr fein und anhaltend, der Hauch Süße diskret. Die Säure beim Gill's Pier Riesling ausgeprägter, doch ist hier eine schöne Saftigkeit, die der 2007 noch nicht zeigt, vielleicht brauchen diese Weine also eine gewisse Zeit, um sich zu harmonisieren. Was sagt Amerika zu diesen Weinen?

»Ich kann nach Ann Arbor gehen, und wir sind in allen guten Restaurants auf der Karte, aber es ist extrem schwierig, die Einheimischen für unsere Weine zu interessieren«, sagt er mit etwas müder Stimme. Ann Arbor liegt in Süd-Michigan, dort befinden sich die State University, mehrere bedeutende Museen und historische Architektur bis zurück in die 1830er-Jahre – aus Sicht von Cambridge/ Massachusetts also ernst zunehmende Kultur. »Zu Hause mussten wir das Vertrauen erst zurückgewinnen, weil die Winzer hier lange Zeit ihre Weine nur in Hinblick auf die Touristen vermarktet haben. Als ich 1995 begann, meine eigenen Weine zu machen, sagten mir die Leute in den Restaurants: ›Ich trinke keinen Wein aus Michigan!‹ Dann ließ ich sie kosten, worauf sie sagten: ›Nicht schlecht für einen Wein aus Michigan.‹« Solche Vorurteile zu überwinden war sicher ein langer und harter Weg, aber Bryan hat es geschafft, sich mit einer coolen Winery selbständig zu machen, also muss er ihn wohl gewonnen haben.

Wir wenden uns wieder den Rieslingen zu; jetzt dem 2006 Langley Vineyard, der einen wunderbaren Blütenduft hat und sehr elegant schmeckt, mit einem lang anhaltenden mineralischen Nachhall. Bryan hat ganz eindeutig seinen Stil geändert seit der Zeit bei Peninsula Cellars. Die stürmischen Fruchtaromen sind jetzt weniger tonangebend, das Spiel vieler verschiedener Geschmackskomponenten eher im Vordergrund. Dann kommt der 2006 Pinot blanc von Island View Vineyard, ein insgesamt weicherer und zugänglicherer Wein als die Rieslinge, doch mit einer ansteckenden Lebendigkeit.

»Die Trauben für diesen Wein kommen von dem Schweizer Werner. Er ist der glücklichste Traubenerzeuger, den ich kenne. Er hat nur 200 Reben, versucht aber damit alle seine Winzerfreunde in der Schweiz in den Schatten zu stellen«, erklärt Bryan. »Wenn Du morgen Abend zu unserer Party kommst, lernst Du ihn kennen. Es ist die jährliche Party der hiesigen Winzer, Kellermeister und Traubenerzeuger.«

Das klingt sehr gut, um alle persönlich kennenzulernen und mehr über den Wein in Michigan herauszufinden, deshalb sage ich sofort zu, worüber mein Gastgeber glücklich zu sein scheint.

»Möchten Sie ein paar von den anderen 2007 Weinen aus dem Tank und aus dem Fass probieren?«, fragt er und selbstverständlich lautet die Antwort wiederum ja. Er greift nach einer Pipette, und ich folge ihm nach hinten, wo mir sofort auffällt, dass die Edelstahltanks oval sind, was ich noch nie gesehen habe. Er erklärt, sie seien in Slowenien gefertigt und die Form imitiere die dort gebräuchlichen Holzfässer; noch ein exzentrisches Erzeugnis der Globalisierung.

»Wir fangen mit dem Pinot grigio an, eine Sorte, die ich früher gehasst habe«, sagt er mit Nachdruck, »lange Zeit war das im Keller meine Nemesis. Jetzt versuche ich, einen möglichst interessanten Wein daraus zu machen.« Er riecht und schmeckt nach reifer Melone, ist aber etwas einfach. Wie viele andere amerikanische Winzer nennt Bryan seinen leichten Wein aus der Pinot-gris-Traube bei ihrem italienischen Namen. Darin liegt auch etwas Opportunismus, weil italienischer Pinot grigio in Amerika ein solcher Bestseller ist, dass die Mafia angeblich ihre eigene Marke hat.

»Beim Gewürztraminer haben wir erst ein Jahr nach der Abfüllung richtig Aroma«, sagt er, als er aus dem nächsten Tank eine Probe zieht, »ich habe für meine Gewürz-Weine bei Peninsula Cellars viel Lob geerntet, trotzdem weiß ich immer noch nicht, wie die Sorte funktioniert.« Das ist sehr bescheiden, denn der Wein ist zwar noch zu sehr von der Gärung geprägt, um ihn jetzt schon richtig genießen zu können, aber vollkommen reif im Geschmack mit viel Power und Leben. Dann holt Bryan eine Flasche Rotwein mit einem merkwürdigen Etikett, auf dem ein Straßenschild mit dem Namen der Straße hier abgebildet ist, *Red Drive.* Vielleicht wird er diesen 2007 Riesling-Verschnitt von Old Mission und Leelanau tatsächlich *Geneva Conference* nennen?!

»Das ist ein 2006, ein Verschnitt aus Cabernet Franc und Merlot mit einem kleinen Anteil Cabernet Sauvignon und Regent. Die meisten Amerikaner wollen bei Rotwein einen richtigen Schlag im Mund spüren, aber das tut er nicht«, lautet sein Kommentar, während er mir einen Schluck einschenkt. Was er meint, ist dass die meisten seiner Landsleute ihre Rotweine so beeindruckend und gerbstoffhaltig mögen, wie Superman stark und muskulös ist. Der Wein in meinem Glas gehört hingegen zu der Art von frischem, fruchtbetontem Rotwein, die mir von zu Hause vertraut ist und die ich gerne trinke, wenn es draußen mindestens 25 Grad Celsius wärmer ist als hier und jetzt.

Bryan freut sich, dass ich mit dem Wein etwas anfangen kann, aber jetzt sei es Zeit fürs Dinner, wir sind mit Sean und Stacey in Stellas Trattoria im Gebäude 50 verabredet, dem größten des Komplexes. Durch den tiefen, knirschenden Schnee gehen wir hinüber.

Sobald wir ungestört in einem Nebenraum des Restaurants sitzen, wo sich auch die Besitzerin Amanda Danielson, ebenfalls eine wache, intelligente junge Frau aus Midwest, zu uns gesellt, fliegen die Korken aus den Rieslingflaschen, und Bryan vergisst die Zeit. Ich habe zwei 2006 Rieslinge aus hochgelegenen Lagen in Deutschland mitgebracht, die ebenfalls unter kühlen Bedingungen am klimatischen Limit wachsen. Der erste stammt vom Weingut Odinstal in der Pfalz, 350 Meter über dem Meeresspiegel, der zweite von Helmut Dolde in Württemberg, um die 525 Meter. Diese Weine sind in Amerika einfach nicht erhältlich, was das Interesse meiner Gastgeber noch verstärkt. Stacey ist hingerissen von dem Odinstal-Wein, während Sean sagt, er würde nach Handcreme riechen.

»Du kannst Deinen Riesling mit Handcreme einreiben, aber ohne uns«, lacht Bryan seinem Freund und Mitbewerber im großen amerikanischen Rieslingrennen unverhohlen ins Gesicht. Eigentlich liegen allerdings beide eher im Rennen mit den Finger Lakes in New York und der Niagara-Halbinsel im Osten des Kontinents, sowie dem Columbia Valley in Washington State und dem Okanagan Valley in British Columbia im Westen.

Die Weine von Bryan Ulbrich und Sean O'Keefe wachsen auf kleinen Zwillingshalbinseln, die ihrerseits zu der großen Halbinsel gehören, auf der der größte Teil von Michigan liegt – mit Lake Michigan im Westen und Lake Huron, Lake St. Clair und Lake Erie im Osten – doch das ist es nicht, was sie in diesem Kontext bemerkenswert macht. Sie gehören beide eindeutig zu den Schnellsten im großen nordamerikanischen Riesling-Rennen.

Die nächste Frage lautet, ob es noch andere hier gibt, die großartigen Riesling erzeugen. Das wäre ein Indiz dafür, dass Nord-Michigan nicht mehr klimatisches Randgebiet ist und die neue nördliche Grenze für den Qualitätsweinbau auf diesem Kontinent sich bereits über die kleinen Zwillingshalbinseln hinaus verschoben hat.

Angemessenerweise landet als nächstes eine Reihe von amerikanischen Rieslingen auf dem Tisch, die mit dem 2004 von Wyncroft beginnt. Sean klärt mich auf, dass er vom Ufer des Lake Michigan stammt, nicht weit von hier entfernt. Der Wein duftet für mich genau wie Lemon-Pie, schmeckt auch so im ersten Moment, verabschiedet sich aber ziemlich schnell, so dass wir gleich beim zweiten Wein sind, dem 2005 Golden Bunches Dry Riesling von Ferrante aus Ohio. Ohio? Ich hatte keine Ahnung, dass dort Riesling wächst! Und er ist viel saftiger und schmeckt nach wirklich reifen, goldenen Früchten, wenn er auch für einen trockenen Wein etwas ölig und süß wirkt. Sean macht sich sofort daran, die nächste Flasche zu entkorken, den 2004 Dry Riesling von Callaghan. Wo sitzen sie?

»Arizona«, kommt die Antwort, und ich falle beinahe vom Stuhl. Riesling in Arizona erscheint mir ziemlich absurd. Ich nehme einen Schluck und freue mich über die intensive Zitrusnote, aber dann rieche ich richtig am Glas und uuups …

»Der riecht wie Hundekacke!«, spuckt Amanda.

»Du riechst Hundekacke, ich rieche Formaldehyd«, entgegnet Stacey mit beeindruckendem Selbstbewusstsein.

»Ich verschwinde mal kurz im Sarg«, sagt darauf die Hausherrin etwas verwirrend und steht auf, um wenig später mit einer Flasche des süßen 2007 Riesling von Felton Road in Central Otago/Neuseeland zurückzukehren. Mit »Sarg« meint sie den Weinkeller! Diese Flasche ist ein Friedensangebot, das allen am Tisch so gut gefällt, dass die Genfer-Riesling-Konferenz vertagt wird.

14. Dezember 2007 Draußen tobt schon wieder ein wahrer Schneesturm. Der Wetterbericht für Traverse City spricht von möglichen -11 °F, also -24 °C heute Nacht, das reicht, um weniger frostresistente Rebsorten wie den Merlot in ein eisiges Grab zu verabschieden. Als ich das letzte Mal hier oben war, hat mir Sean erklärt, wirklich gefährlich würde es, wenn der Lake Michigan zufriere, »dann ist unser Schutzschild dahin!« Das ist die Kehrseite der großen Wassermasse, die beiden Wein-Halbinseln einen langen milden Herbst beschert, der ein richtiger goldener Oktober sein kann, wie ihn der Riesling liebt.

Im Auto rattert Sean eine Liste von Leuten herunter, die alle auf der Party sein werden, allen voran Adam Satchwell von Shady Lane Cellars, sein Lieblings-*Winemaker* von der Leelanau-Halbinsel. Adam ist der einzige *Winemaker* aus den »Balkanen«, den ich bei meinem letzten Besuch kennengelernt habe; es wird interessant sein, die Entwicklung seiner Weine festzustellen. Ich erkundige mich, ob Tony Ciccone wohl auch kommen wird, was von Sean etwas nervös als sehr wahrscheinlich bestätigt wird. In der Stadt hängen riesige Eiszapfen von den Dächern vieler alter Häuser und glitzern im Licht der Laternen. Es sieht hier nicht so aus, als sei es der richtige Platz für Rotwein. Wir fahren kurz vor sechs bei Left Foot Charley vor, und ich wünsche mir plötzlich, ich hätte wirklich eine Stunde geschlafen, statt über die Weine nachzugrübeln … Sean verspricht nachzukommen – zuerst muss der gestern ausgesuchte Weihnachtsbaum nach Hause transportiert werden.

Vor Bryan Ulbrichs cooler Retro-Winery brennt ein großes Lagerfeuer wie ein einladendes Signal. Drinnen dröhnt die Musik, und eine bunt gemischte Truppe füllt bereits den Raum. Ich stolpere zur Theke, da ist unser Gastgeber. Während er eine Flasche Wein aufzieht, erklärt er, dass das Feuer zur Kaffeerösterei nebenan gehört, die heute auch geöffnet habe, das ganze Village hat heute Abend *Open House,* Tag der offenen Tür.

»Wir hingegen haben eine geschlossene Gesellschaft; perfekte Symmetrie!«, stellt er sehr zufrieden fest. Wenn ich mich so umblicke, hat diese Menge tatsächlich einen gewissen anarchistischen Touch. Sie kommen New York ganz eindeutig näher als irgendwelchen West-Coast-Leuten, jedoch ohne die affektierte Coolness, die im Big Apple so weit verbreitet ist. Dann sehe ich den blonden Charmeur, Spencer Stegenga von Bowers Harbour Vineyard.

»Es tut mir echt leid, dass ich gestern nicht mit Ihnen rausgehen konnte, aber seit wir uns das letzte Mal gesehen haben, bin ich Vater von zwei kleinen Söhnen geworden. Gestern hatte ich Familiendienst«, erklärt er, dann bietet er mir ein paar Weine zum Verkosten an. Sein 2005 Pinot noir ist ein guter Rotwein, wenn auch zarter als die, die ich heute bereits verkostet habe, fast transparent.

Dieses Gefühl der Verwirrung beginnt sich wieder in mir auszubreiten. Doch jetzt stellt mich Spencer einer von Bryans Angestellten vor; eine junge Frau in blauer Samtjacke mit einem intelligenten, koboldartigen Gesicht und kurzem, glattem mittelblonden Haar. Ich starre auf ihr Namensschild, Chantal L., während er sagt, sie studiere für ihren Master Sommelier.

»Naja, irgendwann werde ich es vielleicht mal schaffen«, bremst sie ihn.

»Ich sage meiner Frau oft: kleine Schritte, aber immer nach vorn«, versuche ich sie aufzumuntern.

»Ich behalte mir das Recht vor, jederzeit meine Meinung zu ändern«, sagt sie darauf sehr entschieden; eine kryptische Antwort, die bestätigt, dass wir hier vom Reich der Topfpflanzen so weit entfernt sind, wie es im Midwest überhaupt möglich ist.

Ich drehe mich um und sehe, dass Sean von seiner Weihnachtsbaum-Mission zurück ist. Er ist intensiv im Gespräch mit einem sehnigen grauhaarigen Typen mit Brille. Jetzt kann ich sein Namensschild erkennen – Tony Ciccone! Sean bearbeitet Madonnas Dad für mich! Ich gehe zu ihnen rüber, und Sean stellt mich dem Ziel meiner Neugier vor, der mir wie die Art von Mensch erscheint, die ich mir als Kind immer als Onkel gewünscht habe. Selbstverständlich könne ich morgen vorbeikommen, sagt er, sie hätten ab mittags geöffnet, dann geht er. Heißt das, dass ich einen Termin bei ihm habe? Ich bin mir nicht sicher, aber zumindest hat Sean sich mit der Idee angefreundet, morgen auf die andere Halbinsel zu fahren.

Dann stößt ein schmaler, hipper junger Kerl zu uns namens Shawn Walters, der sagt, er sei der *Winemaker* von einem neuen Betrieb auf der Leelanau-Halbinsel, 45 North.

»Der 45. Breitengrad verläuft direkt durch unseren Keller«, erklärt er, »habt ihr Zeit, morgen vorbeizukommen?«

Mein Tourguide nickt bestätigend; endlich beginne ich ein bisschen Fuß zu fassen auf dieser anderen Halbinsel, die neben mir gerade jemand *People's Republic of Leelanau*, bzw. Volksrepublik Leelanau genannt hat.

Ich blicke mich weiter um, und da ist unverkennbar der rundliche Adam Satchwell, schwer beladen mit einer großen Weinkiste. Zweifellos Weine für mich zum Verkosten, deshalb bahne ich mir einen Weg durch die Menge zu ihm. Er setzt die Kiste auf der Bar ab und schüttelt mir die Hand. Das rote Gesicht unter seiner grauen Pudelmütze ist so rund wie der Rest von ihm.

»Dieses Jahr habe ich zum ersten Mal einen trockenen Riesling gemacht«, bemerkt er zum ersten Wein, der noch trüb ist. Glücklicherweise ist er zumindest schon fertig mit der Gärung, riecht also nicht ausschließlich nach Hefe, sondern sehr ansprechend nach Zitronen und Maracuja. Er wirkt schlank und frisch, aber der halbtrockene 2006 Semi-Dry Riesling schmeckt mir besser. Hier ist keine Spur Hefeton mehr, nur frische Obstsalataromen und eine stimmige Balance von Frische und natürlicher Traubensüße, die einfach sagt: JA! Der Wein wirkt so ehrlich und gutmütig wie Adam Satchwell selbst.

»An den Pinot-noir-Rotweinen habe ich viel gearbeitet«, erzählt er, während er immer noch mehr Flaschen hervorzaubert. »Ich habe viel geändert, weil geschmacklich mittig am Gaumen einfach nichts da war.« Er meint, dass die Weine auf der Zungenspitze eine Welle von Geschmackseindrücken hervorriefen, sich dann aber schnell verabschiedeten und erst nach dem Schlucken wieder zu Wort meldeten. Das wird unter Weinprofis einhellig als Manko betrachtet, als Optimum gilt ein gleichmäßiger, anhaltender Geschmacksstrom. Aber ich kann mich nicht erinnern, wann mir ein *Winemaker* das letzte Mal erzählt hat, dass er dieses Problem bei seinen eigenen Weinen habe; dafür braucht es Mut.

Ein neues Glas mit Shady Lane 2006 Pinot noir wird mir in die

Hand gedrückt; ein wunderbar duftiger, feiner Wein, der dann eine ganz unerwartete, unterschwellige Festigkeit zeigt, die mich zurück zum Glas zieht. Zu einem angemessenen Preis würde sich dieser Wein zu Hause wie warme Semmeln verkaufen! Dann schenkt Adam den 2006 Pinot noir Reserve ein und erklärt mir, dass die Reben, von denen er stammt, nur halb soviel Trauben gebracht hätten wie beim Vorgänger. Er erscheint mir wesentlich intensiver, dabei alles andere als laut oder dominant, aber viel zu jung; ein sehr ernstzunehmender Rotwein, der keine internationalen Vergleiche zu scheuen braucht, was ich seinem Erzeuger so auch voller Begeisterung gratulierend bescheinige.

Ich gieße mir ein Glas vom 2005 Pinot noir von Château Leelanau ein, um ihn mit Satchwells Weinen zu vergleichen. Der Wein schmeckt nach Karamell, alkoholisch und schon zu alt.

»Was halten Sie von dem Wein?«, fragt mich ein etwas rundlicher Kerl, der ganz in Schwarz gekleidet ist und eine Brille mit dickem schwarzem Plastikgestell trägt, sehr direkt.

»Ich finde, er ist oxidiert«, entgegne ich ebenso direkt.

»Ich bin vom Château, ich arbeite dort«, sagt er darauf, und mir wird klar, dass dieser Abend nur bis zu einem gewissen Punkt so wunderbar entspannt und offen ist. Ich versuche verzweifelt, noch etwas Konstruktives zu sagen – ich habe das Gefühl, auf meiner Stirn blinkt plötzlich ein Neonzeichen mit den Worten »Böser Weinjournalist« –, trete aber vorsichtig und entschlossen den Rückzug zum Büffet an, wo Sean sich mit einem Charlie Edson unterhält.

Ich schneide mir ein großes Stück Käse ab und hoffe, dass es zusammen mit etwas Brot einen Teil des konsumierten Alkohols aufsaugt, da höre ich, wie Charlie Edson ruft: »Hi Joan!« Daraufhin taucht eine blonde Mittsechzigerin in langem schwarzen Mantel auf und ist sofort tief im Gespräch mit Edson. Dann steht auf einmal Tony Ciccone neben ihr, und endlich fällt bei mir der Groschen: Joan ist seine Frau und Madonnas Stiefmutter. Er nimmt eine halbvolle Schüssel mit Nudeln in Tomatensauce vom Büffet – wahrscheinlich ihr Beitrag dazu – und geht damit hinaus. Edson verschwindet irgendwie, worauf ich sofort zu Joan Ciccone hinübergehe und mich vorstelle. Sie sieht Madonna tatsächlich ziemlich ähnlich, nicht der erste Fall von einer Stiefmutter, die versucht, ihrer angeheirateten Tochter Paroli zu bieten. Darüber hinaus besitzt sie aber auch die typisch amerikanische gastfreundliche Art.

»Klar können Sie morgen vorbeikommen!«, sagt sie. »Mittags passt es Tony bestens, sagen Sie einfach im Verkostungsraum, sie sollen ihn rufen.«

Damit steht mein Terminplan für Leelanau morgen fest. Shawn Waters ist ein cooler Youngster, und Tony Ciccone hat längst das Rentenalter erreicht. Vielleicht erfahre ich von dem schrägen Duo, ob die traditionelle Theorie der nördlichen Weinbauregionen – dass sie sich auf die weißen *Cool-Climate*-Rebsorten Riesling, Gewürz, Pinot blanc und gris, eventuell auch Pinot noir für blassrote Leichtweine beschränken sollten – hier gilt oder nicht. Sie sind meine letzte Chance – vielleicht wird ja doch noch eine Story aus dem Ganzen?

15. Dezember 2007 Vorhin habe ich im Kühlschrank vergeblich nach etwas Nahrhaftem zum Frühstück gesucht, das mich aufbauen würde, anstatt den Anspruch zu erheben, mir »gut zu tun« und »gesund« zu sein. Kurzfristig dachte ich, bei einem Joghurt fündig geworden zu sein, doch dann las ich auf dem Deckel:

DIE STÄRKE
LIEGT
IN DEN ZAHLEN

Bei den betreffenden Zahlen handelte es sich um null Prozent Fett, null Prozent zugesetzten Zucker und ganze 60 Kalorien. Das würde mich in der Eissteppe vor den Türen des kuschelig warmen Hotels nicht weit bringen. Und dann stand auch schon Ed O'Keefe vor mir und fragte, ob ich fertig sei. Ich warf meine letzten Sachen in den Koffer, sprang auf den Rücksitz von Eds Mercedes und rollte das letzte Mal von dannen.

Wir holen Sean ab, und los geht es Richtung Leelanau. Sean erklärt seinem Vater, er habe sich überlegt, ihren 2007 Riesling aus den alten Reben separat abzufüllen und ihn nach Dr. Helmut Becker zu benennen, der von 1964 bis zu seinem Tod 1989 Weinbau-Professor an der Weinschule in Geisenheim war. Während dieser Zeit hat er entscheidend dazu beigetragen, dass eine ganze Reihe von Weinbaugebieten am kühlen Ende der klimatischen Skala einen Fuß auf den Weinbergsboden bekamen, nicht zuletzt, indem er neue Rebsorten für diese Standorte züchtete. Im Rückblick wirkt er wie ein Prophet des neuen Wein-Nordens, obwohl er nur die ersten Anfänge der globalen Klimaerwärmung miterlebt hat, als das Phänomen in seiner bloßen Existenz unter Wissenschaftlern noch heiß umstritten war.

»Er hat unseren Standort ausgesucht!«, bestätigt Ed und erzählt dann von den vielen *Winemakers* und Experten, die ihm in den Anfängen von Château Grand Traverse geholfen haben. »Du hast einen tollen Job, weißt Du. Du solltest ein Buch über die großen Winzer schreiben, die es gegeben hat«, schlägt er mir dann vor. Was sicherlich zu meiner Ausbildung als Kulturhistoriker passen würde, aber die Gegenwart interessiert mich viel zu sehr, um mich auf die vorgeschlagene Weise auf die Vergangenheit zu konzentrieren.

»Aber ich schreibe doch schon eine Geschichte über euch«, entgegne ich deshalb, »die nimmt bereits ganz gut Form an, ich habe bloß noch keine Ahnung, wie sie endet.«

Inzwischen sind wir schon ein ganzes Stück die Uferstraße auf der westlichen Seite der Leelanau-Halbinsel gefahren, wo es deutlich weniger Luxushäuser gibt als auf der Old Mission und ich auch noch kein einziges Garagen-Mahal gesehen habe.

»Weißt du, wir haben die Sümpfe trocken gelegt, die es hier entlang des Ufers gab«, grübelt Sean, »aber weil der Wasserpegel im See fällt, kehren sie zurück.« Erst vor wenigen Monaten habe ich über den fallenden Pegel der Great Lakes gelesen. Die Gründe dafür sind wenig Regen und Schnee in den oberen Seen, Superior, Huron und Michigan, die die unteren Seen mit Wasser versorgen, sowie die während der letzten zwei Jahre gestiegene Verdunstung. Jetzt kann ich erkennen, dass sich dadurch ein Sumpfstreifen am Ufer entlangzieht, der vorher ganz unter Wasser war.

Wenn das so bleibt, dann ist hier ein neuer Lebensraum für die Tier- und Pflanzenwelt entstanden – eine Art natürliche Korrektur der menschlichen Eingriffe. Aber weniger Wasser in den Seen bedeutet auch, dass die Schiffe weniger Ladung an Bord nehmen können, was die Frachtkosten im Gebiet der Great Lakes in die Höhe treibt. Neben vielen anderen Industriebranchen sind 70 Prozent der nordamerikanischen Stahlindustrie hier beheimatet. Niemand weiß bis jetzt, ob die Entwicklung des Wasserpegels ein konstanter Trend ist oder ob sie eine Folge der globalen Erwärmung darstellt.

Sean sagt, dass wir hier abbiegen müssen, und dann fahren wir ein ziemlich steiles Stück hinauf und der See verschwindet. Solche Landschaften gibt es auf der Old Mission nicht, das ist eine ziemlich gute Nachahmung des Yukon! Schließlich sehen wir am Fuß des Hügels ein grünes Wellblechgebäude, das muss die Winery sein.

Als wir dort anhalten, kommt Shawn Walters heraus. In Anorak und Pudelmütze wirkt er irgendwie seriöser, als ich ihn von gestern Abend in Erinnerung habe. Wir steigen aus, und während Sean mir hilft, mein Gepäck aus dem Kofferraum zu hieven, bearbeitet Shawn seinen Vater.

»Möchtest du die Weine auch verkosten?«, sagt er in freundlichem Ton.

»Oh nein, es ist viel zu früh dafür«, wehrt der Ex-FBIler ab.

»Wie wär's mit einer Runde durch den Keller?«, insistiert Shawn, »das ist wie mit den Frauen, angucken macht auch Spaß, oder?«

»Aber nicht als Gynäkologe«, schießt der Ex-Geheimagent, der ganz offensichtlich sofort wieder nach Hause fahren will, mit geübter Präzision zurück. Also bedanke ich mich bei ihm für all seine Ratschläge und folge dann Sean und Shawn in die Kellerei.

»Ich bin hier seit Juni angestellt und habe zwei oder drei Tage vor dem *Crush* gebraucht, um alles zu organisieren«, erklärt uns Shawn. Der *Crush* ist die Lese, das heißt, dass zeitlich alles ziemlich knapp war und dieser Betrieb nagelneu ist. »Nächstes Frühjahr werden wir zwölf Hektar Weinberge bearbeiten, im Moment sind es erst sechs. Wir hätten theoretisch Land für bis zu 20, aber warum den ganzen Elefanten auf einmal essen?« Die Reihen hoher säulenartiger Edelstahltanks deuten an, dass es auch so ausreichend 2007 Weine zu verkosten gibt.

Der junge *Winemaker* schlägt vor, mit dem trockenen Riesling zu beginnen. Der Wein strotzt vor Holunderblüten- und weißen Pfirsicharomen und hält so die ziemlich starke Säure unter Kontrolle. Das einzige Problem ist, dass er 0 °C kalt ist, also gerade unter dem Gefrierpunkt für Wasser liegt, wie ich auf einer Temperaturanzeige am Tank erkennen kann.

»Noch einen Riesling?«, fragt unser cooler Gastgeber.

»Sag niemals nie zu einem Riesling«, entgegne ich trotz eiskalter Zunge und Händen.

»Außer wenn er nach saurer Milch riecht! Das hatte ich bei einem aus Ohio«, vertraut er uns darauf an. Hundekacke und Formaldehyd sind also nicht die einzigen Probleme, die Riesling in Amerika haben kann. Das Niveau der Weinbranche hier auf den Halbinseln ist wesentlich höher als im Rest der mittleren USA. Ich mache eine Bemerkung darüber, dass der Midwest viel weniger konventionell ist, als die Welt allgemein glaubt.

»Mein Haus hat keinen Anschluss an das Stromnetz. Unsere Kinder sind auf dem Boden des Hauses geboren worden, das ich gebaut habe«, sagt er mit großem Nachdruck und outet sich damit als jemand mit eigenem Programm. Mir ist jetzt klar, dass er um einiges älter ist, als ich ihn gestern Abend geschätzt habe. War es das Licht oder mein weinumnebelter Geist?

Doch zurück zum Verkosten – der zweite Riesling duftet nach Stachelbeeren, was mich natürlich an Sauvignon blanc erinnert, und ist etwas sanfter in der Säure, er hat eine schöne Harmonie.

»Der nächste Wein heißt einfach 45 White, ein Verschnitt von Cayuga, Seyval blanc und etwas Chardonnay«, sagt er, während er eine Probe aus einer anderen Edelstahlsäule zieht. Cayuga ist eine *Vitis-labrusca*-Sorte und Seyval blanc eine Hybride, bzw. zwei von den drei Sorten sind theoretisch »minderwertig« aber dies ist ein angenehmer Wein, der an frischen Obstsalat erinnert.

»Das ist ein kleiner Strahlemann, der günstig in der Erzeugung ist und warum nicht? Vielleicht machen wir ihn noch ein bisschen süßer«, lautet Shawns Kommentar. Mir gefällt er jedoch so, wie er ist.

»Du könntest ihn auch in eine blaue Flasche füllen und ein Hunde-Etikett draufkleben!«, Sean kann nicht von der Ironie lassen.

»Naja, die Coke- und Pepsi-Trinker werden ihn süßer wollen, also werden wir wahrscheinlich für uns selbst eine Kiste so abfüllen, wie er ist, und den Rest etwas süßer«, ist die pragmatische Lösung des *Winemakers* angesichts der Realität, in der Viecher-Etiketten und süßer Wein ein unzertrennliches Paar bilden. Es klingt weniger radikal, als sich vom Stromnetz abzukoppeln und sein eigenes Haus zu bauen. Hier oben scheint zwischen den Topfpflanzen und den Leuten mit eigenem Programm ein Riesengraben zu klaffen.

Die eiskalte Probe vom Pinot gris duftet erst einmal überhaupt nicht, aber als ein Teil der Kälte allmählich in meine Hände abfließt, zeigen sich zaghaft reife Äpfel und Birnen. Der Wein ist nicht knochentrocken, aber definitiv auch nicht süß. Der Gewürztraminer braucht dieselbe Behandlung, und wie Sean meint, auch ein wenig Zeit, um das charakteristische Rosenaroma zu entwickeln, das die meisten Winzer als den Heiligen Gral dieser Sorte betrachten. Dann leuchtet plötzlich die erste Farbe des Tages in unseren Gläsern; ein Rosé-Wein.

»Der ist für Mami, aber jeder braucht einen Rosé in seinem Picknickkorb«, erklärt Shawn und beschreibt damit einen klassischen Weintypus für kühle nördliche Klimazonen, den nicht ganz trockenen Rosé. Er hat die Harmonie gut getroffen, die Beerenaromen strahlen so richtig.

»Wenn ich diesen Wein hätte, bräuchte ich einen großen Picknickkorb!«, versuche ich auf meinen knurrenden Magen anzuspielen. Unser cooler, ernster Gastgeber greift jedoch nach einer Pipette; 2007 Rotweine aus dem Fass stehen als nächstes auf dem Verkostungsprogramm. Wir gehen in den hinteren Teil des Gebäudes, wo die Fässer auf dem ziegelrot gestrichenen Boden gestapelt liegen. Der Cabernet Franc zeigt bereits schöne volle Beerennoten und eine Röstkaffeenote vom Holz der Fässer, trotzdem hat er eine durchaus nördlich kühle Art. Dann schenkt Shawn einen neuen Rotwein ins Glas, und es ist wie eine unheimliche Begegnung der dritten Art. Mit mutigem, nahezu massivem Gerbstoff und dem Duft nach schwarzem Pfeffer wirkt der Wein wie ein vom Kurs abgekommener Einwanderer aus dem Weinsüden!

»Das ist Cabernet Sauvignon, Cabernet Franc, Merlot und Syrah, alles zusammen vergoren.« Aller Coolness zum Trotz klingt unser Gastgeber selbst etwas erstaunt über das Ergebnis; ein überraschend starker Rotwein für den kalten Norden. »Wie wäre es mit etwas Brot und Käse?«

Ja, bitte – endlich etwas in den Magen nach meinem Kurzbesuch am Büffet gestern Abend und dem ganzen Diätzeug heute früh!

Ein Teil der Weinbranche ist hier eindeutig der Meinung, dass der langfristige Erfolg sich in diesem grenzwertigen Klima nur nach dem traditionell vorgegebenen Muster für nördliche Anbaugebiete einstellen wird. In dieser Hinsicht sind Shawn und Sean sich einig, doch dann kommen diese Weine, die sich über sämtliche traditionellen Regeln hinwegsetzen, und die beiden sind ebenso baff wie ich. Zugegebenermaßen vermögen die Erzeuger solcher anarchistischen Rotweine nicht zu sagen, wie regelmäßig so etwas möglich ist, denn Klimastatistiken sind eine Sache, das tatsächliche Wetter über fünf Jahre hinweg aber eine ganz andere. Menge und Qualität bei der Weinlese werden oft extrem vom Wetter an einigen entscheidenden Tagen wie während der Blüte beeinflusst. Der Frühjahrsfrost 2003, der so gut wie die gesamte Ernte auf den Halbinseln zerstört hat, ist dafür ein perfektes Beispiel.

Bei Brot und Käse kommen wir auf Ciccone Vineyards zu sprechen, wo Shawn uns nachher hinfahren wird.

»Ich habe Tony Ciccone angeboten, alle entscheidenden Arbeiten im Keller für ihn zu machen«, erzählt Shawn etwas frustriert. Die Antwort auf sein freundliches Angebot fiel ganz offensichtlich negativ aus. Auch im Midwest ist der Wein-Autodidakt ein stolzes Wesen, das Kompromisse ablehnt. Sean fügt hinzu, die letzten Ciccone-Weine, die er probiert habe, hätten ein paar Probleme gehabt, und wie er das sagt, klingt es nach grundlegenden Problemen beim Ausbau. Deshalb wollte er nicht, dass ich dort hingehe, und jetzt kommen mir Zweifel, ob dieser letzte Termin auf meiner Nord-Michigan-Tour überhaupt sinnvoll ist. Fehlerhafte Weine – die nach Hundekacke, Formaldehyd, sauerer Milch und ähnlichem riechen – erzählen lediglich von Fehlern im Keller und keinerlei andere Geschichten.

Shawn packt die Reste unseres Mittagessens zusammen, dann gehen wir hinaus. Sean wirft meinen Koffer auf die Ladefläche von Shawns Pickup, wo er ganz verloren auf einer dicken Schicht Schnee sitzt. Wir steigen vorne ein, und mein Blick fällt sofort wie hypnotisiert auf ein Stilleben der besonderen Art: ein 500-ml-Labor-Becherglas mit einem Mini-Eisberg aus gefrorenem Kaffee, daneben in einem Halter eine halbleere Büchse Bio-Zitronenlimonade mit einem ähnlichen Eisberg. Doch dann geht es los zu Chez Madonna.

Wir halten an, und ich erkenne das kleine Anwesen mit der restaurierten Scheune aus den 1930er-Jahren von der Website des Betriebs wieder. Als wir aussteigen, zieht plötzlich die Melodie von *Papa don't preach* durch meinen Kopf. Mist! Es ist definitiv nicht angesagt, hier irgendwelche Lieder des Material Girls zu pfeifen oder sie betreffende Fragen zu stellen, wenn nicht ein Familienmitglied das Thema zur Sprache bringt. Der Gegenstand dieses Teils meiner Recherche ist Tony Ciccone, seine Weine und wie sie am Markt funktionieren. Sean sieht nicht gerade glücklich aus, als Shawn mein Gepäck von seinem Pickup hinunterholt und sich dann verabschiedet. Ich drehe mich um und wir gehen voran in den Verkostungsraum.

Drinnen ist es nicht nur physisch warm, sondern es sieht auch richtig warm aus: »Herzlich willkommen!« Schwere Eichenbalken umranden die Verkostungstheke, gegenüber knistert ein echtes Feuer in einem beeindruckenden Kamin aus Stein. Ein junges Paar mit

Weingläsern in den Händen sitzt auf einem braunen Ledersofa vor dem Feuer. Es ist beinahe, als sei man bei jemand im Wohnzimmer gelandet, und das passt zu dem Spruch in dem Betriebsprospekt: »Wir laden Sie ein, mit uns unsere Liebe zum Wein zu erleben.«

Ein paar andere Kunden stehen an der Bar und werden dort von einer zierlichen, aber sehr entschiedenen Frau mit stachelig abstehenden blonden Haaren, einer Brille mit blauem Plastikrahmen und einem voluminösen roten Schal um den Hals bearbeitet. An der Wand hinter ihr hängt ein Poster des *Material Girl* als Disco-Sexbombe mit der Aufschrift: Limitierte *First Edition* Madonna Weine, davor stehen auf einem kleinen Regal fünf Schauflaschen.

Doch alles der Reihe nach. Ich gehe an die Bar, warte, bis die blonde Stacheldame Luft holt, und erkläre ihr dann, dass die Ciccones mich eingeladen haben und ich hier nach Tony fragen soll. Sie ruft sofort an, stellt sich dann als Jill vor und fragt, wo wir anfangen möchten.

»Am Anfang«, entgegne ich fröhlich und überlasse ihr ganz bewusst die Entscheidung. Sean wirkt etwas benommen allein von der Tatsache, hier zu stehen, und sagt ausnahmsweise gar nichts.

»Wir sind ein sehr kleiner Betrieb mit knapp sieben Hektar und 14 Sorten«, legt Jill los, »der erste Wein ist der 2006 Pinot gris.« Sofort stehen Gläser vor uns, und wir bekommen beide einen Schluck aus der betreffenden Flasche. Dann wendet sie sich wieder den anderen Kunden zu.

»Wenn Sie immer nur bei dem Vertrauten bleiben, dann werden Sie natürlich nie etwas entdecken!«, sagt sie unverhohlen, »die Weine hier sind alle trocken.« Das war nicht nur direkt, sondern eine thermonukleare Breitseite gegen die süßen Weine, die im Midwest für die Coke- und Pepsi-Trinker gemacht werden. Dann ist sie sofort wieder bei uns.

»Tony hat das Weinmachen von seinem Vater Gaetano gelernt, der aus Pacentro in Italien in die USA ausgewandert ist. Sein wirklicher Name ist Silvio, aber alle nennen ihn Tony.« Hinten im Verkostungsraum erkenne ich ein großes gerahmtes Foto von einem alten Dorf in den Bergen, das ist sicher Pacentro. Es erinnert mich an meine Wandertour durch Umbrien letzten Mai – da war es aber mindestens 40 °C wärmer als jetzt hier!

»Der nächste Wein ist der 2006 Chardonnay«, und schon landet wieder ein Schluck in den Gläsern. Wie sein Vorgänger ist es nichts Besonderes, aber ganz sicher nicht oxidiert oder irgendwie fehlerhaft. Vielleicht sollte man auch bedenken, dass 2006 für die Ciccones ein furchtbares Jahr war: erst gab es Gerüchte in der Presse, Tony sterbe an Darmkrebs, obgleich es behandelbarer Prostatakrebs war, dann liefen die Erntehelfer weg, weil es während der Lese regnete, hagelte und schneite, und schließlich kam all die Kritik an Madonna, weil sie einen einjährigen Jungen aus Malawi adoptiert hatte; eine bizarre Mischung aus herkömmlichen Winzerproblemen und Megastar-Medien-Stress.

Als Tony auftaucht, sieht er genauso aus wie gestern Abend, und es scheint ihn nicht im Geringsten zu kratzen, dass der berühmte *Winemaker* Sean O'Keefe vom großen Château Grand Traverse auf der hochnäsigen Old Mission sich einfach mit eingeladen hat.

»Wie sind Sie auf diesen Standort gekommen?«, frage ich den ehemaligen General-Dynamics-Ingenieur und hoffe, dass diese Frage dazu taugt, ihn zum Reden zu bringen.

»Es war eigentlich ein Zufall«, sagt er lächelnd, »ich habe mich auf der Old Mission umgetan, dann erzählte mir jemand von diesem Ort. Ich hab ihn angeschaut und dachte, das sieht wie die richtige Stelle für einen Weinberg aus. Wir haben '95 gekauft, '96 Reben gepflanzt und '98 die ersten Trauben geerntet.« Wein-Autodidakten wie Tony Ciccone neigen dazu, entweder alles hyper-wissenschaftlich anzugehen oder aber sich auf ihre Instinkte zu verlassen, und er scheint ganz offensichtlich zu den letzteren zu gehören. Jill sieht ein bisschen verstimmt aus, dass er uns jetzt die Weine einschenkt, aber sie hat inzwischen eine ganze Menge Kunden am anderen Ende der fünf Meter langen Bar.

Als nächstes bekommen wir den 2006 Dolcetto. Die rote Sorte aus dem Piemont hier in der Eiswüste von Nord-Michigan? Das muss einfach grün und höllisch sauer schmecken … doch nein, es schmeckt gut, mit dem reifen Aroma roter Kirschen und angenehm herbem Gerbstoff; für einen schwierigen Jahrgang stellt dieser Wein einen echten Erfolg dar. Sean sieht jetzt baff aus, sagt aber immer noch nichts.

»Niemand hat hier Dolcetto gehabt, als ich ihn gepflanzt habe«, erzählt Tony, »man hat mich gewarnt, dass rote Sorten nicht gut funktionieren, aber ich habe gepflanzt.« Noch eine instinktive Entscheidung des Wein-Autodidakten, die vor allem auf die Familiengeschichte zurückzuführen ist. »Dolcetto verkauft sich hervorragend. Der läuft von selber aus der Tür! Bei Chardonnay und Gewürz hingegen wünschte ich, ich hätte nie damit angefangen.«

Das stellt die alte Theorie nördlicher Anbaugebiete auf eine vollkommen unerwartete, neue Art und Weise auf den Kopf. Sean findet plötzlich die Sprache wieder und beginnt, Tony förmlich mit Fragen zu bombardieren, die dieser auch gerne zu beantworten scheint. Dann unterbricht ihn Jill mitten im Satz.

»Tony, darf ich unterbrechen. Ein Herr ist mit seiner Freundin hier, und sie hat heute Geburtstag, also singen wir alle zusammen *Happy Birthday* für Lisa.« Das ist keine Frage, sondern ein Befehl, der uns alle einschließt, sonst kann ich gleich zum Flughafen und dort warten. Daher singen wir *Happy Birthday*, und Lisa strahlt vor Freude. In dieser Aufführung ist meine Rolle strikt auf den Background beschränkt; das Wichtige für Lisa ist, dass der Vater von Madonna, Michigans ureigenem globalen Megastar, für sie *Happy Birthday* gesungen hat!

Dann will ein älterer Typ ein Foto von seiner Frau mit Tony Ciccone machen. Alles scheint auf einmal von einer unterschwelligen Aura der Berühmtheit umgeben, die aufblüht, sobald solche Wünsche geäußert werden. Dem Vater des Material Girls scheint das alles nicht das Geringste auszumachen, und er kommt danach direkt zu uns zurück.

»Wie haben sich die Dinge entwickelt, seit Sie hier angefangen haben?«, frage ich, in der Hoffnung, mein Verkostungs-Interview mit dem Leelanau-*Winemaker* mir gegenüber wieder in Fahrt zu bringen.

»Nun, es ist gut, eine örtliche Regierung zu haben, die den Wein versteht, ganz anders als auf der Old Mission«, sagt er, worauf Sean nur die Augen verdreht. Überall auf Planet Wein gibt es Lokalpolitiker, denen das Verständnis für die Weinbranche fehlt. Ihr häufigster Fehler besteht in der Annahme, es handle sich um eine Randerscheinung, die sie einfach ignorieren könnten. Sie übersehen dabei, welch wichtige Rolle sie für die Belebung des Tourismus spielen kann und wie viele andere Branchen Zulieferer und Partner der Weinproduzenten sind. Warum sollten die Politiker in Nord-Michigan schlauer als zu Hause sein?

»Hier sind die fünf M-Weine«, sagt Tony und vermeidet ganz bewusst, den Namen seiner Tochter auszusprechen, ganz wie ich seit unserer Ankunft. »Möchten Sie welche davon verkosten?«

»Könnte ich sie alle verkosten?«, frage ich zurück und versuche, nicht unverschämt zu wirken.

»Klar«, sagt er und greift nach dem 2005 Madonna Gewürztraminer. Der Wein hat viel Substanz und einen Hauch Süße, aber die Aromen scheinen in alle möglichen Richtungen zu fliegen. Als nächstes schenkt er den 2005 Madonna Chardonnay ein, der ziemlich intensiv nach Toffee und Butterscotch riecht und auf eine Weise reichhaltig und saftig ist, die zu der Erscheinung der ultimativen Disco-Sexbombe zu passen scheint, die mich von dem Poster an der Wand anstarrt. Zu Hause in einer Blindprobe hätte ich den Wein nach Kalifornien verortet. Ich sehe, dass Sean anderer Meinung ist, wahrscheinlich weil es genau die entgegengesetzte Art von Weißwein ist, die der Michael Moore des Rieslings zu erzeugen versucht.

»Ich möchte nicht, dass du vor Weihnachten in der Hölle landest«, sagt Jill streng zu Tony. Wovon redet sie? Ist mir etwas entgangen, weil ich zu sehr mit dem Verkosten beschäftigt war? Ich werfe einen fragenden Blick in Seans Richtung, aber er scheint genauso verblüfft wie ich. Und Tony Ciccone ignoriert das Ganze einfach und schenkt uns den 2005 Madonna Pinot grigio Ambrato ein. Mir fällt auf, dass jeder der M-Weine ein anderes Etikett hat, obgleich sie alle, wie auch das Poster hinter der Bar, im selben Stil wie das Cover von Madonnas Album »Confessions from the Dancefloor« gehalten sind. Marketing-Synergie!

»Diese Trauben sind gemahlen worden und standen dann vor dem Keltern sieben Tage auf der Maische«, erklärt Tony, also ein Weißwein mit einem Rotwein-Touch. »Das Problem liegt darin, dass er in der Flasche Depot bildet und die Farbe nicht stabil ist.« Diese Analyse klingt, als ob der Wein-Autodidakt in den letzten Jahren eine harte Phase der Erkenntnis absolviert hat, und dafür verdient er zweifellos Respekt.

Der Wein ist ganz leicht trüb, aber die Farbe ist trotzdem ein schönes Bernstein. Er duftet wie Amaretto, schmeckt intensiv nach Aprikosenkernen und Rosinen und hat ganz schön Gerbstoff. Er ist in seinem Wesen halb Weißwein und halb Rotwein, und ich habe so etwas noch nie zuvor verkostet, aber es funktioniert. Nur ein Wein-Autodidakt wie Tony Ciccone oder ein höchst professioneller Revolutionär wie Sean O'Keefe kann auf einen so radikalen Wein kommen.

»Lass den Stoff fließen!«, dröhnt jetzt jemand am anderen Ende der Bar Jill entgegen. Jetzt verstehe ich, warum sie hier arbeitet; jemand muss den angetrunkenen Kunden mit einigen sorgfältig gewählten direkten Worten den Wind aus den Segeln nehmen, und genau das tut sie.

Wir sind jetzt beim 2005 Madonna Pinot noir angelangt, noch ein dicker Wein, der in diesem Fall an kandierte Orangen erinnert und mich nicht so begeistert wie der schöne seltsame Pinot grigio, obgleich er vollkommen in Ordnung ist. Schließlich stellt Tony eine blaue Bordeauxflasche auf den Tresen, auf der allerdings kein Viecher-Etikett, sondern ein Bild von Madonna prangt.

Der 2005 Madonna Cabernet Franc duftet ganz wunderbar nach reifen Himbeeren und ist unverhohlen üppig, mit einem Schuss festem, trockenem Gerbstoff nach der anfänglichen Welle von sattem süßlichem Geschmack. Trotz der Flaschenfarbe ist der Wein Lichtjahre entfernt vom Reich der knuddeligen Viecher-Weine, ist sogar ziemlich extrem, aber auch köstlich, und all das blubbert in einem langen Wortstrom aus meinem Mund.

Sean sieht aus, als sei er durch ein Wurmloch gekrochen und stünde plötzlich in einem anderen Teil des Universums. Leicht stammelnd erklärt er, ein Restaurant habe ihn beauftragt, eine Karte mit Michigan-Weinen zusammenzustellen und ob er bitte diesen auch dazunehmen könne. Tony Ciccone wirkt sehr erfreut über unser überschwängliches Lob für den Wein.

Noch eine Flasche taucht auf, aus der er uns mit bedeutungsschwangerem Blick den 2006 Pacentro einschenkt, wieder ein verrückter Wein, dieses Mal weiß und voller Ananas- und Gewürzaromen, mit ein bisschen Süße, aber auch schöner Frische. »Ihr wisst sicher, was das ist«, frotzelt er.

»Vignoles!«, tippt Sean zuversichtlich.

»Vielleicht Riesling«, schlage ich etwas zögerlicher vor.

»Moscato und Pinot blanc«, entgegnet er trocken.

»Da haben Sie uns erwischt ... wir sind übrigens die Experten«, sagt Sean höchst ironisch. Abgesehen davon, dass er uns mit diesem Wein hereingelegt hat, demonstriert Tony damit auch wiederum, dass es in Nord-Michigan möglich ist, auf neuen, bislang nicht erprobten Wegen zum Wein-Erfolg zu gelangen. Keine Frage, dass wir hier im neuen Wein-Norden sind, aber die Weinwelt steckt schon immer voller Gegensätze, und manchmal können diese nördlichen Weine südlich schmecken, wie es hier bei mehreren der Fall war.

»Ich will Fallschirm springen!«, erklärt Jill ihren Kunden lauthals, »Bungeejumping in Neuseeland habe ich schon gemacht.«

»Ich höre auf zu verkosten, ich trinke jetzt!«, verkünde ich, weil ich mir denke, dass ein gewisser Rausch zusätzlich zu all diesem Wahnsinn mich vielleicht in genau die richtige Stimmung versetzen wird, um die zwei Flüge zu ertragen, die ich heute noch vor mir habe.

»Ich leiste Ihnen einfach mal Gesellschaft«, sagt Tony Ciccone und füllt unsere Gläser.

»Meine Freundin wird in …«, hebt Sean an, und sein Kopf fliegt herum wie bei einem Androiden in einem Science-Fiction-Film, als er hört, wie die Eingangstür aufgeht, doch es ist nicht Stacey.

»Erwischt!«, sage ich, weil mir diese Reaktion nur allzu vertraut ist, und Tony Ciccone kriegt sich kaum ein vor Lachen. Dann geht die Tür wieder auf, und es ist tatsächlich Stacey. Zeit hier aufzubrechen und zum Cherry Capitol Airport zu fahren.

»Was geht in ihm vor, wenn er seine Tochter mit einem halbnackten schwarzen Kerl in einem Video tanzen sieht oder wenn sie sich auf der Bühne selbst kreuzigt?«, überlegt Sean laut, als wir im Wagen sitzen. »Er und Joan sind wirklich bescheidene Leute. Vor einer Weile habe ich mich mit ihnen unterhalten und gefragt, was sie in letzter Zeit so unternommen hätten. ›Ach, wir waren in Schottland bei der Hochzeit unserer Tochter‹, hat er einfach gesagt, und dann habe ich am nächsten Tag Fotos von der Hochzeit im ›Newsweek‹ Magazin gesehen, und da stand er neben Brad Pitt!«

Ich frage mich eher, was Sean von den Weinen, die wir gerade verkostet haben, wirklich hält, vor allem von den besten der Rotweine, die nicht nur beeindruckend waren, sondern auch vollkommen anders als alles, was ich mit dem Michael Moore des Rieslings in den letzten Tagen erlebt habe.

»Fliegst du nach Hause?«, unterbricht Stacey meine Gedanken. Ich erzähle ihr, dass ich noch zwei weitere Stationen auf dem Programm habe, bevor ich nach Hause fliege, die zwei Flüge heute Nachmittag nach Toronto und dann morgen den Expresszug nach Montreal, um meine Begleiter auf der Fährte des Apfel-Eisweins in Québec zu treffen. Sie möchte mehr über meinen »Job« wissen, und ich gebe ihr eine kurze Einführung in mein merkwürdiges Leben.

»Stuart schien immer auf derselben Seite wie die Winzer zu stehen«, sagt Sean und fügt dann hinzu, dass die Weine bei Ciccone viel besser geworden seien. Ich erkläre Stacey, dass ich bemüht bin, immer die positive Seite der Dinge zu sehen, ohne jedoch so zu tun, als gebe es keine negativen Aspekte. Jedem, den ich besuche und kennenlerne, eine faire Chance zu geben, das gehört zu meinen obersten Prinzipien. Menschen, also auch Winzer, verändern sich ständig, und mit dem nächsten Jahrgang ist immer alles zumindest ein kleines bisschen anders für jeden Winzer. Sean wirkt sehr nachdenklich, und mir fällt plötzlich auf, dass er mir noch nie einen Rotwein von Château Grand Traverse gezeigt hat, obwohl auf der aktuellen Liste, die auf meinem Zimmer lag, mindestens ein halbes Dutzend standen. Doch jetzt sind wir schon beim Flughafen, und es ist viel zu spät, um dieses Thema anzupacken …

Es ist kurz vor 22 Uhr, und ich bin total kaputt. Ich sitze im Shuttle-Bus des Holiday Inn in Detroit-Southgate. Die flache Landschaft, durch die wir fahren, leuchtet gespenstisch im orangefarbigen Schein der Straßenbeleuchtung und den grünlichen Lichtbündeln der Scheinwerfer auf den Fabrikgebäuden, die sich im hier allgegenwärtigen tiefen Schnee brechen. Der Bus kriecht die verstopfte Autobahn entlang, durch den von tausend anderen Autoreifen zermahlenen Schneematsch. Aber ich bin froh, zusammen mit einer Handvoll anderer gestrandeter Seelen in dem warmen Bus zu sitzen, anstatt wer weiß wie lange auf ein Taxi zu warten. Die getrockneten Pfirsiche und die Haferkekse, die ich jetzt aus der Tasche krame, sind die Notration für genau solche Situationen. Ich werde heute kaum noch etwas anderes zu essen bekommen, aber ich weiß aus Erfahrung, dass ich damit bis morgen früh durchhalte.

Sobald ich mich von Sean und Stacey verabschiedet hatte, begann alles schief zu laufen. Die Bildschirme an Gate 4 des Cherry Capital Airport behaupteten, mein Flug sei pünktlich, aber ich wartete und wartete, und nichts passierte. Es war, als sei ich plötzlich wieder in derselben merkwürdigen anderen Dimension gelandet wie am Northwest-Schalter des Flughafens von Newark. Als ich schließlich in Detroit ankam, hatte ich theoretisch 15 Minuten zum Umsteigen, dachte mir aber, dass der Toronto-Flug sicher auch verspätet sei. Ich war auf einen Sprint vorbereitet, doch auf den Anzeigen der Abflüge leuchtete mir unter der Spalte »Voraussichtliche Abflugszeit« eine ganze Säule von *cancelled*, gestrichen, entgegen. Unter einigen

Schwierigkeiten buchte ich auf einen frühen Morgenflug um, mit dem zumindest meine Québec-Pläne noch funktionieren werden, und rief dann Tony Aspler in Toronto an, dass ich nicht kommen könnte.

»Das ist Kanada im Dezember, was erwartest du?«, lautete sein Kommentar, voller Mitleid über die abrupte Konfrontation eines armen Europäers mit den winterlichen Realitäten dieses Kontinents. Dann folgte ich dem Rat der Dame am Schalter, buchte ein Hotelzimmer und bat darum, mein Gepäck herauszugeben; das bedeutete frische Unterwäsche und die Ladegeräte für Handy und Laptop. Doch nach drei Stunden Warten am Gepäckband Nr. 9 war immer noch nichts davon zu sehen. Neben mir flehte eine kleine japanische Dame, die vollkommen fertig aussah, die Gepäckleute an, ihr bitte zu ihrem Koffer zu verhelfen, sie warte bereits seit acht Stunden! Ich ging daraufhin zum *Baggage Office*, ließ mein Gepäck auf den Montreal-Flug morgen früh umbuchen und rief das Hotel an, um herauszufinden, wo der Shuttlebus abfuhr. Dann sah ich ihn von weitem kommen, und das bedeutete entweder einen olympiareifen Sprint oder den letzten Bus zu einem Hotel, das 15 Kilometer vom Flughafen entfernt lag, zu verpassen. Ich rannte, was die Beine hergaben.

Jetzt sind wir von der Autobahn abgebogen, und die Architektur wird immer bizarrer. Da ist die neogotische lutheranische Kirche St. John, gefolgt von einer kaleidoskopisch bunten *Shopping Mall*, einer Tankstelle, Video- und Getränkeläden, dann ein Blockhaus, das in diesem eisgekühlten Stück Suburbia vollkommen deplatziert wirkt. Und da ist die Rettung in Form des Holiday Inn. Weniger gepäckbeladen als die anderen steige ich als erster aus dem Bus und stehe als erster an der Rezeption. Um auf Nummer Sicher zu gehen, buche ich ein Taxi für die Fahrt morgen früh um halb acht zurück zum Flughafen. Ich stoße einen tiefen Seufzer der Erleichterung aus, auch wenn die Aussichten auf Essen schlecht sind.

Weil hier am Stadtrand von Detroit Land reichlich und daher günstig vorhanden ist, ist das gesamte Hotel ein ebenerdiger Bau.

Alle Zimmer scheinen durch einen einzigen, endlosen Flur verbunden, eine perfekte Kulisse für einen grässlichen Alptraum. Nachdem ich mein Gepäck aufs Zimmer gebracht habe, gehe ich in die Bar, eine Oase an Licht, Sound und Action. Wein gibt es überhaupt keinen, die Biere vom Fass kommen sämtlich von amerikanischen Megabrauereien, deshalb entscheide ich mich für ein Guinness.

Eine Welle an Sound überrollt mich von hinten, heulend, knurrend, donnernd. Der Blues! *You can keep on walkin', walkin' out the door* – ich drehe mich nach der Band um, aber sie ist in der einzigen dunklen Ecke der Bar beinahe nicht auszumachen. Ganz langsam gewöhnen sich meine Augen an die Düsterkeit, die wie eine schwarze Rauchwolke aussieht, in der sich Schatten bewegen. »James Hoagland Blues Band« steht auf der Bass Drum. Ihr Auftritt ist Welten entfernt von Madonnas spektakulären Bühnen-Shows, aber mein lieber Mann, können die spielen. Und sie können keinen besseren Gig bekommen als im Holiday Inn in Detroit-Southgate?

Auf einem Plasma-Bildschirm in einer Ecke gibt der Wetterkanal die örtlichen Bedingungen als 23 °F plus einen *Windchill*-Faktor von 11 °F an, also eine wahrgenommene Temperatur von 12 °F oder -11 °C. Sie berichten auch, dass drüben im Westen der Flughafen von Spokane/Washington State geschlossen ist und es für Nord-Florida und Alabama eine Tornado-Warnung gibt. Kaum zu glauben in diesem Kontext, aber manche Gegenden wie ein großer Teil von Georgia leiden zur gleichen Zeit unter furchtbarer Dürre; ich müsste mich sehr irren, wenn das nicht wieder ein überraschendes Zeichen der globalen Klimaerwärmung ist.

Auf einem zweiten Plasma-Bildschirm läuft eine *Bucking Bronco Championship*, bei der sich Reiter möglichst lange auf wildbockenden Pferden halten müssen und dabei auf einer 100-Punkte-Skala bewertet werden, so wie Weine von den bedeutendsten Kritikern in Amerika. Vielleicht sind die bockenden wilden Pferde ein Zeichen, dass der Weinjournalismus hier auch eine Art Sport ist? Wie auch immer, eigentlich zählt nur, ob ich es morgen nach Montreal schaffe oder nicht, ich will zurück auf den Weintrail. Eiswein, selbst wenn er aus Äpfeln ist, erscheint mir perfekt in der gegenwärtigen Lage, wo alles von Eis und Schnee bestimmt ist. Dann überrollt mich wieder die Musik. *Because I don't want you no more …*

16. Dezember 2007 Ich will kein Risiko eingehen und bin einige Minuten vor halb acht an der Rezeption. Durch die Glasfront kann ich erkennen, dass es noch stärker als gestern schneit, und es sieht noch kälter aus. Ich bitte die Rezeptionistin, bei der Taxifirma nachzuhaken und sie schlägt vor, auch bei Northwest anzurufen, ob mein Flug überhaupt stattfindet. Eine Minute später verblüfft sie mich mit der Nachricht, die Maschine würde theoretisch pünktlich abfliegen. Dann telefoniert sie mit mehreren Taxifirmen, da die von gestern Abend zugegeben hat, meine Reservierung vermasselt zu haben. Erst die gute Nachricht, dann die schlechte. Ich setze mich hin und hoffe, dass irgendwie von irgendwoher rechtzeitig ein Taxi auftaucht, damit ich den Flug um 8.50 Uhr nach Montreal schaffe und wieder auf dem Weintrail lande.

Gerade will ich die Rezeptionistin nochmals bitten nachzufragen, als ein weißer Minibus mit der Aufschrift Taxi an der Seite vor dem Hoteleingang vorfährt. Ich ziehe meine Jacke fest zu und stecke den Kopf aus den Glastüren.

»Hi!«, sage ich mit soviel ungestresster Freundlichkeit, wie ich unter diesen Umständen aufbringen kann.

»No!«, sagt der Taxifahrer, reißt die Motorhaube seines Wagens auf und starrt hinein. Ich trete meinen Rückzug ins Warme an und frage mich, ob ich es je aus diesem *Have-a-nice-day*-Hölle-auf-Erden-Flachbau herausschaffen werde. Gerade als ich mit ernsthaften Überlebensstrategien beschäftigt bin, öffnen sich die Glastüren und vor mir steht der Taxifahrer, eine schnee-umwirbelte Erscheinung in schwarzer Lederjacke, Jeans und blauer Pudelmütze.

»Yeah«, sagt er. Ich greife nach meiner Tasche und folge ihm in die Eiswüste.

»Der Keilriemen ist hin«, erklärt er, als wir aus der Hotelauffahrt herausschlittern, »wir müssen kurz bei einem Autozubehörladen anhalten.« Ich signalisiere meine widerwillige Zustimmung – habe ich eine Wahl? Aber es ist Sonntag und vor acht Uhr. Wir fahren an ein paar Autozubehörläden vorbei, die uns allesamt mit dunklen Fenstern und verschlossenen Türen anstarren.

»Sie haben zu«, sagt er überflüssigerweise. »Ich hasse Sonntage, aber es ist so kalt, dass wir es wahrscheinlich auch so schaffen. Wann geht Ihr Flug?«, fragt er, während wir auf die nahezu leere Autobahn einbiegen, wo schätzungsweise 25 Zentimeter frischer Schnee auf dem gefrorenen Matsch von gestern liegen. »Zehn vor neun«, antworte ich, und dass ich nur Handgepäck habe – warum habe ich diese Ladegeräte in den Koffer gepackt? –, und er tritt aufs Gas. Ich kann spüren, dass er überzeugt ist, es zu schaffen, und das ist eigentlich beruhigend. Aber in Berlin würde niemand unter diesen Bedingungen Auto fahren. Wird der Motor kochen, bevor wir zum Flughafen kommen, oder ist es einfach so kalt, dass das eine technische Unmöglichkeit ist?

Er beschleunigt auf 70 Stundenkilometer, was mir wirklich riskant erscheint, weil die Bewegungen des Taxis eher dem eines Surfboards auf einer Riesenwelle gleichen als irgendetwas, das ich je in einem Auto auf einem konventionellen Straßenbelag erlebt hätte. Doch der Taxifahrer wirkt dabei vollkommen entspannt, sogar zuversichtlich. Oh nein! Direkt vor uns schleicht ein riesiger altmodischer Wagen der maroden Detroit-Industrie! Aber auf wundersame Weise surfen wir um ihn herum, und der unerschrockene Taxifahrer wiederholt dieses Manöver noch bei einem halben Dutzend anderer Autos.

»Wissen Sie, dass wir heute angeblich noch einmal 25 Zentimeter Schnee bekommen sollen?«, fragt er und dreht sich dabei zu mir um, so dass ich beinahe einen Herzinfarkt bekomme. »Wir haben es gleich geschafft.« Ich höre und rieche nichts von einem kochenden Motor, als wir die Rampe zum Terminal hinauffahren. Ich zahle und gebe ihm ein großzügiges Trinkgeld, dann renne ich hinein.

Cancelled steht in großen Lettern neben 8.50 Uhr Montreal auf dem ersten Bildschirm, den ich finden kann, und mir fällt das Herz noch viel tiefer als in die Hose. Was zur Hölle soll ich jetzt tun? Auf keinen Fall zurück ins Holiday Inn Detroit-Southgate. Ich suche auf dem Bildschirm nach Flügen, die tatsächlich stattfinden. Da ist einer um 10.24 Uhr nach Toronto, das ist zumindest die richtige Richtung, und ich weiß, dass der Expresszug von Toronto nach Montreal nur vier Stunden braucht, also stelle ich mich an der Northwest-Schlange an. Wenige Minuten später stehe ich der jungen Dame am Schalter gegenüber. Sie zeigt viel Mitgefühl und hat wahrhaftig noch einen Platz für den Flug nach Toronto. Ich müsse aber unbedingt rechtzeitig am Abflug-Gate sein. Diese Bemerkung klingt bizarr angesichts des Chaos, das nicht nur hier, sondern bis hinüber nach Spokane/Washington State zu herrschen scheint, aber ich verspreche ihr alles, was sie will. Dafür bekomme ich einen Boarding-Pass, und sie dirigiert mein Gepäck wieder um nach Toronto. Vielleicht ist ja alles doch nicht so schlimm?

Aus irgendeinem Grund behandeln mich die Sicherheitsleute bei der Kontrolle, als sei ich ein potentieller Terrorist. Als ich endlich am Gate bin, hole ich mir einen Kaffee und rufe Tony Aspler an. Er ist überrascht, meine Stimme zu hören, bietet mir aber sofort und ohne zu zögern an, dass ich bei ihnen übernachten kann. Dann rufe ich meine Frau an, die nicht so einfach davon zu überzeugen ist, dass wir hier nahe am Notzustand sind. Schließlich lese ich ihr die Schlagzeilen auf CNN vor: *Major winter storm from Midwest to Northeast.* Dann, erstaunlicherweise, können wir pünktlich einsteigen.

»Es geht doch nichts über einen frischen Morgen, damit man sich so richtig übers Leben freut!«, begrüßt mich die Stewardess fröhlich an Bord. Das erinnert mich an eine Geschichte von Ed O'Keefe über einen russischen Soldaten, den er Anfang der 1950er-Jahre kennenlernte, als es so aussah, als ob der Kalte Krieg plötzlich heiß werden könnte. Der Mann trank Wodka, als sei es Wasser, und als Ed nach dem Grund dafür fragte, sagte er: »Wenn Russland gewinnt, bin ich tot, wenn Amerika gewinnt, bin ich auch tot, aber jetzt lebe ich!«

Die Arbeiter draußen plagen sich mit dem Gepäck. Es sieht arktisch aus. Ich sehe meinen Koffer nicht, aber durch den Schnee lässt sich sowieso nicht viel erkennen. Dann rollen wir zur Enteisungszone, wo Enteisungsflüssigkeit über das Flugzeug gesprüht wird. Zehn, 20, 30, 40, 50, 60 Minuten lang!

Schließlich, endlich, heben wir mit zwei Stunden Verspätung ab, 20 Stunden später, als ich eigentlich von Detroit nach Toronto fliegen wollte.

Während ich darauf warte, dass mein Koffer auf dem Gepäckband des Pearson International Airport Toronto auftaucht, wechsle ich den größten Teil meiner US-Dollar in kanadische Dollar. Ich stopfe die Scheine in meine Hosentasche und den Rest der US-Dollar in meine Brieftasche, zum Pass und den Kreditkarten. Hoffentlich klappt es morgen mit dem Expresszug nach Montreal, dann kann ich meine Begleiter mit nur einem Tag Verspätung treffen, und wir schaffen doch noch etwas Recherche in Québec.

Am Gepäckband wird nur etwa die Hälfte der Passagiere fündig, und als es zum Stillstand kommt, bilden wir eine lange Schlange vor dem *Lost Baggage*-Schalter. Unter diesen Bedingungen und mit zwei Umbuchungen innerhalb von 24 Stunden überrascht es mich nicht im Geringsten, dass mein Koffer nicht aufgetaucht ist. Ich melde meinen Verlust, greife nach der Bestätigung und meiner Brieftasche und gehe durch den Zoll. Auf einmal fühle ich mich wie Blei, mein Vorrat an Adrenalin scheint vollständig ausgeschöpft, und sonst ist einfach kein Quentchen an Energie mehr da.

Der Zoll winkt mich durch, ich stopfe meine Papiere in die Einkaufstüte, die ich außer meinem Handgepäck in der Hand habe, und stolpere hinaus durch die automatischen Schiebetüren, hinein ins Chaos. Überall Menschen, die auf jemanden oder etwas warten. Die Luft schwirrt vor Fragen, Klagen, Vorwürfen, Jammern. Wie benommen stehe ich einen Moment lang einfach nur da, bevor ich wie ein Automat wieder in Bewegung komme. Am Ausgang zum Taxistand knöpfe ich meine Jacke zu und stelle mich draußen in die Schlange.

Es ist seltsam still, und vor mir steht nur eine zierliche junge Japanerin mit drei unzerstörbar wirkenden Koffern auf Rädern. Stehe ich am richtigen Platz? Ich blicke mich um, den Schildern zufolge ist das tatsächlich der Taxistand, aber kein Taxi weit und breit in Sicht. Eigentlich kann ich überhaupt keine sich bewegenden Fahrzeuge sehen! Und selbst wenn ein Taxi kommen sollte, bin ich nur der zweite in der Reihe. Es ist beinahe drei Uhr, und alles deutet auf weitere Stunden Warten und Verspätung, unter Bedingungen wie in einem Gefrierhaus. Die Japanerin lächelt mir zaghaft zu, was mir wie eine heroische Geste erscheint.

Dann taucht von weitem ein Wagen auf. Zuerst scheint es, als ob er nur vorbeifährt, aber nein, er wird langsamer, es ist ein Taxi! Ein kleiner beleibter Mann springt vom Fahrersitz, verkündet mit schwerem osteuropäischen Akzent, für 50 Kanadische Dollar pro Person würde er uns beide mitnehmen. Er packt die unzerstörbaren Koffer ein und stellt meine Tasche und Tüte dazwischen. Wir steigen ein und während wir schon in Richtung Innenstadt rollen, fragt er uns, wo wir hin müssen.

»Wir werden Sie zuerst absetzen«, sagt er dann zu mir und beginnt eine lange Diskussion über die geopolitische Situation, zu der ich versuche, einige höfliche Bemerkungen zu machen, ohne ihn jedoch richtig zu verstehen. Zuerst fahren wir mit relativ guter Geschwindigkeit auf der Autobahn, wo die Schneeräumfahrzeuge ganz offensichtlich schon mehrmals unterwegs waren, dann biegen wir in kleine Straßen ab, die wie das Reich des weißen Chaos wirken, wo kein Schneepflug je erscheint. An vielen Stellen ist der Schnee einen halben Meter hoch, wo Leute ihren Eingang freigeschaufelt haben, liegt er meterhoch. Immer wieder muss der Taxifahrer einen Umweg fahren, weil ein liegen gebliebenes Auto die Straße blockiert. Ein Schild mit der Geschwindigkeitsbegrenzung von 40 Meilen wirkt wie blanker Hohn. Irgendwie kann ich mir nicht vorstellen, morgen im Expresszug zu sitzen; am Flughafen habe ich gehört, in Montreal sehe es noch schlimmer aus.

Ich erkenne diese Gegend. Wir haben es zur Craighurst Avenue geschafft, da drüben ist die rote Backsteinfassade mit der dunkelblauen Eingangstür der Asplers. Wir halten schneeknirschend an. Vollkommen erschöpft, aber auch neu belebt bei dem Gedanken, es endlich an einen vertrauten Ort geschafft zu haben, wo ich mich ausruhen kann, klettere ich aus dem Taxi, gebe dem Fahrer das Geld und greife nach meinen beiden kleinen Taschen. Ich stolpere und rutsche die Stufen zur Tür hinauf und drücke auf die Klingel. Tony Aspler wirkt etwas erstaunt, als sei es ein Wunder, dass ich den kurzen Sprung von Detroit nach Toronto heute überhaupt geschafft habe. Seine Frau Deborah hilft mir aus der Jacke, und ich ziehe mir die Stiefel von den Füßen. Da steigt plötzlich der Zweifel in mir auf wie eine böse Mageninfektion – irgendetwas stimmt nicht, stimmt überhaupt ganz und gar nicht.

Ich falle auf die Knie und krame in der Einkaufstüte. Da sind meine Bücher, da ist mein Notizbuch, die Zeitung, die ich heute früh gekauft habe, aber nein, nein, nein, keine Spur von meiner Brieftasche. Obwohl mir die unausweichliche Wahrheit bereits bewusst ist, wühle ich weiter. Doch nein, meine Brieftasche mit Reisepass, Kreditkarten und US-Dollars ist verschwunden. Außer dem Bargeld in meiner Hosentasche habe ich nichts. Ich kann mich nicht ausweisen und in drei Tagen geht mein Flug zurück nach Berlin von Newark/USA. Ich versuche tief durchzuatmen und ruhig zu bleiben, aber es führt kein Weg herum: Ich bin in ein weißes Loch gestolpert.

17. Dezember 2007 Ich weiß nicht, wie die Hölle aussieht, aber der Wein in dem Glas vor mir ist richtig schwarz. Ich nehme das Glas in die Hand und beuge mich vor, um daran zu riechen. Als etwas mehr Licht darauf fällt – draußen ist es dunkel und die Lichter im Esszimmer der Asplers sind gedimmt –, entpuppt er sich als dunkelrubinrot. Das hätte mir klar sein sollen, kein Wein ist wirklich schwarz, man braucht nur genügend Licht, und die, die dann immer noch schwarz erscheinen, werden mit dem Alter heller.

Ich bin sicher, dass Tony Aspler mir diesen Wein in irgendeiner Absicht eingeschenkt hat, und sicher hat es mit Kanada zu tun. Doch mit seinem Duft nach superreifen schwarzen Johannisbeeren und Pflaumen, der feinen Vanillenote teurer Eichenfässer, dem üppigen geschliffenen Gerbstoff und der geschmeidigen Art würde ich eher auf einen kalifornischen Kult-Cabernet tippen, also einen Rotwein aus der Sorte Cabernet Sauvignon, der extrem teuer und gesucht ist und im Hollywood-Staat nur in sehr begrenzter Menge erzeugt wird. Allerdings hat mich Tony gestern Abend mit zwei erstaunlichen Rotweinen hereingelegt, bei denen ich überzeugt war, dass sie von weither kommen müssten, und die doch kanadischen Ursprungs waren: zuerst dem 2004 Estate Select Syrah von Cedar Creek im Okanagan Valley in British Columbia mit seiner lebhaften Beerenfrucht, und dann dem opulenten, seidigen 2004 Claystone Terrace Pinot noir von Le Clos Jordanne, der nach Waldbeeren und -boden duftete und um die Ecke von hier gewachsen ist, auf der Niagara-Halbinsel in Ontario. Ich hatte ein paar frische Sachen von Tony angezogen und mich dann durch das Abendessen und die Weine ein paar Stunden lang wie ein normaler, frei bestimmter Mensch gefühlt. Jetzt gehe ich davon aus, dass auch bei diesem Wein Kanada nicht ganz auszuschließen ist.

Wenn ich den drahtigen, ultraprofessionellen, grauhaarigen Mann mir gegenüber so beobachte, wie er schweigsam riecht und schmeckt, ist mir klar, dass er nichts Näheres verraten wird, bevor ich nicht meine Meinung zu dem Wein geäußert habe. Wie ich selbst ist er vorübergehend seiner Identität beraubt worden, nicht aber seiner Charakterzüge. In seinem Fall dreht es sich um das Stück Papier auf der Flasche, bei mir hingegen um einen Notpass. Ersteres wird nach meinem Tipp garantiert auf dem Tisch auftauchen, während das beim letzteren noch sehr ungewiss ist. Morgen Vormittag um elf habe ich einen Termin beim britischen Generalkonsulat, 777 Bay Street, und heute habe ich es zumindest geschafft, die von dieser Seite geforderten zwei Aufgaben zu erfüllen, um mich für einen Notpass zu qualifizieren. Aber ich bin nicht sicher, ob der Mensch beim Konsulat glaubt, dass ich bin, wer ich bin. Ich hoffe sehr, dass die Biographie und die Fotos auf meiner Website ihn davon überzeugen werden, dass ich die Wahrheit erzähle und weder Spion noch ein Spießgeselle von Osama Bin Laden bin.

Die zwei Aufgaben waren ein ziemlicher Kampf, weil sich das weiße Chaos gestern zum schlimmsten Schneesturm steigerte, den Toronto seit dem 11. Dezember 1944 erlebt hat. Der »Toronto Star« berichtet heute, dass 397 Flüge gestrichen wurden und es in und um Toronto mehr als 800 Verkehrsunfälle gab; 26 Zentimeter Schnee seien im Stadtzentrum gefallen, nicht ganz so ein Rekord. Die »National Post« hingegen schreibt von einem Rekord-Schneefall, bestärkt von »BBC World«, die gleichermaßen von 40 Zentimetern Schnee berichten, und danach sah es auch aus.

Heute war der Himmel meistens blau, und die Sonne schien auf die immer noch tief verschneiten Häuser und Straßen. Selbst die Hauptkreuzung der Yonge Street, die auf meinem Weg zur U-Bahn in die Stadtmitte liegt, war nicht geräumt. Die U-Bahnen fuhren unregelmäßig und zögerlich. Die ganze Stadt schien sich zu bewegen wie beladen mit einer schweren und sperrigen Last. Ich wollte gleich um neun Uhr morgens beim Konsulat sein, wenn sie aufmachen, schaffte es aber erst 40 Minuten später.

Alles ging zügig und freundlich vonstatten, trotz der Tatsache, dass ich mich nicht ausweisen konnte. Ich wurde angewiesen, den Diebstahl meines Passes bei der Polizei zu melden und neue Passfotos machen zu lassen. Die Fotos waren kein Problem, aber die Beamten bei der nächstgelegenen Polizeistation erwiesen sich als grundlegend unkooperativ. Sie weigerten sich einfach, eine Anzeige aufzunehmen. Sie bestanden darauf, dass ich nach Hause gehe und das Ganze telefonisch machen solle. Auf mein Drängen kritzelten sie widerwillig eine Nummer auf die Rückseite eines blauen Nachrichtenformulars des Toronto Police Service, um mich loszuwerden. Also kämpfte ich mich zu Fuß und mit der U-Bahn zurück zum Haus der Asplers und gönnte mir auf dem Weg einen Bagel, um nicht zu verhungern, aber auch so viel wie möglich von meinen kostbaren kanadischen Dollars zu behalten.

Bei den Asplers rief ich wie angewiesen die Nummer an, arbeitete mich durch das Computersystem und erreichte schließlich einen Beamten, der sich mir gegenüber nur mit seiner Dienstnummer zu erkennen gab. Er teilte mir mit, dass der Diebstahl eines Passes nicht telefonisch zur Anzeige gebracht werden könne. Als ich ihm meine Geschichte erzählte, klang er sehr frustriert über seine Kollegen und notierte sich alle Details. Dann fragte er, wo ich jetzt sei und sagte mir, dass die nächste Polizeistation nicht weit, um die Ecke der U-Bahn-Station sei, die ich benutzt hatte. Dorthin müsse ich, um Anzeige zu erstatten.

Der Beamte Nr. 2639568, der sich dort meiner Sache annahm, wurde sehr freundlich, als ich ihm zeigte, dass das normale Toronto-Police-Notizbuch dem Modell, das ich benutze, stark ähnelt. Er erzählte mir, dass chaotische Situationen wie dieser Schneesturm ideale Bedingungen für Diebe bedeuteten, und gab mir einen Ratschlag, wo ich vielleicht ein Ladegerät für mein Mobil-Telefon kaufen könnte.

Dann bin ich beim Union Station, Torontos Hauptbahnhof, gewesen, um mich über die morgigen Expresszüge nach Montreal zu erkundigen. Es ging mir nicht darum, doch noch Andreas Schneider und seinen Freund zu treffen, um die Apfel-Eisweine von Québec zu erforschen. Dieser Plan hatte sich in dem Moment in Luft aufgelöst, als mir klar wurde, dass ich meinen Pass verloren hatte. Nachdem ich gestern meine Kreditkarten gesperrt hatte, schickte ich Andreas eine SMS. Sie selbst saßen noch am Flughafen von Montreal fest und waren auch nicht sicher, ob sie es überhaupt auf den Weintrail schaffen würden oder nach einigen Übernachtungen in einem Hotel am Flughafen wieder nach Hause fliegen müssten.

Ich habe aber noch ein Flugticket von Montreal nach Newark, von wo mein Flug nach Berlin startet, und wollte einen geeigneten Zug nach Montreal suchen. Doch um rechtzeitig am Flughafen zu sein, müsste ich einen Zug um 6.50 Uhr nehmen, und das packe ich unter diesen Umständen einfach nicht. Angesichts meiner kreditlosen Situation blieb mir nichts anderes übrig, als meine Frau zu bitten, über unser Reisebüro einen Flug von Toronto nach Newark auf ihre Kreditkarte zu buchen. Auf die Bestätigung dieses Tickets warte ich noch … Kurz gesagt, es ist noch unklar, ob ich in knapp 48 Stunden hier rauskomme oder aber auf unbestimmte Zeit in diesem weißen Loch festsitze – doch was ist jetzt mit diesem Wein ohne Namen?

Als ich mich etwas genauer damit beschäftige und versuche, den ganzen anderen Wahnsinn zu verdrängen, fällt mir auf, dass er im Nachhall eine schöne Frische zeigt, die man in kalifornischen Kult-Cabernets einfach nicht findet. Wenn er von der Westküste stammt, dann muss er aus einer ausgesprochen kühlen Ecke kommen, vielleicht einer der neuen Regionen im *Far North* von Kalifornien, die sich gerade entwickeln? Oder vielleicht ist er eben doch aus Kanada – doch wo in diesem Land könnte der spätreifende Cabernet Sauvignon diese Fülle erreichen? Das kann doch bei dieser relativ kurzen Vegetationsperiode sicher nicht funktionieren? Juni, Juli und August sind im Durchschnitt etwas wärmer als Bordeaux, aber der Frühling setzt viel später ein als in der Heimat der Sorte. Noch dazu ist das Wetter unzuverlässig, selbst winterliche Kälte wie diese ist nicht mit Sicherheit zu erwarten; in Jahren mit El-Niño-Ereignissen vor der Küste von Südamerika sind die Winter oft unverhältnismäßig mild.

Ich schlage alle Bedenken in den Winterwind und trage Tony meine Überlegungen zu dem Wein vor. Er hört sich alles schweigsam an und nickt nur gelegentlich. Ich schließe mit den Worten »wirklich großer Wein« und »froh, ihn zu erleben«, nicht aber, dass sich dafür alle Schwierigkeiten gelohnt hätten.

»Er ist tatsächlich aus Kanada, von der Niagara-Halbinsel«, sagt Tony und stellt eine bordeauxförmige Flasche zwischen uns auf den Tisch, auf deren Etikett 2004 Stratus steht, »ein Bordeaux-Blend, vor allem Cabernet Sauvignon«. Wenn mich die Überraschungen gestern Abend nicht auf diese noch viel größere vorbereitet hätten, würde ich glatt vom Stuhl fallen.

Mein Telefon brummt, eine SMS. Auf dem Display ist die Bestätigung für meinen Flug übermorgen, zumindest ein Problem weniger.

Dann kommt Deborah mit dem Abendessen, ein Stück Rindfleisch mit leuchtend rosa Kern, Pilzrisotto und in Olivenöl gebratener Brokkoli. Es ist an der Zeit, meine eigene Identität bis morgen früh zu vergessen.

18. Dezember 2007 Der große schlanke indisch wirkende Mensch beim britischen Konsulat, der sich gestern meines Problems angenommen hat, sagt mir heute, dass ich einen Notpass bekomme, ein Jahr gültig statt die üblichen sechs Monate, damit ich auf der Durchreise bei den Kollegen in den USA keine Schwierigkeiten bekomme. Dafür kostet er allerdings 149 Kanadische Dollar, zehn Dollar mehr, als ich erwartet habe, und mir bleibt gerade genug Geld für die U-Bahn zurück zu den Asplers und einen Kaffee und einen Bagel auf dem Weg. Damit hat sich mein geplanter Besuch der Art Gallery von Ontario erledigt. Bevor ich heute früh losgestiefelt bin, habe ich vergessen, auf Deborahs Angebot zurückzukommen, mir etwas Bargeld zu leihen. Ich schiebe das Geld und den ausgefüllten Antrag mit den zwei Fotos über den Tresen. Der Konsulatsmitarbeiter schlägt vor, dass ich einen Kaffee trinken gehe und in einer halben Stunde wiederkomme, um den Pass in Empfang zu nehmen.

Ich mache mich in Richtung desselben hellen modernen Cafés in der Dundas Street auf, in das ich auch gestern geflüchtet bin, nach meinem ersten Besuch einer Polizeistation in Toronto. Mein Telefon klingelt: Northwest haben meinen Koffer gefunden, und sie versichern mir, dass er heute Abend in Toronto sei. Ob sie ihn allerdings rechtzeitig vor meiner Abreise zu den Asplers schicken können, scheint fraglich, also einigen wir uns, dass ich ihn auf dem Weg nach Berlin am Flughafen abhole. Ich trinke meinen Kaffee aus und vermisse auf einmal mein Notizbuch. Darin ist alles festgehalten, was seit meiner Abreise aus Traverse City passiert ist. Oh nein! Vorne an der Bar beharrt die freundliche Bedienung darauf, dass ich es dort nicht gelassen hätte, das bedeutet, dass es entweder im Konsulat ist oder in dem schwarzen Loch der U-Bahn verschwunden ist.

Ich rase so schnell wie ich kann zurück zur 777 Bay Street, düse mit dem Lift in den 28. Stock, wo ich merke, dass mein Notizbuch die ganze Zeit in meiner Tasche steckte. Dann sieht mich der Konsulatsmitarbeiter und winkt mich heran: Ich habe vergessen, den Antrag zu unterschreiben. Ich kann kaum glauben, wie inkompetent ich mich in diesem entscheidenden Moment verhalte, und wenn das so weiter geht, dann werde ich bald an meiner eigenen Story zweifeln. Jetzt reiß dich zusammen, befehle ich mir. Oder willst du wirklich die Hölle vor Weihnachten kennenlernen? Als ich das Formular unterschreibe, zittert meine Hand, als hätte ich dem Konsul persönlich eine große Lügengeschichte aufgetischt. Nervös schiebe ich das Blatt Papier hinüber.

»Es dauert nur einen Augenblick«, sagt er. Ich fühle, wie sich auf meiner Stirn Schweißperlen bilden, obwohl der Notpass jetzt nur noch eine reine Formalität zu sein scheint. Da ist er auch schon wieder, reicht mir das Dokument im vertrauten Braunrot, und ich existiere wieder in der großen weiten Welt.

28. Dezember 2007 Gerade hat es an der Tür geklingelt, und als ich aufmache, steht dort ein Bote mit meinem Koffer. Eine Nachricht auf dem Anrufbeantworter gestern früh hat ihn angekündigt, doch ich hatte meine Zweifel, nachdem Northwest entgegen allen Zusicherungen nicht in der Lage gewesen war, ihn mir wie verabredet bei meinem Abflug aus Toronto zu übergeben.

Mein letzter Abend mit den Asplers war bizarr. Zuerst hatten Tony und ich einen Haufen absolut belangloser Weine von einigen der weltgrößten Weinproduzenten verkostet. Nachdem wir zusammen mit Deborah eine Tiefkühl-Pizza gegessen hatten, packten wir die Überreste der Verkostung in Kartons und fuhren in die Innenstadt zu einer Vernissage in einem Künstlerloft. Das Loft, in einer ehemaligen Fabrik, sah genauso aus, wie man sich ein Künstleratelier vorstellt, und auch die Kunst in Form von atomaren Farbexplosionen an den Wänden passte ins Bild. Wie die meisten Besucher war der Künstler ein in die Jahre gekommener Aussteiger, und alle zusammen soffen sie voller Begeisterung den von uns großzügig mitgebrachten Gallo Merlot und Mouton Cadet. Danach luden mich die Asplers zum Essen in einem malaysischen Restaurant mit dem etwas unpassenden Namen »Mata Hari« ein. An den Wänden standen dort weise Sprüche, von denen mir einer im Kopf blieb: »Weise Männer lernen mehr von Narren als Narren von weisen Männern.«

Das Essen war hervorragend, ein Ausdruck von Torontos sehr lebendigem multikulturellen Wesen, aber ich war mir nicht sicher, ob ich mich als Narr geoutet hatte oder weiser geworden war in der Eiswüste. Hatte ich überhaupt irgendetwas Wichtiges in Erfahrung gebracht, während ich damit beschäftigt war, aus dem weißen Loch, in das ich gefallen war, wieder herauszukriechen? Zumindest war ich zufällig auf die kanadischen Beweisstücke dafür gestoßen, dass der neue Wein-Norden nicht auf leichte, säurebetonte Weißweine beschränkt ist. In der Nacht schlief ich schlecht wegen einer Erkältung, die auf dem Weg von Toronto nach Newark nur noch schlimmer wurde. Als ich endlich in Berlin ankam, war es dort so kalt, dass ich das Gefühl hatte, der Eissturm sei mir über den Atlantik gefolgt. »Bin ich immer noch im weißen Loch gefangen?«, fragte ich mich.

2. März 2008 Ich habe nichts dagegen, hervorragende Weine zu exzellentem Essen in kultivierter Atmosphäre zu trinken, aber nach ein paar Stunden erlesener, teurer Vornehmheit meine ich regelmäßig zu ersticken und muss einfach raus an die frische Luft, wieder Normalität spüren. Obwohl es anfängt zu regnen, bin ich deshalb froh, mit meinem Gepäck auf dem Parkplatz des Hotels Kronenschlösschen in Hattenheim im Rheingau zu stehen. Der Wein-Lunch, den ich gerade kommentiert habe, war Teil des enorm erfolgreichen Rheingau Gourmet Festivals und mit Präzision organisiert. Das kam mir sehr entgegen, weil ich eigentlich mit den Gedanken bei den Rieslingen von Eva Fricke war, die ich gestern probiert hatte.

Punkt sechs Uhr kommt Andreas Schneider, Deutschlands führender Erzeuger von Apfelweinen der neuen Art, mit dem ich eigentlich in Montreal verabredet gewesen war, in seinem roten Minibus angefahren. Neue Art heißt: lebhafte Fruchtaromen statt beißend strenger Gerbstoffe. Als ich seine Weine zum ersten Mal probiert habe, dachte ich sofort an deutschen Riesling. Inzwischen behaupten sich die besten seiner Apfelweine tatsächlich gegen deutsche Rieslinge, obgleich ich sie noch nie neben etwas Vergleichbares wie die hochspannenden Weine von Eva Fricke aus Lorch/Rheingau gestellt habe. Der energetische Apfelwinzer mit der dunklen Haarmähne springt aus dem Wagen, begrüßt mich in der üblichen warmherzigen Art, und ich bedanke mich sofort für all seine Mühe.

»Als uns klar wurde, dass Du es nicht schaffen würdest und wir einen Allradwagen mieten könnten, der schneetauglich war, beschlossen Michael und ich, Probeflaschen der besten Apfel-Eisweine zu sammeln, damit Du sie zumindest zu Hause probieren kannst«, erklärt er mir, während wir losfahren. *Ice-cider*, Apfel-Eiswein, oder in Québeois *Cidre de glace* ist die offizielle kanadische Bezeichnung für Eiswein aus Äpfeln. Michael Stöckl ist »Apfelwein-Sommelier« in der Landsteiner Mühle in Weilrod im Taunus und ein unermüdlicher Verfechter innovativer Apfelweine wie jener, die Andreas Schneider auf seinem Obsthof am Steinberg in Niedererlenbach bei Frankfurt erzeugt. Ich lerne diese Schlüsselfigur der sich schnell entwickelnden deutschen Obstweinszene heute kennen. Auch unter den Erzeugern selbst, ganz zu schweigen von Sommeliers und Weinhändlern, herrschen Ignoranz und Vorurteile hinsichtlich des Potentials anderer Früchte als Trauben für Weine vergleichbarer Qualität in Aroma und Geschmack. Das macht Schneider und Stöckl zugleich zu Revoluzzern und Underdogs; Verständnislosigkeit und Gelächter sind üblicherweise die ersten Reaktionen, mit denen sie sich konfrontiert sehen.

»Es ist jetzt nicht mehr weit«, sagt er, und ich kann hören, wie aufgeregt er ist. Wahrscheinlich ist er nicht nur darauf gespannt, die Tage im südlichen Québec zwischen Montreal und der Grenze mit den US-Staaten Vermont und New York noch einmal Revue passieren zu lassen, dem Zentrum der Apfel-Eiswein-Produktion, sondern auch auf die Reaktion anderer Profi-Verkoster auf diese »exzentrischen« Weine. Ich bin nicht der einzige geladene Journalist, aber bei uns Schreiberlingen weiß man nie, ob wir tatsächlich auftauchen, bis wir am Tisch sitzen und das Notizbuch aus der Tasche ziehen.

Da ist ein Schild zur Landsteiner Mühle. Die Lage des alten Anwesens als idyllisch zu beschreiben wäre so banal und abgedroschen wie ein billiger Reiseprospekt. Ich habe das Gefühl, in ein Breughel-Gemälde zu treten, so dramatisch und zugleich beschaulich, dass es unwirklich erscheint. Andreas hat mir erzählt, dass Michael Stöckl den Betrieb seit 2002 führt und seit 2005 auch seinen eigenen Apfelwein erzeugt, den Cuvée Cronberg. Dieser wird neben einer großen Auswahl anderer Apfelweine aus Deutschland und der Normandie im Apfelwein-Bistrorant serviert. Wir parken den Minibus und gehen hinein; jetzt bin ich wirklich aufgeregt wie ein Kind an Weihnachten.

Stöckl ist ein großer, kräftig wirkender Kerl mit hoher Stirn, kleiner runder Nickelbrille und langem lockigen Haar, das in einem Pferdeschwanz gebändigt ist. Seine Erscheinung passt gleichermaßen in die Landschaft hier wie auch zu seinen eigenen ehrgeizigen Zielen. Aus einer Ecke des Raums winkt mir Alexander Marguier zu, Ressortleiter des Gesellschaftsteils der Frankfurter Allgemeinen Sonntagszeitung, in dem meine wöchentliche Weinkolumne erscheint. In Jeans mit einem rotweißkarierten Hemd gibt er eine ganz andere Figur ab als bei unserem letzten Treffen in den Redaktionsräumen der FAS.

»Hier ist das Gold aus Kanada; *Goldrush*!«, verkündet Stöckl mit einem Karton voller Apfel-Eisweine auf dem Arm. Er stellt die Flaschen in einer Reihe auf und beginnt sie zu entkorken, während Andreas einen Laptop herausholt und einen Ordner mit Fotos ihrer ereignisreichen Reise durch Eis und Schnee öffnet.

»Der erste Wein ist der 2006 *Cidre de Glace* von Du Minot in Hemmingford«, annonciert Stöckl.

»Eine Herbstlese«, ergänzt Andreas, » das bedeutet, dass die Äpfel im September oder Oktober geerntet und gelagert wurden bis zum

Frost. Sie kommen dann etwa eine Woche ins Freie, so dass sie beim Keltern ganz durchgefroren sind. Manche Erzeuger praktizieren auch eine natürliche Cryo-Extraktion, indem sie den Tank mit dem Saft bis zu sechs Wochen gefrieren lassen und ihm so noch mehr Wasser in Form von Eis entziehen. Das ist die industriellere Methode.« Wahrscheinlich meint er weniger risikoreich, obwohl es in meinen Ohren immer noch ziemlich verrückt klingt.

Der Wein duftet intensiv nach reifen gelben Äpfeln und einen Hauch nach Karamel. Es ist ein üppiger Kerl mit reichlich Säure, mächtig und nicht gerade subtil. Alexander Marguier erkundigt sich, um welche Sorten Äpfel es sich handelt, was eigentlich meine erste Frage hätte sein sollen.

»Vor allem Macintosh, ein spätreifender Tafel-Apfel, aber auch andere Tafel-Äpfel wie Liberty, Ontario, Empire, Spartan und Golden Russet«, erwidert Stöckl.

»Wenn man Golden Russet erwähnt, dann bekommen die Produzenten dort ganz glänzende Augen«, erzählt Andreas und wirkt selbst so begeistert, als sei er wieder in Québec, »die Sorte hat viel Zucker und jede Menge Aroma.«

»Wie ziehen sie die Bäume?«, endlich gelingt mir eine Profi-Frage.

»Alles, was höher als ein kleines Hause wächst, wird abgeschnitten, und die niedrigeren Zweige lassen sie auf den Boden hängen«, lautet die laienverständliche Antwort, die Marguier und mir eine Flut rätselhafter Fachbegriffe erspart. »Sie beginnen gerade damit zu experimentieren, die Bäume im Ein-Meter-Abstand zu pflanzen, wie am Bodensee«, erklärt Andreas weiter. Das könnte der Anfang langfristiger Versuche mit allen möglichen Pflanz- und Erziehungssystemen sein, ähnlich dem langen, kontinuierlichen Prozess des Ausprobierens, der zusammen mit wissenschaftlicher Forschung seit etlichen Jahrzehnten im Weinbau abläuft. Andreas blättert in seinen Fotos, um uns ein paar gelungene Apfelbäume zu zeigen.

»Was kostet eine solche Flasche?«, bringt uns Alexander Marguier auf den banalen Boden der finanziellen Tatsachen zurück, dem sich auch die wildesten Produkte nie ganz entziehen können.

»25 bis 80 Kanadische Dollars die halbe Flasche«, erwidert Andreas in sachlichem Ton. Er schenkt den nächsten Apfel-Eiswein ein, den 2006 Fall Harvest von Leduc-Piedemonte in Rougemont, einer kleinen Familienfirma, die von Robert McKeown geführt wird. Ich wünschte, ich hätte ihn kennengelernt, er hat mir soviel geholfen bei der Planung dieser Reise, die ich wegen des weißen Lochs, in das ich in Toronto gestolpert bin, nicht unternehmen konnte.

»Der sieht aus wie flüssiges Gold oder guter Whisky«, kommentiert Marguier erfreut. Ich kann seine Begeisterung nachvollziehen, denn der Wein duftet auch feiner als der erste, wirkt cremiger und saftiger im Geschmack. Wäre da nicht im Abgang eine leichte Schärfe, würde ich dies als bemerkenswert bezeichnen.

»Aus unseren Winteräpfeln könnte man keinen Eiswein machen, weil sie zuviel Säure haben«, überlegt Andreas laut. Angesichts des rapiden Fortschritts seiner Weine während der letzten Jahre denke ich, dass er sich von diesem Problem nicht beirren lassen wird. Eines Tages wird er auf die richtige Sorte oder Sorten stoßen und seinen eigenen Apfel-Eiswein machen.

»Und können diese Weine altern?«, bohrt Marguier mit noch einer wichtigen Frage weiter. Er nimmt diese höchst ungewöhnlichen Dessertweine offensichtlich sehr ernst.

»Können Sie«, kommt sofort die Antwort. »Sie haben viel Süße, Säure und Frucht. Wir probieren nachher einen 2002.« Damit sind wir beim 2005 Fall Harvest von der Domaine Pinnacle in Frelighsburg. Von meiner Recherche für die Reise, die nie stattfand, weiß ich, dass es sich dabei um einen ziemlich großen Betrieb handelt, der weltweit in Duty-Free-Läden vertreten ist.

»Pinnacle ist ein Berg bei Frelighsburg«, erzählt Stöckl. »Er ist den Abenaki Indianern heilig. Der Besitzer von Domaine Pinnacle ist Charles Crawford, der in der IT-Branche tätig ist.« Der Wein schmeckt, als sei er gezielt auf den Geschmack eines breiteren Publikums abgestimmt worden, und ist weniger süß als seine Vorgänger in der Probe. Er wirkt voll und weinig, aber auch spritzig durch etwas Kohlensäure.

Andreas erklärt, dass die meisten Produzenten zwei verschiedene Methoden der Apfel-Eisweinerzeugung praktizieren. Sie erzeugen größere Mengen mit der Herbstlese und eine kleinere Menge direkt im Winter, aus Äpfeln, die am Baum gefrieren und in der kältesten Zeit gepflückt werden, meistens im Januar oder Anfang Februar. Dieser Apfel-Eiswein ist üblicherweise konzentrierter und komplexer im Geschmack, aber auch wesentlich schwieriger zu bekommen.

Als Stöckl den Summit Selection von der Domaine Pinnacle einschenkt, kann ich den überraschten Mienen ablesen, dass ich nicht als einziger beeindruckt bin. Dieser Wein duftet wie eine Essenz perfekt gereifter goldener Äpfel, er ist mächtig und die Säure wesentlich weniger spürbar als in den Weinen, die wir vorher verkostet haben, aber er schmeckt zugleich ausgewogen und voller Leben, so dass die Säure wahrscheinlich nur von den anderen Komponenten überdeckt wird.

»Man braucht mindestens 100 Äpfel für eine kleine Flasche eines solchen Weins«, sagt Stöckl, und das ist bei dieser Geschmacksintensität absolut glaubwürdig. Ich frage mich laut, welche Art von Hefe sie für diese Art von Wein verwenden, der Most ist sicher wie Sirup und extrem kalt, wenn er von der Kelter fließt. Das sind ernsthafte Hindernisse für die Hefenvermehrung und somit für die alkoholische Gärung.

»Sie behaupten alle, sie würden spontan vergären«, berichtet Andreas, das heißt, sie möchten uns glauben machen, sie arbeiteten ausschließlich mit so genannten wilden oder natürlichen Hefen. Wo das tatsächlich der Fall ist, sind im Kelterhaus und im Keller angesiedelte Hefen am Werk. Überall, wo Traubenmost hingelangt, vermehren sich Hefen.

Der nächste Winterlese-Wein ist der 2006 Frimas von La Face Cachée de la Pomme in Hemmingford, der nach gebackenen Quitten und gerösteten Nüssen duftet, von enormer Statur ist und richtig samtig wirkt. Er ist um einiges besser als der Jahrgang 2002 desselben Weins, der erste Apfel-Eiswein, der mir begegnet ist, und rund um den Tisch ist zustimmendes Gemurmel zu hören.

»Die Besitzer müssen die Äpfel für diese Weine oft selber pflücken«, sagt Stöckl. »Kanada ist das Land mit der höchsten Streikrate der Welt.« Es klingt nicht, als ob er so bald nach Kanada auswandern wollte. Dann schenkt er uns den 2004 Private Reserve von Leduc-Piemonte ein, dessen Bouquet an Schokolade und alten Balsamessig erinnert und damit Welten entfernt liegt von frischen fruchtigen Apfelaromen. Unsere beiden Apfeleiswein-Führer erklären, dass diese Aromen nicht nur darauf beruhen, dass die Äpfel so lange am Baum hängen und der Most durch den Entzug von Wasser in Eisform konzentriert wird, sondern auch, dass die Äpfel von dem vom Schnee reflektierten Sonnenlicht »gebacken« werden.

Die letzten zwei Flaschen auf dem Tisch enthalten nur jeweils 200 ml, eine ungewöhnliche Größe, die ich bei Wein noch nie gesehen habe und die sie wertvoll erscheinen lässt. Auf den Etiketten steht der Name Clos Saragnat, das Gut, das der Apfel-Eiswein-Erfinder und Québec-Weinpionier Christian Barthomeuf 2003 gegründet hat. Er berät auch Domaine Pinnacle, aber Clos Saragnat ist seine kompromisslose Alleinunternehmung, jedenfalls laut seiner Website. Die Etiketten behaupten, die Apfel-Eisweine der Jahrgänge 2002 und 2004 hätten *le goût de Frelighsburg* und geben die Koordinaten 45° 02' *nord,* 72° 47' *ouest* an.

Man könnte die Luft mit einem Messer schneiden, als Andreas den 2004 einschenkt, sorgfältig darauf bedacht, dass jeder seinen gerechten Anteil des dickflüssigen, bernsteingoldenen Elixirs bekommt. Dabei erzählt er uns, dass Barthomeuf Schneeschuhe trug, als sie ihn getroffen haben bei -30 °C! Stöckl fügt hinzu, dass er alle seine Weine in einer kleinen Korbpresse keltert, und Andreas blättert wieder durch seine Fotos, um uns den Rest der gerade gekelterten Äpfel auf dem Boden der Presse zu zeigen; sie sehen aus wie eine große karamelisierte Tarte Tatin, die gerade aus dem Ofen kommt.

Der Duft erinnert mich an die vielschichtigen Aromen von dunklem Muscavado-Zucker aus Mauritius, ein superaromatischer, unraffinierter Vollrohrzucker. Der Wein strotzt auch vor Zucker, aber der Geschmack ist derart konzentriert, dass er alles andere als klebrigsüß wirkt. Er scheint vielmehr wie ein wilder Geist, den ich kaum in die Zeilen meines Notizbuchs bannen kann. Hier könnten wohl die spontanen Hefen ihre Zellen im Spiel haben. Dann kommen wir zum 2002, und ich sehe, wie Alexander Marguiers Augen aufleuchten. Und er hat recht – was für ein Wein!

»Nelken und Lorbeer«, ruft Andreas, als er daran riecht. Ich bin wieder bei dem braunen Zucker, aber auch frisch gemahlenem Kaffee, Rum, Rosinen und, ja, getrocknete Kräuter. Der Wein ist wie eine Nachricht aus einer längst vergangenen Epoche. Ich erinnere mich plötzlich an eine Geschichtsstunde in der Grundschule, damals in der Londoner Vororts-Welt. Es ging um Robert Falcon Scott, den britischen Forscher, der auf seinem Weg zum Südpol von dem Norweger Roald Amundsen geschlagen wurde. Clos Saragnat ist der neue Nordpol des Weins, den Stöckl und Schneider als erste erreicht und dort Gold entdeckt haben.

Zumindest ist es mir gelungen, aus dem weißen Loch zu kriechen, im Gegensatz zu Scott, der seine Expedition nicht überlebte. Nirgendwo aber bin ich auf Beweise für ein Verbrechen gegen die Seele des Weins gestoßen, ganz im Gegenteil. Mir sind viele köstliche Innovationen in Weinform begegnet, an Orten, die ich vorher als viel zu kalt eingeschätzt hätte, um dort guten Wein zu erzeugen. Wo ist der nächste Apfel-Eiswein?

DER NEUE WEIN-KONTINENT I

Nichts ist unmöglich in Japan

1. April 2007 Zwischen Sonntagnachmittagsjoggern, -spaziergängern und -radfahrern auf dem Uferweg bin ich nur einer von vielen, lasse mich auf angenehme Art treiben im friedlichen Menschenstrom. Frühlingssonnenschein, milde Luft und eine leichte Brise verbinden sich mit den unzähligen Frühlingsblumen am steilen Ufer zu einer ansteckenden Heiterkeit, die mich von meinem üblichen schnellen Laufschritt zwei Gänge hinunterschalten lässt. Mein Blick fällt auf das händchenhaltende junge Paar unmittelbar vor mir. In seinem bereits etwas schütteren schwarzen Haar hängen drei blassrosa Kirschblütenblätter wie Fische in einem Netz. Was wird mir ins Netz gehen während der nächsten drei Wochen im Land der künstlerischen Schlichtheit, Reisfelder und Tempel, der Heimat von Manga, Fernsehen im Handy und der Sommelier-Roboter PaPeRo?

Obgleich die *Sakura*, die Kirschblüte nicht der Anlaß für meine Japanreise ist, ist sie doch der Grund, warum ich gerade jetzt in Tokio gelandet bin. Als ich vor beinahe sechs Monaten meinen Flug buchte, studierte ich im Internet Tabellen der Kirschblütezeiten in den verschiedenen Gegenden Japans. Ich wollte meine Reise mit drei Nächten in Yoshino südlich von Kyoto beschließen, wenn dort die Blüte der über 30 000 Kirschbäume in den Bergen um die kleine Stadt ihren Höhepunkt erreicht hätte. Da zeigt sich wieder einmal ein Wesenszug, der mich seit meiner Kindheit begleitet und den ich einfach nicht loswerde: Ich versuche immer, mir das Beste bis zum Schluss aufzuheben. Als mein Taxi gestern sehr früh durch die nahezu leeren Berliner Straßen zum Flughafen fuhr, schien mir der riesige Schriftzug an der Brandmauer des Kunsthauses Tacheles wie eine schmerzhafte Erinnerung an mein Problem:

HOW
LONG
IS NOW

Denn Ende Februar las ich, dass es zum ersten Mal seit den Anfängen der meteorologischen Aufzeichnungen im Jahr 1878 im Zentrum Tokios keinen Schnee im Winter gegeben habe. Mein Traum drohte nur allzu schnell ein Opfer der Wirklichkeit zu werden. Deshalb änderte ich meine Pläne und zog meinen Aufenthalt in Yoshino so weit vor, wie ich nur konnte. Doch ich werde es dorthin erst in einer Woche schaffen, weil ich bereits Termine in dem Weinbaugebiet der Präfektur Yamanashi, anderthalb Stunden mit dem Zug in nordwestlicher Richtung von Tokio ausgemacht hatte; der eigentliche und offizielle Grund meiner Reise.

Hier entlang dem breiten Wassergraben, der den kaiserlichen Palast umgibt, stehen Kirschbäume bereits in voller Blüte. Für die Japaner bedeuten diese Tage des *Hanami*-Fests eine Flut von alkoholschwangeren Picknicks, die sich mit dem Fortschreiten der Kirschblüte langsam durch das Land wälzt, vom warmen Süden in den kühleren Norden – das sind genau die Einblicke und Erlebnisse, die ich gesucht habe, aber zur »falschen« Zeit und am »falschen« Ort.

Über die Kirschblüte in Yoshino habe ich bereits während meiner allerersten Weinverkostungsreise aus England nach Deutschland im September 1982 gelesen. In überfüllten Schnellzügen und billigen Kleinstadthotels entlang dem Rheintal las ich das berühmteste Werk des japanischen Dichters Matsuo Basho »Die schmale Straße in den tiefen Norden«. Bashos ruheloser Geist sprach mich sofort an. In »Aufzeichnungen eines vielgereisten Ranzens« berichtet er: »Während meines dreitägigen Aufenthalts in Yoshino hatte ich das Glück, die Kirschblüte zu verschiedenen Tageszeiten zu sehen – im Morgengrauen, spät am Abend oder nach Mitternacht, mit dem sterbenden Mond am Himmel. Überwältigt von den Eindrücken konnte ich jedoch kein einziges Gedicht verfassen … Die gegenwärtige Reise blieb so ohne jeglichen dichterischen Erfolg.« Das machte mich betroffen, genauso wie der verspielte, respektlose und kompromisslose buddhistische Geist von Bashos *Haiku,* eine japanische Versform, die er wie kein anderer beherrscht:

Ich zog einen Kimono aus,
Um mich leichter zu fühlen,
Und packte ihn zu der Last
Auf meinem Rücken.

An dieses *Haiku* musste ich denken, als ich in Berlin für den Flug nach Tokio-Narita eincheckte und Air France mir 180 Euro für Übergepäck abverlangte. Ich versuche grundsätzlich, mit wenig Gepäck zu reisen, wie Basho, und scheitere doch immer wieder aus irgendwelchen praktischen Gründen. Dieses Mal war es der unzerstörbare Styropor-Karton, den ich zusammen mit meinem Koffer aufgab, um Probeflaschen der interessantesten Weine und *Sake* zurückzubringen – japanischer Reiswein, dessen Tradition mindestens 1700 Jahre zurückreicht, steht ebenso auf meinem Rechercheprogramm wie der Traubenwein-Konsum –, der mich über das Gepäcklimit brachte. Vor meiner Abreise hatte ich mir überlegt, in den Transportkarton die drei Flaschen Wein zu packen, deren Einfuhr der japanische Zoll gestattet. Sämtliche Freunde aus der Weinbranche hatten mir erzählt, wie teuer Wein in Japan sei – warum also nicht etwas wirklich Gutes mitnehmen, das ich abends auf meinem Hotelzimmer trinken könnte, wenn das Angebot unerschwinglich oder unakzeptabel wäre? Keine Frage, bis ich beim Einchecken feststellen musste, dass Air France die 20-Kilo-Grenze sehr genau nimmt; plötzlich schleppte ich eine wahnsinnig teure Weinlast um den halben Erdball.

Meine Entscheidung, nach Japan zu reisen, wurde auf der New York Wine Experience, der luxuriösesten Weinveranstaltung der Welt, im Oktober 2005 getroffen. Stephen Taylor, mein Mitautor für das letzte Kapitel von »Stuart Pigotts Wilder Wein«, bestand darauf, dass ich den 2001 Signature Merlot von Château Mercian in Yamanashi probieren sollte, den er »entdeckt« hatte. Offiziell war ich gar nicht anwesend, aber es gelang mir trozdem, den Wein zu verkosten, und ich musste Taylor recht geben. Es war der erste richtig überzeugende japanische Wein, den ich je probiert hatte; alle anderen hatten grün und dünn geschmeckt, während dieser reif, aromatisch und elegant wirkte. Los!

Aber rechtfertigt so ein spontanes Bauchgefühl tatsächlich, auf die andere Seite von Planet Wein zu fliegen, drei Wochen in Hotels zu verbringen, einen Haufen wunderschön angerichteten rohen Fisch zu vertilgen und in Superexpresszügen zu reisen, was sicher alles einen Haufen Geld kosten wird? Je näher meine Abreise rückte, desto ängstlicher wurde ich bei der Aussicht auf das Eintauchen in eine Kultur, deren Sprache mir vollkommen fremd war, desto mehr erschien mir das Ganze als eine horrende Verschwendung von Zeit und Geld.

»Japan?!«, lautete ausnahmslos die ungläubige Reaktion auf meine Pläne, egal, ob von Wein- oder Nichtweinseite. Warum fanden sie die Vorstellung, dass Japaner Weltklasseweine konsumierten, vollkommen vernünftig, den Gedanken an Weinbau in Japan hingegen komplett absurd? Waren da klimatische oder kulturelle Unterschiede ausschlaggebend? Schließlich haben sie mein Vorhaben nur akzeptiert, weil ich für mein letztes Buch bereits die Weinberge von Thailand und Indien besucht hatte; »noch so ein verrücktes Wein-Abenteuer«, dachten sie.

Ich nehme an, manche stellten sich auch vor, dass ein *Gonzo*-Journalist in Japan lauter abgedrehte Sachen anstellen würde, etwa sakevolltrunken in einem Kapselhotel übernachten oder in einer Hostessenbar mit einer modernen Geisha auf Kosten meines Verlegers Château Pétrus trinken. Aber darum geht es bei dieser Reise nicht; ich will herausfinden, wie der Weinbau in Japan funktioniert, welche Rolle er in der japanischen Kultur spielt und was die Japaner über Wein denken. Kontext ja bitte, Insolvenz nein danke; gründliche Erforschung der japanischen Kultur gern, Schwierigkeiten mit der *Yakuza*, der japanischen Mafia, auf keinen Fall.

Doch alle diese Zweifel sind längst überholt, jetzt muss ich diese drei Wochen alleine in Japan überstehen. Ich bewege mich an den Rand des Weges, um den Menschenstrom nicht durch mein Innehalten zu stören. Ich muss diesen Blick richtig aufnehmen, der sich während meiner Gedanken aufgetan hat. Hinter den massiven Befestigungsmauern des kaiserlichen Palastes – der Palast selbst ist hinter Bäumen, auch blühenden Kirschbäumen, verborgen – sind die Wolkenkratzer von Marunouchi aufgetaucht, dem Finanzdistrikt von Tokio. Der Gegensatz zwischen historisch und hypermodern ist wahnsinnig, könnte nicht extremer sein. Gilt das auch für die neuen japanischen Weine, vorausgesetzt, sie existieren überhaupt?

2. April 2007 Ich sitze im Konferenzraum der Firmenzentrale von Nippon Liquor, einem wichtigen Importeur von hochwertigen Weinen, im Minatou-Ku-Bezirk mit dem Direktor Minori Yamamoto, seinem Stellvertreter Seiken Takazawa und einer jungen Mitarbeiterin des Hauses namens Mari Sasaki, die mich vom Hotel New Otani abholte. Yamamoto übergibt mir mit der in Japan in dieser Situation allgemein üblichen Verbeugung seine Visitenkarte. Gleich darauf reicht er mir etwas weniger zeremoniell einen Stapel Statistiken, Graphiken und Tabellen, die sie mir auf Englisch erläutern. Die beiden Männer teilen ganz offensichtlich die japanische Vorliebe, harte Fakten in Zahlenreihen und Kurven auszudrücken.

Was sie mir nicht erklären, ist, dass sich der japanische Markt erst im Vorfeld der Sommer-Olympiade 1964 in Tokio für ausländische Weine und Spirituosen öffnete. Die Olympischen Spiele waren auch der Grund für den Bau des New-Otani-Hotels durch den Industriellen Yanetaro Otani, »auf Aufforderung der japanischen Regierung«. Bei alldem ging es darum, als Nation wieder international akzeptiert zu werden, nachdem sich Japan am 15. August 1945 voller Scham den Allierten ergeben hatte. Selbst meine lückenhafte Lektüre zu diesem Thema hat mir klar gemacht, dass Scham in der japanischen Kultur eine enorme Bedeutung hat.

Mr Yamamoto steigt vielmehr direkt beim »French Paradox« ein –

der Kombination von bedeutendem Rotweinkonsum und der vergleichsweise niedrigen Quote von Herzproblemen. Solche Veröffentlichungen führten in Japan zu »in die Höhe schießenden Wein-Absatzzahlen«, wie Mr Yamamoto es beschreibt, und seine Augen blitzen immer noch ganz aufgeregt dabei hinter den Brillengläsern. »Doch das traf mit einer sehr schwierigen Wirtschaftssituation zusammen«, fährt er fort und meint damit die Folgen der Immobilienkrise von 1991. Erst 2001, mit dem Antritt des flotten Mr Koizumi als Premierminister und der Einführung ernsthafter Reformen, erholte sich allmählich die zweitgrößte Wirtschaftsmacht der Welt. Deswegen sprechen Japaner von einem »verlorenen Jahrzehnt«.

»Heute ist der Konsum stabil und stellt 2,6 Prozent des Markts an alkoholischen Getränken dar«, das klingt deutlich zuversichtlicher. »Wein spricht einen besonderen Kreis der Bevölkerung an, die Weinliebhaber.« Also wieder alles in trockenen Tüchern? Nicht ganz: »die Polarisierung am Weinmarkt zwischen mengen-orientierten Produkten und Premiumprodukten« nimmt zu und die mittelpreisigen Weine werden von den intensiv beworbenen Produkten am unteren Ende der Preisskala unter Druck gesetzt. Das scheint mir vom deutschen Markt vertraut, doch als ich Mr Yamamotos Anweisungen folge und zum nächsten Diagramm umblättere, bin ich mit einem grundsätzlichen kulturellen Unterschied konfrontiert. Es geht um die enormen Schwankungen des japanischen Weinkonsums während des Jahrs; am Jahresende gleicht die Kurve den Hängen von Mount Fuji auf Hokusais berühmtem Druck.

»November und Dezember sind die Weinsaison«, bestätigt Mr Yamamoto, »und in den letzten Jahren gab es auch eine Art Nebensaison im März und April. Die Abschlussfeiern der Universitäten sind im März, und unser Neujahr ist im April. Das bedeutet Geschenke. Rot und weiß ist eine glücksbringende Kombination – die aus China kommt – und das ist hilfreich in puncto Wein. Im Sommer trinken die meisten Bier, weil es sehr heiß und feucht ist. Natürlich gibt es aber Orte mit Klimaanlagen, die für eine Art künstlichen Winter sorgen und den Weinkonsum fördern.« – Japans »nuklearer

Weinwinter« sozusagen, denn 30 Prozent des Strombedarfs werden von Atomkraftwerken gedeckt und genau die springen ein, um die Verbrauchsspitzen der Klimaanlagen während der schwülheißen Sommer abzudecken.

»Unmittelbar nach dem ›French Paradox‹ bestand der Weinkonsum zu beinahe 90 Prozent aus Rotwein!«, fährt mein Dozent fort. »Vorher war es hauptsächlich Weißwein. Das ›French Paradox‹ half den Konsumenten, den Geschmack der Gerbstoffe im Rotwein zu verstehen, der heute als Teil der Medizin gilt.« Auch in Deutschland halten vor allem ältere Menschen Rotwein zum Teil für Medizin und übersehen, dass *Ocha*, japanischer grüner Tee, auch viele dieser positiven Inhaltsstoffe besitzt. Mr Yamamoto nickt und lächelt, zweifellos froh, dass seine Kunden darüber auch nicht nachzudenken scheinen.

»Jetzt sind es 70 Prozent Rotwein und nahezu 30 Prozent Weißwein, mit steigender Tendenz, und nur ein oder zwei Prozent Rosé«, sagt er abschließend, jetzt wieder sehr zuversichtlich. Bin ich froh, dass weitere Termine auf Mari und mich warten, sonst könnten wir uns wahrscheinlich den ganzen Tag lang durch Statistiken arbeiten. Doch Moment mal, was ist mit *Sake*?

»Der *Sake*-Konsum nimmt ab«, erwidert er ohne zu zögern, »vor allem wegen des hohen Alkoholgehalts, aber auch der Süße.« Süße? Ich scheine bis jetzt nur hochwertigem, trockenem *Sake* begegnet zu sein, vielleicht weil ich ein Weinsnob bin und nicht abenteuerlustig genug, um anderes zu probieren. »Zum Kochen wird er weiter verwendet, aber das Trinken wird jedes Jahr weniger.« Trinkkonsum, das ist eine interessante Idee; ich dachte, Getränkekonsum sei immer gleichbedeutend mit Trinken … und wo kaufen Japaner Wein?

»Die Supermarktkette Seven Eleven hat in Japan über 11 000 Läden«, kommt darauf die verblüffende Antwort. Auf die deutsche Bevölkerung übertragen – Japan hat eine Bevölkeung von knapp 128 Millionen, von denen zehn Prozent in Tokio leben – würde das eine Kette von 7145 Läden bedeuten! »In den letzten Jahren sind viele traditionelle Wein- und Spirituosengeschäfte zugunsten von

Filialen von Ketten wie Seven Eleven und Lawsons verschwunden, aber aus manchen sind auch Luxusgeschäfte geworden. 70 Prozent der Umsätze von Nippon Liquor werden in höherwertigen Weinläden und Restaurants und 30 Prozent durch Großhändler erbracht.«

Zahlen, Zahlen, Zahlen, aber das ist das erste Mal, dass er seine eigene Firma erwähnt in einer halben Stunde direktem Kontakt mit einem Journalisten! Mari weist darauf hin, dass wir bereits sieben Minuten zu spät dran sind und jetzt unbedingt gehen müssen. Yamamotos Bescheidenheit und Maris Präzision wirken höchst professionell.

Unser Taxi schießt durch ein Labyrinth von vier- bis vierzehnstöckigen Gebäuden, die alle vollkommen unterschiedlich aussehen. Viele sind sehr schmal und modern, haben aber denselben Grundriß wie die zweistöckigen Holzhäuser, die hier bis zu dem gewaltigen Feuersturm standen, den Tokio durch die Bomben der amerikanischen Luftwaffe in der Nacht vom 10. März 1945 erlebte. Viele würden diese urbane Landschaft als ein häßliches Chaos bezeichnen, aber es lässt sich ebenso gut als verrückte architektonische Vielfalt interpretieren; ein Hinweis darauf, dass Meinungsfreiheit und Demokratie auf diesen Inseln solide Wurzeln gebildet haben. Was sind die neuesten Entwicklungen am Weinmarkt?

»Junge Frauen mögen Wein. Champagner ist sehr beliebt, auch in Modezeitschriften«, antwortet Mari, ohne auch nur einen Moment nachzudenken; dann blickt sie konzentriert aus dem Fenster auf der Suche nach dem Schild eines Restaurants namens Tastevin, nicht einfach in diesem Dschungel von Schildern.

Schließlich entscheidet sie, es sei einfacher zu Fuß weiterzusuchen, bezahlt und entlässt den Taxifahrer. Es beruhigt mich, dass sie Probleme hat, das Restaurant zu finden, so komme ich mir selbst weniger verloren und verwirrt vor. Außerdem kann ich so endlich einen eingehenden Blick auf sie werfen: seriös, aber nicht langweilig, modisch gekleidet, ohne jedoch wie aus einer Mode-Zeitschrift entstiegen zu wirken.

Jetzt hat sie das Tastevin gefunden, und selbst ich kann das Schild lesen, weil es in *Romanji*, in lateinischer Schrift geschrieben ist. Ich folge ihr eine steile, geflieste Treppe in einen Kellerflur hinunter, dessen Wände mit senkrechten Tapetenstreifen bedeckt sind, jeder mit einem vollkommen anderen Muster. Ich brauche einen Moment, um mich in dem schummerigen engen Raum zurechtzufinden, in dem der verwaiste Empfangstresen steht. Dann taucht jemand auf, der wahrscheinlich mein Alter hat, sich aber älter verhält, in einem hervorragend geschnittenen Dreiteiler. Er überreicht mir seine Karte, auf dem das Emblem der japanischen Sommeliervereinigung prangt, der JSA, und stellt sich mir als Yoshido Koshida vor, Sommelier des Tastevin und Inspektor der JSA.

»Inspektor« Koshida führt uns nach hinten, wo Designer-Ledermöbel den stilistischen Ton angeben. Ist das authentisch italienisch von Anfang der 1980er-Jahre, eine japanische »Kopie«, oder kommt da gerade mein kultureller Background durch? Ich setze mich auf ein blaßgraues Ledersofa. In der Luft hängt ein Hauch von abgestandenem Zigarrenrauch. Das Ganze wirkt wie ein cooler Gentlemen's Club. Koshida verschwindet und kommt kurz darauf mit zwei langstieligen Weingläsern zurück, deren Inhalt sich als Grapefruitsaft entpuppt.

Ich habe unseren Gastgeber unwillkürlich Inspektor getauft, weil er mich an den berühmtesten Helden des japanischen Krimiautors Seicho Matsumoto erinnert, Inspektor Imanishi vom Tokioter Mordkommando.

»Wir haben vor zehn Jahren eröffnet, aber ich bin erst seit einem Jahr hier«, beginnt er, »der durchschnittliche Umsatz pro Gast liegt bei 40 000 Yen, oder 325 Euro. Kürzlich hat ein Fünfertisch an einem Abend 700 000 Yen oder 5700 Euro dagelassen.« Entschuldigung, könnte ich eine Speisekarte und die Weinkarte sehen?

»Selbstverständlich«, entgegnet der Inspektor und reicht Mari und mir das Gewünschte. Das eher normal anmutende italienische Standardmenü zu 7 500 Yen macht klar, dass die von ihm genannten Zahlen beinahe ausschließlich mit dem Weinkonsum zusammenhängen. Die Weinkarte wimmelt vor flüssigen Luxusgütern wie dem

1997 Grand Cru Musigny der Domaine Comté de Vogüé für 80 000 Yen oder 650 Euro und dem 1er Grand Cru Classé 1989 Château Mouton-Rothschild für 93 000 Yen bzw. rund 750 Euro; zwei köstliche Rotweine, die nicht einmal zur Spitze der Preisspanne dieses Etablissements gehören.

Es ist hier kein Problem, eine sechsstellige Yen-Summe für eine einzige Flasche auszugeben. Aber wer zahlt solche Telefonnummer-Preise für diesen flüssigen Luxus? Wiederum fließen die Worte mühelos von seinen Lippen; ganz offensichtlich fühlt er sich vollkommen heimisch in dieser Exklusivität, die normale Sterbliche nach Luft schnappen und ängstlich über den Stand ihrer Kreditkarten nachdenken lässt.

»Leute aus der IT-Branche, Politiker, Geschäftsleute, ein paar Künstler«, übersetzt Mari und zögert dann einen Moment, »... auch Leute beim *Gokon*, beim Rendezvous.« Sie meint Stars, die in einer paparazzifreien Zone flirten, Mitglieder der Schickeria, die sich diskret von höflicher Konversation zu heißem Sex bewegen. Uns werden Porzellentassen mit hervorragendem Espresso präsentiert, was mir die Gelegenheit zu einer weiteren Frage bietet. Wie steht es mit der jüngeren Generation?

»Das typische Alter der Gäste hier liegt zwischen 30 und 40, aber die meisten jüngeren Männer schreiben heutzutage lieber E-Mails, surfen im Internet oder gucken sich Modezeitschriften an, statt sich mit gutem Essen und Wein zu beschäftigen«, antwortet er mit einem Anflug von Bitterkeit. »Viele junge Frauen hingegen scheinen interessiert daran zu lernen. Bereits jetzt sind 42 Prozent der 8500 Mitglieder der JSA Frauen. Bald werden wir 10 000 Mitglieder haben, die Hälfte davon Frauen.« Bei dem Jahresbeitrag von 15 000 Yen würde das ein Jahreseinkommen von 150 Millionen Yen für die JSA bedeuten! »In Japan entscheiden oft Frauen, welcher Wein getrunken wird. Weibliche Meinungen sind sehr wichtig bei Wein, Mode, Elektronik ... und fürs Marketing.« Er bestätigt damit, was Mari im Taxi gesagt hat: Beim Trendsetting haben die jungen Japanerinnen definitiv die Nase vorn.

Eine letzte Frage an den Inspektor: Was darf ich in Japan nicht verpassen? Ein europäischer Sommelier würde mir entweder stolz eine Tischreservierung in seinem eigenen Etablissement empfehlen oder mich zu einem Kollegen (und wahrscheinlich Freund) schicken, um Bescheidenheit zu demonstrieren. Doch nein, der Inspektor meint, echtes japanisches Sushi und Bier dazu sei als kulinarisches Erlebnis unentbehrlich …

Es regnet leicht, und Mari legt ein ziemliches Tempo vor, während sie mir erklärt, dass jetzt jeweils ein kurzer Besuch bei einer Reihe von größeren Geschäften auf dem Programm steht, damit ich mir die Weinabteilungen anschauen kann. Um zu unserem Ziel zu gelangen, gehen wir eine Straße mit Designerläden entlang, die Kotto Dori heißt, Antiquitätenstraße. In den *Banchi*, den Seitenstraßen, sehe ich zwei- bis fünfstöckige Wohnhäuser, von denen einige zweifellos zur Kategorie moderne Architektur gehören, und vereinzelt einen Porsche oder Mercedes der obersten Preisklasse in einer Parkbucht. In Japan darf man nur dann ein Auto kaufen, wenn man einen Parkplatz dafür nachweisen kann.

Auf dem Bürgersteig der Kotto Dori umgibt uns ein schlendernder bunter Haufen von coolen Kreativ-Kreaturen, sofort erkennbar an der Kleidung, die mit lässigem Schnitt und leuchtenden Farben in bewusstem Gegensatz zu den grauen Anzügen der *Salarymen* steht, den auf Lebenszeit angestellten Gehaltsempfängern der großen Konzerne. Nicht Mitglied einer solchen Gruppe zu sein, wird mit einer Art von Uniform demonstriert, oder vielleicht sollte ich das »Anti-Uniform« nennen. Mari und ich gehen weder als *Salarymen* noch als coole Kreativ-Kreaturen durch, und ich kann mir vorstellen, dass dieses Niemandsland zwischen den beiden Gruppen auf die Dauer eine ziemliche Provokation darstellen könnte; die sozialen Kategorien scheinen hier wesentlich strenger als zu Hause. Wir biegen in die Aoyama Dori ein, eine Hauptstraße, die ich kenne, weil an ihrem anderen Ende mein Hotel liegt.

»Konokoniya, eine der ältesten Supermarktketten Japans«, erklärt Mari, als wir durch die Schiebetüren rauschen – dabei fällt mir auf, dass ich noch keine einzige Drehtür gesehen habe – und eine Rolltreppe in den zweiten Stock hinauf, dem ersten nach westlicher Auffassung. Als Erstes sehe ich dort zwei Kühlschränke voller europäischer Luxusweinmarken: Château Latour und Château Margaux aus Bordeaux, Castello di Ama aus der Toskana und, und, und. Ich blicke mich um, und da sind Regale mit Weinen, die wir gelegentlich zu Hause trinken, wie Dönnhoff Riesling aus Deutschland für 2400 Yen und Clos du Marquis aus Bordeaux für 4800 Yen, bzw. 19,50 Euro und 39 Euro.

Ich gehe hinüber zu einem anderen Kühlregal mit Lebensmitteln und stelle fest, dass die Preise dort ebenfalls weitab von dem liegen, was Europäer mit Supermärkten assoziieren: 55 Gramm-Päckchen mit getrocknetem Tintenfisch für 825 Yen, oder 6,70 Euro. Offensichtlich hat gutes Essen und Trinken für die Mitglieder der oberen Einkommenschichten eine große Bedeutung.

»Ich finde, das passt gut zu *Sake*«, bemerkt Mari zu dem getrockneten Tintenfisch, »aber wir müssen weiter.«

»Trinken Sie *Sake*?«, frage ich und versuche dabei, naiv zu klingen, um den Eindruck zu vermeiden, es gäbe darauf in meinen Augen eine »falsche« und eine »richtige« Antwort; eine Strategie, die ich in solchen Situationen oft anwende.

»Ja«, sagt sie selbstbewusst, und ich weiß sofort, dass ich meine Fragen hier nicht ganz so vorsichtig zu stellen brauche. Traditionell werden Fragen in Japan niemals negativ beantwortet, und ich habe seit meiner Ankunft noch kein einziges direktes »nein« gehört.

»Und hat sich Ihr Geschmack beim *Sake* geändert, als Sie angefangen haben, Wein zu trinken?«

»Oh ja, manche konnte ich einfach nicht mehr trinken!«, erwidert sie ohne zu zögern, »aber mein Weingeschmack hat sich auch geändert. Anfangs habe ich billigen süßen deutschen Wein getrunken und gar keinen Rotwein, jetzt trinke ich weißen und roten Wein. Ich mag spanische Rotweine, weil sie weiche Gerbstoffe haben. Manchmal kann *Grand Vin* sehr … hart schmecken.«

Unter *Grand Vin* verstehen die Japaner und viele andere Ostasiaten die französischen Rotweine, die in dieselbe Preiskategorie gehören wie Louis Vuitton, Hermès und Chanel. Die Vermarktung dieser flüssigen Luxusgüter, wie ich sie nenne, funktioniert gut bei älteren männlichen Weintrinkern der oberen Einkommenschichten, die das Bild des kultivierten französischen Weins geschluckt haben. Aber vielleicht zieht diese französische Vermarktungsstrategie bei vielen intelligenten jungen Japanerinnen wie Mari nicht, weil ihnen der Geschmack des Weins wichtiger ist und sie *Grand Vin* nicht mögen? Ist das ein neuer Trend ?

Mit mir im Schlepptau gleitet Mari durch die Schiebetüren von Daimaru Peacock, und dort fällt mir als erstes ein ganzes Regal voll der Spitzenmelonen ins Auge, über die ich vor meiner Abreise gelesen habe. Preis? 5800 Yen oder schlappe 47 Euro das Stück, und sie sind eher klein, aber ich weiß, dass dieser Preis nur ein Bruchteil von dem der teuersten Melonen, die in dieser Stadt erhältlich sind, ist! Die Rolltreppe bringt uns einen Stock abwärts, den die Japaner B1 nennen, und dort gibt es Regale mit Bier, Whisky und Sake, darunter einen in blauen Flaschen namens Pure Blue.

»Ist das eine neue *Sake*-Marke?«, frage ich.

»Es ist neu, aber kein *Sake*, sondern *Schūchō*«, erklärt sie. Davon habe ich noch nie gehört. »*Schūchō* wird gewöhnlich aus Reis destilliert. Man trinkt ihn, man wird betrunken, aber am nächsten Tag ist man okay. Mit *Sake* fühlt man sich am nächsten Tag ...« Mari macht eine kurze Pause und fährt dann fort: »In diesem Laden ist der meiste Wein aus Australien.« Für den Preis einer Melone gibt es sechs Flaschen süßlichen Yellow-Tail-Rotwein von Down Under, aber Yellow Tail stammt aus mechanisch bewirtschafteten Weinbergen, während diese Melonen enorm aufwendig von Hand gezogen werden, genau wie all die Reben, die wirklich aufregende Weine hervorbringen.

Die Zeit scheint knapp, Mari winkt ein Taxi herbei, und Minuten später steigen wir mitten im wild schlagenden Herzen von Shibuya wieder aus. Ich habe mal Times Square im Big Apple als die höchste Konzentration an Energie auf dem gesamten Erdball beschrieben, aber das muss ich jetzt korrigieren. Hier ist die Anhäufung der elektronischen Reklametafeln noch viel größer, Tausende von Markenzeichen blinken und blitzen in grellen Farben auf allen Seiten bis hinauf in den 20. Stock. Die Botschaften dieses massiven elektronischen Bombardements scheinen sich aber gegenseitig zu vernichten, so wie es angeblich im ersten hitzigen Moment bei Materie und Antimaterie der Fall war, als mit dem Urknall das Universum entstand. Ihr Nachglühen, aus dem jegliche Spur von Bedeutung ausgebrannt ist, verleiht den stark geschminkten Gesichtern der jungen Mädchen auf der Straße eine vampirartige Schönheit. Willkommen im Land der untoten Sexbomben in blickdichten schwarzen halterlosen Strümpfen, Hotpants und hohen Stilettos, auf denen sie sich mit der geübten Sicherheit von Zirkusakrobaten wie auf Stelzen bewegen. Wen in dieser Menschnmasse auf den Bürgersteigen kümmert die verdammte aufgehende Sonne? Rauschende Wellen von Popmusik und plötzliche Böen an Werbeslogans zerren an mir, während wir uns einen Weg zum Eingang des Tokyu-Kaufhauses bahnen.

Dort empfängt uns eine Kollegin von Mari, Masutoshi Ohishi, in der grauen Uniform der *Salarymen*; das Tokyu-Kaufhaus gehört zu den Hauptkunden von Nippon Liquor. Die Glastüren schrauben den Straßenlärm auf ein erträgliches Maß hinunter, und das Chaos draußen geht in ein Pseudo-Straßennetz glitzernder Luxusgüter- und Designermode-Dependancen über. Wir rauschen an Bulgari vorbei und die Rolltreppe hinunter zum B1, in die gleichermaßen luxuriöse Feinkostabteilung, inklusive der entsprechenden Melonen für über 15 000 Yen oder schlappe 122 Euro das Stück!

Dann kommen wir in die Weinabteilung, nochmals durch Glaswände abgetrennt, mit dunklem, auf Hochglanz poliertem Parkettboden. Wir werden von einer kleinen Frau undefinierbaren Alters namens Hiroe Ito empfangen. Ihr Namensschild sagt, dass sie Weinberaterin ist – eine JSA-Qualifikation, die auch auf Maris Visitenkarte aufgeführt ist. Mit wenigen Worten Englisch hier und dort führt sie mich herum, und das Angebot ist unglaublich. Sie haben wirklich nahezu alles, was ich gerne trinken würde, inklusive Weinen wie dem Pinot noir von Eric Hamacher aus Oregon oder den Grace Family Vineyards Cabernet Sauvignon aus dem Napa Valley/Kalifornien, die in Deutschland nicht erhältlich sind. Daneben gibt es alle die vertrauten französischen und italienischen Klassiker, und selbst bei denen scheinen die Preise nicht übertrieben hoch.

Dann entdecke ich ein ganzes Regal mit japanischen Weinen, darunter auch eine Reihe von Weißweinen aus der einheimischen Rebsorte Koshu, beginnend mit bescheidenen 1500 Yen, oder zwölf Euro, für eine Flasche des Gris du Koshu von Grace. Ich habe immer noch nicht die blasseste Ahnung, wie dieser Wein schmeckt, aber wenn ich in drei Tagen in die Präfektur Yamanashi fahre, wo er wächst, werde ich es herausfinden. Grace steht auf meiner Shortlist von Terminen. Dann wird sich auch herausstellen, ob Japan mehr ist als nur ein Markt, der eine gehörige Menge der auf Planet Wein erzeugten flüssigen Luxusgüter aufsaugt.

»Wir haben noch einen Termin«, sagt Mari, als wir zum Ausgang gehen. »Tokyu hat auch eine Filiale in der U-Bahnstation Shibuya.« Das klingt für mich eher wie ein überdimensionierter Kiosk, trifft sich aber aus praktischen Gründen hervorragend.

»Könnten Sie mir danach zeigen, wie man ein U-Bahnticket kauft?«, frage ich, immer noch in den Klauen der grundlegenden Furcht, mich dem logistischen Alltag dieser Megalopolis nicht gewachsen zu zeigen, obwohl alle wichtigen Schilder sowohl in *Romanji* als auch *Kanji* beschriftet sind, der komplexen Zeichenschrift, die die Japaner vor 15 Jahrhunderten zusammen mit dem Buddhismus und vielem anderen von den Chinesen übernommen haben. Das war der erste Abschnitt schneller Veränderungen in der japanischen Kulturgeschichte, der zweite begann 1868 und hält bis heute an.

»Selbstverständlich«, entgegnet sie überrascht. Als zwei Punkte im Schwarm von Mode-Statements und *Salarymen* gehen wir die breite Treppe hinunter zur Shibuya-Station und scharf links durch Schiebetüren mit der Aufschrift TOKYU FOOD SHOW.

Als erstes springt mir dort in der glasumwandeten Weinabteilung der Lytton Springs Zinfandel von Ridge aus Kalifornien ins Auge, der Jimi Hendrix unter den Rotweinen! Wie viele Läden in meiner Heimatstadt haben diesen Wein im Sortiment? Sie lassen sich wahrscheinlich an einer Hand abzählen … und hier in Tokio kann man eine Flasche in der U-Bahn auf dem Nachhauseweg mitnehmen, ganz zu schweigen von all den anderen weinigen Köstlichkeiten.

Ich bin noch halb im Schockzustand, als mir Mari erklärt, dass man zuerst das Geld in den Ticketautomaten werfen muss, Banknoten müssen vollkommen glatt sein, dann drückt man den Knopf für das entsprechende Ticket, in meinem Fall 160 Yen. Sie holt mich morgen um zehn in meinem Hotel an derselben Stelle ab, für den zweiten Teil meines Programms. Ich nicke einfach nur, fühle mich ausgebrannt und bin gleich darauf Teil des menschlichen Stroms.

Wie durch ein Wunder ergattere ich einen Sitzplatz in der U-Bahn, statt von uniformierten, behandschuhten Männern hineingedrängt zu werden. Mir direkt gegenüber sitzt eine schick gekleidete junge Frau mit einer Tokyu-Food-Show-Tragetasche, aus der der Hals einer Weinflasche mit der unverkennbaren silbernen Kapsel ragt, die Ridge für seine Weine verwendet.

3. April 2007 »Eine bestimmte Art von japanischen Weinkonsumenten stört sich nicht an den hohen Preisen der Spitzen-Rotweine aus Bordeaux«, erklärt mir Mr Masamitsu Yoshino, bebrillt, mittleren Alters und Chefredakteur der führenden Fachzeitschrift WANDS, mit dem leichten Lächeln des Experten gegenüber einem Unbedarften. »Sie wollen die Weine ungeachtet der Preise haben.« Das klingt, als ob diese Gruppe erfolgreicher Geschäftsleute die hohen Preise richtiggehend schätzt, als seien sie ein essentieller Aspekt dieser Weine. Das bringt mich zu einer interessanten Frage: Gibt es ein lineares Verhältnis zwischen dem Preis und dem empfundenen Wert der Bordeaux für Japaner, die regelmäßig im Tastevin verkehren, oder steigt die Anziehungskraft dieser Weine exponentiell mit dem Preis?

Ich bin überzeugt, dass die Art, wie er konsumiert wird, viel über die Menschen aussagt, die ihn trinken, und die Kultur, zu der sie gehören – dass Wein mit anderen Worten ein kulturell höchst sensibles Produkt ist –, und das wird von den meisten meiner Kollegen nur wenig beachtet. Für sie ist der Konsum die am wenigsten interessante Seite der Weingleichung, sie konzentrieren sich nahezu vollständig auf die andere, theoretisch spannendere Seite: die Produktion. Allzu oft verhalten sie sich, als gebe es so etwas wie das »Produkt an sich«, aber das ist in meinen Augen eine Fehleinschätzung, weil Wein immer in vielen Zusammenhängen steht, aus denen er sich nicht herausreißen lässt. Die große Frage ist, ob es mir auch über die kulturellen Grenzen hinweg gelingt, den Weinkonsum der Japaner zu verstehen?

Doch genug der Philosophie. Ich bin wieder in den nüchternen Büroräumen von Nippon Liquor, für eine konzentrierte Dosis Information von Mr Yoshino.

»Bei günstigen AC Bordeaux gibt es aber ein Überangebot«, fährt er fort und springt damit mühelos vom oberen Ende des Marktes zum unteren, wo es ganz offensichtlich dasselbe Problem gibt wie zu Hause. Trotz des allgemeinen Rotweinbooms gibt es eine Menge roter AC-Bordeaux-Weine und nicht genug durstige Kehlen dafür. In Deutschland hat die Sopexa, die staatliche französische Organisation zur Absatzförderung von Lebensmitteln und Wein, für dieses Vermarktungsproblem eine bizarr anmutende Strategie entwickelt: Afterwork-Parties mit Modeschauen, bei denen Models, die lediglich mit bordeauxroten Pumps, Schürzen und Pushup-BHs bekleidet sind, Weinflaschen im Arm tragen, als seien es Babys. Dieser lächerliche, sexistische Schwachsinn hat in Hamburg, München oder Düsseldorf nicht besonders viel AC Bordeaux verkauft. Als die Sopexa-Spezialisten sich Japan widmeten, fuhren sie deshalb gleich schwere Geschütze auf: eine größere Fernseh-Werbekampagne.

»Die Fernsehwerbung für Bordeaux war nicht so wirksam wie gehofft«, bemerkt Mr Yoshino trocken, »daher sind sie zu einer PR-Kampagne in Verbindung mit den großen Zeitschriften übergegangen.« Aber können Hochglanz-Anzeigen und rumorige PR eine

Marke retten, wenn sie das Ende ihrer natürlichen Lebensspanne erreicht hat?

Wie steht es aber um den japanischen Wein?

»Viele Firmen importieren noch das Rohmaterial, seien es Trauben oder Most, aber einige maßgebliche Produzenten sind bereits dazu übergegangen, Wein ausschließlich aus japanischen Trauben zu erzeugen«, kommt die Antwort, bei der endlich ein Funken der Begeisterung in den Augen des nüchternen Experten aufblitzt, »seit kurzem berichtet die Presse auch darüber, wo der beste einheimische Wein gemacht wird.« Das klingt vollkommen anders als vor 20 Jahren, als die überwiegende Mehrheit des »japanischen« Weins aus billigen importierten Weinen bestand. Ich erkläre ihm, dass ich aus diesem Grund übermorgen in die Präfektur Yamanashi fahre.

»Haben Sie japanischen Wein verkostet?«, fragt er darauf sehr interessiert, so dass ich ihm erzähle, wie es zu dieser Reise gekommen ist und dass ich gestern Abend aus Neugier im Hotel einen trockenen Weißwein aus der Sorte Koshu bestellt habe: »Von der Rubaiyat Winery. Er duftete eher wie guter Muscadet, war aber viel voller und weniger säurebetont … er hat mir sehr gut gefallen.« Seine Augen werden größer, aber was bedeutet das in einem Land, in dem *hai*, ja, eigentlich alles von begeisterter Zustimmung bis zu grundlegender Ablehnung umfassen kann?

»Könnten Sie mir behilflich sein, einen Termin bei Rubaiyat zu bekommen?«, versuche ich mein Glück, worauf er nickt, mit plötzlich anscheinend grenzenlosem Enthusiasmus; der wichtige ausländische Besucher interessiert sich tatsächlich für unsere Weine!

»Oh natürlich, ich war erst vor wenigen Tagen dort!«, schwärmt er und verspricht, etwas zu arrangieren. Dann steht Mari wieder da, und es ist Zeit fürs Mittagessen. Es regnet heftig, und wir hasten ausgestattet mit kleinen Klapp-Regenschirmen eine Seitenstraße entlang in ein kleines Restaurant. Es ist nicht nur klein, sondern geradezu mikroskopisch: ein Tresen mit sechs Plätzen rund um eine offene Küche und zwei kleine Tische hinten, von denen wir einen besetzen. Eine Flasche Taittinger-Champagner taucht auf, und mit dem *Kampai*, das in Japan zu erhobenen Gläsern gehört, sind sofort alle Statistiken vergessen, und die Stimmung ist richtig freundschaftlich. Es scheint, als habe jemand einen Schalter betätigt.

Einer der Köche bringt uns kleine Teller mit rohem Fisch und einigen wunderschön arrangierten Blättern, Mari holt einen Taschen-Übersetzungscomputer heraus, der ihr sagt, dass es sich um Brasse handelt.

»Das ist sehr traditionell bei der *Shinto*-Hochzeitszeremonie«, erklärt sie. Der Fisch ist superfrisch und die einfache Kombination mit Feldsalat und Rote-Bete-Blättern ist geradezu perfekt. Dann fällt mir ein Spruch auf dem Bildschirm von Maris Übersetzungscomputer ins Auge:

Ein Diamant in einem Misthaufen ist immer noch ein Diamant.

»Ein alte japanische Weisheit«, erklärt Mari, während Takazawa uns den 2005 Piesporter Goldtröpfchen Riesling Kabinett von Reinhold Haart einschenkt (Nippon Liquor ist der exklusive Importeur für Taittinger und Reinhold Haart). Das klingt wie ein buddhistischer Spruch, aber wenn dieser Wein ein Diamant ist, was ist dann der Misthaufen?

»Sehr mineralisch«, bemerkt Mr Yoshino andächtig. Es ist interessant, dass dies sein erster Kommentar ist, weil für einen westlichen Verkoster die ausgeprägten Fruchtaromen und die saftige Süße des Weins wesentlich auffälliger sind als der Geschmack des tiefen grauen Schieferbodens dieser Mosellage dahinter.

»Für mich duftet er wie die Berge, wie Felsen, Nebel, Wasserfälle«, überlege ich laut, »und warm wie die Tropen, wie am Baum reifende Früchte, alles zugleich.« Sie nicken alle, was nicht überrascht, weil Japan soviel Gebirge hat und einen wahrhaft tropischen Sommer. Schalen mit Ente in einer üppigen Sauce auf Reis werden uns gebracht.

»Die Sauce ist aus *Umeboshi*, japanischen Pflaumen, die unreif gepflückt und mit Salz eingelegt werden«, erklärt Mari. Das Gericht passt so perfekt zum Wein, als habe der Koch es eigens kreiert, um dem Wein zu schmeicheln. Aber sie haben mir schon erzählt, dass dies eines der beiden Tagesgerichte heute ist.

»Wie einflussreich sind die Sommeliers?«, frage ich Mr Yoshino und bringe das Gespräch so wieder zu meiner Recherche, in der Hoffnung, dass die entspannte Stimmung den Informationsfluss fördert. Eine ausgedehnte Stille auf der anderen Seite des Tisches.

»Die Situation ist sehr schwierig …«, sagt er schließlich, und es klingt, als sei entweder die Frage, der Moment dafür oder beides vollkommen unangebracht. Vielleicht bin ich derjenige, der den Diamanten im Misthaufen vergräbt? Doch dann legt er seine Stäbchen beiseite und erzählt.

»Die tatsächliche Zahl von Sommeliers mit Einfluss ist sehr klein, weil in den meisten Hotels der Sommelier nicht mit dem Weineinkäufer identisch ist.« Das reduziert den Sommelier zu einem bloßen Verkäufer, statt zu einer Weinpersönlichkeit, deren Meinung Gewicht hat. »Außerdem können die Leute im Internet leicht herausfinden, was die Hotels für die Weine bezahlen und wie hoch ihr Aufschlag ist.« Während Mr Yoshino eine nachdenkliche Pause einlegt, holt Mari einige Zeitschriften aus ihrer Tasche.

»Das ist die neueste Ausgabe des Lifestyle-Magazins ›Brutus‹, mit einem speziellen Weinartikel«, erklärt sie und reicht mir die Zeitschrift aufgeschlagen herüber. Auf einer Doppelseite sind Reihen von Weinflaschen abgebildet. »Mehrere berühmte Sommeliers haben Weine zusammengestellt, und ihre Top-Empfehlung war Château des Estrubiens, ein Rotwein aus den Côteaux de Tricastin. Er hat sich sehr gut verkauft.« Das klingt sehr vertraut.

»Dieser *Manga* heißt ›Morning‹ und erscheint jeden Donnerstag«, sagt sie zu einer wesentlich umfangreicheren Veröffentlichung, die außer dem bunten Umschlag vollständig auf Zeitungspapier gedruckt ist. »Da gibt es eine richtige Weinstory namens *Les Gouttes de Dieu* oder *Kamino Schizku* über einen Sommelier, der an einer Tokioter Weinschule unterrichtet. Er hat eine neue mongolische Freundin, die eine Super-Weinnase ist.«

Nachdem ich durch eine gruselige Geschichte auf einem japanischen Kriegsschiff im Zweiten Weltkrieg und kaum weniger blutige Gangstergeschichte der Gegenwart geblättert habe, komme ich zu der Weinstory. Alle Studenten auf der Weinschule sind junge Frauen, und obgleich ich noch vor einer Minute keine Ahnung hatte, was junge Japanerinnen attraktiv finden, bekomme ich anhand des Sommeliers in der Story einen ziemlich guten Eindruck. Als seine mongolische Freundin an dem roten Grand-Cru-Burgunder riecht, den er ihr in seiner Wohnung serviert, sieht sie die Welle aus Ando Hiroshiges berühmtem Druck vor ihrem inneren Auge und geht darin auf wie in einem vom Wein ausgelösten Orgasmus. Aber das ist nur Phantasie, oder?

»Es gibt inzwischen zehn Weinschulen in Tokio«, fährt Mr Yoshino fort, »und die Studenten sind beinahe ausschließlich Frauen.«

»Die in *Les Gouttes de Dieu* empfohlenen Weine sind schnell ausverkauft«, fügt Mari dazu. An der *Manga*-Story ist also wirklich etwas dran, sie ist realistischer, als ich dachte. Vielleicht ist das eine wichtige Spur, denn im Gegensatz zu der Fernseh-Werbekampagne für AC Bordeaux scheint dies zu funktionieren, ohne dass die Weinproduzenten einen einzigen Yen für die Werbung hinlegen mussten!

»Die Leute sagen, Tokio sei Chaos, aber das ist erst seit dem Zweiten Weltkrieg so. Ich sage nicht, dass wir Regeln brauchen, aber wir müssen mehr Ordnung schaffen«, sagt der Star-Architekt Takaharu Tezuka. »Wir müssen den japanischen Geist wieder aufbauen, um an das zu kommen, was wir verloren haben. Das ist es, was ich versuche.« Ich falle beinahe vom Stuhl bei seinen Worten; das klingt fast wie diese Welt neu zu erfinden! – Ich sitze an einem langen Sperrholztisch in seinem loftartigen, selbst entworfenen Haus in einem wohlbetuchten Tokioter Vorort. Durch meine Berliner Architektenfreunde Swantje und Oliver Kühn bin ich an die Essens-Einladung zu ihm nach Hause gekommen.

Als mich Takaharu an dem Vorortsbahnhof in seinem gelben Citroën 2CV abgeholt hat, hat er mich auch gleich mit seiner Kollegin Sonal Sancheti aus dem Architekturbüro OPOLIS in Mumbai/Indien bekannt gemacht, die jetzt neben mir sitzt. Sie sieht genau so aus, wie ich mir eine indische Intellektuelle der Brahmanenkaste vorstelle; zierlich, konzentriert, wenn sie über ihre Ideen spricht, aber ohne erkennbaren Anspruch auf Aufmerksamkeit oder Lob. Taka hingegen – wie ihn die Kühns nennen – im hellblauen Rollkragenpullover und mit einem dunklen Haarbusch wirkt wie eine Beatles-Reinkarnation der frühen Jahre.

Das *Tempura*-Essen ist vorbei, aber wir trinken weiter einen robusten süditalienischen Rotwein, seine Frau Yui bringt die beiden Kinder ins Bett, und er zeigt mir seine Arbeiten auf einem Laptop. Seine Bauten erscheinen zugleich sehr modern und sehr japanisch; »an das zu kommen, was wir verloren haben« bedeutet für ihn definitiv nicht, die Uhr zurückzudrehen zu dem langen Zeitabschnitt vor 1868, als sich Japan von der restlichen Welt abgeschottet hatte. Aber die Kombination seiner radikalen Ideen und seiner Architektur, dazu die Bach-Klaviermusik, die aus einer Bose-Wave-Anlage perlt, und die großen Modelle von Starship Enterprise und dem Millennium Falcon Raumschiff aus den Star-Wars-Filmen in verschiedenen Ecken des Raums ergeben für mich keinen Sinn. Was meint er tatsächlich mit dem Wiederaufbau des japanischen Geistes?

Ich habe diesen Kommentar ausgelöst, indem ich ziemlich begeistert von der »enormen Vielfalt an architektonischen Stilrichtungen« in Aoyama erzählt habe. Selbst wenn einige der neuen Bauten dort, etwa die Glaspyramide des Prada-*Flagshipstore*, übertrieben sind, gefällt mir dieses Alles-ist-möglich. Ist Freiheit nicht lebenswichtig für die Entwicklung von Architektur, und ist nicht sein Haus auch ein bisschen verrückt und widersprüchlich?

Jetzt schauen wir uns auf dem Bildschirm sein »Dachhaus« an, dessen Flachdach komplett als eine Art zusätzlicher Raum fungiert. Mir fällt auf den Fotos sofort auf, dass es keinerlei Balustrade oder Geländer gibt, aber einen tollen Blick über die umliegende Landschaft. Er sagt, dort auf dem Dach zu sitzen sei wie an einem Fluß zu sitzen, es sei »romantisch«. Das ist das erste Mal, dass ich dieses Adjektiv in Japan höre!

Es folgen Bilder von einem ähnlichen, aber wesentlich größeren

Gebäude. Er erklärt, dass es sich um einen Kindergarten in Tokio mit ovalem Grundriss handelt: »Das ist ein neues Projekt, ein Dachhaus für 600 Menschen. Es zu entwerfen hat ein Jahr gedauert und der Bau ein weiteres.«

Taka erklärt uns, dass er die ovale Form des Gebäudes mit der Hand gezeichnet hat, so dass sie ungleichmäßig ist, was stark an Zen-Malerei erinnert. »Die inneren Trennwände sind Stapel von Holzkästen, aus einem leichten Balsaholz, so dass sie sich leicht bewegen lassen.« Ich nehme an, die Idee dahinter ist, dass diese Raumerlebnisse in frühem Alter die Kinder als Erwachsene zu positiven dinglichen Strukturen führen werden. Vermutlich ist das ein Teil von Takas Methode, den japanischen Geist wiederaufzubauen.

»Aber was genau tun Sie in Japan?«, fragt er mich dann und klingt dabei ziemlich verblüfft. Also erzähle ich ihm, dass ich als Weinjournalist einerseits 52 Kolumnen im Jahr für die Sonntagsausgabe der »Frankfurter Allgemeinen Zeitung« schreibe, in denen ich Weine aus der ganzen Welt empfehle. Andererseits verbringe ich aber auch Jahre mit der Recherche für Bücher, in denen ich Geschichten erzähle, die sich alle um Wein drehen, aber auch mit vielen anderen Dingen befassen, die indirekt mit Wein zu tun haben.

Er sieht immer noch verwirrt aus, deshalb berichte ich, wie ich den 2001 Signature Merlot von Château Mercian in New York verkostet und damals entschieden habe, nach Japan zu fahren, dass ich seit zwei Tagen hier bin und noch zweieinhalb Wochen vor mir habe, aber keine Ahnung, wie die Story aussehen wird, die ich darüber schreiben werde, das wird sich erst finden. Er bekommt richtig Stielaugen, und ich schiebe noch nach, dass ich natürlich Weinerzeuger besuchen werde, aber auch *Sake*produzenten. Außerdem werde ich viele Aspekte der traditionellen und modernen japanischen Gastronomie unter die Lupe nehmen. Darüber hinaus werde ich zweifellos einige Spuren verfolgen, die nur indirekt mit meinem Thema zu tun haben, wenn ich zufällig auf interessante oder überraschende Dinge stoße. Ich nenne diese Recherchemethode »Driften«, und bis jetzt hat sie immer funktioniert. Macht das alles Sinn?

»Ja, es gibt keinen Zufall«, stimmt Sonal Sancheti mir zu, »es gibt immer einen Grund.«

Ich denke, jetzt wird Taka allmählich klar, dass er heute Abend zu einem Teil meiner Japan-Weinstory geworden ist. Heute Abend habe ich etwas aus einer vollkommen anderen Perspektive über diese Kultur erfahren als von den Weinprofis. Dann sagt Taka, es sei Zeit, dass Sonal Sancheti und ich wieder in seinen 2 CV steigen und er uns zurück zum Bahnhof fährt.

»Tokio beweist, dass es möglich ist, dass eine Stadt mit über zehn Millionen Einwohnern gut funktionieren und sauber sein kann«, begeistert sich Sonal Sancheti, während der nahezu leere Zug Richtung Zentrum gleitet. Die Stadt erscheint ihr als ordentlich im Vergleich mit Mumbai und den anderen größeren Stadtzentren Indiens, und da muss ich ihr Recht geben.

»Was ist Ihr Lieblingswein?«, fragt sie dann und berührt unbewusst einen empfindlichen Nerv in mir. Ich hasse diese Frage, weil es eine simple Antwort voraussetzt, statt Wein in seiner ganzen Vielfalt zuzulassen. Ich suche nach einem Weitwinkel-Blick auf die gesamte Situation, in der Wein erzeugt und konsumiert wird, mit so vielen verschiedenen Wellenlängen wie möglich – soziale, kulturelle, wirtschaftliche, psychologische –, statt mit dem mentalen Pendant eines Teleobjektivs mit einem Farbfilter, der nur eine Wellenlänge an Licht durchlässt, auf ein Glas Wein zu zoomen.

»Nun, das hängt stark von der Situation ab«, entgegne ich. Dann erkläre ich ihr, dass egal, wie ich diese Frage beantworte, die Situation, in der der Wein konsumiert wird, seinen Geschmack beeinflusst, so dass ich, um die Frage richtig zu beantworten, wissen muss, in welcher Situation ich den Wein trinken würde. Hier in Japan ist es schon eine ganze besondere Situation und vertraute Weine schmecken mir anders.

Sonal Sancheti folgt mir darin auf eine Art, wie ich es nur selten bei westlichen Menschen erlebt habe, wenn ich ihnen zu erklären versuche, warum ich diese Frage nicht direkt beantworten kann. Vielleicht liegt das daran, dass ostasiatische Architekten gewöhnt sind, über alle Faktoren nachzudenken, die beeinflussen, wie ihre Gebäude wahrgenommen werden, oder einfach, weil Ostasiaten eher in der Lage sind, auf mehreren Ebenen gleichzeitig zu denken.

4. April 2007 Mit einem breiten, strahlenden Lächeln legt die Fahrkartenverkäuferin im Tokioter Hauptbahnhof einen Stapel Platzreservierungen vor mir auf den Schalter. Morgen werde ich mein erstes Ziel, das Weingebiet Yamanashi erreichen. Ich bedanke mich überschwänglich und laufe ein Stockwerk tiefer durch den U-Bahnhof auf der Suche nach dem Ausgang zu der Straße in Marunouchi, die zu dem Internetcafé führt, in dem ich meine E-Mails checken muss, bevor ich die Stadt verlasse. Obwohl alles gut ausgeschildert ist, ist dieser Ort ein unglaubliches Labyrinth und ständig von ganzen Schwärmen von Reisenden bevölkert. Als ich die Stufen zum Ausgang hinaufgehe, beschleicht mich ein merkwürdiges Gefühl. Irgendetwas stimmt nicht. Der Himmel hat eine seltsame Farbe, ein bräunliches Grau, das an faulige tropische Tümpel erinnert, oder vielleicht sieht der Himmel so in unmittelbarer Nähe eines Vulkanausbruchs aus? Mount Fuji? Dann spüre ich Regentropfen auf dem Gesicht: ein Gewitter! Draußen ist es beinahe ebenso dunkel wie während der letzten Nacht, dabei ist es gerade erst vier am Nachmittag, da war es gestern noch richtig hell. Die Straßenbeleuchtung ist anscheinend durch die Finsternis automatisch angesprungen. Am Ende der Stufen fällt der Regen wie ein dichter Vorhang, nur einen knappen halben Meter von mir entfernt, und ich spüre, dass die Temperatur bereits um mehrere Grade gesunken ist. Zu Hause wäre das kein Problem, da wüsste ich, dass das ganze Spektakel nach wenigen Minuten vorbei ist, aber ich habe keine Ahnung, wie die Statistik für dieses Klima sich in Wetter im Alltag ausdrückt. Warten oder die drei Blöcke rennen?

Ich spanne meinen Schirm auf und laufe los, aber schon auf der anderen Seite der Straße spüre ich die dicken, kalten Tropfen durch meine Hose, deshalb suche ich sofort wieder Zuflucht am Eingang des Tokioter Hauptpostamts, unter dessen Vordach sich bereits andere Gestrandete drängen. Ich fühle mich durchnässt, obwohl ich es nur einen Block weit geschafft habe, und gehe in der Hoffnung auf ein bisschen Wärme hinein. Das kalte Licht der Neonröhren ist ein Schock. Ich setze mich an einen der Tische, obgleich ich weder einen Brief zu adressieren noch Marken aufzukleben habe, sondern nur ein Notizbuch herausziehen kann, um all das festzuhalten. Mein Mobiltelefon klingelt, es ist meine Frau, die auf meinen Bericht der hier herrschenden Wetterbedingungen mit der üblichen Ungläubigkeit reagiert, was mich auf den Gedanken bringt, wieder zum Eingang zu gehen und ein Foto zur Dokumentation zu machen. Der Himmel wirkt immer noch, als sei eine größere Naturkatastrophe im Gange, aber der Regen scheint etwas nachgelassen zu haben, also atme ich einmal tief durch und sprinte dann die zwei Blocks zum Internetcafé.

In dessen Innern ist es schummrig, aber ziemlich schick, und ich fühle mich wie ein toter Vogel, der nach dem Sturm am Strand angeschwemmt wird. Die E-Mails sind alle positiv, bis auf eine von Hiroshi Inahara von der japanischen Botschaft in Berlin, der mir bei der Lösung so vieler praktischer Probleme geholfen hat. Er schreibt, dass Shigeri Shiraki von der *Sake*-Firma Daruma Masmune bei Gifu mich nur empfängt, wenn ich einen Dolmetscher mitbringe. Sie ist bei weitem der wichtigste *Sake*-Produzent auf meiner Liste, also bleibt mir keine Wahl, ich muss mich ihren Wünschen beugen. Ich schicke ihm eine Mail zurück mit der Frage, wie und wo ich hier einen Dolmetscher engagieren kann.

Dann ist es Zeit, mich auf den Weg zum Winax-Geschäft im Bezirk Ginza aufzumachen für meine Verabredung mit dem Weinhändler Kazuo Hoshino. Obgleich es nicht weit von hier ist, regnet es immer noch, also nehme ich ein Taxi. Ich suche den Zettel mit der Adresse und der Wegbeschreibung heraus, den mir Herr Hoshino in Englisch und auf Japanisch geschickt hat.

Ginza war das erste Viertel von Tokio, wo im modernen, westlichen Stil gebaut wurde. Nach dem großen Brand von 1872 beauftragte die Meiji-Regierung den britischen Archtitekten Thomas

J. Waters, einen neuen, für den Handel bestimmten Bezirk südöstlich des kaiserlichen Palastes zu entwerfen. Mit gasbeleuchteten Straßen, neoklassizistischen Backsteinfassaden und Kolonnaden verkörperte Ginza für den Teil der japanischen Gesellschaft, der entschlossen war, mit dem Westen so schnell wie möglich gleichzuziehen, *Bunmei Kaika*, »Zivilisation und Aufklärung«. Um den Bau zu ermöglichen, wurde der japanische *Shaku* dem britischen Foot-Maß angeglichen, ein Zeichen dafür, wie viel die japanische Regierung aufzugeben bereit war, um ihr Ziel zu erreichen. Auch auf anderen Gebieten wurden ausländische Standards kaum weniger entschlossen übernommen; die Verwaltungsstrukturen etwa folgten dem Vorbild Preußens.

Das Kanto-Erdbeben am 1. September 1923 und die darauf folgenden verheerenden Brände zerstörten Ginza dann ebenso wie zwei Drittel der gesamten Stadt. Nahezu alle Gebäude, die ich aus dem Taxi sehen kann, beleuchtet von einer scheinbar chaotischen Flut bunter Schilder, gehören mindestens zur dritten Generation moderner Bautätigkeit, lediglich der Grundriß stammt noch von Thomas Waters.

Der Taxifahrer hat Schwierigkeiten, den Laden zu finden, aber wir müssen eigentlich ganz nah dran sein, deshalb bezahle ich und zücke wieder meinen Schirm. Als ich aussteige, sehe ich, dass ich genau davor stehe, und eine strahlende Japanerin mittleren Alters, flankiert von zwei gleichermaßen strahlenden jungen Verkäufern in dunklem Anzug begrüßen mich mit meinem Namen. Sie nimmt mir den Schirm ab, stellt sich auf Deutsch als Frau Hoshino vor und entschuldigt sich überschwänglich, dass ihr Mann sich einige Minuten verspäte. Ich frage, ob ich mich in der Zwischenzeit etwas umsehen dürfe, und sie scheint entzückt über meinen Vorschlag.

Zwölf Tage vor meiner Abreise hatte ich an einer »*Sushi*-Zeremonie« im Restaurant Edo in Düsseldorf teilgenommen, die von Herrn Hoshino veranstaltet wurde. Deutsche Weine und *Sushi* in zwölf unterschiedlichen Kombinationen wurden präsentiert. Alle Anwesenden waren zumindest positiv überrascht. Ich hatte zum ersten Mal den Mut, *Uni* oder Seeigel, eine wenig appetitlich aussehende orangebraune Masse, in den Mund zu nehmen, und die Verbindung von cremiger Textur und salzigem Meeresgeschmack war tatsächlich sehr ungewohnt. Seltsam berühte mich auch die Musikeinlage. Eine junge Japanerin im Kimono spielte auf dem *Koto*, einem dreizehnsaitigen Instrument, das flach auf dem Boden liegend einer länglichen Zither gleicht, aber im Ton eher an eine Harfe erinnert. Während des dritten der kurzen Stücke, das wie ein melancholisches Volkslied klang, begannen die japanischen Gäste spontan leise mitzusingen; ein beeindruckender Moment, der wie ein Vorgeschmack meines vollständigen Eintauchens in diese Kultur schien.

Es mag logisch erscheinen an einem Ort wie der Ginza, wo die Mieten extrem hoch sind, nur eine Flasche jedes Weins hinter Glas auszustellen und die Bestände anderswo zu lagern, aber ich kenne keinen Weinhändler in Europa, der dies mit seinem gesamten Sortiment täte, wie es hier der Fall ist. Ich denke, der Grund dafür ist die westliche Verkaufstheorie, dass nur wenige Menschen sich von etwas trennen können, das sie bereits in der Hand gehabt haben. In dieser simplistischen Psychologie steckt zweifellos ein Fünkchen Wahrheit, aber wenn ein Händler eine Liste mit mehreren hundert Posten hat, dann bedeutet das, dass er eine vierstellige Zahl von Flaschen ins Regal packen muss, und das erfordert eine Menge Platz und erklärt die vielen verkramt wirkenden Weinläden im Westen. Hier bei Winax hat man dieser Regel keinerlei Beachtung geschenkt, und statt sich zu drängen, haben die ausgestellten Flaschen hinter den Glastüren von drei großen, mit Schnitzereien verzierten Holzschränken viel Platz zum Atmen. Dadurch verbreitet jede einzelne Flasche den Eindruck einer raren Kostbarkeit, mit der größtmöglichen Sorgfalt ausgewählt. Die gekonnte Beleuchtung – hell, aber nicht grell – betont diesen Effekt noch.

Ich erkenne sofort, dass Herr Hoshino sein Sortiment auch grundlegend anders zusammengestellt hat als andere japanische Weinhändler. Sie neigen dazu, sich ganz auf Riesling zu konzentrieren, mit den Schwerpunkten Mosel- und Rheinweine mit natürlicher Restsüße. Hier hingegen stehen Weine aus sämtlichen deutschen

Anbaugebieten und die gesamte Palette an Rebsorten, wobei Riesling nur etwa ein schwaches Viertel ausmacht. Die meisten Weißweine sind trocken, und es gibt eine Menge Rotwein. Als Gesamtwerk, denn so muss man das Hoshino-Sortiment ohne Frage bezeichnen, bringen diese Weine auf sehr diskrete Weise profunde Kenntnisse der komplexen Welt ihrer Herkunft zum Ausdruck. So etwas habe ich in Japan nicht erwartet, und möglicherweise wirkt es für viele Japaner exzentrisch.

Dann steht auch schon Herr Hoshino da, strahlend reicht er seiner Frau seinen Schirm, schüttelt mir die Hand und entschuldigt sich für seine Verspätung in perfektem Deutsch. Oder vielmehr ist sein Deutsch nicht nur perfekt, sondern ich merke, wieviel Vergnügen ihm diese Sprache bereitet. Herr Hoshino ist mit dem glatten, präzis nach hinten gekämmten Haar, dem sorgfältig gestutzten kleinen Schnurrbart, Nadelstreifenanzug und seiner Art, die Wärme mit Korrektheit verbindet, zweifellos ein nahezu beispielhafter japanischer Gentleman.

»Ich habe von 1973 bis 1980 in Berlin Optische Physik studiert, und in dieser Zeit habe ich deutsche Weine kennengelernt«, beginnt er zu erzählen. »Für mich liegt ihre besondere Anziehungskraft in ihrer enormen Vielfalt. Als ich zurück nach Japan ging, versuchte ich dies meinen Landsleuten ganz kompromisslos zu vermitteln und begann, die guten deutschen Weine, die in Japan nicht aufzutreiben waren, selbst zu importieren. Aber gehen wir nach oben, wo wir in Ruhe reden können.«

Ich folge ihm nach hinten und in einen Aufzug, der uns ein Stockwerk höher in einen Raum bringt, den er, wie er sagt, für viele der Weinabende nutzt, die er für seine Kunden veranstaltet. Es ist alles andere als pompös, aber dieses Understatement passt zum Grundtenor des Hoshino-Konzepts: durchdacht professionell statt oberflächlich schick.

»Hier glauben die meisten nur an französischen Wein. Es ist eine Art von Religion«, sagt er mit großem Ernst. Das würde bedeuten, dass manche Japaner drei Religionen haben: Shinto, was sich am besten als »Weg der Götter« übersetzen lässt, Zen oder Shin-Buddhismus und – französischen Wein. »Die Franzosen sind geschickter bei der Werbung für ihre Weine als die Produzenten anderer Länder«, beschließt Herr Hoshino seine Analyse.

Ich glaube, ich weiß genau, was er meint, aus meinen Gesprächen mit anderen japanischen Weinfachleuten. Ab dem Moment, als sich im Vorfeld der Olympiade 1964 in Tokio der japanische Markt für europäische Weine öffnete, kamen die Franzosen in Scharen. Sie verkündeten mit unverhülltem Stolz und instinktivem Gespür für die zentrale Bedeutung von Status in ostasiatischen Gesellschaften, dass ihre *Grands Vins* die besten Weine schlechthin seien, ja, fürwahr die ultimativen Weine. Es war eine sorgfältig zugeschnittene, mundgerechte Botschaft, die sich gut mit Stäbchen aufnehmen ließ, was so gut wie alle taten, die sie hörten. Dann kauten sie, schluckten und sind seitdem am Verdauen. Die Einseitigkeit und Vereinfachung dieser Sicht auf die Weinwelt machte sie für die damals in Sachen Wein unbedarften Japaner umso attraktiver, und durch die Art, wie die Franzosen dieses chauvinistische Evangelium verkündeten, war es schwierig, dagegen zu argumentieren. Im Westen glaubt so gut wie niemand mehr, dass die Weinwelt so einfach ist, während hier mit dieser Illusion erst noch aufgeräumt werden muss.

»Die meisten Japaner glauben, deutsche Weine seien nur süß und billig, weil soviel des nach Japan importieren deutschen Weins süß und billig war.« Ich habe bereits gesehen, wie die Liebfraumilch-Ära hier erst jetzt zu Ende geht, zwei volle Jahrzehnte später als in Amerika. »Was wir hier tun, reicht nicht, um dieses Vorurteil auszuräumen«, sagt Herr Hoshino und ist jetzt richtig in Fahrt, »allein in Tokio gibt es zwölf Millionen Menschen und die erreicht man nur über die Massenmedien.« Doch er klingt nicht verbittert dabei, es ist eher eine Beobachtung und soll zu meinem Verständnis der besonderen Situation hier beitragen.

»Die deutschen Winzer glauben, dass ihr Trumpf darin besteht, wie gut deutscher Riesling zu japanischem Essen passt, stimmt das?«, frage ich sehr gezielt, weil ich es zu Hause derart oft gehört habe.

»Es stimmt, dass viele französische Weine zu dominant für japanische Gerichte sind und deutsche Weine sich besser eignen«, entgegnet er darauf, »aber die Frage ist, welche deutschen Weine mit welchen japanischen Gerichten. Riesling passt sehr gut zu *Tempura*, ist aber eher schwierig zu den meisten *Sushi*. Einer der Gründe, warum ich die ›*Sushi* Zeremonie‹ so oft in Deutschland wiederhole, ist, dass die deutschen Winzer nicht verstehen, welche ihrer Weine gut zu *Sushi* passen«, fährt mein nachdenklicher Gastgeber fort, »und dass dies außerdem eine großartige Vermarktungschance darstellt, weil *Sushi* inzwischen weltweit so beliebt ist.«

Diese Beliebtheit ist in sich eine interessante Story, wenn man bedenkt, dass wir im Westen *Sushi* zwar als Verkörperung traditioneller japanischer Küche betrachten, die Geschichte vieler *Sushi*-Arten aber nur in die Zeit zurückreicht, als Ginza entstand, als eine Art von Fastfood für die neue städtische Situation. Das *Sushi*-Sortiment, das heute rund um den Erdball in Restaurants angeboten wird, war ursprünglich nur in Tokio üblich und ist in Japan erst während der amerikanischen Besatzung nach 1945 zum Standard geworden. *Sashimi* hingegen, roher Fisch ohne Reis, geht viel weiter zurück und gehörte zur kaiserlichen Hofküche während der Edo-Zeit, als der Hof in Kyoto residierte und der Shogun-Herrscher den Ton angab.

Die Ansicht, dass die Überzeugung der deutschen Winzer hinsichtlich der idealen Harmonie von *Sushi* und Riesling falsch ist, und dass die Tatsache, dass Gourmets rund um den Erdball nicht die Möglichkeiten anderer deutscher Weine und *Sushi* nutzen, ein Marketingversagen darstellt, ist ein Schock. Aber er hat recht. Wie viele deutsche Winzer wissen wirklich etwas über die japanische Küche, ganz zu schweigen, welche Weine sie dazu aus dem Keller holen sollten?

»Ich möchte Sie gerne zum Essen einladen«, sagt Herr Hoshino strahlend, »ich habe einen Tisch in einem neuen japanischen Restaurant reserviert, von dem ich denke, dass es interessant sein könnte.« Hunger habe ich jetzt wohl und nicke deshalb begeistert. Wir nehmen zuerst die U-Bahn zur Station Gaienmae, zwei Stationen vor

Shibuya und springen dann in ein Taxi. Es ist eine lange Fahrt durch die Stadt, während der der Regen endlich aufhört. Als wir aussteigen, sehe ich auf der anderen Straßenseite den U-Bahnhof Harajuku, ein bizarr anmutendes, an Deutschland erinnerndes Fachwerkgebäude.

»Der Taxifahrer meinte, das Restaurant sei genau hier, aber ich sehe es nicht.« Herr Hoshino wirkt etwas perplex und holt sein Mobiltelefon heraus, um im Restaurant anzurufen. Ich folge ihm im Silberlicht des Mondes, der jetzt hinter den schnell ziehenden Wolken aufgetaucht ist, in eine Seitenstraße. Hier ist ein Modeladen neben dem anderen, alle bereits geschlossen. Die Schaufenster stecken voller exzentrischer und gewagter weiblicher Mode, die jetzt gespenstisch wirkt. Ich erkenne mehrere Kleider von Vivienne Westwood. Meinen Vivienne-Westwood-Anzug habe ich heute im Schrank gelassen, um nicht zu sehr aufzufallen, obgleich mir inzwischen klar ist, dass ich als Westler in den meisten Ecken der Stadt sowieso auffalle.

»Das ist die Takeshita Street«, erklärt Herr Hoshino, »Mädchen in ganz Ostasien kennen sie und wollen nach Tokio, um hier einzukaufen.« Dann gehen wir in eine Art Allee, biegen nochmals scharf ab und stoßen schließlich auf ein Schild mit der Aufschrift LUCIA, was sehr italienisch klingt, aber wie japanische Kalligraphie geschrieben ist. Ich folge meinem Gastgeber in ein schummeriges Restaurant, das auf gewisse Weise japanisch wirkt, obwohl die Tische und Stühle, durch Gitterwände voneinander getrennt, westlich aussehen.

Der Kellner führt uns zu unserem Tisch, und mir fällt auf, dass wir die einzigen Gäste sind. Aber das Restaurant ist neu und schwer zu finden. Dann fragt mich Herr Hoshino mit beinahe übertriebener Höflichkeit, ob ich rohen Fisch esse. Ich entgegne, dass ich rohen Fisch ausgesprochen gern esse und überhaupt alles esse, außer Mandeln und Haselnüsse, auf die ich allergisch bin, und bitte keine lebenden Tiere. Der letzte Zusatz bezieht sich auf *Ikizukuri*, ein Gericht, für das der Fisch lebend aufgeschnitten und das Fleisch auf den Gräten arrangiert serviert wird. Viele Japaner lehnen das auch ab. Er scheint über meine Antwort nicht im geringsten überrascht und fragt dann, ob ich *Sake* trinke, was ich wiederum bejahe.

»Manche *Sakes* schmecken sehr fruchtig und passen nicht gut zum Essen«, erklärt er. »Ich werde Shinkame aus der Präfektur Saitamae bestellen, den ich gerne warm zum Essen trinke. Für mich ist *Sake* zum Essen entspannend, denn wenn ich Wein trinke, denke ich sofort darüber nach, wie er zum Essen passt.« Genau deshalb bestelle ich auch – sehr gelegentlich – zu einem einfachen Essen ein Bier.

Kleine Gerichte kommen eins nach dem anderen, wie in einem Degustationsmenü westlicher Art, jedes auffallend anders als das vorhergehende. In den Meeresfrüchten, die auf eine köstliche Suppe mit Algen und Bambussprossen folgen, ist auch *Uni*, der förmlich schmilzt im Mund. Jetzt bin ich Seeigel-Fan; wenn er von Anfang so geschmeckt hätte, wäre ich längst süchtig danach! Bei dem warmen *Sake* dazu habe ich hingegen meine Zweifel, doch das scheint Herrn Hoshino nicht zu stören, er freut sich offensichtlich über meine Begeisterung über das Essen.

»Frische ist entscheidend bei der Qualität von Seeigel«, sagt er, »und was wir zu diesem Gericht bräuchten, ist der 1988 Gewürztraminer von Franz Keller!« Ein beinahe 20 Jahre alter Gewürztraminer mit Meeresfrüchten erscheint mir gewagt, aber ich bin sicher, dass er das schon ein paar Mal ausprobiert hat. »Ich bestelle noch einen anderen *Sake*, Shuten-Doji aus Kyoto, ebenfalls warm.« Ich habe noch nie gehört, dass guter *Sake* warm serviert wird, war bis jetzt sogar überzeugt, dass guter *Sake* kalt getrunken werden muss, um feiner, edler zu schmecken.

Aber die *Umeboshi*, die mit Salz eingelegten Pflaumen, die ich bis jetzt nicht richtig verstanden habe, schmecken hier plötzlich delikat und erfrischend, statt einfach salzig und sauer, so dass ich die kleine Schale mit peinlicher Geschwindigkeit leere. Herrn Hoshino steht das Vergnügen darüber, dass ich alles mir Servierte verzehrt habe, ins Gesicht geschrieben. Doch wenn ich nicht das esse und trinke, was er isst und trinkt, wie kann ich dann auch nur hoffen, die japanische Weinkultur zu verstehen?

Es folgen mehrere hervorragende Gerichte, alle fleischlos. Fleisch ist erst gegen Ende des 19. Jahrhunderts Teil der hiesigen Küche geworden, als die Meiji-Regierung entschied, dass rotes Fleisch den Japanern mehr Kraft für die Arbeit in den neuen Fabriken und für den Krieg verleihen würde. Bis dahin war es verboten gewesen, da die buddhistischen Grundsätze das Töten von Tieren nicht gestatten. Hier im Lucia ist der Höhepunkt des Menüs ganz traditionell Reis und Miso-Suppe, und als die serviert werden, leuchten Herrn Hoshinos Augen.

»Der Reis glänzt wie Silber!«, sagt er andächtig. Die Körner sind wesentlich größer als alles, was ich an Reis kenne, und für mich gleichen sie eher Perlmutt in Farbe und Glanz. »Dies ist Spitzenreis«, erklärt mir mein Gastgeber begeistert, »gegen Ende des Krieges, als die meisten Menschen in Japan Hunger litten, bekamen die Kamikaze-Piloten diesen Reis vor ihrem letzten Flug.« Ich weiß nicht, was ich davon halten soll, aber es klingt jedenfalls nicht wie eine Verherrlichung der militaristischen Vergangenheit Japans, und der Reis schmeckt unglaublich fein und zart.

Der letzte Teller, der vor uns auf dem Tisch landet, ist ganz klein. Alles Süße scheint hier klein zu sein.

»Das ist eine *Sakura*, eine Kirschblüte, das Dessert«, sagt Herr Hoshino. Es sieht aus wie ein Parfait, und daneben liegt jeweils eine anscheinend marinierte Kirschblüte. Sie schmeckt salzig und nach Rosen. Jetzt habe ich geschmeckt, was ich in Japan sehen wollte!

5. April 2007 Der gestrige Sturm hat die meisten Kirschblüten auf den Boden gefegt, und in dem starken Wind wirbeln die Blütenblätter wie Konfettiwolken bei einer Riesenhochzeit, beleuchtet von der Sonne. Ich sitze im Taxi, auf dem Weg vom Hotel New Otani zum Bahnhof. Zuvor habe ich mein nutzloses westliches Mobiltelefon auf der Post nach Hause geschickt, das Porto beträgt einen Bruchteil der Gebühren, die Air France für Übergepäck verlangt. Ich werde sicher noch ein paar solcher Pakete schicken im Laufe meiner Reise – das passiert mir nicht nochmal.

Wir halten am Bahnhof von Shinjuku, und ich sammle meine beträchtliche Menge von Gepäck zusammen. Rund um den Bahnhof erhebt sich ein vielstöckiger Dschungel, dessen Ursprung im Boom der 1960er-Jahre liegt, als das Wirtschaftswachstum alljährlich in zweistelligen Zahlen gemessen wurde und die Wirtschaft sich innerhalb von zehn Jahren verdoppelte. Ich brauche eine Weile, um den richtigen Bahnsteig zu finden, aber mir ist inzwischen klar geworden, dass man in Tokio einfach nur Geduld haben muss; alles ist gut ausgeschildert, selbst an schwierigen Orten wie diesem. Ich habe genügend Zeit vom Taxi zum Bahnsteig eingeplant und lande schließlich ohne Probleme auf meinem reservierten Platz. Und natürlich ist der Zug pünktlich.

Die erste Stunde flitzen wir durch urbane und suburbane Landschaften, in denen das einzige Grün vereinzelte Baumreihen entlang von Kanälen sowie winzige Gärten sind, neben oder hinter Häuser gezwängt. Häufig sind kleine, schmale Häuser auf ähnlich extreme Weise zwischen ältere Wohnblöcke gequetscht. Wenn Taka das meinte, als er vom Tokioter Chaos sprach, dann stimme ich ihm zu, und Tokio scheint stellvertretend für Japan im Allgemeinen zu sein; über 70 Prozent des Landes sind extrem gebirgig und damit unbewohnbar, was zu dieser Enge führt. Aber auf einmal wechselt die Kulisse abrupt, und wir fahren durch Felder. In der Ferne ist auf einer Bergspitze Schnee zu erkennen. Außer auf den Bildern der Plasmabildschirme in den Aufzügen der Bürogebäude existiert tatsächlich so etwas wie Natur!

Unerklärlicherweise enthält der Lonely-Planet-Guide keinerlei Informationen über Yamanashi, obwohl hier etwa ein Fünftel der 20 000 Hektar japanischer Weinberge liegen und die Hälfte der japanischen Winzer innerhalb der Grenzen dieser riesigen Präfektur zu finden sind. Ich habe gelesen, dass ein großer Teil des hier erzeugten Weins aus Trauben entsteht, die mit Lastwagen aus der angrenzenden Präfektur Nagano und teilweise von noch weiter her transportiert werden. Ich weiß auch, dass durch eine Schwachstelle in der japanischen Gesetzgebung hierzulande angebotener, billiger »japanischer« Wein oft vor allem aus ausländischen Weinen der untersten Preiskategorie besteht und nur zu einem geringen Teil aus einheimischen Trauben. Die aktuellste Zahl, die ich zu dieser Art von Importen finden konnte, stammt von 2002, als 24 Millionen Liter Wein im Fass nach Japan eingeführt wurden. Das bedeutet zwar nur etwas unter 0,2 l pro Person, wirkt aber im Vergleich mit dem durchschnittlichen Weinkonsum von 2,5 l jährlich doch recht bedeutend.

Nur vier Jahre zuvor waren die Fassweinimporte nach Japan jedoch noch dreimal so hoch, so dass die dubiose Kategorie »japanischer Wein« anscheinend wirklich an Bedeutung verliert. Das scheint mir das Gegenteil vom Mord an der Seele des Weins zu sein. Glücklicherweise muss alles, das die Namen von Katsunuma – Yamanashis berühmtestem Weinort – auf dem Etikett trägt, ausschließlich aus hiesigen Trauben sein, die ausgebaut und abgefüllt wurden.

Am Bahnhof von Yamanashi angekommen, bin ich froh, dass mein Hotel einen englischsprachigen Namen trägt, den der Taxifahrer auch sofort erkennt. Die Landschaft hier ist das Gegenteil der endlosen Tokioter Vororte, sobald wir die kleine Stadt Yamanashi hinter uns lassen, fahren wir durch Weinberge und Obstplantagen. Letztere tragen Blüten, die deutlich dunkler sind als die der Kirschbäume in Tokio, sehen aber ansonsten ganz vertraut aus. Die Weinberge hingegen wirken sehr ungewöhnlich auf mich. Die Anzahl von Reben pro Fläche erscheint mir auf den ersten Blick geradezu lächerlich niedrig.

Anderswo in der großen weiten Weinwelt bin ich gewohnt, Reben in Tausendern pro Hektar zu zählen, doch brauche ich für die hier anscheinend typischen, etwa einen Viertelhektar umfassenden quadratischen Parzellen nur jeweils die Finger einer Hand! Der Hauptstamm jeder der kahlen Reben ist so dick wie mein Arm und beinahe 1,60 Meter hoch, dann verzweigt er sich horizontal über ein System von kreuz und quer gespannten Drähten, an denen entlang ganz offensichtlich die Triebe gezogen werden. Es ist eine Art von Pergola-System, aber ein für mich ganz neues.

Ich vermute, dass aus diesen Weinbergen nur recht einfacher Wein kommen kann, vielleicht das Zeug, das mit der billigen Tankware verschnitten wird. Die traditionelle europäische Weinbautheorie besagt, dass diese extrem niedrige Rebdichte pro Hektar keine besondere Qualität ermöglicht, weil die Wurzeln nahe an der Oberfläche bleiben und sehr anfällig für Trockenheitsstress sind. Inzwischen stimmen die führenden Winzer in Übersee ihren europäischen Kollegen zu. Es ist schwierig zu verstehen, warum die Winzer von Yamanashi nicht schon lange auf Anlagen mit wesentlich höherer Rebdichte umgestellt haben. Ist das der Grund, warum japanischer Wein mich bisher nicht beeindrucken konnte? Und wie sehen die Weinberge aus, aus denen dieser hervorragende Koshu von Rubaiyat und der Signature Merlot von Château Mercian stammten? Hoffentlich werde ich das herausfinden, Rubaiyat ist mein erster Termin.

Die Straße steigt jetzt in die Berge, und aus dem Rückfenster bietet sich ein einmaliger Blick. Die gesamte Talsohle ist ein einziges Blütenmeer, was mir im Umkehrschluss sagt, dass so gut wie alle Weinberge an den Hängen liegen. Von hier aus wird auch deutlich, dass es in der Stadt durchaus einige kleinere Fabriken gibt, aber keine Riesenschornsteine. Dann taucht auch schon links an der Straße eine Art botanischer Garten auf, mit einem Gewächshaus in Form einer Traglufthalle und einem Schild – das ist der »Fruit Park«, nach dem mein Hotel benannt ist.

Ich hole meinen Schlüssel ab, bringe meine Sachen aufs Zimmer und klettere direkt ins nächste Taxi Richtung Rubaiyat. Wir fahren los – und da ist er! Hoch über den Bergen auf der anderen Seite des Tals thront der schneebestäubte, sonnenglitzernde Kegel von Mount Fuji. *Fuji-san! San* bezeichnet einen ehrenwerten Gentleman, in diesem Fall nicht irgendein Gentleman, sondern der mächtige Geist dieses heiligen Berges. Alle Berge, Flüsse, Seen und so weiter sind im *Shinto* auch gleichzeitig Geister.

Wir kommen an etwas chaotischer moderner Architektur vorbei, fahren über eine Bahnlinie und einen Fluß und kurven dann zwischen terrassierten Weinbergen mit Mauern aus runden Steinen eine schmale Straße hinauf. Dieser Ort wirkt wie eine merkwürdige Mischung von alt und neu, ohne erkennbares Gefühl für eine elegante Komposition einfach zusammengeworfen. So viel zu dem oft zitierten ausgeprägten Sinn der Japaner für Ästhetik!

Dann kommen wir zu einem Tor, und ich sehe ein Schild an einem Gebäude, das einem Schweizer Chalet ähnelt: »Maison Fondée en 1890«. Neben dem Chalet und dem westlichen Wohnhaus daneben stehen drei große Palmen, eine absolut skurrile Kombination. Dann fällt mir ganz plötzlich und endlich ein, woher ich den Namen Rubaiyat kenne: Das ist der Titel des Buchs mit Gedichten des berühmten persischen Dichters Omar Khayyam, von Ende des 11. und Anfang des 12. Jahrhunderts! Jetzt ist meine Verwirrung vollkommen. Ich meine, gibt es einen unwahrscheinlicheren Namen für ein japanisches Weingut?

Als ich aus dem Taxi steige, kommt mir zur Begrüßung ein seltsames Paar entgegen. Ein Japaner mittleren Alters mit freundlichem runden Gesicht, kleinem Spitzbart und silberdurchzogenem Haarschopf, darunter eine Brille mit großem Plastikrahmen, reicht mir ungewöhnlich formlos seine Karte: Haruo Omura ist zugleich Besitzer, Direktor und Kellermeister. Die junge schlanke Japanerin neben ihm – vielleicht gerade 20 – erklärt in gebrochenem Englisch, Mr Omura habe sie gebeten, mit mir einen Rundgang zu machen, da ihr Englisch besser sei. Ich signalisiere beiden mein Einverständnis und folge ihr dann beflissen. Sie erklärt, dass sie wegen der Berge ein ernsthaftes Problem mit Wildschweinen hätten. Als ich ihr erzähle, dass es in Deutschland genau dieselbe Geschichte ist, ist sie vollkommen überrascht und etwas ungläubig.

Wir laufen durch traditionelle Weinberge mit »Yamanashi-Pergolen«, die mit Osterglocken gesäumt sind, und halten vor einem Weinberg europäischer Art, in dem die Reben wesentlich enger stehen und vor dem ein zweisprachiges Schild verkündet: Chardonnay. Es überrascht mich nicht, hier auf diese reisefreudige Rebsorte zu stoßen, aber es ist merkwürdig, wie die Hauptstämme der Reben alle knapp über dem Boden abgesägt worden sind. Vielleicht soll das Stück neu angelegt werden?

»Nein, wir haben sehr viel Regen im Sommer«, erklärt sie, »wir brauchen die Rebwurzeln, aber die Triebe brauchen jede Menge Platz zum Wachsen.« Bei dieser scheinbar brutalen Behandlung der Reben geht es also darum, sich an die klimatischen Extreme anzupassen.

»Das Wetter ist sehr angenehm heute, ich meine, für diese Jahreszeit« – das rutscht mir aus dem Mund, bevor ich überhaupt nachgedacht habe, vollkommen britisch und gar nicht *Gonzo*-mäßig.

»Ja, aber gestern hat es etwas geschneit, es war wie Winter. Das kommt vor hier. Jetzt schauen wir uns einen experimentellen Weinberg an.« Das passt zum Sturm gestern, der eher eine Art Naturkatastrophe war als nur ein »Aprilschauer«. Das Experiment entpuppt sich als Koshu-Reben, die ebenso dicht wie der Chardonnay stehen und genauso extrem zurückgeschnitten worden sind.

Ich erkundige mich nach den Weinbergen mit den »Yamanashi-Pergolen«, und sie erklärt mir, dass es sich dabei um die traditionelle Erziehungsmethode im Gebiet handelt. Sie heißt *Tanazukuri* und wird heutzutage vor allem für Tafeltrauben genutzt. Dann ist es Zeit, mit diesen verwirrenden Stücken des Puzzles namens Weinbau in Yamanashi zur Kellerei zurückzukehren. Überflüssig zu erwähnen, dass ich keine Ahnung habe, wie sie zusammenpassen könnten.

Der Chef taucht wieder auf und erklärt, er spreche besser französisch als englisch. Als ich in wackeligem Französisch antworte, wechselt er sofort in diese Sprache. Er sagt, er sei *Vigneron*, Winzer der vierten Generation, die maximale Produktion seines Betriebs liege bei 300 000 Litern, 60 Prozent Weißwein und 40 Prozent Rotwein. Das meiste, was Mr Omura mir in dem scheunenartigen Keller an technischer Ausstattung zeigt, ist mir bekannt – Betontanks für die Gärung der Rotweine und drei altmodische Korbpressen, dazu mehrere moderne Geräte, unter anderem eine pneumatische Presse aus Edelstahl – aber die dunkelgrünen 9000 Liter großen emaillierten Stahltanks aus der *Sake*-Fabrikation sind definitiv neu für mich. Dann ist er beim Thema Koshu, erklärt, wie er die Trauben keltert und den Most in diesen Tanks vergärt, und die Methode klingt erstaunlich vertraut; genauso entstehen auch zu Hause viele hochwertige trockene Weißweine.

Ich folge ihm und dem Mädchen – das er als *Stagiste* bezeichnet – zu einem Holzschuppen hinter der Kellerei, in dem ein chaotisches Labor untergebracht ist. An den Wänden frisst der Schimmel und erzählt von Regen, Regen und noch mehr Regen, und ich bin erstaunt, dass er mir etwas so Unperfektes überhaupt zeigt. Ein Spitzenwinzer im Westen täte dies höchstens um zu demonstrieren, welch ein Fortschritt der hypermoderne Ersatz dafür ist. Hier handelt es sich eher um ostasiatische Gründlichkeit. Dann laufen wir weiter in einen überraschend romantisch dämmerigen Keller, wo Flaschen kunstvoll bis unter die Decke aufgestapelt und in beleuchteten Wandnischen alte Jahrgänge des Betriebs ausgestellt sind.

Von hier geht es in einen Raritätenkeller, in dem verstaubte Flaschen in weißgetünchten Betonfächern liegen. Auch das fällt eindeutig in die Kategorie romantisch, und hier werde ich schließlich höflich gebeten, Platz zu nehmen. Ich frage mich, ob mein mangelhaftes Französisch für eine Verkostung von Weinen aus Rebsorten ausreichen wird, die für mich vollkommen neu sind. In der Nähe meiner Füße steht ein elektrisches Heizgerät, das zu klein aussieht, um viel auszurichten, und vor mir drei Verkostungsgläser.

Gleich als erstes schenkt Mr Omura drei verschiedene Koshu-Weine zum Vergleich ein, jeder ein möglicher Verschnitt seines Koshus des Jahrgangs 2006. Er erklärt, er habe vier große Tanks Koshu, die abfüllfertig seien, sei sich aber immer noch nicht sicher, ob er sie alle zusammen als einen großen Verschnitt oder den einen oder anderen separat abfüllen solle; eine der Fragen, die Winzern weltweit vertraut ist. Die Weine strömen förmlich über vor Leben und Duft, der erste erinnert an Apfel, Beeren und Blüten, ist enorm frisch, zeigt aber auch einige Kraft. Der zweite duftet nach weißem Pfirsich und Grapefruit, wirkt saftiger, aber vielleicht ein wenig schwer. Der dritte liegt irgendwo dazwischen und erscheint mir ausgesprochen harmonisch. Ich sage Mr Omura, dass sie mir alle drei gut gefallen, ich aber den letzten vorziehe. Dann fragt er die *Stagiste* nach ihrer Meinung und nimmt alles, was sie sagt, ebenso ernst wie meine Kommentare.

Während er die Gläser leert und die nächsten Flaschen öffnet, rattert er Hintergrundinformationen zu den gerade verkosteten Weinen herunter. Koshu bilde große Trauben und große Beeren mit jeder Menge Kerne – das Gegenteil von dem, was die Rebzüchter heutzutage weltweit zu erreichen versuchen! – und man müsse sehr vorsichtig beim Keltern sein, um die Kerne nicht zu verletzen, die dann strenge Gerbstoffe abgäben und zu einem schwerfälligen Wein führten. Japanischer Wein komme aus einem Klima mit viel Regen und Feuchtigkeit, auch während der Lese, das verleihe den Weinen eine ganz andere Persönlichkeit. Das klingt vielversprechend, schließlich bin ich auf der Suche nach dem Anderen nach Japan gekommen. Wenn der Wein wie in Frankreich schmeckt, hätte ich ebenso gut – und einfacher – dorthin fahren können.

Ich bin ziemlich verblüfft, dass der nächste Wein von seinem Mitbewerber, Château Mercian, stammt. Der 2006 Koshu Sur Lie ist wie sein eigener Wein direkt von der Feinhefe herunter ohne Filtration abgefüllt worden. Diese »Lie« besteht aus den nicht mehr gärfähigen Hefezellen, die sich nach der Gärung weiterhin absetzen. Er erklärt, dass Château Mercian diesen Stil 1983 als erste in Japan entwickelt hat. Der Wein zeigt sich knackig und apfelig, ist säurebetonter und einfacher im Geschmack als seiner.

Dann schenkt Mr Omura seinen eigenen 2001 Koshu Barrel Aged ein, beinahe drei Jahre in seinen ältesten Fässern gelagert, und wieder bin ich in einer vollkommen neuen Welt von Weinaromen. Statt nach Holz zu stinken, wie ich befüchtet habe, schmeckt der Wein nach grüner Paprika und Stachelbeeren und erinnert mich sofort an Sauvignon blanc. Daraufhin bestätigt Mr Omura, dass die beiden Rebsorten ähnliche aromatische Substanzen, namens Thiole, enthalten. Doch jetzt müsse ich einen Wein blind verkosten. Er schiebt mir ein Glas mit Weißwein hinüber und blickt mich dabei erwartungsvoll an. Der Wein duftet nicht nur nach grüner Paprika und Stachelbeeren, er schreit und grölt sie förmlich heraus; Kraft hat er zweifellos, aber die Säure wirkt dominant und streng. Mein Gastgeber nickt, dann zeigt er mir die Flasche: 2005 Sauvignon blanc von Cloudy Bay aus Marlborough/Neuseeland, ein weltweit distribuierter Kultwein. Wenn Mr Omura mir damit zeigen wollte, dass sein Wein besser ist, dann ist ihm das gelungen.

Ich werfe einen diskreten Blick auf meine Uhr: schon sieben. Ich bin seit drei Stunden hier, und er scheint keineswegs am Ende – soviel zur japanischen Reserviertheit. Jetzt baut er eine Reihe von Rotweinen auf dem Tisch vor mir auf, und ich bin froh über den kleinen Heizapparat, der meine Füße davon abhält, sich wie im Winter zu fühlen. Er erklärt, dass die Trauben für die meisten dieser Weine von zehn Winzern stammen, mit denen er seit 1998 arbeitet. Die Weine sind alle sympathisch, aber sie zeigen auch alle eine ganz leicht grüne Note, die sicher auf den vielen Regen zurückzuführen ist.

In meinem gebrochenen Französisch versuche ich verständlich zu machen, dass ich an die Essenszeiten in meinem Hotelrestaurant denken muss. Er schlägt vor, wir sollten in einem nahen Restaurant französisch essen gehen.

»*Bon, on y va!*«, sagt er voller Begeisterung, ohne meine Antwort richtig abzuwarten. Französische Küche in Yamanashi? Als wir in sein Auto steigen, versuche ich einzuwenden, dass japanisch vielleicht angebrachter sei, was aber geflissentlich überhört wird. Wir fahren zügig, und die Bergluft ist frisch; ich fröstele, bis die Heizung richtig in Gang kommt. Auf einem der Berge steht ein riesiges *Torii*, das rote Tor zu einem Shinto-Schrein, aus einer Lichterkette geformt. Was hat das zu bedeuten? Wenige Minuten später halten wir vor einem Gebäude mit einem Schild: Cépage.

Das kleine Haus entpuppt sich als gemütliches französisches Bistro, obgleich der junge Japaner, dessen Haarschnitt an Elvis erinnert und der das Ganze hier anscheinend alleine managt, kein Wort Französisch spricht. Trotzdem hat er das Menü in tadellosem Französisch an eine Tafel geschrieben. Mit dem Gedanken an die mitgebrachten Flaschen Rubaiyat Koshu bestelle ich *Saumon Fumé* und *Poulet à la Crème*. Der Wein und der Räucherlachs ergänzen sich gegenseitig, wie es bei französischer Küche und französischem Wein sein soll, und ich versuche, dies meinen Tischgenossen zu erklären, mit einem abschließenden, »*mais nous sommes au Japon!*«. Dann verkündet Edith Piaf, sie bereue nichts, und ich stimme ihr zu, obgleich ich wünschte, dies in Japanisch tun zu können.

6. April 2007 Ich hätte nicht die geringste Chance, etwas Wesentliches über japanischen Wein zu begreifen, ganz zu schweigen von Japan an sich, gäbe es nicht Menschen wie Gen Ikoma von Château Mercian. Ich habe ihn auf der New York Wine Experience im Oktober 2005 kennengelernt, und abgesehen von allem anderen hat er mir das Hotel organisiert, von dem er mich gerade abgeholt hat, sowie das *Ryokan*-Zimmer im nahegelegenen Isawa-Onsen, wo ich die nächsten beiden Nächte verbringen werde. Mein Magen arbeitet noch daran, das ausgedehnte japanische Frühstück zu verdauen, aber ansonsten bin ich ganz Ohr für das, was er mir über Yamanashi zu erzählen hat.

Die erste Überraschung ist, dass die Blüten, die den Talboden des Kofu-Beckens wie ein Spannteppich bedecken, nicht Kirsch-, sondern Pfirsichblüten sind, aber wie die Kirschen dieses Jahr drei Wochen früher aufgegangen sind als üblich. Es wird generell gesagt, dass überall dort, wo Pfirsiche wachsen, die Bedingungen auch günstig für *Vitis vinifera* sein sollten. Gen Ikoma erzählt, Yamanashi-Pfirsiche haben weißes Fleisch und seien überall in Ostasien sehr geschätzt. Das erinnert mich an die Luxusmelonen, die ich in Tokio gesehen habe. Während wir hinunter zur Stadt kurven, erzähle ich ihm von der spannenden Koshu-Probe gestern Abend bei Rubaiyat.

»Wir haben verschiedene Koshu, die von denselben Trauben stammen, aber unterschiedlich ausgebaut werden«, sagt er daraufhin. »Die Trauben für den Gris de Gris mazerieren über Nacht vor dem Keltern, während die Trauben für den Sur Lie sofort gekeltert werden.« Zweifelsohne wird diese unterschiedliche Behandlung der Trauben die daraus entstehenden Weine stark prägen.

Gen Ikoma sagt mir, dass er einer von vier Kellermeistern bei

Château Mercian ist, das in Katsanuma liegt, und dass zwei seiner Kollegen zuvor bei Château Reysson in Bordeaux gearbeitet haben, das demselben Besitzer gehört, er jedoch bei Château Markham in Napa Valley/Kalifornien praktische Erfahrung gesammelt hat. Wieder entfährt mir ein banaler Kommentar britischer Art zum Wetter – »schönes Wetter heute« – was ist nur mit mir los?

Aber egal, denn sein Kommentar darauf erklärt, dass ein Hauptproblem für die Winzer hier darin besteht, dass die Trauben nicht erst kurz vor der Lese von Fäulnis befallen werden, sondern bereits Wochen früher, während der *Véraison*, wenn die Beeren allmählich weich werden und die roten Sorten sich zu färben beginnen. Château Mercian betrifft das allerdings nur indirekt, weil sie nur einen einzigen Weinberg besitzen und ihre Trauben von etwa 100 Winzern in Yamanashi und drei anderen Präfekturen kaufen.

»Die meisten Trauben, die hier im traditionellen Stil angebaut werden, sind Tafeltrauben«, sagt er, »die das machen, sind oft alte Leute, und es ist schwierig, bei ihnen Veränderungen durchzusetzen.« Diese Klage höre ich überall auf Planet Wein, besonders deutlich war sie in Indien zu vernehmen, wo der Anbau von Weintrauben erst seit einer knappen Generation den Anbau von Tafeltrauben langsam ersetzt.

»Unsere Produktion beläuft sich auf 600 000 Flaschen pro Jahr, von denen 40 Prozent unter der Marke Château Mercian vermarktet werden. Der Ruf unserer Weine steigt, und wir brauchen mehr Trauben«, fährt er fort, »aber sie sind sehr schwer aufzutreiben.« Auch das habe ich schon hundertmal in Dutzenden von Ländern gehört. Doch jetzt halten wir vor einem sehr schlossunähnlichen Gebäude, bei dem es sich sicher um Château Mercian handelt.

Nach charakteristischer ostasiatischer Art erwartet uns ein Empfangskomitee, das sich einer nach dem anderen in hierarchischer Reihenfolge vorstellt; Katsuhisa Fujino, der Geschäftsführer der Firma, Kousei Ajimura, der hiesige Ober-Kellermeister, und Hiroshi Saito, Geschäftsführer dieses Betriebs und Weinbergsverwalter der Firma.

Hiroshi Saito sagt, er habe an den Universitäten von Bordeaux und Davis/Kalifornien studiert, und dass er dies in Französisch tut, während die anderen mehr oder weniger gut Englisch zu sprechen scheinen, ist für mich ein Zeichen, dass auch dieser Besuch zweisprachig sein wird.

Mr Fujino, der einzige mit Jackett und Krawatte – die anderen tragen alle hellviolette Overalls mit dem Logo von Château Mercian –, teilt mir mit, dass unser erster Halt der Weinberg sein wird, den sie selbst besitzen und bewirtschaften, dann folgt ein Rundgang durch die Kellerei und schließlich eine Verkostung des fertigen Produkts.

Der Weinberg liegt glücklicherweise nicht sehr weit entfernt. Noch mehr von diesen steilen, kurvigen Straßen hätte ich wohl nicht vertragen. Die beinahe horizontalen, rechteckigen Terrassen aus diesen steilen Hängen herauszugraben muss verdammt harte Arbeit gewesen sein. Die Reben sind dicht gepflanzt im europäischen Stil und bereits von einem ansehnlichen Alter. Monsieur Saito erklärt in mühelosem Französisch, dass diese Terrassen auf 500 bis 600 Meter über dem Meeresspiegel liegen und ihre einzige Quelle für Cabernet Sauvignon sind. Die Reben seien 1984 gepflanzt worden, und seit er 1990 in Kalifornien gewesen sei, legten sie großen Wert auf *canopy management*, Laubarbeit – sein einziges englisches Wort bis jetzt! Das bedeutet sorgfältige Positionierung und wohlüberlegtes Zurückschneiden der Triebe, um sicherzustellen, dass die Blätter und Trauben genügend und möglichst gleichmäßig von der Sonne beschienen und gut belüftet werden.

Ich frage mich, ob die Trauben für den Merlot, den ich in New York erlebt habe, auch auf diese Weise angebaut worden sind. Und war dieser Wein ein Einzelstück, oder gelingt ihnen diese Qualität mit einer gewissen Regelmäßigkeit? Ich hoffe sehr, auf diese Fragen trotz der Sprachkomplikationen bald Antworten zu finden.

Zurück beim Château begutachte ich geduldig einmal mehr eine moderne Kellerei, wie so viele andere mit all dem blitzenden Edelstahlspielzeug des Weinausbaus im 21. Jahrhundert ausgestattet. Gibt es irgendwelche Technologien oder Maschinen, die nicht weltweit zum Standard hochwertiger Weinproduktion gehören?

Dann überascht mich Gen Ikoma mit der Nachricht, es gebe noch einen Stil von Château Mercian Koshu namens »Kiiroka«. »Vor drei Jahren haben wir mit einem gemeinsamen Forschungsprojekt mit Professor Dubourdieu an der Universität in Bordeaux begonnen. Wir keltern die Koshu-Trauben unter Stickstoff, um die sehr empfindlichen Aromen zu bewahren. Der erste Jahrgang war 2004, und der duftet sehr intensiv nach frischer Grapefruit. Wir zeigen Ihnen gleich den neuesten Jahrgang«, sagt er.

Als er mir dann in der Kellerei Rotweingärung und -lagerung erklärt – auch hier ist alles selbstverständlich auf dem neuesten Stand – denke ich mehr über diesen Wein nach, als seinen Worten zu folgen. Sie möchten während der Gärung auf der Maische nicht zu viel Gerbstoffe aus den Traubenhäuten extrahieren, was andeutet, dass die Gerbstoffe vielleicht nicht immer die feinsten und geschmeidigsten sind.

Schnell passieren wir eine Ausstellung, die ganz offensichtlich für nichtprofessionelle Besucher konzipiert ist. Trotzdem springt mir dort etwas ins Auge: In einer Vitrine ist eine Flasche Wein von Château Mercian aus dem Jahr 1945 ausgestellt, das Etikett ganz in Französisch. *Naturellement, nous sommes au Japon!* Als die Trauben dafür gelesen wurden, hungerte ein großer Teil der Bevölkerung des gerade besiegten Japan.

Ich folge meinen Gastgebern eine Treppe hinauf und in einen wenig spektakulären Verkostungsraum für unterschiedliche Momente der Wahrheit. Einer davon kommt direkt auf den Tisch, in Form des 2006 Koshu Kiiroka, sowie der Sur Lie und die Gris-de-Gris-Abfüllungen desselben Jahrgangs. Der Kiiroka schmeckt vollkommen anders, superfrisch und superklar, mit der angekündigten Grapefruitnote.

»Dieses Aroma ist 3MH«, erklärt Gen Ikoma, womit er eine Substanz meint, die mit vollem Namen 3-Mercaptohexanol heißt, ein Thiol. Sie ist sehr wichtig für das Aromenspektrum von Sauvignon-blanc-Weinen, deren Heimat an der Loire und im Bordelais liegt. Ich nehme an, dass sich so das Interesse der Universität Bordeaux an japanischem Wein erklärt. Sie sind auf etwas gestoßen, das ihnen vertraut war, und haben dies als Gelegenheit genutzt, ihr Wissen zu verbreiten.

So gut wie der Kiiroka ist, reiht er sich doch in die aromatischen trockenen Weißweine, die heutzutage überall erzeugt werden. 1985 kam der erste Jahrgang von Cloudy Bays Sauvignon blanc auf den Markt und wurde über Nacht ein Riesenerfolg. Seitdem versuchen Winzer überall auf Planet Wein, ihn und seinen Erfolg zu kopieren. Ich finde den Koshu Gris de Gris viel origineller, bis hin zu seiner abgedrehten blasskupfernen Farbe. Gen Ikoma schenkt jetzt ihren 2005 Koshu Barrel Fermented ein, der trotz relativ leichtem Körper sehr harmonisch ist und dessen röstige Eichenaromen gut eingebunden sind.

»Wie viele andere weiße Rebsorten ermöglichen an einem Standort so viele verschiedene Weinstile?«, fragt er rhetorisch, »nicht viele! Jetzt Chardonnay.« Chardonnay lässt nur zwei Hauptstile zu: mit Eichenton und ohne Eichenton. Gen Ikoma stellt zwei Gläser mit Weißwein und die dazugehörigen Flaschen vor mir auf den Tisch. Glücklicherweise sind die Etiketten zweisprachig, und ich kann sofort erkennen, dass der erste der 2005 Nagano Chardonnay ist und der zweite der 2005 Hokushin Vineyard Chardonnay. Beides sind sehr elegante Weine für diese Rebsorte, die nur allzu leicht laute bunte Tropfen hervorbringt.

Mr Ajimura erklärt, dass diese Weine beide aus der Präfektur Nagano stammen, etwa 100 Kilometer nördlich von hier und ebenfalls aus einem Talbecken im Landesinneren. Die Reben im Hokushin-Weinberg sind im Lyrasystem gezogen, so dass die Triebe V-förmig auf beiden Seiten in den Raum zwischen den Reihen lehnen. Das ist so unterschiedlich von der burgundischen Heimat der Sorte wie nur möglich. Dort werden die Reben niedrig und aufrecht erzogen.

»Wir wollen Burgund nicht kopieren«, sagt Mr Fujino, und das kommt auch deutlich zum Ausdruck, als ich die Weine eingehender verkoste. Der etwas günstigere Nagano duftet nach Birnen und zeigt eine kühle Note, die an frischgeschnittenes Gras erinnert, ganz etwas anderes als die Haselnüsse und Trüffeln, die man oft in weißen Burgundern findet. Der Hokushin schmeckt wiederum anders, sein Duft versetzt mich an einen Wasserfall, mit nassen Blättern und feuchter Erde. Das erscheint mir sehr passend für einen japanischen Wein, weil es wie die Beschreibung eines klassischen japanischen Gemäldes klingt. Nach dem delikaten Duft folgt jedoch die große Überraschung, der Wein ist wesentlich ausdrucksstärker als vermutet. Außerdem schmeckt er anders – dezenter und filigraner – als alle Spitzen-Chardonnays, denen ich bis jetzt begegnet bin; das ist echte Originalität in Weinen aus einer Sorte, von der ich das nie erwartet hätte.

Ich lobe den Wein entsprechend, dann gehen wir zu den Roten über, von denen der erste der 2004 A ist. Gen Ikoma erklärt, dass er aus einer hier viel angebauten Sorte stamme, einer Hybride mit dem unromantischen Namen Muscat Bailey A. Der Wein duftet intensiv nach Erdbeeren, wirkt leicht im Körper und süffig im Geschmack. Mir gefällt die Harmonie gut, aber mein westliches Radarsystem weiß überhaupt nicht, wo es diesen Wein einordnen soll. Rosenmuskateller aus Südtirol ist vielleicht ein ähnlich hellroter Wein, aber er duftet nach Rosen, und ich kenne ihn nur als süßen Wein.

Bevor ich mir noch im Klaren bin, ob dieses Geheimnis weiter erforscht werden sollte, stehen schon eine ganze Reihe von Merlots vor mir auf dem Tisch. Hier ist mein alter Freund, der 2001 Signature, und daneben die Jahrgänge 2002 und 2004 desselben Weins. Mr Fujino erklärt, dass Paul Pontallier, der Direktor von Château Margaux in Bordeaux, sie seit 1998 berät und ihnen sehr geholfen hat, die Qualität zu steigern. Doch selbst mit seiner Hilfe gab es wegen »zu vielen Taifunen« keinen Jahrgang 2003. Das erinnert mich wieder an den Gewittersturm vorgestern in Tokio; so etwas hätten weiche reife Trauben keinesfalls überlebt. Und das war beileibe kein Taifun!

So gut wie der 2001 schmeckt, wirkt der 2002 doch viel reifer und seidiger, mit einem sehr langen, geschmeidigen Nachgeschmack. Das ist die Art von Wein, die viele männliche Weinkritiker-Profis gerne als »feminin« beschreiben, was mehr über ihre Klischeevorstellungen aussagt als über den Wein. Der dichte, mächtige 2004 stellt einen weiteren Sprung nach oben dar, aber auch er ist alles andere als grob oder hart. Wenn der 2002 »feminin« ist, dann ist dies eine sehr wehrhafte Amazone! »Haben Sie diese Weine je neben Château Pétrus probiert?«, frage ich meine Gastgeber, ohne groß nachzudenken, wie sie das auffassen könnten.

Die bloße Idee scheint sie zu verblüffen, und sie bekommen richtige Stielaugen, als ich vorschlage, sie könnten wichtige Journalisten und Sommeliers einladen und sie ihren 2004 Signature blind neben Château Pétrus – der teuerste Merlot der Welt – verkosten lassen. Trotz eines Bordeaux-Winzers als Berater können sie mir nicht so richtig folgen. Ich denke, dass der Blindvergleich für sie nur positiv ausfallen kann, da ihr Wein etwas unter 20 000 Yen kostet, der Pétrus jedoch abhängig vom Jahrgang 200 000 Yen und mehr. Zumindest fassen sie es als Kompliment für ihren Wein auf, dann schenkt Gen Ikoma den nächsten Wein ein, den 2004 Jyonohira Cabernet Sauvignon aus dem Weinberg, den wir zuvor besichtigt haben. Auch das ist ein recht eleganter Rotwein mit zurückhaltendem, weichem Gerbstoff, aber er hat nicht das Charisma der Merlots.

»Sieht es in den Merlot-Weinbergen ähnlich wie in Ihrem eigenen Weinberg aus?«, frage ich das Team, das gespannt auf meine Kommentare zu diesem Wein zu warten scheint.

»Nein«, entgegnet Mr Fujino, »der Merlot kommt aus dem Kikyigahara Vineyard in der Präfektur Nagano, auf 700 bis 800 Meter Höhe. Die Reben sind auf Pergolen gezogen. Ein Foto davon ist in der Broschüre zu sehen.« Er zeigt auf ein großes Farbfoto von zwei Männern in weißen Overalls unter einem »Dach« von Reblaub, aus dem große Trauben mit blauroten Beeren hängen. Jetzt habe ich die Stielaugen!

Aber wie können Weine wie ihre Signature-Merlots aus Trauben entstehen, die an Pergolen wachsen, mit einer Rebdichte, die nicht mal bei fünf Prozent von der auf Château Margaux und anderen Spitzengütern im Bordelais liegt? Die alten Weinbau-Regeln besagen, dass das einfach nicht möglich ist, dass dieses Erziehungssystem nur für Tafeltrauben taugt. Als ich ihnen das erzähle, sind die Stielaugen wieder auf ihrer Seite. Sie nicken, als hätten sie verstanden, aber irgendwie habe ich das Gefühl, dass sie meine Worte irrtumlich als Kritik verstanden haben.

Der letzte Wein ist ein süßer 1997 Koshu aus dem Toriibira Vineyard, und der ist sehr angenehm, hat es aber wahrhaft schwer nach den beeindruckenden Rotweinen. Plötzlich sind meine Gastgeber sehr besorgt, den Zeitplan einzuhalten, und dieser sieht jetzt das Mittagessen vor.

Wieder ins Auto gequetscht, wieder Kurven, wieder hinauf, aus der Stadt hinaus. Ich sehe wieder den Hang, an dem gestern Abend die Lichter in Form eines *Torii* leuchteten, und dessen unterer Teil mit Rebterrassen bedeckt ist. Es erinnert mich an bestimmte Grand-Cru-Weinbergslagen im Elsass. Ich zeige darauf, und Mr Fujino erklärt mir, dies sei der Toriibira Vineyard, von dem der süße Koshu stammt. Plötzlich macht nicht nur der Name Sinn, sondern ich habe auch das deutliche Gefühl, dass selbst wenn der Wein nichts Besonderes war, dies eine besondere Lage ist, die nur darauf wartet, dass jemand die Trauben zu einem besonderen Wein ausbaut. Und dann – bingo – sind wir wieder beim Cépage!

Jetzt tanzt in dem Bistro der Bär, natürlich ein französischer, und dem jungen Kerl von gestern hilft ein anderer cooler junger Japaner in der Küche. Diesmal bestelle ich *Pâté de Lapin*, dann *Steak Frites*. Gen Ikoma holt die Signature-Merlots aus der Tasche, und der 2002 schmeckt phantastisch zu meiner Kaninchenterrine. Unser Gespräch durchquert den gesamten Planeten Wein, und es ist offensichtlich, dass sie sich extrem gut auskennen. Dann kommen unsere Steaks, und die Merlot-Gläser werden aufgefüllt. Als ich den ersten Bissen Fleisch auf die Zunge nehme, schmilzt es beinahe wie Butter, und der Geschmack ist unerhört gut.

Wann habe ich das letzte Mal ein derart gutes Steak gegessen? Das war im Oktober 2005 in South Dakota, bei der Recherche zum Weinbau im wilden Westen für »Stuart Pigotts Wilder Wein«. Doch noch wichtiger, wann habe ich je ein so gutes *Steak Frites* in Frankreich gegessen? Die Antwort lautet: nie, aber das schlechteste Steak, das ich je erlebt habe, war definitiv französisch … Es wurde mir auf einer Weinreise in Burgund im Oktober 1992 serviert und war so zäh, dass es sich nur konsumieren ließ, indem ich es in ganz kleine Stückchen schnitt und die dann nacheinander schluckte. Kauen veränderte lediglich ihre Form und das mit der Folge vollständiger Kinnmuskel-Erschöpfung!

Shigekazu Misawa möchte mir auch einen Weinberg zeigen, dorthin fahren wir jetzt in seinem Wagen zusammen mit seinem Assistenten Ryusuke Uzuka, und ich habe keine Zweifel, dass es sich ebenfalls um einen Koshu-Weinberg handeln wird. Seit ich vor zehn Minuten bei Grace Winery angekommen bin, enthielt jeder einzelne Satz, den der selbstsichere Geschäftsmann in geübtem Geschäftsenglisch von sich gab, das Wort Koshu.

»Wir sind hier auf der Koshu-Straße«, erklärt er mir, »die Rebsorte ist nach dieser Straße benannt, eine von zwei historischen Straßen, die aus Tokio in die Provinzen herausführen.« Ich sehe ein Schild neben einer Ampel, das den heutigen Namen der Straße als Highway 34 angibt. »Wir sind 130 Kilometer von Tokio entfernt, und die Straße ist eine gerade Linie von dort nach Katsanuma.« Da liegt auch schon wieder der Hang mit den *Torii*-Lichtern vor uns. Der Boss hält am Straßenrand, und ich folge den beiden in den Weinberg, an Pergolen gezogene Reben direkt unter dem *Torii*. Die Rebdichte ist hier etwas höher als anderswo, kann aber kaum über hundert Reben pro Hektar liegen.

»Das ist der Toriibira Vineyard, in dem wir unsere besten Koshu-Trauben lesen«, sagt Mr Misawa, ohne zu wissen, dass ich mich hier schon ein wenig auskenne und mir klar war, dass es um Koshu gehen würde. »Eine Geschichte besagt, dass die Koshu-Rebe 780 nach Christus von China nach Japan kam und hier in diesem Weinberg zuerst angepflanzt wurde, eine andere, dass sie 1187 hier gefunden wurde, aber ich glaube eher an die erstere.« Im Nadelstreifenanzug,

Designer-Krawatte und teuer aussehenden Slippern gibt der Boss bei seinem Diskurs über japanische Weinbergsgeschichte inmitten der Reben eine ziemlich schräge Figur ab.

»Wir haben die DNA von Koshu überprüfen lassen, und er ist zu über 95 Prozent *Vitis vinifera*. Wir glauben, dass die Rebsorte auf der Seidenstraße aus dem Kaukasus kam«, fügt Ryusuke Uzuka mit professioneller Präzision hinzu. Er trägt dieselbe Art von Sakko mit Weingutslogo wie Gen Ikoma heute morgen, außer dass seines hellblau ist und das Grace-Logo trägt.

»Koshu ist sehr wuchskräftig«, fährt der Boss fort, »deshalb müssen wir der Rebe viel Platz zum Wachsen geben. Es ist nicht möglich, sie mit VSP anzubauen.« Diese drei Buchstaben stehen für *vertical shoot positioning*, dem vorherrschenden europäischen Reberziehungssystem unserer Zeit. Die beiden erklären mir dann, dass diese Parzelle zu *Ichimoge* gezogen ist, extrem langen Kordons. Das bedeutet, dass von dem Hauptstamm etwa in Augenhöhe lange Arme aus altem Rebholz herausragen, an denen die neuen Triebe wachsen. Dieses System führt zu einem wesentlich höheren, doch anscheinend immer noch nicht ganz ausreichenden Zuckergehalt in den Trauben.

»Trotzdem müssen wir in den meisten Jahren den Most etwas aufzuckern oder ihn künstlich leicht konzentrieren, um im fertigen Wein auf elf Volumenprozent Alkohol zu kommen. Wir möchten mehr natürlichen Zucker in den Trauben erreichen, damit das nicht mehr nötig ist. Das ist die Herausforderung.«

Wir gehen wieder zum Wagen und fahren zurück durch Katsanuma zum Weingut, das mich an den einen oder anderen bescheidenen, aber höchst professionellen Betrieb dieser Art in Kalifornien erinnert. In charakteristischer asiatischer Art und Weise sprechen sie jedoch von »unserer Fabrik«, während wir zum Eingang gehen. Dort muss ich meine Schuhe gegen weiße Gummistiefel tauschen. Ich fühle mich wie in einem Operationssaal, so hygienisch und ordentlich wirkt alles. Nirgendwo haben die Edelstahltanks bis jetzt derart geblitzt, dafür gibt es nur ein Wort: perfekt!

»Wir arbeiten mit Trockeneis, das Kohlendioxid, das es verströmt, schützt den Most vor Sauerstoff«, erklärt Ryusuke Uzuka. »2004 war Professor Denis Dubourdieu von der Universität in Bordeaux hier und sagte, wir müssten das tun.« Die Tatsache, dass sie allen Ratschlägen des »großen« Franzosen gefolgt sind, birgt die Gefahr in sich, dass ihre Koshu-Weine von der Standardisierung bedroht sind, aber die Erfahrung lehrt, dass solche Ratschläge in jedem Betrieb anders interpretiert und in die Tat umgesetzt werden.

Wir kommen in den Fasskeller, wo die Barriques in exakt ausgerichteten Reihen liegen. Die Fässer sind, wie mir erklärt wird, vor allem für die Rotweine, nur ein »sehr kleiner« Teil Koshu verbringt hier »wenige Monate«. Wiederum ist alles so blitzsauber, dass ich mich beherrschen muss, um nicht zwanghaft irgendetwas auf den Boden fallen zu lassen oder mich in Graffitis an der Wand zu verewigen, damit mich diese erdrückende Perfektion nicht erstickt.

»Koshu steht gegenwärtig an dem entscheidenden Punkt der Entwicklung«, sagt der Boss, als wir die Treppe hinauf in den Verkostungsraum im ersten Stock gehen, und hämmert mir damit weiter seine Botschaft ein. Der Verkostungstisch hat eine schwarzlackierte, makellos glänzende Oberfläche – nein, jetzt nicht mit dem Kugelschreiber darüber kratzen, halte ich mich innerlich zurück ... »Koshu hat gute und schlechte Seiten? Wir werden die schlechten zu guten machen.«

Das ist ein ehrgeiziges Ziel, das er sich da gesetzt hat. Traditionell angebaute Koshu-Reben geben etwa 30 Tonnen Trauben pro Hektar pro Jahr, aber Trauben mit wenig Zucker oder Aromen. Mit ihrem langen Kordon-System haben sie die Reife beträchtlich erhöht, indem sie den Ertrag auf 18 Tonnen heruntergeholt haben, aber acht Tonnen und keine Notwendigkeit mehr, den Most aufzuzuckern oder künstlich zu konzentrieren, »ist unser Ziel«. Ich schlage vor, einfach die überflüssigen Trauben auszudünnen, bevor sie sich ganz entwickelt haben, was Winzer weltweit als grüne Ernte bezeichnen.

Der Boss schüttelt den Kopf, und ich denke sofort an die Tendenz der Rebe, alles Abgeschnittene zu kompensieren. Ein Herausschneiden von Trauben führt meist dazu, dass die Rebe die verbleibenden einfach größer wachsen lässt, und große Trauben mit dicken Beeren sind genau das, was qualitätsbewusste Winzer vermeiden wollen, weil damit das Fäulnis-Risiko steigt. Und ich scheine seit meiner Ankunft in Japan eine Menge zum Thema Regen gehört zu haben; Regen plus Wärme gleich Fäulnis.

»Der letzte wichtige Punkt«, sagt der Boss mit großem Nachdruck, »ist der Koshu-Klon. Der einzige zur Zeit erhältliche Koshu-Klon ist im Hinblick auf die Tafeltrauben-Produktion selektioniert worden.« Für viele Nicht-Profis sind Trauben einfach Trauben, aber Tafeltrauben werden ganz anders angebaut als echte Weintrauben. Weiße Tafeltrauben werden zum Beispiel leicht unreif gepflückt, damit sie schön grün leuchten, während weiße Weintrauben vollkommen ausgereift geerntet werden, wenn sie gelb oder golden sind. Auf allen Fotos, die ich gesehen habe, sehen Koshu-Trauben richtig orange aus. Die Trauben waren immer groß, mit dicken Beeren, aber zumindest locker und damit weniger fäulnisanfällig.

»Wir müssen zurück zu dem Wein-Klon«, fährt er fort, »deshalb säen wir jedes Jahr 3000 Traubenkerne aus.« Das Ziel dieser kostspieligen Prozedur besteht darin, eine Koshu-Rebe zu finden, die weniger wuchskräftig und nicht besonders anfällig für Fäulnis oder Krankheiten ist sowie reifere, aromatischere Trauben hervorbringt. In dieser Größenordnung ist es eine Herkules-Arbeit. »Vielleicht werden wir zehn Jahre brauchen, um das zu finden, was wir suchen, vielleicht 50«, sagt er schließlich.

Die ersten Flaschen werden geöffnet und eine Reihe von Gläsern mit Koshu-Weinen vor mir aufgestellt. Mit seinem frischen Zitrusduft ist der normale 2006 Koshu sehr leicht und frisch, eher eindimensional säuerlich im Geschmack. Was er zum Ausdruck bringt, ist einerseits die Tendenz von Koshu, Trauben mit geringem Zuckergehalt und hohem Säuregehalt hervorzubringen – der Wein hat lediglich 10,7 Volumenprozent Alkohol – und andererseits das von Professor Dubourdieu verkündete Evangelium. Der etwas teurere

2005 Grace Koshu wirkt reifer und harmonischer, aber im Geschmack verabschiedet er sich ziemlich schnell.

»2002 haben wir begonnen, die Koshu-Weine aus den besten Lagen separat auszubauen«, erklärt der Boss, als ich mich dem 2005 Toriibira Vineyard Koshu zuwende, der zusätzlich die Bezeichnung »Cuvée Misawa« trägt. Und er schmeckt zweifellos viel kräftiger als seine Vorgänger, wirkt dabei so geradlinig und unnnachgiebig wie das Schwert eines Samurai. Ich könnte ihn vielleicht sogar als mineralisch beschreiben; er ist Welten entfernt von den charmanten Frucht- oder Blütenaromen, die moderne junge Weißweine hier auf Planet Wein üblicherweise zeigen. Der Jahrgang 2004 desselben Weins gefällt mir noch besser, er verbindet das Kristalline, Ursprüngliche mit etwas mehr Körper und Reife, was zu einer spannenderen Textur führt. Er besitzt ganze 12,7 Volumenprozent Alkohol, was aber im internationalen Kontext als zurückhaltend bezeichnet werden muss. Er ist schon gut genug, um klarzustellen, warum Misawa geradezu besessen davon ist, mehr aus dieser Rebsorte zu holen, koste es, was es wolle.

»Es ist sehr einfach, Koshu-Weine wie unseren Gris de Koshu zu machen«, sagt er jetzt lachend, und ich schmecke sofort, was er meint. Der kleine Touch an Süße ergibt mit den Zitrusaromen und der tanzenden Säure eine Harmonie, die mir von deutschem Riesling vertraut ist. Es mag ein kommerzieller Wein sein, aber es stellt auch eine weitere stilistische Koshu-Variante dar. Die Vielseitigkeit der Sorte ist wirklich erstaunlich.

Endlich wird das Thema Koshu dann auch hier von einigen Rotweinen abgelöst, von denen der erste den etwas merkwürdigen Namen Grace Rouge trägt. Ryusuke Uzuka erklärt, es handle sich um einen Verschnitt von Muscat Bailey A mit Cabernet Sauvignon, was in meinen Ohren ziemlich schräg klingt, und geschmacklich finde ich die Verbindung von Erdbeerduft und herben Gerbstoffen auch ziemlich schräg.

Doch bevor ich darüber weiter nachdenken kann, werden zwei Jahrgänge vom roten Cuvée Misawa eingeschenkt. Als Verschnitt aus Cabernet Sauvignon und Merlot nach dem Vorbild der Weine der berühmten Châteaux in Bordeaux handelt es sich zweifellos um »ernsthafte« Weine. Der 2004 ist ein mittelgewichtiger Wein, elegant in der Harmonie, der deutlich macht, dass großer Aufwand betrieben wurde, um sämtliche unreifen Beeren auszusortieren, die zu harten oder grünen Aromen hätten führen können. Der 2001 ist ein noch mächtigerer und kraftvollerer Wein, mit einem Kern so fest wie eine große Felsenklippe, die jedoch von feinen Blütenaromen umhüllt ist wie von wogendem Nebel. Im einen Moment erkennt man den Fels, im nächsten ist er verschwunden.

Der Gedanke, dass ein Wein zugleich kompromisslos fest und vollkommen transparent schmecken kann, erscheint mir sehr japanisch, obgleich diese Stilistik eindeutig ein französischer Export ist, den es so gut wie überall auf Planet Wein gibt. Ich drifte etwas benommen hinter Ryusuke Uzuka aus dem Verkostungsraum. Es ist ausgesprochen freundlich von ihm, mich nicht nur zu meinem *Ryokan* zu fahren, sondern mir auch seine Hilfe beim Einchecken anzubieten. Und aus irgendeinem Grund – habe ich wieder so eine britische Bemerkung gemacht? – kommt er auf das Thema Wetter.

»Im Juni regnet es jeden Tag, was schlecht für die Reben ist, aber gut für Reis. Japan ist ein Reis-Land mit Monsun-Klima.«

»Wie sieht es zur Zeit der Lese aus?«, frage ich ihn optimistisch, in der Hoffnung, dass sie zumindest da einen Vorteil haben, der die Schwierigkeiten während der Blüte aufwiegt.

»September bis November ist Taifunzeit«, entgegnet er, ohne deswegen weniger optimistisch zu klingen, »ein Taifun ist das, was die Amerikaner einen Orkan nennen.«

»Wie viele davon gibt es in einem Jahr?«, frage ich weiter, unerklärlicherweise immer noch positiv gestimmt nach seiner düsteren Erklärung.

»Oh, etwa 20, aber nur vier oder fünf im Jahr ziehen über das Land.« Ich versuche mir weiche, reife Trauben vorzustellen, über die mehrere Orkane stürmen, aber vor meinem inneren Auge tauchen Bilder der Godzilla-artigen Zerstörung auf, in denen Wein nicht die geringste Rolle spielt. Wir überqueren einen Fluss und biegen dann links ab in die breite Hauptstraße von Isawa-Onsen, auf deren Mittelstreifen Kirschbäume in voller Blüte ein kanalisiertes Flüsschen säumen.

»Hier ist Ihr *Ryokan*«, sagt er und hält vor einem normalen, modernen Stadthotel. Ich spüre Enttäuschung in mir aufsteigen. Wo sind die *Shoji*-Wände, die *Tatami*-Matten und die sich verbeugenden Geishas, die zu einem dieser traditionellen japanischen Motels gehören? Die moderne Lobby wird von einem riesigen, moosbewachsenem Felsen beherrscht, von dem Wasser tropft. Es wirkt, als habe man ihn beim Bau des Hotels nicht bewegen können und habe deshalb drumherum gebaut.

Ich folge der Rezeptionistin und Ryusuke Uzuka, und nur einen Augenblick später scheinen wir hoch im Gebirge zu sein, umgeben von mächtigen Felsen, an die sich Kiefern klammern, dazwischen Seen von vorzeitlicher, unberührter Stille. Tatsächlich stehen wir jedoch in einem absolut erstaunlichen Garten, mit Bonsai-Bäumen und Steinbrocken, die sicher von Kränen an ihren jetzigen Platz gehoben wurden. Der Eindruck von Berggipfeln und tiefen Tälern ist jedoch vollkommen und noch bemerkenswerter durch den Umstand, dass das Hotel auf einem ebenen Grundstück sitzt!

An der Schwelle zu meinem Zimmer erklärt mir Ryusuke Uzuka, dass ich mir hier die Schuhe aus- und die bereitstehenden Hausschuhe anziehen muss und es für die Toilette in meinem Zimmer Toilettenschuhe geben wird. Das Zimmer ist mein erstes traditionell japanisch eingerichtetes, ein acht *Tatami*-Matten großer Raum mit einem Fernseher neben einer Skulptur in einer Nische, aber ansonsten beinahe leer. Ein Zimmermädchen im Kimono erscheint, verbeugt sich und bereitet dann Tee für uns zu, auf einem nur wenige Zentimeter hohen Tisch. Ryusuke Uzuka schlägt vor, dass er mich morgen früh um halb zehn abholt, um zu einem neuen Weinberg von Grace zu fahren. Dann lassen sie mich allein, ich sinke ins heiße Wasser der Badewanne und träume von Bashos langer Reise in den fernen Norden auf schmalen Gebirgspfaden.

7. April 2007 Es war ein ziemlich ereignisreicher Abend gestern. Nach meinem Bad zog ich einen *Yukata* über, eine Art von legerem Unisex-Kimono, und dann wurde mir in meinem Zimmer das Abendessen serviert. Es gab *Sashimi*, dann eine marinierte Langustine, daneben ein kleines Öfchen mit einer Kerze, auf dem ich in feine Scheiben geschnittenes Rindfleisch und Gemüse selbst garte, eingelegte Gemüse und einen geschmorten Fischkopf. Der letztere schockierte mich, als er auf den Tisch kam, war aber zu meiner Überraschung der köstlichste Gang des Menüs. Ich hatte mich gerade wieder umgezogen, in Jeans, Hemd und Jackett, als zu meinem Erstaunen das Zimmermädchen mit dem »Hauptgang« kam, *Miso*-Suppe und Reis, gefolgt von frischer Ananas als Dessert. Ich muss wirklich noch viel lernen. Wenn ich in drei Tagen nach Kyoto fahre, sollte ich mit den Ritualen eines *Ryokan*-Tages ohne größere Schwierigkeiten zurechtkommen.

Nach dem Abendessen ging ich hinaus, um mich in der Stadt umzuschauen. An der Hauptstraße flanierten die Menschen, viele von ihnen im *Yukata* und in Holzschuhen, wahrscheinlich Gäste meines und anderer Hotels hier. Die Kirschblüte war beleuchtet, darunter saßen kleine Gruppen, manche in westlichen Anzügen, viele von ihnen schwer alkoholisiert, einige bereits bewusstlos nach exzessivem Konsum von *Sake*, Bier und Wein – überlagerter Beaujolais Nouveau – um sie herum leere Flaschen. Kurz gesagt, öffentliche Sinnenlust einer Art, wie ich sie mit dem Land strenger Firmendisziplin nicht assoziiert hatte.

Doch da ist auch schon die unverkennbare schlanke Gestalt von Ryusuke Uzuka in seinem hellblauen Grace-Winery-Jackett, und es ist Zeit für den nächsten Teil meiner Wein-Entdeckungsreise. Er ist wesentlich entspannter heute, da er nicht die zweite Geige neben dem Boss spielen muss. Als wir losfahren, bemerke ich eine Reihe von schneebedeckten Gipfeln, die über den Bergen hinter der Stadt thronen.

»Das sind die Akaishi Shanmyaku, die südjapanischen Alpen, mit Ontake-San, dem zweithöchsten Berg Japans, und rechts davon dem dritthöchsten«, erklärt er, während wir an einer Reihe von Fastfood-Restaurants vorbeigleiten, darunter auch einem großen Drive-In von McDonald's.

»Die meisten Japaner mögen neue Dinge«, sagt er dann, bevor ich überhaupt eine Frage gestellt habe, »aber auch traditionelle.« Mit seiner langen, aber wenig bekannten Vergangenheit und der Dynamik der letzten Jahre sollte Wein verwirrenderweise in beide Kategorien zugleich fallen. Wir kommen an einer riesigen *Pachinko*-Halle vorbei mit den Spielautomaten, die für viele Japaner die beliebteste Art des Glückspiels darstellen. Unerklärlicherweise ähnelt der Bau der St-Boris-Kathedrale auf dem Roten Platz in Moskau! Dann passieren wir plötzlich Felder mit Koshu-Pergolen, und gerade als ich überzeugt bin, dass die Stadt jetzt endgültig hinter uns liegt, folgt eine Reihe von Autohäusern.

»Sehen Sie den Himmel«, sagt Ryusuke Uzuka nachdenklich, »ein wenig gelb. Zu dieser Jahreszeit kommt gelbe Erde mit Wind aus China.« Das ist das Gobi-Pendant des Sahara-Wüstenstaubs, der zu Hause gelegentlich über die Alpen zu uns weht. Eine Menge anderer Dinge kommt ebenfalls von China nach Japan. Obwohl die Inseln beim Reis Selbstversorger sind, müssen 60 Prozent aller Lebensmittel importiert werden, zum größten Teil aus China. Dadurch entwickelt sich eine neue Beziehung zwischen den beiden Urfeinden. Ryusuke Uzuka fährt auf der Autobahn 20 Richtung Norden und beschleunigt.

»Wie lange arbeiten Sie bereits für Grace?«, frage ich ihn.

»Gute Frage!«, entgegnet er mit einem breiten Lächeln, »erst zehn Tage. Vorher habe ich in einer Mailorder-Firma in Tokio gearbeitet. Ich komme aus Yamanashi, und mein Vater ist Professor an der Universität. In Tokio war mein Arbeitsplatz nur ein Schreibtisch, und es gab nur einen kleinen Himmel. Hier habe ich viel Platz, großen Himmel und Natur. Außerdem kostet es nur ein Fünftel wie in Tokio, eine Wohnung zu mieten.«

Während wir dahinbrausen, klärt mich dieser freundliche Quell an Informationen über die örtliche Wirtschaft auf – Kofu ist die größte Stadt mit einem Viertel der 800 000 Kopf starken Bevölkerung der Präfektur Yamanashi, die Hauptwirtschaftszweige sind Landwirtschaft und Holz –, und währenddessen scheinen die mächtigen Gipfel immer näher zu rücken. »Dieses Gebiet ist für Äpfel und *Daikon*-Rettiche bekannt. Seit zehn Jahren gibt es auch etwas Weinbau«, sagt er, als wir von der Autobahn abbiegen. Ein Schild mit dem Grace-Logo kündigt die Akeno Vineyards an, wir biegen von der Straße ab und fahren zwischen neu angelegten Rebreihen einen sanften Hang hinauf bis zu einem kleinen Komplex nagelneuer Gebäude ganz oben. Als wir aussteigen, werden wir bereits von einem seltsam anmutendem Duo erwartet, dessen eine Hälfte älter und Japaner ist, die andere jünger und offensichtlich westlicher Herkunft. Sie stellen sich als Mr Sakai, Geschäftsführer, und Alfred, der amerikanische Kellermeister, vor; Multikulti!

»Wir sind hier auf 700 Meter, und die Kirschblüte ist eine Woche später als in Kofu«, erklärt Alfred. Die Weinberge unter uns sind in breiten, leicht abfallenden Terrassen bepflanzt, die mehr oder weniger rechteckig sind, aber trotzdem den Konturen des Hanges angepasst.

»Grund für die Anlage dieses Weinbergs vor fünf Jahren ist die globale Erwärmung«, fügt Ryusuke Uzuka hinzu. »Wir haben die höchsten Tageslichtstunden von ganz Japan, aber es ist nicht so warm, und die Tages- und Nachttemperaturen liegen weit auseinander. Zu dieser Jahreszeit etwa 7 bis 8 °C in der Nacht und 14 bis 15 °C am Tag, aber während der Lese ist die Spanne noch größer.« Daraus schließe ich, dass die Temperaturunterschiede um Katsunuma wesentlich geringer sind, und manche Trauben in den Wochen unmittelbar vor der Lese mehr Säure verlieren, als es Mr Misawa recht sein kann. Ich vermute, wenn das Ziel ein Geschmack wie ein Samurai-Schwert ist, dann möchte man nicht mit einer stumpfen Klinge beginnen. Irgendwie bringe ich Japan nicht automatisch mit der globalen Klimaerwärmung in Verbindung, aber dieser Prozess schließt natürlich jeden Punkt auf dem Erdball ein, auch wenn es nicht überall unbedingt wärmer wird.

»Während der Lese ist es hier weniger feucht als in Katsunuma, und wir haben eine schöne kühle Brise, deshalb haben wir weniger mit Fäulnis zu kämpfen«, erläutert Alfred weiter. »Anfangs hatten wir ein großes Problem, weil der natürliche Boden für den Weinbau nicht geeignet war. Wir mussten ihn austauschen. Jetzt haben wir Boden aus der gleichen Präfektur, eine Mischung aus Ton und Vulkanasche.« Diese Weinlandschaft, dieses »Terroir«, ist von Menschenhand geschaffen!

Zu Hause arbeiten Winzer daran, den Humusgehalt zu erhöhen und/oder die Drainage ihrer Weinbergsböden zu verbessern, aber dies ist eine vollkommen andere Geschichte. Aus der Sicht des traditionellen europäischen Weinbaus ist ein Weinberg auf »künstlichem« Boden ein Unding. Für alle, denen die französische Terroir-Idee geläufig ist, ist es vollkommen verrückt, da Terroir auf der bedingungslosen Akzeptanz des natürlichen Bodens und der Anpassung daran durch Wahl von geeigneten Rebsorten und Anbaumethoden basiert. Bei dieser Version des großen Weinspiels geht es darum, das »authentische« von Gott gegebene Wesen des Ortes – strikte Anhänger schrecken auch nicht vor dem Wort »Seele« zurück – im Geschmack des Weins zum Ausdruck zu bringen. Es ist ein Spiel mit strengen Regeln und festen Zielpfosten und deshalb innovationshemmend.

Auf den ersten Blick gibt es nichts Gegensätzlicheres zu diesem rigiden System als die Grace-Methode des Selbermischens, bei dem eine Klimazone mit einem Bodentyp zusammengebracht wird. Für Puristen ist damit automatisch die Bezeichnung Terroir ausgeschlossen, ja das hier ist schlichtweg Mord an der Seele des Weins! Auf Planet Wein ist aber nichts mehr so einfach, wie es im ersten Moment erscheint, und wenn man einen prüfenden Blick auf die französische Wein-Geschichte wirft, dann wird klar, dass die Franzosen die Landschaft oft radikal verändert haben, als sie Wälder, Gebüsch oder Sümpfe zu Weinbergen gemacht haben. Sie denken darüber nicht nach, weil es Jahrhunderte zurückliegt und sie hart daran arbeiten, der Welt den Mythos der »zeitlosen und gottgegebenen« Schönheit französischer Weine zu verkaufen.

Die japanischen Weinerzeuger sind sich ihrer Wein-Geschichte wenig bewusst, deswegen unterliegen sie keinem Zwang aus strengen Regeln, ganz anders als das eng geschnürte Korsett bei den französischen Traditionalisten. Die Frage lautet jetzt, ob diese radikale Methode funktioniert, also Weine hervorbringt, die stabil sind und gut schmecken und sich draußen in den Irrungen und Wirrungen des Marktes behaupten. Erst dann kommt die Frage, ob es besser oder schlechter funktioniert als die klassische französische Terroir-Methode; praktische Fragen, hinter denen sich philosophische und ethische Fragen verbergen.

Meine Gastgeber schlagen einen Rundgang durch die Weinberge vor und erklären mir dann sofort, dass sie keinerlei Ahnung hätten, welche die besten Rebsorten oder Klone für dieses Klima und diesen Boden seien. Es ist ein gigantisches Experiment, das sie durchführen, zumindest haben sie bereits drei kleine Ernten der von ihnen gepflanzten Hauptsorten, darunter Chardonnay, Merlot und Cabernet Sauvignon, hinter sich gebracht. Ich frage sie nach ihrem größten Problem, und es stellt sich heraus, dass es *Inoshishi* sind, unsere alten Freunde die Wildschweine, die mir zumindest das Gefühl vermitteln, doch noch irgendwie mit einem halben Fuß in der Weinwelt zu stehen, in die ich vor einem Vierteljahrhundert geraten bin.

Als wir zurück zur Kellerei gehen, steht Fuji-san in der Ferne, kühl und majestätisch. Alfred holt sofort sein Mobiltelefon heraus und zeigt mir eine ganze Galerie von Bildern des Berges in allen Jahreszeiten und zu allen Tageszeiten. Der Mensch und seine Heimat, eine Beziehung, die so alt ist wie die Berge, beziehungsweise so alt wie die Berge, wenn sie nicht wie diese gerade umgemodelt worden sind!

Die Weinverkostung wird kurz ausfallen, auf dem Tisch stehen nur drei Flaschen. Jede trägt ein Etikett mit einem Aquarell der Gebirgssilhouette, was keine neue Idee ist, weil Cape Mentelle in West-Australien dies bereits seit einer Generation macht. Diese sind jedoch unverkennbar japanische Aquarelle, und als ich mich setze, erkenne ich, dass die drei zusammen ein Panorama bilden. Es ist beinahe unheimlich, wie die drei Bilder in dem Moment des Zusammenfügens an Schönheit gewinnen. Vielleicht hat das damit zu tun, dass eine klassische Form japanischer Malerei ein Triptychon aus den drei Flügeln eines Wandschirms ist, womit diese Etikettenserie vielleicht bewusst spielt.

Alfred erklärt, dass die ersten beiden Weine 2006 Koshu aus zugekauften Trauben sind, der Kayagatake aus frei ablaufendem Most, der ohne Druck aus der Kelter lief, und der Kurajirushi aus dem mit Druck ausgepressten Most. Sie sind auffallend unterschiedlich, der Kayagatake so rein und nahezu eisig, atemberaubend erfrischend wie das Wasser eines Gebirgsbachs, ein richtiger »Bergwein«, der zu dieser, ja der japanischen Landschaft überhaupt, wunderbar passt. Dagegen ist der Kurajirushi weicher, sanfter, mit dem Duft einer Wiese in der Sommerwärme. Der dritte Wein ist ein leichter, ganz trockener Rosé; ein gelungener, aber nicht faszinierender Wein. Da sie mich alle drei gespannt anschauen und auf einen Kommentar zu warten scheinen, erzähle ich ihnen das alles genauso, was zu einer umgehenden Reaktion bei dem bis dahin sehr zurückhaltenden Mr Sakai führt. Seine Worte stehen in auffallendem Gegensatz zu der Arbeit der zahllosen Lastwagen, Bulldozer und Bagger, durch die diese Weinberge entstanden sind.

»Ich möchte wirklich den zarten Geschmack des Koshu zeigen, mit der Tradition des konventionellen Koshu-Geschmacks brechen. Diese Kellerei ist die neue Herausforderung für Grace, und meine Aufgabe ist es, sie zu einem Erfolg zu machen … ich werde das Stück Land vor der Kellerei selbst anpflanzen, alle Arbeit dort selbst machen und mir die Hände dreckig machen.« Es klingt beinahe wie eine zen-buddhistische Übung, aber in einem Land, in dem die Autobiographien von Baseball-Stars sich wie buddhistische Texte lesen, sollte das einen buddhistischen Touristen vielleicht nicht überraschen.

»Seit zehn bis 20 Jahren studieren wir Japaner die Weine der Welt und haben entdeckt, dass süß nicht der Standard-Weingeschmack ist«, erklärt Ryusuke Uzuka, als wir in seinem Wagen auf der Autobahn zurück nach Katsunuma düsen. »Früher dachten viele Japaner, Wein ist süß. Jetzt denken Japaner, wenn Ausländer sagen, dieser spezielle Wein ist 100 000 Yen wert, dann muss das wahr sein, deshalb glauben die Japaner es. Aber wenn ein Japaner ihnen das sagt, dann glaube ich nicht, dass die meisten Japaner es glauben.« Das kommt mir sehr bekannt vor; so erging es lange Jahre dem deutschen Wein in Deutschland!

»Ich denke, das ist eine epoche-machende Zeit für die japanische Weinbranche, und viele Dinge werden sich in den nächsten Jahren verändern«, fährt er fort. »Mr Sakai möchte einen bergigen Wein machen. Sie wissen, dass Japan ein bergiges Land ist?« Das scheint mir eine ganz logische Sache, und ich glaube auch, dass er bereits dabei ist.

Als wir nach Katsunuma abbiegen, blicke ich auf die Uhr; ich bin pünktlich für meinen nächsten Termin. An der Ampel biegen wir nochmals ab und halten vor einem zweistöckigen Gebäude zwischen vielen anderen unauffälligen ein- und zweistöckigen Häusern. Allerdings hat dieses eine große, ungewöhnliche Fensternische aus Glasbausteinen im Erdgeschoss.

Wiederum kommt Ryusuke Uzuka mit mir zur Tür, um mir die Dinge zu erleichtern, und stellt mich vor, als sie sich öffnet, wofür ich mich bedanke. Dann bin ich allein mit einem hochgewachsenen jungen Japaner, dessen Pferdeschwanz, Bart und kleine schwarzgefasste Brille ihn intellektuell wirken lassen. Er stellt sich mir auf Französisch als Yoshio Anemiya von der Diamond Winery vor, und mir ist klar, dass ich hier wieder eine Französisch-Lektion vor mir habe. Wenn das so weiter geht, werde ich bei meiner Rückkehr nach Berlin endlich in der Lage sein, die Sprache, mit der ich seit der Schule kämpfe, richtig zu sprechen!

Er bittet mich in das altmodische und etwas chaotische Büro, wo mir sofort in einer Vitrine zwei alte Flaschen Diamond-Wein mit Etiketten in *Romanji* auffallen, die beide die Worte »Grand Cru Classé« enthalten. Das deutet darauf, dass der französische Einfluss hier weiter zurückreicht als sein Eintritt in die Firma, die, wie er mir gerade erzählt, von seinem Großvater gegründet wurde. Es gab hier schon immer zwei eigenständige Sparten, Wein und Essig, und dafür auch zwei getrennte Keller, damit der Wein, der als solcher verkauft werden soll, nicht ungewollt zu Essig wird.

Yoshio Anemiya zeigt mir kurz die Essigkeller auf der gegenüberliegenden Straßenseite, dann gehen wir zurück in den Innenhof der Kellerei, wo zwei sechs Meter lange Versandcontainer aufeinandergestapelt sind. Für ein scheinbar kleines Unternehmen stellen diese eine gigantische Sendung dar! Er erklärt mir jedoch, dass es sich um gebrauchte *refers* handelt, bzw. *Refridgerated Containers* oder Kühlcontainer, die er für eine ganze Reihe von Dingen benutzt. Im Moment seien sie ausgeschaltet und beherbergten Fässer mit Rotwein, bei denen der biologische Säureabbau einsetzen soll. Diese zweite Gärung – zweite, weil sie meist der ersten alkoholischen folgt – erfordert etwa 18 °C um loszulegen, aber das Wetter spielt im Moment nicht richtig mit. Neben den Containern steht eine alte handbetriebene Korbpresse wie direkt aus dem 19. Jahrhundert. In dieser Enge wäre es allerdings schwierig, sie zu bedienen.

»*Nous sommes une grande domaine garagiste*!«, sagt er mit einem Anflug von Stolz. Im Kontext von Katsunuma, wo große, durchorganisierte moderne Kellereien mit Hightech-Ausstattung vorherrschen, scheint dieser Betrieb eher wie eine burgundische Domaine, die nur ein Quentchen zu groß ist, um in einer Garage untergebracht zu sein. Das ist alles etwas schwieriger zu verstehen als das japanische Winzer-Französisch, das mir bis jetzt begegnet ist, denn er spricht nicht nur extrem schnell, sondern auch mit starkem burgundischem Akzent – »blind« hätte ich gedacht, einen jungen Winzer aus dem Burgund vor mir zu haben!

Die Keller sehen nicht wie eine Garage aus, sind aber ebenso improvisiert wie der Innenhof: eine Reihe von engen Räumen, manche mit nackten Betonwänden, in denen Fässer und Tanks wie Kraut und Rüben gestapelt sind, auf eine Art und Weise, die anzuschauen den Leuten bei Grace körperlichen Schmerz verursachen würde.

Im letzten Abschnitt des Kellers, einer Betonkiste mit ganzen elf Barriquefässern, schlägt er vor, dass wir etwas aus dem Fass verkosten. Während er eine Pipette und zwei Gläser zusammensucht, erzählt er, er habe von 2000 bis 2003 im Burgund gearbeitet, und zu seinen Arbeitgebern dort gehörten die große Négociant-Firma Olivier Leflaive und die kleine Domaine Simon Bize in Savigny-lès-Beaune. Als er zurückkehrte, sei er überzeugt gewesen, dass es unmöglich wäre, einen *bon vin* in der Präfektur Yamanashi zu erzeugen, habe aber nach langen Experimenten seine Meinung geändert, deshalb müssten wir diesen Wein probieren. Zumindest glaube ich, dass er das gesagt hat.

Der Wein, der aus der langen Glaspipette in die Gläser fließt, ist von dichtem Rubinrot, duftet intensiv nach Kirschen und zeigt nur einen Hauch von Eiche, obwohl das Fass brandneu ist. Und was für ein eleganter Wein es ist, mit exakt der passenden Menge trockener Gerbstoffe und Frische, um die »Süße« der perfekt reifen Trauben auszugleichen! Zu Hause und blind verkostet hätte ich garantiert gesagt, es könne sich nur um einen roten Burgunder oder einen Pinot noir aus einem kühlen Klima handeln; *un bon vin!*

»*C'est pas grand' chose, c'est du Muscat Bailey A*«, sagt er, wieder mit einem Anflug von Stolz in der Stimme, und ich habe das Gefühl, unter mir finde ein kleines Erdbeben statt, das sich mit seinen Schockwellen in mir ausbreitet, bis die große vertikale Hierarchie der Rebsorten in meinem Kopf mit lautem Donnern in sich zusammenfällt. Das ist ein Wein aus der skurrilen Rebsorte Muscat Bailey A? Wie hat er das geschafft? Ich meine, wie hat er diese komische Sorte, die für die Tafeltraubenproduktion gezüchtet wurde und von der außerhalb Japans noch nie jemand gehört hat, wie hat er daraus einen Wein gemacht, der manchen der gesuchtesten und teuersten Rotweine auf Planet Wein ähnelt?

Total verwirrt folge ich ihm zurück ins Büro und von dort in den Verkostungsraum. Kaum fällt mir auf, dass wir uns hinter der gewölbten Glaswand befinden, so benommen falle ich auf die Bank an dem runden Verkostungstisch, und in meinem Kopf legt sich nur sehr langsam der Staub über die Verwüstungen.

Er setzt sich mir gegenüber und packt ruhig eine Handvoll Flaschen mit Weißwein aus einem Karton aus, vollkommen ahnungslos, wie er gerade eines der letzten tiefsitzenden Vourteile in mir zerstört hat. Jetzt gibt es keine »besseren« und keine »schlechteren« Rebsorten mehr, nur noch die genetische, klimatische und geologische Vielfalt und das, was der Winzer aus ihren unterschiedlichen Kombinationen herauskitzeln kann, die er entweder vorfindet oder sich selbst bastelt. Es bedeutet, dass in der Weinwelt nichts auf Dauer feststeht oder sicher ist, sondern alles im Fluß; alles kann und wird sich ändern.

Der Buddhismus lehrt, dass dies für alle weltlichen Dinge gilt, aber es ist eine Sache, dieses Prinzip als intellektuelles Konzept zu begreifen, und eine ganz andere, es persönlich zu leben. Erst wenn man es direkt erlebt hat, verinnerlicht man es, und damit verändert es das eigene Verhalten.

2005 The Koshu steht auf dem Etikett der ersten Flasche. Ich folge seinem Beispiel, nehme eines der Verkostungsgläser, die an einem Drahtregal auf dem Tisch hängen und schenke mir einen Schluck ein. Der Wein ähnelt dem Rubaiyat Koshu, ist aber noch extremer, mit einer Note, die an Zitronenschale erinnert, voll, weinig, fest und doch frisch im Geschmack. Er erklärt, dass Koshu, wie die Sorte Melon beim Muscadet an der Loire, nicht viel Fruchtaromen habe, deshalb eigne er sich so gut für den Ausbau *sur lie*, mit der Lagerung auf den nicht mehr aktiven Hefen nach der Gärung. Um die Fruchtkarte jedoch bei Koshu zu spielen, wie z.B. Château Mercian es mit ihrem Kiiroka tun, muss man mit Trockeneis und anderem Hightech arbeiten, also eigentlich den Wagen rückwärts den Berg hinaufschieben, in der Hoffnung, den Gipfel zu erreichen.

Der zweite 2005 Koshu ist als *barrel fermented*, im Fass vergoren deklariert, aber ich kann die charakteristischen Röst- oder Vanillearomen der neuen Eichenfässer weder riechen noch schmecken. Es ist ein diskreter, geschmeidiger Wein, der sanft über meinen Gaumen streichelt. Der junge japanisch-burgundische Winzer mir gegenüber erzählt, er habe 2003 herausgefunden, dass die Fässer der burgundischen Küferei Damy einen entscheidenden Unterschied ausmachten, und jetzt setzt er nur noch diese für den Koshu ein. Sie waren auch beim 2004 Hishiyama Vineyard Koshu im Spiel, von dem es ganze 900 Flaschen gab. Das Ergebnis ist ein Wein, so exzentrisch und rührig wie sein Erzeuger, mit einer herben Kraft und kühlen Stille wie die eines tiefen Sees hoch in den Bergen; *une révolution du Koshu*!

Nach einigem Wühlen in seinem Karton stellt Yoshio Anemiya drei Rotweine auf den Tisch, von denen die ersten zwei beide 2005 Muscat Bailey A sind. Der eine kommt aus Hosaka und hat etwas von dem Erdbeerduft, den ich inzwischen als typisch für die Sorte betrachte, aber viel mehr Stoff und eine viel interessantere Textur als üblich. Ich meine, dies ist ein Rotwein von einer gewissen Statur, mit einer großzügigen Dosis Gerbstoff.

Der andere, ziemlich kryptisch mit 4S16M etikettiert, bringt mich jedoch augenblicklich zu dem neuen Geschmackskontinent zurück, den ich gerade eben bei der Fassprobe im Keller entdeckt habe. Er zeigt aber auch eine Würze, die mich an die üppigen Gewächse erinnert, zu denen die Zinfandel-Traube in Kalifornien fähig ist; er ist noch kräftiger und dichter als die Fassprobe. Die Aromen breiten sich auf meinem Gaumen wie ein Akkordeon aus. Ich schlucke, und plötzlich schwebe ich hinweg von der Welt, spüre nur noch das andauernde Streicheln des Weins.

Ganz allmählich lande ich wieder auf der Bank im Verkostungsraum der Diamond Winery in Katsunuma. Wie lang war ich weg? Nur einen Moment? Oder hat mein Gastgeber länger geduldig gewartet, bis ich wieder bei Sinnen bin?

Als sei nichts geschehen, erklärt er, dass von allen in Japan angebauten roten Rebsorten Muscat Bailey A am besten für das Klima hier geeignet sei, am besten zurechtkomme mit all dem Regen und der Feuchtigkeit. Er habe hart im Weinberg gearbeitet, um die Reben zu kleineren Trauben zu überzeugen – ich habe einige Fotos mit Trauben gesehen, die wesentlich größer als die teuren Melonen waren! – und zu reiferen Beeren, dann habe er einige im Burgund gelernte kellerwirtschaftliche Methoden angewandt. Das scheint wie ein guter Anfang einer Erklärung, was diese außergewöhnlichen Weine ermöglicht. Dazu kommt zweifellos eine Leidenschaft fürs Experimentieren bei dem jungen Mann. Er wagt es, vollkommen neue Wege zu gehen, und auf diese Weise sind ihm Weinsensationen in Rot und Weiß gelungen.

Aber da sind Dinge auf dem Etikett, die mir völlig unerklärlich sind, dazu muss ich ein paar Fragen stellen. Warum taucht der Name »Chanter« auf allen Etiketten auf statt »Diamond«? Das sei die Marke, sagt er, obwohl es für mich keine schlüssige Erklärung darstellt. Und was bedeutet das mysteriöse 4S16M auf dem Etikett des atemberaubenden Muscat Bailey A?

»*Quatre semaines de macération, seize mois en pièce*«, kommt die Antwort, was bedeutet, dass der Wein vier Wochen auf der Maische gegoren hat und dann 16 Monate im Fass gereift ist. Das Geheimnis hinter der Genialität dieses Weins scheint darin zu liegen, das ungenutzte Potential dieser verrückten Rebsorte zu erkennen und es durch radikale Methoden umzusetzen.

Dann fällt mir auf, dass es noch einen Rotwein zu verkosten gibt, und ich schenke mir etwas vom Me et CS ein, was zweifellos auf einen Verschnitt von Merlot und Cabernet Sauvignon nach französischem Vorbild deutet. Der Wein ist ziemlich herb, zeigt aber das strahlende Aroma reifer schwarzer Johannisbeeren mit nur einem Hauch von grünen Tönen. Ich frage nach den Preisen der Weine, und er teilt mir in seiner direkten Art mit, der Me et Cs koste 3200 Yen, während mein roter Favorit 4S16M für schlappe 1900 Yen zu haben ist. Er sagt mir, dass ich das französische Rebsorten-Duo am Etikett korrekt erkannt habe und fügt hinzu: »*C'est bien pour le business.*«

14. April 2007 Mein Taxi flitzt eine der Hauptstraßen von Kyoto in Richtung des Hauptbahnhofs entlang, wo ich den *Shinkansen*, den Superexpress nach Osaka nehmen werde, und ich bin plötzlich enttäuscht, dass meine Woche im Landesinneren von Japan, in und um die alten Städte Nara und Kyoto, schon vorbei ist. Trotz all der außergewöhnlichen Orte, die ich besucht habe, und der vielen starken Eindrücke, habe ich das Gefühl, gar nichts über Wein in Japan gelernt zu haben. Zumindest aus der konventionellen Sicht eines Journalisten steht auf der einen Seite eine lächerlich niedrige Zahl von Ergebnissen, und auf der anderen eine Rechnung über mehr als 170 000 Yen, die ich gerade für drei Nächte im Sumiya-*Ryokan* bezahlt habe, sowie eine etwas weniger schmerzhafte für die drei Nächte zuvor im Hotel Niko in Nara, dazu beträchtliche Nebenkosten; als Bilanz ein riesiger Verlust. War es alles nur ein sinnloser und maßloser Luxustrip? Aber Moment mal, wir sind gerade an der Abzweigung zum Bahnhof vorbeigeschossen, und jetzt fahren wir unter den Gleisen hindurch, ohne auch nur langsamer zu werden!

Ich lehne mich vor und schreie beinahe mit einem nervösen Armfuchteln, »Kyoto Bahnhof, Kyoto Bahnhof!«,

»Aber Sie haben gesagt, ›Osaka Bahnhof *Shinkansen*‹, also fahre ich zum Osaka Bahnhof *Shinkansen*«, entgegnet der Taxifahrer ganz gelassen. Er ist der erste Taxifahrer, dem ich begegne, der sich mit der englischen Sprache wohlzufühlen scheint, und so hat er mich gerade darauf hingewiesen, dass ich ihm in der Hetze mächtigen Blödsinn erzählt habe.

»Entschuldigung, mein Fehler«, sage ich darauf und fühle mich auf einmal sehr, sehr klein. Doch dann muss ich lachen, und auch er lacht. »Osaka Bahnhof, dahin fährt mein *Shinkansen*, aber er fährt von Kyoto«, erkläre ich, als ich mich wieder einigermaßen unter Kontrolle habe, »ich muss zum Bahnhof von Kyoto, um den *Shinkansen* nach Osaka zu nehmen.«

Er nickt und wendet, ich nehme an, wenn nicht sämtliche Ampeln auf rot schalten, werde ich den Zug noch erwischen. Und da sind wir auch schon am Bahnhof, es gibt Platz direkt davor, und als er hält, steige ich voller Erleichterung aus. Sein Mobiltelefon klingelt, während er den Kofferraum öffnet, und etwas scheint ihn an der Nachricht zu beunruhigen.

»Ihr Hotel hat meine Taxifirma angerufen. Sie sagen, Sie hätten etwas vergessen«, erklärt er. Meine Kameraladegerät. Ohne das wird meine Kamera in wenigen Stunden nutzlos sein. Die Alternativen lauten, entweder zurückfahren und meinen treuen Reisegbegleiter zu holen, oder ein neues japanisches Ladegerät kaufen. Da gibt's keine Diskussion, aber was ist nur mit mir los?

Vielleicht war es der Anruf, während ich am Packen war, der mich durcheinandergebracht hat. Es war die Frau von Dr. Naochimi Ishige, mit dem ich heute Mittag um zwölf in Osaka verabredet bin, und die in heller Aufregung schien. Sie sagte, ihr Mann könne unsere Verabredung nicht einhalten, und einen Moment lang dachte ich, das gesamte heutige Programm mit ihm in Osaka werde flach fallen; doch dann erklärte sie, das einzige Problem sei, dass er mich erst um zwei statt um zwölf im Hotel abholen könne. Wäre das okay? Jetzt scheint diese minimale Änderung meiner Pläne wie die Rettung, denn so werde ich selbst mit einem späteren Zug immer noch genug Zeit haben, um im Hotel einzuchecken und mich vor unserem Treffen frisch zu machen.

»Zurück zum Hotel!«, sage ich also und fühle mich endlich wieder halbwegs Herr der Lage. So kann ich noch einen letzten Blick auf Kyoto werfen. Es ist ein merkwürdiger Ort, denn um all die Tempel, Pagoden und liebevoll erhaltene Vergangenheit breitet sich die häßliche, banale Stadt aus, in der es kaum ein interessantes Stück Architektur gibt; außer man betrachtet den post-modernistischen Prunk des Hauptbahnhofs als einen Grund zum Jubeln. In gewisser Weise ist Kyoto sogar noch schriller und chaotischer als Tokio, obwohl die Stadt dank des persönlichen Einspruchs von US-Kriegsminister Henry Stimson während des Zweiten Weltkriegs nicht zerstört wurde. Vor meiner Reise haben mir eine Reihe von Bekannten, die bereits in Kyoto waren, erzählt, es sei die japanischste aller japanischen Großstädte. Dass hier zugleich der Computerspiel-Gigant Nintendo und die Mutter-Tempel des *Shin*-Buddhismus zu Hause sind, treibt die scheinbare Gegensätzlichkeit Japans auf die Spitze.

Als wir wieder beim Sumiya vorfahren, erwarten uns die Managerin, meine Zimmermädchen und der Portier in exakt derselben Formation, in der sie mich vor einer halben Stunde verabschiedet haben.

Mein Zimmermädchen hält eine wunderschöne weiße Tragetasche in der Hand mit der Tuschezeichnung eines *Daikon*-Rettichs auf einem Teller. Ich springe heraus und bekomme mit förmlichen Gesten die Tasche überreicht, in der sich das Ladegerät befindet. Ich schüttle ihnen allen die Hand und bemerke, dass sie wirklich bewegt sind; dieses Mal ist es nicht nur das übliche Abschiedsritual, sondern sie helfen mir aus einer Notsituation. Ich gebe der Managerin meine Visitenkarte und sage ihr, dass ich über ihre wunderbare Gastfreundlichkeit schreiben werde, dann steige ich gerührt darüber, wie sie sich um den Fremden mit dem merkwürdigen Benehmen kümmern, zurück ins Taxi.

»Kyoto Bahnhof!«, rufe ich, und wir brechen wieder beide in Lachen aus. Ich blicke aus dem Fenster, dieses Mal winkt das Sumiya-Team zum Abschied, statt sich wie das erste Mal tief zu verbeugen.

Auch meine Ankunft bei Sumiya war ein Erlebnis, und das nur wegen eines einzigen Worts. Ganz wie der Rest Ostasiens empfinden es die Japaner als unhöflich und sehr schlechtes Benehmen, eine Frage in direkter Weise ablehnend zu beantworten, und am allerschlimmsten ist für sie dabei das für uns Westliche so wichtige Wort »Nein«. Mittlerweile vertraut mit der japanischen Art, bei einem Gespräch stets mit einem ganz anderen Thema zu beginnen als dem eigentlich anliegenden, um eine harmonische Atmosphäre zu schaffen, ging ich bei der Begrüßung auf die höflichen und freundlichen, doch nicht zu vertraulichen Worte der Hotel-Managerin ein. Eigentlich fand ich diese Unterhaltung überraschend interessant, da sie sowohl das traditionelle als auch das moderne Kyoto in sich zu tragen schien, ohne dass dies widersprüchlich wirkte. Dann, nachdem ich meinen Tee ausgetrunken und unser Gepräch gute 20 Minuten gedauert hatte, entschied ich, dass der Harmonie nun Genüge getan war, und fragte, ob ich auf mein Zimmer gehen könne.

»Nein«, kam ohne ein Zögern die überraschend entschiedene Antwort der Managerin. »Es wird gerade geputzt. Ab drei Uhr steht es für Sie bereit.« Nachdem ich das westliche Lieblingswort seit meiner

Ankunft in Japan nicht gehört hatte, war es ein erdbebenartiger Schock. Etwas fassungslos ließ ich mein Gepäck im Sumiya und machte mich auf die Suche nach etwas zum Mittagessen.

Die Straßen der Umgebung waren voller einladender gastronomischer Etablissements. Doch weder Miss Daisy's English Tea Room, Bäckerei Wälder, Pâtisserie Amélie noch die Osteria mit dem bizarren Namen Bastille inspirierten mich. Schließlich ging ich in das kulinarische Wunderland des Nishiki *Ichiba*, des Nishiki-Markts, und war bald wie verzaubert von den Auslagen der Stände, die alle spezialisiert schienen. An einem gab es ausschließlich *Kombu*, die flachen getrockneten Algenblätter, die zusammen mit *Katsuobushi* – getrocknetem, geräuchertem und gesalzenem Bonito-Thunfisch, der aussieht wie ein Stück Holz und in Flocken geraspelt wird – Grundlage für die *Dashi*-Brühe sind, auf der viele japanische Gerichte basieren. Andere Stände boten Gemüse, Kräuter und Pilze an, die ich in Europa noch nie gesehen habe, große Fässer mit traditionellen eingelegten Gemüsen sowie alle Arten von Fisch und Meeresfrüchten, das meiste davon in Wasserbecken, in denen die Luft aus durchsichtigen Schläuchen sprudelte.

Hungrig verschlang ich einige Meeresfrüchte an kleinen Spießchen und stieg die Treppe zu einem Café oberhalb der Räucherfischstände hinauf. Dort bekam ich hocharomatischen Kaffee und ein winziges Stück Käsekuchen, das ich beinahe in einem Bissen verschlungen hätte. Bemüht, nicht wie ein ausländischer Vielfrass zu erscheinen, schnitt ich einen Probierhappen ab und entdeckte, dass der Kuchen wirklich unglaublich konzentriert und üppig war bzw. ausgezeichnet schmeckte.

Das Abendessen an diesem Tag in meinem zehn *Tatami*-Matten großen Zimmer war noch besser als in dem *Ryokan* in Isawa-Onsen. Die *Kaiseki*-Gerichte – auf einem Zettel war erklärt, dass eines nach dem anderen serviert werden würde, um sicherzustellen, dass jedes exakt die richtige Temperatur habe und man jedes für sich genießen könne – verlangten und verdienten Zeit und Konzentration, jedes einzelne war eine ganz genau ausgeklügelte Komposition verführerischer Aromen. Was war das Beste, die Bambussprossen, die mich zugleich an weißen Spargel und Artischocke erinnerten, oder die raffinierten Meeresfrüchte, ein ganzes Geschmacksuniversum in einer schwarzen Lackschachtel?

Mein Zimmermädchen machte mir sogar ein Kompliment dazu, wie ich mein *Yukata* angelegt hatte, »sehr guter Stil! Wo haben Sie gelernt?« Das einzige Verwirrende waren die kaum gedämpften japanischen Gespräche und die amerikanischen sexuellen Aktivitäten, die durch die papierdünnen Wände aus den Nachbarzimmern drangen. Was wir Privatsphäre nennen, ist in traditionellen japanischen Gebäuden einfach nicht möglich; eigentlich ist durch diese Art der Architektur das westliche »private Individuum« quasi ein Ding der Unmöglichkeit. Doch der Miniaturgarten, der wie ein Juwel hinter meinem Zimmer lag, war ein beruhigender Ausgleich für dieses verunsichernde Gefühl.

Es gelang mir, die Mannschaft des *Ryokan* hinreichend zu verwirren, indem ich erst die japanische Küche lauthals lobte, dann aber das japanische Frühstück ablehnte, das im Übernachtungspreis enthalten ist, und mich am nächsten Morgen um 20 nach sieben zu Fuß aufmachte, nur mit einer Tasse Oolong-Tee und einigen Haferkeksen im Magen. Mehrere Japaner hatten mir gesagt, dass ich die berühmten Tempel in Kyoto möglichst gleich morgens anschauen sollte, sobald sie ihre Pforten öffnen und noch nicht von Touristen und Schulkindern überrannt sind. Der Kyoto-stämmige Gen Ikoma hatte auch betont, dass ich unbedingt Kiyomizuji sehen müsste, der auf Stelzen auf einer der Bergketten am östlichen Rand der Stadt errichtet ist, wo sich entlang dem Higashiyama-Berg der Philosophenweg zieht und sich ein buddhistischer Tempel an den anderen reiht wie an einer Perlenkette. Es war ein langer, aber faszinierender Spaziergang durch Parks und Tempel-Anwesen, an Souvenirläden und niedlichen Tearooms vorbei. Ich wusste, dass ich es geschafft hatte, als die Dichte an Souvenirläden und Schulkindern ihr Maximum erreichte.

Aus der Ferne ist Kiyomizuji spektakulär, wie er an dem steilen

Hang zwischen den Bäumen klebt, von innen jedoch gleicht er all den anderen karg ausgestatteten, schönen Tempeln von Kyoto. Noch extremer, von nahezu einzigartiger Schlichtheit, war das winzige strohgedeckte Teehaus, das der berühmte Teemeister Sen-no-Rikyū in der zweiten Hälfte des 16. Jahrhunderts beim Kodaiji-Tempel errichtete. Dort war die japanische Ästhetik der Einfachheit und Asymmetrie auf eine unnachgiebige Spitze getrieben, und irgendetwas klickte in mir, als ich es betrachtete. Wie verzweifelt klammern wir Westlichen uns an die Trennung von Wichtig und Unwichtig, und wie schwierig ist es für uns, diesen Ballast über Bord zu werfen!

Das riesige Tor des Tempels von Chioninji, zu dem die gewaltigste Steintreppe hinaufführt, die ich je gesehen habe, ließ mich über die Härte des Wegs zur buddhistischen Erleuchtung nachdenken, und wie dieses Ziel nichts mit der kleinlichen Belanglosigkeit aller weltlichen Ziele zu tun hat. Im Tempel saß ich mit gekreuzten Beinen und hörte beinahe eine Stunde lang einem »Gottesdienst« zu. Dabei wurde *Namu-Amida-Butsu*, der Name von Amida Buddha, dessen Rezitation für *Shin*-Buddhisten die wichtigste religiöse Übung darstellt, mehrere Hunderte Mal gesungen. Aus dem Mund des Abts klang es, als steige es aus den Tiefen seiner Eingeweide auf.

Gestern morgen schockierte ich die Sumiya-Mannschaft noch extremer, als ich vor sieben Uhr den *Ryokan* verließ, um so früh wie möglich Ryoanji zu erreichen, den Zen-Tempel mit dem berühmtesten Steingarten von ganz Japan am nordwestlichen Rand der Stadt, der um halb acht öffnet. Obwohl ich von meinem Grundsatz abwich, die Tempel nur zu Fuß zu erreichen, und eine U-Bahn nahm, um Zeit zu sparen, war es ein weiter Weg dorthin entlang der langweiligen, extrem befahrenen Kitaoji-dori, aber es war die Mühe wert, war all die Schwierigkeiten und Kosten wert, überhaupt nach Japan zu kommen.

Unter dem Hochnebel, durch den die blasse Scheibe der Sonne kaum zu erkennen war, lagen die äußeren Gärten und der Kyoyochi-Teich, die bis ins 12. Jahrhundert zurückreichen, in erhabener, beinahe gespenstischer Anmut. Es wirkte wie eine Kulisse, in der jeden

Moment eine blonde, wohlgerundete Hitchcock-Heldin auftauchen und tot in den Teich fallen könnte, um so die entrückte Stille zu brechen. Bevor ich den Tempel selbst betrat und den Steingarten sah, las ich auf einem Schild, dass seine 15 Steine und der Kies »geistige Erleuchtung des *Satori* ausdrücken und uns unendliche Lehren mitteilen«. *Satori* bedeutet eine plötzliche Erkenntnis jenseits der Rationalität.

Ich war sehr skeptisch, wie ein paar Steine, umgeben von einer aus in Öl gekochtem Ton errichteten Mauer, unendliche Lehren vermitteln können, aber dieses Vorurteil löste sich in Luft auf, als ich den Garten betrat, der von dem Maler Soami vor über fünf Jahrhunderten angelegt worden ist; mein Magen sank wie ein Stein in den Marianengraben. Ich stand dort vollkommen sprachlos, obgleich ich zuvor Dutzende von Fotos dieses Gartens gesehen hatte, das erste vor einem Vierteljahrhundert. Nichts hat mich auf das Erlebnis selbst vorbereitet, und jede Beschreibung, die ich mir ausdachte, fiel oberflächlich aus. Im Rückblick war der Moosgarten im Wald, durch den ich hinaustolperte, kaum weniger beeindruckend, und ich habe dort eine lange Zeit verbracht.

Nach dieser Erfahrung war Rokuonji oder Kinkakuji, der »Goldene Pavillon«, nicht weit davon, ein herber Schock. Auch dies ist ein buddhistischer Tempel und Weltkulturerbe, umgeben von Gärten, in denen Felsen, Moos und ein Teich auf extrem effektvolle, im Westen unbekannte Weise eingesetzt worden sind, aber abgesehen davon könnten sich die beiden Anlagen nicht grundlegender voneinander unterscheiden. Während Ryoanji schlicht und spirituell ist, erscheint Rokuonji selbst dem naivsten Auge ästhetisch und beeindruckend. Wie die Reaktion eines amerikanischen Touristen zeigte, der beim Anblick des Pavillons spontan herausplatzte: »Hey guck mal! Das ganze Gold!«

Der Kontrast zwischen zwei Tempel-Anlagen ähnlicher Größe, die auf dem Papier beinahe identisch erscheinen, erinnerte mich an den Gegensatz zwischen dem Kiiroka Koshu von Château Mercian und dem Hishiyama Koshu von Diamond, aber das war mir damals in

Katsunuma schon aufgefallen. Ich hatte nichts Wesentliches gelernt, mich nur an etwas Wichtiges meiner Yamanashi-Recherche erinnert.

Der Hauptbahnhof von Osaka wird renoviert, das macht ihn zusammen mit den Menschenmassen doppelt chaotisch und erfordert detektivischen Spürsinn, um ohne Schilder in *Romanji* den Taxistand zu finden. Doch mein Fahrer kann ein paar Brocken Englisch, und das Plaza Hotel liegt nur wenige Minuten entfernt. Nach der diskreten Perfektion des Sumiya wirkt das moderne Hochhaus auf mich wie eine Bruchlandung auf einem fremden Planeten. Die Japaner nennen so etwas ein Business-Hotel; mir scheint es voller japanischer Touristen, und direkt neben der Rezeption ist Spielzeug mit Pu dem Bären ausgestellt, darunter beinahe menschengroße Stoffbären. »Hi, mein Name ist Piglet, lass uns Geschäfte machen!«

Als ich schließlich meine Gepäckflotte in mein Zimmer schiebe, stelle ich fest, dass das Bad eine Art Plastikkapsel ist, aber zumindest gibt es ein Bett westlichen Stils. Nach drei Nächten auf einem harten Futon mit noch härteren Tatami-Matten darunter bin ich darüber mehr als froh. Die häusliche japanische Schlichtheit ist wie Zen-Buddhismus; von weitem erscheint sie wie nebelumhüllte, romantische Konturen, und wenn man näher kommt, entdeckt man, dass es sich um massive Felsen handelt. Ich bin froh, nicht im Winter hier zu sein, da ich nicht besonders erpicht darauf bin, Feldforschungen zur unzureichenden Heizung traditioneller japanischer Häuser zu betreiben.

Ich frage mich, ob mich heute Abend ein ähnliches kulinarisches Erlebnis erwartet wie der *Matcha*-Tee, der heute morgen das Frühstück im Sumiya beschloss. Der schmeckte so penetrant grün, dass ich den ersten Schluck instinktiv wieder ausspuckte, obgleich ich mir vor der Abreise aus Berlin geschworen hatte, dass mir so etwas nicht passieren würde. Unter großen Anstrengungen riss ich mich zusammen und trank Schluck für Schluck die konzentrierteste Dosis Chlorophyll, die ich je konsumiert habe.

Da ich mir nicht sicher bin, was ich von dem pensionierten Geschichtsprofessor zu erwarten habe, den unser Londoner Freund, der sprachgeniale Richard Hosking dazu überredet hat, mir Osaka zu zeigen, ziehe ich ein Jackett an und binde eine Krawatte um. Pünktlich um zwei trete ich aus dem Fahrstuhl in der Lobby und sehe sofort Dr. Ishige an der Rezeption, in Jeans, Hemd und Pullover, so dass ich mich overdressed fühle.

»Hallo«, sagt er ernst. »Dinner in japanischem Restaurant um sechs, wir haben viel Zeit. Gibt es etwas, das Sie sehen möchten?«, Richard Hosking hat ihm bereits erklärt, was ich unbedingt in dieser Stadt sehen muss, also nehme ich an, er meint, etwas außer den mir wichtigen Lebensmittelmärkten.

»Die Geschichte von Osaka«, entgegne ich ohne zu zögern, was ihn erst einmal angestrengt nachdenken lässt; verständlich für einen ehemaligen Geschichtsprofessor. Dann erklärt er, es gebe zwei Museen, eines wissenschaftlich, das andere eine Nachbildung eines *Machai*, eines Stadtviertels aus der Edo-Zeit, bevor sich Japan der Welt öffnete. Die Zeit vor der »Verwestlichung« Japans interessiert mich sehr, er nickt und erklärt, er sei Mitglied des wissenschaftlichen Beirats dieses Museums, und Sekunden später kurven wir auch schon in einem Taxi durch den dichten Hochhaus-Dschungel von Osaka.

Der Energie-Pegel hier ist mindestens eine Klasse höher als im konservativen Kyoto; Osaka ist im Vergleich eine Hardcore-Megalopolis, in der einem die Augen übergehen, die Nerven blank liegen. Entweder man steht darauf, oder es trifft einen so hart, dass man auf den Knopf für den Schleudersitz drücken möchte, um sofort wieder herauszukommen.

Wir halten an der Ecke einer großen Kreuzung, und ich springe heraus, während Dr. Ishige bezahlt. Wir sind vollkommen von Hochhäusern umgeben, auf einem kann ich einen Hubschrauberlandeplatz erkennen. Das erinnert mich an einen Film, den ich als Kind im Fernsehen gesehen habe, in dem jemand am Flughafen J.F.K. einen Hubschrauber nach New York City nimmt, der auf dem

Dach des PanAm-Gebäudes in Manhattan landete. Sehr zur Enttäuschung des Kindes in mir dürfen Hubschrauber im Westen so etwas schon seit Jahrzehnten nicht mehr tun. Ich folge meinem Gastgeber in eine granitausgelegte Rotunde am Fuß des nächsten Hochhauses, und wir fahren mit dem Fahrstuhl in den achten Stock. Von dort nehmen wir eine Rolltreppe in den neunten Stock, wo ein Schild verkündet: Osaka Museum of Housing & Living.

Während er den Eintritt bezahlt – als Gastgeber scheint er alles bezahlen zu wollen –, erklärt mir Dr. Ishige, dass das Museum aus einer nachgebauten Straße von *Machiya* besteht, Stadthäusern, die in Osaka typischerweise ziegelgedeckt waren, während sie in Edo, wie Tokio früher hieß, Holzdächer hatten. In den 1830er-Jahren gab es 80 000 *Machiya* in Osaka, und viele davon gehörten Händlern. Andere dienten als Restaurants, Badehäuser, Theater und so weiter. Anders als die Händler in Kyoto, die nur die billigsten Waren ausstellten und wertvollere Dinge in ihren Lagern behielten, platzierten die aggressiven Handelsleute von Osaka immer ihre besten und teuersten Waren ganz vorne. Die Stadt scheint also schon damals sehr direkt gewesen zu sein. Dann sagt Dr. Ishige, alles was ich hier im Museum sehen werde, existiere nicht mehr, sei 1945 zerstört worden.

»Osaka ist vollständig abgebrannt, also keine alten Gebäude mehr!« Aufgrund seiner grauen Haare und der feinen Falten nehme ich an, dass er die Bombardierung der Stadt durch die amerikanische Luftwaffe als kleines Kind selbst erlebt haben muss und auch deshalb so viel Nachdruck in diese Worte legt.

Wir gehen einen Flur entlang, dann durch ein hohes Holztor, eine Zeitmaschine in das Osaka-machi 3 chome-Viertel von vor 175 Jahren; oder zumindest eine perfekte Nachbildung davon, bei der nur der natürliche Himmel fehlt. Das Tageslicht fällt stattdessen durch ein großes weißes Segel, das unter dem hohen Glasdach aufgespannt ist. Ein Feuerwachturm erhebt sich weit über die Giebel der *Machiya*, die alle dieselbe Höhe haben. Ich muss an Taka und sein Verlangen nach Ordnung denken. Die Klänge eines *Koto* wehen durch die

Straße, und ich folge Dr. Ishige auf der Suche nach ihrem Ursprung. Da ist noch ein anderes Instrument, das sich ein bisschen wie ein Banjo anhört, und wir entdecken ein Musikerinnen-Trio in leuchtend bunten Kimonos, die unter dem Vordach eines Gebäudes sitzen, das als Versammlungshalle dient.

»Dieses Instrument ist ein *Shamisen*«, erklärt mir Dr. Ishige, »und das Lied handelt von dem Blick auf *Sakura* in der Nacht.« Ich denke zurück an meine erste Nacht in Isawa-Onsen und die beleuchteten Kirschblüten dort, aber auch an den gespenstischen Schimmer der Getränkeautomaten in den Seitenstraßen der Stadt. Diese Nostalgie erscheint mir nahezu japanisch, aber vielleicht ist das nur die Projektion eines romantischen westlichen Geistes?

Wir klatschen zusammen mit den anderen Besuchern, als sie fertig sind, und gehen dann zu der Apotheke nebenan. Der acht *Tatami*-Matten große Hauptraum gleicht bis auf Fernseher, Telefon und elektrischen Wasserkessel beinahe exakt meinem Zimmer im Sumiya aber spiegelverkehrt!

Also sind *Ryokan* auch nostalgische Erinnerung an das Japan der Edo-Zeit, als die Menschen dieser Inseln in einer Kultur und einem sozio-ökonomischen System lebten, die nahezu autark waren. Ich folge meinem Gastgeber in das Badezimmer des Hauses, in dem eine große Holzwanne steht, und auch die erinnert mich an mein Badezimmer im Sumiya. Hier fehlt nur die moderne Dusche, unter der ich mich das japanische Ritual befolgend gewaschen habe, bevor ich in die Wanne geklettert bin. Dann schauen wir uns wesentlich kleinere Häuser an, in denen Arbeiter gelebt haben, auch einen öffentlichen Brunnen und die öffentlichen Toiletten, die sie benutzt haben. Die Ausstellung scheut keinesfalls vor dem Thema der sozialen Hierarchie im Japan der Edo-Zeit zurück, die ebenso streng war wie die Einteilung des Tages in zwölf »Stunden«, denen jeweils bestimmte Aktivitäten zugeordnet waren.

Wir fahren mit einer Rolltreppe hinauf in den achten Stock, wo sechs Modelle verschiedene Teile der Stadt in unterschiedlichen Zeitabschnitten zeigen, zwischen dem Anfang der Meiji-Zeit 1868 und den 1950er-Jahren. Dr. Ishige erläutert, dass sie das Leben eines Menschen darstellen, einer Frau namens Etsuko, die der Generation seiner Eltern angehört haben muss.

Eines der Modelle zeigt das Shirokita Bus Settlement von 1948, wo alte Busse zu Notunterkünften umgewandelt wurden. Die Menschen, die in diesen bescheidenen Behausungen lebten, wo zuvor *Machiya* standen, werden von kleinen Plastikfiguren dargestellt, die Mitleid erwecken. Wir, die in Nationen leben, die zum Bündnis der Siegermächte gehörten, neigen heute immer noch dazu, der Kriegspropaganda der Allierten zu glauben, die Japaner seien ausnahmslos fanatische Anhänger des Kaisers und einer Clique von Industriellen gewesen, die das Land in den verhängnisvollen Kolonialkrieg getrieben haben. Um die moralische Ordnung in unseren privaten und kollektiven historischen Welten aufrechtzuerhalten, übersehen wir das Leiden von Japanern wie Etsuko mit einer Herzlosigkeit, die daran erinnert, wie ihre eigenen Herrscher sie als bloße auszuschlachtende Ressourcen betrachteten. Werden wir Briten und Amerikaner je die Gewohnheit überwinden, diese Zeit der Geschichte ausschließlich aus der Perspektive des Siegers zu betrachten?

Etsuko hatte das Glück, erst den Krieg und dann zehn Jahre in einem alten Bus zu überleben, bis sie 1956 eine Wohnung im Furuichi Housing Development bekam. Die vierstöckigen Wohnhäuser erinnern mich an ähnliche Bauten aus derselben Zeit, die ich letzten Juli bei unserer Moskau-Reise in einem Vorort gesehen habe, und die wiederum glichen jenen in Berlin-Haselhorst, in denen meine Frau aufgewachsen ist; bereits zu jener Zeit war die Architektur globalisiert. Doch war das in Japan ein architektonisches Chaos, oder waren die ausgebrannten Ruinen, die diese Bauten ersetzten, noch chaotischer?

Wir gehen aus dem Museum und weiter in die nach Dr. Ishiges Aussage »längste Shopping-Straße von Osaka«, die eigentlich ein Einkaufszentrum ist. Wellen von Diskomusik überrollen uns, hier und da übertönt vom Rat-tat-tat brutaler Videospiele. Die Türen zu einem *Pachinko*-Spielsalon öffnen sich, doch statt des Lärms der Automaten strömt die warme Luft der Heizung aus dem Eingang heraus; drinnen gewinnen und verlieren die Spieler in tröstend temperierter Atmosphäre. Wir biegen ab, und der Doktor erklärt, wir kämen jetzt zum Tenmai *Ichiba*, dem Tenmai-Markt, einem blitzenden modernen Gebäude, vollkommen anders, als ich mir einen Markt in Osaka vorgestellt habe.

Eine Rolltreppe bringt uns in das geräumige Untergeschoss. Der erste Stand, der mir auffällt, verkauft wildes Gemüse. Dr. Ishige zeigt mir *Gogo, Ipadori* und *Fuki*, die ich von verschiedenen Essen auf dieser Reise wiedererkenne, dann fällt meine Aufmerksamkeit auf einen *Tempura*-Shop. Weil solche Läden so zahlreich sind und die Qualität so gut, machen sich nur wenige Japaner die Mühe, *Tempura* selbst zuzubereiten. Das ist wie eine Luxusvariante von Fish & Chips!

Daneben ist ein Fischhändler mit unglaublich frischem *Uni*, Seeigel, dessen Anblick mir das Wasser im Mund zusammenlaufen lässt. Es gibt auch wunderschön marmorierten *Toro*, Thunfischbauch, und *Kujira*, eine Art Schinken aus Walfleisch. Dr. Ishige erklärt mir, dass beide traditionell als Arme-Leute-Essen galten, bis sie in den Notzeiten nach dem Krieg von allen gegessen wurden und ihr Ansehen stieg. »In meiner Jugend«, sagt er, »war Walfleisch mit das billigste, jetzt ist es das teuerste!«

Man mag mich einen Sadisten nennen, aber ich kann keinen grundlegenden Unterschied zwischen dem Verzehr von Wal und Wildschwein erkennen. Schweine, sowohl wilde als auch Hausschweine, sind hochintelligente Tiere und uns genetisch näher als Wale. Natürlich müssen gefährdete Arten geschützt werden, aber wir stellen Wale einfach über Schweine, weil die Laute, die sie von sich geben, uns urig und geheimnisvoll erscheinen und sie sich »anmutiger« bewegen; da geht es vor allem um ästhetische Fragen.

»Japaner, die Fisch mögen, sagen, dass der Kopf und die Innereien am besten schmecken«, sagt der offensichtlich fischliebende Dr. Ishige genüsslich. Er erzählt, dass der geschmorte Fischkopf, dem ich in Isawa-Onsen begegnet bin, *Kai* genannt wird, und der Fisch, den es zum Frühstück am letzten Morgen im Sumiya gab – waren sie froh, dass ich endlich ihr Frühstück gegessen habe! –, gegrillter *Wakasagi* war, eine Art japanische Sardine. Wir fahren wieder mit der Rolltreppe hinauf ins Erdgeschoss und gehen hinaus, an einem Mini-Fitnessstudio und einem Stand mit Fleisch vorbei, der alles inklusive Därmen verkauft.

»Das ist der Kita-Bezirk, der chaotischste Teil von Osaka«, sagt Dr. Ishige, während wir eine andere Straße mit Ständen auf beiden Seiten entlang laufen. Dann springen wir wieder in ein Taxi und werden Teil des dichten, aber fließenden Verkehrsstroms. Wie groß ist Osaka?

»Heute hat die Stadt vier Millionen Einwohner, etwas größer als Berlin, aber klein im Vergleich zu Tokio«, kommt die Antwort. »Aber bis zum letzten Weltkrieg war Osaka die größte Stadt Japans, weil sich Ende des 19. Jahrhunderts die Textilindustrie hier ansiedelte. Heute gibt es immer noch etwas Textilindustrie, aber in den Vororten dominiert die Stahlindustrie. Osaka ist bekannter für spezialisierte Maschinen, kleinere Firmen mit hoher Qualität, auch traditionelles Handwerk«, berichtet er.

Plötzlich stoppt das Taxi abrupt, wir steigen aus, und Dr. Ishige erklärt, wir gingen jetzt zum Kuromon-*Ichiba*. »Die Qualität ist dort so gut, dass auch viele Köche dort einkaufen.« Ich hole meine Digitalkamera, um das alles für meine Frau festzuhalten, und schieße drauf los, während wir an Vitrinen und Kühltheken vorbeigehen; der beste Thunfisch, abgepacktes Walfleisch, *Warabi*, japanische Farnsprossen, frischer *Wasabi* und *Hire*, die Flossen des Fugu-Fischs, die zum Trocknen auf grob behauene Bretter genagelt sind. Alles wirkt unglaublich frisch.

Dann stehe ich plötzlich vor einem riesigen Aquarium voller knubbeligrunder Fugu-Fische, komplett mit Flossen und giftiger Leber. Sie bewegen sich auf eine bemerkenswert wenig elegante Art, und ihre Blicke scheinen irgendwie verachtungsvoll. Ich versuche sie zu fotografieren, aber die Glaswand des Beckens reflektiert das Blitzlicht immer wieder direkt zurück in die Kamera, als spuckten mir die Fugus voller Hohn ins Gesicht.

Wir gehen hinaus und sind beinahe sofort beim Doguyasuji *Ichiba*, dem Markt, von dem Richard Hosking an dem Abend in London so geschwärmt hat, an dem er Dr. Ishige überzeugte, mich durch Osaka zu führen. Der erste Laden, zu dem mich der Doktor jetzt führt, ist auf Kochmesser spezialisiert, ein Palast im Dienste japanischer Kochmesser-Kultur! Ich weiß sofort, dass ich ein *Sashimi*-Messer für meine Frau kaufen muss. Ich entscheide mich für eines aus Sakai, südlich von Osaka, das dem Doktor zufolge berühmt ist für diese Art von Messern. Der Griff ist aus Kirschholz und Wasserbüffelhorn, und die Form ist über 300 Jahre alt.

Dann kommen wir in einen Laden, in dem es alle Arten von Plastikimitationen von *Sushi* und anderen japanischen Gerichten gibt. Dort erstehe ich passend zum Messer ein absolut überzeugendes Stück Lachs-*Sashimi*; man meint zu erkennen, wo die Messerschneide durchs Fleisch geglitten ist. Wieder läuft mir das Wasser im Mund zusammen!

Als wir draußen stehen, merke ich, wie warm es geworden ist, obgleich die Sonne bereits niedrig und golden am Himmel steht. Wir kommen an mehreren *Pachinko*-Salons vorbei, komplett mit schreiendbunten Leuchtzeichen. SLOT ZONE und AMUSE FACTORY verkünden sie. Neben einem McDonald's verkauft ein Stand der *Tokoyaki* Krakenbällchen, und die Warteschlange dort ist wesentlich länger als die bei den amerikanischen Hackfleischklopsen.

Wir überqueren eine altmodische Kanalbrücke, zweifellos eine Rekonstruktion eines historischen Originals, die zwischen den Hochhäusern vollkommen deplatziert wirkt. Doch das Spiel des Lichts auf dem Wasser und den Gebäuden lässt mich unvermutet innehalten; diese Hochhäuser sind quasi das Gegenteil der traditionellen Architektur.

Dr. Ishige bleibt vor einem Gebäude stehen, dessen Fassade mit winzigen cremefarbenen Fliesen besetzt ist, eine sechsstöckige modernistische Nullität und ein sicherer Kandidat für den Titel »banalstes Gebäude Japans«; was durchaus eine Leistung darstellt in einem Land, das während des Baubooms der 1960er-Jahre weltführend im Errichten gesichtsloser Gebilde war. Wenn der Doktor mir jetzt mitteilen würde, es handle sich um das Quarantänezentrum für Menschen mit ansteckenden Krankheiten, einen Bunker für den Fall einer Nervengas-Attacke oder ein Lager für giftige Chemikalien, wäre ich gar nicht überrascht.

»Dieses Gebäude ist voller Restaurants, kommen Sie mit!«, sagt er stattdessen und scheint voll der Vorfreude eines japanischen Food-Historikers, der seine Geschichte ebenso gern isst, wie er darüber liest und spricht. Wir gehen eine Treppe hinunter, einen schmalen Gang entlang, an dem *Noren*, die traditionellen Stofftücher hängen, die geöffnete Läden und Restaurants kenntlich machen. Kurz vor dem Ende des Gangs betreten wir ein winziges Restaurant auf der rechten Seite.

An einem Holztresen gibt es acht Plätze rund um die offene Küche, an einem Tisch zusätzliche sechs. Dr. Ishige stellt mich dem beleibten, schnurrbärtigen Koch vor, Mr Otani Susumu, Chef des Taru Bistro. Er erklärt, er habe eine klassische *Sushi*-Ausbildung, aber auch beträchtliche kulinarische Erfahrung in verschiedenen europäischen Ländern gesammelt und kreiere seine eigenen Gerichte. Wir setzen uns an die Bar, und es beginnt eine lange und ausführliche praktische Erkundung der japanischen Küche.

Gekühlter *Sake* wird in weiße Porzellanschälchen eingeschenkt, und Dr. Ishige fragt mich, während sich der Koch an die Arbeit macht, ob ich rohen Fisch esse, eine rituelle Frage, die ausländischen Gästen von höflichen japanischen Gastgebern wohl grundsätzlich gestellt wird. Ich bejahe sie voller Begeisterung, dann geht ein Leuchten über sein Gesicht, als das erste Gericht vor uns gestellt wird.

Es sieht aus wie ein komplettes Essen! Ein Berg von geraspelter Karotte, Selleriewurzel und Kyoto-Lauch in einem Dressing wird gekrönt von gekochten Langustinen und Abalone; zweifellos eine von Mr Susumus Kreationen. Die geschmackliche Kombination und die Frische der Zutaten sind grandios, und selbst wenn gewisse Aspekte der Zubereitung eindeutig auswärtigen Ursprungs sind, erscheint mir dieses Gericht durch und durch japanisch.

Ich leere bereits mein zweites Schälchen *Sake*, da stellt Mr Susumu blauweiße, hohe Keramikbecher mit einer wasserhellen Flüssigkeit vor uns auf den Tresen, deren Inhalt verdächtig wie eine weitere, erschreckend große Dosis *Sake* aussieht. Dann bringt er eines der grob behauenen Bretter mit *Hire*, getrockneten Fugu-Flossen. Mit Hilfe einer Zange zieht er die Klammern heraus und packt einige der Flossen mit seinen extralangen Koch-Stäbchen in unsere Becher. Er zündet die wasserhelle Flüssgkeit mit einem Elektrozünder an, und blaue Flammen züngeln auf. Die Fugu-Flossen kringeln sich in der Hitze des brennenden Alkohols wie welkende Orchideen – ist das irgendeine merkwürdige Art von Suppe oder eher ein altes Shinto-Ritual, um Feuer und Wasser zu vereinen?

»Wir feiern den Duft des Fugu-Fisches!«, bemerkt Dr. Ishige mit großem Genuss, was aber überhaupt nicht erklärt, worum es sich bei diesem Gericht oder Getränk nun handelt. »Der Chef sagt, es wärmt den Körper!«. Das ist ein interessanter Teil des kulturellen Kontexts, sagt aber nichts über den Kontext des Becherinhalts an sich aus. Ich denke wieder an das Versprechen, das ich mir selbst gegeben habe – »ich esse und trinke alles« – würde aber doch gerne wissen, ob es sich um ein Getränk oder eine Suppe handelt.

Die Flamme erlischt, der Koch fischt die Fugu-Flossen mit seinen Stäbchen heraus und legt sie auf einen kleinen Teller, den er vor meinen Becher stellt. Also gebe ich mir einen innerlichen Ruck, greife nach meinen Stäbchen und strecke sie nach einer der Flossen aus.

»Nein, nein«, brechen die beiden daraufhin in Gelächter aus. Sie haben mich ganz bewusst den Gartenweg entlang geführt, um zu sehen, ob der naive Westler mit einem »Plopp!«, in diesen merkwürdigen *Sake*-Teich springen würde. Und natürlich habe ich ihnen den Gefallen getan. Mein Gastgeber erklärt freundlich, dass *Hire Sake* nicht gegessen, sondern getrunken wird.

Sie schauen mich beide erwartungsvoll an. Jetzt ist der Moment der Wahrheit gekommen. Ich nehme den Becher in die Hand, gebe mir wieder diesen Ruck und wage dann einen großen Schluck der warmen Flüssigkeit. Sie erinnert mich sofort an das Aroma gegrillter

Forellenhaut, eine positive Assoziation aus meiner Kindheit, der geschmackliche Abschluss frühmorgendlicher Angel-Ausflüge mit meinem Großvater in Devon. Ich hätte nie erwartet, dass ein Getränk diese gedankliche Verbindung bilden könnte; das Ganze ist so weit weg von westlichem Weingenuss wie nur vorstellbar!

Sie sehen mir wohlwollend zu, wie ich einen zweiten und einen dritten Schluck nehme. Man braucht tatsächlich auch bei entsprechenden Wein-Situationen mindestens drei Schlucke, um die Art von Schock zu überwinden, die auf Vorurteilen beruht, und ich muss zugeben, dass das verrückte »Feuerwasser« immer interessanter schmeckt. Dann nehme ich einen Schluck vom normalen *Sake* zum Vergleich, und der schmeckt jetzt extrem intensiv nach Reis, als tränke ich flüssigen Reis.

»Würden Sie gern einen Reisbrand aus der Präfektur Okinawa probieren, von der Hauptinsel Okinawa?«, fragt Dr. Ishige, obgleich es nach diesem bestandenen Test in meinen Ohren eher wie eine rhetorische Frage klingt, die abzulehnen meine Grundsätze als Forscher gar nicht gestatten. »Okinawa war der erste Ort in Japan, wo Branntwein hergestellt wurde.«

Mr Susumu greift nach einer Bambuskelle und taucht sie in ein Gefäß, das einer kugelrunden Amphore in einem geflochtenen Korb gleicht und Griffe hat. Er präsentiert mir einen kleinen *Sake*-Becher mit heller Flüssigkeit, und ich muss zugeben, dass dieser *Shūchō* wesentlich aromatischer schmeckt als alles, was ich sonst in der Art probiert habe.

»Das war der Alkohol der armen Leute«, erklärt der Doktor weiter, »aber jetzt gilt *Shūchō* als gut für die Gesundheit und ist sehr in Mode.« Das erinnert mich an die Situation mit dem Walfleisch und dem *Toro*; alles Geschichten der Wandlung wahrgenommener Wertigkeit. Sicher gilt das auch für andere Produkte, und viel von dem, was ich Westler als historische und glanzvolle kulinarische Traditionen empfinde, ist nicht annähernd so unveränderlich, wie ich es annehmen möchte.

Mr Susumu reicht meinem Gastgeber einen Esslöffel, den dieser wiederum mir entgegen streckt, in genau der Weise, wie meine Mutter mir als kleines Kind einen Löffel mit irgendwelcher Medizin zu verabreichen pflegte. Ich starre auf den Löffel, auf dem dünne, wurmartige Gebilde in einer trüben, rosabraunen Lake schwimmen. Ich habe kein gutes Gefühl, wenn ich mir das noch länger anschaue, wird mir übel werden. Zumindest scheint sich nichts zu bewegen, aber ich habe keinen Zweifel, dass mein Entschluss des Alles-Essens hier wieder auf die Probe gestellt wird. Ich greife also nach dem Löffel und halte ihn mir prüfend unter die Nase; zweifellos etwas Fischiges. Was ist das?

»Fisch, aber nicht genau Fisch, kann nicht das englische Wort erinnern«, murmelt der sonst so unerschöpfliche Quell aller kulinarischen Dinge an meiner Seite. Auf das Schlimmste gefasst, schiebe ich mir mit innerer Todesverachtung den Löffel in den Mund – und werde mit einem milden, keineswegs unangenehmen Fischaroma belohnt. Ich schlucke langsam, doch es steigt auch kein merkwürdiger Nachgeschmack auf, vielmehr scheint mein Gaumen wie erfrischt.

»Jetzt erinnere ich mich!«, ruft der Professor mit Begeisterung, als sei er plötzlich von schwerem Gedächtnisschwund genesen, »vergorene Därme von Seegurke, *Konowata*.« Mir fällt ein, dass Richard Hosking erzählt hat, eine Gruppe japanischer Gourmets habe im 18. Jahrhundert entschieden, Seegurke gehöre zusammen mit *Uni* und *Karasumi*, gesalzenem, getrocknetem Meeräschenrogen, zu den *Tenka Sandai Chinmi*, den drei höchsten Köstlichkeiten der japanischen Küche. Jetzt habe ich sie alle kennegelernt.

Mr Susumu schneidet jetzt ein Stück *Toro* mit einem eigenartig altmodisch wirkenden, kurzen Messer auf. Ich befrage den Doktor dazu, und er sagt, dass dieses *Sashimi*-Messer ursprünglich genauso lang war wie das, das ich gerade gekauft habe, jetzt aber nur noch etwa ein Drittel misst, weil es in den 20 Jahren, seitdem er ins Taru Bistro kommt, intensiv im Einsatz war. Der *Toro* schmeckt hervorragend, er schmilzt förmlich auf der Zunge und bringt mich zu der Erkenntnis, dass Osaka noch eine ganz andere, verborgene Seite neben der offensichtlichen lauten und direkten besitzt, und dass dies zweifellos Teil davon ist. Wiederum ist die Portion sehr generös, aber zum Mittagessen habe ich nur eine meiner Notrationen gegessen, ein paar Haferkekse, also warum nicht?

»Ich bin gerade zurück aus New York«, erzählt Dr. Ishige, »dort gibt es 800 japanische Restaurants, und viele davon haben 50 oder sogar 60 verschiedene *Sakes* auf der Karte, als wäre es Wein.« Ich fühle mich Lichtjahre entfernt von der Welt der Traube, aber auf einmal scheint uns Scotty vom Raumschiff Enterprise zurück auf Planet Wein gebeamt zu haben.

Diese plötzliche Wende in unserem Gespräch lässt mich an einen Aufsatz von Katarzyna Cwiertka denken, den ich vor kurzem gelesen habe, mit dem Titel »Western Food and the Making of the Japanese Nation State«. Darin zeigt sie, wie westliches Essen zusammen mit westlicher Wissenschaft, Technologie und anderen Aspekten unserer Kultur seit den Anfängen der Meiji-Zeit nicht von Europäern in die japanische Kultur transplantiert wurde, sondern von der Meiji-Regierung und ihren Nachfolgern bewusst als Mittel eingesetzt wurde, um die Bevölkerung des Landes im Hinblick auf ihre politischen und militärischen Ziele zu manipulieren. Cwiertka vertritt die Auffassung, dass dieser Prozess mit der Einführung westlichen Essens in den Kreisen der japanischen Elite in den 1870er-Jahren begann, wodurch dies einen hohen Status erlangte und für die niedrigeren Schichten begehrenswert wurde.

Eine Beobachtung, die sich mir besonders einprägte, war, dass dies eine Veränderung bedeutete, die viel weitreichender war als nur ein bloßes Umschreiben des Speiseplans. »Auf Stühlen zu sitzen und mit Besteck zu hantieren, war für die Japaner eine Tortur an sich … außerdem erforderte ein Bankett westlichen Stils, dass die Teilnehmer westlich gekleidet sein mussten, was für viele Mitglieder der japanischen Oberklasse ein Abenteuer darstellte.« Das Essen selbst, das heißt »der herausfordernde Geschmack von Butter, Rindfleisch und Wein« erschien wahrscheinlich vielen von ihnen nicht als das größte Problem!

Wahrscheinlich lässt sich der Ausgangspunkt dieser Verwandlung präzise auf den Abend des 4. November 1871 datieren, als eine Gruppe ausländischer Diplomaten und Beamter vom japanischen Außenministerium anläßlich des Geburtstags des Kaisers ins Hôtel des Colonies in Tokio zu einem Diner eingeladen wurden.

Als wir heute Nachmittag vor einem Fleischstand die Tabletts mit wunderbar marmoriertem *Wagyu*-Rindfleisch in der Kühlteke bewunderten, erklärte mir der Doktor, dass Fleischverzehr zwar sehr lange verboten gewesen war, aber auch toleriert wurde, vor allem für Personen gehobenen Standes und wenn es diskret geschah. Meistens handelte es sich dann um Wild, und es galt als die unaufdringliche Demonstration eines Adligen, dass er über den allgemeinen Regeln stehe. Ab 1875 wandelte sich Rindfleisch mit der Einführung der französischen Küche am kaiserlichen Hof allmählich von einem unreinen Lebensmittel in ein Symbol des Fortschritts und der männlichen Stärke. Essen und Trinken sprechen eine höchst emotionale Sprache, die der einfache Mensch in Japan ebenso gut versteht wie in anderen Ländern. Und wie man sagt, sind wir, was wir essen, sei es Rind und fortschrittlich oder *Sake* und cool.

Bei *Sake* in den Restaurants von New York City geht es definitiv darum, zu zeigen, dass man dieses »exotische« Getränk mit der fremden Geschmackslogik und einer ganz anderen Klassifizierung als Wein, Bier, Whisky oder ähnliches versteht. Kurz gesagt, geht es um das Zurschaustellen kosmopolitischen Kennertums, und darin ist der große New Yorker Connaisseur zweifellos Meister. Ich erinnere mich an ein Abendessen im Restaurant Chanterelle in Manhattan vor ein paar Jahren, als mir in Begleitung des Menüs eine komplette *Sake*-Verkostung angeboten wurde. Ich lehnte ab, weil es mir vollkommen unpassend erschien, *Sake* statt Wein zu einem Menü zu trinken, das in Stil, Zubereitung und Inspiration durch und durch französisch war. Aber das juckte die meisten Gäste offensichtlich nicht, sie fanden es einfach nur cool.

Uns Westlern erscheint es übertrieben, uns japanisch zu kleiden, an einer niedrigen Bar oder auf einer *Tatami*-Matte auf dem Boden zu sitzen und *Sake* aus einem Porzellanschälchen zu trinken, um es authentisch zu erleben. Wir möchten auf den gewohnten hohen Stühlen sitzen, in unserem eigenen kulturellen Rahmen, um aus einer Position kultureller Überlegenheit heraus Erzeugnisse anderer Kulturen betrachten zu können und uns von ein wenig »exotischer« Färbung unterhalten zu lassen.

In diesem Sinne sind die Japaner, so streng ihre Denkweise und ihr Benehmen uns oft erscheinen mag, offener in der Art, wie sie Elemente aus unserer Kultur übernommen haben. Ihre Weinperspektive mag einseitig französisch sein, aber sie beschäftigen sich mit Wein mit einer Ernsthaftigkeit, die wir *Sake* kaum je zugestehen.

»*Suppon*, Süßwasser-Schildkröte, gehört zum Teuersten in Japan«, unterbricht Dr. Ishige mich in meinen Gedanken, »die Schildkröte, die der Koch für uns zubereitet, hat zwischen 6000 und 7000 Yen gekostet.« Glücklicherweise scheint sie eindeutig tot. Das Fleisch wandert in eine Art Suppe mit viel Reis. Mr Susumu lässt ein großes Stück *Kombu* in den Topf gleiten, dann schneidet er Zitronenschale in Streifen und Schalotten in Würfel. Die Schüsseln, in denen er uns die Suppe serviert, sind sehr groß, und er garniert das Ganze mit der Zitrone und den Schalotten.

»Für Japaner ist diese Art Schildkröte sehr gesund«, höre ich dazu vom Doktor, »sie macht einen sehr kraftvoll, besonders die Geschlechtsorgane!« Mir ist die ostasiatische Versessenheit auf Aphrodisiaka aus Thailand vertraut, wo sie absolut keinen Effekt bei mir zeigten, obgleich ich sie in aus einheimischer Sicht extremen Dosen zu mir genommen hatte. Aus der vertraulichen Art, mit der der Doktor das Thema anspricht, schließe ich, dass auch er die Wirkung des *Sake*s spürt. Vorsichtig koste ich ein Stück von dem Schildkrötenfleisch, das eine sehr ungewohnte Konsistenz hat, irgendwo zwischen fisch-artig weich und gelatinös, aber nach dem zweiten und dritten Bissen habe ich mich daran gewöhnt, und es schmeckt mir wirklich gut. Trotzdem habe ich Schwierigkeiten, die Schüssel zu leeren, und bin deshalb froh, als der Doktor eine Mild-Seven-Zigarette in seinen weißen Zigarettenhalter schiebt und sie anzündet. Es ist ein Signal.

Nach einer Zigarette schlägt mein Gastgeber vor, mich durch das

Stadtzentrum zurück zum Hotel zu begleiten, da jetzt am meisten los sei. Gestärkt von *Sake* und *Shūchō* bin ich zu allem bereit – außer einem Test, wie die Schildkröte wirkt –, und wir machen uns auf den Weg.

Wir fahren mit der U-Bahn, und als wir aus deren Eingeweiden wieder auf die Straße treten, empfängt uns das Zentrum des nächtlichen Osaka mit seiner ganzen verwirrenden Fülle an Farbe und Schatten, Bewegung und Energie. Selbst wenn ich *Kanji* lesen könnte, wäre ich wahrscheinlich nicht in der Lage, die meisten der kalligraphischen Schilder in dieser unglaublich langen Straße zu deuten, entlang der das junge Osaka das Neueste hauteng zur Schau stellt. Zu Hause müsste man in einen der wildesten Clubs gehen, um eine so polymorphe Menagerie an Sexbomben zu erleben, und selbst in Tokio war alles ästhetischer und geordneter als hier. Glücklicherweise zeigt das Schildkrötenfleisch keinen Effekt.

Am Hauptbahnhof gehen wir wieder in die U-Bahn hinunter, in eine komplette unterirdische Einkaufsstadt, deren Schaufenster ein glitzerndes exhibitionistisches Panorama des Luxus bilden. Die Massen wälzen sich durch das Marmor- und Chromparadies, und ich muss mich anstrengen, um mit dem Doktor Schritt zu halten, den unser Fest erstaunlich beschwingt zu haben scheint. Wir steigen in einen Zug und fahren über den Fluss zurück in die Richtung, wo sich mein Hotel befindet. Als wir die Lobby erreichen, bedanke ich mich für seine Großzügigkeit, seine Zeit, sein Wissen und ein zweifellos sehr teures Essen und wünsche ihm dann eine gute Nacht. Er strahlt vor Freude, dass mir sein Osaka so gut gefallen hat.

Natürlich habe ich bereits mehr als genug getrunken, aber das ändert nichts daran, dass ich Lust auf Wein habe, nur ein Glas Trauben-Wein, deshalb nehme ich den Fahrstuhl hoch zur Hotelbar. Mit der Holztäfelung und dem Tresen aus schwarzem Granit spielt diese eine ganze Klasse höher, als es sich für ein Hotel mit Plastikkapselbädern gehören würde, aber warum nicht? Ich setze mich an die Bar und schlage die Karte auf. Das Angebot an offenen Weinen ist langweilig, dehalb bestelle ich ein Glas Champagner, was der uniformierte Barmann gerade so versteht. Innerhalb von Sekunden steht es vor mir.

Ein Glas Champagner in einer Hotelbar gehört zu den großen Touristenklischees, und wie ein dummer Tourist bin ich darauf hereingefallen! Das Zeug ist süßsauer und bitter zugleich. Ich kann das unmöglich trinken nach all den subtilen und ungewöhnlichen Aromen des großartigen Menüs im Taru Bistro, in dem traditionelle japanische Gerichte mit elaborierten westöstlichen Kreationen abwechselten. Deshalb bestelle ich einen hiesigen Whisky, den Hokuto 12 years old Single Malt. Der Barmann lächelt, als er mir ein Glas Whisky hinstellt, das noch größer als der Keramikbecher beim *Hire Sake* ist. Der Whisky schmeckt ein wenig weich im Vergleich mit den torfigen Hardcore-Islay Malts, aber ist von beeindruckender Reinheit. Auch das ist längst Teil der japanischen Trinkkultur.

16. April 2007 Als ich am Morgen im Rihga Royal Hotel in Hiroshima aufwache, schreit es in mir »Nein! Nein! Nein!«, – in meinem Kopf läuft ein schlechter Katastrophenfilm namens »*Shampans* Rache« ab, mit einem Godzilla-artigen Monster. *Shampan* ist Umgangssprache für Champagne. Wenig erfolgreich versuche ich, das Monster zu übersehen, und schlucke dann ein paar Kopfschmerztabletten, die so effizient sind, dass sie in den meisten westlichen Ländern nicht frei erhältlich sind. Als die Tabletten ihre Wirkung zeigen und die gräßlichen Bilder der Verwüstung verblassen, steige ich unter die Dusche, ziehe mich an und bin auf wundersame Weise pünktlich bei meiner Verabredung mit dem Weinhändler Takamori Yoshinaga und einem jungen Japaner, der sich als Yoshio vorstellt, ein *Sushi*-Kochlehrling.

Gewissermaßen ist Mr Yoshinaga mit schuld an meinem desaströsen Zustand. Nachdem er mich gestern am späten Nachmittag an meinem Hotel abholte, ist alles schrittweise außer Kontrolle geraten.

»Meine Mutter ist eine *Hibakusha*, eine Überlebende«, hat er mir mit verblüffender Offenheit als Erstes erzählt. »Sie ist jetzt 84 Jahre alt und im Rollstuhl, sie redet nicht viel. Sie befand sich zwei Kilometer vom Hypozentrum, als sie der Bombe ausgesetzt war.« Die Direktheit war im japanischen Kontext frappierend.

Das Hypozentrum ist der Punkt, über dem die Atombombe am 6. August 1945 um 8.15 Uhr in 580 Meter Höhe explodierte. Damals stand dort das *Shima Hospital*, dessen Gebäude derart intensiver Strahlung ausgesetzt wurden, das die Temperatur am Hypozentrum irgendwo zwischen drei- und viertausend Grad Celsius lag, hoch genug, um jeden Unglücklichen auf der Straße augenblicklich verdampfen zu lassen, bevor einen Bruchteil einer Sekunde später die Druckwelle mit einer anfänglichen Stärke von sieben Tonnen pro Quadratmeter alles pulverisierte.

Heute erhebt sich eines der vielen anonym wirkenden, mit winzigen weißen Fliesen verkleideten japanischen Wohnhäuser an dieser Stelle. Auf dem Bürgersteig daneben steht der *Hypocentre Marker*, ein Monolith aus rosa Granit mit einem historischen Foto der Ruinen hier kurz nach dem Angriff. Es ist einer von mehr als 100 solcher Merksteine, die über ganz Hiroshima verteilt sind.

Im Hiroshima Peace Memorial Museum habe ich gestern ein Faksimile von Befehl Nummer 13 des 2. August 1945, unterzeichnet von Acting Chief of Staff General Thomas T. Handy, gesehen. Da wird das Ziel der Bombe als »Hiroshima urban industrial area« beschrieben in Übereinstimmung mit den am 31. Juli 1945 vereinbarten Ziel-Anforderungen: »ein großes städtisches Gebiet von nicht weniger als drei Meilen Durchmesser.« Anders als Dutzende anderer japanischer Städte, die zu diesem Zeitpunkt bereits von amerikanischen Feuerbomben zerstört waren, würde Hiroshima verschont, um die Auswirkungen der Atombombe auf »unversehrte« Ziele beobachten zu können. Im Museum wurde die überzeugende Hypothese zum Ausdruck gebracht, ein Grund, warum Hiroshima ausgewählt wurde, sei, dass es hier kein Kriegsgefangenenlager gab.

Bis Ende 1945 waren rund 140 000 Menschen in Hiroshima gestorben, mehr als 95 Prozent davon Zivilisten und unter ihnen unzählige Tausende von Kindern – was angesichts der Beschreibung des Ziels der Bombe durch das amerikanische Militär kaum überrascht. Wie die *Hibakusha* selbst dieses Ereignis schildern – »Ich lernte die A-Bombe kennen« ist eine weit verbreitete Redewendung –, sagt alles darüber aus, wie sie sich mühen, sich trotz oft unvorstellbarer Schmerzen nicht zum Gegenstand westlicher Aggression zu degradieren.

Im Museum in Hiroshima war ich sehr überrascht, wie die Ausstellung mit einem schonungslosen geschichtlichen Exkurs über die militaristische Expansionspolitik Japans und Hiroshimas Rolle dabei begann. Das ist exakt das Gegenteil von dem, was im Museum der Yasukuni Shrein in Tokyo, der zentralen Gedenkstätte für japanische Kriegsopfer, zu sehen ist. Dort gibt es neben einer systematischen Verharmlosung und jeder Menge Ausreden für die von Japan verschuldeten Kriegsgreuel eine Gedenktafel aus dem Jahr 1985: »Etwa 6000 Männer starben in Kamikaze-Angriffen, die in ihrer tragischen Tapferkeit unübertroffen waren und die Herzen unserer Feinde mit Schrecken erfüllten. Die gesamte Nation weint aus Dankbarkeit für ihre unnachgiebige Treue und selbstlosen Opfer.«

Den britischen und amerikanischen Touristen nach zu schließen, die ich im Museum sah, scheinen manche »normalen« Leute ihren jeweiligen Regierungen weit voraus in der Beschäftigung mit der Frage, warum die Atombomben hier und in Nagasaki abgeworfen wurden. Welcher bedeutende britische oder amerikanische Politiker hat Hiroshima je besucht oder Worte des Bedauerns ausgesprochen über das, was hier passiert ist? Sie würden wahrscheinlich sagen, das sei inzwischen Geschichte. Ich kann mir aber nicht vorstellen, dass heute Nuklearwaffen immer noch auf Städte gerichtet wären, wenn die verantwortlichen Länder diese Geschichte aufgearbeitet hätten.

Als wir gestern an dem modernen Yoshinaga-Haus, das auch die gleichnamige Weinhandlung beherbergt, ankamen, erzählte Mr Yoshinaga: »Mein erstes Weinerlebnis war ein Gewürztraminer von Hugel aus dem Elsass; sehr aufregend. Dann bin ich *Shampan* begegnet. Heute Abend gibt es *Shampan*! Ich will diesen Abend; morgen ist nichts!«, So fing eine wunderbare und verrückte Begegnung und ein versoffener Abend an.

Jetzt fahren wir an der Mazda-Autofabrik mit der längsten Fertigungsstraße der Welt vorbei. Es ist der größte Industrie-Arbeitgeber der Stadt, ein Grundstein des hiesigen Wirtschaftsaufschwungs nach dem Krieg und somit des emotionalen Wiederaufbaus. Für den Stolz der Bürger ist allerdings der Sieg des Hiroshima-Carp Baseball-Teams in der Nationalmeisterschaft 1975 wahrscheinlich von noch größerer Bedeutung; endlich hatte die Stadt etwas zu feiern, das nichts mit der Atombombe und den dadurch ausgelösten Friedensfestivals zu tun hatte. Die Carps, die Karpfen, wurden 1950 gegründet, in den Anfangszeiten des Wiederaufbaus, und taten sich anfangs schwer, ohne Sponsoren zu überleben, und das machte ihren Sieg noch bemerkenswerter.

Als ich gestern in der Stadt eintraf, brauchte mein Taxi eine Viertelstunde für die letzten 200 Meter zum Hotel wegen der Menschenmassen, die zu einem Heimspiel der Karpfen wollten. Deshalb kam ich zu spät zu einem Treffen mit Mr Uchida, dem Sommelier des Hotels, aber er war mit dem Phänomen Karpfen-Stau bestens vertraut und hatte vollstes Verständnis. Natürlich kann die Tatsache, dass die Geschicke von Mazda seit nahezu zehn Jahren von Ford in Detroit entschieden werden, auch etwas mit der Beiläufigkeit zu tun haben, mit der Mr Yoshinaga von Mazda spricht.

Heute geht es um *sake*, und der erste Halt ist Kamotsuru in Saijo, was noch zur Präfektur Hiroshima gehört, und meinem Gastgeber zufolge ein »sehr berühmter *Sake*-Erzeuger, in West-Japan die Nummer Eins.« Nach Mazda steigt die Autobahn kurvig in einem Tal zwischen den Bergen hinauf, und das *Shampan*-Monster regt sich in meinem Magen. Dann weitet sich das Tal glücklicherweise, und die Straße wird wieder geradliniger. Im Gegenzug tauchen nun auf beiden Seiten Fastfoodläden, Autohäuser, Supermärkte, Tennisplätze und ein italienisches Restaurant namens Paganini auf.

Wir halten vor einer weißen, halb europäischen, halb japanischen Fassade aus dem 19. Jahrhundert, der Kamotsuru Brewery, deren

Name in weißen *Kanji*-Zeichen auf den roten Ziegeln des hohen, eckigen Schornsteins prangt. Obgleich wir *Sake* mit Reiswein übersetzen, entsteht er in Brauereien, nicht in Weinkellern. Doch der nüchterne Business-Touch dieses Ortes und sein Alter lassen mich an den historischen Industrielook des Anwesens von Champagne Krug in Reims/Frankreich denken. Zweifellos handelt es sich um ein Beispiel des Strebens nach *Bunmei Kaika*, nach westlichem Fortschritt während der Meiji-Zeit.

Als wir auf das nächstliegende der Gebäude zugehen, kommt uns ein Mann mittleren Alters entgegen, in westlichem Business-Outfit bis auf das dunkelblaue lose sitzende *Haoni*, das er statt eines westlichen Jacketts trägt. Er begrüßt uns auf Japanisch, und da wird mir klar, warum uns Yoshio begleitet: Er ist heute der Dolmetscher. Er erklärt mir, dass wir zuerst ein Video über die Geschichte der Firma und die *Sake*-Erzeugung anschauen werden, dann machen wir einen Rundgang durch die Brauerei, und schließlich wird es eine Verkostung geben. Wir gehen hinein und setzen uns in die Mitte auf Klappstühle, die vor einem DVD-Player mit Plasma-Bildschirm aufgestellt sind.

Das erste Bild ist ein Dämon, dann kommen die zwei wichtigsten Dinge für die *Sake*-Bereitung, Reis und Wasser aus einem Gebirgsbach. Vielleicht ist der Dämon ein Bergfluss-Dämon, oder ist es ein *Sake*-Dämon? Wie auch immer, obgleich der Film auf japanisch ist, besitzt er so viele ausdruckstarke Bilder, dass ich in Verbindung mit meinen rudimentären Kenntnissen der *Sake*-Herstellung ihm halbwegs folgen kann. Der erste Teil des Herstellungsprozesses ist die Vorbereitung des ursprünglich braunen Reises, der poliert wird, um nicht nur die Hülse, sondern auch einen bestimmten Teil der Eiweiß- und Fettstoffe zu entfernen, die zwischen der Hülse und der Stärke in der Mitte des Korns sitzen und zu unangenehmen »Gärnebenaromen« führen können. Das spielt eine entscheidende Rolle für den Geschmack des fertigen Produkts; der Reispolierungsgrad ist auf dem Etikett angegeben und besagt, wieviel Prozent des Korns nach dem Polieren übrig sind.

Ich habe keine Ahnung, wie entscheidend die Reissorte für den *Sake*-Geschmack und -charakter ist, aber in den neuesten Statistiken von 2003, die ich finden konnte, war von mindestens 83 verschiedenen Sorten die Rede, die auf insgesamt 13 446 Hektar angebaut wurden.

Dann folgen Bilder der dunklen Brauerei-Hallen, wo ein uniformierter Arbeiter, vielleicht sogar der *Toji*, der Brauereimeister und General Manager, erst in Wasser eingeweichten Reis begutachtet, dann Reis beim Dämpfen; die letzten Vorbereitungsschritte, bevor ziemlich viele biologische Aktivitäten einsetzen. Das ist alles ganz anders als beim Wein, weil zwei simultane Prozesse in Gang gebracht werden müssen, die zeitgleich ablaufen und unter Fachleuten als »vielseitige Parallelgärung« bezeichnet werden. Auf dem Bildschirm sind jetzt Arbeiter mit nacktem Oberkörper zu sehen, die gedämpften Reis auf einem Tisch ausbreiten und ihn mit *Koji-Kin*, dem Koji-Pilz oder *Aspergillus oryzae* impfen, den sie aus einer Art großen Salzstreuern darauf verteilen.

Das Ziel dieser ersten Gärung besteht in der sogenannten Verzuckerung, bei der die Reisstärke in verschiedene Zuckerarten aufgespalten wird. Beim Brauen westlicher Art geschieht dies durch die getreideeigenen Enzyme beim Mälzen. Reis enthält jedoch keine entsprechenden Enzyme, und zweifellos ist das enzymatische Potential dieses Schimmelpilzes zufällig entdeckt worden. Ich habe auch schon gehört, dass früher *Shinto*-Priester einen Teil des gedämpften Reises kauten und dann wieder ausspuckten, so dass ihr Speichel die erforderlichen Enzyme beisteuerte. Seit etwa 1000 Jahren wird der *Koji*-Pilz systematisch eingesetzt, und sobald er gut in Fahrt gekommen und genug Zucker vorhanden ist, wird die alkoholische Gärung durch den Zusatz von Hefe und Wasser in Gang gebracht, und die beiden Prozesse laufen parallel ab. Die alkoholische Gärung dauert zwei Wochen bis zwei Monate, was sich einfacher anhört, als es ist, weil Hefe und Pilz dem Reis in drei Schüben zugesetzt werden.

Der Film zeigt viele detaillierte Aufnahmen vom Einsatz traditioneller Geräte, was aber nur meinen Eindruck verstärkt, dass ich hier das ideale Szenario sehe, so wird Spitzen-*Sake* gemacht, das ist keinesfalls die moderne industrielle Realität, die das billige Zeug hervorbringt. Wahrscheinlich werden nicht mal hier 100 Prozent der Erzeugung mit all der im Film gezeigten Handarbeit produziert. Nach der Gärung folgt das Pressen, ein Vorgang, den ich nur deshalb als solchen erkenne, weil ich vor meiner Abreise Fotos von diesen Vorrichtungen gesehen habe, so grundsätzlich unterscheiden sich die fünf Meter langen Edelstahl-Akkordeons von Weinpressen.

Der rohe junge *Sake*, *Genshu*, der einige Monate lagern muss, hat bis zu 20 Volumenprozent Alkohol. Die Japaner sind stolz darauf, dass dies der höchste Alkoholgehalt eines vergorenen Getränks auf der gesamten Erde ist, was aber nichts daran ändert, dass dieses für traditionelle Feiern unerläßliche, geschätzte Getränk unter jüngeren Japanern als altmodisch gilt und sein Absatz als Massenware im Abnehmen begriffen ist. Schließlich wird der *Sake* zweimal pasteurisiert; vor dem Verdünnen mit Gebirgswasser auf um die 15 Volumenprozent Alkohol bei der Abfüllung.

Ich habe immer noch ziemliche Probleme, die Logik der *Sake*-Klassifizierung zu durchblicken; sie scheint Lichtjahre entfernt von den mir vertrauten Wein-, Bier- oder Spirituosenklassifizierungen. Ich verstehe zumindest, dass *Jungmaishu* nur aus Reis und *Koji* entsteht, während bei *Honjozoshu* eine kleine Menge sogenannter Braualkohol zugesetzt wird. *Ginjoshu* bezeichnet außerdem *Sake* aus Reis, der auf mindestens 60 Prozent herunterpoliert worden ist, und bei *Daiginjoshu* bleiben nur noch höchstens 50 Prozent. *Jungmai Daiginjoshu* sollte demnach besonders gut und authentisch sein und sicher ein Produkt, dessen Herstellung die im Film gezeigte Handarbeit verlangt. Die ideale Serviertemperatur für solch einen Luxus liegt gerade unter Zimmertemperatur, zwischen zwölf und 15 °C. Aber das ist wirklich alles, was ich bis jetzt weiß.

Der Rundgang beginnt beim weltgrößten *Koshiki*, Reisdämpfer, eine riesige Holzwanne, die drei Tonnen Reis fasst. Das scheint meine Vermutung zu bestätigen, dass hier nicht nur super-exklusiver *Sake* in limitierter Auflage produziert wird, sondern auch ganz normaler. Die darüber gespannten blauen Plastikplanen weisen darauf hin, dass die Brausaison – das heißt nach der Reisernte, wenn das kühle Wetter für eine langsame Gärung sorgt – schon abgeschlossen ist.

Dann sehen wir die unterschiedlichen Räumlichkeiten für die verschiedenen Schritte der Herstellung: die kleinen, künstlich beleuchteten Kammern für *Seigiku*, in denen der Reis mit *Koji-Kin* beimpft wird, und die dämmerigen, großen Hallen mit den grün emaillierten Stahltanks für *Chozo*, die Reife. Alles ist blitzsauber und ordentlich verräumt für die nächste Brausaison. Schließlich ist dies ein eher moderner Teil von Japan, in dem Ordnung und Gelassenheit herrschen, ganz wie ich es mir ausgemalt habe.

Als wir für die Verkostung zurück zum Empfang gehen, frage ich Yoshio, wie lange es dauern wird, bis er seine Ausbildung abgeschlossen hat.

»Nun, nach einer Woche kann man bereits manche Arten *Sushi* zubereiten«, sagt er gut gelaunt, »aber der Meister sagt, dass das Herz zehn Jahre braucht. Ich habe schon acht Jahre, also brauche ich noch zwei fürs Herz.« Gestern Abend, als wir zusammen *Shampan* tranken, Austern und dann erstaunlicherweise ein Käsefondue kochten, gab es beinahe zuviel Herz am Tisch der Yoshinagas. Davon ausgehend würde ich sagen, dass es in Hiroshima vielleicht mehr Herz gibt als an allen anderen Orten, die ich in Japan besucht habe. Im konservativen Kyoto musste ich erst etwas im *Ryokan* vergessen, um den Herzschlag zu spüren!

Yoshio erklärt, dass die erste Probe ein *Sake* ist, wie er vor 340 Jahren gemacht wurde, in der Blüte der Edo-Zeit. Er ist leicht trüb, sicher ist er nicht filtriert worden, wirkt voll und cremig und schmeckt weich und leicht süßlich; vollkommen anders als die *Sake*, denen ich bis jetzt begegnet bin. Dann folgt ihr Spitzenprodukt, ein *Jungmai Daiginjoshu*, und zwar vom neuen, gerade abgefüllten Jahrgang. Er duftet ganz anders, nach zahlreichen Blüten und Früchten, beinahe wie ein guter Riesling, während er im Geschmack keine Spur von der Säure zeigt, die einen solchen kennzeichnen würde. Allerdings klingt das vielleicht missverständlich, denn der Geschmack ist sehr rein, raffiniert und subtil.

Die Verpackung ist hingegen etwas auffälliger, mit einem goldenen Etikett und einer eher einfachen Zeichnung von zwei Kranichen, einem Symbol für Gesundheit und langes Leben in Ostasien, vor der Silhouette von *Fuji-san*. Doch warum sollten *Sake*-Erzeuger nicht dieselben emotionalen Marketinggags verwenden wie Wein- oder Bierproduzenten im Westen? Der Preis? 5527 Yen oder 45 Euro für eine 0,72-Liter-Flasche. Wenn man aber richtig Geld ausgeben will, dann gibt es ein erlesenes, handgefertigtes und -bemaltes Porzellangefäß mit 1,8 Liter Kamotsurus Spitzen-*Sake* für bis zu 367 500 Yen oder 3000 Euro.

Yoshio übersetzt, dass der billigste *Sake* von Kamotsuru nur vier manuelle Handgriffe erfordert, während bei den Spitzenprodukten wie dem gerade verkosteten alles per Hand gemacht wird; die Wirklichkeit der *Sake*-Erzeugung der Gegenwart ist genauso komplex, wie ich mir dachte.

Yoshinari Kanda zeigt uns seinen Weinberg. Er ist ein leitender Angestellter der Maboroshi *Sake*-Brauerei in Takehara, »ein kleines Kyoto«, wo wir gerade von dem schüchternen jungen Besitzer und Präsidenten, Tsuyoshi Nakao, und seiner selbstbewussten Frau empfangen werden. Mit ihnen konnte ich verkosten, wie unterschiedliche Reissorten und Hefearten den Geschmack von *Sake* beeinflussen, genau wie beim Traubenwein der Geschmack durch Rebsorte und Hefeart geprägt wird. Die Reissorte Yamadanishki, der am meisten angebaute *Sake*-Reis Japans, führt zu einem üppigen und kräftigen Getränk, während *Sake* aus der Sorte Sembonishikirt eher leicht und fein schmeckt. *Sake,* der mit einer »Apfel«-Hefe vergoren wurde, hatte tatsächlich eine Apfelnote, aber auch einen sehr attraktiven Blütenduft. Schließlich landete eine große Überraschung auf dem Verkostungstisch, ein Zitronen-Wein. Man erklärte mir, hier an der Küste sei es gerade warm genug, um Zitronen anzubauen. Der Wein schrie förmlich nach Zitrone und hatte eine kleine Süße, die der peitschenden Säure etwas von ihrer Heftigkeit nahm. Der Kontrast zu ihrem *Sake* hätte kaum größer sein können.

Als wir gingen, stand die gesamte Belegschaft aufgereiht, von jungen Sekretärinnen in modischer westlicher Kleidung bis hin zu uniformierten Kellerarbeitern in weißen Gummistiefeln, und verneigte sich tief, als sei ich der König von England!

Jetzt stehen wir an einem Feld gegenüber einer Eneos-Tankstelle unweit der Maboroshi *Sake*-Brauerei, und es regnet ziemlich stark. Über dem Feld ist ein an den Seiten offenes grünes Plastik-Gewächshaus aufgebaut. Mr Kanda drückt uns große Regenschirme in die Hand, und wir folgen ihm einen rutschigen Pfad hinunter in den Weinberg, der wie in Yamanashi in langen Kordons gezogen ist.

»Nur eine Traube pro Trieb!«, sagt unser freundlicher Weinbergführer jetzt auf Englisch mit unverhohlenem Stolz. Genuso sieht der Anbau von den Spitzen-Melonen aus: nur eine Melone pro Pflanze. Damit werden alle eingelagerten Inhaltstoffe in nur einer hocharomatischen Frucht konzentriert. Dann erklärt er uns mit Hilfe von Yoshio, sein Großvater habe den Anbau von Tafeltrauben hier im Gebiet eingeführt. Das sei nicht ganz einfach, weil der Boden Salz enthalte. Er hat drei Sorten, Seto Giant, Aki Kuin oder Königin und Pione oder Pionier, alles mir unbekannte Tafeltrauben.

Wegen des Regens sollen wir mit zu ihm nach Hause kommen, um uns besser unterhalten zu können, also gehen wir mit ihm über die Straße zu einem kleinen Haus mit einem makellosen Steingarten davor, der auch in Kyoto nicht fehl am Platz wirken würde. Als wir in Sesseln in dem gefliesten Vestibül sitzen, erkundige ich mich, wem er die Trauben verkauft.

»Konsumenten«, antwortet Koch-Dolmetscher Yoshio, »in dieser Gegend wird kein Wein erzeugt, noch nicht.« Das klingt wie eine Bestätigung, dass sich die Zeiten auch hier ändern und es nicht lange dauern wird, bevor der Weinbau Wurzeln schlagen wird.

Mr Kandas Frau kommt mit *Ocha*, grünem Tee, und er holt den Katalog einer hiesigen Rebschule, um mir einen Eindruck zu vermitteln, was hier angebaut wird. All diese großtraubigen Rebsorten mit ungewöhnlich gefärbten Beeren sind mir unbekannt, und ich bin ziemlich sicher, dass aus vielen noch nie Wein erzeugt worden ist. Auch bin ich mir ziemlich sicher, dass kein westlicher Winzer sich damit abgeben würde, so dass die Experimente Japanern wie Mr Kanda überlassen werden. Ich werde nie eine Verkostung von Erdbeersorten bei unserem Apfelweinfreund Andreas Schneider vom Obsthof am Steinberg in Frankfurt-Niedererlenbach vergessen, und den Geschmack der Marmelade, die meine Frau aus den restlichen Beeren kochte. Die beste Marmelade war aus der Sorte Honeoye, die mich als frische Frucht nicht sonderlich beeindruckt hatte, und ich würde vermuten, dass die Erkenntnisse hier ähnlich ausfallen werden, wenn jemand irgendwann beginnt, aus den Tafeltrauben Wein zu machen. Vielleicht bekommen bald Koshu und Muscat Bailey A Gesellschaft?

17. April 2007 Meine lange Zugfahrt von Hiroshima nach Gifu neigt sich dem Ende zu, eben bin ich in Nagoya umgestiegen, und wir düsen an Reihen von Edelstahltanks vorbei, die so hoch wie Wohnhäuser sind. Sie glänzen in der Nachmittagssonne, und weiße Wölkchen am azurblauen Himmel versetzen die riesige Kirin Bierbrauerei mitten in das Gemälde eines französischen Impressionisten. Das passt, weil einer der vielen in Japan weithin geschätzten Aspekte westlicher Kultur die Malerei der Impressionisten ist. Sie haben wirklich einen Hang für das Romantische in der Kultur, es scheint an eine bestimmte »romantische« Seite ihrer eigenen Kultur anzuknüpfen.

Gestern Abend vom Restaurant Chambord meines Hotels geleitete mich Mr Uchida, der Chefsommelier, an einen Tisch mit perfektem Blick hinunter auf Hiroshima Castle, eine Nachkriegsrekonstruktion der ursprünglichen Burg von 1589, und dem Stadion der Hiroshima-Karpfen. Die kreative, moderne französische Küche war mindestens ebenso beeindruckend wie die Aussicht. Zwei Paare und meine Wenigkeit schienen das gesamte Personal auf Trab zu halten. Eine kleine Armee von Pinguinen lief geschäftig in der funkelnden modernen Inneneinrichtung herum, um sicherzustellen, dass alles für uns perfekt war. Nach meiner Erfahrung werden westliche Servicebrigaden bei geringer Auslastung eher nachlässig und langsamer.

»Wir haben vier Sommeliers«, erklärte mir Mr Uchida, »das Restaurant, alles, ist ganz neu.« Der Haus-Champagner war nicht nur an sich sehr elegant, sondern auch ein perfekter Begleiter zur regionalen Räucherforelle. Mr Uchida schien entzückt, dass ich die lange Aufzählung an Rotweinen berühmter Bordeaux-Châteaux auf der Weinkarte ignorierte und stattdessen eine Flasche 1999 Casperons Levants bestellte, einen kraftvollen, aber schlanken trockenen Roten der Domaine Mas Blanc in Collioure an der französischen Mittelmeerküste. Es war ein Vergnügen, ihn beim Öffnen der Flasche und dem Dekantieren des Weins zu beobachten; sein entspanntes Selbstvertrauen und seine sicheren Hände deuteten auf viele Jahre Übung mit der Materie hin.

»Vielen Dank nochmals, für Ihr Geschenk«, flüsterte er dann beinahe. Ich hatte es schon fast vergessen. Vor meiner Abreise hatte ich die »Fünf Pigott-Gesetze des Weins« aus meinem jährlich erscheinenden Weinführer ins Japanische übersetzen und auf handgeschöpftes Papier drucken lassen, um ein Geschenk für Leute zu haben, die mich empfangen oder mir helfen würden.

»Ich habe sie gelesen und stimme Ihnen vollkommen zu, dass das Wichtigste beim Wein das Vergnügen ist«, fuhr er in normaler Lautstärke fort, »hier ist das Vergnügen der Gäste das Wichtigste.«

Wie ist es mit Leuten, die eine schlechte Wahl treffen?

»Ich muss zugeben, dass es nicht einfach ist, wenn jemand Eiswürfel in guten Rotwein werfen möchte oder einen sehr schweren Wein zu einem sehr leichten Essen bestellt.« Ich hatte gedacht, dass dieses Verhalten, das auf vollständige Unerfahrenheit mit Wein zurückzuführen ist, auf China begrenzt sei, aber ganz offensichtlich ist ein Teil der japanischen Gesellschaft noch nicht in der Lage, den Weincodex zu entschlüsseln, darunter selbst manche, die wohlhabend genug sind, um einen solchen Tempel der französischen Gastronomie gehobenster Art zu besuchen.

»Viel teurer Wein wird von älteren Leuten getrunken, Geschäftsleute, die viel Geld gemacht haben …«

Um Respekt und Ansehen zu zeigen?

»Ja!« schießt aus seinem Mund. Das klingt weit entfernt von dem Wunsch, ein schönes Erlebnis um seiner selbst willen mit anderen zu teilen. Wie sieht es bei den jungen Frauen aus?

»Viele junge Frauen kommen in Gruppen und suchen die Weine selbst aus, sie nutzen auch das Internet, um sich zu informieren.« Da ist sie wieder, die pragmatische, offene und selbstsichere Einstellung des jungen weiblichen Japan.

Ich fragte ihn, ob er auch *Sake* auf der Karte habe, da ich keinen gesehen hatte, und er erklärte, nein, da sei auch keiner gelistet, aber die Gäste könnten ihn bekommen, wenn sie danach fragten. Weiter unten im sechsten Stock gebe es ein japanisches Restaurant, da sei es genau umgekehrt, ausschließlich *Sake* auf der Karte und Wein auf Nachfrage. Diese strenge Trennung erschien mir noch eigenartiger als das hervorragende Freilaufhühnchen aus der Umgebung von Hiroshima, das mit großer Kennerschaft in klassisch französischem Stil zubereitet war.

Jetzt erreichen wir Gifu, das mit seinen Hochhäusern vielen anderen modernen japanischen Städte zu gleichen scheint. Hinter der Stadt sieht man schneebedeckte Berggipfel, unter ihnen auch die andere Seite von *Ontake-san*, den ich schon von Isawa-Onsen aus erlebt habe. Ich suche meine Taschen zusammen – es ist wirklich höchste Zeit, noch ein Paket nach Berlin zu schicken, in einigen Tagen werde ich am Check-In-Schalter von Air France der Gepäck-Wahrheit ins Auge blicken müssen – und gehe zum Ausgang. Während der Zug zum Stillstand kommt, fällt mir ein, dass ich kein Erkennungsmerkmal mit Mrs Shiraki und dem Dolmetscher vereinbart habe.

Doch meine Sorge erweist sich als unbegründet; als ich aussteige, stehen dort zwei geschmackvoll gekleidete junge Japanerinnen, die die Ankommenden genau beobachten, und ich weiß sofort, dass sie auf mich warten. Nach einer formellen Begrüßung nehmen sie mir einige der leichteren Gepäckstücke ab, wir gehen zu Mrs Shirakis Auto, das direkt vor dem Bahnhof steht, und fahren hinaus aus der Stadt, zur *Sake*-Brauerei Daruma Masamune. Sie ist nach dem Mönch Daruma benannt, der der Legende nach den Buddhismus nach Japan gebracht und so intensiv meditiert haben soll, dass er seine Beine nicht mehr gebrauchen konnte. Jeder in Japan kennt ihn, es gibt sogar Daruma-Puppen für Kinder.

Wie üblich dreht sich das Gespräch erst einmal um alles andere als den Anlass unseres Treffens. Meine Gastgeberin erkundigt sich nach Berlin, meiner Frau und meiner Arbeit. Ich akzeptiere das und versuche, alle Fragen höflich und ausführlich zu beantworten, während wir an Reisfeldern vorbei in Richtung Berge fahren. Ich erkläre ihr, dass diese Reise eine von vielen zu ungewöhnlichen Wein-Orten ist, die ich während der letzten fünf Jahre unternommen habe und dass sich mir dadurch eine ganz neue Perspektive auf den Wein erschlossen hat, die viele meiner Vorurteile auf den Kopf stellt.

»Beim Wein sind wir in Japan der Auffassung, dass der französische der beste ist«, sagt Mrs Shiraki durch die Dolmetscherin, »neulich habe ich im Fernsehen gehört, dass der 1985 Romanée-Conti Grand Cru von der Domaine de La Romanée-Conti aus Burgund zwei Millionen Yen pro Flasche kostet, und für Japaner bestätigt so etwas diese Idee.« Das ist eine scharfsinnige Beobachtung und bringt die gesellschaftliche Situation des importierten Weins in Japan ziemlich auf den Punkt.

Wir halten vor einigen schlichten Gebäuden, die mit ihren Spitzdächern sowohl westlich als auch japanisch wirken. Die Dolmetscherin und ich folgen Mrs Shiraki in den Verkostungsraum, in dem ein ziemlich großes *Sake*-Sortiment ausgestellt ist. Die Vielfalt an Flaschengrößen – von etwa 0,2 bis zu 1,8 Liter – und Etiketten, manche mit Jahrgang, mir fällt ein 1984er ins Auge, ist verwirrend. Neben der Kasse steht ein gerahmtes Foto, auf dem ein Japaner neben Aubert de Villaine, dem Direktor der Domaine de La Romanée-Conti in den Kellern in Vosne-Romanée steht. Seinem Alter nach –

ich schätze ihn auf Mitte bis Ende 30 – könnte es sich um ihren Mann handeln. Das macht ihren Kommentar im Auto noch interessanter.

Sie bittet uns, Platz zu nehmen und erzählt dann ihre Geschichte, die zugleich die Geschichte des *Koshu* ist, des gereiften *Sake*. Die erste schriftliche Erwähnung geht auf die Kamkura-Zeit zurück, also etwa 1200. Dort ist von *Sake* die Rede, der drei, fünf und sogar sieben Jahre alt ist. Bis weit ins 19. Jahrhundert waren diese Erzeugnisse sehr begehrt in der Oberschicht. Die *Sake*-Brauerei der Familie Shiraki wurde 1835 gegründet, produzierte aber anfangs keinen *Koshu-Sake*. In der Meiji-Zeit wurde das Besteuerungssystem grundlegend geändert und *Sake*-Brauereien auf der Grundlage ihrer Lagerbestände besteuert, so dass sich die Reifung finanziell nicht mehr rechnete. Wieder einmal! Immer wieder und an allen möglichen Orten auf Planet Wein bedeuten Änderungen der Steuergesetze das Aus für erfolgreiche Produkte, manchmal für ganze Weinindustrien. Erst nach dem Zweiten Weltkrieg fand in Japan eine weitere grundlegende Steuerreform statt, in deren Folge die *Sake*-Umsätze ausschlaggebend wurden für die Besteuerung. Damals begannen einige Brauer mit dem so gut wie in Vergessenheit geratenen *Koshu*-Stil zu experimentieren, und 1971 legte ihr Vater seinen ersten zu längerer Reifung bestimmten *Sake* in den Keller.

»Als mein Vater mit *Koshu* anfing, wusste er nicht, welcher *Sake* am besten altern würde«, erzählt Mrs Shiraki, »und zehn Jahre lang haben wir viel experimentiert. Inzwischen wissen wir, dass es besser ist, den Reis nicht zu stark zu polieren; wir entfernen jetzt 30 Prozent. Wir brauchen auch einen höheren Anteil *Koji*-Reiskultur in der Maische, um eine stärkere Verzuckerung zu erreichen. Das führt auch zu einem höheren Gehalt an Aminosäuren, die sehr wichtig sind für den Geschmack.«

Ich bin mir nicht sicher, ob ich alles verstanden habe, aber jetzt machen wir einen Rundgang, und vieles wird mir sicher klarer werden, wenn ich sehe, wie sie arbeiten. Sie hat viel zu erzählen, und ich weiß jetzt, warum sie auf dem Dolmetscher bestanden hat.

»Der meiste *Koshu-Sake* anderer Erzeuger reift in gekühlten Kellern, schmeckt dann aber nur etwas milder als frischer *Sake*«, geht es auch schon weiter, und die Dolmetscherin, der nicht alle Fachbegriffe geläufig sind, ist ganz schön gefordert. »Der Trick besteht in der richtigen Kombination von Polierungsgrad und Reifetemperatur. Im zwölften Jahrhundert kannten sie weder die modernen Poliermethoden noch gab es Kühlungsmöglichkeiten wie heute. Wir haben uns in diese Richtung orientiert, um die Tradition des gereiften *Sakes* wieder zu beleben, deshalb wird unser *Sake* weder filtriert noch pasteurisiert vor dem Reifeprozess. Es ist sehr hilfreich, dass heutzutage nur die Umsätze besteuert werden, denn im Durchschnitt reifen unsere *Sake* zehn Jahre.«

Ein Durchschnitt von zehn Jahren, so lange, wie Tawny-Portweine aus dem Douro-Tal in Portugal oder Sherry aus Jerez in Spanien. Sie alle haben viel gebundenes Kapital in den Fässern liegen und sehen sich bei der Vermarktung vor eine besondere Herausforderung gestellt.

»In Japan kennen nicht viele Leute *Koshu-Sake*«, fährt meine Gastgeberin fort, »so dunkel gefärbter *Sake* ist sehr selten, und viele sind sehr überrascht, wenn sie ihm das erste Mal begegnen. In Italien und New York verkaufen wir dagegen gut, und wir beginnen jetzt in Deutschland mit der Vermarktung.«

Wir gehen durch ziemlich unspektakuläre Räume, von denen die ältesten 70 Jahre alt sind. Ich sehe einen Mann im Overall und erkenne ihn von dem Foto mit Aubert de Villaine.

»Das ist mein Mann, unser *Toji*«, erklärt Mrs Shiraki. Er gehört ganz offensichtlich zu den extrem scheuen Japanern und murmelt mühevoll einige Worte, während er mehr oder weniger in unsere Richtung blickt. »Er ist mit den Vorbereitungen für die Abfüllung beschäftigt.« Ich würde ihn gerne fragen, was er von Romanée-Conti hält, aber wir gehen bereits weiter, und ich nehme an, dass er froh ist, uns von hinten zu sehen. Japanische Männer seiner Generation scheinen entweder sehr offen zu sein oder aber mit sieben Siegeln verschlossen.

»Alles, was länger als zehn Jahre reift, lagert in Flaschen, weil wir nicht genug Tanks haben.« Im Vergleich zu den *Sake*-Tanks im Reifelager – Reihen von grün emaillierten Stahltanks, wie ich sie in vielen Weinkellern und *Sake*-Brauereien gesehen habe – entpuppt sich das Flaschenlager als höchst exzentrische Angelegenheit. Im Hof stehen sechs Meter lange Versandcontainer, wie ich sie auch bei Diamond in Katsanuma gesehen habe. Sie sind übereinander gestapelt, und ich zähle zehn Reihen, was 120 Meter an Containern bedeutet. Sie öffnet schwungvoll die Tür des ersten Containers, und ich folge ihr mit der Dolmetscherin. Der Container ist voller übereinander gestapelter Plastikstiegen, in denen jeweils sechs 1,8-l-*Sake*-Flaschen stehen.

»Diese ist 25 Jahre alt«, sagt sie und greift nach einer der verstaubten Flaschen, »in jedem Container sind etwa 3000 Flaschen wie diese.« Das bedeutet beinahe 100 000 Liter an über zehn Jahre altem *Sake*! Und wie stark schwankt die Temperatur hier während der Reifezeit?

»Es sind keine Kühlcontainer«, erklärt sie, »aber im Sommer lassen wir Wasser aus dem Bach neben der Brauerei darüber laufen, so dass es nicht viel wärmer als 25 °C wird. Im Winter bekommen wir oft starken Frost, aber in den Containern bleibt es über Null.« Die einzigen Weine mit ähnlich extremen Reifebedingungen, die ich kenne, sind Madeira und Vin Santo, die beide häufig direkt unterm Dach lagern. Doch jetzt ist es Zeit zu verkosten und herauszufinden, was solche Extreme bei vergorenem Reis bewirken.

Im Verkostungsraum schlägt sie vor, mit einer Vertikalprobe von *Honjozo* zu beginnen, so dass wir zuerst einen frisch gebrauten, unfiltrierten *Sake* verkosten und dann seine drei, fünf und zehn Jahre alten Vorgänger. Alle werden leicht gekühlt, aber nicht kalt serviert. Das klingt wie eine solide und sinnvolle Einführung in diese Kategorie, die mir geschmacklich bis jetzt gänzlich unbekannt ist. Das trübe Rohprodukt ist genau das, nämlich voller Charakter, aber roh, ungeschliffen, beinahe scharf. Und die leichte Süße überdeckt dies ebensowenig wie die 19 Volumenprozent Alkohol.

»Diese Brauerei macht immer *Sake*, die sehr ausgeprägt in Geschmack und Körper sind«, erklärt Mrs Shiraki, »selbst unbeabsichtigt.« Ähnliche Aussagen habe ich auch schon von vielen Winzern gehört, unabhängig davon, ob ihre Weine elegant oder mächtig waren.

Der dreijährige *Honjozo* ist leuchtend gelb, ich habe noch nie einen solchen *Sake* erlebt, ja überhaupt eine solche cremige Üppigkeit geschmeckt, mit einem leisen Hauch von Karamel. Ich fühle mich wie der erste Fremde auf einem neuen Geschmackskontinent! Meine gedanklichen Assoziationen beim dunkelbernsteinfarbenen fünfjährigen *Honjozo* sind durch und durch weiniger Natur; vorsichtige Probierschlucke als Kind aus Sherry- und Portweingläsern. Auch er ist weich und geschmeidig, aber dann von einem angenehm herben, klaren Nachgeschmack geprägt, so dass ich ihn mir gut als Essensbegleiter vorstellen kann. Doch als ich mich dem erstaunlichen zehnjährigen *Honjozo* zuwende, sind diese beiden Geschmackserlebnisse plötzlich nur noch von rein wissenschaftlichem Interesse. Seine vielfältigen nussigen und balsamischen Aromen erinnern mich stark an erstklassige, 20 Jahre oder länger im Fass gereifte Tawny-Ports, obgleich daneben auch eine würzige Note zu spüren ist, die eher *Tamari Shoyu* ähnelt, der dunklen Sojasauce, die zu gutem *Sashimi* serviert wird.

Normalerweise hat *Sake* so gut wie keine Säure, doch hier scheine ich welche zu schmecken, und sie bildet einen wunderbar belebenden Gegenpol zu den cremig-weichen Komponenten. Ich versuche das alles über die Dolmetscherin, die sich inzwischen an diese fremde Wortwelt gewöhnt zu haben scheint, meiner Gastgeberin zu erklären. Diese nickt und bestätigt, dass der Anflug von Säure typisch für *Honjozo Koshu-Sake* ist, während ihn die jetzt folgenden *Junmai Koshu-Sake* nicht haben werden. Das überfordert den Weinverkoster in mir, der an das Spiel von Säure, Alkohol und Fruchtaromen der Traube gewöhnt ist.

Der erste *Junmai* ist aus dem »Jahrgang« bzw. der Brausaison 2003. Er leuchtet tiefgolden, duftet intensiv nach gerösteten Mandeln und schmeckt wunderbar cremig. Die nächste Flasche auf dem Tisch trägt kein Etikett, und Mrs Shiraki erklärt, es sei ein Verschnitt aus mehreren Jahrgängen, mit einem Durchschnittsalter von neun Jahren. Von dunklem Bernstein, duftet er nach Honigwaben und Toffee und schmeckt beinahe sirupartig und weich. Obgleich keinerlei Säure zu schmecken ist, wirkt er überraschenderweise gar nicht flach oder labberig, was bei einem Traubenwein sicher der Fall wäre. Der weit verbreitete Traum von einem säurefreien und doch himmlisch schmeckenden Wein hat nichts mit der Traubenwirklichkeit zu tun; ein gewisses Minimum an Säure ist auch in der allerreifsten Traube zu finden und ist essentiell für Lebhaftigkeit und Ausgewogenheit.

Mrs Shiraki schenkt die ältesten *Junmai* direkt aus den 1,8-Literflaschen ein, in denen sie in den Containern reifen. Sie sind mahagonidunkel in der Farbe – weißer Reis zu Mahagonibraun! – der zweite noch dunkler als der erste.

»Der erste ist von 1979, der zweite von 1972«, erklärt sie vollkommen sachlich, »wir haben immer noch kleine Mengen davon im Verkauf.«

Die an Nüsse, getrocknete Bananen und Rosinen erinnernden Aromen wirken extrem intensiv, beim 1972 scheinen sie beinahe zuviel des Guten. Obgleich in beiden eine gewisse Süße nicht abzustreiten ist, steht sie doch geschmacklich im Hintergrund und spielt nur eine Nebenrolle; die jedoch ist einen Oscar wert! Ich muss mir immer wieder ins Bewusstsein rufen, dass diese beiden Weine tatsächlich nur aus Reis, Wasser, *Koji-Kin* und Hefen entstanden sind, doch andererseits schmecken manche großartigen gereiften Traubenweine auch, als hätten sie nie etwas mit normalen Trauben zu tun gehabt. Ich verkoste immer wieder hin und her zwischen den unglaublichen *Sake* vor mir, und dabei schwinden die letzten Zweifel: Sie hätten neben den besten Rotweinen der Welt, etwa dem superseidigen 1978 Romanée Conti, nicht das geringste Problem!

Eine Sache jedoch ist mir ein Rätsel, und ich habe einige Schwierigkeiten, mich der Dolmetscherin verständlich zu machen. Der Geschmack von *Koshu-Sake* scheint immer intensiver zu werden mit dem Alter, obwohl keine physische Konzentration stattfindet durch die Verdunstung von Wasser, wie es z.B. bei Tawny-Port und Sherry der Fall ist, der in porösen Holzfässern reift. Was passiert hier?

»Sie haben ganz recht, weil sie erst in Stahltanks und dann in Glasflaschen reifen«, entgegnet Mrs Shiraki lebhaft, es handelt sich offenbar um eine Frage, die sie auch beschäftigt, »wir empfinden das auch so mit dem Geschmack im Laufe der Reife. Wir setzen keinerlei Konservierungsstoffe ein, auch kein Schwefeldioxid.« Das ist ein entscheidender Unterschied zum vergorenen Traubenmost, der ohne Schwefeldioxid nicht als Wein zu erkennen wäre. Der weit verbreitete Traum von einem schwefelfreien und doch himmlisch schmeckenden Wein hat nichts mit der Traubenwirklichkeit zu tun; ein gewisses Minimum an Schwefel ist ebenso essenziell für einen Qualitätswein wie ein Minimum an Säure.

Ganz offensichtlich funktioniert *Koshu-Sake* ganz anders als die uns vertrauten Traubenweine; doch in seiner dunklen, leicht süßen Üppigkeit ist er auch ganz anders als alles, was ich mir vor meiner Abreise unter *Sake* vorgestellt habe. Er ist jedoch nur der letzte Punkt auf einer immer längeren Reihe solcher Erlebnisse, die zeigen, dass das herkömmliche westliche Bild von Japan nicht viel mehr als ein oberflächliches Klischee darstellt. Ich bin allerdings noch nicht sicher, was das für den Traubenwein bedeutet, der traditionell nicht zur japanischen Kultur gehört, sondern zusammen mit allen möglichen anderen Aspekten westlicher Kultur hier erst vor 135 Jahren eingeführt worden ist.

»Ich würde Sie gerne in ein lokales Restaurant zum Abendessen einladen«, sagt Mrs Shiraki plötzlich zu meiner Überraschung. Ich schaue auf die Uhr und sehe, dass die drei Stunden, für die ich die Dolmetscherin bezahlt habe, so gut wie abgelaufen sind, ich also ein Problem habe. Die beiden unterhalten sich gerade, so dass ich Zeit habe, über ein Verlängerungshonorar nachzudenken. Wieviel Yen habe ich überhaupt dabei, und wie weit wird uns das bringen? Dann wendet sich die Dolmetscherin mir zu und sagt, sie sei auch zum Essen eingeladen, und es koste nichts extra. »Es ist sehr interessant!«

Als wir in Mrs Shirakis Wagen durch die Nacht brausen, sind die beiden wieder tief im Gespräch, und mir fällt auf, dass sie zu der Generation erfolgreicher junger Japanerinnen gehören, die nicht in einer Art mentaler Edo-Zeit-Isolation stecken wie viele japanische Männer. Wenige Minuten später halten wir vor einem Restaurant in einem kleinen Dorf, das mich mit seinen bunt zusammengewürfelten Häusern an das Anwesen von Daruma Masamune erinnert.

Innen entpuppt sich das Ganze als sehr geschmackvoll und modern, zeigt aber doch eine gewisse ländliche Zurückhaltung. Mrs Shiraki erklärt, das ganze Essen werde sich um einen Fisch aus den hiesigen Bächen drehen, den *Ayu*, und ich nicke zustimmend. *Ayu* sieht aus wie eine Miniforelle mit einem Buckel und schmeckt sehr fein. Ein Fischgericht folgt dem nächsten, in der Pfanne gebratener *Ayu*, gegrillter *Ayu* mit einer dicken, süßlichen Sauce, filetierter und leicht geräucherter *Ayu* in einer Nudelsuppe mit Salzgemüsen dazu … Jede Variation ist ganz unterschiedlich in Textur und Geschmack, und alle passen hervorragend zu dem zehnjährigen *Honjozo*, der jetzt noch erstaunlicher schmeckt als vorhin im Verkostungsraum.

Ich beschließe, dass nach so vielen Stunden und so viel *Sake* ein paar direktere Fragen in Ordnung sein sollten. Wie sind junge japanische Männer?

»Sie sind viel freundlicher als ältere Männer«, erwidert die Dolmetscherin, und es klingt, als sei dies ebenso ihre eigene Meinung wie die von Mrs Shiraki, »weniger Macho als die ältere Generation.« Besser im Zuhören?

»Oh, ja!«, entfährt es der Dolmetscherin mit einem Lächeln.

20. April 2007 »Der Journalist möchte wissen, warum, wenn diese Weine hochwertig sind, diese Flaschen alle einen Schraubverschluss haben?«, fragt mich die Dolmetscherin nervös. Ich sitze an einem langen Tisch in der eleganten und ausgesprochen formellen Residenz des deutschen Botschafters in Japan, umringt von japanischen Journalisten, die heute Nachmittag zu dieser Verkostung neuer deutscher Weine gekommen sind. Mit am Tisch sitzen zwei Mitarbeiter der

Botschaft, eine sehr freundliche und sehr professionelle Frau meines Alters, die entspannt wirkt, und ein älterer Mann, der aussieht, als würde er einiges dafür geben, um den Film noch einmal zurückspulen zu können.

Der Ausdruck kaum verhohlener Panik auf seinem Gesicht sagt mir, dass ich gerade einen katastrophalen diplomatischen Fauxpas begangen habe, der alles Positive ausradiert, das ich über meine Japanreise erzählt habe, während die Weine eingeschenkt wurden. Offensichtlich besteht seine Aufgabe darin, die deutsche Industrie in ihren Exporten nach Japan zu unterstützen, und die Situation scheint für ihn zu bedeuten, dass das unvermeidliche *Hai*, Ja, jedoch letztendlich »Keine Geschäfte!«, heißen wird. Diese Situation ist alles andere als amüsant, denn trotz der höflichen Formulierung der Frage ist mir gerade eine Erklärung abverlangt worden.

Das erscheint richtig verrückt, wenn man bedenkt, dass wir in dem technisch am höchsten entwickelten Land des gesamten Erdballs sitzen. Bei dieser Verkostung geht es um die Weine der jungen Winzer Deutschlands, bzw. die Weinzukunft. Ich war gerade dabei zu erklären, dass die meisten der Winzer, deren Weine sie gerade verkosten, zu Gruppen gehören und dass dies ein neues deutsches Phänomen sei. Doch wie mir Mr Uchida, der Sommelier des Royal Riga Hotel in Hiroshima, erklärt hat, ist es in Japan wesentlich einfacher, Weine mit einer langen Geschichte zu verkaufen als innovative Kreationen, selbst wenn letztere besser schmecken.

Es geht hier beim Wein oft überhaupt nicht um das Geschmackserlebnis. Traubenwein als Kulturgut ist durch die Franzosen nach Japan gekommen, die es als ein grundsätzlich altes Erzeugnis dargestellt haben, alt einerseits, weil es auf eine lange Vergangenheit zurückblicken kann, worauf sich sein Status in der eigenen Kultur begründet, und andererseits, weil es reifen muss, um den optimalen Moment des Konsums zu erreichen. Jahrzehntelang war dies eigentlich die Kernbotschaft des französischen Wein-Marketings, was gut zur Mentalität der überwiegend älteren und männlichen Japaner passte, die hier bis vor kurzem den meisten Wein konsumierten. Eine

Zeitlang gelang es edelsüßen Rieslingen bestimmter historischer Betriebe am Rhein und seinen Nebenflüssen, eine interessante Nische als germanische Begleitung des überwiegend trockenen französischen *Grand Vin* zu besetzen. Diese Weine wurden auf die Paletten zu billiger süßer Liebfraumilch vom Rhein und Zeller Schwarze Katz von der Mosel gepackt; Marken, die ihr Mindesthaltbarkeitsdatum inzwischen längst überschritten haben.

Ich bin mir jetzt bewusst, wie sich der Weinmarkt hier in den letzten Jahren allmählich italienischen und spanischen Weinen geöffnet hat, dann kalifornischen, chilenischen, südafrikanischen und australischen. Die geschichtliche Vergangenheit dieser Weine wurde herausgestellt, und wo es daran mangelte, mussten hohe Preise für den nötigen Status sorgen. Deutschland verpasste diese Chance, seine neuen trockenen Rot- und Weißweine zu präsentieren und dabei zu kommunizieren, dass es sich um Weine handelte, die sich auf jene historischen von vor mindestens einem Jahrhundert bezogen und ihre Tradition nur dem Zeitgeist der Gegenwart angepasst haben. Anders als hier ist diese Botschaft in anderen bedeutenden Exportmärkten zwar unterschiedlich schnell, aber doch immer angekommen.

Aus diesem Grund sind Weine wie der knochentrockene 2006 Riesling Handwerk von Sven Leiner, bzw. Weingut Jürgen Leiner in Ilbesheim/Pfalz, einem Mitglied der Gruppe »Südpfalz ConneXion«, mit ihrem Schraubverschluss ein großer Schock für die überwiegend älteren, männlichen Journalisten und Sommeliers, die mit mir am Tisch sitzen. Noch schlimmer: Ich habe ihnen gerade erzählt, dass es sich um den allerersten Jahrgang dieses neuen Weines handelt. Warum habe ich nicht stattdessen darüber gesprochen, wie köstlich dieser Wein mit *Tempura* schmecken würde? Warum verdammt nochmal habe ich mich überhaupt überreden lassen, diese Verkostung zu kommentieren?

Ich schlucke einmal hart und erkläre, Schritt für Schritt, damit die Dolmetscherin es nicht noch schwerer hat , dass viele der jungen und progressiven deutschen Winzer wegen der zunehmenden Korkschmecker auf Schraubverschlüsse umstellen. Nanogramm-Mengen pro Liter an TCA, Trichloranisol genügen, um die Aromen eines Weines – auch Romanée-Conti bleibt nicht verschont – zu übertönen, aber elegante, säurebetonte Weißweine wie diese sind ganz besonders gefährdet. Diese Chemiestunde muss sein, sonst wird die in ihren Köpfen negativ besetzte »Neuheit« der Weine sich zweifellos mit dem »neuen« Flaschenverschluss verbinden (obgleich es Schraubverschlüsse dieser Art bereits seit den 1970er-Jahren gibt).

Hier im Japan der Gegenwart gibt es einfach keine nahtlose Verbindung von alt und neu, wie wir Westler sie uns vorstellen, die beiden reiben sich eher aneinander, was vielleicht erklärt, warum die meisten Japaner große Anstrengungen unternehmen, sie in streng definierten Zonen getrennt zu halten, um die Reibung auf ein Mindestmaß zu begrenzen. Viele sind wahre Experten darin und bringen ihren Hang zum Perfektionismus bei dieser Aufgabe zum Ausdruck, auf die sie ihre Kultur vorbereitet, indem sie sie einen alten Tempel wie Horyu-ji bei Nara verehren und die häßlichen Vorortbauten daneben vollkommen ignorieren lässt. Aber wenn das nicht klappt, in Situationen wie der gegenwärtigen, habe ich einen panikartigen Schweißausbruch gespürt.

Es gibt sehr viele Dinge in Japan, die sich vollkommen anders darstellen, als ich erwartet habe. Meine Dolmetscherin heute ist Megumi Ichinose von der japanischen Vertretung des Deutschen Weinfonds, der den Absatz deutscher Weine im In- und Ausland fördern soll. Sie war äußerst hilfsbereit bei der Vorbereitung dieser Verkostung und dabei ausgesprochen freundlich. Wir haben uns heute in ihrem Büro eine halbe Stunde sehr entspannt unterhalten.

Der erste Schock, den sie mir dabei versetzte, war die Information, dass die meisten der wichtigsten Weinimportfirmen in Japan sich im Besitz der vier großen Bierbrauereien befinden: Asahi, Kirin, Sapporo und Suntory. Nippon Liquor etwa, wo Mari Sasaki arbeitet, gehört Kirin. Die meisten dieser Importeure beschäftigen sich in puncto deutsche Weine immer noch in erster Linie mit Liebfraumilch und Zeller Schwarze Katz.

»Das ist die Situation«, sagte sie frustriert, was mich sehr an Dalai Lamas »Es ist, wie es ist« erinnerte. Sie blickte auf ihre rosafarbenen plüschigen Büropantoffeln und war offenbar unsicher, wie sie fortfahren sollte. Da fiel mir plötzlich ein, dass ich auf meiner ganzen Reise bis jetzt niemanden danach gefragt hatte, welcher importierte Wein sich in Japan am besten verkauft.

»Beaujolais Nouveau«, lautete ihre wieder lächelnde Antwort, »über die Hälfte des nach Japan importierten Weins ist Beaujolais Nouveau.« Ich kenne keinen anderen Wein-Absatzmarkt, nirgendwo auf Planet Wein, der derart von einer einzigen Produktkategorie dominiert wird. Das bedeutet, dass tendentiell konservative japanische Weintrinker sich zwischen teurem *Grand Vin* oder billigerem Beaujolais Nouveau entscheiden, denn Frankreich muss es schließlich sein. Ich nehme an, es handelt sich um das Pendant zu der im Westen weitverbreiteten Meinung, japanisches Essen sei entweder *Sushi* oder Instant-Nudelsuppe.

Ich erklärte Megumi Ichinose, dass der violettfarbene Wein, der jedes Jahr am dritten Donnerstag im November auf den Markt kommt, nach Bubblegum riecht und wie dünner Weißwein schmeckt, in Deutschland bereits seit einigen Jahren keine nennenswerte Rolle mehr spielt. Den Leuten ist klar geworden, dass aus einer regionalen Weintradition eine riesige Marketingblase gemacht wurde und damit ist sie geplatzt. Sie hörte mir mit großen Augen zu.

»Ich wünschte, das passierte hier, und die Riesling-Renaissance käme von Nordamerika über den Pazifik nach Japan!« Ihr Wunsch klang wie aus einem Märchen, ein romantischer Traum, in dem eines schönen Tages ein deutscher Weinprinz kommt und der »Kuss« seines trockenen Rieslings der japanischen Kaiserin die Augen öffnet für die deutschen Weinschönheiten.

Mein Schraubverschluss-Fehltritt eben beweist, dass ich definitiv nicht dieser Weinprinz bin. Ich denke jedoch an eine zukünftige japanische Kaiserin, weil wir uns vorher über die Rolle unterhalten hatten, die junge Frauen in Japan spielen, und Megumi Ichinose bestätigt hat, was mir Mari gestern Abend im Restaurant Tastevin erzählt hatte. Ich hatte sie eingeladen, um mich für ihre Unterstützung bei der Zusammenstellung und Organisation meiner Termine zu bedanken, und es musste Tastevin sein, weil sie bei unserer Tour durch Wein-Tokio davon so fasziniert gewesen war.

Inspektor Koshida war nicht da, vielleicht war er mit einem wichtigen Mordfall beschäftigt, obgleich es sich beim Opfer wahrscheinlich – leider – nicht um unseren Freund Beaujolais Nouveau handelte. Stattdessen nahm sich sein freundlicher junger Assistent unserer an. Nach einem Glas Champagner wollte Mari Rotwein trinken und nach dem, was ich über ihren Weingeschmack wusste, fiel meine Wahl auf den 1998 Santa Cruz Mountains Cabernet Sauvignon von Ridge in Kalifornien. Glücklicherweise waren seine geschmeidige Fülle und die doch nicht aufdringlichen Aromen genau das Richtige. Es sind vor allem junge Frauen wie sie, die für den Erfolg »exotischer« nicht französischer Weine wie diesem in Japan verantwortlich sind; eine Veränderung des japanischen Weinmarkts, die noch beileibe nicht ausgeschöpft ist.

Ich erzählte Mari ein paar Abenteuergeschichten von unterwegs, dann kam ich auf meine großen Fragen zurück. Sind wirklich so viele junge japanische Männer so schüchtern und introvertiert, wie ich den Eindruck hatte?

»Ja, viele sitzen lieber vor ihrem Computer als hinaus und irgendwohin zu gehen«, bestätigte sie, und es klang nach persönlichen Erfahrungswerten, wenn auch ohne negativen Unterton. »Ich glaube, sie haben Angst.»

Als extremer Fremdkörper hatte ich diese Angst wiederholt ausgelöst. Das Einzige, wovor Mari vielleicht ein wenig Angst hatte, war eine *Gokon*-Situation, an einem öffentlichen Ort wie diesem verführt zu werden. Mein Interesse galt aber jungen Japanerinnen als soziokulturellem Phänomen. Deshalb erzählte ich ihr, dass ich viele starke Frauen wie Shigeri Shiraki von der Daruma Masamune *Sake*-Brauerei kennengelernt hatte, deren Mann nur auf dem Papier Präsident der Firma zu sein schien.

»Die meisten Spitzenpositionen in Japan sind immer noch von

Männern besetzt«, entgegnete Mari daraufhin, »aber inzwischen werden viele japanische Firmen eigentlich von Frauen geführt.« Sie meinte damit, es sei immer noch sehr ungewöhnlich für größere Unternehmen, einen allein entscheidenden Chef an der Spitze zu haben, sie würden vielmehr durch ein Prinzip sowohl formeller als auch informeller Entscheidungsfindung im Komitee geführt, die mehrere Stufen der Firmenhierarchie umfasst. Wenn viele der an diesem Prozess Beteiligten aus dem zweiten und dritten Rang Frauen sind, dann können sie in der Tat ausschlaggebend sein.

Megumi Ichinose war heute Vormittag noch weiter gegangen. Von ihrem Büro beim Deutschen Weinfonds in einem Hochhaus der Innenstadt bot sich ein phantastischer Blick über die Verteidungsmauern, den Wassergraben und die Grünanlagen des kaiserlichen Palastes. Die Kirschblüte war lange vorbei, aber so wirkte das Ganze nur noch monumentaler. Nachdem ich bereits so viele Wahrheiten von dieser zierlichen und höflichen, doch sehr entschlossenen jungen Frau gehört hatte, nahm ich an, dass ich das Äußerste wagen konnte. Wann werden Frauen offiziell in Japan das Sagen haben?

»Ich denke, wir werden noch 15 Jahre auf eine japanische Premierministerin warten müssen«, lautete ihre Antwort, »und dort drüben«, fuhr sie mit einer nicht besonders devoten Geste in Richtung des Palastes fort, »50 Jahre.« Mit der Kaiserin dauert es also noch eine Weile, aber sie wird kommen?

»Ja«, sagte sie mit ruhiger Gewißheit.

Auf den ersten Blick sieht es aus, als hätte die große Veränderung auf Planet Wein einen großen Bogen um diese Inseln gemacht, aber wenn man geduldig sucht, dann stößt man auf revolutionäre Traubenweine wie die besten Koshu und Muscat Bailey A und nicht weniger erstaunliche *Sake* wie die von Daruma Masamune. Wenn man den Code knackt und sie entdeckt, dann weiß man, dass bereits nichts mehr unmöglich ist in Wein-Japan.

DER NEUE WEIN-KONTINENT II
Underground in China

9. April 2008 Wir haben bequem zu sechst Platz in dem nagelneuen Minibus, aber wer uns von irgendwo hoch oben in diesem Dschungel nagelneuer Hochhäuser beobachtet, für den wird unser Fahrzeug einfach nur wie eine Ameise im Strom Tausender anderer wirken, die sich auf dieser gigantischen Kreuzung zielstrebig in alle möglichen Richtungen bewegen. Das ist mir recht, weil ich unauffällig bleiben möchte, aber zurück zu den Ameisen. Ameisen sind bestens organisiert, höchst motiviert und sehr fleißig, so dass ihre riesigen Völker besser funktionieren als die meisten westlichen Städte, ganz wie dieser »Ameisenhaufen« aus einer Million Hunden, drei Millionen Autos und 17 Millionen Menschen.

Wenn Bejing, oder Peking, wie viele die Stadt nach wie vor nennen, westlichen Besuchern chaotisch erscheint, dann liegt das an den hier zu spürenden Extremen von menschlicher Nähe und Aktivität, die zu einem schier unvorstellbaren Energieniveau führen. Selbst überzeugte westliche Großstädter wie ich sind ein etwas zurückhaltenderes Tempo gewöhnt und außerdem Freiräume, sowohl tatsächliche als auch zeitliche und akustische, um »Luft zu holen«. Dieses Aufatmen ermöglicht es uns, mit dem Bombardement von Signalen zurechtzukommen und an der beruhigenden Illusion festzuhalten, dass wir als Individuen zumindest unser eigenes Leben im Griff behalten. Oft meinen wir allerdings, wir könnten wesentlich mehr steuern als nur unser eigenes Schicksal, könnten den Alltag um uns kontrollieren. Vielleicht geht deshalb bei uns alles so langsam; unser Sicherheitsbedürfnis und unser Beherrschungswahn schlucken wahnsinnig viel von der verfügbaren Energie.

Im Gegensatz dazu kann ich in Peking nichts erkennen, das den vollen Schwung in eine gemeinsame Zukunft voller Erwartungen, Voraussagen und Ziele bremsen würde. Das macht viele Westler, auch mich, »atemlos«. Angesichts dieses ungebremsten Rasens in die Zukunft beschleicht uns im Westen manchmal die heimliche Furcht, dass wir vielleicht bald unglaublich schnell rennen müssen, um nicht hoffnungslos hinter China zurückzufallen. Und wer weiß, vielleicht können wir gar nicht so schnell rennen? Doch da schwingt zweifelsohne Xenophobie mit. Ich jedenfalls fühle keine Angst, nur Staunen, aber vielleicht bedeutet das ja, dass ich an China-Euphorie leide?

Dann fällt mir ein hohes, schmales, noch nicht vollendetes Gebäude ins Auge, dessen oberer Teil wie ein riesiges chinesisches *Hanzi*-Zeichen aussieht. Ich vermute, dass es wie nahezu alle Baustellen in dieser olympischen Stadt genau 80 Minuten nach acht am Abend des achten Tages des achten Monats im Jahr 2008 fertig werden soll. Das sagt einem nicht nur, dass Acht für die Chinesen eine Glückszahl ist, sondern auch, wie wichtig diese Zahlensymbolik für sie ist. Seit Juli 2001, als Peking die Sommerolympiade zugesprochen wurde, zielt die chinesische Regierung auf diesen großen Achter-Moment.

»Schauen Sie!«, sagt Susan Tan, Exportmanagerin der Changyu-Winerg und unsere super-effiziente Gastgeberin, gut 30 und tadelos in dunklem Nadelstreifen-Anzug, »Vogelnest! Olympiastadion!«

Da ist es wahrhaftig, links vor uns, am Fuß des Wolkenkratzers, der wie ein chinesisches Schriftzeichen aussieht. Mein Zahnarzt und Reisebegleiter Gerhard Gneist holt seine SLR-Kamera heraus und versucht, durch den Verkehr hindurch ein Bild zu schießen, und mein alter Freund Bernd Philippi vom Weingut Koehler-Ruprecht in Kallstadt/Pfalz lehnt sich nach links, um einen besseren Blick zu haben. Es glänzt in der Sonne, riesig und doch scheinbar filigran, zugleich einladend und ein bisschen bedrohlich. Ich meine, wenn das ein Nest sein soll, dann müssen die Vögel darin gigantisch sein.

Dann fällt mir auf, dass es eigentlich eher wie ein flaches Schnurknäuel aussieht, aber die Stahlschnüre lassen sich natürlich nicht entwirren. Aus der westlichen intellektuellen Sicht lässt sich dieses Kunstwerk nicht einfach mit ein paar analytischen Bemerkungen über seinen Platz in der Geschichte der Architektur umreißen, selbst wenn der Architekturkritiker Edwin Heathcote es als »das bedeutendste Stadion seit dem Kolosseum« bejubelte. Viele westliche Kommentatoren waren erstaunt, dass die Wahl der sonst so vorsichtigen chinesischen Regierung auf das Schweizer Avantgarde-Duo Jacques Herzog und Pierre de Meuron fiel und wie »futuristisch« das Ergebnis wirkt. Einige Kritiker haben betont, wie »subversiv« die unregelmäßige Aufteilung im Innern sei, und waren sich allgemein mit dem Architekten-Duo einig, dass sich hier ein gewisser Umschwung in der politischen Denkweise Chinas andeute. Wie das funktionieren soll, wurde nie richtig erklärt, aber es klingt gut in westlichen Ohren, die sich nach der Angleichung Chinas an unseren Teil der Welt sehnen.

Diese Reaktion war zweifellos Teil des beabsichtigten Effekts, aber ich bin sicher, dass die Abteilung der chinesischen Regierung, die diesen Auftrag an Herzog und de Meuron vergeben hat, auch ganz klar einkalkuliert hat, dass normale Chinesen sich mit dem Gebäude aufgrund seiner Ähnlichkeit mit einem Vogelnest identifizieren würden. Für die Chinesen sind Vogelnester eine der teuersten und edelsten Zutaten der kaiserlichen Hofküche und ihrer zeitgenössischen Nachkommen. So enthielt etwa das Hochzeitsfest für den Kaiser Guangxu 1889 nicht weniger als acht verschiedene Vogelnest-Gerichte, die zusätzlich zu dem sinnlichen Vergnügen auch jede Menge symbolische Bedeutung hatten.

Für die meisten Westler ist das alles sehr schwer zu verstehen, weil die Vorstellung, etwas zu essen, das kein richtiges Fleisch ist und aus einem Durcheinander von Zweigen herausgepult wird, uns extrem unappetitlich erscheint, ähnlich wie roher Fisch, bevor uns die große *Sushi*-Welle mitriss. Was die Chinesen essen, ist das Innere von Mauersegler-Nestern, und es besteht aus dem erstarrten Speichel der Vögel. Bei dieser Information ist unsere Reaktion typischerweise: »Was kann an erstarrtem Speichel so köstlich sein?« Dabei vergessen wir oder haben nie gewusst, dass für die meisten Chinesen (und andere Ostasiaten) Käse ungenießbar ist, da sie ihn als verdorbene Milch betrachten. Aus dieser Perspektive ist für viele Chinesen Wein vielleicht einfach verdorbener Traubensaft?

Gestern Abend, nur wenige Stunden nach unserer Ankunft in der Stadt, haben wir das erste Mal Vogelnest in einem auf Peking-Ente spezialisierten Restaurant gegessen, und das war bei weitem nicht die einzige »merkwürdige« Beilage, die auf unserem Tisch landete. Bernd bestellte auch jede Menge Qualle und versuchte erfolglos, Schlange zu ordern. Der Pfälzer Winzer, dessen stämmige Figur auf seinen gesunden Appetit verweist, kennt Qualle und Schlange von den acht Reisen, die er von 1981 bis '87 nach China unternommen hat. Damals war er zusammen mit seinem inzwischen verstorbenen Weinberatungs-Geschäftspartner Bernhard Breuer für ein Joint-Venture zwischen der deutschen Getränkefirma Underberg und einem chinesischen Partner tätig, die Wein in China produzieren wollten, um ihn an chinesische Restaurants im Westen zu verkaufen. Der eigentliche Vertrag, um die Produktion ins Rollen zu bringen, sollte im September 1989 unterzeichnet werden, dann kam das Massaker auf dem Tian'anmen-Platz im Juni 1989, und das ganze Projekt war plötzlich gestorben. Als Bernd mir die Geschichte erzählte, entgegnete ich, ich sei gewillt, auf unserer Reise alles Mögliche und Unmögliche zu probieren, unter der Bedingung, dass es tot sei, bevor es auf den Tisch kommt, und ich nicht aussuchen müsste, welches Tier sterben würde, um auf meinem Teller zu landen. Als Buddhist gibt es für mich klare Grenzen.

Meine erste Qualle war in mundgerechte, knusprige Happen geschnitten, aber ihr Geschmack wurde von einer sauren, vinaigretteartigen Sauce überdeckt, und ich zog das Vogelnest vor. Das kam in einer scharfen Suppe, in der die weißen Fäden wie weiche Nudeln wirkten. Sie hatten eine »merkwürdige« *Kou Gan*, Beschaffenheit, die mich ein wenig an dünne Streifen italienischen Lardo erinnerte, doch ohne das entsprechende Aroma. Das Mundgefühl von bestimmten Gerichten ist für die Chinesen oft wichtiger als das, was wir Geschmack nennen. Unsere Bereitschaft, alle diese Dinge zu probieren, machte uns wahrscheinlich zu *Shu Ren*, wörtlich »gekochten Menschen«, das heißt zumindest teilweise zivilisierten Fremden, im Gegensatz zu *Sheng Ren*, »rohen Menschen«, ungehobelten Bar-

baren. Und ich war sicher nicht die erste *Lao Wai*, Langnase, wie die Chinesen traditionell uns Westler bezeichnen, die die süße, saftige Peking-Ente, die ein kaiserlicher Koch am Hof des Kublai Khan um 1330 erfunden haben soll, den »merkwürdigen« chinesischen Gerichten vorzog.

Als wir aus dem Restaurant kamen, lauerte uns ein schick gekleideter kleiner chinesischer Kerl auf, der mit geübten Handbewegungen einen Metall-Aktenkoffer voller *jiade*-Rolex-Uhren aufklappte, Fälschungen, die er mit einer kleinen Halogen-Taschenlampe zum Funkeln brachte. In den wenigen Minuten, die wir brauchten, um die paar Meter vom Restaurant zur Straße zu gehen und ein Taxi anzuhalten, fiel der Preis der Rolex wie ein Stein. Leider stieg die Aggressivität des Verkäufers in umgekehrtem Verhältnis zu den fallenden Preisen.

»Drei Rolex für 100 Yuan!«, schrie er schließlich, als wir ins Taxi stiegen, aber wir waren nicht interessiert, obwohl er nur zehn Euro für den Dreierpack haben wollte. Es brachte uns schlagartig in die chinesische Gegenwart zurück, aber es zeigte natürlich auch, dass der alte chinesische Spruch, nur Dinge mit Wert lohnten die Kopie, hier noch ernstgenommen wird. Gerhard hatte uns vorher die Geschichte erzählt, wie ein Straßenhändler Giorgio Armani eine gefälschte Armani-Uhr anbot, während der vor dem ersten Laden seines Namens in Peking auf die große Eröffnungsfeier wartete. Es heißt, Armani habe die Uhr gekauft, ohne seine Identität preiszugeben, sie mit nach Hause genommen und untersuchen lassen. Als er erkannte, dass die Fälschung quasi ebenso gut gemacht war wie das Original, begann er als erste westliche Luxusfirma, die Produktion nach China zu verlegen. Wenn das stimmt, dann war es der Anfang einer Luxusgüterproduktion in China, die die Unterscheidung zwischen Original und Fälschung immer schwieriger macht.

Heute liegt der wichtige Unterschied in China beim Kauf einer Designer-Uhr darin, wo und von wem man sie kauft. Geht ein Chinese mit einer Chinesin in einen Armani-Laden und kauft ihr eine Uhr, wird sie sicher beeindruckt sein –, was zweifellos das im Preis inbegriffene Ziel ist –, während dieselbe Uhr einfach nur als Geschenk überreicht mit großer Sicherheit zu der Annahme führt, man habe eine *jiade*-Uhr für nur ein paar Yuan auf der Straße gekauft. Wenn die Gerüchte wahr sind, die ich zu Hause gehört habe, dann könnten beide Uhren sogar aus derselben südchinesischen Fabrik stammen!

Wir hatten ziemliche Mühe, dem Taxifahrer klarzumachen, dass wir zur Weinbar Le Cabernet wollten, obwohl uns der Portier unseres Hotels Name und Adresse in *Hanzi* auf eine Karte geschrieben hatte. Wie Bernd sagte: Wenn ein Taxifahrer weder lesen noch schreiben kann, dann hilft einem auch eine auf Chinesisch geschriebene Adresse nichts. Nach einem Beinahe-Zusammenstoß mit einem anderen Taxi hielt unser Fahrer ein ganzes Stück vor dem eigentlichen Ziel, und wir mussten die letzten paar hundert Meter zu Fuß zurücklegen. Die Luft war schwül, staubig und voller Abgase, als wir durch die von grellen Neonzeichen durchbrochene graue Düsternis liefen. In den wenigen Minuten bis zu der Weinbar sprachen uns mehrere diskret gekleidete junge Frauen mit dem Angebot »hübsche junge Lady« an, und wir fanden heraus, dass »nein« in China ganz anders funktioniert als zu Hause. Unsere höfliche, aber sehr deutliche Ablehnung ließ die Frauen nur aggressiver werden, ganz wie es bei dem Rolex-Mann der Fall gewesen war.

»Sex mit junger Lady!«, schrie die letzte der Frauen mich an, als wir endlich Le Cabernet und den sicheren Hafen erreichten. Käuflicher Sex hat eine lange Tradition in Peking; ein Grund für die geräumigen Ausmaße der verbotenen Stadt liegt darin, dass dort auch die kaiserlichen Konkubinen untergebracht waren – weshalb die männlichen Bediensteten ausnahmslos Eunuchen waren.

Le Cabernet entpuppte sich als eine Ansammlung französischer Bistro-Klischees mit schwarzweißen Fotos von Paris und blauweiß karierten Tischtüchern. *Vive la Grande Ville de l'Amour, la Grande Cuisine et le Grand Vin de la Belle Nation!* Es war so gut wie leer, und wir setzten uns an einen Tisch. Wir waren uns einig, dass der beste Einstieg der teuerste chinesische Wein auf der Karte wäre: 2003 Château Bolongbao *Grand Vin* für knapp 1000 Yuan, beinahe

100 Euro. Die Kellnerin brachte große Rotweingläser und die Flasche, auf deren Etikett stand *Mis en bouteille au Château … dans le village de Bashimuchi*. Diese absurde Imitation französischen Weins passte perfekt zur Inneneinrichtung und unterstrich, wie die Elite im Reich der Mitte Anfang des 21. Jahrhunderts Frankreich als das Wein-Land und besonders Bordeaux als das französische Anbaugebiet schlechthin betrachtet.

Das sind die alten Wein-Regeln in ihrer rückständigsten, engstirnigsten und erzkonservativsten Form. Der Glaube daran beruht auf der einseitig europäischen Perspektive der Weingeschichte, die überall in Ostasien anzutreffen ist, hier aber ihre extremste Form annimmt. Aus dieser Sicht ist der rote Bordeaux Château Lafite-Rothschild aus Pauillac/Médoc einfach der Wein schlechthin, nicht nur weil Lafite an der Spitze der 1855 von einer Experten-Kommission zusammengestellten Liste der 1ers Grands Crus Classés steht, sondern auch aus einer Reihe anderer Gründe. Einer davon lautet, dass der Name Chinesen leicht von der Zunge geht. Ein anderer ist, dass Lafite ältere Weine im Keller hat als jeder andere 1er Grand Cru Classé von 1855 – bis zurück zum Jahrgang 1794 – und diese Flaschen quasi das gleiche Etikett tragen wie die aktuellen Jahrgänge. Ich denke, dass die Abbildung des Schlosses mit der umgebenden Landschaft auch eine Rolle spielt. Sie erinnert mich an bestimmte Motive klassischer chinesischer Malerei und Szenen auf chinesischem Porzellan aus der Ming-Dynastie. Natürlich ist auch jede Menge *jiade*-Lafite im Umlauf, aber die chinesische Elite meint die Händler zu kennen, die ihnen die echte Ware verkaufen, sei es teurer Bordeaux oder eine Designer-Uhr.

Dabei scheint sie sich nicht bewusst zu sein, dass Château Haut Brion in Pessac-Léognan/Bordeaux noch länger Rotwein der uns heute vertrauten Art macht als Lafite, und wenn, dann spielt es vielleicht auch keine Rolle. Es scheint sie auch nicht zu kümmern, dass es viele Jahrgänge gibt, in denen andere Rotweinerzeuger in Bordeaux, in anderen Gebieten Frankreichs oder anderswo auf Planet Wein beeindruckendere Weine anbieten. Darum geht es nicht, sondern um die Demonstration von Status.

Doch zurück zu dem Wein in unseren Gläsern. Der 2003 Château Bolongbao war nahezu tintig schwarz und wirkte dadurch wenig anziehend, er schien eigenartig, um nicht zu sagen unnatürlich. Ich starrte ihn einen Moment lang an, um Mut für den ersten Schluck zu sammeln. Der Ausdruck auf Bernds Gesicht, der diesen Schritt bereits gewagt hatte, sprach Bände, und er brauchte nur wenige Worte für den Rest: »Der Wein ist bitter.« Mein Zahnarzt sah nicht viel glücklicher aus: »Und er schmeckt müde.« Als ich schließlich ihrem Beispiel folgte, fand ich den Wein ausgesprochen unzusammenhängend, mit marmeladiger Süße vorn, die mich an billigen, leicht oxidierten Portwein erinnerte, und einer bitteren, staubigen Note hinten.

»Für mich schmeckt das wie künstlich konzentriert«, sagte Bernd, »lasst uns was anderes bestellen.«

Gerhard schien erleichtert angesichts dieser Entschlossenheit und schlug sofort den 2006 Cabernet Sauvignon von Grace Vineyard für nur 118 Yuan vor. Der Preis deutete an, dass es sich um den einfachsten Wein dieses chinesischen Aufsteigers handelte. Also bestellten wir zum extremen Erstaunen der Kellnerin den billigsten chinesischen Wein auf der Karte. Gerhard begleitet uns nur während der Tage in Peking, aber nach seiner Abreise werden Bernd und ich in die Provinz Shanxi zu Grace Vineyard fahren. Während wir darauf warteten, dass die Kellnerin neue Gläser und die neue Flasche brachte, fiel mir auf, dass die wenigen anderen Gäste allesamt Ausländer waren. Eines der Ziele meiner Reise besteht darin, etwas über chinesische Weintrinkgewohnheiten in Erfahrung zu bringen. Ich kann mir nicht vorstellen, dass uns irgendwelche chinesischen Millionäre oder hochrangigen Politiker zum Essen einladen werden … das wird noch eine harte Nuss.

Glücklicherweise machte der zweite Wein richtig Spaß, er duftete und schmeckte nach reifen schwarzen Johannisbeeren, mit einem angenehm herben Touch und einer Lebhaftigkeit, die mich immer wieder nach dem Glas greifen ließ. Bernd und Gerhard ging es nicht anders, und wir leerten die Flasche ziemlich schnell. Wie zu Hause besteht auch in diesem Land, dessen Elite Château Lafite-Rothschild fast als weiniges Pendant zu Konfuzius verehrt, keinerlei Zusammenhang zwischen Preis und Qualität.

Dass der 2003 Château Bolongboa *Grand Vin* im Le Cabernet auf der Karte steht, sagt jedoch viel über die sozio-ökonomischen Kräfte aus, die dieses riesige Land beherrschen. Es bedeutet Produktion und Distribution – denn ohne das Zweite ist das Erste nicht viel wert. Für eine bestimmte, wenn auch kleine Gruppe von chinesischen Konsumenten signalisieren die pseudo-französischen Allüren Qualität, was zu einer Nachfrage führt. Da der Wein konsumiert wird und es keine Beschwerden gibt, wird er zweifellos nachbestellt, die Räder der wirtschaftlichen Zusammenhänge drehen sich, und mit jeder ihrer Bewegungen verdient jemand Geld. Das gleiche gilt für die Uhren, und natürlich funktioniert es so auch bei den jungen Ladies. Dass bei all diesen Prozessen auch Ausbeutung mehr oder minder im Spiel ist, sollte uns nicht überraschen, die Geschichte der wirtschaftlichen Entwicklung Europas ist voll davon. Selbst heute werden bestimmte Immigrantengruppen in bestimmten Teilen Westeuropas hemmungslos ausgebeutet. Und auch dass das uns vertraute Konzept von Qualität in dieser ganz anderen Kultur nicht gilt, sollte uns nicht überraschen.

Die wirkliche Überraschung zum Thema Wein in China lautet, dass er hier auf eine lange und glorreiche Vergangenheit zurückblicken kann. Laut der »Geschichte der Han-Dynastie«, die gegen Ende des ersten Jahrhunderts zusammengetragen wurde, war es General Zhang Qian, der die Rebe von einer seiner militärischen Expeditionen durch das Fergana-Tal, heute Usbekistan und Tadschikistan, und Persien 126 v. Chr. nach China brachte. Aber vermutlich tranken die Chinesen schon lange vorher zentralasiatische Weine. Das chinesische Wort für Trauben, *putao*, scheint von dem entsprechenden altpersischen Wort abzustammen: *budawaa* oder *badaawa*. Daher hat das chinesische Wort für Wein, *putao jiu*, wörtlich Traubenalkohol, alte asiatische Wurzeln. Der Rebanbau und die Weinerzeugung scheinen sich in China zu Beginn des ersten Jahrtausends schnell verbreitet zu haben, zu genau derselben Zeit wie im römischen Imperium, so wie Chinesen und Westeuropäer ein Jahrtausend später im 14. Jahrhundert fast zeitgleich die Feuerwaffen entwickelten.

Lu Ji (261-303) war der erste von Tausenden chinesischer Dichter, die den Wein besangen, und eine landwirtschaftliche Enzyklopädie von etwa 530 beschreibt ausführlich weinbautechnische Details. Trotz der steigenden Beliebtheit von Tee ab dem siebten Jahrhundert, zuerst als Medizin, dann als Genussmittel, genoss Wein viele Jahrhunderte lang hohes Ansehen in der chinesischen Gesellschaft. So ordnete etwa der Kaiser Kublai Khan 1291 den Bau eines Weinkellers in seinem Palast an, so groß war seine Begeisterung für *putao jiu*. Dann führte Ende des 14. Jahrhunderts eine weitreichende Änderung in der Besteuerung zu einem Umschwung von einer für den Traubenwein sehr günstigen Situation zu ihrem vollkommenen Gegenteil, worauf ein stetiger Verfall des Weinbaus einsetzte. Als die mandschurischen Qing die Ming-Dynastie 1644 mit Gewalt beseitigten, gehörte der Traubenwein bereits der Vergangenheit an.

Es hätte vielleicht eine schnelle Renaissance durch die Jesuiten-Missionare geben können, die Ende des 17. Jahrhunderts am kaiserlichen Qing-Hof auftauchten, aber sie wurden 1714 aus China vertrieben, und es folgten fast zwei Jahrhunderte, in denen sich China gegenüber der Welt kulturell abschottete. Die kaiserliche Verbindung zum Wein in China geriet in Vergessenheit, ganz anders als bei Vogelnestern, Jade und der Farbe Gelb.

Unter Westlern herrschen oft Missverständnisse bezüglich der verbotenen Stadt; ihr Wert für die Chinesen liegt nicht in ihrem Alter oder ihrer Schönheit, sondern der Tatsache, dass dies die kaiserliche Residenz war seit der Gründung Pekings 1420 durch den Ming-Kaiser Yung-Le bis zur Abschaffung des kaiserlichen Herrschaftssystems 1912. Trotz der verschiedenen Dynastien, der wechselnden Grenzen des Reichs der Mitte und seiner wirtschaftlichen Entwicklung blieb die Rolle des Kaisers als Garant für die Harmonie zwischen Himmel und Erde über Jahrtausende hinweg praktisch unangetastet, lange genug, um aus der Perspektive der Gegenwart unendlich zu erscheinen.

Drei Jahrzehnte radikaler Kommunismus und die nicht weniger extreme Form, die der Kapitalismus hier zeigt, seit Deng Xiao Ping 1978 mit seiner Politik von Reformen und Öffnung begann, haben nichts am öffentlichen Bewusstsein für die kaiserliche Vergangenheit des Landes geändert; es ist nach wie vor die Basis, auf dem das komplexe Gebilde des chinesischen Nationalbewusstseins ruht. Lediglich die Form der Erinnerung ist wiederholt wechselnden politischen Agenden angepasst worden und wird weiterhin angepasst. Es mag absurd erscheinen, eine Beziehung zwischen all dem und der Welle von anti-westlichen Gefühlen zu sehen, die die Angriffe auf die olympische Fackel vorgestern in London und gestern in Paris hier ausgelöst haben, aber die Fackel hat die Form einer chinesischen Schriftrolle, und mittels solcher Schriftrollen wurden unzählige Jahrhunderte lang kaiserliche Befehle kommuniziert. Für uns waren diese Aktionen – ob nun berechtigt oder nicht – politische Aktionen, für die Chinesen hingegen brutale Angriffe auf historische Symbole der hoch angesehenen Institutionen ihrer Kultur und dadurch auf China selbst.

Doch inzwischen haben wir das stählerne Vogelnest längst hinter uns gelassen, der Verkehr hat sich etwas beruhigt und wir schießen auf einer sechsspurigen Autobahn mit 140 Stundenkilometern in Richtung Nordosten. Unser Ziel liegt am anderen Ende dieser intensiv bewirtschafteten Ebene in der Nähe der Stadt Miyun und stellt einen wichtigen Aspekt der Zukunft Wein-Chinas dar. Ich habe das Gebäude bereits auf den Seiten einer umfangreichen, farbigen Hochglanzbroschüre gesehen, die die Eröffnung von Château Changyu AFIP Global Beijing am 6. Juni letzten Jahres dokumentierte. Wenn die Kamera die Wahrheit sprach, dann werden wir in Kürze vor der Replik eines vornehmen Bordeaux-Château stehen. Und tatsächlich liegt plötzlich die Stadt hinter uns und vor uns auf einem Hügel ein Château nach französischer Art mit drei Spitztürmen. Die Autobahn endet ganz abrupt, und unser Fahrer tritt auf die Bremse.

»Sie haben die Autobahn extra dafür gebaut«, witzelt Bernd, als wir beinahe direkt in die Auffahrt des Schlosses einbiegen. Susan Tans junger tüchtiger Assistent David war so gut wie die ganze Fahrt ununterbrochen am Telefonieren, aber auf einmal und eigenartigerweise verstehe ich drei Worte: »Riesling«, »Chardonnay« und »Muscat«. Werden wir die hier gleich verkosten?

Wir fahren an einem beinahe fertigen, traditionell französischen zweistöckigen Gebäude vorbei, das von jungen Weinbergen umgeben ist, vielleicht Verwaltungsbüros, und kurven den Hügel hinauf. Dann steigen wir aus und haben kaum Zeit, uns die Beine zu vertreten, weil unsere Fahrerin, die uns bereits erzählt hat, dass sie in Vancouver während des Studiums Englisch gelernt hat, uns die verschiedenen Baustellen rund um das Schloss auf dem Hügel erklärt. Ein Fünfsterne-Hotel und ein Golfclub gehören dazu, und alles wird bis September fertig sein. Das erinnert mich an das riesige, nagelneue Terminal 3 vom Flughafen Beijing, etwa doppelt so groß wie das neue Terminal 5 in London-Heathrow, angeblich doppelt so schnell gebaut und für ein Viertel der Kosten. Natürlich hat dieser Preis viel mit Chinas schlechtbezahlten Wanderarbeitern zu tun, von denen es laut Schätzungen über 150 Millionen gibt.

»Welche Rebsorten haben Sie hier gepflanzt?«, fragt Bernd, nun wieder ganz der Profi.

»Cabernet Sauvignon, bis jetzt nur Cabernet Sauvignon«, antwortet die Fahrerin, was ins Bild passt, schließlich ist das die vorherrschende Sorte in den Weinbergen von Château Lafite und den anderen 1ers Grands Crus Classés im Médoc. »In einem anderen Weinberg 15 Kilometer von hier entfernt haben wir auch Chardonnay«, fügt sie einen Moment später hinzu. Auch Chardonnay stammt ursprünglich aus Frankreich, aber er kommt aus dem Gebiet Nr. 2 in der in China vorherrschenden mentalen Hierarchie der Weinbaugebiete: Burgund. Ich erinnere mich, dass Burgund unter britischen Weinfachleuten vor 25 Jahren als »der andere Ort« bezeichnet wurde, das heißt »nicht Bordeaux«.

Dann drehen wir uns um, und direkt vor uns steht die Fassade des

Schlosses, die aus genau dem gleichen blassgelben Sandstein zu bestehen scheint wie die großen Châteaux im Médoc: Château AFIP Beijing Global. Die »Kopie« gleicht dem »Original« in atemberaubender Weise. Ich trete einen Schritt zur Seite, um einen besseren Blick auf die Steinmetzarbeiten an einem der Fenster zu haben, wodurch hinter den noch kahlen Bäumen die Umrisse einiger großer Wohnhäuser auftauchen. Ich trete wieder zurück, und sie verschwinden. Der ganze Effekt der perfekten Nachahmung hängt von genau der richtigen Perspektive ab, und der Fotograf, der die Aufnahmen für die Broschüre gemacht hat, hat natürlich immer genau die richtige Position gefunden.

Um das nachzuempfinden, was die chinesische Elite zweifellos fühlt, wenn sie das Gebäude sieht, braucht man ebenfalls genau die richtige innere Einstellung: die hiesige Wein-Hierarchie. Nur dann stellt sich der Effekt ein, auf den Changyu und die weltweiten Investitionspartner – daher der etwas merkwürdige Name dieser Unternehmung – zielen. Es ist wichtig, sich zu vergegenwärtigen, dass sie uns das Ganze zwar voller Stolz vorführen und gerne positive Kommentare hören möchten, wir aber nicht ihre vorrangige Zielgruppe repräsentieren. Hier geht es um eine bedeutende chinesische Weinfirma, die sich an erfolgreiche urbane Chinesen wendet. Deshalb bekommen wir einen Teil ihrer Botschaft gar nicht mit.

»Ich bin extrem gespannt auf den Wein«, sagt Bernd zu Gerhard und mir, während wir Susan Tan in die große weiße Marmor-Eingangshalle folgen, die, wie uns gesagt wird, tatsächlich »die große Halle« genannt wird – doch wie sollte man solch pompöse Ausgedehntheit auch sonst bezeichnen? Tan und ihr Assistent sprudeln Statistiken hervor, von denen ich nur die Hälfte mitbekomme. Zumindest weiß ich jetzt, dass dieses Gebäude 7000 Quadratmeter Fläche bietet, plus 2500 unten im Keller, die maximale Kapazität der Kellerei 1000 Tonnen Trauben jährlich umfasst, die momentane Produktion sich aber nur auf 400 beläuft. Plötzlich trennt uns nur eine riesige Glasscheibe von der Kellerei, mit Reihen von funkelnden Edelstahltanks und einem großen hochmodernen Cross-Flow-Filter, der trüben jungen Wein nahezu im Handumdrehen kristallklar werden lässt. Es wirkt alles blitzsauber, aufgeräumt, organisiert und professionell; kurz gesagt, eine moderne Kellerei mit der neuesten Ausstattung, augenscheinlich ohne Rücksicht auf die Kosten. Das einzige »Problem« in dieser Kopier-Übung ist, dass Bordeaux-Châteaux traditionell als Residenz und Empfangsräume für ihre Besitzer dienen, während der Wein in einem separaten, funktionellen Gebäude gemacht wird, dem *Chai*. Das scheint den Chinesen nicht aufgefallen zu sein, sie haben die zwei zu einem Gebilde verschmolzen, in dem niemand wohnt. Ich frage mich, was der oberste Kellermeister des Schlosses, der Franzose Gérard Fagnoni, davon hält?

Wir gehen eine große Granittreppe hinunter, und da kommt der nächste Schock, der riesige Keller mit Schieferboden und einem Sandsteingewölbe, das auf Reihen von massiven rechteckigen Säulen ruht. Auch das ist ein Raum, dessen Existenzberechtigung zweifellos vor allem auf dem unwillkürlichen »Wow« der Besucher beruht; was sich auch bei uns einstellt, obgleich auf andere Art als die beabsichtigte. Der einzige Ort, an dem ich mehr teures Gestein gesehen habe, ist das bereits erwähnte Terminal 3 im Flughafen von Beijing, wo man auf unendlichen Flächen mit rosafarbenem Granit läuft. Hier liegen mittig unter dem Gewölbe Reihen neuer Barriquefässer, und rubinrote Flecken auf dem hellen Holz lassen keinen Zweifel daran, dass sich darin tatsächlich Rotwein befindet. Aber sie wirken beinahe verloren, weil dieses Grand Château nicht weniger überdimensioniert ist als das Terminal 3.

»Hier können Sammler ihre Weine lagern«, erklärt unsere Führerin und deutet auf Regale entlang den Wänden mit vergoldeten schmiedeeisernen Gittern komplett mit Reben- und Traubenschmuck. »Zwei davon gehören berühmten Schauspielern, es gibt einen Fernsehmoderator, einen bekannten Komiker und auch mehrere Botschafter … Tunesien, Finnland, Kolumbien und Kroatien.« Das ist eine derart bizarre Mischung von Ländern, dass dies neben der UNO-Mitgliedschaft vielleicht ihre einzige Gemeinsamkeit ist! Es folgen zwei VIP-Verkostungsräume, komplett mit schmucken schmiedeeisernen, vergoldeten Toren, hinter denen diese *Very Important People* mit ihren Freunden Wein trinken und sehr wichtig sein können.

Plötzlich habe ich die Bilder der letzten Doppelseite der Broschüre vor Augen. Darauf sind zwei Aufnahmen von Robert Tinlot, Ehrenpräsident der O.I.V. – quasi das Welt-Weinamt, mit Sitz in Paris – vor diesem Gebäude, mit verschränkten Armen und einem extrem arroganten Gesichtsausdruck. Auf der linken Seite stehen die Worte *To define Perfection*, »Perfektion zu definieren«, und auf der rechten wird er mit folgenden Worten zitiert: »Ich habe über die Jahre mit vielen klassischen Châteaux zu tun gehabt, und Château AFIP hat alle meine Erwartungen übertroffen.« Seine Worte sind ein klassisches Beispiel französischer Arroganz: Okay, euch chinesischen Anfängern im großen Wein-Spiel, das wir seit vielen Jahrhunderten meistern, ist es gelungen, unsere niedrigen Erwartungen an eure Fähigkeiten zu übertreffen, aber das ist euch nur gelungen, weil ihr uns kopiert. Offensichtlich fürchtet er keine ernsthafte chinesische Konkurrenz in puncto Weinqualität, und der eigentliche Grund für seine wohlwollenden Worte sind die guten Geschäfte für diverse französische Partner und Berater in diesem Projekt.

Bei chinesischen Lesern allerdings wird diese Aussage sicher ganz anders gedeutet, als ultimatives Siegel der Bestätigung; die weltweite Autorität verkündet hier, dass Chinas neuestes Wein-Château nicht nur optisch eins zu eins den großen Châteaux in Bordeaux entspricht, sondern auch in allen anderen Aspekten in derselben Liga spielt. Die Chinesen haben bestimmt den Eindruck, ihnen sei der Sprung in erhabene Ränge gelungen, direkt neben die Legende Lafite? Das werden wir schnell herausfinden, wenn wir endlich die Weine verkosten.

Als Nächstes steht jedoch erst einmal ein Weinmuseum auf dem Programm. Plötzlich sehen wir uns Massen von Information gegenüber, in ansprechender, moderner Art präsentiert. Auch Bernd und Gerhard sind sofort fasziniert. Die Ausstellung erzählt die Geschichte der Gründung Changyus 1892 durch Chang Bishi, einen Chinesen aus Penang in Malaysia, damals der reichste Mann Südasiens. Susan Tan übernimmt die Rolle des Museumsführers und erklärt uns, dass Changyu das Wort *yu* an seinen Familiennamen hängte, was wohlhabend oder florierend bedeutet. Chang trank 1871 im Haus des französischen Konsuls in Djakarta zum ersten Mal Wein und war auf Anhieb begeistert. Von demselben Konsul scheint der große Mann auch die Idee übernommen zu haben, es in Yantai auf der Shandong-Halbinsel mit dem Weinbau zu versuchen, die Qualität des dort erzeugten Weins »würde auf keinen Fall schlechter« als die französischer Weine sein. Vom ersten Moment der modernen Geschichte des Weinbaus in China an gibt es den Vergleich mit Frankreich, wenn nicht das Ziel der Nachahmung.

Changyus Hauptquartier ist nach wie vor in Yantai und steht bei Bernd und mir später auf dem Programm, aber der Gedanke an den beliebten chinesischen Badeort wird von einem Wachsfigurenkabinett verdrängt, das Chang in seinem Büro mit seinem Weingutsverwalter darstellt, komplett mit Telefon und Schreibtischlampe aus der damaligen Zeit. Susan Tan erzählt, dass Chang nicht nur Weinberge anlegte und einen unterirdischen Kellerkomplex baute, sondern auch eine eigene Glashütte gründete, um Flaschen herzustellen! In dem 1908 erschienenen englischen Reiseführer »Impressions of Trading Ports in Hongkong, Shanghai and Other Places in China in the 20th Century« wird die Changyu Winery als die größte östlich von Suez bezeichnet.

Im August 1912 besuchte Sun Yat-Sen, der erste dynamische Erneuerer Chinas, das Unternehmen und verurteilte die europäischen Kolonialmächte scharf aufgrund der Art und Weise, wie sie China durch ihre Handelshäfen ausbeuteten: »Wir sind mit dem Abfließen von Macht und Profit konfrontiert.« In Susan Tans Stimme ist jedoch keine Bitterkeit zu spüren, sie geht gleich weiter zum Höhepunkt von Changs Karriere, der Panama-Pacific Exposition 1915 in San Francisco, bei der vier Changyu-Weine – ein Rotwein, ein Weinbrand, ein Wermut und ein Riesling – Goldmedaillen gewannen. Flaschen etwas späterer Jahrgänge dieser vier Weine sind in Plexiglaszylindern ausgestellt und scheinen vor Firmen- und Nationalstolz zu strahlen, was aber eigentlich nur auf die geschickte Beleuchtung zurückzuführen ist.

1930 ging Changyu in Staatsbesitz über, ein Abschnitt in der Firmengeschichte, der erst in den letzten zehn Jahren überwunden wurde, als sich der chinesische Staat von vielen Unternehmen trennte; so kam es auch zu einem großen Teil der gigantischen Staatsreserven an ausländischer Währung. Wir folgen Tan in den nächsten Raum, der voller Kalligraphie-Schriftstücke ist und wo man sich leicht in einem Museum in Peking wähnen könnte. Getreu der chinesischen Tradition haben viele der bedeutenden Besucher, unter ihnen auch Jiang Zemin, Präsident der Volksrepublik von 1993 bis 2004, sich während ihres Aufenthalts bei Changyu in Kalligraphie verewigt und dieses Schriftstück dem Unternehmen überreicht. Tan erklärt, dass aber natürlich die schönsten Teile nicht von Politikern, sondern berühmten Kalligraphen stammen.

Der Kontrast zum nächsten, abgedunkelten Raum könnte kaum größer sein. Hier zeigt ein Video die Shandong-Halbinsel hoch oben aus der Luft, die Schreie der Möwen sind deutlich zu hören. Rund um die ovale Leinwand, die vor uns wie eine große Tischplatte liegt, sind die verschiedenen Changyu-Winerys abgebildet. Lichtstrahlen gehen vom Changyu-Hauptquartier in Yantai aus und drehen sich wie von einem Leuchtturm ausgesendet im Kreis, und so nehmen es die Direktoren und die Angestellten der Firma zweifellos auch wahr. Es ist tatsächlich die beeindruckendste Multimediashow, die ich je bei einem Weinbaubetrieb erlebte!

Wir sind alle ein bisschen entrückt, bis Susan Tan uns freundlich an die Verkostung erinnert. Während wir die Treppe hinaufgehen, denke ich darüber nach, dass dieses Schloss vielleicht ein Stück *jiade*-Weingeschichte ist, aber zweifellos auch als ein möglichst beeindruckender Rahmen für all diese echte Weingeschichte konzipiert wurde. Wir werden höflich in einen Besprechungsraum mit Marmorboden gebeten und dort einem der Manager der Winery vorgestellt, einem selbstsicher wirkenden, lächelnden Mr Businessman.

Wir setzen uns alle um zwei zusammengeschobene Holztische, auf denen bereits Reihen von Riedel-Weingläsern und Plastikflaschen mit Mineralwasser bereitstehen sowie eingeschweißte feuchte Tücher, zum Abwischen unserer Hände. Der Moment der Wahrheit. Bernd, Gerhard und ich wechseln bedeutungsvolle Blicke; endlich die Weine. Werden sie den Erwartungen standhalten, in den enormen Rahmen passen, Trinkfreude ausstrahlen, oder wird es eine Enttäuschung sein wie mit Château Bolongbao?

Zuerst kommt der 2004 Chardonnay von Château Changyu AFIP Global Beijing in einer superschweren Flasche, die nur aus Frankreich importiert worden sein kann. Der Wein zeigt die für neue Eiche charakteristischen Vanille- und Harzaromen; zweifellos teure französische Barrique-Fässer. Leider schmeckt er ein bisschen säuerlich und nach kaum mehr als der Eiche. Die Ausstattung wirkt global-nobel, aber der Geschmack ist leider nicht viel mehr als irgendein Chardonnay von Irgendwo; der Wein könnte genauso gut aus Australien, Italien, Chile, Kanada oder einem Dutzend anderer Länder stammen.

»Diese Reben sind ziemlich jung?«, fragt Bernd freundlich.

»Hier sind sie maximal drei Jahre alt, aber in unserem anderen Weinberg sind sie sechs Jahre alt«, erwidert Mr Businessman. Mit drei Jahren gibt es den ersten Ertrag; mit sechs Jahren ist die Rebe am wuchskräftigsten, und Wuchskraft bedeutet die Tendenz zu zu erhöhtem Blattwuchs auf Kosten reifer Trauben. Doch jetzt wird der nächste Wein eingeschenkt, ein 2002 Cabernet Sauvignon mit demselben global-noblen Etikett. Der zeigt die für die Sorte typischen roten und schwarzen Johannisbeernoten, aber auch eine grüne Note, die an einen Gemüsegarten erinnert. Wiederum wirkt er etwas säuerlich und eichenschwer. Ich beschließe nichts zu sagen, während Bernd mit großer Diplomatie in Erfahrung bringt, dass beide Weine eigentlich aus Yantai stammen. Sie haben von den Reben hier rund um das Grand Château noch keine einzige Traube gelesen.

Es folgt der 2002 Cabernet Sauvignon Master's Choice, in der schwerstmöglichen Flasche der Standardgröße mit einem Bild des

Grand Château ins Glas geprägt, sicher eine der teuersten Weinflaschen auf Planet Wein. Das ist alles etwas einschüchternd, und ich kann spüren, dass Bernd und Gerhard jetzt genauso wie ich hoffen, dass zumindest dieser Wein gut schmeckt. Unsere Gastgeber waren uns gegenüber äußerst freundlich, sie glauben wirklich an das, was sie tun, und Robert Tinlot hat gesagt, dass dieses Château seine Erwartungen übertrifft, da möchten wir nicht die Spielverderber sein. Glücklicherweise wirkt der Wein ein ganzes Stück reifer in Duft und Geschmack, ist weder säuerlich noch hart, und der zweite Schluck schmeckt besser als der erste.

»Er hat Frucht und Wärme!«, sagt Bernd mit Begeisterung. Dann fragt er nach dem Preis, worauf Susan Tan ohne mit der Wimper zu zucken antwortet: »1700 Yuan.« 170 Euro, das ist ein Lafite-Preis. Bernd schenkt sich noch ein großes Glas ein, aber ich kann aus seinem Gesichtsausdruck erkennen, dass er keinesfalls soviel dafür ausgeben würde. So sehr ich den Wein mag, schmeckt er mir doch zu sehr wie eine Kopie von Château Lafite, und das finde ich langweilig. Die besten Weine aus Yantai sollten nach Yantai schmecken statt nach dem Versuch, einen Wein auf der anderen Seite der Erdkugel nachzuahmen, der in einem vollkommen anderen Klima und Boden wächst, ganz zu schweigen vom kulturellen Kontext – oder? Mit demselben Grad an Selbstbewusstsein wie während der Ming-Dynastie würde das in chinesischen Augen einen besseren Wein ergeben als den der barbarischen Mitbewerber aus dem fernen, kleinen und unterentwickelten Europa.

Als unser Minibus, mit dem wir zum Mittagessen fahren, den Fuß des Hügels erreicht, erklärt die Fahrerin mir, dass das flache Gebäude hier unten keine Büros sind, sondern das Wohnheim, in dem sie und die anderen Wanderarbeiter aus weit entfernten Teilen Chinas leben. Damit haben sie sicher mit die luxuriösesten Unterkünfte aller chinesischen Wanderarbeiter. In dem Restaurant an der Hauptstraße von Minyun empfängt uns eine weiße Alabasterbüste von Mao Ze-dong vor einer Weltkarte, über der Uhren die Zeit in New

York, London, Paris, Tokio und Peking zeigen. In dem für uns reservierten Salon ist die Klimaanlage auf Arktis eingestellt, und ich bekomme sofort eine Gänsehaut. Als wir uns setzen, bringen uns Kellnerinnen hohe Gläser mit Sojamilch, die sehr gesund und sehr langweilig schmeckt. Bernd und Gerhard fragen nach Bier, das umgehend gebracht wird, während die Sojamilch gleichzeitig verschwindet.

»Ich habe ein hervorragendes Gedächtnis für gute und schlechte Dinge«, sagt Bernd leise lachend zu Susan Tan, und sie scheint sehr erfreut über seine gute Laune. Er nutzt den günstigen Moment und erkundigt sich, ob dieses Restaurant Schlange im Angebot hat. Da wirkt sie plötzlich gar nicht mehr so erfreut und klärt ihn auf, dass Nordchinesen keine Schlangen essen, »das tun nur die Südchinesen. Wir hier im Norden essen weder Schlange noch Frosch.« Ihr überlegener Ton ist nicht zu überhören, wie auch ihre Verachtung für den Süden. Schließlich sind wir hier nicht einfach irgendwo in unserer multikulturellen, glücklichen Outsourcing-Welt. Nein, wir sind im Herzen von Nord-China, das in der offiziellen Geschichtsschreibung dieses Landes die Wiege der Zivilisation auf dem Planeten Erde darstellt.

»Nördlich von hier haben wir eine weitere Kellerei, wo wir nur Eiswein produzieren«, fährt Susan Tan dann voller Stolz fort. »Sie heißt Golden Ice Wine Valley, weil das ganze Tal ausschließlich Eiswein für Changyu erzeugt.« Auch das kenne ich aus einer Broschüre, und die war kaum weniger aufwendig und atemberaubend wie die dem Grand Château gewidmete. Plötzlich klickt es in meinem Kopf. Neben ihrer Fixierung auf die Nachahmung von Lafite sind sie in der Lage, auch ganz andere Weingüter auf die Beine zu stellen, die ganze andere Vorbilder haben; Eiswein ist eine Spezialität deutscher, österreichischer und kanadischer Winzer. Spätestens wenn Bernd und ich im Changyu-Hauptquartier in Yantai sind, werden wir Golden Ice Wine Valley verkosten.

Aber unabhängig davon, wie diese Weine schmecken werden, eines ist bereits jetzt klar: Liebe Weinfreunde und Weinfreaks, es ist an der Zeit, sich auf den Tag der Abrechnung auf Planet Wein vorzubereiten. Es braucht nur ein oder zwei chinesische Erzeuger, die internationale Anerkennung für chinesisch schmeckende Weine erlangen, dann werden ihre Kollegen diese Chance erkennen, die alte Straße der Lafite-Nachahmung verlassen und über Nacht wird eine neue »Autobahn«, die zielgerade Richtung Weine, die von chinesischem Klima, Boden und Kultur geprägt sind, gebaut. Ich weiß, es ist nur ein Bauchgefühl, aber ich vertraue ihm. Schon sind die Chinesen dabei herauszufinden, welche Rebsorte wo am besten wächst und wie die Trauben am besten zu Wein auszubauen sind. Irgendwann werden der Ehrgeiz und die Dynamik, die gegenwärtig in die Plagiate investiert werden, in die Suche nach chinesischer Originalität fließen, und bald wird das zu erstaunlichen Ergebnissen führen.

Ich kann eure zweifelnden Stimmen schon hören, aber die Weingeschichte hat dazu eine interessante Story parat. 1976 platzierte eine französische Jury in einer Blindverkostung in Paris kalifornischen Chardonnay und kalifornischen Cabernet Sauvignon respektive vor die angesehensten Weißweine aus Burgund und die berühmtesten Rotweine aus Bordeaux. Warum? Weil einige kalifornische Weinmacher mutig genug waren, den bestmöglichen Wein in der ihnen gegebenen Situation zu machen. Nachdem sie die Franzosen einmal geschlagen hatten, zogen viele Kalifornier allerdings daraus irrtümlich den Schluss, ihre Aufgabe im Leben bestünde darin, die Franzosen zu imitieren und auf ihrem eigenen Gebiet zu schlagen. Nach zehn und mehr Jahren wachten sie endlich auf und begriffen, dass das Napa Valley von einem Klima mediterranen Typs geprägt wird, während Bordeaux vom atlantischen Küstenklima bestimmt wird, dass die Böden der zwei Gebiete vollkommen unterschiedlich sind und der kulturelle Kontext fast gegensätzlich. Dann gelangen ihnen ziemlich schnell erstaunliche Weine in vollkommen eigenständigen Stilrichtungen, die von Lob überschüttet und von den europäischen Mitbewerbern misstrauisch beäugt wurden, allen voran der Elite unter den französischen Winzern. Wer glaubt, dass die Chinesen nur imitieren können, sollte die Geschichtsbücher studieren und sich die ganzen Erfindungen anschauen, bei denen sie Europa in unserem Mittelalter weit voraus waren.

Auf dem Teller vor mir liegen meine ersten tausendjährigen Eier. Sie sind von einem gespenstischen Blau, das Eiweiß beunruhigend transparent. Mit einigen Schwierigkeiten gelingt es mir jedoch, ein Viertel von einem davon mit den Stäbchen in den Mund zu schieben. Der Geschmack ist auch eigenartig und schwefelig, aber nicht halb so eigenartig wie die Textur; noch ein *Kou-Gan*-Erlebnis. Die Taxifahrt von unserem Hotel im Bezirk Dongsi zum Restaurant Red Capital Club war kaum weniger merkwürdig, sie drohte zum modernen Pendant von Franz Kafkas Kurzgeschichte zu werden, in der die Botschaft des chinesischen Kaisers an einen seiner Untertanen in einer fernen Provinz es nicht einmal über das Zentrum von Peking hinaus schafft. Als uns das erste Taxi bei einem von Menschen umringten Theater absetzte, fragten wir uns alle drei, ob wir es wohl je zu diesem angesagten Restaurant schaffen würden, das in einem *Hutong* liegt, einer der Straßen, die von den einstöckigen Backsteinhäusern aus den Anfangszeiten Pekings gesäumt werden. Sie bestimmten einst das Stadtbild, weichen aber immer mehr modernen Hochhäusern.

Gerhard brachte jemand von den Theaterleuten dazu, eine Wegbeschreibung zum Red Capital Club auf Chinesisch auf eine Karte zu schreiben, dann fanden wir einen Taxifahrer, der dies anscheinend lesen konnte. Es folgte eine scheinbar endlose Taxifahrt, weite Teile davon im Schneckentempo durch *Hutongs*, so dass wir das komplexe soziale Milieu studieren konnten. Viele ältere Einwohner von Beijing leben weiterhin dort, weil sie es gewohnt sind. Andere *Hutongs* sind zu Wohnheimen für die Wanderarbeiter umgebaut geworden, die die Hochhäuser bauen und oft in dreistöckigen Betten in fensterlosen Räumen schlafen, mit der offenen Tür als einziger Frischluftquelle.

Schließlich hielten wir an einem der größeren Häuser, einem sogenannten *courtyard* bzw. einem traditionellen Haus, das um einen Hof gebaut ist, vor dem eine riesige schwarze russische Limousine aus den 1950er-Jahren geparkt war. Der Red Capital Club ist ganz offensichtlich mit erheblichem Aufwand restauriert und im kommunistischen Retro-Chic eingerichtet worden, mit dem sehr bewussten und ausgesprochen ironischen Versuch, die Atmosphäre von Maos Haus einzufangen, von dem die unsterblichen Worte stammen: »In einer Hütte leben, aber die ganze Welt im Blick behalten«. Das ist einer von ganz wenigen Punkten, in dem ich voll und ganz mit ihm übereinstimme, und somit auch ein Grund, warum ich mir immer wieder ins Gedächtnis rufen muss, dass Mao einer der rücksichtlosesten und brutalsten Diktatoren der Weltgeschichte war und die Verantwortung für viele Millionen Menschenleben und unsägliches Leid trägt. In meiner Sichtweise ist seine Einstellung vollkommen konträr zu dem opulenten kaiserlichen Drachengewand aus dem 18. Jahrhundert, das den Mittelpunkt der Einrichtung des Hauptraumes des Restaurants bildet, in dem wir sitzen. Ich vermute, dass es aus der chinesischen Perspektive keineswegs ein Gegensatz ist, sondern eher ein Ausdruck der Kontinuität. Zu dieser Küche im traditionellen Pekingstil den zitrusbetonten Wolf Blass Riesling aus Südaustralien zu trinken ist aber nicht weniger widersprüchlich. Erschöpft vom langen Tag bin ich froh, dass der Taxifahrer problemlos den Weg zurück findet.

10. April 2008 Heute war wieder ein ganz normaler Tag in Peking, der Himmel trüb vor Smog, aber für uns voller Überraschungen. Wir wollten mit Dashanzi anfangen, oder 798, wie es für westliche Besucher genannt wird, dem Künstlerviertel, das in allen Reiseführern erwähnt wird und über das in zahlreichen westlichen Zeitschriften und Zeitungen geschrieben worden ist. Der Empfangschef im Hotel teilte uns jedoch mit, es sei »wegen Umbau geschlossen, wegen der Olympiade«. Das war uns bereits bei mehreren anderen Vierteln auf Gerhards Besichtungs-Liste passiert; anscheinend krempeln sie die gesamte Stadt um. In Berlin wurden in den Monaten vor den Fußball-Weltmeisterschaften 2006 auch plötzlich alle möglichen Bauarbeiten in Angriff genommen, aber die Größenordnung ist hier eine ganz andere und verhält sich zu Berlin schätzungsweise im Maßstab 100:1.

Ich habe diesen Zeitraum für meine Chinareise gewählt – dieselben 16 Tage im April, in denen in vier Monaten die olympischen Spiele stattfinden werden, vom achten bis zum 24. – weil ich annahm, so früh wären die Auswirkungen dieses Ereignisses in den großen Städten noch nicht spürbar, während in den kommenden Monaten die Sicherheitsbestimmungen zweifellos so streng würden, dass es unmöglich gewesen wäre, ein Visum zu bekommen. Ich dachte, ich läge gut in der Zeit für ein Journalisten-Visum, doch dann fingen im März die Unruhen im Tibet an, und mein Visa-Büro weigerte sich, irgendetwas anderes als ein normales Touristenvisum zu beantragen. Glücklicherweise wurde das problemlos erteilt, meine Angabe, als Kulturhistoriker auf Urlaub zu reisen, scheint die Leute bei der chinesischen Botschaft in Berlin ganz offensichtlich überzeugt zu haben. So wurde ich unfreiwillig zum Underground-*Gonzo*-Weinjournalisten in China. Das hat aber den Vorteil, dass mich keine offiziellen Begleiter umschwirren oder Sicherheitsleute von weitem beobachten, doch ich muss natürlich aufpassen, um nicht aufzufliegen, denn dann würde ich zweifellos als nicht akkreditierter Journalist des Landes verwiesen.

Nachdem das Künstlerviertel also ausfiel, schlug Gerhard vor, ein Taxi zum Flohmarkt zu nehmen, der angeblich nicht weit vom Hotel sei. Auf dem Weg dorthin kamen wir an der Baustelle der gigantischen neuen CCTV-Fernsehstudios vorbei. Ich hängte mich aus dem offenen Taxifenster, um den unvollendeten 234 Meter hohen Monolithen mit dem Loch in der Mitte digital festzuhalten. Wenn das Gebäude fertig ist, wird es das zweitgrößte der Welt sein und Ceaucescus 3000-Zimmerpalast in Bukarest auf Rang drei verweisen; nur das Pentagon ist noch größer! Es ist eine architektonische Ikone, die aus chinesischer Sicht darauf abzielt, ein Statement über die zentrale Rolle des Landes in unserer globalisierten Welt abzugeben. Sicher soll sie von den Einheimischen als Mittelpunkt der letzten und neuesten Inkarnation des Reichs der Mitte wahrgenommen werden. So wie das Vogelnest ist auch der löcherige Monolith im Westen sehr gepriesen worden: das chinesische System wird weniger hierarchisch und demokratischer werden, die Chinesen werden sich uns angleichen. Ob das die chinesische Regierung auch so sieht?

Diese glaubt, durch die Manipulation der Medien die Wirklichkeit so weit verbiegen zu können, dass eine Art Möbiusband, in dem Realität und Propaganda verschmelzen, entsteht. Der staatseigene Sender CCTV ist das wichtigste Element in dieser Strategie.

Wer Beweise dafür möchte, dass CCTV die Wahrheit manipuliert, um die offizielle Regierungslinie zu verbreiten, braucht nur eine Nachrichtensendung auf dem englischen Kanal CCTV9 anzusehen und sie mit der entsprechenden Sendung eines seriösen westlichen Senders zu vergleichen. Dazu kommen die mindestens 29 chinesischen Journalisten, die hinter Gittern sitzen, weil sie sich nicht der offiziellen Parteimeinung untergeordnet haben, die ihnen durch tägliche Anweisungen der PR-Abteilung der Regierung übermittelt wird. »Journalisten ohne Grenzen« stellte China letztes Jahr in ihrer jährlichen Übersicht zur Pressefreiheit an die 163. Stelle von 169 Ländern.

Der Flohmarkt war wenig besucht, aber trotzdem war es interessant, herumzuschlendern und festzustellen, dass viele der Stände – eigentlich auf dem Boden ausgebreitete Decken, auf denen die Waren kunstvoll arrangiert waren – identische »Antiquitäten« anboten; eine *jiade*-Geschichte, in der Mao ein und dasselbe Schicksal mit Buddha teilt! Alle werden sicherlich in großen Fabriken hergestellt, wahrscheinlich in Südchina. Ohne die Sonne und unter einer dicken Smogschicht über der Stadt war es kühl, und ich war froh, als wir ins nächste Taxi sprangen, um zum Lufthansa Kempinski Centre zu fahren, dort würde die Luft zwar sicher steril, aber angenehm temperiert sein.

Die Weinabteilung im Untergeschoss der Youyi Shopping City im Lufthansa Kempinski Centre brachte mich mit einem Ruck direkt zum Hauptgegenstand meiner Recherche zurück. Da stand der

Grace Vineyard 2006 Cabernet Sauvignon, den wir vor zwei Tagen getrunken hatten, für ganze 65 Yuan oder 6,50 Euro im Regal, ein Wahnsinnsschnäppchen im Vergleich zum 1982 Château Lafite für 79 050 Yuan oder 7900 Euro. Natürlich stand letzterer nicht einfach so herum, sondern lag hinter Glas neben einer Reihe anderer 1er Grand Cru Classé Bordeaux-Rotweinen zu fünfstelligen Preisen. Dass Château AFIP Beijing Global nicht neben Lafite & Co lag, zeigt, dass die hochambitiöse Strategie des hyperrealen Projekts von Changyu und Partnern nicht nur für dieses Trio westlicher Snobs gescheitert ist, auch wenn wir von der Entschlossenheit und Wagnisbereitschaft des Unternehmens angemessen beeindruckt waren.

Während ich diese flüssigen Luxusgüter betrachtete, kam eine junge Chinesin vorbei und kaufte eines. Sie trug nicht nur exakt das Chanel-Kostüm und die Schuhe, die ich in einer der westlichen Modezeitschriften gesehen hatte, die in unserem Hotel auslagen, sie sah auch aus wie ein Model auf einer dieser Seiten. Aber ihre Imitationsstrategie führte nicht zu dem gewünschten Ergebnis, sondern eher zu einer eigentümlich sterilen Persiflage des sexgeladenen Originals mit seiner speziellen Pariser Ausstrahlung. Sie sah ungefähr so sexy wie eine Porzellanpuppe aus! Wo war die chinesische Vernarrtheit in leuchtende Farben und das Spiel mit ausgefallenen Formen?

Die enttäuschende Auswahl an deutschen Weinen schien auch etwas über den chinesischen Weinmarkt auszusagen, darunter ein Wein namens Relax Riesling in einer blauen Schlegelflasche für 110 Yuan, oder 11 Euro. Jetzt ärgere ich mich, dass ich ihn nicht gekauft habe, um herauszufinden, ob Entspannung wirklich deutsch und nach Riesling schmeckt, aus einem Regal in Beijing vier Monate vor der Olympiade. Wir mussten in den fünften Stock, um für Bernd Tabletten zu kaufen, und kamen dabei durch die Porzellan-Abteilung, wo Meißener Porzellan zu Preisen angeboten wurde, die näher bei Lafite lagen als beim Relax-Riesling. Ich vermute, dass die Marke »Deutschland« für Chinesen irgendwo zwischen Meißener Exklusivität, der technischen Perfektion von Mercedes-Benz und dem unbekannten Geschmack von Relax liegt.

Der lang anhaltende Aktien-Boom hat eine Menge Leute in China reich gemacht, und viel von diesem Geld scheint in neue Luxusvillen am Rand von Peking sowie in Luxus-Apartments näher am Zentrum geflossen zu sein. Der Durchschnittspreis einer Wohnung beträgt hier nahezu das Zehnfache des Jahreseinkommens eines durchschnittlichen Haushalts! Das muss das Leben sowohl für die Neuankömmlinge aus den Provinzen als auch die Yuppies am Beginn ihrer Karriere schwer machen. Diese Situation zieht zweifellos die Bremse beim Konsum wichtiger chinesischer Yuppie-Statussymbole wie Rotwein und Fleisch, obgleich er stetig und beachtlich wächst.

Zum Mittagessen saßen wir in einem stilvollen Restaurant namens South Silk Road mit einer großen Fensterfront auf den Bei-Hai-See. Es gab Yunnan-Küche, und manche der Angestellten trugen die traditionelle Tracht dieser Provinz. Auf dem Menü standen Dutzende von Pilzgerichten, so dass ich es als Pilzfreak wirklich schwer hatte bei der Auswahl.

»He, schaut mal!«, rief Gerhard plötzlich und zeigte auf eine Seite in der Karte, »tibetischer Wein!«. Ich hatte keine Ahnung, wie das gehen sollte, der größte Teil von Tibet besteht aus einem von Dürre geprägten Hochplateau auf über 4000 Meter. Außerdem wollte ich danach eine Runde joggen. Doch Bernd wischte meinen Aufruf zur Enthaltsamkeit einfach beiseite: »Wer will denn nun über chinesischen Wein schreiben, wir oder du?«

Gerhard hatte bereits eine Flasche bestellt, und als sie zum Tisch gebracht wurde, war ich sehr überrascht über das moderne, geschmackvolle Design des Kartons – abstrakt in rot und schwarz auf weißem Untergrund –, in dem sich der 1995 Cabernet Sauvignon befand. Wir studierten das Etikett und den Karton, zweifellos das Werk eines Designers, der mit dem Italien der Gegenwart vertraut war, aber das nur als Inspiration genutzt hatte, denn das Ergebnis wirkte eindeutig chinesisch. Der Wein stammte eigentlich aus der Provinz Yunnan, weshalb er sicher hier auf der Karte stand, denn sie grenzt im Westen an Tibet.

Als Erzeuger war die Shangeli-la Winery angegeben, was verdächtig ähnlich wie Shangri-la klang, dem mythischen Ort in Tibet, der durch den 1933 veröffentlichten, aber seit langem in Vergessenheit geratenen Roman »Lost Horizon« von James Hilton berühmt wurde. Die Zeitungen heute waren voll von anderen Bildern im Zusammenhang mit Tibet, da gestern ein französischer Gesandter eintraf, um sich bei einem chinesischen Mädchen im Rollstuhl zu entschuldigen, die von Free-Tibet-Demonstranten angegriffen wurde, als sie in Paris die olympische Fackel trug. Mit silbergrauem Haar und einem Handkuss, der Jahrzehnte Übung verriet, war es ein Meisterwerk der französischen Diplomatie, aber das änderte nichts daran, dass er nicht Nicolas Sarkozy war. Vielleicht hat »China Daily« deshalb ein äußerst unvorteilhaftes Foto von ihm gewählt: die Regierung ist beleidigt, dass China mit einem Ersatz abgefertigt wird. Die chinesischsprachigen Medien werden diesen Ansatz sicher noch deutlicher herausstellen, und Frankreichs Stellung als bevorzugter Partner könnte darunter leiden. Aber zurück zum Wein, der gerade mit beträchtlichem Zeremoniell dekantiert wird.

»Dünn!«, verkündete Bernd mit der vollen Kraft eines kategorischen Urteils. Es war in der Tat ein leichter Rotwein, aber für mich schmeckte er geradlinig und harmonisch, zeigte etwas Frucht und Wärme, sogar Eleganz. Gerhard gefiel er eigentlich auch, und Bernd musste zugeben, dass er weder sauer noch gerbig war und für das Alter ganz gut dastand. Vielleicht bringt das Klima, dem er entstammt, auf natürliche Weise Rotweine mit einer gewissen Ähnlichkeit mit rotem Bordeaux hervor, ohne den Versuch der Imitation?

Trotz des »tibetischen« Rotweins raffte ich mich zum Joggen auf und war erstaunt, wie wenig mich der Smog dabei belastete. Es war toll, durch den *Hutong* zu laufen, der südlich des Xichang'an Jie liegt, der großen Hauptverkehrsader in Ost-West-Richtung. So gewann ich noch einen besseren Einblick vom Leben hier als auf unserer Fahrt zum Red Capital Club. Dann kam ich zum Tian'anmen-Platz und den pompösen kommunistischen Bauten gegenüber dem Tor zum himmlischen Frieden, dem Eingang zur Gugong, der verbotenen Stadt. In den 1950er-Jahren galten diese Bauten zusammen mit der Ausdehnung des Platzes auf ein Vierfaches der Fläche, um sie unterzubringen, als vernichtende Antwort auf die verbotene Stadt. Die ließ man stehen und machte sie zu einem Museum, so dass die neuen Monumente für jedermann die Überlegenheit der kommunistischen Zukunft gegenüber der imperialistischen Vergangenheit demonstrieren konnten. Doch seit das neue National Centre for the Performing Arts hinter der Renmin Dahuitang, der großen Halle des Volkes, einer der kommunistischen Bauten, fertiggestellt wurde, ist diese einfache Dialektik durch diese nahezu buchstäbliche fremde Präsenz umgeworfen. In dem kuppelartigen, beinahe fensterlosen Gebäude, das von dem Franzosen Paul Andreu entworfen wurde, sind drei Theater untergebracht, aber mit dem Teich rundherum, auf dem es förmlich zu ruhen scheint, wirkt es wie ein außerirdisches Raumschiff. Das passt gut zu seinem chinesischen Spitznamen mit der tausendjährigen Assoziation: das Ei. Andreu, der den Bau als »Symbol der Wiedergeburt« beschreibt, scheint dem zuzustimmen; ein kosmisches Ei für die nächsten tausend Jahre?

12. April 2008 Peking mit all seiner historischen und modernen Posiererei verschwindet unter uns, als unser Flugzeug pünktlich um sieben Uhr morgens vom Terminal 3 in Richtung Taiyuan abhebt – Taiyuan in der Provinz Shanxi, nicht die abtrünnige Inselprovinz Taiwan. Die Taxifahrt zum Flughafen verlief ereignislos, und dass wir vor dem Morgengrauen aufstehen mussten, führte zu einer interessanten Beobachtung. Als wir nämlich Richtung Tian'anmen-Platz kamen, standen dort jede Menge chinesische Touristenbusse, und dann sahen wir auch schon den Grund: die Massen versammeln sich hier jeden Tag, um das Hissen der chinesischen Flagge bei Sonnenaufgang zu beobachten. Kein Wunder, dass sie so entrüstet auf die Ereignisse in Paris reagiert und sogar vor Carrefour-Supermärkten demonstriert haben.

Ich stelle die Rückenlehne meines Sitzes zurück und lasse die gestrigen Ereignisse an mir vorbeiziehen. Gerhard hatte einen Fahrer organisiert, der uns zur chinesischen Mauer bringen sollte, und während der ersten Stunde war es sehr unterhaltsam. Erst bewies er uns, dass er die Namen aller bedeutenden deutschen Fußballer wusste, dann erklärte er, dass der Buick, den er fuhr, das Ergebnis eines Joint-Venture von GM und China war – sämtliche wirtschaftliche Beteiligungen hier sind Joint-Ventures. Dann ging er zum chinesischen Zwölf-Jahres-Zyklus über, die alle nach einem Tier benannt sind, und teilte mir mit, ich sei eine Ratte, Gerhard ein Schwein und Bernd ein Kaninchen.

»Ich esse gern Kaninchen!«, entgegnete Bernd dreist, aber das brachte unseren chinesischen Komiker nicht aus der Ruhe. Stattdessen ratterte er eine lange Liste von angeblichen Tugenden der im Jahr des Kaninchens Geborenen herunter, die mit der negativen Eigenschaft, »aber etwas selbstsüchtig« endete. Dann tat er dasselbe für mich und die anderen Ratten, wobei die Lobesliste mit der kritischen Note »aber launenhaft« abschloss. Das klang schrecklich zutreffend, aber bevor er zu Gerhard und den Schweinen übergehen konnte, kamen wir an eine Mautstelle auf der Autobahn.

»Brauchen Sie Geld, money?«, fragte ihn Bernd und meinte die Mautgebühr.

»Yeah, Geld erzählt Bände«, witzelte darauf unser chinesischer Komiker und verneinte, »in China no money, no honey – no money, no funny!«,

Im Nachhinein war das wie eine Vorwarnung für das, was kommen sollte, denn wir fuhren kurz darauf von der Autobahn ab und bekamen eine Kurzversion der Jade-Geschichte in China zu hören. Während wir durch Pfirsich- und Birnenplantagen fuhren, erklärte er, dass der meistens, aber nicht zwangsläufig grüne Edelstein während der Ming-Dynastie als Symbol des Erhabenen galt und damit mit dem Kaiser assoziiert wurde. Dann – große Überraschung – hielten wir vor einer Jade-Fabrik, und als wir in dem riesigen Verkaufsraum standen, waren wir uns einig, dass uns diese Art von Steinschnitzerei steinkalt ließ. Durch unsere Einkaufenthaltung ging unserem Fahrer nicht nur eine Provision flöten, sondern er verlor auch an Ansehen beim Fabrikdirektor, von dem er diese einzufordern erhofft hatte. Plötzlich war der chinesische Komiker verschwunden, und unsere Fahrt setzte sich in eisigem Schweigen fort.

Als nächstes besichtigten wir die Ming-Gräber, die sehr kahl, ausgedehnt und beeindruckend waren. »Das würde einen guten Fasskeller abgeben«, lautete Bernds Kommentar in der hochgewölbten Hauptgrabkammer. Mir vermittelte es einen weitaus stärkeren Eindruck von der Reichweite der kaiserlichen Macht vor 300 Jahren als der ebenso alte Teil der chinesischen Mauer, der danach auf dem Programm stand und von einer dicken Schicht von Touristen überzogen war, vor allem Chinesen. Als ich sie fotografierte, fragte ich mich, was ich da überhaupt zu suchen hatte. Ich hatte die chinesische Mauer erstmals 1973 im Fernsehen gesehen, als Nixon die Welt mit seinem Besuch überraschte, und da das für mich ein historischer Moment war, war es mir wahrscheinlich wichtig gewesen, sie im Original zu sehen, selbst wenn dieser Teil so stark restauriert worden ist, dass er beinahe als *jiade* gelten müsste, so wie der größte Teil des Tower in London. Ich war sehr erleichtert, als wir zurück in die Stadt des Smog und Staubs fuhren und zum Abendessen in den Whampoa Club im Finanzdistrikt gingen.

Obgleich dieses raffinierte Restaurant nur ein Ableger des Originals in Shanghai ist, war die Küche des jungen Küchenchefs Lim Hock Siong von sensationell lebendigen Aromen bestimmt. Wir aßen chinesische Klassiker von großer Eleganz, darunter eine seidig-wabbelige Haifischflossensuppe und chinesisch-japanische Fusionsgerichte wie Jakobsmuscheln mit Wasabi, die vor Geschmack förmlich strotzten. Das Restaurant war in einem Courtyard untergebracht, jedoch umringt von blitzenden gläsernen Hochhäusern und Baustellen, die auf eine Zukunft zurasten, die zum Greifen nahe erschien.

Jetzt befinden sich Bernd und ich in einer Zeitmaschine auf dem Weg in eine Welt, die uns sicher um Jahrhunderte zurückversetzen, aber auch zum zukunftsweisenden chinesischen Weinunternehmen Grace Vineyard in einer ziemlich abgelegenen Ecke der Provinz Shanxi, etwa 650 Kilometer südwestlich von Beijing führen wird.

Als wir mit dem Fahrer, der uns abholt, aus dem etwas abgenutzten alten Flughafengebäude in Taiyuan treten, trifft uns die Kälte wie ein Schlag. Der Himmel ist supergrau und nach den Pfützen zu schließen, muss es letzte Nacht ziemlich geregnet haben. Jetzt ist es trocken, aber ich schätze die Temperatur auf höchstens fünf Grad. Hinter dem chaotischen Flughafen-Parkplatz erhebt sich eine große, bedrohlich wirkende Silhouette, die mich an Science-Fiction-Filme erinnert, aber zu dem hypermodernen neuen Flughafen gehört. Auch hier macht sich das 21. Jahrhundert bemerkbar.

Minuten später kurven wir durch alte Fabrikgelände und Baustellen, die alle etwas bodenständiger in ihren Dimensionen wirken. Ich muss an die Geschichte denken, die uns Gerhard gestern Abend von einem Freund in LA erzählt hat, der jedes Jahr 200 Container voll mit Konsumgütern aus China in die USA importiert. Das einzige, das er jedoch im Gegenzug nach China verkaufen kann, ist Altpapier, das dort zu Kartons verarbeitet wird für die nächsten Ladungen von käuflichen Metall- und Plastikträumen. Sie haben kein Interesse an den amerikanischen Produkten, außer an den amerikanischen Staatsschuldscheinen, die sie himalayahoch stapeln. Damit wird nun die einstige Größe wiederhergestellt, denn jahrhundertelang, bis in die Anfänge der Qing-Dynastie war China die weltgrößte Wirtschaftsmacht.

Als wir die Stadt hinter uns lassen, staunt Bernd, wie wenig Radfahrer es auf den Straßen gibt, und ich muss ihm recht geben. Dafür umschwirren uns jede Menge kleinerer Autos, Motorräder und Mopeds. Als ich Teenie war, waren riesige Pulks von Radfahrern für mich ebenso typisch chinesisch wie die blauen Mao-Anzüge, die jeder Chinese trug, den ich im Fernsehen oder in Büchern sah. Daneben assoziierte ich meine ausgesprochen hübsche Geschichtslehrerin mit China, Miss Erskine, die dem 13-jährigen Stuart Pigott chinesische Geschichte lispelnd und in Überknie-Stiefeln und Minirock beibrachte, so dass ich ihre Erscheinung weitaus stärker in Erinnerung habe als die Namen der kaiserlichen Dynastien.

Wir fahren durch eine Reihe von kleineren Städten, die zum größten Teil aus einstöckigen Häusern bestehen, die Fassaden mit weißen Fliesen besetzt. In einer hängt an jedem Laternenmast eine Fahne, die für rote Äpfel wirbt, die hier wahrscheinlich angebaut werden: die Apfel-Stadt. Und als wir wieder aus der Stadt hinaus und durch die Apfelplantagen fahren, sehen wir den gelben Lössboden, der nicht nur für diesen Teil der Provinz Shanxi typisch ist, sondern für den größten Teil des nahezu eine Million Quadratkilometer großen Beckens des Huang He, des Gelben Flusses. Löss ist ein feinkörniger Boden, der vom Wind angeweht wird und mehrere Meter tief sein kann wie in manchen Teilen Deutschlands, etwa dem Kaiserstuhl in Baden, oder mehrere hundert Meter tief wie hier. Der Löss ist unglaublich fruchtbar, aber wenn der Monsun voll zuschlägt, dann spült er beträchtliche Mengen davon in den Fluss, so dass dieser ein schlammiges Gelb annimmt, und der Wind kann ihn auch genauso wieder fortblasen, wie er ihn hertransportiert hat.

Ich bin gespannt, ob das Gebiet, in dem Grace Vineyard liegt, ähnliche ökologische Probleme hat wie weite Teile des Flussbeckens des Huang He. Obwohl Löss eine ausgezeichnete Wasserspeicherfähigkeit hat, ist Dürre mancherorts ein Riesenproblem. Das hat sich durch die Misswirtschaft von häufig korrupten Beamten und die Tatsache, dass Wasser in China immer noch stark subventioniert wird, so dass keinerlei Anreize bestehen, damit sparsam umzugehen, noch verschlimmert. Der Grundwasserspiegel sinkt jetzt stetig und schnell, weshalb die Weizenproduktion – die in Nordchina traditionell genauso bedeutend ist wie der Reisanbau im Süden – abnimmt.

Man könnte annehmen, dass die immer stärker zutage tretenden Folgen der globalen Erwärmung diese Situation entschärfen könnten, da die Gletscher, die den Fluss etwa zur Hälfte direkt und indirekt speisen, um sieben Prozent jährlich schmelzen. Doch das ist nur ein vorübergehender Effekt. Wenn diese Quellen versiegen, dann könnte das Ganze umschlagen und die Lebensgrundlage der über hundert Millionen Menschen bedroht sein, die in diesem Flussbecken leben. Daneben ist der Verschmutzungsgrad des Gelben Flusses und seiner Nebenflüsse an vielen Stellen so hoch, dass die Einheimischen stellenweise von »Krebsdörfern« sprechen.

So erschreckend, wie das alles klingt, stellt es nur die Zuspitzung eines historischen Problems dar. Dieses Gebiet blickt auf eine lange Katastrophen-Geschichte zurück, die von extremen Klimaschwankungen ausgelöst wurde. Noch 1877–79 starb ein Drittel aller Einwohner der Provinz Shaanxi, Shanxis Nachbar im Osten, an Hunger und hungerbedingten Krankheiten infolge einer besonders heftigen Dürreperiode. Im Frühsommer 1898 führten die Monsunregen, die in diesem Teil Chinas zwei Drittel aller Niederschläge darstellen, zur Überschwemmung von 2000 Dörfern, mit den entsprechenden furchtbaren menschlichen Verlusten, während anschließend bis 1901 gar kein Regen mehr fiel, so dass die Dürre wiederum etwa ein Viertel der Bevölkerung von Shaanxi forderte. 1931 kamen dann beinahe 3,7 Millionen Menschen in den schlimmsten Überschwemmungen des Gelben Flusses der letzten Jahrhunderte um. Ich habe Schwierigkeiten, mir die Bedeutung dieser Zahlen klarzumachen, wie nahe an den Zusammenbruch sie die menschliche Zivilisation in diesen Landesteilen gebracht haben müssen.

Wiederholte Male drohten die Verwüstungen in der Kornkammer Chinas Kaiser zu entthronen, und manche führenden Historiker betrachten anhaltende Dürre im Becken des Gelben Flusses als den ausschlaggebenden Faktor für das Scheitern der Tang-, Yuan- und Ming-Dynastien, so wie es auch der eigentliche Grund für die langen Unruheperioden sein könnte, die 1900 mit dem Boxer-Aufstand begannen und bis 1989 andauerten. Die Notwendigkeit, Reis aus dem Süden zu importieren, um solche Aufstände zu vermeiden, steckte hinter dem großen Kanal, der ab 486 v. Chr. zwischen dem Gelben und dem Yangtse-Fluss gebaut wurde. Im 15. Jahrhundert hatte das Kanalsystem seine größten Ausmaße erreicht und gewährleistete den Transport von etwa 400 000 Tonnen Getreide jährlich, doch selbst diese Mengen an Reis erwiesen sich in Zeiten der extremen Dürre als unzureichend. Heute wissen die Meteorologen, dass diese Dürrekatastrophen im Zusammenhang mit den El-Niño-Ereignissen im

Pazifischen Ozean vor der peruanischen Küste stehen, aber das heißt nicht, dass die chinesische Regierung das Problem im Griff hätte. Sie haben in den letzten Jahren nur Glück gehabt.

Doch da sind die ersten Reben, allerdings ohne das geringste Anzeichen von grünen Blättern in der staubigen, lössgelben Eintönigkeit der Landschaft. Wir biegen links ab in eine sanft ansteigende Straße, an einem Schild vorbei:

GRACE VINEYARD

Wir halten vor einem kleinen Komplex moderner Gebäude, von denen eins entfernt an ein Schloss erinnert, während die anderen funktionale, schachtelartige Flachbauten sind. In der unmittelbaren Umgebung von Taiyuan hätte ich sie als Fabrikgebäude beschrieben. Es erwartet uns ein dreiköpfiges Empfangskomitee, das uns kräftig die Hand schüttelt, als wir aussteigen. Der jüngste des Trios ist Mitte 20 und stellt sich uns in nahezu perfektem Englisch als Ian vor, zweiter Kellermeister und chinesisch-malaysischer Herkunft. Er bringt uns auf unsere Zimmer im »Château« und schlägt vor, wir sollten uns frisch machen und dann zum Frühstück hinunterkommen, worauf Bernds Augen leuchten.

Als ich die ausladende Treppe hinuntergehe, lassen eine Tapisserie mit Lotusblüten, dem Firmenlogo, und ein großer Kronleuchter keinen Zweifel daran, dass der Gründer, C. K. Chan aus Kong Kong, über ausreichend Geld verfügt, um es in risikoreiche Unternehmungen zu investieren; dieses Weingut ist das selbstbewusste Streben nach der Spitzenposition unter den über 100 chinesischen Weingütern.

Das Frühstück ist üppig genug, um auch als Mittagessen durchzugehen, und beinhaltet unter vielem anderen eine chinesische Salami, die sich, wie Ian betont, keinesfalls an einem italienischen »Original« orientiert. Nachdem Bernd und ich alles probiert haben, wendet sich das Gespräch den Anbaubedingungen für Reben in diesem Teil von Shanxi zu.

»Im Sommer steigt die Temperatur bis auf 40 °C, und im Winter sinkt sie bis auf minus 20 °C«, erklärt Ian. »Wir bekommen etwa 450 mm Niederschlag jährlich, ungefähr die Hälfte davon während der Wachstumszeit.« Das ist gerade ausreichend für Weinbau ohne Bewässerung..

»Letztes Jahr hatten wir aber unmittelbar vor der Lese zusätzliche 120 mm, das war furchtbar«, erzählt er weiter, »die Chardonnay-Trauben schossen von zehn Prozent Botrytis in nur zwei Tagen auf 80 Prozent!« Botrytis ist die Edelfäule der Süßwein-Winzer, aber das letzte, was jemand wie Grace Vineyard braucht, der ganz auf trockene Weine setzt, da die Trauben dabei die frischen Fruchtaromen verlieren.

»Die hiesigen Landwirte bauen seit Generationen Obst an, vor allem Äpfel und Pfirsiche, deshalb bewässern und düngen sie die Weinberge, als ob es Obstbaumplantagen seien«, fährt unser gesprächiger Gastgeber kopfschüttelnd fort, »nur zehn Prozent von ihnen befolgen unsere Anweisungen, ihnen zahlen wir mehr für ihre Trauben.«

Aus diesem Grund geht Grace Vineyard jetzt dazu über, das Land von den Bauern zu pachten und es selber zu bewirtschaften, statt ihnen die Trauben abzukaufen, erklärt uns der ältere Mann, der neben Ian sitzt. Jiang Jianzhong, General Manager von Grace Vineyard, war bis zu diesem Punkt sehr ruhig, weil er kein Englisch spricht, doch scheint er unser Gespräch verfolgt zu haben und wirft jetzt mehr und mehr Kommentare ein, die Ian übersetzt. In den kommenden Wochen wird Grace Vineyard weitere 70 Hektar von Bauern gepachtetes Land mit Reben bepflanzen, das vermittelt einen Eindruck vom Ausmaß dieses Unternehmens und der Geschwindigkeit, mit der sie ihr Ziel verfolgen.

»Können Chinesen uneingeschränkt reisen?«, vollführt Bernd einen grundlegenden Themenwechsel, und vielleicht ist der Überraschungseffekt in diesem Fall genau richtig, um die Wahrheit zu erfahren. Die Antwort kommt von J. J.: »Ja, aber mit viel Papierkram, und sie stellen viele Fragen.« Das klingt, als ob sich vieles geändert habe, die alten Gewohnheiten aber nur schwer abzulegen sind.

»Gehört das Land den Bauern?«, bohrt Bernd weiter.

»Nein, sie pachten es von der Regierung, die meisten haben zwischen drei und fünf Mu, 15 Mu sind ein Hektar, das heißt sie haben 0,2 bis 0,3 Hektar.« Das bedeutet, dass diese 70 Hektar über 150 Bauern gehören, was die Neupflanzungen zweifellos zu einer sehr komplexen Aufgabe macht.

Ian meint, das sei genug Theorie, wir sollten einen Rundgang unternehmen, und wir stimmen ihm begeistert zu. Die Kombination von seiner Offenheit, der Erfahrung des General Managers und der Beziehung zwischen den beiden ist für mich als Journalisten geradezu ideal.

»Super, super … cool, cool«, freut sich Ian, als er seine Jacke anzieht.

»Wo kommen Sie her?«, fragt ihn Bernd, während wir hinaus in die graue Kälte gehen.

»Ich bin aus Penang, dort habe ich die Hotelschule besucht, dann eine Ausbildung als Sommelier gemacht. Aber es war ziemlich schwierig, dort Wein zu verkaufen, weil Malaysia ein muslimisches Land ist. Nur die zehn Prozent Chinesen und einige Inder trinken überhaupt Alkohol.« Kein Wunder, dass er diesen Job angenommen hat. Er passt hier perfekt hinein, denn erstens sind die Chans chinesisch-malaysischen Ursprungs, und zweitens ist er ein ehrgeiziger, aufstrebender junger Mann, was zu all dem passt, was ich über Judy Leisner gelesen habe, Chans Tochter und Generaldirektorin von Grace. Sie werde ich in Hongkong treffen, am Ende meiner Chinareise.

Als wir in die Kellerei gehen, sehe ich einen Bauer, der seine Schafherde durch die Weinberge treibt. Die Kellerei ist in der größten der Schachteln untergebracht. Kelterhalle und Gärraum sind ganz von glänzendem Edelstahl und anderer moderner Ausstattung bestimmt. Im Fasskeller hingegen habe ich das Gefühl, plötzlich nach Frankreich gebeamt worden zu sein. Grob geschätzt liegen hier sicher über tausend Fässer, in langen ordentlichen Reihen jeweils drei übereinander gestapelt.

»Normalerweise vergären wir alle Weißweine in Holzfässern, aber wegen der schwierigen Bedingungen während der Lese 2007 haben wir sie alle im Tank gelassen«, erklärt Ian. »Die 2007 Roten kommen aus demselben Grund ausschließlich in gebrauchte Fässer. Die neuen Fässer sind alle leer.« Dabei deutet er in eine Ecke des Kellers, wo ein großer Stapel neuer Barrique-Fässer steht, alle noch vom Transport verpackt.

»Vom ersten Jahrgang 2001 bis 2005 hatten wir einen französischen Kellermeister, aber seit 2006 einen australischen, Ken Murchison«, erzählt Ian weiter, ganz offensichtlich voller Begeisterung für seinen direkten Vorgesetzten. »Er hat zu Hause seinen eigenen Betrieb, Portree Vineyard in den Macedon Ranges in Victoria und teilt seine Zeit zwischen hier und dort auf.«

»Was hat er geändert?«, frage ich, als wir zurück in den Gärraum kommen.

»Oh, eine Menge. Der französische Kellermeister hat die Rotweine sehr warm, bei etwa 30 °C vergoren, und das hat zu Bitterkeit in den Weinen geführt, jetzt lassen wir sie nur noch auf 24 oder 25 °C kommen, und das Problem hat sich gelöst. Außerdem bemühen wir uns jetzt sehr, sämtliche botrytisbefallenen Trauben auszusortieren, und dadurch schmecken die Weine viel frischer.«

»Und was würde er gerne ändern?«, erkundige ich mich weiter.

»Diese Tanks«, entgegnet Ian, zeigt auf eine Reihe von haushohen Edelstahltanks und klingt zum ersten Mal nicht durch und durch positiv. »Wir nutzen sie für Rotwein, und nachdem die Gärung abgeschlossen ist, muss jemand hineinsteigen und den Trester herausschaufeln, was bis zu zwei Tagen dauert.« Das bedeutet, dass unser erster Eindruck einer sehr modernen Kellerei nicht ganz richtig war. J. J. erklärt, dass die technische Ausstattung zwar aus Italien sei, die Tanks aber hier in der Gegend gefertigt seien. Meine Erfahrungen in Thailand und Indien deuten an, dass solche technischen Probleme typisch für die junge asiatische Weinbranche sind.

Wir gehen wieder hinaus und über die Straße zu den Reben. Der graugelbe Himmel verschmilzt am Horizont nahezu mit dem Boden, und obgleich es ein bisschen wärmer geworden ist, bin ich froh über meine dicke Jacke.

»Dies sind Chardonnay-Reben, sie gehören zu einem Block von 15 Hektar Chardonnay«, erklärt uns Ian, »drüben um die Kellerei steht Cabernet Sauvignon.«

Plötzlich bleibe ich wie angewurzelt stehen und starre ungläubig. Direkt vor uns ist ein Bauer dabei, eine Rebzeile mit einer Hacke tief aus dem Löss herauszugraben, und dort noch einer, und noch einer. Letzten Herbst haben sie die ganzen Rebzeilen auf dem Boden runtergeklappt und mit Erde zugedeckt; jetzt werden sie wieder freigelegt und wieder hochgeklappt! Das habe ich noch nie gesehen, und vielleicht werde ich es nirgendwo sonst auf Planet Wein sehen. Dieses Unternehmen hat vielleicht den Weinbau in Shanxi vor wenigen Jahren wieder aufleben lassen, aber diese Methode wirkt so archaisch, als ob die Vorfahren der Bauern seit Jahrtausenden so gearbeitet hätten. J. J. sagt, es daure bis zu 20 Tagen, um die Reben nach der Lese komplett einzugraben und ungefähr halb so lange, um sie im April wieder freizulegen. Dann sehe ich auch noch beschriftete Steine zwischen den Reben, die zweifelsfrei Grabtafeln sind; zu Hause rückt immer weiter in die Ferne.

»Einer der Punkte, die wir den Bauern einschärfen, lautet, die Reben stärker zurückzuschneiden«, erklärt Ian. Das ist sinnvoll, denn es führt zu weniger Knospen und so auch weniger neuen Trieben pro Meter Rebzeile. Dadurch ist die Laubwand weniger dicht, die Trauben reifen besser und sind weniger anfällig für Botrytis und andere Arten von Fäulnis. »Das Problem ist, dass sie meinen, weniger Knospen bedeuten weniger Trauben und deshalb weniger Geld.« Ich schlucke einmal kräftig und erspare mir den Kommentar, dass genau dieses Problem überall auf Planet Wein verbreitet ist; ein Bauer ist beinahe immer ein Bauer, und Bauern möchten immer mehr, mehr und nochmals mehr ernten.

»Was wuchs hier vor den Reben?«, möchte Bernd wissen.

»Äpfel, Mais und Datteln«, erwidert J. J. Bernd und ich starren uns verblüfft an – wo sind die Palmen? Wie haben sie minus 20 °C überlebt? Doch bevor wir entsprechende Fragen stellen können, wird uns bedeutet, ins Auto zu steigen, um einige neue Anlagen zu begutachten, die zu den 70 Hektar gehören.

Wir fahren den sanften Hügel hinauf, an dem Grace liegt, und biegen dann von der asphaltierten Straße in einen Feldweg ein. Plötzlich sind wir am Rand einer Schlucht, die tief und steil in den Löss schneidet. Wüsste ich es nicht besser, würde ich meinen, auf einer Felsklippe zu stehen, aber der Löss ist weich, und das verleiht dieser Landschaft etwas Befremdliches.

Die neuen Weinberge sind gerade erst angelegt worden. Wir steigen aus, um uns das Ganze etwas näher anzuschauen. J. J. erläutert, dass nächstes Jahr, wenn die Reben etwas größer sind, Pfosten gesetzt und Drähte gespannt werden, ganz wie zu Hause. Sie pflanzen die Sorten, die sie bereits im Anbau haben, aber auch ein paar andere, darunter Riesling. Trotz meiner Höhenangst habe ich kein Problem, ganz nah am Abgrund zu stehen, vielleicht weil der Dunst alles wie ein großes chinesisches Gemälde erscheinen lässt … mit Reben. Ich drehe mich um und erkenne hinter uns auf dem nächsten Hügel die Umrisse eines Dorfes. Ian sagt, das sei unser nächster Halt.

Wir parken in der langen, geraden Hauptstraße, die von einstöckigen, weißgetünchten Ziegelsteinhäusern gesäumt ist, in denen sicher die meisten der 200 Bewohner leben. J. J. sagt, wir würden den Dorfsekretär besuchen. Vielleicht kann er uns etwas über die klimatischen Bedingungen hier sagen und damit dieses Rätsel für uns lösen.

Wu Er, der Dorfsekretär von Nei Jia, ist ein kleiner, aber kräftig gebauter Mann mit kurzen schwarzen Haaren, dessen Gesicht Selbstvertrauen ausstrahlt und von harter körperlicher Arbeit erzählt. Das makellose Weiß im Innern seines Hauses scheint wie ein bewusster Kontrast zur Farbe der Erde hier, oder ist es ein Rahmen für den Fernseher, einen riesigen Flachbildschirm und die dazugehörige Hi-fi-Anlage? Überall stehen Bilder von einem Sohn und einer Tochter – aber wie passt das zu der offiziellen Ein-Kind-Politik? Er bedeutet uns, auf einem Sofa Platz zu nehmen, und bietet uns Zigaretten an, die wir höflich ablehnen. Er scheint erstaunlich entspannt gegenüber uns Marsmenschen, so dass ich beschließe, einfach mal ein paar Fragen zu stellen, in der Hoffnung, dass er sie nicht als unverschämt empfindet. Zum Beispiel: Wie viele Kinder hat er?

»Er hat einen Sohn und eine Tochter«, übersetzt Ian und zeigt auf die große gerahmte Fotocollage in kitschigen Türkistönen, die hinter uns an der Wand hängt, »für Dorfbewohner sind zwei Kinder gestattet, aber in Städten und Großstädten nur eins. Der Dorfsekretär baut seit zehn Jahren Reben an, und dieses Haus ist neun Jahre alt.« Das klingt beinahe wie ein kausaler Zusammenhang. »Er hat zehn Mu Trauben und 20 Mu Datteln, das ist viel für die Gegend.« Also sind wir jetzt in der Trauben- und Dattel-Stadt.

»Wäre es möglich, eine Dattel zu probieren?«, versuche ich weiter mein Glück.

Der Dorfsekretär geht hinaus und kommt mit einer Platte mit Früchten zurück, deren Haut rotorange glänzt, die ansonsten aber ganz wie die uns vertrauten Datteln aussehen. Bernd und ich probieren beide eine, und sie schmecken tatsächlich auch so, haben sogar einen Stein wie nordafrikanische Datteln. Sie beschreiben auf unsere Frage ihren Dattelbaum, anscheinend eher ein großer Strauch ähnlich einer Feige und offensichtlich frosthart. Selbst Bernd, der seit 35 Jahren kreuz und quer durch Planet Wein reist, ist das neu.

»Leider war 2007 eine Katastrophe für die Datteln, die im Oktober geerntet werden, ganz wie für die Trauben, die im September und Oktober geerntet werden.«

Da sind wir wieder bei den unzuverlässigen Wetterverhältnissen von Shanxi. Das nächste Mal könnte das ganze Gebiet zu einer Wüste werden, aber selbst bei einer totalen Missernte werden sie immer noch CCTV einschalten können. Das ist das neue China. Der Dorfsekretär erklärt uns, dass das Dorf nicht allein von Reben und Datteln lebt, sondern auch Gewächshäuser für Tomaten, Gurken, Erdbeeren und Chilischoten hat, und Ian entscheidet, dass wir eins davon sehen müssen. Also bedanken wir uns und fahren zurück in Richtung der Ebene, durch die wir heute früh auf dem Weg vom Flughafen gekommen sind.

Bernd sieht sie zuerst: gleichmäßige Reihen von platten kleinen Hügeln, die sich erst aus der Nähe als Gewächshäuser entpuppen. Der leicht zu bearbeitende Löss ist zu einer breiten Mauer aufgetürmt, an deren Südseite hölzerne Streben quasi angelehnt sind, über die eine durchsichtige Plastikplane gezogen ist. Die Enden dieses Tunnels sind wiederum mit dicken Lösswänden verschlossen. Es ist eine einfache, aber sehr geschickte Konstruktion, die minimale Investitionen erfordert.

Wir halten an und folgen Ian zu einem der Gewächshäuser, vor dem eine Familie sitzt und Tomaten wäscht und sortiert. Nach einigen Worten führt uns der Bauer in das Gewächshaus, und ich sehe sofort, dass das Ganze doch komplexer ist als von außen ersichtlich, denn die Streben werden von senkrechten Pfosten gestützt und Betonpfeiler tragen einen Streifen Strohdach, der über die gesamte Länge läuft. Der Bauer erklärt, dass das Gewächshaus ganz ohne Heizung auskommt und die Tageswärme sehr effektiv gespeichert wird, indem sie die Plastikplane mit Strohmatten abdecken. Für die Tomaten gebe es eine gute Nachfrage. So wie das Eingraben der Reben im Winter ist es eine pragmatische Lösung, die mit wenig Technik und Energie auskommt.

Beim Mittagessen bei Grace bekommen wir die hiesigen Tomaten, die etwas blass aussehen, aber süß und reif schmecken. Das Corned Beef, ebenfalls aus lokaler Produktion, schlägt das neutral schmeckende Zeug gleichen Namens, an das ich mich aus meiner Kindheit erinnere, um endlose Längen.

Ian und J. J. berichten, dass es in China zwar ein Weingesetz gebe, das auch gerade verschärft worden sei, die meisten Weinerzeuger sich aber nicht groß darum kümmerten. Ich frage Ian nach den Gerüchten, dass einige der größten Kellereien angeblich Rotwein aus Chile importieren und ihn als chinesischen Rotwein abfüllen und vermarkten. Er lächelt nur, als wolle er sagen: »Ja, was meinst denn du?«

Die neuesten Zahlen, die ich finden konnte, sprechen für sich selbst. China importiert genug Wein als Fassware, um 130 Millionen

Flaschen jährlich zu füllen, und Great Wall Winery füllt 150 Millionen Flaschen im Jahr. Vor meiner Abreise war ich im nächsten Asia-Laden und habe eine Flasche »chinesischen« Cabernet Sauvignon von Great Wall Winery für 4,99 Euro gekauft. Er schmeckte fruchtig und frisch, wenn auch etwas nichtssagend, genauso wie der letzte billige chilenische Cabernet Sauvignon, der mir über den Weg gelaufen ist. J. J. sagt, es gebe auf dem Papier mindestens 600 Weingüter in China, aber die meisten davon seien nur Abfüllanlagen, und nur etwa 200 würden tatsächlich Trauben keltern und Wein vergären. Das deutet auch darauf, dass eine Menge »chinesischer« Wein gar nicht aus dem Reich der Mitte stammt. Das könnte man wohl als Mord an der Seele des Weins werten, aber vor wenigen Jahrzehnten war das üblich in Japan und jetzt wendet sich die japanische Weinindustrie schrittweise davon ab. Vielleicht wird China auch folgen?

Jetzt ist es halb fünf, und wir sitzen wieder im Auto, auf dem Weg zu der nächsten größeren Stadt, Yu Chi, die ich trotz ihrer nur 300 000 Einwohner zu meinem Erstaunen auf meiner Nordchina-Karte gefunden habe. Als wir von Grace losfahren, bin ich ebenso überrascht, einige der Bauern, die ihre Reben mit der Hacke aus ihrem Wintergrab befreien, dabei zu beobachten, wie sie innehalten, weil ihre Mobiltelefone klingeln. Über dem ersten Dorf, durch das wir fahren, erhebt sich dann auch ein Stahlmast voller Antennen für die Mobilnetzwerke. Ian sagt, das sei typisch für das ländliche China außer in sehr armen und abgelegenen Gegenden. Es gibt heute beinahe 450 Millionen Mobiltelefone in China, Tendenz stark steigend. Mit unseren Festnetzanschlüssen sind wir Europäer Höhlenmenschen!

Bernd ist ebenso begeistert wie ich, den Supermarkt, bei dem Ian einkauft, zu erleben. Selbst die Reiseführer, die sich als alternativ und »off road« darstellen, schlagen einem nie ein solches Ziel vor, während es für mich immer einer der ersten Programmpunkte ist, egal wohin ich fahre.

»Yu Chi wächst sehr schnell«, erklärt Ian, »und wir sind etwas besorgt, dass in fünf bis zehn Jahren die Kinder der Bauern in die

Stadt ziehen werden und niemand mehr in den Weinbergen arbeiten wird. Das ist auch ein Grund, warum wir neue Weinberge anlegen, die sich mechanisch bewirtschaften lassen.«

Wir kommen an einem wunderschönen alten chinesischen Garten vorbei, in dem eine augenscheinlich vor kurzem restaurierte Pagode steht, aber die Leute auf der Straße schenken ihr keinerlei Beachtung. Einen Augenblick später kommen wir zum funkelnagelneuen großen Platz im Stadtzentrum – Kunst- und Kulturzentrum von Yu Chi verkündet ein Schild – und das Ganze erinnert mich an das modernistische Zentrum von Croydon, in der Nähe des Londoner Vororts, in dem ich aufgewachsen bin. Wir fahren in ein unterirdisches Parkhaus, und Ian zeigt auf das Schild von Green Wood, dem Supermarkt, der unser Ziel ist.

Als wir hineingehen, flüstert er mir zu, ich solle meine Digitalkamera vielleicht besser in der Tasche lassen. Er meint zweifellos, sie könnten befürchten, ich sei ein Spion der Konkurrenz. Weder er noch die Green-Wood-Typen haben die geringste Ahnung, dass ich eigentlich ein Underground-*Gonzo*-Journalist bin, der illegal über Wein in China berichtet und dabei Gratiswerbung für diesen Supermarkt macht.

Green Wood erinnert mich sehr an Wal-Marts in Kalifornien, aber hier herrscht viel mehr Leben als in einem amerikanischen Supermarkt, weil sich die chinesischen Kunden alle laut und aufgeregt unterhalten. Wir kommen an der Bäckerei vorbei, und mir fallen fast die Augen aus dem Kopf, so tolles Brot gibt es in keinem der amerikanischen oder europäischen Supermärkte, die ich bis jetzt gesehen habe. Das Meer ist noch weiter weg als das 650 Kilometer südwestlich gelegene Beijing, trotzdem sieht die Fisch-Abteilung spitze aus. Als nächstes kommt die Obst- und Gemüse-Abteilung, wo es alles gibt – von den winterlichen Wurzelgemüsen des Nordens bis zu den tropischen Früchten des Südens inklusive Tomaten wie die, die wir heute in dem Gewächshaus gesehen haben. Alles sieht grandios gut und frisch aus; sagenhaft!

»Der Laden hat das Wal-Mart-Konzept kopiert«, erklärt Ian, aber ich finde, sie haben vielmehr das Konzept übernommen und einem beträchtlichen *Upgrade* unterzogen. Die Wein-Abteilung ist ein riesiges Regal, etwa von der Größe des gesamten Supermarkts bei mir um die Ecke in Berlin. Das billigste Produkt kostet etwas über zehn Yuan oder ein Euro, genauso wie zu Hause, obwohl das Durchschnittseinkommen hier sicher weit niedriger liegt. Es gibt eine ganze Menge Rotwein von Chang Yu und Great Wall für knapp 30 Yuan oder drei Euro, aber auch Imperial Horse, einen chinesischen roten Eiswein für 128 Yuan, 13 Euro.

»Was verdienen die Weinbergsarbeiter bei Grace?«, erkundigt sich Bernd, der immer genau die treffenden Fragen stellt, die eigentlich ich hätte stellen müssen.

»40 Yuan am Tag, das Durchschnittseinkommen hier in der Gegend liegt bei 700 bis 800 Yuan monatlich«, erwidert Ian; zweifellos ist 70 bis 80 Euro pro Monat zu wenig, um hier regelmäßig einzukaufen. Ian betrachtet sich offensichtlich als Außenseiter und scheint kein Problem damit zu haben, Ausländer wie uns in die Einzelheiten der chinesischen Realität einzuweihen.

Plötzlich wirft mir einer der uniformierten Angestellten einen argwöhnischen Blick zu, deshalb klappe ich mein Notizbuch zu, lasse es in der Tasche verschwinden und unterhalte mich weiter mit Ian, als sei nichts geschehen. Nach ein paar Minuten ist er verschwunden; Gott sei Dank!

Bernd hat ein paar Sachen gefunden, und ich entschließe mich zum Kauf einer Tüte getrockneter Pfirsiche, denn wenn ich irgendwann endlos warten muss, weil ein Flug verspätet ist oder ein Fahrer nicht auftaucht, dann ist so etwas ernährungstechnisch die Rettung. Wir gehen zur Kasse, von denen es hier »nur« 36 gibt.

An jeder einzelnen hängt ein Flachbildschirm mit Musik, Videos und Werbung. Als wir an der Reihe sind, zeigen plötzlich alle Bildschirme gleichzeitig dieselben Bilder von Himalaya, doch geht es nicht um die neuesten Nachrichten vom Dach der Welt, sondern einen Werbespot in chinesischer und lateinischer Schrift: »Tibetanisch Trocken … ein guter Wein, er ist vom Himmel …«

Als wir zurück zu Grace fahren, bricht unvermutet ein Gewitter los, es gießt, und die Leute auf den Straßen halten ebenso plötzlich alle Schirme in den Händen. Vor uns zieht sich eine schick gekleidete junge Frau geübt mit der einen Hand ein Regencape über den Kopf, während sie mit der anderen ihr Moped lenkt. Ian erzählt, dass es in Shanxi die größten Kohlevorkommen Chinas gibt und der Wohlstand hier vor allem darauf zurückzuführen ist. Das ist ein Schock, denn das Verbrennen von Kohle verursacht viele der Treibhausgase, die für die globale Klimaerwärmung verantwortlich sind. China nimmt im Durchschnitt ein neues Kohlekraftwerk wöchentlich in Betrieb. Bei solchen Zahlen darf man allerdings nicht vergessen, dass wir Westler pro Kopf weitaus mehr Treibhausgase produzieren als der durchschnittliche Chinese. Erst heute Morgen habe ich in der »China Times«, die stets die offizielle Regierungslinie vertritt, gelesen, dass die Durchschnitttemperaturen in der Provinz Guangzhou in den letzten Jahren um 0,4 °C gestiegen sind. Die Klimaerwärmung ist ihnen also wohl bewusst, aber ihre Wirtschaftsführung scheint es genauso wenig ernst zu nehmen wie die unsrige.

13. April 2008 An den Wänden des Verkostungsraums stehen eine Reihe von beleuchteten Glasvitrinen mit Flaschen aller Weine, die Grace bis jetzt auf den Markt gebracht hat, inklusive besonderer Abfüllungen für das Hotel The Peninsula in Hongkong; sichtbarer Erfolg!

Ian erklärt, dass C. K. Chan, dem das Weingut gehört, auch Besitzer der Sunshine Holdings Ltd. in Hongkong ist, die hauptsächlich Supermärkte betreiben, aber auch Anteile an Kläranlagen, Baufirmen und einem Friedhof besitzen. »Die Art von Geschäft braucht keine Werbung«, lacht er. Ich mag Ians schwarzen Humor. So erklärt sich, wie Chan es geschafft hat, ein komplexes, langfristiges Unternehmen wie dieses aufzuziehen, bei dem er sich als zusätzliche Herausforderung auf keinerlei Vorbilder in Form von bereits etablierten Weingütern in Shanxi oder gut dokumentierten Erfolgen in der neuzeitlichen Vergangenheit stützen konnte.

Das gilt für ganz China, außer vielleicht für die Halbinsel Shandong, wo Bernd und ich uns morgen hinbewegen werden. In Verbindung mit der Unmöglichkeit, hier als Privatinvestor Land zu kaufen, hätte das westliche Investoren vor jeglichen Joint-Ventures mit chinesischen Weingütern zurückschrecken lassen – gäbe es da nicht diesen riesigen potentiellen Absatzmarkt. Die Experten, auf deren Ansichten ich vor meiner Abreise in Fachjournalen gestoßen bin, schätzen, dass es zur Zeit lediglich etwa zehn Millionen chinesische Weinkonsumenten gibt, weit unter einem Prozent der Gesamtbevölkerung. Da chinesische Städter typischerweise dreimal mehr verdienen als ihre Landsleute in den Dörfern, werden Chinas Weintrinker der Zukunft nahezu ausschließlich urbaner Natur sein, die Einwohner von Mega-Cities wie Beijing und regionalen Zentren wie Yu Chi. Es gibt gegenwärtig 285 Millionen potenzielle chinesische Weinkonsumenten, aber wie hoch wird diese Zahl in den nächsten Jahren klettern?

Ian sagt, wir sollen uns alle um den langen Holztisch setzen, auf dem bereits große Probiergläser stehen. »Wir werden einige 2004 verkosten, was einer der besten Jahrgänge war, ein paar 2005, und dann ein oder zwei 2006«, kündigt er an. Das ist genau das, was ich mir idealerweise vorgestellt habe. So wird es möglich sein, einen direkten Vergleich zwischen der Arbeit des jetzigen australischen Kellermeisters und der seines französischen Vorgängers anzustellen. J. J. erklärt, dass sie typischerweise zehn verschiedene Weine pro Jahrgang erzeugen und es vier Qualitätsebenen gibt: »Table«, »Premium«, »Reserve« und »Chairman's Reserve«. Jetzt werden wir herausfinden, ob unser Shanxi-Trip sinnvoll war.

Es beginnt mit drei Chardonnays. Es sind gute Weine, keiner schmeckt breit und weich oder hart und grün, was typische Chardonnay-Probleme sein können. Der Wein mit dem interessantesten Mundgefühl, was wiederum zu den großen Stärken des Chardonnays gehören kann, der 2004 Reserve, riecht jedoch stark nach sehr reifem Käse, und diese Note übertönt die Fruchtaromen. Es scheint, dass er sehr lange auf dem Hefedepot nach der Gärung lag.

Bernd und mir gefällt eindeutig der günstige 2006 Premium am besten, der einnehmend nach Birnen und Äpfeln duftet, frisch, ausgewogen und richtig saftig wirkt und doch angenehm trocken schmeckt. Der australische Kellermeister scheint hier nicht im Geringsten versucht zu haben, den Wein im Keller in irgendeine Richtung zu drängen, sondern hat einfach nur auf Geradlinigkeit und Frische geachtet.

Als ersten Rotwein schenkt Ian den 2004 Reserve Cabernet Sauvignon ein, der nach seinen Angaben zu 100 Prozent in neuen Barrique-Fässern lag. Er duftet nicht fruchtig, sondern minzig und kräutrig, wirkt anfangs angenehm geschmeidig, schmeckt dann aber etwas bitter. Das erinnert mich alles an rote Bordeaux-Weine aus weniger guten Jahren, aber mit dem richtigen Essen, besonders dunklem Fleisch und grünem Gemüse, sollte es ganz gut funktionieren. Aber wer isst das in China?

Der deutlich teurere 2005 Chairman's Reserve besteht, wie J. J. erklärt, vorwiegend aus Merlot mit einem kleinen Anteil Cabernet Sauvignon. Bernd und ich werden jedoch nicht richtig mit ihm warm, da ist eine seifige Note – das klingt streng, denn der Wein schmeckt eigentlich recht harmonisch. Beide Rotweine wirken jedoch ein wenig leblos, auch hier scheint der Franzose etwas forciert zu haben. Wieder ziehen wir den einfachen 2006 Table Cabernet Sauvignon, der uns an unserem ersten Abend in Peking soviel Spaß gemacht hat, eindeutig vor.

»Das ist ein neuer Wein, Deep Blue, eine Alternative zur Chairman's Reserve«, erklärt Ian, als er den nächsten Wein einschenkt. Der Name ist mir bereits vertraut, Martin Tesch in Langenlonsheim/Nahe hat seinen großartigen trockenen blassrosafarbenen Wein aus der Sorte Spätburgunder so getauft. Der 2004 Deep Blue von Grace duftet hingegen nach gekochten Brombeeren und Rauch und könnte nicht unterschiedlicher sein. Wenn da nur nicht diese leichte Adstringenz ganz am Ende wäre!

»Das ist interessant«, sagt Bernd, »könnten wir den 2006 Deep Blue probieren?«

Einen Moment lang wirkt Ian aus der Fassung gebracht, und ich frage mich, ob mein Freund in diesem Fall exakt die falsche Frage gestellt hat, dann sieht er nachdenklich aus.

»Der ist noch nicht auf dem Markt... aber, ja, ich glaube, ich finde ihn im Flaschenlager.« Er springt auf und flitzt hinaus. Als er zurückkommt, hält er eine Flasche ohne Etikett in der Hand, zieht den Korken heraus und schenkt ihn uns ohne großes Zeremoniell ein. Eine Duftwolke erhebt sich aus den Gläsern, diesmal sind es frische reife Brombeeren, die mich in ihrer Intensität schier umwerfen. Ich nehme einen großen Schluck, und der Wein schmeckt zugleich üppig und frisch und hält lange an. Wunderbar!

»Das ist der erste chinesische Wein, der mir begegnet, den ich in den eigenen Keller packen möchte. Ich könnte jetzt sofort zwei Flaschen davon trinken!«, ruft Bernd aus.

»Warum trinken wir den Rest der Flasche nicht zum Abendessen?«, schlage ich vor. Ian und J. J. strahlen vor Freude.

Als wir aus dem Verkostungsraum ins Freie treten, um vor dem Essen in der Dämmerung ein bisschen frische Luft zu schnappen, erzählt mir Bernd, als er 1981 zum ersten Mal nach China gekommen sei, habe er niemanden auf der Straße gesehen, und die Menschen, die er kennengelernt habe, hätten ihre Gefühle nie offen gezeigt, »nicht einmal Angst oder Hass. Das wäre besser gewesen als gar nichts!« Nicht nur beim Wein scheinen sich die Dinge ganz offensichtlich gründlich geändert zu haben in China. Ich bin sehr gespannt auf meine Begegnung mit Judy Leisner, der Generaldirektorin von Grace in Hongkong.

14. April 2008 Die Flachbildschirme im Terminal 3 von Pekings Flughafen zeigen mit Raureif überzogene Reben in einer Landschaft, die wie eine eigenartige Kreuzung zwischen dem romantischen Rhein und den eisigen Weiten Lapplands wirkt, allerdings ohne die Rentiere. Dann erscheinen darunter die Worte »Golden Icewine Valley«, als seien es Kristalle in der arktischen Luft, und ich seufze vor Erleichterung. Ich habe es tatsächlich geschafft, rechtzeitig am Gate

C51 aufzutauchen, um den Flug CA1545 zu erwischen, der Bernd und mich nach Yantai bringen soll, dem Hauptquartier von Chang Yu Winery, den chinesischen Besitzern von Golden Icewine Valley.

Vor einer Viertelstunde bei der Sicherheitskontrolle stellte mir eine Angestellte plötzlich prüfende Fragen, und ich dachte, ich würde es nie schaffen. Ihr war aufgefallen, dass meine Bordkarte ganz anders aussah als die der anderen Passagiere. Sie wollte den Grund dafür wissen, und ich erklärte ihr, sie sei in Taiyuan ausgestellt worden. Das ist die Wahrheit, befriedigte sie aber nicht. Ich sagte, dass ich mich hier in Beijing in den Ausgängen geirrt hätte, aber diese Notlüge schluckte sie auch nicht. Mir war klar, wenn sie beschließen würde, dass ich durchsucht und befragt werden müsste, dann würde sich der berufliche Grund meiner Reise – meine Notizbücher, ein Haufen Zeitungsausschnitte mit Kommentaren darauf, die Korrespondenz mit Weinproduzenten und der Inhalt meiner Digitalkamera bieten mehr als genug schlüssige Beweise – herausstellen, dann säße ich in der Tinte, also bemühte ich mich sehr, einen klaren Kopf zu bewahren und entspannt zu wirken.

»Schauen Sie bitte in die Kamera«, sagte sie in schulmeisterlichem Ton und zeigt dabei auf eines dieser Mini-Dinger auf einem biegsamen Arm. Mein Puls begann zu rasen. Was hatte ihr der Computerbildschirm über mich verraten? Ich entschied, mich nicht umzudrehen, das hätte verdächtig wirken können, sondern einfach nur freundlich zu lächeln. Sie hingegen blickte zum wiederholten Mal über meine Schulter, zögerte für einige Sekunden und dann, wie durch ein Wunder, winkte sie mich durch. Aus sicherer Entfernung wagte ich einen Blick zurück: die Warteschlangen an den Kontrollpunkten hatte alle dieselbe Länge. Die Sicherheitsleute hatten ganz offensichtlich die Anweisung, sie nicht über einen gewissen Punkt anwachsen zu lassen.

Die Probleme hatten allerdings bereits heute früh begonnen, um 6.15 Uhr war ich aus einem furchtbaren Alptraum aufgewacht, der jetzt wie eine Vorahnung erscheint. Es war eisig kalt, und ich hatte das Gefühl, jemand habe mir auf den Kopf geschlagen. Als ich mich beeilte, um rechtzeitig um sieben mit Waschen und Packen für unsere Abfahrt zum Flughafen von Taiyuan fertig zu sein, kam nach und nach die Erinnerung an den gestrigen Abend zurück, als Wein und Bier reichlich geflossen waren. Über die Geschehnisse des vorherigen Tages nachzudenken, hilft normalerweise, aber dieses Mal war es schmerzhaft. Plötzlich saß ich wieder am Tisch beim Abendessen, und Bernd fragte, wie es zu der Entscheidung gekommen sei, das Weingut hier zu gründen.

Ian erzählte, dass ein französischer Experte engagiert worden sei. »In dem Video mit der Geschichte von Grace nimmt er eine Handvoll Boden und kostet ihn. Es ist wirklich witzig!« Das klang wie ein klassisches Beispiel für die absurde Übertreibung der Terroir-Idee, als ob der Geschmack des Bodens in direktem Zusammenhang mit dem Geschmack des Weins stünde, die Rebe nur eine Art Schlauchleitung sei, die ihn in die Trauben transportiert.

Dann überreichten wir Ian einige Flaschen deutsche Weine, die wir als Geschenke mitgeschleppt haben, und er murmelte wieder: »Super, super … cool, cool.« Er schrieb seine E-Mail-Adresse auf, und mir wurde klar, dass sein Name eigentlich Yean war, Yean Yean Lee.

Glücklicherweise klärte sich mein Kopf während der Fahrt zum Flughafen in einem winzigen Minibus und ich kann mich vor allem an zwei Dinge erinnern: Bauern, die die Strohmatten von den Dächern der Gewächshäuser rollten, und Hunderte von Arbeitern, die ein viele Kilometer langes Stück Autobahn zum Flughafen mit Besen kehrten!

Als wir am Flughafen ankamen, wurde es leider etwas schwierig. Ich konnte problemlos ein- und mein Gepäck nach Yantai durchchecken und bekam zwei Bordkarten ausgehändigt. Bernd und sein Gepäck konnte die junge Frau jedoch aus irgendwelchen unerfindlichen Gründen nur bis Peking einchecken, jeglicher Versuch, das auf Yantai auszuweiten, schien fehlzuschlagen. Ein erfahren wirkender Supervisor mit besseren Englischkenntnissen tauchte auf, erklärte sich aber ebenfalls als machtlos gegenüber dem Computersystem, Bernd müsse für den zweiten Flug von Peking nach Yantai erneut einchecken. Je beharrlicher der Supervisor wurde, desto mehr regte sich Bernd auf, und ich befürchtete, wir könnten die Aufmerksamkeit der Sicherheitsleute auf uns lenken. Endlich erklärte sich mein Freund als geschlagen, und ich versprach ihm, in Peking mit ihm zusammen sein Gepäck abzuholen und wieder einzuchecken. Und so kam es dazu, dass ich durch die Sicherheitskontrolle mit einer in Taiyuan ausgestellten Bordkarte ging, statt einfach nur umzusteigen.

Jetzt zeigt der Flachbildschirm eine Werbung für Great Wall Rotwein, aber die Flüssigkeit, die da aus einer Flasche in ein Designerglas fließt, wirkt in der Farbe eher wie Blut. Ein junger Mann in perfekt geschnittenem Anzug, der Erfolg und die Selbstsicherheit des Kenners ausstrahlt, bewundert den Wein, aber wir sehen nicht, wie er an ihm riecht oder ihn verkostet, geschweige denn trinkt. Als wir endlich in den Bus steigen, der uns zum Flugzeug bringt, erinnere ich mich an ein Interview mit einem führenden Weinhändler Chinas über den hiesigen Markt für Wein, in dem der sagte, dass die Chinesen Rotwein generell Weißwein vorzögen, weil die kulturelle Assoziation mit dieser Farbe Stärke und Macht seien. Man könnte es »Reich der Mitte Rot« nennen.

Endlich steigen wir im Flieger ein und ich merke, wie das Schlafmittel hilft, dass ich vorhin genommen habe, und ich sehe nur noch, wie auch Bernd seine Rückenlehne nach hinten klappt. Zumindest haben wir es zusammen mit unserem Gepäck in dieses Flugzeug geschafft.

»Hi!«, sagt ein junger Mann in einem gar nicht perfekt geschnittenen Anzug in perfektem Englisch. Das muss Jason Turner von TxB sein, Changyus deutscher Importeur, der mir geholfen hat, diesen Teil unserer Reise zu organisieren. Er stellt sich uns vor, erklärt, er sei mit demselben Flug wie wir gekommen und leide unter furchtbarem Jetlag, weil er gerade aus Wien gekommen ist. Dann setzt er eine verspiegelte Sonnenbrille auf. »Die Tour beginnt, sobald wir in der Stadt sind«, verkündet er und wirkt dabei völlig fertig.

Bei strahlendem Sonnenschein schießt unser Wagen an Fabriken vorbei, von denen viele ganz offensichtlich für chinesische Verhältnisse seit langem bestehen und wirken, als laufe der Export mehr als gut. Doch es gibt einige Baustellen, die auf anhaltendes Wirtschaftswachstum deuten. Plötzlich sehe ich eine große Reklametafel bei einer riesigen Baustelle, die für »Thames Town« wirbt, Themse-Stadt. Der abgebildete Komplex an stein- und ziegelsteinverkleideten Häusern wirkt wie eine Karikatur der Parlamentsgebäude in London. Ich hatte von einem Trend gehört, neue Wohnhäuser nach europäischen Vorbildern wie Paris oder Venedig zu gestalten, aber nicht geahnt, wie wörtlich das zu nehmen sei, oder dass die Hauptstadt der Kolonialmacht, die China im 19. Jahrhundert so vielen Demütigungen aussetzte, auch eine Option sei.

Wir halten in der Auffahrt einer der Fabriken und steigen alle aus. Als wir die Granitstufen hinaufsteigen, empfangen uns dort Susan Tan und ein Mann in einem perfekt geschnittenen Anzug. Sie stellt ihn uns als Mr Yin vor, General Manager dieser Abfüllfabrik, die erst vor gut einem Jahr eröffnet wurde. Wir gehen zu einer glasverkleideten Besuchergalerie hinauf, die sich über die gesamte Länge der Anlage erstreckt. Normalerweise empfinde ich Abfüllanlagen als den langweiligsten Teil der gesamten Weinerzeugung, aber diese ist derart futuristisch, dass sie mein Interesse trotzdem weckt.

Mit Susan Tans Hilfe erklärt uns Mr Yin, jede Maschine habe ihren eigenen Qualitätskontrolleur, damit seien die meisten Arbeiter beschäftigt, die wir sehen. China mag für uns als Niedriglohnland gelten, aber seit einiger Zeit liegen die Lohnkosten hier höher als etwa in Laos oder Vietnam. Allmählich zeichnet sich dieselbe wirtschaftliche Entwicklung ab wie im Westen und die Mechanisierung der Industrie ist eine logische Folge davon.

»Schau mal!«, stoße ich Bernd an, »der Boden der Abfüllhalle ist mit demselben rosa Granit ausgelegt wie der Terminal 3 in Beijing!« Ihm fällt das Kinn sichtbar runter, entweder das Zeug kostet hier einfach nichts, oder diese Firma muss phänomenal erfolgreich sein. Oder beides?

»Wir haben unsere eigene Fabrik für Glas, Korken und Kapseln«, sagt Susan Tan, und jetzt fällt mein Kinn herunter, »und wir verkaufen auch Korken an andere Weingüter.« Wir sind jetzt am Ende der Anlage, wo Roboter Kisten auf Paletten packen und mit Folie umwickeln. Dann verkündet sie, es sei Zeit, zu einer anderen Fabrik zu fahren, die nicht weit von hier liegt.

Es handelt sich um eine augenscheinlich nagelneue, riesige Kellerei, die mit weißem Wellblech verkleidet ist. Davor steht gerade ein Lastwagen mit einem gut zwölf Meter langen Container, aus dem Wein durch einen dicken Schlauch in das Gebäude fließt. Susan Tan sagt, dass sie normale Container mit einem riesigen Plastikbeutel aus einer besonderen Folie aus der Lebensmittelindustrie auskleiden, um sie für Weintransporte zu nutzen. Wahrscheinlich ist das viel günstiger als Tanklastwagen; eigentlich ist es ein riesiges Bag-In-Box für Fasswein!

Wir folgen ihr in das Gebäude, und die ganze Kellerei ist vom polierten Boden bis zur Spitze der haushohen Edelstahltanks nicht anders als perfekt zu nennen.

»Nicht ein Staubkörnchen«, staunt Bernd.

»Jeder Tank mit Wein in diesem Cabernet-Produktionszentrum wird ständig und genau überwacht«, hören wir. Wir stehen neben einer Kontrolltafel von Siemens, die zum Modernsten gehört, was ich in dieser Art je auf Planet Wein gesehen habe. »Die fünf größten Tanks haben ein Volumen von jeweils 400 Kubikmeter, die anderen 20 fassen je 200 Kubikmeter.« Die Geschäfte laufen offensichtlich sehr gut, und die Gewinnspanne muss auch sehr gut sein, sonst ließe sich eine solche Kellerei nicht finanzieren.

»Verarbeiten Sie hier ausschließlich Cabernet Sauvignon?«, frage ich behutsam nach.

»Auch ein bisschen Yantai 73, eine regionale Sorte, die wir nur verwenden, weil sie sehr farbintensiv ist«, entgegnet Susan Tan.

»Die nehmen wir auch für die Farbe des Noble Dragon-Rosé«, schaltet sich Jason ein, »Sie bekommen ihn später zu verkosten.«

»Aber am meisten nutzen wir sie bei den Rotweinen, weil die

Farbe nicht immer so gut ist«, fügt Susan Tan mit großer Offenheit hinzu. Eine kleine Menge tieffarbigen und nicht sehr geschmacksintensiven Rotwein mit einem hellfarbigen Rotwein zu verschneiden, ist die einfachste Methode, um die Farbe des fertigen Weins zu verbessern. Gerbstoffpulver ist die angesagte, moderne Alternative, die auch in Europa immer häufiger angewandt wird. Viele Weinfachleute sehen in ihr aber auch einen Angriff auf die Seele des Weins.

Jetzt ist es halb fünf nachmittags, und Bernd und ich warten auf Susan Tan in der weitläufigen Lobby des Golden Gulf Hotels, das direkt am Strand von Yantai liegt; der Restaurantflügel ist sogar über die Wellen hinausgebaut. Natürlich ist der Lobbyboden ein weiterer Hektar spiegelglatt polierter Granit, dieses Mal in etwas dunklerem Rot.

Da ist auch schon unsere Gastgeberin, die sich höflich erkundigt, ob wir müde seien. »Sie haben ein sehr dichtes Programm.«

Bernd lacht und erzählt ihr, er sei einmal in nur elf Tagen um den gesamten Erdball gereist, so dass dies hier wirklich erholsam sei, und das sagt er nicht nur, um sie zu beeindrucken. Da ist Jason, der schon etwas weniger unter seinem Jet-Lag zu leiden scheint, und wir machen uns auf den Weg zum Hauptquartier von Chang Yu. Ich darf vorne in Susan Tans Wagen sitzen und bemerke einen Glücksbringer in Form einer Göttin, der am Rückspiegel hängt. Was bewirkt sie?

»Sie ist sehr beruhigend«, antwortet Susan Tan sehr ruhig.

»Für die Menschen im Auto?«, frage ich.

»Für jeden«, entgegnet sie ernst, und dann sind wir auch schon da.

Ich kenne das historische Hauptquartier von den alten Fotos in den Broschüren, und es ist unübersehbar, dass eine beträchtliche Summe in seine Renovierung geflossen ist. Es ist schade, dass die umliegenden Gebäude aus seiner Entstehungszeit alle abgerissen wurden.

Wir kommen in die großzügige Eingangshalle, wo uns – Bingo! – der gleiche rote Marmor begrüßt wie in der Lobby unseres Hotels. Hier bildet er jedoch nur den Rahmen für eine atemberaubende Komposition aller Arten von Gestein. An der geschwungenen Rückwand ziehen sich drei gemeißelte Reliefs entlang, und auf einem davon kann ich die Züge von Sun Yat-Sen erkennen. Was uns jedoch am meisten beeindruckt, sind die kunstvoll arrangierten großen Steinplatten unter dem runden Glasboden in der Mitte des Raumes.

»Da liegen 100 Steine, einer für jedes der letzten hundert Jahre«, erklärt Susan Tan mit unverhohlenem Stolz. »Sie sind alle aus Marmor, und die chinesische Schrift darauf beschreibt wichtige Ereignisse des betreffenden Jahres.« Die *Hanzi*-Zeichen sind mit Gold ausgelegt, was zu bestätigen scheint, dass Gold hier wie auch bei uns ein Zeichen von Wertigkeit ist. Ob es sich bei dem Gesamtgebilde um Kitsch oder den Höhepunkt globaler Geschäftskultur des 21. Jahrhunderts handelt, hängt vom kulturellen Blickwinkel ab. Ich staune einfach nur über die kühne Entschlossenheit, die zweifellos dahinter steckt.

Als wir weitergehen, wird mir durch ein Schild klar, dass unser nächstes Ziel das Weinkultur-Museum sein wird. Haben wir das nicht schon bei Château Changyu absolviert? Ich reiße mich zusammen und versuche zumindest interessiert zu wirken. Diese Version ist noch weitläufiger und funkelnder, aber optisch ebenso eindringlich wie die Multimedia-Weinshow bei Château AFIP Beijing Global. Und ein paar Sachen sind tatsächlich neu. Der Gründer Chang Bishi wird hier zitiert, man müsse »China durch die Industrie aufbauen« – das klingt durch und durch modern. Vielleicht ließe sich sagen, dass Changyu zu dieser Philosophie zurückgefunden hat? Oder sogar ganz China? Doch was bedeutet Chang?

»Das ist nur ein Name, aber als Wort bedeutet es offen … auch die Arme zu öffnen«, erwidert Susan Tan nachdenklich. Das klingt auch hochaktuell. Dann lese ich, wie Mao 1956 nach der Lektüre des »Produktionsbericht der Yantai Chang Yu Wine Company« die Anweisung gab, »große Anstrengungen zu unternehmen, den Weinbau und die Weinerzeugung zu fördern und die Menschen mehr Wein trinken zu lassen.« Das war natürlich lange vor der Kulturrevolution, bei der Produkte wie Wein als Ausdruck westlicher bürgerlicher Dekadenz denunziert wurden. Die Intellektuellen des Landes wurden allerdings noch viel heftiger verunglimpft und unterdrückt, in die innere Verbannung getrieben, zu Zwangsarbeit verurteilt, geschlagen und auch getötet.

In einer Vitrine sind Geschenke verschiedener berühmter Besucher ausgestellt, darunter auch ein überdimensionaler Pingpong-Schläger, signiert vom chinesischen Nationalteam, und ein blitzendes Bronzemodell eines chinesischen Raumschiffs, überreicht von einem der heroischen Astronauten, Entschuldigung, Taikonauten der Nation.

Es ist ein merkwürdiges Gefühl, aus dieser ultramodernen, multimedialen Zeitmaschine in den ursprünglichen Weinkeller des Unternehmens hinabzusteigen, mit dessen Bau 1894 begonnen wurde, der aber aufgrund der Nähe zum Meer erst 1905 fertig gestellt wurde. Diese langen Gewölbegänge sehen nicht aus, als seien sie über Gebühr restauriert worden, die meisten werden nach wie vor genutzt und stehen voller Reihen von aufeinander gestapelten, rotweinfleckigen Barrique-Fässern. Der Raum mit den drei 15 000-Liter-Fässern aus den ersten Jahren des 20. Jahrhunderts erinnert mich an die Grabkammer in dem Ming-Kaisergrab, das wir besichtigt haben und dem Bernd das Potential zu einem hervorragenden Fasskeller bescheinigte. Die Idee hatten sie hier bereits vor einem Jahrhundert. Und dann sehe ich es endlich … die Wände sind sämtlich aus Granit, wenn auch einer weniger intensiven Färbung!

Oben empfangen uns wieder die Konturen der Hochhäuser, doch das ändert nichts an der beeindruckenden Präsenz des Mannes, der uns jetzt erwartet. Susan Tan stellt ihn uns als Mr Qu Weimin vor, den stellvertretenden General Manager von Changyu. Mit Susan Tans Hilfe erzählt ihm Bernd die Geschichte des deutsch-chinesischen Joint-Venture, in das er in den 1980er-Jahren involviert war, und erklärt, er sei zurückgekommen, um zu sehen, wie sich die Dinge seitdem entwickelt hätten. Ich hoffe, dass Jason nichts von dem erwähnt, was ich ihm während unser gemeinsamen Joggingrunde heute Nachmittag entlang des Strands erzählt habe. Es ging um meinen unsicheren Status in China. Das habe ich ihm nur erzählt, weil er sagte, er habe eine journalistische Ausbildung absolviert.

Zum Abendessen fahren wir quer durch die Stadt und Werbemotive graben sich mir ins Gedächtnis ein. Eine riesige Tafel für Diamanten zeigt mysteriöserweise zwei Giraffen, deren Hälse sich zum X kreuzen. Rolex- und Omega-Logos verlieren sich in einem Sturm von *Hanzi*-Zeichen, aber McDonald's ist jedes Mal deutlich zu erkennen. Wir halten und steigen aus und gehen direkt in eine Marmor-Lobby, in der jedoch unerklärlicherweise kein Granit zu entdecken ist. Wir nehmen den Aufzug in den zweiten Stock und folgen Mr Qu Weimin in einen separaten Salon, in dem auf einem Beistelltisch Flaschen von Changyu aufs Einschenken warten. Als wir uns setzen, fällt mir auf, dass in diesem Raum nur wenig Rot auftaucht. Eine Menükarte auf dem Tisch teilt mir mit, dass wir im Abalone King Vigor Restaurant sind; vornehme Zurückhaltung!

Tee wird serviert, und Mr Qu Weimin hält eine formelle Begrüßungsansprache, bei der er uns »Freunde« nennt, was mir großzügig erscheint angesichts des Britischen Opiumkriegs 1839–42 und der anschließenden Demütigung des Reichs der Mitte.

»Alles hat sich seit 1990 sehr schnell entwickelt«, übersetzt Susan Tan, »die durchschnittliche jährliche Verkaufssteigerungsrate liegt seit 1997 bei 35 Prozent, und die Gewinne sind ebenfalls durchschnittlich um 35 Prozent jährlich gestiegen. Letztes Jahr betrug der Nettogewinn 700 Millionen Yuan, und dieses Jahr erwarten wir eine Steigerung von 40 Prozent.« Bernd scheint von diesen Zahlen genauso beeindruckt wie ich. Diese Gewinn-Steigerung ist überall sonst auf Planet Wein äußerst schwierig zu erreichen. Aber unser Gastgeber scheint noch eine ganze Menge mehr zu erzählen zu haben.

»China hat einen sehr großen potentiellen Markt, aber gegenwärtig eine sehr kleine Basis«, fährt er fort. »Die Gesamtproduktion an alkoholischen Getränken liegt bei 20 Millionen Tonnen, von denen sich 70 Prozent auf Bier und 25 Prozent auf chinesische Spirituosen verteilen, während Wein nur 600 000 Tonnen ausmacht.«

»Aber Wein steigt und die Spirituosen nehmen ab, oder?«, fragt Bernd.

»Ja, Wein geht hoch, und die Menge an chinesischen Spirituosen nimmt ab. Bier ist sehr stabil, steigt nur ganz langsam«, erwidert Mr Qu Weimin. Das gleicht den Verhältnissen in Japan, obgleich sich die Wirtschaft dort soweit entwickelt hat, dass weiteres mengenmäßiges Wachstum schwierig ist.

»Wo schätzen Sie wird das Volumen der Weinproduktion in zehn Jahren liegen?«, frage ich und versuche, nicht als *Gonzo*, sondern ganz und gar seriös zu wirken.

»Für den gesamten Markt liegt das jährliche Wachstum bei 15 bis 20 Prozent jährlich, aber das wird irgendwann weniger werden«, sagt er vorsichtig.

»Die Wirtschaft wächst sehr schnell, und der Weinmarkt wächst ebenfalls sehr schnell«, fügt Susan Tan hinzu, und zweifellos gibt es eine Verbindung zwischen den beiden. Alles, was ich gelesen und gehört habe, deutet darauf hin, dass Rotwein von Produzenten wie Changyu, Great Wall und Dynasty unter Yuppies zu einem bedeutenden Statussymbol geworden ist. Wenn man eine solche Flasche zu Hause auf den Tisch stellt oder sie in einem Restaurant bestellt, macht einen dies unmissverständlich zu einem erfolgreichen Teil von Chinas Wirtschaftswunder, seiner Modernisierung und Öffnung zur Welt.

»Die Städter trinken Wein, die Leute auf dem Land können ihn sich nicht leisten«, hören wir weiter vom stellvertretenden GM, »für die Städter liegt der durchschnittliche Konsum jetzt bei 0,8 Liter pro Jahr. Wir denken, dass es die größten Steigerungen im Mittel- und Spitzenqualitätssegment geben wird, so ist es jedenfalls bei Changyu zu beobachten. Die Absätze dieser Bereiche unseres Sortiments sind im ersten Quartal dieses Jahres um 60 Prozent gestiegen, während ein oder zwei der einfachsten Weine etwas nachgelassen haben.« Die Chinesen bekommen nicht nur Geschmack am Wein, sie bekommen auch Geschmack am guten Wein!

Jetzt wird uns Wein aus einer bordeauxförmigen Flasche aus mattiertem Glas eingeschenkt, und als der Kellner mein Glas füllt, sehe ich das Etikett: Château Changyu Castel 2003 Cabernet Gernischt, was auch immer der letzte Name bedeutet. Bernd erkundigt sich kühn, ob es ausländische Investoren bei Changyu gebe, doch Mr Qu Weimin lässt sich dadurch nicht aus der Ruhe bringen.

»33 Prozent der Firma sind in italienischem Besitz«, erwidert er nahezu fröhlich, »von Cinzano, die drei Sitze im Aufsichtsrat haben.« Cinzano macht zweifellos eine Menge Geld mit dieser Investition, und wahrscheinlich sind es einfachere Gewinne als die ihrer eigenen, hoffnungslos veralteten Marke.

Wir prosten uns alle zu, dann rieche ich etwas verzagt an dem Wein und frage mich, um was für eine Art von Pseudo-Cabernet es sich da wohl handelt. Meine Skepsis entpuppt sich sofort als Vorurteil – aber wie viele wirklich gute Weine werden in mattierte Flaschen gefüllt? –, weil er angenehm Cabernet-typisch nach Kräutern duftet, aber daneben weniger Paprika und mehr Gewürze bietet als üblich. Die fünf Jahre Reife haben ihn abgerundet, so dass er sehr angenehm über den Gaumen gleitet. Er ist mittelgewichtig statt angeberisch massiv, und ein wenig Säure sorgt für genau den richtigen Touch an Frische. Vor allem ist er nicht zu adstringent oder mager wie so viele andere chinesische Rotweine, obwohl er zweifellos demselben französischen Modell folgt.

»Die Rebsorte Cabernet Gernischt ist vor langer Zeit hier in die Gegend gekommen und gedeiht in diesem Klima gut«, ergänzt Susan Tan. Das macht ihn zu einem Kandidaten für den Titel »autochthone Rebsorte«, da er anscheinend nirgendswo sonst angebaut wird, aber vielleicht handelt es sich ja auch nur um einen Cabernet-Sauvignon-Klon? Damit müsste sich ein Ampelograph, ein Rebenexperte, beschäftigen, vielleicht auch eine Genanalyse machen, um die genaue Antwort zu finden. Doch unabhängig davon ist der Wein von eigenständigem Charakter, und ich kann mich nicht erinnern, ähnliche Weine verkostet zu haben.

Das Essen kommt, und der Tisch füllt sich schnell. Am anderen Ende des Raums tranchiert ein Koch eine Peking-Ente, die noch besser aussieht als die, die wir in der Hauptstadt des Reichs der Mitte gegessen haben. Uns »Freunden« werden die ersten Stücke offeriert, und die Harmonie von Süße und Saftigkeit des Fleisches und dem Fett mit der Knusprigkeit der Haut ist wirklich außergewöhnlich. »Perfekt!«, sagt Bernd mit Überzeugung. Ich habe Peking-Ente zum ersten Mal vor einem Vierteljahrhundert in dem ersten wirklich chinesischen Restaurant Londons gegessen und es war sehr lecker, aber jetzt in Yantai weiß ich endlich, worum es dabei geht.

15. April 2008 Als wir am nächsten Morgen um 9.10 Uhr beim Changyu-Hauptquartier vorfahren, stehen dort bereits zwei große Busse, aus denen sich eine Welle chinesischer Touristen in das Gebäude entlädt, die alle freudig erregt erscheinen. Hier am Strand scheint vieles ganz anders zu sein als in Beijing, wie wir auch gestern Abend erfahren haben.

Kurz nach acht waren wir vom Abendessen in unser Hotel zurückgekehrt und direkt in die Bar gegangen. Wir waren noch bei der ersten Runde, als mir auffiel, dass ein sehr aufgeweckt wirkender Chinese neben uns an der Bar uns zuhörte und anscheinend das Meiste von dem verstand, was wir erzählten. Ich fühlte, wie die Furcht sich in meinen Eingeweiden regte. Tat er das nur aus persönlichem Interesse? Bernd sagte zu Jason irgendetwas über Betrunkenheit, das ich nicht richtig mitbekam, dann schaltete sich der Zuhörer in nahezu perfektem Englisch ein.

»Wenn man betrunken ist und die Kontrolle verliert, denken die Leute in der Provinz Shandong, dass man ein ehrlicher Kerl ist, ein guter Geschäftsmann!« Und wir lachten alle, doch es war klar, dass er es ernst meinte und Wahres darin steckte. Dann stellte er sich als Chiang Kai-Chek vor, Mitarbeiter der Beijing GMD Investment Company und hier in Yantai, um verschiedene Investitionen der

Firma in landwirtschaftliche Projekte zu inspizieren. Es klang, als ob die Reise anstrengend war und er daher unsere Gesellschaft suchte. Er zeigte uns ein Foto seines Sohnes auf dem iPhone, und Bernd fragte ihn, wie es mit einem zweiten Kind aussehe.

»Es gibt eine Strafe, die jetzt bei 20000 US-Dollar liegt, aber der Dollar fällt, und es wird gesagt, dass sie es erhöhen werden«, antwortete Chiang sehr sachlich und wirkte dabei, als ob diese Summe für ihn kein Problem sei, er aber diese Art von Problemen und Ausgaben lieber vermeiden würde.

»Und was ist, wenn man nicht zahlen kann?«, erkundigte sich Jason.

»Nun, man muss zahlen, wenn man es nicht tut, dann zerstören sie einem vielleicht das Haus«, entgegnete Chiang weiterhin sachlich. »Es ist eine brutale Politik, aber es hat gewirkt. Inzwischen ist uns aber bewusst geworden, dass die Menschenmassen Chinas größte Stärke sind, deshalb werden sie das jetzt vielleicht etwas entspannter handhaben und jedem Paar zwei Kinder erlauben.«

Dann kam die große Überraschung, die auch erklärte, warum er uns so intensiv zugehört hatte. Er erzählte, er sammle Wein, vor allem Lafite und Mouton, und die Erwähnung von mehreren Kisten einzelner Jahrgänge bedeutete, dass er Stapel von flüssigen Luxusgütern haben musste. Wir erklärten, wir kämen aus der Weinbranche, und ich erwähnte unvorsichtigerweise, dass ich Journalist sei. Einen Moment lang saß er daraufhin einfach nur nachdenklich da, und als dann seine Frage kam, gab es keinen Zweifel daran, dass er überlegt hatte, ob wir vertrauenswürdig genug seien, um unsere Expertenmeinung einzuholen.

»Ich weiß nicht viel über Wein. Manchmal ziehe ich günstigere Weine teuren vor. Stimmt etwas nicht mit mir?«

Für einen Augenblick waren wir alle vollkommen verdutzt. Das war ganz offensichtlich eine Frage, die zu stellen gegenüber seinen Landsleuten zu enormem Gesichtsverlust geführt hätte. Und ich vermutete, dass hinter jedem Chiang, der sich traut, so etwas auszusprechen, Hunderte oder Tausende stehen müssen, die genauso denken, aber nie die Gelegenheit bekommen, ohne »Gesichtsprobleme«, wie Yean es nannte, darüber zu sprechen. Ich sagte Chiang, dass es beim Wein keine Beziehung zwischen Preis und Qualität gebe, Bernd stimmte mir nachdrücklich zu, und Jason nickte eifrig. Plötzlich sah unser neuer Freund extrem erleichtert aus. Und als wir ihm dann zu seinen hervorragenden Fähigkeiten als Verkoster gratulierten, strahlte er richtig.

Als ich mich später in Richtung meines Zimmers bewegte, kam eine attraktive junge Chinesin in langem Kleid und einer Jacke mit hohem Stehkragen freundlich lächelnd auf mich zu. Ich dachte, sie hätte vielleicht eine Nachricht für mich, doch stattdessen stellte sie mir höflich eine Frage: »Massage? Sex-Massage?« Ich lehnte ab, war aber beeindruckt von ihrer diskreten, einfühlsamen Art. Als ich auf mein Zimmer kam, lag dort ein genauso höflicher Brief von einer der Mitarbeiterinnen der Hausdamen-Abteilung: »Wie geht es Ihnen heute? Genießen Sie Ihren Aufenthalt bei uns?«, schrieb Li Shuge in blauer Kugelschreiber-Schrift. »Mögen Sie Tee? Tee ist berühmt in China. Ich mache Tee in ihrer Tasse … mögen Sie sich zu Hause fühlen!« Ich trank den Tee und fiel dann erschöpft ins Bett.

In der Eingangshalle von Changyu stellt uns Susan Tan Dr. Li Jiming vor, dem Chefönologen des Unternehmens, einem kleinen Mann mittleren Alters in einer Pierre-Cardin-Jacke mit Reißverschluss, und führt uns dann in einen Konferenzraum, dessen Wände vor Reich-der-Mitte-Rot förmlich triefen und wo schon Verkostungsgläser auf dem Tisch bereitstehen. Wir setzen uns auf eine Seite des Tisches, unsere Gastgeber auf die andere, und eine lange Reihe von Flaschen wird vor uns aufgebaut. Nach den Etiketten zu urteilen geht es darum, uns ihre Weine in einem direkten Vergleich mit denen ihrer unmittelbaren Konkurrenten Great Wall, Dynasty, Dragon Seal und Suntime zu präsentieren.

»Außer den Changyu-Weinen haben wir alle diese Weine in einem Laden hier in die Stadt gekauft«, sagt Susan Tan, und nach unseren bisherigen Erfahrungen gibt es keinen Grund, dies anzuzweifeln. »Wir fangen mit Weiß und Rosé an, dann verkosten wir die Roten«, fährt sie fort und gibt dann den jungen Frauen, die fürs Öffnen und Einschenken verantwortlich sind, entsprechende Anweisungen. Zuerst kosten wir einen 2000 Weißwein von Great Wall und den 2007 Noble Dragon von Changyu, eine Marke, die durch Jason und das restliche TxB-Team auch im deutschsprachigen Raum vertrieben wird. Der Great Wall schmeckt grün und dünn, während der Wein unserer Gastgeber wesentlich aromatischer und frischer wirkt.

»Keine Farbe«, bemerkt Bernd zutreffend – der ›Noble Dragon‹ ist nahezu wasserhell – »aber ein schöner Muskatduft.«

»Ja, er enthält etwas Muscat«, bestätigt der Chefönologe, »würde er Ihnen mit mehr oder weniger davon gefallen?« Wir sind uns alle einig, dass er sehr angenehm ist, aber mit mehr Fruchtaromen noch besser wäre. Dem Chefönologe fällt das Kinn runter, als Susan Tan ihm das übersetzt, was zweifellos darauf hindeutet, dass es sehr schwierig ist, die Bauern dazu zu bewegen, auf noch bessere Qualität bei den Trauben hinzuarbeiten, das heißt mehr Reife und weniger Menge.

Der 2007 Noble Dragon Shandong Pink ist ein Schock im positiven Sinn. Wie kann ein Rosé geschmacklich so sehr einem guten trockenen Riesling ähneln? Dieser Orangenblüten- und Zitronenduft erscheint mir charakteristisch für Riesling von um den 30. Breitengrad, sei es nördlich oder südlich vom Äquator. Dasselbe ließe sich über den schlanken Körper, die lebhafte Frucht und die erfrischende, aber nicht aggressive Säure des Weines sagen.

»Mir gefällt wieder die Farbe nicht, aber er schmeckt wie Riesling«, sagt Bernd, »und er schmeckt gut.«

»Ja, er enthält Riesling«, bestätigt der Chefönologe wiederum unsere Eindrücke. »Es ist beinahe vollständig Riesling, mit ein paar Tropfen Yantai 73 für die Farbe.«

»Sie erinnern sich, ich habe Ihnen gestern von dieser einheimischen Sorte erzählt, als wir das Cabernet-Produktionszentrum besichtigten«, fügt Susan Tan hinzu. Jason verteidigt daraufhin seine

Marke, aber das ist gar nicht nötig. Das mag eine für uns etwas abgedrehte Methode sein, um Rosé zu erzeugen, aber Bernd und ich sind uns einig, dass es bei diesem Wein sehr gut funktioniert.

Dann gehen wir zu den Rotweinen über. Der 1999 Cabernet Sauvignon von Great Wall deutet mit schwarzen Johannisbeer- und etwas vegetalen Aromen an, dass er tatsächlich aus dieser Sorte entstanden sein könnte, wirkt aber kaum harmonischer oder lebendiger als sein Vorgänger, sondern rustikaler und halbtot.

»Dünn und bitter«, flüstert Bernd. Ich nicke zustimmend.

Mit einem Gamay noir ohne Jahrgangsangabe von Dragon Seal geht es in unser Achterbahn-Verkostung wieder aufwärts, aber nur, weil halbreif besser schmeckt als vollkommen unreif.

»Wenig Wärme«, sagt Bernd zu meinem Kommentar.

Zu Hause in einer Blindverkostung würden vermutlich selbst Experten den 1997 Cabernet Sauvignon von Dynasty für einen nicht besonders aufregenden roten Bordeaux halten, obgleich ich hoffen würde, ihn als zweitklassige Imitation zu entlarven. Der adstringierende Nachgeschmack ist wirklich unangenehm und leider typisch für chinesische Rotweine, die dem Bordeaux-Imitationsspiel verfallen sind. Es sollte eigentlich weder uns noch sie überraschen, dass diese Wein-Plagiate nicht funktionieren, weil das Klima und die Böden hier grundlegend anders ist als in Bordeaux, ganz zu schweigen von der Geschichte.

Zumindest bis zur Herrschaft des frühen Ming-Kaisers Yung-le von 1403 bis 1424 war China die führende Weltmacht, mit einer Bevölkerung von 100 Millionen und einer Flotte, die unter Cheng Ho die Weltmeere bis zum persischen Golf, Mekka und der Südostküste von Afrika erforschte. Die neue Hauptstadt Peking wurde extrem schnell errichtet, während die chinesische Weinkultur ihre letzte Blütezeit erlebte. Wie schmeckten rote Bordeaux-Weine damals? Dünn und einfach, mit einem Alterungspotential von maximal einem Jahr. Was kannten die damaligen Europäer von der Welt jenseits des Mittelmeer-Beckens? Nur Madeira und die kanarischen Inseln. Erst Mitte des 17. Jahrhunderts begann Bordeaux, kräftige, gerbstoffbetonte Rotweine zu erzeugen, die in etwa denen von heute ähnelten. Und erst zu diesem Zeitpunkt wurden einige europäische Länder allmählich zu Weltmächten. Leider gibt es keine guten Beschreibungen chinesischer Weine aus dem frühen 15. Jahrhundert von einem Europäer, die uns einen Eindruck vermitteln würden, wie sie damals geschmeckt haben, aber wer weiß, vielleicht war uns China auch in diesem Punkt weit voraus?

»Warum bringen Ihre Konkurrenten so alte Weine auf den Markt?«, frage ich sehr direkt. Dr. Li nickt mehrmals, während Susan Tan meine Frage übersetzt.

»Vor dem 1. Januar 2008 gab es keine Definition von Weinjahrgang von Seiten der chinesischen Regierung«, lautet seine Erklärung, »doch jetzt muss der Wein mindestens 85 Prozent des angegebenen Jahrgangs enthalten.« Das bedeutet, dass wir wahrscheinlich gerade mehrere Weine verkostet haben, die vor dieser neuen Regelung auf den Markt gekommen sind, so dass angegebener Jahrgang und Inhalt der Flasche nicht zwangsläufig übereinstimmen.

»Jetzt gibt es ein nationales Weingesetz in China«, erklärt Susan Tan, »die Regeln entsprechen denen in Europa und Amerika«, was nicht heißt, dass es auch immer eingehalten wird, wie uns Yean und J. J. berichteten.

Mit dem 1999 Rotwein von Suntime landet endlich ein Wein in unseren Gläsern, der sowohl aus dem angegebenen Jahrgang stammen könnte, als auch genug Körper, Substanz und warme Gerbstoffe aufweist, um einen gewissen rustikalen Charme auszustrahlen.

»Viel bessere Reife«, sagt Bernd leise, »aber das ist immer noch ein Einäugiger unter Blinden!« Dr. Li lässt ein leicht gurgelndes Geräusch vernehmen, das allerdings im Vergleich zu den schrecklichen Lauten, die viele ältere chinesische Männer auf der Straße von sich geben, gefolgt vom Ausstoß störender Flüssigkeit in den Rinnstein oder auf den Boden, sehr zurückhaltend wirkt. Vielleicht findet er die Weine genauso unangenehm wie wir?

Der 2006 und der 2007 des roten Noble Dragon werden eingeschenkt, und obgleich sie wesentlich besser sind als alles zuvor, geben sie uns durch ihre Unterschiedlichkeit etwas zu denken. Der 2006 duftet nach schwarzen Johannisbeeren und Kräutern, steckt voller Frucht und zeigt diskreten Gerbstoff und Frische im Nachhall. Ich kann aus Bernds Gesichtsausdruck erkennen, dass er ihn ein bisschen grün findet. Der 2007 hingegen zeigt viel Reife und einen muskulösen, ausladenden Körper, der mich an mediterrane Weine erinnert.

»Mir gefällt der 2007«, sagt Bernd mit etwas lauterer Stimme, »er ist sehr geschmeidig mit einer schönen Süße.« Damit meint er nicht den Geschmack von Traubenzucker, sondern die »süßliche« Art eines Weines aus vollreifen Trauben.

»2007 war kein gutes Jahr für Yantai«, entgegnet Susan Tan und klingt dabei, als sei dies ein peinliches Geständnis. »Der größte Teil dieses Weins stammt aus Ningxia im Westen. Wir haben dann etwas Cabernet Gernischt und Yantai 73 von hier damit verschnitten. Es ist eine äußerst originelle Cuvée.«

»Wie weit westlich von hier liegt Ningxia?«, erkundige ich mich.

»2000 Kilometer«, erwidert Susan Tan fröhlich, und ich falle beinahe vom Stuhl. Zweitausend Kilometer; weiter als die Entfernung zwischen Berlin und Moskau!

Schließlich wenden wir uns dem letzten Wein auf dem Tisch zu, dem 2005 Gold Label von Icewine Valley, und schon als ich daran rieche, weiß ich, dass er köstlich schmecken wird. Er strotzt nur so von den getrockneten Ananas-, Mango- und Zitrusaromen, die ich mit gutem Eiswein assoziiere. Obgleich er sehr üppig und saftig ist, schmeckt er einen Hauch weniger süß als erwartet. Mit etwas mehr Süße wäre er atemberaubend.

»Das war der erste Jahrgang«, wirft Susan Tan ein.

Für den ersten Versuch mit einem technisch anspruchsvollen Weintypus ist dies ein bemerkenswerter Erfolg, mindestens so beeindruckend wie der Cabernet Gernischt, den wir gestern zum Abendessen hatten. Und er gibt uns die Möglichkeit, etwas Positives zu sagen, denn jetzt müssen Bernd und ich unseren Kommentar zu der Verkostung abgeben, die nicht gerade ein Triumph für das rote Wein-China darstellt.

»Jetzt müssen wir durch das Tal der Tränen«, flüstert mir Bernd zu, holt tief Luft und setzt zu einer Rede an, die ich wahrscheinlich halten sollte, die ich ihm aber nur allzu gern überlasse.

»Ich habe Yantai verlassen, als ich 18 war, und bin in Xian auf die Universität gegangen. 1990 bin ich zurückgekommen, um für Changyu zu arbeiten«, erzählt uns Susan Tan. Vielleicht ist die entspannte Atmosphäre des koreanischen Barbecue-Restaurants, wo wir zu Mittag essen, der Grund für diese Offenheit. Wir haben alle Fleisch und Gemüse auf kleinen Tischgrills gekocht.

»Wie hat sich Yantai in den letzten zehn Jahren verändert?«, frage ich und fühle mich dabei wie ein richtig tüchtiger Journalist hergebrachter Art.

»Bessere Straßen, eine Menge neue Gebäude, neue Hotels, der Konsum ist gestiegen, Leute vom Land sind nach Yantai gezogen, Entwicklungsgebiete westlich und östlich des Stadtzentrums sind entstanden, vor allem chinesische Touristen, aber auch ausländische Besucher, auch deutsche ... neue Industrien, Auto-Ersatzteile«, zählt sie auf. Das bedeutet ein großes Potential neuer Weintrinker unter den Yantai-Yuppies, plus gelegentliche Hardcore-Weintouristen wie wir.

»Kann die Region diese Entwicklung tragen, oder sind die Ressourcen bereits ausgeschöpft?«, frage ich weiter.

»Es gibt genug Wasser und Strom für weitere Entwicklung, vor allem Strom aus Kohle«, erwidert sie. So intelligent wie sie ist – und ich mag diese erfolgreiche Geschäftsfrau wirklich, die mit ihrer Tochter alleinstehend zu sein scheint –, fällt ihr nicht auf, wie beschränkt diese Sichtweise ist? Aber als unsere Wirtschaften noch so boomten, wie heute in China, war auch unsere Denkweise eine andere und besonders ökologiebewusst handeln wir noch nicht.

Auf der Weiterfahrt kommen wir an einem riesigen, girlandengeschmückten und neonblinkenden KTV-Vergnügungspalast vorbei. Er erinnert mich sehr an die kitschigen Vergnügungspaläste in britischen Küstenstädten, außer dass sie hier kein Problem damit haben, dem Spaß zusätzlich einen rückenfreien, tief dekolletierten Aspekt hinzuzufügen. Trotzdem bin ich froh, dass so etwas bis jetzt nicht auf unserem Programm steht.

Susan Tan überholt ein umgekipptes Zementauto, das seinen Inhalt, der eigentlich Teil des Yantai-Baubooms werden sollte, auf die Straße entleert hat, dann fahren wir an einem großen Fabrikgebäude vorbei. Ein riesiges »GE«-Schild verkündet die amerikanische Beteiligung an der hiesigen Auto-Ersatzteil-Industrie sowie den allgegenwärtigen Mobiltelefonmasten und den Monster-Werbetafeln. Doch dann kann ich nur noch staunen: Vor uns tauchen plötzlich Weinberge auf und die Einfahrt zu einem Weinschloss, das wie ein Teil eines Märchenparks wirkt.

Zuerst kommt eine aufwendige formelle Gartenanlage, so diszipliniert wie eine Parade von Soldaten der Roten Armee, dahinter erhebt sich ein schmiedeeiserner Zaun, der in einem gewaltigen schmiedeeisernen Tor gipfelt, auf dem steht: Château Changyu Castel. Auf den Dächern der beiden Torhäuschen stehen Skulpturen, die wie urgriechische Allegorien aussehen, die ich aber nicht identifizieren kann. Die elektrischen Torflügel schwenken zur Seite für die ausländischen »Freunde«, und wir fahren die Auffahrt unter Pergolen entlang, vorbei an einem raffinierten Barockgarten, bis zu der ausgedehnten, außergewöhnlichen Fassade.

Ich habe solch ein Fachwerk-Schloss in oder um Bordeaux noch nie gesehen, es erinnert mich an das Weingut Trimbach in Ribeauvillé/Elsass, obwohl das wesentlich bescheidener und freundlicher auftritt als diese eingebildet imposante Konstruktion. Wie schon bei Château Changyu AFIP Beijing Global soll uns das Ganze beeindrucken, und natürlich tut es das; Bernd schaut genauso erstaunt wie ich. Wieder wird die Wirklichkeit von dieser Weinfirma auf frappierende Weise verzerrt!

»Wie alt ist das?«, möchte Bernd von Susan Tan wissen, während wir die Marmorstufen hinaufsteigen.

»Es wurde 2002 eröffnet«, entgegnet sie, »die Haupterzeugnisse sind Château Changyu Castel Chardonnay, Riesling und Cabernets, alles Weingutsabfüllungen, 700 Tonnen jährlich.« Dazu gehört auch der Cabernet Gernischt, der von hier stammt. Sie zeigt uns ausgestellte Flaschen mit speziellen Etiketten für besondere Kunden wie CCTV. »Der Sender ist sehr wichtig«, sagt sie. Dann geht es hinunter in den Keller, mit langen Gängen voller Barrique-Stapel und Fässern mit den Unterschriften berühmter Persönlichkeiten, darunter drei im Besitz von Yang Lan, einem bekannten Fernsehmoderator.

Im Dachgeschoss des Château beschäftigt sich eine Ausstellung vor allem mit der Verbindung zu Frankreich – die Castel-Gruppe ist mit 30 Prozent an diesem Unternehmen beteiligt. Ein Schaukasten enthält eine Abbildung von Michel Mirand, dem »französischen Designer von Château Changyu Castel«, der unglaublich selbstzufrieden aussieht, und ich vermute, er hat einen sehr hohen Stapel Euro-Noten für einen vergleichsweise einfachen Auftrag eingesackt, mal abgesehen von den zahlreichen Langstreckenflügen. Im Gegensatz dazu wirkt Norbert Buchonnet, der »erste französische Önologe von Château Changyu Castel« sehr beschäftigt mit einem Weinfass. Seine Aufgabe war zweifellos anspruchsvoller, da die chinesischen Erwartungen bestimmt hoch waren.

Der nächste Schaukasten macht deutlich, wie hoch sie waren. Er heißt »weltberühmte Châteaux« und zieht einen direkten Vergleich zwischen dem Ort, an dem wir uns befinden, und dem Premier Grand Cru Classé Château Margaux im Médoc. Hier erfahren wir, dass Changyu Castel 135 Hektar Reben umfasst, was zu der genannten jährlichen Ernte von 700 Tonnen Trauben zu passen scheint. Doch vor allem geht es um das ehrgeizige Ziel des Schulterschlusses mit dem glorreichen französischen Original. Nach den zwei Changyu-Weinschlössern, die ich nun kenne, würde ich sagen, dass dies der erste Versuch war, die Wirklichkeit zu verzerren, und dass sie mit ihrem zweiten Versuch, Château Changyu AFIP Global, einen viel besseren Effekt erzielt haben. Wie meine Mutter immer sagt: Übung macht den Meister!

Als wir aus dem Schloss treten, heulen Polizeisirenen, und mit Sonne, Sand und Meer wirkt es wie eine Szene aus Miami Vice. Die

Industriegebäude rund herum erinnern mich jedoch in Verbindung mit der gewaltigen Baustelle der »Windows on Changyu«, einem Komplex von Apartment-Wohnhäusern, eher an die Situation des Premier Grand Cru Classé Château Haut Brion in Pessac/Bordeaux. Das ist inzwischen ebenfalls ganz von den Ausläufern der Stadt umgeben.

»Ich kann nicht so ganz glauben, dass es hier wirklich 135 Hektar Reben gibt«, sagt Bernd leise mit einem skeptisch schweifenden Blick. Wer weiß, vielleicht haben sie einiges als Baugrundstücke verkauft, weil damit trotz der enormen Umsatzsteigerungen mehr Geld zu machen war? Ich vermute, der einzige Grund, warum die Besitzer von Haut Brion dies nie getan haben, sind ihre enormen Gewinnspannen beim Wein.

Dann erscheint der Chefweinbergsverwalter von Changyu, Dr. Cheng mit einem Fahrer, und es ist Zeit für eine Tour durch die Weinberge. Wir fahren auf eine vierspurige Autobahn, die beinahe unmittelbar vor den Toren des Schlosses beginnt, und lassen das Ballungsgebiet von Yantai in Richtung Westen hinter uns. Gerade als wir uns zurücklehnen wollen, tauchen in der Ferne wieder die Konturen eines Schlosses auf, und je näher wir kommen, desto klarer wird, dass für diese Ansammlung von Türmchen und Spitzdächern mit glänzenden blauen Ziegeln Neuschwanstein Modell gestanden haben muss. Allerdings steht es auf vollkommen flachem Terrain zwischen modernen Wohnhäusern und wirkt daher für unsere westlichen Augen einfach nur kitschig.

Bernd, Jason und ich verdrehen uns die Hälse, als wir daran vorbeidüsen, entdecken aber keinerlei Hinweisschild. Wir fragen Susan Tan und sie den Fahrer, doch beide haben keine Ahnung, was es damit auf sich hat. Es schien nicht um Wein zu gehen … doch da kommen wir schon wieder an einem Schloss vorbei, wenn auch von etwas weniger dramatischer Gestalt. Die fischverarbeitenden Fabriken, die ihm folgen, nehmen ihm jegliche prätenziösen Ansprüche. Wieder gab es kein Schild, und niemand weiß etwas. Anscheinend ist nicht nur die Weinbranche in China von Schlössern besessen.

Dann sind wir endlich bei den Weinbergen, sanfte Hügel, hinter denen unter wolkenlosem Himmel die Gewässer der Meerenge von Benhai glitzern. Wir halten unter Obstbäumen und steigen aus, um uns die Reben anzuschauen – und auf dem nächsten Hügel steht noch ein Schloss!

»Alle Reben sind ungepfropft«, sagt Susan Tan und deutet auf die Rebreihen, die an zwischen Betonpfosten gespannten Drähten entlang gezogen sind. »Phylloxera mag keine sandigen Böden.« Die Reblaus, die den Weinbau in Europa vor etwa einem Jahrhundert beinahe ausgerottet hat, lebt im Boden und ernährt sich unter anderem von den Wurzeln der Reben, die nicht auf phylloxeraresistente amerikanische Wurzeln aufgepfropft worden sind. Es gibt nur wenige Bodenarten wie den Schiefer an der Mosel, in denen sie sich nicht wohlfühlt. »Ungepfropfte Reben« sind Weinbau-Schlagwörter, über die sich jede PR-Abteilung freut.

»Pah!«, lautet daher Bernds geringschätzige Reaktion.

Ich nehme an, sie haben bis jetzt Glück gehabt, dass die Laus es noch nicht aus ihrer amerikanischen Heimat hierher geschafft hat.

»Ich habe gehört, dass sie im Nordwesten Chinas bereits Reblausprobleme haben«, sagt Bernd, und niemand widerspricht ihm, was bedeutet, dass auch Yantai bald an der Reihe sein wird. Eines nicht so schönen Tages wird das winzige Tierchen an einer Stiefelsohle hier seinen Einzug halten, vielleicht sogar den Stiefeln ausländischer »Freunde« wie uns.

»Dies sind Cabernet-Sauvignon-Reben auf Boden ist sandig Lehm«, sagt Dr. Cheng in etwas wackeligem Englisch und erklärt uns dann das Erziehungssystem. Er erwähnt aber nicht, ob ein Teil der Arbeiten mechanisch erledigt werden. Bernd ist überzeugt, dass im Niedriglohnland China, wo jeder Bauer nur wenige Mu an Reben hat, alles von Hand gemacht wird. Genau wie bei Grace gehören auch Changyu die Weinberge nicht, sondern sie haben lediglich mit unzählig vielen Bauern Kaufverträge für die Trauben abgeschlossen.

»Wie viele Tonnen Trauben pro Hektar?«, fragt Bernd unumwunden.

»Zwölf Tonnen pro Hektar«, antwortet der Doktor. Da es sich um Cabernet Sauvignon handelt, eine Sorte, die im Ertrag streng begrenzt werden muss, wenn Wein mit einer gewissen Harmonie und Charakter entstehen soll, ist das mit ziemlicher Sicherheit viel zuviel. Aber es könnte natürlich sehr schwierig sein, die Bauern zu Veränderungen zu bewegen, und vielleicht stellt diese Situation bereits einen beträchtlichen Fortschritt gegenüber der vor einigen Jahren dar.

Dann fällt mir eine riesige Reklametafel auf der anderen Seite der Autobahn auf, die für noch ein Phantasie-Weinschloss wirbt. Auch das sieht aus wie Neuschwanstein, ist aber definitiv ein anderes als das von uns zuvor gesichtete. Wie viele von ihnen gibt es hier? Haben unsere Gastgeber mit Château Changyu Castel eine Modewelle ausgelöst?

Als wir wieder losfahren, verkündet Dr. Cheng, unser nächster Halt sei bei den neuen Weinbergen weiter oben in den Bergen etwa eine Viertelstunde von hier entfernt. Die Zeit vergeht wie im Flug, und als wir wieder aussteigen, sind felsige Berge in der Ferne zu erkennen, die mich an das Languedoc in Südfrankreich erinnern. Hier stehen die Rebzeilen deutlich enger, und die Reben innerhalb der Zeilen sind näher zueinander gepflanzt. Die Rebdichte liegt sicher mehr als doppelt so hoch als bei unserem ersten Halt. Das deutet darauf hin, dass diese Weinberge bereits mit Qualität als oberstem Ziel angelegt wurden.

»150 Hektar umfasst diese Pflanzung mit zwei Jahre alten Cabernet-Gernischt-Reben«, erklärt Dr. Cheng. »Wir machen die Weinbergsarbeiten hier selber.« Das bestätigt das Qualitätsziel, denn so lassen sich die Erträge wesentlich besser unter Kontrolle halten und auch die Pilze, die in feuchtem Klima wie hier noch destruktiver sein können als zu Hause.

»Was für ein Bodentyp liegt hier vor?«, fragt Bernd.

»Granit«, kommt die Antwort zurück, und ich sehe, wie sein Gesicht zuckt; es ist keinesfalls sein Lieblingsboden für Weinbau.

»Und was wurde hier vorher angebaut?«, bohrt er weiter.

»Weizen«, sagt Dr. Cheng. Dieser Wechsel von Weizen zu Wein ist eine Seite der wirtschaftlichen Entwicklung dieses ländlichen Gebiets; die hiesigen Bauern stellen von zentral kontrollierter, kollektivierter Landwirtschaft auf die Erzeugung von Lifestyle-Exportprodukten um, die den regionalen Tourismus fördern. Mein Bauch sagt mir, dass wir lediglich an der Oberfläche dieser Wende kratzen und es alle möglichen sozio-ökonomischen Auswirkungen gibt, die wir nicht einmal ahnen. Das Problem ist, dass unsere Zeit in Yantai morgen früh zu Ende geht und es sehr schwierig sein wird, etwas so Komplexes richtig zu begreifen. Denn dieser Umschwung hat natürlich auch eine Kehrseite: Im Moment kann China ohne Probleme Weizen importieren, um die sinkende Eigenproduktion auszugleichen, aber wie lange wird das möglich sein?

17. April 2008 Um 17.30 Uhr sind wir in Shanghai gelandet, wo uns das Chaos von Hongqiao Airport, dem alten Flughafen im Westen der Mega-Stadt, mit voller Wucht traf. Für Bernd war Shanghai vor zwei Jahren das einzige, das er seit seinen häufigen Besuchen in den 1980er-Jahren von China gesehen hat, und mir war gleich klar, dass er sich hier zurechtfinden würde.

Hier oben von der erhöhten Yan'an-Schnellstraße, die wir gerade befahren, sieht es aus, als führen wir in eine rosagraue Masse an Smog, durch die die Konturen der Wolkenkratzer auftauchen wie Fotos beim Entwickeln in einer Dunkelkammer. Vor kurzem fiel mir ein Artikel aus der »Financial Times« in die Hände, in dem der Autor behauptete, die urbane Kulisse in Ridley Scotts Film »Bladerunner« basiere auf dem Wolkenkratzer-Dschungel von Shanghai, aber das kann natürlich nicht stimmen, weil der Science-Fiction-Film 1982 herauskam, als es weder diese Schnellstraße noch die vor uns liegenden Wolkenkratzer gab. Die Frage ist, ob nicht genau das Gegenteil der Fall ist, und Shanghai sich den Film zum Vorbild genommen hat? Wie auch immer, die Stadt scheint in einer gigantischen Schale mit Entwicklerbad zu liegen, so dass sich ein Bild nach dem anderen abzeichnet.

Was zur Hölle ist das? Zwischen hoch aufragenden Gebäuden sehe ich rechts ein Fachwerkhaus im britischen Mock-Tudor-Stil, der zwischen den Weltkriegen in meinem Heimatland extrem beliebt war. Aber vielleicht macht das Sinn, denn zu dieser Zeit erlebte diese Stadt ihren ersten Boom der Gegenwart, und britische Architekten wie Palmer & Turner spielten damals eine entscheidende Rolle bei der Entstehung des neuen Stadtzentrums am Bund. Das ist jetzt unser Ziel, genauer gesagt ein Restaurant namens M on the Bund. Es war ziemlich schwierig, Bernd von einem westlichen Restaurant zu überzeugen, er hätte sich natürlich lieber auf die Suche nach Schlangen und ähnlichem gemacht. Aber der Sommelier dort, Marcus Ford, ist einer meiner wichtigsten Kontakte, und ich bin an ihn durch meine britische Kollegin Jancis Robinson gekommen, die sowohl bei Kontakten als auch bei Restaurants meist genau richtig liegt.

Der einem Lavastrom gleichende dichte Verkehr um uns hat sich inzwischen soweit in Richtung Zentrum fortbewegt, dass einige der Wolkenkratzer näher gerückt sind, und es überrascht mich, wie unterschiedlich sie alle in ihrer Erscheinung sind, ganz besonders an den Spitzen. Doch trotz dieser ausgeprägten architektonischen Individualität scheinen sie alle in zwei Klassen zu fallen: Gebäude der Oberschicht mit eingebauten, unsichtbaren Klimaanlagen und Gebäude der Unterschicht, deren Fassaden nach Bladerunner-Art mit unzähligen nachträglich angebrachten Klimaanlagen übersät sind. Aber rationale Gedanken sind wirklich schwierig, wenn man bei lebendigem Leibe von diesem Wal von Stadt verschlungen wird.

Wir kriechen durch eine riesige Schnellstraßenkreuzung, und der Kontrast zu der Kreuzung neben dem neuen Flughafen von Qingdao, oder Tsing Tao, von wo wir hierher geflogen sind, ist erstaunlich. Dort gab es eine elegante barocke Gartenanlage mit Buchsbäumen in geometrischen Formen, während dieser fünfstöckige Gigant wie das riesige pulsierende Herz eines großen wilden Tiers wirkt, in dessen Adern unser Wagen nur ein Blutkörperchen darstellt. Das Herz von Qingdao wurde von Deutschen im späten 19. Jahrhundert errichtet, aber nur die öffentlichen Gebäude sind gut erhalten, die privaten sind längst auf so chinesisch wie möglich getrimmt worden. Ein amerikanischer Freund hat die Stadt beschrieben als »noch eine chinesische Stadt mit zehn Millionen Einwohnern, von der du noch nie zuvor gehört hast«.

Doch mit der frischen Brise vom Meer und den Nebelschwaden, die plötzlich hineinwehten, die Sonne verdeckten und die Temperatur abrupt sinken ließen, erinnerte mich Qingdao an San Francisco, während ich die warme, smoggesättigte Suppe, die hier als Luft gilt, eher nach LA verorten würde. Shanghai erscheint mir auch bereits so gnadenlos wie die Stadt der Engel, die erbarmungslos jeden vereinnahmt, der sie betritt, und ihn ihrem Stoffwechsel unterwirft.

Wir fahren von der Schnellstraße ab und am Volkspark entlang, dessen Nähe Grundlage meiner Hotelwahl war, dann biegen wir in eine dunkle Seitenstraße und kommen zum Stehen: Totalstau. Auf den Bürgersteigen strömen bunt gekleidete junge Leute unaufhaltsam an Friseurläden, Modeläden und Convenience Stores vorbei. Es ist wie eine Voliere voller kreischender exotischer Vögel, in allen Formen, Größen und Farben.

»Das lässt sich einfach nicht kontrollieren«, ruft Bernd und meint dabei den Versuch der Regierung, die produkt-, informations- und sensationshungrige Jugend Chinas von dem abzuhalten, was Internet und die große weite Welt zu bieten haben. Das einzige Problem, das wir mit dem Stau haben, ist, dass unsere Reservierung im M on the Bund in einer Stunde abgelaufen ist und ich Hunger und Durst habe. Gebt mir Wein! Gebt mir Fleisch!

Doch irgendwie haben wir eine halbe Stunde später das Salvo Hotel erreicht, unsere Zimmer im Empire-Stil be- und uns selbst umgezogen und laufen die Guangdong Lu hinunter in Richtung Bund. Nach Bernds Schritt zu urteilen, ist mein Freund noch durstiger und hungriger als ich. Die Straßen sind viel dunkler und schmaler, als ich mir Shanghais neues-altes Zentrum vorgestellt habe. Die häufig etwas verfallen wirkenden alten Gebäude sind nicht nur nachträglich mit jeder Menge Klimaanlagen ausgestattet worden, sondern auch einem Wirrwarr von Kabeln, die teilweise einen ganzen Streifen der

Fassade überziehen. In den engen Durchgängen zwischen den Gebäuden und vor den ehemaligen Lieferanteneingängen bieten Straßenverkäufer Blumen, Getränke und Fastfood an. Ein Strom von Radfahrern – die wir bisher auf unserer Reise kaum gesehen haben – und Mopeds düsen vorbei, und der Gesamteindruck ist wiederum wie eine Szene aus Ridley Scotts Meisterwerk.

Der Portier fragt nach meinem Namen, hakt ihn auf einer Liste ab und sagt, wir sollen mit dem Fahrstuhl ganz nach oben fahren. Theoretisch bin ich nüchtern, und ich schwöre, dass ich heute wirklich nichts aus meiner Medizin-Wunderkiste genommen habe, aber als sich die Fahrstuhltüren öffnen und wir in einen »multikulturellen Gastro-Glamour-Orkan« treten, fühle ich mich total high.

Eine Service-Angestellte führt uns zu unserem Tisch, ich bitte sie, Mr Ford Bescheid zu sagen, dass wir hier sind, und sie entgegnet, er sei in einer Minute bei uns. Ich muss mich zwingen, mich hinzusetzen, denn direkt vor uns auf der Dachterrasse stehen die Gäste dichtgedrängt und starren hinaus in dieses monströse Videogame, das sich auf der Skyline vor ihnen und uns abspielt. Bernd genügt ein Blick auf den Megawatt-Wahnsinn, er hat das alles schon mal gesehen, aber ich setze mich schließlich auf die Seite des Tisches, wo ich mir die rezeptfreien Halluzinationen reinziehen und auch andere dabei beobachten kann, wie sie sich an dieser Gratisdosis LSD berauschen.

So sieht Pudong, das neueste Stadtzentrum von Shanghai am anderen Ufer des Huangpu-Flusses tatsächlich bei Nacht aus, wenn Tausende von *Hanzi*-Neonzeichen blinken und auf dem größten Videobildschirm, den ich je gesehen habe, am Aurora-Gebäude Bilder von Lotusblüten von berühmten impressionistischen Gemälden abgelöst werden.

Dann steht auch schon ein hochgewachsener flotter junger Mann an unserem Tisch und stellt sich uns in postkolonialer britischer Art als Marcus Ford vor. Er hoffe, in etwa einer Stunde Zeit für ein kurzes Gespräch zu haben. Bernd macht die Dringlichkeit von Hunger und Durst deutlich, und wir bekommen sofort Speise- und Weinkarten überreicht.

»Wie war Ihre Reise?«, erkundigt sich der Meister multikulturellen Weinzeremoniells.

»Jetzt haben wir alle Extreme gesehen«, entgegne ich und platze mit einer unzusammenhängenden Reihe von Eindrücken heraus, die in keinerlei chronologischem Zusammenhang stehen, den jungen Meister aber nicht mal mit der Wimper zucken lassen.

»Haben Sie etwas entdeckt?«, erkundigt er sich vielmehr und ist zweifellos interessiert an etwaigen spannenden, ihm noch nicht bekannten Produzenten.

»Nichts, was Sie nicht kennen würden, außer vielleicht den Noble Dragon Shandong Pink«, sage ich und versuche mich an einer kurzen Erklärung, aber es klingt alles zu wild für solch ein berechnendes kommerzielles Erzeugnis. Hat mir jemand heute im Laufe des Tages etwas in die Teetasse oder die Wasserflasche geschüttet? Marcus Ford kennt den verrückten Noble Dragon Rosé jedoch nicht, weil er nur für den Export erzeugt wird, also habe ich ihm zumindest etwas Interessantes erzählt.

»Man kann hier alles machen, also tun es die Leute auch!«, sagt er, und ich nehme an, er meint in Sachen Wein, könnte mir aber keine bessere Beschreibung dieser schamlosen Mega-Stadt vorstellen – das trifft es auf den Punkt.

Ich schlage vor, mit einer Flasche des 2007 Watervale Riesling von Jeffrey Grosset aus dem Clare Valley/Südaustralien zu beginnen, in der Hoffnung, dass mich seine übernatürliche Limonen- und Passionsfruchtfrische wieder zu Sinnen bringen wird. Der junge Meister überlässt uns dem Studium der Speisekarte, und kaum dass wir uns entschieden haben, steht er wieder da mit zwei Flaschen und zusätzlichen Gläsern in der Hand.

»Ich dachte, Sie sollten auch den 2007 Polish Hill Riesling von Grosset probieren«, sagt er, was nicht ganz meiner Absicht entspricht, in meinem gegenwärtigen Zustand könnte der mir den Rest geben. Doch er hat bereits beide Weine eingeschenkt, und es gibt keinen Weg zurück.

Bernd sah skeptisch aus, als ich einen australischen Weißwein bestellt habe, und einen Moment lang befürchte ich, sein verächtliches »Schlabberwasser!«, zu hören, wahrscheinlich so laut, dass das gesamte Restaurant trotz des beträchtlichen Stimmengewirrs auf uns aufmerksam werden würde. Doch ganz im Gegenteil, seine Augen weiten sich vor Überraschung, als er die beiden Grosset-Rieslinge probiert und verständlicherweise den Polish Hill mit seinem stahlig-mineralischen Nachgeschmack vorzieht. Diese Weine machen hier gewissermaßen mehr Sinn als in Europa, was die physische Nähe betrifft, sind Shanghai und Australien auf globaler Ebene beinahe Nachbarn.

Nachdem wir den Inhalt der Flaschen bedeutend reduziert haben, der erste Gang serviert und unter beifälligen Lauten wieder abgeräumt worden ist, erscheint der Meister des multikulturellen Weinzeremoniells erneut und sagt, er habe jetzt ein wenig Zeit, und in der Bar sei es vielleicht etwas ruhiger. Merkwürdigerweise trifft das zu, die einzige Ablenkung hier sind die jungen chinesischen Gazellen in Minirock und hohen Absätzen. Aber das ist der richtige Moment, um direkt zur Sache zu kommen: Wie sieht es tatsächlich mit dem Weinkonsum im M on the Bund und in Shanghai aus?

»Dies ist ein verrückter Ort!« Darauf wäre ich jetzt auch noch gekommen, aber seine nächste Bemerkung ist schon spannender. »Es gibt wenig Sammler, sie trinken einfach die Weine, selbst die Spitzenweine, und darum geht es schließlich.« Sie scheinen etwas verstanden zu haben, das vielen europäischen Konsumenten von Luxusweinen bis jetzt entgangen ist; die schlichte Tatsache, dass Wein zum Trinken ist. »So gut wie jeder hier ist Anfänger in Sachen Wein, und die Weinvermarkter nutzen das aus, gehen härter ran als anderswo«, platzt es aus ihm heraus, bevor ich die nächste Frage stellen kann. »Da kommt zum Beispiel eine Zehnergruppe und bestellt eine Flasche angesagten, teuren Rotwein, und er steht den ganzen Abend halbvoll auf dem Tisch. Wenn ich eine Flasche Moselriesling von Dr. Loosen serviert hätte, wären alle viel glücklicher gewesen.« Aber wie hat es ihn, einen Briten wie ich, hierher verschlagen?

»Ich war auf dem Weg nach Hongkong, nachdem ich im Harvey

Nichols Restaurant in London gearbeitet hatte. Ich landete hier einen Tag nach der Eröffnung von M on the Bund. Das war vor neun Jahren, und Shanghai erschien mir mehr wie Hongkong, als Hongkong es jetzt tut. Deshalb blieb ich.«

»Und was würden Sie heute Abend einem chinesischen Anfänger-Gast empfehlen?«, frage ich weiter.

»Oh, den Dr. Loosen-Riesling, oder wenn es um Rotwein ginge, etwas wie den 1988 Château Gruaud-Larose, der eher niedrig im Alkohol liegt, mit eher diskreter Eiche und zurückhaltender Säure. Wissen Sie, die Chinesen reagieren sehr stark auf hohen Alkoholgehalt, starke Eichenaromen und ausgeprägte Säure.« Endlich erzählt mir jemand etwas über den chinesischen Weingeschmack, und mein Informant hat diesem Thema neun Jahre täglichen Studiums gewidmet; er weiß, wovon er redet.

Ich notiere eine Liste von Tipps und möglichen Kontakten, bedanke mich überschwänglich und gehe dann zurück zu unserem Tisch, wo Bernd inzwischen zu unserem Hauptgang, einer klassischen europäischen Fleisch-Orgie, einen sehr angesagten, teuren Rotwein bestellt hat, den 1990 Vega Sicilia aus dem spanischen Duero-Tal. Zu Hause würde dieser Wein in einem Restaurant dieser Kategorie vermutlich eine vierstellige Euro-Summe kosten, hier ist es zumindest nur die Hälfte. Ich bin trotzdem froh, dass ich heute Abend mit Zahlen nicht an der Reihe bin und mir mein Freund helfen wird, zum Hotel zurückzufinden.

Der junge Meister steht bereits parat mit dem dekantierten Wein, der außerordentlich reichhaltig und mächtig schmeckt, aber dennoch trocken und elegant wirkt. Er stellt die perfekte Verkörperung einer Weinkultur dar, die Lichtjahre entfernt von diesem multikulturellen Gastro-Glamour-Orkan und dem Megawatt-Gratis-LSD-Wahnsinn zu liegen scheint. Plötzlich fühle ich mich wieder ruhig, zum ersten Mal seit unserer Ankunft. Wir erheben unsere Gläser auf die merkwürdige Weinzukunft, die wir hier betreten haben.

18. April 2008 Wenn mir Bernd nicht schon eine ganze Reihe ähnlicher Läden in der Zhapu Road in Shanghai gezeigt hätte, dann würde ich diesen Raum voller Aquarien und Terrarien für einen exotischen Zoohandel halten. Die Tier-Sammlung gehört jedoch zum Jin Mi Luo Restaurant; hier im Erdgeschoss sucht man sich die lebenden Tiere aus, die einem dann kurze Zeit später serviert werden, nachdem man sich mit dem Fahrstuhl in den Speisesaal im ersten Stock begeben hat. Als Buddhist kann ich keinesfalls Tiere auf diese Weise für mich schlachten lassen, aber Bernd hat keine Vorbehalte solcher Art, und das toleriere ich. Bernd begutachtet eingehend die Schlangen in einem der Terrarien und deutet dann auf eine, die die Serviererin daraufhin mit einer Zange herausholt. Mein Freund wirkt sehr zufrieden mit sich, als wir hinaufgleiten.

Der Speisesaal ist ganz Marmor und Gold in einer vertrauten westlichen Art, die Möblierung neoklassisch im Stil, und die Gäste gehören unverkennbar zu Shanghais kosmopolitischer chinesischer Elite. Speisekarten mit den Gemüsebeilagen werden uns gebracht, und wir bestellen Essen und Bier; Wein ist nicht im Angebot. Wir haben beide Hunger, weil wir den ganzen Vormittag am Bund und im ursprünglichen Zentrum von Shanghai, Nanshi, verbracht haben.

Bei strahlender Sonne und mit einer Mischung von chinesischen und westlichen Touristen – es gibt hier soviel mehr Westler als in Bejing! – sah der Bund vollkommen anders aus als gestern Abend. Während wir den ersten Blick auf die glitzernden Türme von Pudong bestaunten, kroch plötzlich ein kleiner chinesischer Kerl spinnengleich um unsere Füße. Bernd zuckte zusammen und ich tat einen richtigen Sprung vor Schreck, weil dieser Schuhputzer wie aus dem Nichts aufgetaucht war. Wir flüchteten zügigen Schritts den Bund entlang Richtung Norden, während er uns eine lange Zeit folgte. Dann sahen wir, dass er weißen Schaum auf unsere jeweils rechten Schuhe gesprüht hatte, der jetzt angetrocknet war und sich nur zum Teil entfernen ließ.

Dann entdeckten uns die Straßenhändler, und Sekunden später wiederholte ich mantragleich: »Nein danke, nein danke, nein danke …«, da sie kein Deutsch zu verstehen schienen und alle Marktschreier-Englisch sprachen. Trotzdem war dieser Versuch höflicher Ablehnung höchst unwirksam; erst als sie ein vielversprechenderes Opfer erspähten, ließen sie von uns ab. Wie der Schuhputz-Spinnenmann gehörten sie zweifellos zu den 150 Millionen Wanderarbeitern, die es in China gibt.

Als wir Nanshi erreichten, fühlte ich, wie der Frust in mir aufstieg: als Erstes empfing uns dort nämlich eine brandneue Touristenstraße, die aussah wie die Kulisse für einen in China spielenden Hollywood-Film.

»Bloß raus hier!«, rief Bernd und zog mich in eine schmale Seitenstraße, wo wir sofort in einer ganz anderen Welt zu sein schienen, Lichtjahre entfernt vom Pudong-Glitzer. Über unseren Köpfen hingen endlose Wäscheleinen, an so gut wie jeder Ecke war ein kleiner Imbiss oder ein improvisiertes Restaurant, wo Leute Gemüse vorbereiteten, Nudeln kochten, Suppe schlürften, sich Reis mit Stäbchen in den Mund schaufelten, während sie häufig gleichzeitig Radio hörten, Fernsehen schauten oder die Zeitung lasen. Es war eine urbane Version unserer Beobachtungen im ländlichen Shanxi.

Doch jetzt kommen die ersten Gerichte, verschiedene Meeresfrüchte, die Bernd auch unten ausgesucht hat, darunter Abalone, und außerdem Gemüse. Eines der Gemüsegerichte schmeckt grandios, feine Rettichstreifen mit einem anderen Gemüse, das ich nicht identifizieren kann. Deshalb erkundige ich mich bei meinem Freund, dessen kulinarische Erfahrungen grenzenlos scheinen.

»Nein nein, das ist Qualle!«, berichtigt er mich, »das ist das Quallengericht, das ich gegessen habe, als ich letztes Mal in Shanghai war, nach dem ich die ganze Zeit gesucht habe.« Ich betrachte die dünnen, durchsichtigen Streifen sehr eingehend, fische einen heraus und probiere ihn für sich selbst – es stimmt, es hat eine ganz andere Textur, knuspert ganz anders als der Rettich.

Eine Serviererin bringt einen Tischkocher, eine andere einen großen Metalltopf voller dampfender Flüssigkeit. Bernd hebt den Deckel. In einer hellroten Brühe schwimmen weiße Fleischstücke;

zweifellos die Schlange, nachdem sie geköpft, gehäutet, ausgenommen und filetiert wurde. Bernd tut erst mir etwas auf den Teller, dann sich selbst, und so kommen wir zu einem weiteren Moment der gastronomischen Wahrheit. (Das einzige, das ich bis jetzt verweigert habe, waren Skorpione.) Die Schlange entpuppt sich als noch weniger aromatisch als die recht diskrete Qualle und erinnert in der Textur an Tintenfisch.

»Letztes Mal war sie gebraten, da hatte sie mehr Geschmack«, kommentiert Bernd mit einem Schulterzucken. Ein anderer Tag, eine andere Schlange; gute Nachrichten, schlechte Nachrichten, wer weiß?

Ich glaube, was Extreme angeht, haben wir auf den verschiedenen Lebensmittelmärkten in dieser Ecke der Stadt alles denkbar Mögliche gesehen. Highlights waren das Fenster eines Restaurants, das aus einem riesigen Aquarium voller Haie bestand, und ein großes Terrarium voller Frösche in einer Markthalle, von denen jeder so groß wie meine beiden Fäuste zusammen war. Aber auch das frischgeschnittene, zwei Meter lange Zuckerrohr, das vor einem Obst- und Gemüseladen an der Wand lehnte, werde ich nicht so schnell vergessen. In gewisser Weise war das hier noch interessanter als der riesige Markt für Restaurant-Einkäufer, den wir in Qingdao besucht haben, obgleich die Auswahl dort noch größer war, mich beinahe erschlagen hatte. Dort wie hier drängt sich mir die Frage auf, wie Wein in diesem komplexen und eigenständigen gastronomischen Universum einen Platz finden könnte oder sollte.

Unser nächster Halt ist das historische chinesische Sexkultur-Museum an der Nanjing Road, der Haupt-Einkaufstraße der Stadt, die nur einen kurzen Spaziergang entfernt ist. Hier im Zentrum macht es Sinn, Straßen als Roads im westlichen Sinn zu bezeichnen, da sie diesen auch architektonisch entsprechen. Inzwischen ist es richtig warm geworden, so dass wir auf die beschattete Seite der Straße wechseln. Die durchschnittliche Tagestemperatur in Shanghai im April liegt bei angenehmen 19 °C, aber heute ist es beinahe zehn Grad wärmer. Im Juli und August sind es 32 °C, und es fällt 50 Prozent mehr Regen als jetzt. Wie lebt es sich damit? Vielleicht kann uns Christiane Fass darüber mehr erzählen, eine in Shanghai lebende junge Deutsche, mit der wir morgen verabredet sind. Bernd hält Ausschau nach einer Seitenstraße, an die er sich von seinem letzten Besuch erinnert und in der es ausschließlich Kugellager gibt. Als wir dann wieder auf die Nanjing Road kommen, tauchen wie aus dem Nichts die Straßenhändler auf und plärren uns ihre Angebote entgegen: »Jeans!«, »Taschen!«, »Rolex!«, »DVD!«

Wir gehen einfach weiter, und ich versuche, gar nichts zu sagen, eine Strategie, die ebenso wirksam scheint wie endlose höfliche Ablehnung. Wir kommen zu einer Fußgängerzone, wo an jedem einzelnen Laternenmast eine Pepsi-Werbefahne hängt.

»Aha, die Pepsi-Straße«, sagt Bernd, was ich als Zeichen dafür auffasse, dass wir die richtige Straße für das Museum gefunden haben. Wir kommen an einer bunten Mischung von Kaufhäusern, Mode- und Juwelierläden vorbei, können aber weder ein Hinweisschild noch den Eingang des Museums finden, und niemand scheint es zu kennen. Ich flitze in das blitzende Sofitel-Hotel, wo ich mir in meinen Jeans und der Safarijacke ein bisschen wie ein Penner vorkomme. Sehe ich einfach nur schräg aus oder steht mir »Underground-*Gonzo*-Weinjournalist« auf die Stirn geschrieben? Ein junger Chinese an der Rezeption klärt mich jedoch sehr höflich und in makellosem Englisch auf, dass das Museum wegen Renovierung geschlossen hat. Mein Shanghai-Stadtplan ist 2006/7 erschienen und doch schon wieder veraltet.

Die Hitze schlaucht uns ziemlich, deshalb nehmen wir einen Drink in einem Café mit Blick auf den Century Square und einigen uns darauf, heute Abend in einem chinesischen Restaurant in der French Concession zu essen, das uns Marcus Ford als höchst authentisch empfohlen hat. Dann überlasse ich Bernd einem zweiten Chivas Regal mit Soda und laufe nachdenklich in Richtung unseres Hotels. Ist er mir im Straßenbild einfach nicht aufgefallen, oder findet Wein in Shanghai wirklich nur in einigen wenigen westlichen Enklaven wie dem M on the Bund statt? Ich meine, wo stecken diese theoretischen zehn Millionen chinesischen Weintrinker, von denen ich gelesen habe?

Ich muss mir ein paar Geschäfte anschauen in der Hoffnung, mehr über den Weinverkauf herauszufinden, deshalb mache ich kehrt und dränge mich durch die einkaufswütige Menge der Pepsi-Straße aus der Fußgängerzone hinaus, weg von dem ganzen Geglitzer. In einem Laden, der zur Shanghai Tobacco Group gehört und so winzig ist, dass ich das Sortiment inspizieren kann, ohne überhaupt hineinzugehen, sehe ich eine bescheidene Auswahl von Spirituosen und eine einzige Flasche Rotwein, aber die ist vielleicht von einem gescheiterten Verkaufsexperiment übrig geblieben. Ich gehe weiter bis zur Kreuzung mit der Janxi Road, wo es einen größeren Eckladen gibt, dessen Neonzeichen verkünden:

KEEP MOVING XINGHUAF FOOD STORE
OPEN 24 HOURS.

Ich gleite in der Masse von Kunden an den Ständen vorbei, wo Konfekt, grüner Tee, Kaffee und Schnaps so reißenden Absatz finden, als sei morgen endgültig Schluss damit. »Kundengespräche« ist ein viel zu höfliches und zurückhaltendes Wort für die Begegnungen, die hier stattfinden. Dann sehe ich plötzlich ganze Regale voller Wein. Da steht Jacob's Creek Shiraz aus Australien für 98 Yuan oder knappe zehn Euro neben einem einfachen Rotwein von Changyu für 78 Yuan, knappe acht Euro, während die bei weitem teuerste Flasche ein älterer Great Wall Cabernet Sauvignon für 388 Yuan oder fast 40 Euro ist.

Beruhigt laufe ich die Nanjing Road zurück, vorbei an den Straßenhändlern und der neogotischen Holy Trinity Church, die hier Tausende von Meilen entfernt von ihrem und meinem Heimatland schrecklich deplatziert wirkt. Die Central Shandong Road wirkt ruhiger als alles, was wir hier bis jetzt erlebt haben. Sie führt geradewegs zu unserem Hotel, und ich bin froh, den mittnachmittäglichen Wahnsinn der Pepsi-Straße hinter mir zu lassen.

Unverhofft sind die Gebäude allesamt älter, niedriger und die Geschäfte kleiner. Das ist wie die Welt, in der ich aufgewachsen bin – die Supermärkte waren noch neu und klein – und ich fühle mich sofort ein bisschen mehr zu Hause. Selbst in London ziehe ich Ecken dieser Art vor und lasse alles, das auch nur entfernt einem Einkaufszentrum ähnelt, am liebsten links liegen. Einkaufszentren kehren der großen weiten Welt konsequent den Rücken zu und überzeugen auch jeden Besucher zu dieser Haltung mit dem Versprechen, dass in ihren kuscheligen Armen alles anders, alles besser ist. Und bis die Kreditkarten mit einem großen Peng an ihr Limit stoßen, scheinen sie ihr Versprechen einzulösen. Doch wenn man auf die Kreditmauer kracht, sei es in China oder zu Hause, dann wird der große Betrug plötzlich als die Illusion vom irdischen Paradies entlarvt, die er die ganze Zeit war.

Die Frage hier ist angesichts der Geschwindigkeit, mit der die alten Bauten der Stadt von Bürotürmen und Einkaufszentren verdrängt werden, wie lange es sie und die kleinen Geschäfte überhaupt noch geben wird. Heute Morgen war am Rand von Nanshi über eine Straße ein großes Transparent gespannt:

WILLKOMMEN IN DER
SHANGHAI-ZIVILISATION-MODELLZONE!
MÖGE DIE ZIVILISATION IHNEN FOLGEN!

Darunter bewachten Soldaten in Uniform und Helm mit Gewehren in der Hand Arbeiter, die die Eingänge zu mehreren alten Gebäuden zumauerten, die denen in dieser Straße ähnelten. Es sah sehr nach einer Zwangsräumung im Namen der sogenannten Zivilisation aus. Wenn ich mich recht erinnere, war das auch das Hauptargument, die große moralische Rechtfertigung für den Kolonialismus damals im 19. Jahrhundert, als die europäischen Mächte sich eine nach der anderen, Deutschland *last but not least*, Handelsposten aneigneten, auf Biegen und Brechen. Jetzt hat die Regierung die Rolle des Zivilisationsbringers von den Kolonialisten übernommen und bedient sich derselben Art von brutalen Methoden, um ihre Ziele zu erreichen. Denn die von uns beobachtete Szene ist kein Einzelfall, das machen eine ganze Reihe von Fällen in verschiedenen chinesischen Städten deutlich, über die in den internationalen Medien während der letzten Jahre berichtet wurde.

Ich bleibe plötzlich stehen, und ausnahmsweise ist das nicht so riskant wie sonst in den überfüllten Straßen des urbanen China, wo man dabei Gefahr läuft, tatsächlich niedergetrampelt zu werden. Direkt vor mir ist ein kleiner Supermarkt, Family Market. Ich gehe hinein und fühle mich sofort an meinen allerersten Besuch in einem Supermarkt erinnert, als ich vier war. Das Angebot ist befremdlich, und dieser Ort daher genauso faszinierend wie der damals in dem Londoner Vorort. Hier gibt es billiges, hauchdünnes Briefpapier aus Korea, dort einen Zeitungsstand voller Hochglanzzeitschriften, darunter die chinesische Vogue, dann kommen Weinflaschen, süße rote Yellowtail Shiraz aus Australien für 135 Yuan oder 13,50 Euro, der jetzt nicht weniger eine globale Marke ist als Vogue. Neben dem Yellowtail mit seiner Pseudo-Ureinwohner-Ausstattung gibt es Rotweine von Changyu und Great Wall für 40 Yuan, exakt vier Euro. Dann sehe ich ein Kühlregal mit Salaten und Fertiggerichten, die Etiketten tragen: »Gesundes Essen, frisches Essen«.

Ich kann mir gut vorstellen, dass die meisten der europäischen Kolonisten, als sie nach Shanghai kamen, für die lokale Küche nur Verachtung übrig hatten und nur das, was der eigene Koch auf die gewohnte, »zivilisierte« Art und Weise zubereitete, als gut empfanden. Die Frage ist, ob die Chinesen sich allmählich von ihren traditionellen Essgewohnheiten entfernen und in Richtung der westlichen kulinarischen Klischees bewegen. Bedeutet »Gesundes Essen, frisches Essen« auch »zivilisiertes Essen«, weil es alles, was hier auf der Straße von den Garküchen angeboten wird, als weder gesund noch frisch darstellt? Und ist Wein ein Teil davon? Etwas benommen gehe ich wieder hinaus auf die Straße, wo ich erst einmal tief durchatme.

19. April 2008 »Ein Wort kann tausend verschiedene Dinge heißen, und man weiß nur aus dem Kontext, was es in diesem bestimmten Fall bedeutet«, sagt Christiane Fass und lehnt sich über den Tisch in der Bar des Broadway Mansions Hotel, wo wir einen Vormittagskaffee trinken. Anscheinend handelt es sich dabei um ein sehr konkretes Problem, mit dem sie oft konfrontiert worden ist in den zwei Jahren, die sie bereits mit ihrem Freund in Shanghai lebt. »Und sie sprechen hier einen starken Dialekt, in dem viele Worte sich grundlegend vom Mandarin unterscheiden. Viele Shanghai-Chinesen können gar kein Mandarin sprechen oder verstehen.«

Ich möchte von ihr wissen, was sich hier in den zwei Jahren verändert hat.

»Seit unserer Ankunft sind die Supermärkte ganz anders geworden. Damals haben sie lebende Frösche und Schlangen verkauft, aber die Firmen werden immer größer und bieten immer mehr westliche Produkte an. Bei City Shop gibt es jetzt Frankfurter Würstchen!« Das bringt mich sofort zurück zu meinen Überlegungen gestern Nachmittag in der Central Shandong Road.

»Und Wein?«, frage ich.

»Man kann hier sehr viel Geld für Wein ausgeben, aber das bedeutet nicht unbedingt sehr viel. Oft sind es alte europäische Weine, die sich zu Hause nicht verkauft haben und dann hierher geschickt werden!«, antwortet die selbstbewusste junge Frau mit den dunklen Haaren und der sportlichen Figur mit einiger Vehemenz. Diese Sichtweise, die die Chinesen von den Franzosen übernommen haben, dass alter Wein der beste Wein ist, macht sie zusammen mit dem allgemeinen Mangel an Weinwissen zu idealen Opfern für die Vermarktung von beliebigem, altem Zeug. Es scheint mir besonders passend, diese Geschichte in Shanghai zu hören, weil 20 Prozent aller Ex- und Importe des Landes den größten Hafen der Welt passieren!

»Am Anfang haben wir uns durch alle chinesischen Weine durchprobiert, und es gibt ein paar gute Rotweine, aber beim trockenen Weißwein wirklich nur Grace Vineyard«, fährt sie fort, und ich bin beruhigt, dass sie sehr ähnliche Ansichten zu den chinesischen Weinen hat wie wir, trotz ihrer ganz unterschiedlichen Perspektive. Sie arbeitet im Bereich PR und Veranstaltungsorganisation und hat uns bereits erzählt, wie schwierig es sei, hier Arbeit zu finden, obwohl sie mit dem Mandarin gute Fortschritte macht. Ich vermute, dass der Alltag manchmal ein ziemlicher Kampf ist, aber das scheint sie nur noch selbständiger gemacht zu haben.

Wir zahlen und gehen, um unsere Tour zu den noch erhaltenen historischen Gebäuden fortzusetzen, von denen die meisten südlich von hier um den Bund liegen. Der Höhepunkt war bis jetzt die elegant geschwungene Fassade von Hamilton House, auch ein Bau von Palmer & Turner aus den 1930er-Jahren an der Kreuzung von Fuzhou Road und Jianxi Road. Es war mit einem kleinen grünen Schild als »Heritage Architecture«, Architektur-Kulturerbe, gekennzeichnet, was Christianes Aussage bekräftigte, dass der Stadtrat endlich begriffen hätte, wie wichtig es sei, solche Schmuckstücke zu erhalten.

Als wir aus dem Hotel kommen, liegt die Skyline von Pudong direkt vor uns. Christiane erklärt uns, dass man sich in der Stadt zunehmend Sorgen mache wegen des Gewichts all dieser Wolkenkratzer und dass dadurch ganz Pudong versinken könnte – »aber Venedig ist ja auch schön.« Doch wie gelangt man in einen 50-stöckigen Büroturm, wenn der Eingang unter Wasser liegt?

Eine alte Frau kommt uns mit einem kleinen Hund an der Leine entgegen, was Bernd veranlasst, nach den Bestimmungen für Haustiere, insbesondere Hunde zu fragen. »Hunde sind erlaubt, aber man muss eine Lizenz haben. Im Winter werden sie streng kontrolliert, weil das die Jahreszeit für Hundefleisch ist. Es wird traditionell als wärmend angesehen. Die Hunde, die von der Polizei geschnappt werden, verschwinden auf Nimmerwiedersehen.« Das scheint zu einer Geschichte polizeilicher Nahrungsmittelergänzung zu gehören, die über Generationen zurückreicht.

»Wie ist es mit den jungen Frauen in Shanghai, sind sie emanzipiert?«, frage ich, bevor mein Freund der große Hundeliebhaber sich aufregt.

»Für junge Frauen besteht das höchste Ideal darin, nicht arbeiten zu müssen«, entgegnet sie darauf unverblümt, was nicht gerade wie Emanzipation klingt, aber »die Frauen haben das Sagen. Eheleute leben oft vollkommen getrennte Leben, obwohl sie Haus und Bett teilen.« Ich bin nicht sicher, ob ich verstehe, wie das alles in dieser Gesellschaft funktioniert, ganz zu schweigen davon, was die Einheimischen davon halten.

»Wie sieht es mit den Worten ja und nein aus?«, frage ich weiter.

»Ein schnelles Nein bedeutet überhaupt nichts, nach drei- oder viermal Nein kommt oft ein Ja, aber es gibt nie eine Situation, in der alles glatt läuft.« Jetzt verstehe ich unsere Probleme mit den Straßenhändlern und dem verrückten Schuhputzer gestern. Vielleicht ist es der Wetterumschwung, aber heute haben sie uns kaum belästigt.

»Wie ist es hier im Juli oder August?«, frage ich mit dem Gedanken an die Klimastatistiken.

»Es ist oft 40 °C und nahezu 100 Prozent Luftfeuchtigkeit. Man trinkt ein Bier und schwitzt die Flüssigkeit direkt wieder aus; es ist wie ein türkisches Bad!«, Ohne wirksame Klimaanlage wäre es dann sehr schwierig, Wein zu genießen, da durch die schwere feuchte Luft der Duft nur wenige Millimeter über die Weinoberfläche aufsteigt; ganz abgesehen von dem Umstand, dass man nass geschwitzt wäre und sich wie ein schwangeres Nilpferd fühlen würde. »Im Winter ist es auch schwierig, weil sie nicht mit dem Schnee fertigwerden. Als wir in der French Concession gewohnt haben, gab es keine Zentralheizung, das war ziemlich hart. Jetzt zeige ich euch, wo wir wohnen.«

Wir gehen in einen offenen Hof eines weiteren beeindruckenden Palmer & Turner-Baus, der wie das Broadway Mansions-Hotel auf den Suzhou Creek blickt. Der auffälligste Unterschied sind die nachträglich angebrachten Klimaanlagen, die aus den Wänden ragen; hier hat keine einheitliche, komplette Renovierung stattgefunden.

Als wir hineingehen, erklärt Christiane uns, dass trotz der gepflegten Außenfassade im Innern ein wildes Durcheinander herrsche, von modern ausgestatteten Wohnungen wie der 520, wo sie wohnen, bis zu Schlafsälen für Wanderarbeiter. Die Oberschicht Tür an Tür mit den Arbeitern klingt wie Kommunismus, aber ist es natürlich nicht. Als wir in den fünften Stock kommen, werfe ich einen Blick durch die offene Tür eines Schlafsaals und was ich dort sehe, erinnert mich an das, was wir auf dem Weg zum Red Capital Club in Peking gesehen haben; hier ist es gelebter roter Kapitalismus.

Als Christiane die Tür mit der 520 aufschließt, betreten wir eine schicke moderne Wohnung mit Parkettböden und Wänden in Taubengrau. Sie riecht sogar gut. Doch bei 40 °C und 100 Prozent Luftfeuchtigkeit draußen könnte man sich hier schnell wie ein Gefangener in einem schicken, modernen und bequemen Gefängnis vorkommen. Wie häufig geht sie aus?

»Oh, ich gehe zu Yogastunden, Chinesisch-Kursen und zum Kalligraphie-Unterricht. Ihr könnt heute Nachmittag mitkommen zur Kalligraphie. Hier, das habe ich dort vor kurzem gemalt.« Ich starre überrascht auf ihr Werk; wenn sie es mir nicht gesagt hätte, wäre ich nie darauf gekommen, dass der Urheber dieser fließenden, anmutigen schwarzen Pinselstriche eine junge Pfälzerin sein könnte.

In Chen Li Fans Einzimmer-Apartment wird mir sofort klar, dass er nicht nur Kalligraphie-Lehrer, sondern auch Künstler ist. Die Gemälde an den Wänden sind ganz offensichtlich seine eigenen, und sie entspringen der chinesischen Tradition, obwohl sie im Stil sehr eigenständig wirken. Wir waren gerade in einer ehemaligen Textilfabrik, die zu Künstlerateliers und Galerien umgebaut worden ist, und was ich dort gesehen habe, war entweder auf westliche standardisierte Weise naturalistisch oder auf westlich standardisierte Weise ironisch. Es gab dort nichts, das aus der chinesischen Kunstgeschichte entstanden wäre, so wie die atemberaubenden Berglandschaften des in San Francisco ansässigen Malers Li Huayi. Hier jedoch ist das der Fall: gestern und morgen treffen in den Pinselstrichen auf dem Papier aufeinander.

»Was hat es mit dem braunen Papier auf sich?«, fragt Bernd unseren Lehrer. Wir sind gerade zu Schülern des Mittvierzigers geworden, sitzen an dem Tisch in der Mitte des Raumes und beobachten ihn an einer Staffelei, die gegen die Zimmerwand gelehnt ist. Gleich müssen wir uns selbst mit dem Pinsel versuchen.

»Braunes Papier ist wie der Wein zum Kochen«, lautet die Antwort, »weißes Papier ist wie der Wein zum Trinken.« Er kennt sich ganz offensichtlich mit Wein aus, wendet sich aber gleich wieder der Staffelei zu, bevor ich mehr darüber herausfinden kann, und demonstriert die Handhabung des Pinsels.

»Wir Chinesen schreiben meistens von oben nach unten. Der Grund dafür ist, dass wir früher in China kein Papier hatten. Wir haben ursprünglich auf getrocknete Bambusblätter geschrieben.« Klar – die sind wie lange Streifen!

»Es gibt keine Bindestriche, Punkte oder Kommas, so das es normalerweise wie ein Gedicht ist, aber interessanter. Unsere Kultur ist wie ein Spiel.« Ich glaube, er meint, dass jeder Text auf verschiedene Art und Weise interpretiert werden kann. Das ist natürlich im Westen auch oft der Fall, im Chinesischen aber offensichtlich viel extremer.

Ich habe ziemliche Schwierigkeiten mit dem Pinsel, weil ich drei Jahre Malerei studiert habe und phasenweise immer noch sehr intensiv male. Die Chinesen halten den Pinsel senkrecht im Verhältnis zum waagerechten Papier, was sich für mich vollkommen »unnatürlich« anfühlt, weil es das Gegenteil westlicher Methoden und meiner Gewohnheiten ist, obgleich ich im Allgemeinen auf Karton arbeite, den ich auf den Boden lege.

»Wir kopieren die Natur nicht, aber wir nehmen etwas von der Natur. Es gibt 400 verschiedene Arten Bambus, wie Hunde, wie Menschen. Ihr meint, dass Chinesen klein sind, weil die meisten Chinesen, die vorher ausgewandert sind, Kantonesen waren. Kantonesen sind klein, aber die Menschen aus der Gegend nahe der Grenze zu Russland sind riesig!« Vorher heißt zweifellos vor der Politik von Reform und der Öffnung.

Ich mache vielleicht keine großen Fortschritte bei den acht grundlegenden Pinselstrichen, oder »Teilen« wie er sie nennt, aus denen sich die vielen tausend chinesischen Zeichen zusammensetzen, aber ich glaube, dass ich langsam immer mehr von der inneren Logik der chinesischen Kultur verstehe.

»Kalligraphie ist wie Eierkuchen backen!« Er meint zweifellos, dass Kalligraphie schnelle, leichte und präzise kontrollierte Bewegungen erfordert. Das macht mir nicht gerade Mut, weil ich beim Eierkuchen-Wenden schon immer ein hoffnungsloser Fall war. »Jetzt üben wir den einen chinesischen Buchstaben, der alle acht Teile enthält. Er bedeutet jung und ewig, abhängig vom Zusammenhang.«

Nach mehreren Versuchen gelingt mir eine armselige Kopie seines eleganten Vorbilds. Ich bin an eine Art des Malens gewöhnt, bei der viele Schichten Farbe übereinander nach Stunden, Tagen oder sogar Monaten zu einem Bild werden, das sich dabei ständig verändert, bis es irgendwann seine endgültige Form erreicht hat; genau das Gegenteil der Vorgehensweise hier.

Wir gehen zum Bambus über, und obgleich uns unser Lehrer die eher einfache Kombination von Pinselstrichen erklärt, die dazu erforderlich ist, wirkt das Ergebnis meiner Bemühungen mehr als unbeholfen; ich bin so damit beschäftigt, den Pinsel auf die chinesische Art zu halten, dass ich mich überhaupt nicht richtig mit dem Bambus beschäftigt habe. Dabei ist geduldige Beobachtung ein essentielles Element meines Jobs! Es ist ein Wunder, dass er jemandem wie mir gegenüber überhaupt so viel Geduld zeigt.

Dann schaltet sich Christiane vorsichtig ein, es sei an der Zeit zu gehen. Bernd muss seinen Koffer im Hotel abholen und zum Flughafen. Wir bedanken uns bei Chen Li Fan, und er überreicht mir die Blätter, auf denen er uns eine alte Seite seiner Kultur gezeigt hat, die immer noch sehr lebendig ist.

Als uns Christiane bei unserem Hotel abgesetzt hat, hat sie mir Namen und Adresse der Weinbar in der French Concession, wo ich sie heute Abend treffen soll, auf chinesisch aufgeschrieben und mir eingeschärft, diese Karte nicht dem Taxifahrer zu geben, sondern dem Hotelportier, so dass der dem Fahrer erklären würde, wohin ich wollte. Es klang wie eine idiotensichere Methode, um zur Enoteca an der Anfu Lu zu kommen, weshalb ich Karte und Kompass im Hotel ließ – oder lag das eher an dem großen Chivas Regal mit Soda, den ich mit Bernd vor seiner Abfahrt trank? Ich bin Weinmensch, und die große Dosis Scotch versetzte mich beinahe ins Koma.

Jetzt ist es für solche Überlegungen jedoch zu spät, ich stehe an einer Straßenecke irgendwo zwischen meinem Hotel und der Enoteca, und es regnet in nahezu tropischen Fluten. Aus unerfindlichen Gründen hielt der Taxifahrer, der zu den Erklärungen des Portiers wild genickt hatte, plötzlich an und deutete auf eine dunkle enge Gasse. Ich war skeptisch, aber verbale Kommunikation war unmöglich, was blieb mir also übrig? Ich zahlte und stieg aus. Als ich nervös die Straße hinunterging, fühlte ich mich wie Rick Deckard, die Titelfigur in Bladerunner, war allerdings im Gegensatz zu ihm unbewaffnet.

Meine Nervosität erwies sich als unbegründet, da die Straße zu einem hell erleuchteten Platz voller Restaurants führte. Doch keines davon war die Enoteca, und mein Herz sank. Ich schlich mich in eines der Restaurants und griff mir unter misstrauischen Blicken eine Karte. Gerade als ich wieder an der Ecke stand, wo mich der Taxifahrer abgesetzt hatte und Christiane anrief, setzte diese Sintflut ein. Christiane sagte, es sei zu weit, um zu laufen, ich bräuchte noch ein Taxi.

Das Problem aber ist, dass mich keines mitnehmen will. Sehe ich wie ein verdächtiger Fremder aus? Können sie irgendwie sehen, dass ich ein Underground-*Gonzo*-Weinjournalist bin? Jetzt hält eins, ein junges Paar steigt aus und hält mir die Tür auf. Ich steige ein, doch die Fahrerin schreit und fuchtelt mit den Armen, bis ich ihren Wagen verlasse, und schießt dann davon. Wird sie gleich bei der örtlichen Polizei über mich Bericht erstatten und diese mich in Kürze aufsammeln? Dann bleibt mir nur ein vollständiges Geständnis, weil sie zweifellos innerhalb von Minuten von meiner Begegnung mit den Sicherheitsleuten im Terminal 3 in Bejing wissen werden. Shanghai-Pigott-Paranoia!

Beim nächsten Taxi, das hält, ist der Fahrer ein Mann mittleren

Alters, der die Karte mit der Adresse eingehend betrachtet, nickt und etwas mit einer rauhen Stimme sagt, die nach Millionen von Zigaretten klingt. Wir düsen los, nachdem er jedoch zweimal rechts abgebogen ist, hält er wieder an, holt einen Stadtplan heraus und studiert ihn für einige Minuten. Dann spricht er über Funk mit der Zentrale, bzw. ich hoffe sehr, dass es die Taxizentrale ist. Wir fahren wieder los, genauso zügig wie vorher. Ich erkenne die Straßen mit den niedrigen Gebäuden von unserem Besuch am Nachmittag bei Chen Li Fan in der French Concession, also sollten wir jetzt zumindest im richtigen Teil der Stadt sein. Er fädelt sich geübt und zielsicher durch den dichten Verkehr, so dass ich mich zurücklehne, erleichtert durch die Aussicht auf Freiheit, die Sicherheit einer stadtgeübten Begleiterin und ein Glas Wein.

Wir halten abrupt, er zeigt auf das Taxameter und wiederholt immer denselben Satz, zweifellos die Forderung nach Geld. Ich hole ein paar Scheine heraus, ziehe meinen Anorak über und steige aus. Einen Moment lang fühle ich mich vollkommen desorientiert, doch das Geräusch des abfahrenden Taxis bringt mich zurück in die Wirklichkeit: Er hat mich genau zu der Stelle zurückgebracht, wo wir losgefahren sind, wo mich bereits der erste Fahrer abgesetzt hat. Ich stecke in einer verdammten Science-Fiction-Filmschleife!

Ich rufe wieder Christiane an und berichte frustriert von den Geschehnissen. Sie schlägt vor, dass ich beim Einstieg ins nächste Taxi sie anrufen und mit dem Fahrer sprechen lassen soll. Der Regen ist immer noch heftig, und die Taxis schießen alle vorbei wie Zugvögel im Sommer auf dem Weg nach Norden. Wenn ich hier viel länger stehenbleibe, wird einfach nur deshalb eine Polizeistreife anhalten, weil ich wie ein Vogel wirke, dem die richtigen Instinkte fehlen, ganz abgesehen davon, wie ich aussehe.

Der Regen beginnt bereits durch die Nähte meiner angeblich wasserdichten Jacke zu drücken, als endlich wieder ein Taxi anhält. Ich springe hinein, drücke dem Fahrer die Karte in die Hand, rufe Christiane an, während er sie studiert, und gebe ihm das Telefon. Er schreit halb hinein, dann folgt eine lange Pause, dann mehr lautes

Rufen. Er gibt mir das Telefon zurück, aber am anderen Ende der Leitung ist eine chinesische Stimme, also drücke ich auf den roten Knopf. Was ist in der Enoteca geschehen?

»Anfu Lu! Anfu Lu!«, schreie ich den Fahrer förmlich an, und wir setzen uns noch schneller in Bewegung als beim letzten Mal. Aber wird diese zusätzliche Geschwindigkeit mehr bewegen, als mich einfach nur schneller zurück an den Ausgangspunkt der Filmschleife zu bringen? Oder ist das die schnellste Route zu einem sehr unschicken, ungemütlichen und altmodischen Gefängnis, in dem bereits 29 chinesische Journalisten sitzen?

Durch den Regen, der die Windschutzscheiben hinunterströmt, blinken *Hanzi*-Neonzeichen und andere Lichter, wir kurven durch die French Concession, ich weiß nicht wohin, und werden plötzlich langsamer. Aber da ist ein Schild, ENOTECA, darunter ein großes Fenster, durch das ich Leute an Tischen mit Weinflaschen und Gläsern erkennen kann. Mir kommen beinahe die Tränen vor Erleichterung, als ich Christiane erkenne. Ich hab's geschafft, endlich frei, zumindest für ein Glas Wein oder zwei, wenn auch durchnässt.

Christiane ist mit drei deutschen Freunden hier, die aber nach einem freundlichen Hallo mit sich selbst beschäftigt scheinen. Ich bestelle eine Flasche 2007 Eno Terra Sauvignon blanc aus Chile, der angeblich nur zwölf Volumenprozent Alkohol hat, aber eher wie 13,5 Prozent schmeckt, ein prototypischer moderner Sauvignon, mit den üblichen Stachelbeer-, Gras- und Maracujanoten und erfrischender Säure. Er ist besser als irgendein altes Zeug, aber eigentlich ein »Orbital-Wein«, der auch aus Neuseeland, Südafrika und einer ganzen Reihe anderer Orte auf Planet Wein kommen könnte. Aber vielleicht ließe sich das auch über diese Weinbar sagen. Wie die Menschen in ihr wirkt sie kosmopolitisch, mit dem coolen westlichen Dekor und der coolen westlichen Diskomusik im Hintergrund könnten wir auch in New York, London oder Berlin sitzen. Allerdings wären die Weinpreise dann andere. Diese Flasche kostet ganze 155 Yuan, rund 15 Euro. Doch ich bin froh, überhaupt hier zu sitzen.

Eine Gruppe junger Chinesinnen am Nachbartisch erinnert mich an Japan, und obgleich ich noch nicht viele Hinweise darauf erkennen kann, dass sie sich in dieselbe Richtung entwickeln, habe ich in den letzten Monaten doch viel Interessantes in den Medien gefunden. Es scheint, dass immer mehr von ihnen Pole-Dancing-Unterricht nehmen. Vielleicht ist es eine besonders reizvolle Art, Muskeln zu trainieren, die man sonst nicht erreicht, aber auf dem Foto waren manche der junge Frauen beim Training nicht in Sportanzüge, sondern hohe Lacklederstiefel und spärliche hautenge Kostüme gekleidet. Erarbeiten sie sich die Grundlage für eine Zweitkarriere, oder wollen sie ihre Männer zu Hause unterhalten? Das ist entweder erniedrigend oder die ultimative Form der Emanzipation, abhängig von der weltanschaulichen Sichtweise.

Christiane sagt, sie geht in ein ganz normales Fitness-Studio namens Sport Box. Von meinem Zimmer im 31. Stock kann ich den Tennisplatz auf dem Dach des coolen Glaskastens sehen. Dann erzählt sie mir, wie sie hier zum Yoga gekommen ist.

»Vielleicht hatte ich Glück, aber mir wurde gesagt, dass ich an die erste und beste Yogaschule Shanghais geraten bin, Y+. Anfangs war das hier in der Stadt meine einzige Möglichkeit der Kommunikation. Ich werde nie meine erste Stunde mit einer chinesischen Lehrerin aus Hongkong vergessen. Nach 75 Minuten *Flow* war ich total fertig, und mir lief der Schweiß hinunter, aber ich fühlte mich vollkommen entspannt. Ich dachte, Oh Gott, was war das? Ich habe mich durchgekämpft und hatte viele gute internationale Lehrer, und jetzt ist Yoga ein wesentlicher Teil jedes Tages. Ich bin sogar ein bisschen süchtig danach. Es bringt mir Stärke und Frieden, ich akzeptiere mehr und bin flexibler im Kopf. Dadurch kann ich mich besser konzentrieren.«

Also muss ich mich bei ihren Yogalehrern bedanken, durch die sie heute in der Lage war, mir aus der Filmschleife zu helfen.

21. April 2008 Ich weiß nicht so richtig, was mehr zu meiner Erleichterung beiträgt: Es endlich nach Hongkong geschafft zu haben, so dass ich das unter falschen Angaben erworbene chinesische Visum nicht mehr brauche, nach zehn Stunden wonnigem Schlaf früh aufgestanden zu sein oder durch die bunten, umtriebigen Märkte in den Straßen des Mong-Kok-Distrikts zu joggen.

Gestern brauchte ich nahezu den ganzen schmerzhaft verkaterten Tag, um hierherzukommen. Die Taxifahrt vom Hotel zum »Zentral«bahnhof der Maglev-Bahn zum Flughafen Pudong dauerte 20 Minuten auf nahezu leeren Straßen bei kontinuierlichen 120 Stundenkilometern. Vor dem Kater hatte ich mich mit kindlicher Begeisterung auf diese Bahnfahrt gefreut, die sich dann allerdings als große Enttäuschung erwies. Sobald der Zug seine Spitzengeschwindigkeit von 431 Stundenkilometern erreicht hatte, musste er auch schon wieder abbremsen, um nicht über Pudong Airport hinauszuschießen und im Yangtze-Fluss zu landen. Die amerikanischen Touristen um mich herum waren alle enorm beeindruckt, doch mir erschien es wie technologische Selbstbefriedigung. Zumindest kam ich pünktlich um kurz nach neun zum Check-in-Schalter.

Dann kam die scheinbar endlose Warterei auf meinen Flug. Der Grund für die wachsende Verspätung war ein Taifun, der laut CCTV nur Hongkong betraf. Mein Eindruck war jedoch, dass sie ihn hinunterspielten, so wie sie alles verdrehen und verzerren, bis es in ihr verdammtes Möbiusband passt.

»Um die Jahrhundertwende wirkte die Kultur plötzlich erstickend, und Fundamentalisten schlugen vor, so gut wie alles Traditionelle über Bord zu werfen«, las ich in Peter Hesslers Meisterwerk »Oracle Bones« über das alte und neue China. Er sprach von der Zeit vor einem Jahrhundert, aber seine Worte schienen auf die gegenwärtige Situation in China perfekt zuzutreffen, und genau in diesem Moment wirkte die Flughafen-Kultur auf mich erstickend globalisiert. Ich saß in einem japanischen Café, umringt von jungen Russen und Briten in T-Shirts, Jeans und Turnschuhen, die Bier tranken. Ich bekam genug mit von ihren Gesprächen, um zu wissen, dass sie hier gearbeitet hatten und jetzt auf der Heimreise waren, die Taschen voller Geld.

Der Sturm beruhigte sich schließlich, und ich landete kurz vor vier Uhr nachmittags in Hongkong. Ich wusste, dass ich auf sicherem Boden war, als ich an einem Stand die internationalen Zeitungen sah, deren Fehlen in Pudong auffällig gewesen war. Bereits im Zug vom Flughafen zur Stadt begann ich einen Stapel davon zu verschlingen. Das einzige Problem war wieder einmal der Taxifahrer, als ich am Bahnhof von Kowloon, die größte Stadt der Sonderverwaltungszone Hongkong, zu meinem Hotel, dem Langham Place fahren wollte. Er beförderte mich zuerst zum Langham Hotel an der äußersten Südspitze der Canton Road. Glücklicherweise klärte ihn der Portier des Hotels auf Cantonesisch über seinen Irrtum auf, und wenige Minuten später waren wir in Mong Kok und beim richtigen Hotel. Als ich aufs Zimmer kam, entdeckte ich, dass es mit exakt den gleichen Steckdosen ausgestattet war wie das Haus meiner Mutter in London. Diese gegensätzlichen Beobachtungen schienen mehr über Hongkong auszusagen als alle Statistiken.

Ich jogge durch den Cherry Street Park, ein schmaler Streifen tropischen Grüns, der sich neben der Hauptstraße mit ihrem donnernden Verkehr entlanggeschlängelt und auf der anderen Seite von neuen Wohnhochhäusern bedrängt wird. Hier in Mong Kok ist es nicht schwierig sich vorzustellen, dass Hongkong mit durchschnittlich über 300 Menschen pro Hektar eine der am dichtesten besiedelten Städte der Welt ist. Das ist dreimal soviel wie in Tokio, fünfmal mehr als in Berlin oder London, zehnmal dichter als New York und ein Dreißigfaches von Houston/Texas. Entgegen gängigen Annahmen ist Hongkong jedoch beileibe keine ökologische Desasterzone. Der Energieverbrauch für den Warentransport ist hier mit fünf Gigajoule pro Person und Jahr sehr niedrig; in Tokio ist dieser Wert doppelt so hoch, in Berlin und London beträgt er das Dreifache, in New York das Neunfache und in Houston sage und schreibe das 75-Fache! Die Märkte, durch die ich auf dem Weg zu diesem schmalen Grünstreifen gelaufen bin, gehören zu einem überaus effizienten Versorgungssystem.

Es ist beinahe 30 °C, und die Luftfeuchtigkeit liegt bei nahezu

100 Prozent wegen des kürzlichen Regens, deshalb lasse ich es nach 20 Minuten gut sein. Außerdem will ich ins Stadtzentrum, um ein besseres Gefühl für diesen außergewöhnlichen Ort zu bekommen, an dem sich das rote kapitalistische China entwickelt hat. Als ich Kind war, war Hongkong exakt das, was Shenzen, Guangzhou und die anderen boomenden Großstädte um die Mündung des Hsikiang Flusses jetzt sind: die Fabrik der Welt. Damals stand »Made in Hongkong« auf jedem zweiten Plastikgegenstand. Heute werden z.B. 60 Prozent der Knöpfe der Welt in diesem Großraum produziert!

»Das ist das Problem mit diesen verdammten Mistkerlen: kaum dreht man ihnen den Rücken zu, bescheißen sie einen!«, platzt einer der Typen im Anzug neben mir am Tresen des *Sushi*-Restaurants im ersten Stock des International Financial Centre, bzw. des IFC Mall heraus.

»Wer?«, fragt sein Freund, der anscheinend so in seine eigenen Gedanken versunken war, dass er den ersten Teil der Tirade nicht mitbekommen hat.

»Die Vereinigten Staaten von Amerika, du Idiot!«, kommt die Antwort.

Ich bin nicht sicher, worum es eigentlich geht. Ich habe gerade ein paar Finanznachrichten auf einem Bloomberg-Ticker hier im IFC Mall gesehen, laut derer Google für weiteres Wachstum auf die chinesischen Mobiltelefonierer setzt, aber ich glaube nicht, dass die Google-Leute die Chinesen übers Ohr hauen wollen. Es gehören immer zwei zum Tango-Tanzen, wie wir in England sagen, und die Chinesen tanzen einen monströsen Finanz-Tanz mit den USA, der bedeutet, dass die beiden fest aneinander gebunden sind, was allerdings die Möglichkeit externer Störfaktoren mit potentiell desaströsen Folgen sowohl für die beiden als auch für die Weltwirtschaft nicht ausschließt.

Hier im Central District ist Chinas neuer Reichtum und das entsprechende Selbstbewusstsein überall zu erkennen, so wie der Umstand, dass Hongkong im Gegensatz zum neureichen Festland auf

Fundamenten aus altem Geld ruht. Aber hier sind auch Demonstrationen möglich, die dort unvorstellbar wären, am überraschendsten eine Falun-Gong-»Demo« am Battery Path direkt gegenüber Sir Norman Fosters HSBC-Bau sowie dem Legislature Building bzw. Regierungsgebäude und anderen Vermächtnissen aus der britischen Kolonialzeit am Statue Square. Sie glich ziemlich genau ähnlichen Aktionen, die ich in den Straßen von Manhattan beobachtet habe; Falun-Gong-Mitglieder meditieren im Schneidersitz auf dem Bürgersteig, neben sich Transparente mit Slogans. Die waren ziemlich direkt:

DER HIMMEL ZERSTÖRE C.C.P.
SAG NEIN ZUR CHINESISCH-KOMMUNISTISCHEN MANIPULATION

Dann betrat ich das Labyrinth von miteinander verbundenen Einkaufszentren zwischen Statue Square und den Central Ferry Piers, zu dem das IFC Mall gehört: Glas, Marmor, glänzendes Chrom, Fahrstühle und Fahrsteige, offene Cafés, in denen junge Geschäftsleute in Anzügen sitzen und Lavazza trinken, unendlich viele Hochglanz-Filialen französischer und italienischer Designermarken, Luxus-Essen und Weinläden. Wegen letzterer bin ich natürlich hergekommen. In Oliver's Delicatessen im Prince's Building stieß ich auf den ersten Hinweis auf Hongkongs Weinseele. Ein Aufsteller im Regal für einen ziemlich teuren roten Bordeaux verkündete:

0 % STEUER
100 % VERGNÜGEN

Die Erklärung lautet, dass der Finanzminister von Hongkong vor kurzem in dem Versuch, der Stadt die Schlüsselposition im ostasiatischen Weinmarkt zu verschaffen, sämtliche Weinsteuern abgeschafft hat. Das ist möglich, weil die Regierung der Sonderverwaltungszone Hongkong sämtliches Land besitzt mit der Ausnahme des Grundstücks, auf dem die weiße neogotische St. John's Cathedral zwischen den Türmen der großen Banken steht. Pachtzahlungen für die Grundstücke finanzieren dieses Niedrigsteuer-Paradies. »Ein Land, zwei Systeme« lautet die offizielle Beschreibung von Hongkongs Stellung in China, aber auf diesem Punkt gibt es nur ein chinesisches System.

Auf den ersten Blick wirkte das Weinangebot bei Oliver's auf selbstbewusste Art weltumspannend, und ich fragte mich, welche Rolle dabei die Konzentration an englischsprachigen Mitarbeitern in der hiesigen Finanzwelt spielte. Dann sah ich genauer hin, und mir wurde klar, dass die teureren Weine wesentlich herkömmlicherer Herkunft waren. Neben Wänden voll mit den Grand-Cru-Classé-Rotweinen aus Bordeaux gab es roten Burgunder, die Gaja Barbarescos, die Prestigecuvées der großen Champagnerhäuser und all die anderen üblichen Verdächtigen. Das Sortiment stimmte fast 1:1 mit den diesbezüglichen Anzeigen in der gestrigen und heutigen Ausgabe der »South China Morning Post« überein, Hongkongs unabhängiger und angesehener englischsprachiger Zeitung.

Als ich vor meiner Abreise über die Weinszene von Hongkong recherchiert habe, wurde immer wieder betont, dass die Hongkong-Chinesen ihren Landsleuten auf dem Festland in Sachen Wein weit voraus seien und mit ziemlicher Sicherheit wüssten, wie viel ein bestimmter Wein koste. Aus Gründen, die damit in keinerlei Zusammenhang standen, las ich zu der Zeit auch Oscar Wilde und stolperte über die Worte: »Der Zyniker weiß von allen Dingen den Preis und von keinem den Wert.«

Damals brachte ich das nicht so sehr mit China in Verbindung, sondern eher mit meinem Heimatland, das nach einem Jahrzehnt Blair-Boom einen ähnlichen Zustand erreicht hat wie den von Oscar Wilde ein Jahrhundert zuvor beschriebenen. Jetzt würde ich eher sagen, dass mein Heimatland an einem ähnlichen Punkt wie Hongkong angekommen ist. Genauso wie zu Hause scheint Wein hier in zwei Bereiche zu fallen, die aus der Sicht der Konsumenten so gut wie nichts miteinander zu tun haben. Auf der einen Seite gibt es die entspannte Kategorie von Weinen, die ganz offensichtlich zum Trinken gedacht sind, mit den kaufentscheidenden Faktoren, wie viel Geld zur Verfügung steht und dem persönlichen Geschmack. Auf der anderen Seite hingegen steht diesen Trinkweinen die Hierarchie der Statusweine gegenüber, bei der es um berechnende Zurschaustellung von sozialer Stellung, Reichtum oder zumindest »Expertenwissen« geht. Der Geschmack spielt dabei so gut wie keine Rolle.

Bordeaux ist das wichtigste Gebiet für diese Weine, was nicht unbedingt daran liegt, dass es bereits sehr früh in das Qualitätsweinspiel eingestiegen und auf der Welle des Kolonialismus im 19. Jahrhundert wie ein Surf-Champion geritten ist, sondern vielmehr auf den extrem hierarchischen Klassifizierungen der Bordeaux-Weine basiert, durch die sie sich perfekt für Statuszwecke eignen. Die kulturelle Logik geht sogar noch tiefer, denn Bordeaux ist eine ebenso streng hierarchische Gesellschaft wie die wichtigsten Absatzmärkte ihrer Statusweine. Es gibt einen direkten Zusammenhang zwischen dem Grad an gesellschaftlicher Schichtung in einem Weinanbaugebiet und der Rolle, die dieses am Weinmarkt spielt.

Weinkritiker wie Robert Parker mit seinem 100-Punkte-Bewertungssystem haben genau deshalb so enormen Einfluss auf den Handel mit Statusweinen gewonnen, weil ihre numerischen Bewertungen streng hierarchisch und auch für Menschen aus anderen Kulturen einfach zu verstehen sind.

Heute Abend setze ich meine Forschungen zur chinesischen Trinkweinkultur in den Weinbars des Soho-Distrikts fort. Ein amerikanischer Freund hat mir erzählt, »wenn du chinesische Yuppies beim Weintrinken erleben willst, musst du nach Lan Kwai Fong gehen.« Das ist anscheinend die coolste Ecke von Soho, das an den steilen Hängen gleich hinter diesem außerirdischen Einkaufs-Universum liegt.

In Lan Kwai Fong stieß ich auf eine interessante Mischung von chinesischen und westlichen Gestalten, Business und Freizeit, aber nicht eine Hand hielt ein Weinglas, so dass ich weiter durch die kurvigen, belebten Straßen von Soho wanderte zu einer Bar namens Di Vino an der Wyndham Street.

»Suchen Sie einen leichten trockenen Weißwein für mich aus«, sage ich zu dem Barmann, der mir daraufhin im Handumdrehen ein Glas Gavi di Gavi einschenkt. Das ist definitiv ein Trinkwein. Die Weinkarte ist voller nicht besonders origineller Trinkweine. Ich blicke mich um, sehe einen Tisch mit jungen Chinesinnen und mehrere westliche Paare beim Tête-à-tête, zahle und gehe.

Neben einer der überdachten Rolltreppen, die den Touristen das Erklimmen des steilen Hangs erleichtern soll, sehe ich die Bacar Weinbar, die mich anlockt, weil ich einen sehr netten Laden gleichen Namens in San Francisco kenne. Ich bestelle ein Glas Rioja, der ebenso unkompliziert die Kehle hinunterrinnt wie der Gavi di Gavi und ebenso wenig bemerkenswert ist.

Expat-Geschnatter dringt von den Tischen weiter hinten zu mir, wo sechs Frauen mittleren Alters mit einer Flasche Dr. Loosen Riesling von der Mosel sitzen. Ich bekomme mit, dass es sich anscheinend um Amerikaner handelt, die sich fernab der Heimat amüsieren. Da fällt mir auf, dass kein einziger Einheimischer in dem ganzen Laden ist. Vielleicht schreckt der Anblick so vieler berauschter *Lao Wai*, Langnasen, die Chinesen ab?

Elgin Street ist die Bar-Hochburg von Soho, aber was interessieren mich Läden wie Café du Paris oder O Sole Mio? Ich entscheide mich schließlich für Boca, wo das Licht etwas gedimmter ist und die Einrichtung schicker; House Music dröhnt in meine Ohren. Eine Mischung aus jungen Chinesen und Westlern beäugt mich, als ich mich an die Bar setze, von wo ich auch ein paar Inderinnen sehen kann, was mich daran erinnert, dass es hier schon unter britischer Herrschaft eine ansehnliche indische Bevölkerungsgruppe gab. »Es herrscht ein Gefühl der Hoffnungslosigkeit«, höre ich die junge Chinesin, die an dem Tisch, der der Bar am nächsten ist, mit einem nicht weniger modisch gekleideten jungen Chinesen sitzt und ihm tief in die Augen blickt. Dann gehen sie zum Kantonesischen über, so dass ich weder erfahre, ob die Hoffnungslosigkeit privat oder weiter verbreitet ist, noch ihre Ursache herausfinde. Sie trinkt einen blauen Cocktail, er ist beim Rotwein.

Die Auswahl glasweise angebotener Weine ist klein, aber ebenso originell, wie dieser Laden cool ist. Ich bestelle einen 2006 Riesling von Mud House aus Neuseeland, den Haus-Weißwein. Während ich den duftigen, saftigen Wein genieße, der keinesfalls trocken zu nennen ist, aber sehr ausgewogen schmeckt, fallen mir mehrere britische Typen auf, manche allein, manche zu zweit, die alle Bier trinken. Sie sehen alle aus, als ob sie auf irgendetwas warten, jemand Junges, Attraktives und Verfügbares. Es macht keinen Sinn, hier länger zu bleiben.

Als ich gehe, komme ich an einem jungen chinesischen Paar vorbei, die über ihre Gläser mit Mud House Riesling hinweg einen langen, hingabevollen Kuss austauschen, ohne ihre Umgebung wahrzunehmen; es ist das erste Mal, dass ich so etwas im Reich der Mitte sehe. Dann stolpere ich schier bei dem Versuch, nicht auf eine riesige Kakerlake zu treten. Ich glaube nicht, dass ich je ein so fettes Exemplar gesehen habe! Ich beuge mich hinunter, um es genauer in Augenschein zu nehmen, und da entdecke ich eine ganze Patrouille der Viecher, die aus einem Gully hochkommen und den Rinnstein entlang marschieren. Dann sehe ich eine zweite Reihe von Kakerlaken auf der anderen Straßenseite, die zielstrebig in eine andere Richtung marschieren. Ich nehme an, ihre Größe ist auf die tropischen Temperaturen und die reiche Beute zurückzuführen, die ihnen der Abfall all dieser gastronomischen Betriebe bietet.

Ein junges westliches Paar schlendert an mir vorbei, und er fragt sie auf deutsch: »Was macht Ihr Mann?«, »Wirtschaftsprüfer«, entgegnet sie. Ich kann Menschen und Kakerlaken in alle möglichen Richtungen folgen, aber wie lässt sich die Stellung begreifen, die der Wein in dieser multikulturellen Zone einnimmt? Ich habe das Gefühl, dass mir einige essentielle Teile in diesem verwirrenden Puzzle fehlen.

22. April 2008 »Viele unser chinesischen Gäste aus Hongkong trinken keinen Wein, aber genauso viel andere sehr wohl«, sagt mir Beverley Wood, die erfahrene australische Geschäftsführerin des

Restaurants Vivo in Soho, »nach meinen Beobachtungen würde ich sagen, dass sie tendentiell Süßes vorziehen. Zu uns kommen viele, die süße Cocktails zum Essen trinken; sie sind erst noch dabei, sich in dieser Richtung geschmacklich zu entwickeln.« Natürlich ist das alles von einem westlichen Standpunkt aus gesehen, aber es ist eine Beobachtung, nicht ein Urteil.

Mit der illuminierten Rückwand, einem komplexen Geflecht von sicher computererzeugten Mustern, durch die ein warmes gelbes Licht scheint, ist das Vivo der erste Laden, den ich erlebe, der ganz und gar modern und angesagt scheint. Er strahlt außerdem entspannte zeitgemäße Weinfreude aus, die den anderen fehlte. Ich bin einer von wenigen Westlern dort, aber auf jedem Tisch steht zumindest eine Weinflasche, und an dem langen Tisch neben mir baut eine Gruppe von Chinesen eine ganze Reihe von leeren Bollinger-Champagnerflaschen auf. Die energische Beverley und ihr Team haben den Service bestens im Griff.

Die Weinkarte ist wirklich weltumspannend und stammt ganz offensichtlich von jemandem, der sich auf Planet Wein auskennt und ein Auge für Ungewöhnliches hat. Ich bestelle ein Glas 2006 Spiegel Grüner Veltliner von Fred Loimer aus Langenlois/Österreich, dann einen Tempranillo, Rotwein von Abadia Retuerta aus dem Duero-Tal in Spanien. Selbst in Berlin sind das beileibe keine Allerweltsweine.

Beverley sagt, dieser Rotwein sei ihr Bestseller bei den glasweise angebotenen Weinen. »Es ist eine sehr breit gefächerte Weinkarte, weil wir beobachten, dass die Hongkong-Chinesen zwischen 30 und 50 sehr unterschiedliche Weine trinken«, fügt sie hinzu. »Sie probieren viel Neues, um herauszufinden, was ihnen gefällt.« Das klingt sehr positiv, wie die Grundlage einer neuen chinesischen Kultur des Weintrinkens, die sich aufs Festland ausweiten könnte, so wie es bereits vor dem britischen Rückzug 1997 mit Hongkongs Form des Urbanismus der Fall war.

»Es gibt jedoch ein Problem in diesem Teil der Stadt, weil viele der Restaurants im Besitz von Firmen sind, denen es vor allem um Gewinnmaximierung geht. Sie halten das Personal dazu an, Einheimische möglichst fernzuhalten, weil sie angeblich weniger Wein konsumieren.« Das erklärt, warum in vielen Bars gestern Abend der Anteil an Westlern viel höher war als im allgemeinen Straßenbild, während er hier in etwa gleich ist. Ich nehme an, dass diese ruppige Geschäftspolitik der Konkurrenz ein guter Teil des Vivo-Erfolgs bei den Hongkong-Chinesen ist.

Ich laufe wieder hinunter, durch Soho, wo die Straßen entweder vollkommen westlich oder durch und durch chinesisch sind, und die chinesischen entweder voller Märkte oder Massagesalons und Tempeln. Ich biege in die Hollywood Road ein, wo mir ein Schild ins Auge fällt: »FORCE 8 CELLARS Ltd – Erster Stock«.

Spontan steige ich die enge Treppe hinauf und komme in einen Verkaufsraum, in dem Weinregale voller Flaschen bis hinauf zur Decke mich stark an die traditionellen Weinhändler in London erinnern. Am Fenster steht jedoch eine rot gepolsterte Sitzgruppe, und ein tibetanisches Mandala hängt daneben an einem mit roter Seide bespannten Teil der Wand. Das wäre selbst im coolen Shanghai unvorstellbar.

»Hallo, kann ich Ihnen behilflich sein?«, fragt mich ein halbglatziger britischer Kerl etwa meines Alters in einem hellblauen Hemd mit offenem Kragen und einem goldenen Medaillon an einer Halskette. Er wirkt wie ein lebendes Fossil aus den 1970er-Jahren. Ich erkläre ihm, ich sei Journalist und recherchiere zum Thema Wein in China und würde wirklich gerne herausfinden, was die Entwicklung des Weinkonsums in Hongkong über die Weinzukunft des Festlands aussagt.

»Oh, eine Menge!«, entgegnet er gut gelaunt, offensichtlich erfreut, nach seiner Meinung gefragt zu werden. »Hongkong zeigt, was im restlichen China passieren wird. Bei der Übergabe von Hongkong 1997 durch die Briten an China erwarteten die etablierten Weinimporteure, dass der Markt einbrechen würde, aber das war nicht der Fall. Stattdessen legte er innerhalb von zwei Jahren um 100 Prozent zu!« Der Weinkonsum auf dem Festland ist in den letzten

Jahren ebenfalls stark gestiegen, allerdings von einem sehr niedrigen Ausgangspunkt. Die Frage ist, ob dieses Wachstum sich auf eine größere Gruppe von Konsumenten ausdehnen wird, oder sich als Blase erweist, die platzt, weil die Konsumenten zu anderen, modischen Getränken wechseln.

Er stellt sich mir als Andrew Manktelow vor, Verkaufsleiter, und ich frage ihn nach den speziellen Problemen, mit denen sich ein Weinhändler in Hongkong konfrontiert sieht.

»Das Kombinieren von Essen und Wein ist sehr interessant, aber auch sehr kompliziert. Die Küchen nahezu aller Länder der Welt sind hier in einem Umkreis von zehn Minuten Spaziergang vertreten, dann gibt es Chinesisches aus all den verschiedenen Provinzen … Ich meine, es ist zum Beispiel nicht so einfach, Wein mit Dim sum zu kombinieren, mit all diesen unterschiedlichen Gerichten.«

»Was verkauft sich gut?«, frage ich etwas dümmlich, aber ich möchte hören, wie er diese Frage beantwortet.

»Französischer Wein hat immer noch die Nase vorn, und alles mit Bordeaux auf dem Etikett verkauft sich zuverlässig, am einfachsten die großen Namen. Aber Chile und Argentinien laufen jetzt auch gut. Der Markt von Hongkong lässt sich durch Schulungen sehr gut beeinflussen. Vor zwei Jahren war der Absatz von Elsässer Weinen sehr schwierig, aber dann organisierten die Erzeuger eine Reihe von Veranstaltungen und Schulungen, und jetzt verkaufen sich ihre Weine.« Darauf wäre ich nie gekommen, nach dem, was ich in den Weinläden gesehen habe, es scheint ganz anders zu funktionieren als in den Restaurants und Bars. Merkwürdigerweise ist das auch in Amerika der Fall.

Ich beschließe, ihm eine Frage zu stellen, die mir seit meiner Ankunft im Reich der Mitte durch den Kopf geht: »Was wäre die ideale Ausstattung für einen Wein, der für den chinesischen Markt bestimmt ist?«

»Ein rot-goldenes Etikett mit einem offenen Tor darauf«, entgegnet er ohne nachzudenken. Interessanterweise habe ich bis jetzt kein Etikett gesehen, das auch nur entfernt so ausgesehen hätte. Aber vielleicht ist das nicht merkwürdiger als die Diskriminierungspolitik der chinesischen Restaurantbesitzer gegen ihre eigenen Landsleute? Doch jetzt bleibt mir gerade genug Zeit, um zurück zum Hotel zu gehen und mich fürs Abendessen mit Judy Leisner im Restaurant Lumière umzuziehen. Das bedeutet, dass ich wieder in das IFC Mall muss ...

»Das Verrückte an Shanxi ist, dass es einst sehr gut erschlossen war. Alle bedeutenden chinesischen Banken saßen in Shanxi, aber als die letzte Dynastie unterging, kamen die ausländischen Banken, und die einheimischen funktionierten nicht mehr. Dann drückte die Zentralregierung den Kohlepreis, und dadurch verarmte Shanxi. Aber jetzt ist der Kohlepreis in die Höhe geschossen, und es gibt dort wieder einige sehr reiche Leute.« Die modische und dynamische Chinesin erzählt das alles, als handle es sich um Allgemeinwissen. Ich habe von Judy Leisner keine Lektion in Wirtschaftsgeschichte erwartet, aber es kommt mir sehr gelegen; wie hätte ich das sonst herausfinden sollen?

»Als ich vor sieben Jahren in dem Weingut begann, war ich erst 23«, fährt sie fort, ohne dass ich sie dazu ermuntern müsste, »und in China spielt das Alter eine große Rolle. Sie haben mich angeschaut und gesagt, ›wer ist die Kleine?‹ Also habe ich mich entsprechend gekleidet, um älter zu wirken, aber erst in den letzten Jahren läuft es richtig. Jetzt arbeiten die richtigen Leute für uns, wir wissen, wie wir die Bauern besser kontrollieren, und auch mehr über Boden und Klima.« Dieser Stolz, die Qualität gesteigert zu haben, scheint anzudeuten, dass ihr erster Antrieb für die Tätigkeit bei Grace Vineyard darin zu suchen ist, dass sie sich selbst beweisen will.

»Ich hatte den Eindruck, dass die Qualität Ihrer Weine in den letzten Jahren einen deutlichen Sprung nach oben gemacht hat. Hat sich die Marktdurchdringung für Sie ähnlich entwickelt?«, frage ich vorsichtig, weil ich herausfinden möchte, wie die Reaktion auf die neuen Weine von Grace ist.

»Das Problem ist nicht die Qualität, es ist eine Frage des Gesichts«, erwidert sie, und zum ersten Mal schwingt Frustration in ihrer ansonsten selbstsicheren und optimistischen Stimme. »Wein ist einfach ein Teil vom Geschäft. Das Ziel ist, die Kunden zu beeindrucken. Deshalb muss man Haifischflossen und Abalone ordern, und deshalb ist die Marke beim Wein so wichtig. In diesem Kontext lautet die Frage für ein Weingut mit einer Produktion von einer halben Million Flaschen im Jahr, wie setzt man sich erfolgreich gegen einen Konkurrenten mit 150 Millionen Flaschen durch?«

Sie hätte die Schwierigkeiten ihrer Aufgabe und die Hindernisse, die ihr ihre eigene Kultur auf dem Weg zum Erfolg stellt, nicht offener darstellen können. Durch ihre Direktheit mir gegenüber hat sie die chinesische Grundhaltung des Gesichtbewahrens über Bord geworfen, was andeutet, dass sie mit einem hochhackig beschuhten Fuß außerhalb ihrer Kultur zu stehen scheint.

»Konsumenten-Aufklärung?«, erkundige ich mich.

»Weibliche Büro-Angestellte gehen zu Weinschulungen, und auch Leute, die erst vor kurzem zu Geld gekommen sind … in allen unseren Läden haben wir einen gemütlichen Verkostungsraum, wo uns die Atmosphäre wichtig ist.« Das klingt wie eine behutsame Art, Konsumenten den Eindruck zu vermitteln, dass sie dabei sind, etwas Cooles, Exklusives zu entdecken, von dem andere nichts wissen. Schließlich hat meine Gastgeberin Psychologie studiert. Auch dieses Restaurant als Kulisse für unser Treffen ist sicher nicht zufällig gewählt; ich bin froh, dass ich mich in meine besten Klamotten geschmissen habe. Das chinesische Essen ist sehr raffiniert, wird aber, um ehrlich zu sein, vom Prunk dieses Gastro-Palastes ein wenig in den Schatten gestellt. Und wenn ich mich umdrehe, ist dort das wahrhaft atemberaubende Panorama der Skyline von Kowloon.

Sie fragt, ob ich ein Dessert möchte, aber als ich die Karte anschaue, fällt mir auf, dass ich auf dieser Reise noch gar keinen hochwertigen chinesischen Tee getrunken habe, und ich bestelle einen sauteuren Oolong.

»Wie wird es Ihrer Meinung um den chinesischen Wein in fünf

Jahren bestellt sein?«, frage ich, als der Kellner den Tee aus einer kleinen, erlesenen Porzellan-Kanne eingießt, wie ich sie noch nie gesehen habe. Die henkellose Tasse ähnelt einer Mini-Reisschale.

»Ich denke, es wird mehr gute Weine geben, und aus viel mehr Provinzen Chinas … aber ich werde dann sicher noch dickköpfiger sein«, sagt sie und geht damit unvermutet zu einer Art der Ironie über, die mich sehr an die amerikanische Ostküste erinnert.

»Wie ist es mit chinesischem Spitzenwein?«, frage ich weiter.

»Für Spitzenwein braucht man Spitzenleute, aber lassen Sie uns zuerst zum guten Wein kommen«, antwortet sie und klingt dabei sehr dickköpfig. Ich vermute, dass sie mit Spitzenleuten ein dementsprechendes Team im Weingut meint, aber auch andeuten will, dass dazu Spitzenwein-Konsumenten gehören, die Qualität erkennen können. Sie hat zuvor darüber gesprochen, wie begrenzt die Rolle noch immer ist, die der Weingeschmack gegenwärtig in China spielt. Das Wichtigste könnte jetzt erst einmal sein, mehr guten Trinkwein zu erzeugen und mehr Anerkennung hier und auf Planet Wein dafür zu bekommen. Aber sie hat auch davon gesprochen, dass ihr Ziel darin liegt, in fünf Jahren in Sachen Qualität ganz oben zu stehen.

Ich nehme einen Schluck Tee, und es trifft mich wie ein Blitzschlag aus heiterem Himmel. Der Tee ist nicht nur sehr aromatisch, sondern strotzt auch förmlich vor Gerbstoff. Als ich mit Marcus Ford gesprochen habe, habe ich mich gewundert, warum er die Empfindlichkeit des chinesischen Gaumens auf hohe Säure und Alkoholgehalt erwähnt hat, aber nicht von Gerbstoffen gesprochen hat. Was ich gerade auf der Zunge spüre, ist genau die Art von Gerbstoffen wie in den Premiers Grands Crus im Bordeaux. Am vordergründigsten sind sie bei Château Lafite, dem schlankesten der Elitegruppe; er hat am wenigisten Körper, um die Gerbstoffe auszugleichen. Ist das, neben dem Preis und dem Ruf, der andere wichtige Grund, warum das das chinesische Wein-Ideal ist?

»Wein ist nicht einfach nur ein Produkt, und wenn man nicht ein bisschen verrückt ist, dann ist er einfach nur quadratisch, praktisch, gut!«, sagt sie schließlich mit Nachdruck, als wir am Gehen sind. Und sie hat verdammt recht. Mit diesem Feuer, ihrer Entschlossenheit und Intelligenz wird sie ihr Ziel erreichen, wenn sich der chinesische Weinmarkt als Ganzes weiter entwickelt.

DAS EINSTIGE WEINREICH DES BÖSEN I
Eine kurze Einführung in die Welt der nachkommunistischen Weine

4. Juli 2006 Als ich die Vorhänge zur Seite schiebe, leuchten mir die bunten »Zwiebeln« der Basilius-Kathedrale und die gewaltigen roten Mauern des Kremls in der Spätnachmittagssonne entgegen. Es ist ein merkwürdiges Gefühl, dieses Bild, das mir seit meiner Kindheit vom Fernsehschirm, aus Büchern und Zeitschriften vertraut ist, plötzlich vom Fenster unseres Hotels zu sehen. Der Kreml wirkt wesentlich imposanter, als ich ihn mir vorgestellt habe. Armes Berlin, und auch Paris oder London haben nichts zu bieten, das mit dieser Monumentalität mithalten könnte. Meine Frau und ich sind erst vor wenigen Stunden in der ehemaligen Hauptstadt der Sowjetunion gelandet, aber uns ist bereits klar, dass hier vieles ganz anders ist als im kuscheligen, selbstgefälligen Westeuropa.

»Verlier dein Gepäck nicht, verlier deine Frau nicht, und verlier dich selbst nicht!«, hat mich meine Russischlehrerin Nadja vor unserem Abflug heute Morgen nach Moskau gewarnt. Ihre Worte schienen anzudeuten, dass es etwas riskant sei, diese Reise mit den wenigen Russischkenntnissen anzutreten, die ich mir in dem zweiwöchigen Crashkurs angeeignet habe. Oder meinte sie, dass alle britischen Besucher verdächtig seien, seit Ende Januar vier britische Diplomaten in Moskau der Spionage beschuldigt wurden? Anscheinend hatten sie sich – ganz im Stil von James Bond inklusive Tony Blairs »no comment« im House of Commons – eines als melonengroßem Stein getarnten elektronischen Geräts bedient, um geheime Daten zu sammeln. Wie auch immer, ich hatte beschlossen, Nadjas Ermahnung ernst zu nehmen. Abgesehen von einigen Kleidungsstücken ist nichts von Wert in meinem Koffer, meine Frau Ursula ist zäh und lässt sich nichts gefallen, und ich bin daran gewöhnt, die Augen aufzuhalten und meine Umgebung sorgfältig zu beobachten. Das ist der erste Grundsatz eines guten Journalisten.

Vom Domodedowo-Flughafen war es eine Stunde Autofahrt zum Hotel Baltschug Kempinski, an grünen Feldern und schicken neuen Luxus-Datschen vorbei, durch ordentliche moderne Vorstadtviertel bis ins bestens restaurierte Stadtzentrum. Als wir auf halbem Wege eine Minute an einer Ampel standen, dachte ich plötzlich daran, wie noch vor 25 Jahren die gesamte Batterie an strategischen Nuklearwaffen meines Heimatlands auf diese großartige Stadt gerichtet war. Damals bestand das britische Konzept der Abschreckung in der Drohung, im Ernstfall alles Verfügbare – 16 Trident-Raketen mit jeweils zwei Wasserstoffbomben – auf diese Zehnmillionen-Stadt abzufeuern. Natürlich drohten die Sowjets ihrerseits damit, meine Heimat in Schutt und Asche zu legen, da sie genauso chronisch paranoid waren. Die Historiker sind sich heute einig, dass keiner der kalten Krieger tatsächlich die Absicht hatte, den anderen je anzugreifen, aber es gruselt mich immer noch, wenn ich daran denke, dass die Sowjets während der Able-Archer-Militärübungen der NATO vom 2. bis 11. November 1983 ernsthaft besorgt waren, Großbritannien und Amerika würden einen nuklearen Angriff vorbereiten.

Als wir zum Empfangstresen unseres Hotels kamen, hatte ich plötzlich Zweifel. Was tue ich hier in Moskau? Wo ist hier die Wein-Story? Die Tatsache, dass die Sowjetunion bis zu dem Zeitpunkt, als Gorbatschow 1985 seine Anti-Alkoholkampagne startete, der viertgrößte Weinproduzent der Welt war, wurde, als die Sowjetunion sich vor 15 Jahren auflöste, zu einer wertlosen Information. Noch schlimmer ist, dass mir bis jetzt wirklich kein einziger Wein aus den Ländern der ehemaligen Sowjetunion »Schreib meine Story!« zugeflüstert hat. Die Empfangschefin händigte Ursula lächelnd die Schlüssel für das Zimmer Nummer 307 aus, und ich fand mich damit ab, dass dieser zeit- und geldaufwendige Trip vielleicht vollkommen sinnlos war.

»Stattlich«, bemerkte meine Frau, als wir die Tür der Nummer 307 öffneten.

»Ideal für Menschen mit ausgeprägtem Sinn für ihre eigene Wichtigkeit, die noch dazu gerne daran erinnert werden«, entgegnete ich.

Das Bett ist riesig, und trotzdem ist noch genug Platz, um daneben eine Luxus-Limousine zu parken. Die Einrichtung ist prachtvoll, konservativ und sehr bemüht, niemandem auf die ästhetischen Füße zu treten, der sich den vollen Hochsaison-Wochentagspreis dieses halben Ballsaals leisten kann.

Dann sah ich die Weinflaschen. Sie standen auf einem überdimensionierten Couchtisch, der den Mittelpunkt einer roten plüschigen Sofagruppe bildete. Der Rotwein sah aufgrund der Flaschenform und der roten Kapsel wie ein Bordeaux aus, während von dem weißen nur die grüne Kapsel zu erkennen war, weil er in einem Eiskühler steckte. Ich ging hinüber und zog die Flasche heraus, um das Etikett zu begutachten: Château Le Grand Vostock. Der Rotwein stammte ebenfalls von diesem Schloss – dann fiel mir derselbe Name in kleinen kyrillischen Lettern ins Auge: Шато Ле Гран Восток

Abgesehen davon sahen sie wie roter und weißer Bordeaux aus, bis hin zu den Etiketten, die das Schloss als *depuis* 2003, seit 2003 existierend priesen. Die Rücken-Etiketten schienen voll mit Information, aber mein Russisch ist nicht gut genug, um mehr als ein paar Worte davon zu entziffern, und ich bin noch nicht einmal sicher, ob es sich tatsächlich um echte russische Weine handelte. Vielleicht stammen sie aus einem anderen Mitgliedstaat der ehemaligen UdSSR. Die Lösung dieses Rätsels wird jedoch gleich bei uns auf einem der roten Sofas sitzen: die Moskauer Freundin meiner Frau, ein Multitalent namens Margarita. Sie ist nicht nur ein Sprachgenie, sondern hat auch immer etwas Spannendes zu erzählen und hat dazu versprochen, uns ihre Stadt zu zeigen. Also werde ich in den nächsten Tagen zumindest einiges über Moskau erfahren.

Als ich eben meine Reisetasche auf dem beeindruckend wirkenden Schreibtisch ausgepackt habe, fand ich dort einen Brief vom Hotelmanagement an die »lieben Gäste«. Darin wird erklärt, dass aufgrund einer vor vier Tagen in Kraft getretenen Gesetzesänderung bezüglich importierter alkoholischer Getränke keine Erzeugnisse mit alten Steuermarken mehr in Umlauf gebracht werden dürften und daher das Angebot an Alkoholika im Hotel eingeschränkt sei, bis Nachlieferungen mit neuen Steuermarken einträfen. »Wir bitten Sie, alle damit verbundenen Unannehmlichkeiten zu entschuldigen.« Der Gegensatz zwischen dieser Mitteilung und dem Weingeschenk war auffallend, ließe sich aber möglicherweise damit erklären, dass inländische russische Produkte eine Sonderstellung genießen.

In den Unterlagen, die ich mitgebracht habe, ist auch ein Artikel über diese Situation, den ich vor ein paar Tagen aus der »International Herald Tribune« ausgeschnitten habe. Obwohl die Schlagzeile von einem Versorgungsproblem für russische Trinker spricht, war ich davon ausgegangen, dass es sich um eine der üblichen Geschichten zum Thema »die armen hier lebenden Amerikaner und Westeuropäer müssen ohne ihr Lieblingsgesöff auskommen« handelte. Auf den ersten Blick war mir nur ins Auge gefallen, dass 2005 Alkohol im Wert von insgesamt 1,2 Milliarden US-Dollar nach Russland importiert wurde – mehr als doppelt soviel wie 2003! – und dass Russland im Frühling dieses Jahres ein Importverbot für Weine aus den beiden ehemaligen sowjetischen Republiken Georgien und Moldawien verhängt hat. Werden wir uns während unserer Tage in Moskau auf russischen Wein beschränken müssen, weil es nichts anderes in den Regalen und auf den Weinkarten gibt? Ich muss diesen Artikel schleunigst ganz genau lesen.

Da klopft es, und Margarita erscheint, wie gewohnt aufgedreht, exzentrisch und leicht erhitzt, aber dahinter verbirgt sich ein scharfer analytischer Verstand. Ich bitte sie ohne Umschweife um ihre Hilfe bei den Rückenetiketten und schlage vor, dabei den Weißwein zu öffnen.

»Perfekt!«, sagt sie begeistert, also ziehe ich den Korken. Wir sind alle von dem Wein angenehm überrascht, uns aber auch einig, dass er ohne den Anflug von zweifellos eichenfassbedingter Vanille noch besser wäre. Ansonsten ist er aber weder zu schwer noch zu leicht, erinnert im Duft an Birnen und Zitrusfrüchte, wirkt geschmeidig und doch frisch im Nachhall – es ist bei weitem der beste russische Wein, den ich bis jetzt probiert habe. Aber stammt er wirklich aus Russland?

»Le Grand Vostock bedeutet der große Osten, und das Schloss liegt in der Nähe des Schwarzen Meers, in dem Gebiet von Krasnodarsk. Das ist zwischen der Krim und dem Kaukasus und gehört zu Russland«, erklärt Margarita, und dann übersetzt sie das Etikett: »›Château Le Grand Vostock ist die erste russische Weinfabrik, die hochwertige Weine nach französischen Weinbaumaßstäben erzeugt‹ – das ist interessant, dass sie sich an Frankreich orientieren, aber trotzdem noch ›Weinfabrik‹ statt Weinkeller schreiben! – der Architekt war ein Franzose namens Philippe Mazières, die Ausstattung ist komplett aus Europa und der Kellermeister aus Bordeaux. Sie haben 500 Hektar alte Weinberge und 2003 35 Hektar neu angelegt. Das Klima ist warm mit Temperaturen über 10 °C an 200 Tagen im Jahr.« Das ist die Temperatur, an dem die Rebe aktiv wird und die Photosynthese einsetzt, ein konstanter Wert überall auf Planet Wein. Blinde Anhängerschaft für den französischen Wein, oft bis zur Imitation kleinster Details, scheint in Ländern mit neuen Weinambitionen ebenfalls eine Konstante zu sein. Manchmal könnte ich schreien.

Doch jetzt müssen wir an das Abendessen im Restaurant Godunov denken und heben deshalb den Rotwein für eine andere Gelegenheit auf. Margarita sagt, es sei nur ein kurzer Spaziergang, aber um unseren Tisch nicht zu riskieren, müssten wir sofort gehen. Als wir den Fluss Moskva überqueren, der zwischen dem Hotel und dem Roten Platz fließt und nach dem die Stadt benannt ist, sehen wir rechts eine Menge Kräne auf einer großen Baustelle. Auf dem Wellblechzaun lese ich die Worte Отель Россия, Hotel Russia.

»Hotel Moskau haben sie 2004 abgerissen und jetzt reißen sie Russland ab«, kommentiert Margarita, und ihre Stimme trieft dabei förmlich vor Ironie. Wir gehen über das weitläufige Kopfsteinpflaster des Roten Platzes, und der Kontrast zwischen dem Kreml und dem futuristisch anmutenden, von Art Deco geprägten Lenin-Grabmal auf der einen Seite und dem Kaufhaus GUM auf der anderen, das wie ein riesiges Loireschloss aussieht, könnte kaum größer sein. Wir laufen unter einem Torbogen zwischen zwei alten Gebäuden hindurch, bei denen es sich, wie Margarita erklärt, um das Geschichtsmuseum und das Zentralmuseum handelt. »Den Bogen haben sie erst vor einigen Jahren wieder aufgebaut. Während des kalten Kriegs wurde er abgerissen, damit sie diese ganzen Nuklearraketen für die Erste-Mai-Paraden auf den Roten Platz fahren konnten.« Wir überqueren den Revolutionsplatz, der kaum weniger beeindruckend ist als sein roter Bruder, und gehen in ein Gebäude hinter einem gut erhaltenen Teil der alten Stadtmauer.

»Frikadellen sind in Russland sehr beliebt«, erklärt Margarita mit der ihr eigenen Begeisterung, nachdem man uns einen Ecktisch in einem Raum mit hoher Gewölbedecke zugewiesen hat, der wirkt, als seien wir ins 17. Jahrhundert gebeamt worden. »Ich empfehle die Bären-Frikadellen.«

Ich stimme ihr sofort zu, was sie als generelle Akzeptanz alles Russischen interpretiert, inklusive Wodka und einem mysteriösen Getränk namens Квас, Kwas. Sie sagt, Kwas wird aus vergorenem Roggenbrot gemacht und sei nur schwach alkoholisch, und ich bin sehr erleichtert, als sie fortfährt: »Und dazu zwei Gläser Wodka, nur zum Probieren.« Ich hatte eine Wodka-Orgie befürchtet …

Der »reine« Wodka von Кристал, der Destillerie Kristall, schmeckt so weich und süßlich wie alle guten Wodkas. Er passt wunderbar zu den eingelegten Pilzen, die Margarita als Vorspeise bestellt hat. Überraschend sind jedoch die Gläser, in denen beide Wodkas serviert werden – sie ähneln geschliffenen Schaumweingläsern im Stil des 19. Jahrhunderts – und die Temperatur: kühl, aber nicht eisig. Ursula ist hin und weg von dem Meerettich-Wodka, und als sie mir das Glas reicht, verstehe ich warum: Würze und Schärfe der Wurzeln drängen den Alkohol geschmacklich vollkommen in den Hintergrund. Das Zeug trinkt sich gefährlich gut! Der Kwas hingegen, in braunen Keramikkrügen serviert, schmeckt leicht rauchig und ist trotz geringer Säure erfrischend.

Die Bärenfrikadellen werden nicht nur von Bratkartoffeln, Salat und Preiselbeeren begleitet, sondern auch von einer Sängerin und zwei Musikanten, alle drei in traditionellen Kostümen. Ihre Volksmusik ist alles andere als diskret, während mich die Bärenfrikadellen ein wenig an Elch erinnern, aber saftiger in der Konsistenz sind, bei weitem die leckersten Frikadellen, die ich seit langem gegessen habe.

Ich bin noch damit beschäftigt, als mir auffällt, dass mehrere Tische um uns herum roten Château Le Grand Vostock trinken.

»Vielleicht geht es bei dem Importverbot für georgische und moldawische Weine und der abrupten Einführung dieser neuen Steuermarken ja eigentlich darum, den Absatz russischer Weine zu fördern?«, überlege ich laut.

»Sei nicht so negativ!«, rügt mich meine Frau, und mir wird klar, dass ich überhaupt nicht bedacht habe, dass diese Aussage hier in der Öffentlichkeit als scharfe Kritik am Kreml und an Putin ausgelegt werden könnte.

»Ich habe nur versucht, zwei und zwei zusammenzuzählen«, protestiere ich und spüre, wie plötzlich aus unerklärlichen Gründen latente Aggressivität in mir aufsteigt. Eigentlich war es nur eine Vermutung, und ich habe keine Ahnung, ob dieses Zusammenzählen überhaupt Sinn macht. Vielleicht würde sich dieser Wein hier ohne das Importverbot und die Probleme mit den Steuermarken genauso gut verkaufen. Vielleicht bietet er für 30 Euro in einem Restaurant wie diesem ein gutes Preis-Leistungs-Verhältnis und steht außerdem für Heimatliebe? Nadja hat mir gesagt, dass das Importverbot mit der Flut an gefälschten georgischen und moldawischen Weinen zusammenhänge, die den russischen Markt überschwemmten und teilweise giftige Stoffe wie Insektizide enthielten. Das klang plausibel, aber vielleicht wiederholte sie nur ganz brav patriotisch russische Propaganda?

Zumindest muss ich den Wein probieren und mehr darüber herausfinden, während wir in Moskau sind. Sehr hilfreich, dass wir diese Flasche auf unserem stattlichen Zimmer haben, und ein paar Weinläden zu besuchen sollte auch möglich sein. Auf unserem Programm stehen sowieso eine ganze Reihe von Restaurants, und Margarita weiß ziemlich genau, was sich am unteren und oberen Ende der russischen Gastroszene abspielt. Dann noch die Medien nach den letzten Neuigkeiten zum Importverbot durchforsten und die verschiedenen Seiten dieser Auseinandersetzung näher untersuchen, und am Ende sollten zwei und zwei zusammen schon mehr Sinn ergeben. Das ist jetzt mein Plan.

5. Juli 2006 Für die Moskauer Arbeiter ist es Mittagszeit, für uns jedoch ist erst mal Frühstück angesagt, weil wir in unserem Riesenbett ziemlich lange ausgeschlafen haben. Wir sitzen in einem der coolen Кофемания, Coffeemania, einer kleinen Kette von sehr schicken und ziemlich teuren Coffeeshops. Hier am Kusnetzky Boulevard sind die Wände mit extrem vergrößerten Comic-Zeichnungen verziert. Ich habe gerade die »International Herald Tribune« aufgeschlagen, und als ich umblättere, verschlucke ich mich beinahe an meinem Kaffee: »USA wirbt um Dorn in Russlands Augen. Georgiens strategischer Wert sorgt für Aufmerksamkeit«.

Normalerweise muss ich einen Artikel sehr sorgfältig lesen, um die wichtigsten Punkte zu erkennen, aber hier fällt mir sofort das Wort »Wein« ins Auge. Der Artikel erklärt, dass es sich dabei nur um einen von zahlreichen Konflikten zwischen Georgien und Russland handelt: Die Konfrontation zwischen den beiden Ländern erreichte einen neuen Höhepunkt in diesem Frühjahr, als Russland für zwei der bedeutendsten und beliebtesten Importgüter aus Georgien ein Verbot erließ, Wein und Mineralwasser. Russland behauptet, die Produkte genügten den grundlegenden Hygienestandards nicht; Saakaschwili nannte das Verbot »ein Wirtschaftsembargo«.

Ich erinnere mich, wie der Sonnyboy Michail Saakaschwili im Januar 2004 nach der Rosenrevolution Präsident wurde, die Eduard Schevardnadse, den alternden Helden der Entspannung und atomaren Abrüstung zu einer abrupten Flucht durch die Hintertür der Kaukasus-Republik zwang. Durch sein amerikanisches Jurastudium wirkte Saakaschwili wie der Inbegriff der Modernität und schien ein Prophet der Demokratie in einem Land, das mit diesen Werten nicht gerade üppig ausgestattet ist, während wir sie als derart selbstverständlich betrachten, dass uns gar nicht auffällt, wenn sie vor unseren Augen zu Hause untergraben werden.

Der Artikel in der »Herald Tribune« beginnt mit der Nachricht, dass Saakaschwili heute George W. Bush im Weißen Haus treffen wird, was zehn Tage vor dem G-8-Gipfel bei Putin in St. Petersburg wie eine bewusste Provokation beider Seiten scheint. Der junge Georgier wird mit den Worten zitiert, er hoffe, der Gipfel sei »ein Mittel zur Lösung der Dinge«. Aber was genau sind diese »Dinge«? Nur die russischen Importverbote für georgischen Wein und Mineralwasser? Das glaube ich nie im Leben.

In dem Artikel kommt der von Saakaschwili bei seiner Antrittsrede verkündete Wunsch Georgiens, der NATO beizutreten, ebenso deutlich zum Ausdruck wie der vehemente Widerstand Russlands diesbezüglich. Sabine Freizer, Leiterin des Kaukasus-Projekts der Internationalen Krisengruppe mit Sitz in Brüssel, wird zitiert, Russland »verbinde die NATO-Erweiterung mit der Stationierung von US-Stützpunkten im Gebiet und betrachte dies als Bedrohung ihrer Sicherheit«. Es ist Russlands alte Angst vor dem Eingekreistwerden, aber wenn man bedenkt, wie die USA bis zur Kuba-Krise häufig atomar bewaffnete Kampfflugzeuge direkt bis zum und gelegentlich bis in den russischen Luftraum hinein fliegen ließ, dann sieht es gar nicht mehr so paranoid aus. Die abtrünnigen georgischen Provinzen Südossetien und Abchasien, die von Russland unterstützt, aber nicht als unabhängig anerkannt werden, sind zweifellos auch eines der »Dinge«, die zu lösen Saakaschwili in seiner Antrittsrede versprochen hat. »Was wir in Südossetien beobachten, nennt man Annektierung«, hat er anscheinend gesagt, was eine weitere Provokation im Kontext dieses rasch eskalierenden Konflikts darstellt.

Je mehr ich lese, umso komplexer scheint die ganze Situation zu sein, weil auf der amerikanischen Seite Öl und Gas aus dem Kaspischen Meer ganz offenbar eine wichtige Rolle spielen. Im Mai hat British Petroleum begonnen, mittels der BTC-Pipeline Öl aus Baku in Aserbaidschan über Tbilisi nach Ceyhan an der türkischen Mittelmeerküste zu pumpen; ganz zufällig ist dies eine der größten Ölleitungen der gesamten Welt.

Während des größten Teils des 19. Jahrhunderts stritten Russland und das britische Empire um die Vorherrschaft in Zentralasien im sogenannten »Großen Spiel«, mit Großbritannien als dem klaren Verlierer, da es meinen Landsleuten erst nach drei Kriegen 1919 halbwegs gelang, das Schlüsselgebiet Afghanistan unter ihre Kontrolle zu bringen. Die Spieler in dem neuen Kampf um Zentralasien, Russland und Amerika, sind eher an Bodenschätzen interessiert als an Gebietshoheiten. Es ist verlockend, Georgien einfach nur als Bauer in diesem diplomatischen Schachspiel darzustellen, aber passt diese Rolle wirklich zu der ehemaligen Sowjetrepublik?

Ich nehme noch einen Schluck von dem hervorragenden Kaffee und lese das Ende des Artikels, in dem nochmals Saakaschwili zitiert wird: Das russische Wein-Importverbot würde »Georgiens Wirtschaft nicht ruinieren … alles, was einen nicht tötet, macht einen nur noch stärker.« Aber was bedeuten diese Worte wirklich? Sind sie nur Imponiergehabe eines unerfahrenen Politikers mit ausgeprägtem Sinn für seine eigene Wichtigkeit, oder hat Saakaschwili da eine Absichtserklärung abgegeben? Ich meine, sagt er, dass seine »Dinge« so wichtig sind, dass er jedwede Mittel einsetzen wird, um sie zu bekommen, weil es ihn und sein Land selbst im Fall des Scheiterns stärken würde? Mein Bauch sagt mir, dass Letzteres zutrifft, aber vielleicht sehe ich das Ganze bereits zu sehr aus der russischen Perspektive. Ich schiebe Ursula die Zeitung hinüber und zeige auf den Artikel. Sie liest wie üblich dreimal so schnell wie ich und wirkt dabei immer deprimierter.

»Da ist deine Story«, sagt sie matt und trinkt den Rest ihres Kaffees aus …

Als wir Кафе Пушкинъ, Café Puschkin am Tsverskoi Boulevard betreten, weigert sich die tüchtige junge Empfangsdame, als Übungsobjekt für mein Russisch herzuhalten, und antwortet auf meine Frage nach einem Tisch in exzellentem Englisch. Es ist drei Uhr nachmittags, der Laden ist voll, aber es ist nicht der Trubel, der mich den Sprachenwechsel ohne Protest akzeptieren lässt, sondern das Gefühl, in eine Zeitmaschine geraten zu sein. Plötzlich scheinen wir im Moskau von 1837 zu stehen, Aleksander Puschkins Todesjahr. Nicht nur die aufwendige Inneneinrichtung – es könnte sich auch um die Schauräume eines erstklassigen Antiquitätenhändlers handeln –, sondern auch die historische Kleidung des Bedienungspersonals erzeugt diesen Eindruck, und durch die gedämpfte Beleuchtung wirkt das Gesamtergebnis wie ein altes Gemälde.

Tatsächlich ist dieses große Stadthaus, dessen Außenfassade dem Inneren an Authentizität in nichts nachsteht, erst 1999 gebaut worden und nur eines der Meisterwerke in Andrej Dellos' Moskauer Gastro-Imperium. Und nicht einmal sein extremstes, diese Ehre gebührt zweifellos Shinok, wo er im fünften Stock einer ehemaligen Textilfabrik einen ukrainischen Bauernhof installiert hat, komplett mit springlebendigem Pferd, Ziege, Hühnern, Kaninchen und einer Babuschka als Krönung.

Wir sind ins Puschkin gekommen, weil Margarita gesagt hat, das Essen hier sei wirklich gut, und ich muss zugeben, dass meine Красня Икра и Блини, Ketakaviar mit Blinis und Schmand, wunderbar schmecken. Essen und Kulisse könnten kaum russischer sein; wenn die Illusion der Vergangenheit nicht so überzeugend und das Essen nicht so köstlich wäre, würden beide wie reine Karikaturen wirken. Die Russen um uns, vor allem drei Paare an einem runden Tisch, scheinen das Theater auch richtig zu genießen, wahrscheinlich spricht es sie auf noch ganz andere Weise an als uns.

In der russischen Gastrokultur gibt es eine lange Tradition für Schauspiel und Vortäuschungen. Beim ursprünglichen russischen Service war der Tisch leer bis auf Geschirr und Gläser, und erst wenn die Gäste saßen, wurde eine große Zahl von Gerichten zum Tisch gebracht und den Gästen einzeln präsentiert. Dieser Prozess erforderte nicht nur viel Personal, er konnte auch enorm Zeit in Anspruch nehmen, und bei ganz besonderen Anlässen wurde er drei- oder viermal am Abend wiederholt. Während des 19. Jahrhunderts versuchten die wohlhabenden Handelsleute den Adel zu übertrumpfen, und viele von ihnen trieben die gastronomische Extravaganz und das dazugehörige Theater auf die Spitze, so dass auch eine nackte Frau als Tischdekoration für ein horrend teures Essen eingesetzt wurde. Oder war in diesem Fall das Essen die Begleitung, während die Gäste die Frau mit Wein übergossen und Rubelnoten auf sie herab regnen ließen?

Wahrscheinlich spielte diese Tradition ebenso eine Rolle wie ganz einfach menschliche Neugier und die langen Jahre sowjetischer Entsagungen, als sich im Januar 1990 bei der Eröffnung der ersten McDonald's-Filiale Moskaus am Tverskaya Boulevard über 30 000 Menschen versammelten. Zweifellos feierten sie mit amerikanischen Hamburgern, Pommes und Milchshakes das Ende der kulturellen Isolation Russlands und des kalten Kriegs, darüber hinaus aber auch, dass Essen wieder eine Form der Unterhaltung sein konnte.

Zur sowjetischen Zeit gab es vor den Türen der wenigen Restaurants der Stadt riesige Schlangen, und viele freie Plätze bedeuteten nicht, dass man einen Tisch bekam. Was auf der Speisekarte stand, entsprach nicht dem wirklichen Angebot, bzw. es war eine Art schwarze Gastrokomödie wie in der ehemaligen DDR.

Vier der sechs jungen und offensichtlich erfolgreichen Russen am Nachbartisch trinken Kwas und Preiselbeersaft, während zwei der Frauen Weißwein bestellt haben. An anderen Tischen sehe ich ebenfalls Kwas, verschiedene Säfte, französisches Mineralwasser und einige wenige Flaschen bekannter Importweine der gehobenen Klasse. Dieses Etablissement bietet nicht nur auf der Karte eine breite Auswahl an französischen, italienischen und deutschen Weinen an, sondern scheint sie auch alle trotz der Steuermarkenprobleme tatsächlich vorrätig zu haben. Nach dem, was ich gelesen habe – die Moskauer haben den Tag, an dem die neuen Steuermarken eingeführt wurden, angeblich »schwarzer Samstag« getauft und in den letzten Tagen vor dieser alkoholischen Deadline Hamstereinkäufe getätigt –, würde ich sagen, dass Dellos entweder unglaublich gut organisiert ist oder aber einflussreiche Freunde hat. Als Sohn eines russischen Diplomaten ist Letzteres durchaus denkbar.

»Salz gehört zu russischem Essen, früher war das Einsalzen die einzige Form der Konservierung«, unterbricht meine Frau meine Gedanken. Hoffentlich war ich nicht zu lange abwesend. »Und wenn man Salziges isst, trinkt man gern Süßes, deshalb die russische Vorliebe für süße Getränke.« Die süßen Rieslinge auf der Weinkarte bestätigen das, aber auch der Wodka. Der enthält zwar keinen Zucker, aber der hohe Alkoholgehalt sorgt für einen süßlichen Eindruck. Jetzt wird mir die kulinarische Logik der traditionellen Kombination von eingelegten Gemüse, Pilzen und Kaviar zum Wodka klar; eigentlich findet man dieses Süß-Salzige in verschiedenen westeuropäischen Küchen des 19. Jahrhunderts.

Wodka ist an den Tischen um uns nicht zu sehen, aber ausnahmslos jeder russische Gast hat ein blitzendes Mobiltelefon ostentativ vor sich auf dem polierten Holztisch zu liegen. Die Männer sind alle im Anzug mit Krawatte, eine Reihe mit auffälligen goldenen Rolex-Uhren. Neben ihnen wirken die Frauen wie Paradiesvögel in Minirock und den höchsten und ausgefallensten Schuhen, die sich für neureiches Geld auftreiben lassen.

Von dem, was wir bis jetzt gesehen haben, und bereits davon war ein Teil wahrhaft unglaublich, scheint das der angesagte Look für jüngere und Möchtegern-junge Frauen. Offensichtlich lautet die Regel, wenn du Bein zeigen willst, dann muss es mindestens ein Meter sein, ansonsten bitte lange Jeans oder Hosen mit flachen Schuhen. Jetzt sehe ich die Tatsache, dass das russische Model Svetlana Pankratova die längsten Beine der Welt hat – laut Guinness-Buch der Rekorde sind sie 1,32 m lang! – in einem ganz anderen Licht. Sie hat einfach nur die längsten Beine unter unzählig vielen langbeinigen jungen Frauen in Russland, und die Kombination von stratosphärischen Absätzen und ultrakurzen Röcken gehört hier zur normalen Beine-Show. Schlanke Taille, lange Haare, dickes Augen-Make-up – manchmal kommt auch die große Sonnenbrille dazu – und irgendetwas Glitzerendes scheinen die anderen essentiellen Elemente zu sein. Interessanterweise gehören von Push-up-BHs unterstützte Dekolletés definitiv nicht zur Ausstaffierung dieser »Gazellen«.

Junge Frauen wie Margarita, die weder als Gazellen auf Stelzen balancieren, noch in hautengen Jeans und ganz flach daherkommen (der auffällige Alternativ-Look), wirken da wie öffentlicher, trotziger Widerstand.

Unser nächstes Ziel nach diesem luxuriösen Nachmittagssnack ist der Davidoff-Zigarren- und Weinladen ein kurzes Stück den Tverskaya Boulevard hinauf, der in dem Herald-Tribune-Artikel erwähnt wurde. Der Tverskaya ist das Moskauer Pendant zum Berliner Kurfürstendamm oder der Londoner Oxford Street, aber wesentlich schöner – vorausgesetzt, man hat keine grundlegenden Vorbehalte gegen gekonnt restaurierte stalinistische Architektur. Für mich war es bei den aufwendigen, glänzenden Fassaden an dieser Ost-West-Schneise Liebe auf den ersten Blick, aber mir ist der Stil von der Karl-Marx-Allee zu Hause im Osten Berlins vertraut, das hat mich zweifellos auf diese stalinistischen Träume vorbereitet.

Als wir in den Laden kommen, sehe ich zuerst nur Zigarrenkisten, dann aber auch ein Hinweisschild auf die Wein- und Spirituosenabteilung im Untergeschoss. Wir gehen eine schmale Treppe in einen Keller mit ebenso engen Gängen voller Holzregale hinunter. Die lassen sich eingehend betrachten, weil sie bis auf einige Flaschen des supereleganten Chianti Classico von Castello di Ama und ein paar banale billige Chablis vollkommen leer sind.

»Сорри!«, bzw. »sorry«, sagt die junge, schick gekleidete Verkäuferin entschuldigend. Hier bekomme ich nicht den geringsten Zweifel an der Tragweite der Steuermarken-Probleme. Die »Herald Tribune« hat Irina Sazonova zitiert, eine Sprecherin der Steuerbehörde, »es gibt keine Probleme … die Marken werden jedem Importeur ausgehändigt, der sie haben möchte.« Sie gab jedoch zu, dass es Monate dauern würde, um die Anträge zu bearbeiten.

Bei Davidoff wurde der Antrag offensichtlich zu spät abgegeben, was zweifellos bedeutet, dass sie keine Ahnung hatten, wann die von Putin am 31.12. letzten Jahres abgesegnete Gesetzesänderung in Kraft treten würde. Das ist nicht besonders verwunderlich, da sie bereits einmal verschoben wurde. Es scheint, dass diese Probleme zu der Art bürokratischen Verwaltungschaos gehören, die in Russland eine ebenso lange Tradition hat wie das theatralische Element beim Essen.

6. Juli 2006 »Was denken sich die Frauen, wenn sie sich so anziehen?«, fragt Ursula Margarita und meint dabei die stelzenden Gazellen.

»Sie denken gar nicht!«, ruft darauf unsere Stadtführerin und schüttet sich aus vor Lachen über unsere Naivität. Wahrscheinlich kommt uns jetzt beiden unwillkürlich diese junge Blondine gestern auf dem Roten Platz in den Sinn, sicher höchstens Anfang 20, in Jeans und einem weißen T-Shirt, auf dem quer über den Busen stand: »WHY DON'T YOU ...« – Warum tust du's nicht ...

Wenn das der Fall ist, dann tun sie es wahrscheinlich einfach, weil sie es sehr lange nicht tun durften. Ich kann mir gut vorstellen, wie das zu einer vollkommen irrationalen Jetzt-oder-nie-Haltung führen kann, in ihrer extremsten Form etwa: »Okay, wir waren superhässlich zu sowjetischen Zeiten, deshalb werden wir jetzt allem und jedem zeigen, dass wir die verführerischsten Frauen der Welt sein können.«

Das erinnert mich an ein Gespräch mit einer hübschen jungen Frau aus einer der ehemaligen Sowjetrepubliken vor kurzem in Berlin. Sie erzählte mir, dass sie gerade einen sehr lukrativen Auftrag als Simultandolmetscherin für einen in Moskau wohnenden Oligarchen hatte, der ihr eine eigene Luxuswohnung, einen Fahrer und einen Bodyguard gestellt hätte. Auf meine Frage, ob er auch in anderer Beziehung attraktiv gewesen sei, seufzte sie nur tief und sagte, er habe bereits eine Frau und mindestens zwei Gazellen-Geliebte.

»Jeder hat seinen Preis«, fügte sie hinzu und schien damit anzudeuten, dass für viele junge Frauen, vielleicht auch sie selbst, alles verhandelbar ist. Bei uns liegt diese Angel-dir-einen-Millionär-Haltung ein paar Generationen zurück, deshalb ziehen wir voreilige und falsche Schlüsse, wenn wir damit so offensichtlich konfrontiert werden.

Doch das ist alles nicht der Grund, warum wir heute die Metro zu dem inneren Randbezirk genommen haben, in dem Margarita lebt, sondern natürlich, wie könnte es anders bei unserer Freundin sein, geht es um Essen und Wein. Hier gibt es keine Villen, sondern nur Wohnblöcke, die meisten aus den 1960er- und -70er-Jahren, obgleich viele davon offensichtlich während der letzten Zeit renoviert worden sind. Zwischen ihnen stehen einige höhere neue Gebäude. Heute ist ein perfekter Sommertag, und es ist angenehm, aus dem Stadtzentrum herauszukommen, hier scheint alles ein bisschen grüner. Unsere Führerin erklärt, zuerst stünden die Markthalle und der lokale Weinladen auf dem Programm, dann gingen wir zu ihrer Mutter, wo sie für uns kochen würde.

Die Markthalle entspricht in der Größe einem größeren westeuropäischen Supermarkt. Innen schlägt uns eine erstaunliche Energie entgegen. Im Erdgeschoss ist eine Art Einkaufszentrum mit lauter kleineren Läden, im Untergeschoss jedoch mehr ein Markt mit einzelnen Ständen, von denen jeder auf ein bestimmtes Produkt spezialisiert ist. Die Auslagen wirken etwas improvisiert, aber es ist sofort offensichtlich, dass es diesen Anbietern um Qualität geht, und ich fühle mich wie in einer Schatzhöhle.

»Hier kaufe ich ein, wenn ich genug Geld habe«, sagt Margarita und zeigt uns verschiedene Spezialitäten, die unbedingt sofort erworben werden müssen. Ich habe noch nie zuvor blassgoldenen Hechtkaviar gesehen, geschweige denn gekostet, also bekommen wir eine Kostprobe. Das ist jedoch nur der Anfang. Die Fischhändler stehen vor Wasserbassins mit allen Arten von lebenden Fischen, von denen ich nur Forelle, Stör und Karpfen identifizieren kann. Der Räucherfisch daneben duftet verführerisch, ebenso der Gewürzstand. Das Angebot an getrockneten Früchten und Nüssen aus Usbekistan und Tadschikistan ist wirklich überwältigend, und auch hier überzeugt Margarita den Verkäufer, einen großen Mann mittleren Alters in einem grünblauen Mantel, uns seine Auswahl an Aprikosen verkosten zu lassen. Es erinnert mich an eine Weinverkostung, weil sie teilweise so unterschiedlich wie Chardonnay und Riesling schmecken. Das sind zentralasiatische Schätze, über die der ölbesessene Westen nie ernsthaft nachgedacht hat.

Margarita und Ursula widmen sich dem Räucherfisch und der schwierigen Frage, was es für heute Abend sein soll, während ich mit den jungen Männern ins Gespräch komme, die für ein mehr als beeindruckendes Sortiment an Gemüse und Salat zuständig sind. Ehe ich mich versehe, habe ich tatsächlich mehrere Sätze in scheinbar verständlichem Russisch zusammengebracht! Und wie bei den Trockenfrüchten ist die Qualität hier besser als am Gemüsestand der Nobel-Adresse KaDeWe in Berlin oder bei Harrods in London. Margarita ist auch bei weitem nicht die einzige, die schwer beladen nach Hause marschiert.

Schließlich landen die westlichen Vorurteile durch den Umstand, dass hier richtig Betrieb herrscht, endgültig in der Tonne. Wo in Westeuropa gibt es in einer solchen Gegend solche Geschäfte, die so gut laufen? Mir fällt kein Beispiel ein, und das deutet darauf hin, dass uns die Russen in puncto kulinarischer Kultur überholt haben, ohne dass es uns überhaupt aufgefallen wäre. Wie ist das möglich, wo sich doch der Rubel noch vor acht Jahren im freien Fall befand? Es ist nicht einmal 20 Jahre her, dass sich die Gesellschaft hier langsam aus den Fängen dogmatischer Ideologien befreit hat. Was ist in dieser Zeit mit unserer Esskultur passiert?

Als Margarita endlich überzeugt ist, dass wir alles probiert und gesehen haben und heute Abend nicht verhungern werden, geht es weiter zum Weinladen. Sie entschuldigt sich mehrmals, dass es wegen der bekannten Probleme nicht viel zu sehen gibt, doch für mich macht das das Ganze noch interessanter. Der Laden gehört zu einer Kette namens Аромтный Мир, Wunderwelt, und die bunten Werbeschilder zeigen, dass auch hier eine Marketing-Abteilung ziemlich genau weiß, was sie tut.

In der Tat sind die Regale aber so gut wie leer, und es scheint auch kein russischer Wein herangeschafft worden zu sein, um die Importlücken zu füllen. Die meisten Preise sind niedriger als gestern bei Davidoff, aber nichts ist richtig discountbillig wie in vielen Supermärkten zu Hause. Schließlich ist es Zeit, ernsthaft ans Abendessen zu denken, und wir machen uns auf den Weg zu Margaritas Mutter.

Ich würde mich eingeengt fühlen durch die vielen deckenhohen Regale voller Bücher und Videos, den Fernseher und den Videorecorder, wenn es meine Wohnung wäre, aber Anna Karenina ist ein intellektueller Maulwurf in ihrem Bücherbau. Genauso habe ich mir eine pensionierte Geschichtsprofessorin vorgestellt. Sie macht mir ein sehr höfliches Kompliment zu meinen Russischkenntnissen, obgleich die nach wenigen Sätzen an ihre Grenzen stoßen. Margarita baut auf dem Tisch eine riesige Auswahl an Закўски auf, Sakuski, den traditionellen russischen Vorspeisen. Da sind ein halbes Dutzend verschiedene eingelegte Gemüse inklusive leuchtend roten Knoblauchknollen sowie Platten mit geräuchertem Lachs, Stör und Makrele. Wenn wir das alles verputzen, dann werden wir an dem *Kurnik*, einem Auflauf mit Hühnerfleisch, Pilzen und Buchweizen nur noch riechen können!

Eine Flasche Wodka wird aus dem Tiefkühler geangelt, deren Inhalt beinahe sirupartig in kleine Schnapsgläser fließt. Margarita hält uns einen Teller mit Salzgurken hin. Einen Moment lang zögere ich, ich habe noch nie verstanden, was an den Dingern so toll sein soll. Doch dann siegt die berufliche Neugier, ich greife zu, nehme einen ordentlichen Bissen und spüle ihn mit Wodka hinunter. Ursula folgt meinem Beispiel, aber sie ist ein Gurkenfan und hat wahrscheinlich eher mit dem Wodka ein Problem; wir trinken beide so gut wie nie harte Sachen.

»Jetzt seid Ihr richtig in Russland!«, ruft Margarita, und ihre Mutter kichert belustigt. »Keine Sorge, in der Wodkaflasche ist sowieso nicht mehr viel drin, und dann trinken wir einen der Weine, die Ihr mitgebracht habt.« Kein Einwand unsererseits …

Dieser Abend ist genau das Gegenteil von gestern, als wir im Генацвале, Genatsvale, einem georgischen Restaurant in einer Seitenstraße der Stahl- und Glasschluchten des Novii Arbat Boulevard waren. Der Eingang glich einer riesigen liegenden Tonamphore, und von außen sah das Ding aus wie der Gebirgspalast eines Königs in Tolkiens »Herr der Ringe«. Wir kamen aus dem Staunen nicht heraus. Der Glasboden am Empfang gab den Blick auf einen Bach frei, in dem Koi-Karpfen schwammen, und wir wurden zu einem Tisch auf einer Art kleinem Balkon hoch über dem Hauptrestaurant geführt, in das wir wie auf eine Bühne schauten. Da unten trat unvermutet eine Musikgruppe auf, und eine Gruppe von Gästen bekam theatralisch etwas an großen Spießen serviert.

Vollends bizarr wurde das Ganze jedoch durch den Umstand, dass die Serviceleute alle leuchtend bunte Fußballer-Hemden mit den Namen berühmter Fußballer trugen. Wir wurden von Ballack bedient, einem jungen Mädchen mit dunklen langen Haaren. Unser Schischlak war ganz in Ordnung, der billige französische Rotwein dazu annehmbar, aber die Show war einsame Spitze. Margarita und ihre Mutter hören sich geduldig unseren Bericht an, obwohl ihnen das alles zweifellos vertraut ist. Meinen sie, dass dort auf Nachfrage auch geschmuggelter georgischer Wein erhältlich wäre, vielleicht in leere französische Flaschen umgefüllt?

»Elementar, mein lieber Watson!«, entgegnet Margarita daraufhin zu meinem sichtbaren Staunen. »In den 1970er-Jahren, kurz vor der Invasion Afghanistans, zeigte das russische Fernsehen eine sehr beliebte Serie mit den Sherlock Holmes-Geschichten. Aber es gab dort gestern Abend keinen georgischen Wein, oder?« Ich muss zugeben, dass ich dieser Frage wegen Verständigungsschwierigkeiten nicht auf den Grund gehen konnte.

Es klingelt an der Tür, und Margarita kommt mit einem Freund zurück, einem Journalisten namens Ivan, den sie eingeladen hat, weil er ein interessanter Mensch ist und gut Englisch spricht. Während sie sich in der Küche um den Auflauf kümmert, steigt er sofort ins Thema Georgien ein.

»Es gibt einen ganzen Haufen Antworten auf die georgische Frage«, legt er enthusiastisch los, hält dann aber sofort inne: »Du schreibst das nicht auf, oder?«, Während ich diese Worte notiere, fühle ich Schuldgefühle in mir aufsteigen.

»Ist es in Ordnung, wenn ich es aufschreibe, aber die Quelle anonym bleibt?«, schlage ich vor, worauf er etwas nervös nickt.

»Als Georgien sich dem russischen Zarenreich anschloss, geschah das im friedlichen Einvernehmen und gereichte beiden Seiten zum Vorteil. Für Georgien sprang viel dabei heraus. Über 100 georgische Prinzen wurden zu Prinzen des russischen Zarenreichs und Tbilisi entwickelte sich von einem asiatischen Kaff zu einer wunderschönen ›europäischen‹ Stadt und einem bedeutenden Handelszentrum. Die Kultur war sehr kosmopolitisch ... armenisch, türkisch, französisch, englisch, jüdisch.« Ich vermute, dass ihn die ehemalige Geschichtsprofessorin bei uns am Tisch zu diesem historischen Exkurs veranlasst, da sie zur Zeit ihre Stimme schonen muss.

»Das russische Reich brach zusammen, als der georgische Nationalismus einsetzte. Vielleicht war die Sowjetunion auch ein russisches Reich, aber ein sehr merkwürdiges. Stalin und Beria waren beide Georgier, und während sie das Sagen hatten, war Georgien vielleicht der glücklichste Ort in der gesamten Sowjetunion. Das georgische Kino in den 1960er-, -70er und -80er-Jahren strahlte einen unglaublichen Optimismus aus, und die Menschen aus den anderen Teilen der Sowjetunion, die dorthin als Touristen kamen, hatten Schwierigkeiten, den Ursprung des Reichtums zu verstehen. Außer Manganerz waren Mandarinen, Rosen, Nelken, Mineralwasser und Wein die einzigen Produkte Georgiens.«

Es scheint, dass die roten Nelken, die in großen Mengen vor allem auf den Paraden am Ersten Mai in Moskau zur Kulisse gehörten, von Stalin eingeführt wurden, um die in erster Linie auf Agrarproduktion ausgerichtete Wirtschaft seiner Heimat zu unterstützen.

»Während der Sowjetzeit überließ die Regierung in Moskau den Clan-Oberhäuptern die kommunistischen Spitzen-Posten, und sie hielten extrem zusammen«, erklärt Ivan weiter. »Neben den baltischen Republiken arbeitete vor allem Georgien auf die Auflösung der Sowjetunion hin, aber sie haben dadurch eigentlich nur verloren. Jetzt haben sie keine Industrie mehr, aber dafür viel Nationalstolz und Ambitionen.

Das Clan-System dort erscheint den Russen wie eine Mafia. Seit der Unabhängigkeit 1991 waren die georgischen Regierungen alle gegen Russland eingestellt, deshalb wird Georgien hier jetzt auch als anti-russisch wahrgenommen.« Auf einer der russischen Nachrichten-Websites habe ich gelesen, dass 71 Prozent der Russen das Importverbot für georgische Weine befürworten.

»Es war ein großer Fehler der russischen Zaren, im 19. Jahrhundert in den Kaukasus zu ziehen. Wir hätten sie in Ruhe lassen sollen«, wirft Margarita ein, nachdem sie den Auflauf in den Ofen geschoben hat. Das klingt wie Großbritanniens verhängnisvoller Irrtum mit dem indischen Subkontinent.

»Es war nie wirklich sicher, nach Tschetschenien zu reisen«, meldet sich Anna leise zu Wort. »Grosny war immer ein gefährlicher Ort. In der Sowjetzeit herrschte dort für Frauen quasi ein Reiseverbot, obwohl sonst vollständige Gleichberechtigung galt.« Das ist erstaunlich, weil es die landläufige westliche Annahme, die Zentralregierung der Sowjetunion habe alles vollständig unter Kontrolle gehabt, eindeutig widerlegt.

»Im Gegensatz zu anderen Fällen hat Russland Georgien nie wirklich geschadet«, erzählt Ivan weiter. »Sie reden vielleicht von schrecklicher Unterdrückung unter Stalin, aber damals wurde die gesamte Sowjetunion unterdrückt. Ich war vor drei Jahren gleich nach der Rosen-Revolution in Georgien, und vor meiner Abfahrt wusste ich nicht viel mehr, als dass die Armenier die Georgier hassen. Alles wächst dort, man braucht es nur in die Erde zu stecken, aber das Einzige, das sie in die Erde stecken, sind Reben und Mandarinen. Armenien hatte Georgien schon durch den Handel mit dem Iran wirtschaftlich längst überholt.«

»Armenien ist ein sehr ungewöhnliches Land, weil die Bevölkerung über die Sowjetzeit hinweg nahezu hundertprozentig armenisch blieb«, schaltet sich Anna wieder ein. Das ist tatsächlich ein auffallender Gegensatz etwa zu den baltischen Republiken, in die die Regierung in Moskau Tausende von Russen schickte, in der Hoffnung, die einheimische Bevölkerung so besser unter Kontrolle zu bringen.

»Sie haben in Armenien viel Elektronik für Russland produziert.« Wahrscheinlich geht die jetzt in den Iran.

Diese dichte Masse an Informationen ist wahnsinnig spannend, bestätigt aber meine Befürchtungen, dass der Kaukasus ein schwieriges Terrain sein könnte. Ich verkoste ungern Wein an Orten, wo ich nicht zumindest eine Ahnung habe, ob die Leute mich anlügen oder nicht.

»Was hat es mit dem Importverbot für georgischen Wein auf sich?«, frage ich.

»Naja, es gab gefälschten georgischen Wein, aber der wurde hier in Russland gepanscht«, antwortet Margarita, »die wahren Gründe für das Verbot sind Gehässigkeit und Rache.«

»Denk daran, wie die USA mit Kuba umgehen, es ist ungefähr das gleiche«, fügt Ivan hinzu. Es stimmt, dass Amerika eine Handelsblockade gegen Kuba verhängt hat und mit Guantánamo Bay einen Stützpunkt im Land unterhält, so wie es Russland mit dem Importverbot gegen Georgien macht und dessen abtrünnige Provinzen Abchasien und Südossetien benutzt, um dort »Friedenstruppen« zu stationieren. Noch offensichtlicher ist die Parallele zwischen den in den USA verbotenen kubanischen Zigarren und der Situation mit dem georgischen Wein in Russland. Spiegelein, Spiegelein an der Wand, wer ist die böseste Supermacht im Land ?

8. Juli 2006 Die Heavy-Metal-Gruppe »Rammstein« hat zweifelsohne recht in ihrem Moskau-Lied, es sei die schönste Stadt der Welt und »hat sich die Brüste neu gebaut«. Die Energie auf den Straßen ist hier nicht weniger ansteckend als in New York, und obgleich es mir leid tut, hier und dort noch einen dieser langweiligen Stahl-und-Glas-Türme wachsen zu sehen – welches Stück Geschichte musste diesem Denkmal für das Selbstwertgefühl eines Oligarchen weichen? –, ist das in New York nicht anders. Wenn wir hier die Metro nehmen, bin ich immer ganz gespannt, was die Straßenhändler in den Eingängen anzubieten haben. Meistens sind es Zigaretten, Bier, CDs und DVDs, aber auch Kleidung auf an die Wand geklebten

Bügeln. Nicht nur die offizielle Wirtschaft boomt, sondern auch der Schwarzmarkt.

In seinem 1976 veröffentlichten Buch »Vor dem Fall. Das Ende der Sowjetherrschaft« kommt der französische Demograph Emmanuel Todd zu dem Schluss, dass die Sowjetwirtschaft völlig schizophrener Natur war. Die offizielle Seite war mit über 40 Prozent des Bruttoinlandsprodukts beherrscht von der Waffenproduktion, die er als eine Kategorie von »Nicht-Konsumgütern« beschreibt: »Dieser sehr hohe Anteil ist notwendig, um den Transfer der Produktionskräfte in den Konsumsektor zu verhindern. Ausgaben für Waffen dienen unter anderem dazu, die Vorherrschaft dieses zentralisierten Teils der Wirtschaft zu bewahren.«

Der Staat kaufte die Nomenklatura, die Bürokratie und die »Spitzenleute« unter den Wissenschaftlern und Sportlern mit Wohnungen und Datschen, Zugang zu jenen Restaurants, in denen normale Leute nicht einmal einen Tisch bekommen konnten, auch wenn sie vollkommen leer waren, Konsumgüter in Spezialläden, in denen normale Leute nicht einkaufen durften, und Reisen ins Ausland. Wein aus Georgien und Moldawien gehörte zu diesen »speziellen« Konsumgütern, und Urlaube an der Schwarzmeerküste in Georgien waren zu sowjetischen Zeiten sehr begehrt.

Nach Todds Analyse gab es parallel zu der offiziellen, zentral verwalteten Wirtschaft einen lebhaften Schwarzmarkt oder inoffiziellen »freien Sektor«, der heimlich Konsumgüter erzeugte und handelte. Zweifellos gab es einen Schwarzmarkt für Wein, sowohl sowjetischer als auch westlicher Herkunft. Was alkoholische Getränke betraf, war die Nachfrage bei Wodka definitiv größer als beim Wein, und am gefragtesten war angeblich die Bremsflüssigkeit russischer Kampfflugzeuge: 99,9 Prozent purer Ethyl-Alkohol. Heute ist das Zeug kaum mehr aufzutreiben, und viele russische Säufer nehmen allerlei alkoholhaltige Flüssigkeiten zu sich, mit katastrophalen gesundheitlichen Folgen.

Wenn ich hier nicht mit der Metro gefahren wäre und nicht Todds Buch gelesen hätte, würde ich vielleicht annehmen, dass die ganzen

Logos der westlichen Marken, die man überall in der Stadt sieht, ein sicheres Zeichen für den Sieg des westlichen Kapitalismus über den russischen Kommunismus darstellen, so wie es die meisten Menschen im Westen tun. Doch das ist bei weitem zu einfach und selbstgefällig in Bezug auf die Geschehnisse, als die Sowjetunion kollabierte und mit ihr der »freie Sektor« der Wirtschaft weitgehend legalisiert wurde. Westliche Firmen von Gucci bis Levis und Château Mouton-Rothschild bis Coca-Cola kamen angerannt, die Oligarchen boxten sich ihren Weg zum Reichtum mit den Ellenbogen frei, doch die vormals schwarze Wirtschaft kam auch aus dem Schatten herausgekrochen und boomte. Vieles davon wurde zu legitimen Unternehmen, aber die schizophrene Vergangenheit ist noch ganz frisch im Bewusstsein.

Die schicken Restaurants und ehrgeizigen Weinhändler mit den vorübergehend leeren Regalen, die wir in den letzten Tagen kennengelernt haben, sind allerdings aus meiner Sicht zum größten Teil im Besitz der ehemaligen Nomenklatura oder ihrer Kinder. Dellos ist nur das prominenteste Beispiel dieser neuen Gruppe von Bacchuspriestern. Auch Wein und Gastronomie sind beileibe nicht der einzige Bereich, wo diese Schicht sich austobt.

Kein Zweifel, Freiheit in Russland ist heute vor allem wirtschaftliche Freiheit, die Freiheit, Versace und Bentley oder Levis und McDonald's kaufen zu können, und der neue Weinkonsum ist Teil davon. Die Kombination dieser Freiheit mit der boomenden Wirtschaft steckt ganz offensichtlich hinter der Popularität Putins, für den sich über 70 Prozent der Bevölkerung aussprechen; ein bedeutender Anteil der Bevölkerung profitiert von dieser Situation oder hofft zumindest, es bald zu tun.

Der größte Faktor hinter dem Wirtschaftsboom ist mit Sicherheit Gasproms Aufstieg aus dem Nichts zu einem der größten Energiekonzerne der Welt, wodurch sich nach dem Debakel der Jelzin-Jahre auch der Nationalstolz erholt hat. Das wiederum ist der Hauptgrund für Putin, den Energiesektor des Landes so ernst zu nehmen, der auch Möglichkeiten bietet, Nachbarländer unter Druck zu setzen. Ist es das, was Bush bei ihrem ersten Treffen sah, als er in Putins blassblaue Augen blickte und erklärte, er habe »ein Gefühl für seine Seele« bekommen? Erkannte eine Öl-Seele eine verwandte Gas-Seele?

Gestern habe ich in der englischsprachigen »Moscow Times« gelesen, wie Bush Saakaschwili als einen Mann beschrieb, »der dieselben Werte teilt, die ich teile … mein Freund der Präsident würde hier nicht sitzen, wenn ich nicht Georgien im Kopf hätte.« »Georgia on my mind« – es ist seltsam, dass Bush den Beatles-Song »Back in the U.S.S.R.« zitiert, »Yesterday« gehört zu Putins Lieblingssongs. Denkt er möglicherweise dabei an den Höhepunkt der Sowjetunion als Weltmacht?

Fetzen klassischer Musik wehen vom Tschaikowsky-Konservatorium nebenan herüber auf die Terrasse von Coffeemania. Inmitten dieser schönen und mächtigen Menschen mit ihren Edel-Mobiltelefonen komme ich mir beim Kritzeln in mein Notizbuch wie ein Dinosaurier vor.

»Heute gab es einen Wettbewerb auf dem Roten Platz, einen Wettlauf mit Frauen in High Heels!«, sprudelt Margarita, als sie für ihre Verhältnisse läppische 25 Minuten später als verabredet auftaucht. Das muss brutal gewesen sein auf dem Kopfsteinpflaster und mit dem Risiko blutiger Knie direkt vor den ganzen Designerläden des GUM. Aber echte Gazellen haben da natürlich kein Problem, sie tun es einfach. Jetzt müssen wir uns beeilen, uns bleibt nur eine halbe Stunde bis zu unserer Tischreservierung im Café Puschkin.

»Kein Problem«, beruhigt uns Margarita, »wir nehmen ein Taxi zurück zum Baltschug, ich warte im Taxi, während Ihr Euch umzieht, und dann fahren wir weiter zum Abendessen … das ist nicht teuer, Ihr werdet sehen.« Wir zahlen und folgen ihr auf die Straße. Obwohl kein Taxi weit und breit zu sehen ist, winkt sie, und prompt hält ein staubiger grauer Lada an.

»Viele Leute machen das, um ein bisschen extra zu verdienen«, sagt sie und macht uns so mit einem weiteren blühenden Wirtschaftssektor vertraut. »Es ist natürlich viel billiger als ein normales Taxi.«

Auf dem Zimmer springe ich unter die Dusche, und als ich mich abtrockne, erzählt mir Ursula, dass Gianni van Daalen, der Generaldirektor des Baltschug, mit dem sie ein Interview machen möchte, plötzlich am Telefon war. »Wo habt Ihr gesteckt?«, habe er gefragt und ziemlich erstaunt reagiert, als sie ihm sagte, wir seien heute Abend mit Freunden verabredet. Also haben wir morgen Vormittag um elf einen Termin mit ihm, unmittelbar vor unserer Abreise und Rückkehr nach Berlin.

»Ich habe im Café Puschkin angerufen und ihnen gesagt, dass wir etwas später kommen, kein Problem«, sagt Margarita, als wir wieder zu ihr ins »Taxi« steigen. Der drahtige junge Kerl am Steuer des Lada fährt nicht nur gut, sondern macht auch einen sympathischen Eindruck, so dass ich Margarita bitte, ihn zu fragen, ob er uns auch morgen zum Flughafen fahren könnte. Er ist hoch erfreut über meine Zahlung heute und die Aussicht auf eine noch größere Summe morgen.

Das Restaurant ist voll, aber für uns ist ein runder Tisch mitten in dem Raum im Erdgeschoss reserviert, dort sind wir ideal positioniert, um auch die Neuankömmlinge zu begutachten, die in den wesentlich teureren oberen Etagen verschwinden. Wir bestellen Borschtsch, Elchkoteletts, die, wie Margarita sagt, auch eine Art Frikadellen sind, Hammelpastetchen, Stör mit Reis und einer Kaviar-Soße und dazu eine Flasche 2004 Oberhäuser Leistenberg Riesling Kabinett von Helmut Dönnhoff. Das ist eine Art von Wein, die mich vor 20 Jahren begeistert hat und es heute immer noch tut.

»Es gibt zwei grundlegende Meinungen beim Borschtsch«, erklärt uns Margarita, als die Suppe serviert wird, »die einen sagen, er muss violett sein, die anderen plädieren für ein leuchtendes Rot wie in diesem Fall. Das bekommt man aber nur mit Tomate hin. Dieser Borschtsch ist mit einer Menge Tomaten gemacht, aber ich muss zugeben, dass er sehr gut schmeckt.«

Die Kombination der untergehenden Sonne vor den Fenstern und der gedämpften Beleuchtung im Restaurant weckt den Anschein, als sei die ganze Stadt in einen sanften, warmen Schleier gehüllt und der

Betrieb auf den Straßen der Gegenwart weit entfernt, so dass 1837 noch näher erscheint als bei unserem ersten Besuch. Ein solches Erlebnis habe ich nicht erwartet, aber es scheint ein wichtiger Teil dieser Stadt, der Kultur dieses Landes. Russische Geschichte und russische Traditionen sind lebendig, selbst wenn es sich in diesem Fall streng gesehen um Fälschungen handelt.

Die Hammelpastetchen entpuppen sich als wesentlich ausdrucksvoller als die sehr milden, brotlastigen Elchkoteletts, mit wunderbar knusprigem Teig und einer Füllung, die tatsächlich nach Hammel statt nach Lamm schmeckt. Die erste Flasche ist schnell geleert, und ich bestelle den roten 2003 Cuvée Karsov von Château Le Grand Vostock, um einen weiteren ihrer Rotweine zu erleben.

Der Wein schmeckt alles andere als übermäßig holzig, sondern sehr angenehm und authentisch nach den für reifen Cabernet Sauvignon charakteristischen schwarzen Johannisbeeren, mit weichem Gerbstoff und einem zurückhaltend herben Nachgeschmack. Selbst Margarita, die russischem Wein gegenüber skeptisch ist, zeigt sich angetan. Außer dem Anblick der leeren Regale nehmen wir also morgen auch die Erfahrung mit nach Hause, dass Russland guten Wein machen kann, vielleicht das Potential für eine bedeutende Rolle auf Planet Wein besitzt.

Meine Kreditkarte überlebt die Begleichung der Rechnung, und als wir mit Margarita zur Metro gehen, glänzt der Tverskaya im Dämmerlicht. Am Eingang der Metro biete ich Margarita unsere restlichen Tickets an, und es ist ihr nicht im Geringsten peinlich, wie ich es halb befürchtet habe, ganz im Gegenteil. Das wirft in mir die Frage auf, wie nahe sie unser Einkaufstrip neulich in der Markthalle an den Rand des finanziellen Ruins gebracht hat. Die Russen sind bekannt dafür, alles zu riskieren, um perfekte Gastgeber sein zu können, und das war sie zweifellos.

»Ich bleibe vielleicht nicht mehr lange in Moskau«, sagt sie zum Abschied und klingt dabei überraschend zuversichtlich und entspannt, »es gibt hier so wenig Pressefreiheit.« Für mich persönlich ist das kein Problem, weil ich meine Story nicht in Russland veröffentlichen will. Obgleich wir ziemlich genau verfolgt haben, wie Putins Regierung in den letzten Jahren den direkten und indirekten Druck auf die Medien stetig erhöht hat, sind ihre Worte doch ein ziemlicher Schock. Trotz der neuen Vitalität und Stärke dieses Landes hängt die Regierung an einer alten paranoiden Form der Machtausübung, und unsere Freundin ist sicher nicht das einzige Talent, das sie infolge dieser schlechten Gewohnheit verlieren werden.

9. Juli 2006 »Lass uns unsere Sachen holen, der Typ mit dem Lada wird gleich da sein«, sagt Ursula leicht frustriert. Gianni van Daalen hat uns eine Nachricht geschickt, er sei verspätet, und ist immer noch nicht aufgetaucht. Nach einer Stunde Zeitunglesen ist es an der Zeit zu gehen. Doch als wir mit unserem Gepäck aus dem Fahrstuhl kommen, stehen da am Empfang Gianni van Daalen und seine amerikanische Frau Marylea. Doch ich fürchte, jetzt ist es zu spät für dieses Interview, draußen sehe ich schon den grauen Lada.

Als uns das große kosmopolitische Paar begrüßt, teilen wir uns in gleichgeschlechtliche Paare, und van Daalen fragt mich nach dem Grund unserer Moskau-Reise. Meine Erklärung löst bei ihm ziemliche Verblüffung aus, obwohl ich betone, dass ich nur mit dem Anfang einer Story zurückfahre. Aber er hat mir etwas zu erzählen, und es stellt sich heraus, dass dies in direkter Beziehung zu dem neuesten Gegenstand meiner Recherchen steht.

»Die Behörden haben uns nur drei Wochen vorher von der Geschichte mit den neuen Steuermarken in Kenntnis gesetzt, deshalb mussten wir eine Menge Wein mit alten Steuermarken zurück an die Importeure schicken«, sagt er halb zornig und halb belustigt, »aber von denen waren ein paar pleite gegangen, so dass es nicht möglich war, die Weine zurückzuschicken. Wenn die Behörden hier im Hotel darauf gestoßen wären, hätte ich im Gefängnis landen können, also haben wir sie zu uns nach Hause geschafft, stapelweise Holzkisten von Mouton und Lafite.« Zumindest für den Augenblick, vielleicht für eine lange Zeit, ist der Wein in einem Teufelskreis gefangen, der ihn sozusagen schachmatt setzt. Der einzige risikofreie Ausweg könnte darin bestehen, ihn da zu trinken, wo er sich jetzt befindet.

»Wie ist es mit den russischen Weinen? Uns haben manche gefallen«, frage ich ihn.

»Unsere ausländischen Gäste fragen danach und trinken sie gern, aber die Russen lehnen sie ab. Sie möchten vor allem italienische Weine, auch französische, und am liebsten rote. Die Reichen trinken allerdings mehr Cognac als irgendetwas anderes. Ich glaube, dieses russische Weingut steckt deshalb in Schwierigkeiten.« Jetzt wird es wirklich interessant! Das ist ein neureicher Reflex, den man in vielen Kulturen rund um den Erdball findet; umgekehrter Chauvinismus, der alles Einheimische als grundsätzlich minderwertig ablehnt.

»Die Russen wollen nicht einmal ihr eigenes Mineralwasser trinken. Deshalb müssen wir ihnen Evian aufs Zimmer stellen statt des russischen Wassers, das wir allen anderen geben. Wir hatten Mineralwasser aus Georgien, aber da herrscht jetzt Importverbot. Die Behörden sind sehr emotional geworden.« Das bestätigt Margaritas Eindruck über Gehässigkeit und Rache statt eines kühl kalkulierten Schachzugs.

Wir entschuldigen und verabschieden uns, weil unser Fahrer wartet, bedanken uns bei den van Daalens und gehen. Der graue Lada bahnt sich einen Weg durch den dichten Verkehr und strahlenden Sonnenschein zum Flughafen, und vor meinem inneren Auge laufen die letzten Tage nochmals wie ein Film ab. Hier in der ehemaligen Sowjetunion ist der Wein ganz offensichtlich in den von Energie- und Sicherheitsfragen bestimmten geopolitischen Konflikt geraten, an dem der Westen gleichermaßen beteiligt ist. Für mindestens einen der Spieler, Georgien, wird damit ein altmodischer Grenzstreit zu einer potentiell explosiven Situation. Wie sieht es bei dem »eingefrorenen« Streit um Transnistrien in Moldawien aus? Eine der russischen Websites zitierte Putin, der Konflikt in Georgien könne »nicht mit Hilfe von Messer und Rasierklinge gelöst werden.« Ich denke, er wollte seinen Wunsch nach einer friedlichen Lösung betonen, aber seine Wortwahl klang extrem bedrohlich.

Als Nächstes muss ich herausfinden, wer die wichtigsten Weinproduzenten in Moldawien und Georgien sind, und mich dann in diese Richtung bewegen, so lange es dort noch einigermaßen sicher ist. Bis jetzt habe ich eine Menge Eindrücke gewonnen, aber nur wenig Wein verkostet, und habe das Gefühl, nur wenig zu begreifen.

DAS EINSTIGE WEINREICH DES BÖSEN II
Weinverkosten in und unter Moldawien

1. August 2007 Der siebte Stock des Hochhauses im sowjetisch geprägten Stil der 1960er-Jahre bietet einen Panoramablick über das bunte Chaos von Chisinau, Hauptstadt der Republik Moldau oder Moldawien. Pompöse Überbleibsel der kommunistischen Vergangenheit stehen hier neben frisch restaurierter Architektur aus dem 19. Jahrhundert, auf die man auch im Wiener Ersten Bezirk stoßen könnte; blitzneue Wohnblöcke grenzen unmittelbar an enge Straßen mit ziemlich verfallenen einstöckigen Häusern, in deren Gärten Hühner und Gänse ein glückliches Cityleben führen. Gleich nach unserer Ankunft haben wir gestern Abend dieses Getümmel erkundet.

»Wir« das sind der Weinfotograf Andreas Durst, der mir sowohl in Sachen Kunst als auch Abenteuerlust weit voraus ist, Roy Metzdorf, Weinhändler und Patron der Ostberliner Restaurants Weinstein, sowie meine Wenigkeit. Andreas wollte mitkommen, weil er 1991 zusammen mit seiner Frau von Wuppertal nach Moskau mit dem Motorrad gefahren ist und ihr Weg sie dabei durch die Ukraine unmittelbar nördlich von Moldawien führte. Roys Neugier gründet sich auf eine Reise durch Moldawiens südlichen Nachbarn Rumänien im Sommer des ereignisreichen Jahres 1989. Und ich bin hier, um die Spuren weiterzuverfolgen, auf die ich letztes Jahr in Moskau gestoßen bin, und um die Ursprünge der moldawischen Weine kennenzulernen, von denen ich vor kurzem einige mit Roy zusammen in Berlin verkostet habe.

Wir folgen unserem Führer, dem jungen, hochgewachsenen und flotten Sergei, in die Büroräume des Landwirtschaftsministeriums der Republik Moldawien, wo er uns erklärt, dass jetzt ein Treffen mit Valeriu Mironescu auf dem Programm stehe, dem Generaldirektor von Moldova-Vin, der von staatlicher Seite für das Thema Wein zuständig ist. Das Büro, in dem wir stehen, wirkt ein wenig schäbig und eingestaubt, aber das kommt auch bei wohlhabenden westlichen Regierungen vor!

Man könnte meinen, dass ein Treffen mit dem Ressortleiter eines Ministeriums in einem so kleinen Land – Moldawien hat ganze 3,6 Millionen Einwohner – keine große Sache sein sollte. Doch in keinem anderen Land der Welt stellt der Weinbau einen größeren Anteil des Bruttoinlandsprodukts dar als in Moldawien. Man könnte sogar behaupten, dass Wein hier wichtiger als alles andere ist, weil jede Familie ihren eigenen »Hauswein« für den Eigenkonsum macht und der in der Statistik nicht berücksichtigt wird. Wenn man eine realistische Schätzung der Kosten vornimmt, die anfallen würden, wenn die moldawische Bevölkerung den selbstproduzierten Wein kaufen müsste, und diese zu den offiziellen Angaben der kommerziellen Produktion addiert, dann ist der Wein eindeutig der größte Wirtschaftsposten.

Dieser Hauswein erklärt auch, wie bis zum russischen Importverbot für moldawischen Wein 2005 ganze 90 Prozent der 3200 Millionen Liter kommerzieller Gesamtproduktion exportiert werden konnten – 80 Prozent davon gingen nach Russland, was allein 30 Prozent des moldawischen BIP ausmachte! –, die Moldawier selbst aber immer noch reichlich mit Wein versorgt waren. Nur wenige von ihnen kaufen regelmäßig Wein, es ist einfach nicht nötig. Der Durchschnittspreis der Exporte mag 2005 mit 1,41 Euro pro Liter auf den ersten Blick sehr gering erscheinen, liegt aber zum Beispiel höher als der Durchschnittswert der italienischen Weinexporte des gleichen Jahrs!

Ich spreche kein Rumänisch, verstehe aber ein paar Worte Italienisch und war überrascht, als ich gestern auch ein wenig von dem Gespräch zwischen Sergei und unserem Fahrer auf dem Weg vom Flughafen nach Chisinau verstehen konnte.

»Drum bum!«, rief Andreas dem Fahrer begeistert zu, was der ebenso begeistert wiederholte. »Das bedeutet gute Fahrt auf Rumänisch«, erklärte unser Künstler. Wo hat er Rumänisch gelernt?

»Manche hier sprechen russisch, aber die meisten von uns sind Rumänen, und unsere Sprache ist Rumänisch«, sagte Sergei. Die alten und neuen Wohnhäuser, die Tafeln mit plakativer Reklame und die inselartigen, sorgfältig gepflegten Blumenbeete dazwischen erinnerten mich stark an den italienischen Süden. Natürlich ist Chisinau nicht mediterran zu nennen, es liegt schließlich nur wenige Autostunden vom Schwarzen Meer entfernt, aber man spürt eine ähnliche Lebensfreude. Ich hoffe sehr, dass sich das auf mich überträgt. Ich bin erst vorgestern mit der Arbeit an »Wein spricht deutsch« fertig geworden, bei weitem das anspruchsvollste Buchprojekt, das ich je unternommen habe. Andreas hat mich auf dem Flughafen von Budapest, wo wir uns getroffen haben, mit den Worten begrüßt: »Mensch, du siehst aus, als ob du Urlaub bräuchtest!«, eigentlich habe ich das Gefühl, ich sollte mehrere Monate in einem Sanatorium verbringen.

Auch nach dem ausgedehnten Schlaf im Hotel Joly Alon, einem weiteren Überbleibsel aus der Sowjetzeit, das durch eine frische Schicht Marmor, Farbe und Teppichfliesen in eine Art westliches Luxushotel verwandelt worden ist, laufe ich immer noch auf Reserve. Doch jetzt geht es darum, aus Valeriu Mironescu ein paar harte Weinfakten zu quetschen, also reiße ich mich zusammen und versuche, seriös und ausgeruht zu wirken. Ein großer Kerl in kurzärmeligem, blau-weiß-gestreiftem Hemd und breiter blauer Krawatte empfängt uns mit einem ebenso breiten Lächeln, dann stellt sich ein junger Adjutant in einem offenen schwarzen Hemd als Viorel Botnaru vor; er wird übersetzen. Sein hervorragendes Englisch deutet darauf hin, dass er zu den zahlreichen Moldawiern gehört, die seit der Unabhängigkeitserklärung am 27. August 1991 im Westen studiert oder gearbeitet haben. Zurzeit arbeiten etwa 600 000 Moldawier im Westen und ihre Devisen halten die Republik am Leben.

»Wir setzen uns demokratisch«, verkündet Mironescu und zeigt auf die Stühle rund um einen langen Tisch auf der einen Seite seines großen Büros, »und wir werden nicht Russisch sprechen, wir boykottieren ihre Sprache, bis sie ihre Märkte wieder für unsere Weine öffnen!« Ich hatte gedacht, dieses Problem sei durch ein Abkommen zwischen den beiden Vladimirs, Vladimir Voronin, Präsident von Moldawien, und Vladimir Putin, Präsident von Russland, Ende November letzten Jahres während eines Gipfeltreffens der GUS, der Gemeinschaft unabhängiger (ehemaliger Sowjet-)Staaten, gelöst worden? Wir setzen uns gespannt.

»Moldawien erzeugt Wein, seit es hier einen Mann und eine Frau gibt«, fährt er fort. Ich würde sagen, wer die Produktivität der Rebe mit der menschlichen Fruchtbarkeit gleichsetzt, ist mir in seiner grundlegenden Verbundenheit zum Wein weit voraus. Es folgt eine ziemlich ausgeklügelte folkloristische Beschreibung der Weintraditionen Moldawiens und wie entscheidend sie für die nationale Identität sind. Plötzlich scheinen meine Augenlider schwer wie Blei, oder sind das Plutoniumreste aus dem kalten Krieg?

»Jetzt herrschen Erneuerung und Modernisierung, und durch die Weinstraßen gibt es auch Anfänge von Weintourismus«, sagt er dann und lässt mich wieder aufhorchen. »Um das zu unterstützen, werden wir auf einem 14 Hektar großen Grundstück gerade außerhalb von Chisinau eine ›Weinstadt‹ bauen. Dort soll es Restaurants, Probierräume, eine Ausstellung und in der Mitte ein Denkmal für den moldawischen Wein geben. Es wird 36 Meter hoch sein mit zwei weißen Störchen auf der Spitze. Sie sind unser Nationalsymbol, weil einer Legende zufolge vor vielen Jahrhunderten weiße Störche Trauben brachten, um Moldawiern zu helfen, die in einer Festung belagert wurden.«

Der Big Boss stellt ein Modell des Denkmals im Maßstab 1:100 auf den Tisch, und schon in dieser Größe wirkt es extrem phallisch, aber das passt natürlich zur der Parallele zwischen Menschen- und Rebenfruchtbarkeit, die er eingangs gezogen hat. Aber werden die Touristen wirklich mit einem Bus an den Stadtrand fahren, um diesen künstlerischen Wein-Phallus zu bestaunen, wenn sie – wie wir gestern Abend – von ihrem Hotel nur wenige Schritte zu einem Restaurant gehen und dort zu günstigen Preisen richtig guten Wein trinken können? Das ganze klingt wie politischer Aktionismus.

»Während der Sowjetzeit gab es in Moldawien 260 000 Hektar Weinberge, womit wir international auf Platz sechs oder sieben weltweit lagen«, nimmt der Big Boss das nächste Kapitel seiner Ausführungen in Angriff. Allerdings ist diese Aussage ein wenig irreführend, denn schließlich waren sie damals Teil der Sowjetunion. »Jetzt sind es nur knappe 110 000 Hektar«, sagt er dann etwas matt. Das ist trotzdem noch ein Bruchteil mehr als in Deutschland, wo die Bevölkerung gut das Zwanzigfache von Moldawien darstellt – oder anders herum: Hier gibt es gut zwanzigmal mehr Reben pro Kopf als zu Hause. Bis 1985 waren es jedoch etwa fünfzigmal mehr; eine Vorstellung, die sich mir nicht so leicht erschließen will.

Wenn man sich daran erinnert, dass der größte Teil der moldawischen Industrie in der abtrünnigen Provinz Transnistrien liegt – deren Status als »eingefrorener Konflikt« wie die gleichermaßen abtrünnigen georgischen Provinzen Südossetien und Abchasien auf die Zeit unmittelbar nach der Auflösung der Sowjetunion zurückgeht –, dann vermittelt diese grobe Statistik wahrscheinlich einen ziemlich guten Eindruck von der hiesigen wirtschaftlichen Realität.

»Wir sind jetzt dabei, die Weinbranche des Landes wiederzubeleben«, sagt er dann, unverhofft wieder sehr entschlossen und zuversichtlich. »In den letzten vier Jahren sind 17 000 Hektar neue Weinberge mit europäischen Sorten angelegt worden, und ein Teil davon hat letztes Jahr den ersten Ertrag gebracht. Bis 2020 planen wir, 100 000 Hektar mit hochwertigem Rebmaterial zu bepflanzen.« Das bedeutet eigentlich eine komplette Neupflanzung des gesamten Landes innerhalb einer einzigen Generation, ein unwahrscheinlich ehrgeiziges Vorhaben, wenn das Land tatsächlich auf Dauer auf die traditionellen Exporte nach Russland verzichten muss. Wenn nicht all diese Moldawier im Ausland arbeiteten und zweifellos Geld nach Hause schickten, hätte dieser Boykott das Land sicher längst in die Knie gezwungen. Also frage ich den Big Boss jetzt sehr direkt, ob gegenwärtig überhaupt Wein nach Moskau geht.

»Moldawien und Russland sind zu einer politischen Übereinstimmung gekommen, aber der Markt ist uns praktisch immer noch verschlossen. Auf dem Höhepunkt hatten wir einen Anteil von 59 Prozent des russischen Weinmarkts, und selbst wenn sie uns wieder hineinlassen, liegen optimistische Schätzungen bei vielleicht 30 bis 35 Prozent. Russische Investoren sind an vielen moldawischen Weinfirmen beteiligt, und die werden zweifellos die ersten sein, die auf dem russischen Markt wieder eine Rolle spielen.« Der letzte Punkt klingt logisch, ist aber trotzdem im Moment nur ein moldawisches Wein-Hirngespinst.

»Als das Importverbot verhängt wurde, hat sich niemand öffentlich mit uns solidarisch erklärt«, sagt der Big Boss, und es klingt, als kaue er wortwörtlich auf sauren Trauben, »nur hinter verschlossenen Türen haben einige westliche Diplomaten ihr Bedauern über diese Situation uns gegenüber geäußert. Dann haben die Italiener und Amerikaner in Moskau große Weinpräsentationen veranstaltet und den Russen gesagt, sie könnten natürlich problemlos all die leeren Regale füllen. Deshalb betrachten wir den Wein als eine strategische Branche unserer Wirtschaft.« Ich kann diese Auffassung der Situation Moldawiens nachvollziehen, aber sie klingt trotzdem gewöhnungsbedürftig. Ich dachte, strategische Wirtschaftsbranchen seien Dinge wie der Energiesektor, die Stahlindustrie, der Schiffbau und die Luftfahrt.

»Nichts wächst von selbst aus dem Boden, und nichts fällt von allein vom Himmel«, fährt er poetisch fort. »Dieses Jahr ist ein Dürrejahr, und die Erträge werden sehr niedrig sein. Wir Moldawier wollen keine Geschenke, aber wir würden es vorziehen, wenn uns niemand auf eine Weise behandelt, die illegal ist. Bis jetzt haben die Russen uns nichts schwarz auf weiß vorgelegt, das die schlechte Qualität unserer Weine belegen würde.« Gehässigkeit und Rache auf der russischen Seite und hier auf der anderen Bitterkeit und das Gefühl des Verrats. Das ist nicht gerade das, was wir 1989 von der damals angepriesenen »Neuen Weltordnung« erwartet haben.

»Also haben wir in andere Märkte expandiert. Die Umsätze in der Ukraine und in Belarus haben sich von 2005 auf 2006 verdoppelt, und viele andere Märkte zeigen ebenfalls einen Aufwärtstrend, aber trotzdem ist ein beträchtlicher Teil des Weins destilliert worden.« Für ein Land, das daran gewöhnt ist, die gesamte Produktion exportieren zu können, ist das Destillieren ein brutales Heilmittel, das zeigt, dass das russische Importverbot sie sowohl wirtschaftlich als auch emotional getroffen hat.

»Aber ich glaube, jetzt haben wir einen Rekord aufgestellt, der ins ›Guinness Buch der Rekorde‹ kommen könnte, weil wir eine ganze Stunde über Wein gesprochen haben, ohne einen Tropfen zu trinken!« Dieser unerwartete Witz vom Big Boss beschließt unseren Crashkurs in die komplexen Wahrheiten dieser Nation, die sich über den Weinbau und das Weintrinken definiert. Er bedeutet auch, dass unser Programm jetzt richtig beginnt.

Während der letzten 24 Stunden ist die praktische Seite unserer Reise unerwartet interessant geworden, was nicht so sehr an unserem Programm liegt, sondern vielmehr an den Weinen, die wir gestern Abend zum Essen getrunken haben. Wir haben ausführlich über den üppigen, fleischigen und geschmeidigen 2003 Cabernet Sauvignon von Vinaria Purcari und den viel herberen, schlankeren und eleganter wirkenden 2004 Cabernet Sauvignon von Château Vartely diskutiert, der stilistisch eher in die französische Richtung ging.

Das wurde etwas erschwert durch die Tatsache, dass ein Video eines Rod-Stewart-Konzerts in der Londoner Royal Albert Hall ununterbrochen auf einem Monsterbildschirm nur wenige Meter neben unserem Tisch lief, aber letztendlich waren wir uns einig, dass der Vartely mit jedem Schluck stimmiger in der Harmonie und eleganter schmeckte. Ich wünschte, ich könnte diesen Wein in Berlin kaufen, aber da wird Moldawien leider als eine der rückständigsten Ecken des ehemaligen Ostblocks wahrgenommen, und es besteht bislang kein Interesse an diesen Weinen. Dabei gibt es den Ostblock nicht mehr, seit der Warschauer Pakt am 1. Juli 1991 aufgehoben wurde, während sich die NATO weit nach Osten ausweitet.

»Die Probleme des sowjetischen Wirtschaftssystems begannen mit der Forderung, dass sich jedes Gebiet auf nur ein Produkt konzentrieren und das in industriellem Umfang herstellen sollte, und es quasi unmöglich war, Spitzenprodukte zu erzeugen«, sagt Roy, als wir aus dem beeindruckenden alten Fasskeller der staatseigenen Destillerie Aroma in Chisinau wieder ins Freie treten. »Das Problem war, dass so jegliche Spur von Einzelinitiative verlorenging; das ist in jedem Monopolsystem so.«

Angesichts des Konsolidierungsprozesses, der in den letzten Jahren in allen Industriezweigen im Westen stattgefunden hat, ist das ein beunruhigender Gedanke. Eigentlich bewegen wir uns langsam, aber stetig in die gleiche Richtung wie die ehemalige Sowjetunion. »Kostenersparnis« heißt das Zauberwort, aber dahinter steckt nicht nur die Ersparnis von Arbeitskosten durch die Entlassung von Mitarbeitern und der günstigere Einkauf von Rohmaterialien durch die Macht, Lieferer an den Rand des Bankrotts zu drängen, sondern auch das Streben nach Monopolen oder Kartellen. Die freie Marktwirtschaft muss überwunden werden, weil sie ein Hindernis auf dem Weg zur Weltherrschaft ist! Zumindest hat die Sowjetunion sich offen zu diesem Ziel bekannt. Die westlichen Konzerne streiten eine solche Entwicklung natürlich ab, aber die Parallelen sind nicht zu leugnen.

»Irgendwann fällt ein Nagel aus einem Balken, und das ganze Haus stürzt zusammen!«, führt Roy seine Analyse der wirtschaftlichen Phänomene fort, die er gerade »Mono-Strukturen« getauft hat; das Schicksal der DDR und vielleicht auch unser eigenes. Er trifft den Nagel natürlich auf den Kopf, aber jetzt müssen wir erst Andreas finden, der irgendwo mit dem Fotoapparat in der Hand herumspaziert, und aufpassen, dass wir nicht den Anschluss bei dem Rundgang verpassen.

Wir haben gerade erfahren, dass Aroma zu den fünf moldawischen Firmen in Staatsbesitz gehört, die alkoholische Getränke produzieren. Ihr Hauptgeschäft sind Cognac-artige Weinbrände, die sie in verschiedenen Stufen zwischen sieben und 45 Jahre alt anbieten. Im Fasskeller haben sie uns erzählt, dass sie noch 4525 Liter des 1945 Jahrgangsweinbrands haben, was einem Wert von drei Millionen

US-Dollar entspricht. Wie diese Zahl präsentiert wurde, spricht natürlich Bände über die neue wirtschaftliche Situation; Aromas wichtigster Absatzmarkt war Moskau. Während er das alles übersetzte, hat Viorel Botnaru erwähnt, dass er sowohl in Kalifornien als auch Neuseeland in der Weinbranche tätig war, was seinen weltoffenen Blick auf die Weinwelt erklärt. So hat sich der Spieß gedreht.

Endlich taucht Andreas wieder auf, gerade rechtzeitig für die kurze Fahrt hinüber zur Abfüllanlage, wo wir verkosten werden. Auf dem Weg kommen wir an der russischen Botschaft vorbei. Sergei sagt, es gebe dort angeblich fünf oder sechs unterirdische Stockwerke. Ist das wahr oder eher ein bewusst in Umlauf gebrachtes Gerücht, um die Moldawier einzuschüchtern? Oder lautet die wahre Frage, welches Land sich besser an die neuen Verhältnisse seit 1991 angepasst hat?

Wir steigen eine Marmortreppe hinauf zum Aroma-Labor, aus dem eine junge rothaarige Frau tritt, die sich uns als Elena Bodrug vorstellt, Leiterin des Labors und der Abteilung Qualitätskontrolle. Statt eines weißen Laborkittels trägt sie hautenge Designerjeans, einen rosa Designerpullover und Stilettos – wieder eine »Gazelle«! –, macht aber einen sachlichen und professionellen Eindruck. Wir werden durch mehrere gut ausgestattete Labors geführt, in denen alle Kittel tragen, und kommen dann in den Verkostungsraum, dessen auffälligste Einrichtung Regale voller Schauflaschen sind. Weinbrand zu probieren gehört nicht gerade zu meinen Lieblingsbeschäftigungen, aber warum nicht?

Ich bin allerdings froh, dass das Ganze im Sitzen stattfindet, denn ein Ausspuckgefäß ist nicht in Sicht, und das Zeug hat 40 Volumenprozent Alkohol. »In Moldawien nennen wir Weinbrand *divin*«, erklärt Elena Bodrug mittels unseres Dolmetschers. Der relativ günstige, im Durchschnitt sieben Jahre alte *divin* Moldova duftet nach getrockneten Datteln und Feigen, aber auch zart nach Blüten, ein Hauch Süße überdeckt geschmacklich ein wenig den Alkohol. Er schmeckt genauso wie viele französische Cognacs desselben Alters, nur etwas weicher. Es folgt der *divin* Chisinau, etwa zehn Jahre gereift. Hier zeugt eine ausgeprägte Vanillenote von langer Holzfasslagerung, und das Ergebnis schmeckt etwas trockener, aber auch eleganter als der Moldova.

»Wenn Sie zu Hause diesen Weinbrand wieder verkosten, dann werden Sie an die hübsche junge Dame denken«, sagt Herr Oleg, ein uns vom Big Boss zugeteilter leitender Mitarbeiter von Moldova-Vin mit dem in dieser Position angemessenen silbergrauen Haar, und meint damit Elena Bodrug. Was er eigentlich sagen will, ist »attraktive junge Dame«, auf die er gewaltig zu stehen scheint.

»Sie denken vielleicht daran«, kann ich mir daher nicht verkneifen, »aber ich werde mich an eine professionelle junge Frau erinnern!« Es folgt betretenes Schweigen, das die professionelle junge Frau glücklicherweise mit dem Einschenken des 15-jährigen *divin* Lucezarnii bricht. Der duftet nach Rumrosinen, kandierter Zitrusschale und Kaffee, schmeckt üppig, komplex und seidig und wird doch vom 25-jährigen *divin* Dacia noch übertroffen. Roy stimmt mir zu, dass es ein Superstoff ist.

»Da sind so viele Schichten an Aromen, nicht nur Vanille«, sinniert er, »und er wirkt wirklich sehr weich.« Dem kann ich nur zustimmen. Wie kann dieses kleine Land, das so weit entfernt von Cognac liegt, Weinbrände erzeugen, die viele teure Cognacs in den Schatten stellen, frage ich mich laut.

»Es ist wie beim Fußball«, entgegnet Viorel Botnaru, bevor Elena Bodrug antworten kann, »der wurde in Ihrem Land erfunden, aber welches Land ist jetzt am besten darin? Brasilien!«

Andreas fragt Viorel, ob die professionelle junge Frau für ihn mit der Wodkaflasche aus dem Regal posieren könnte, die wie ein Feuerlöscher aussieht. Oh nein, das hört sich an, als seien wir auch nicht viel besser als Herr Oleg, und sie wird bestimmt ablehnen. Aber kein Problem, sie greift sich die Flasche und löscht für Andreas damit ein imaginäres Feuer. Andreas gibt anfeuernde Töne von sich, während er drauflos schießt, und sie führt einen kurzen Tanz mit der Flasche auf, der ziemlich sexy wirkt, aber warum nicht? Sie ist beileibe keine hirnlose Puppe.

»Diese Bilder werden nicht zur Veröffentlichung freigegeben«, sagt Herr Oleg, doch was er wirklich meint, ist »gib mir sofort die Speicherkarte!«

»Hier ist unsere Untergrund-Sonne«, sagt der uniformierte Tourguide voller Stolz und zeigt auf eine kinetische Metallskulptur an der Felswand vor uns. »Wie Sie sehen, hat sie einen hypnotischen Effekt.« Wir befinden uns 65 Meter unter der Erde, eine kurze Fahrt von Chisinau entfernt in den ausgedehnten Kellern von Milestii Mici, einem der vier staatlichen Weinproduzenten Moldawiens. Vielleicht ist die Zahl von 200 Kilometer, die der Tourguide uns als Gesamtlänge dieser Tunnel genannt hat, großzügig aufgerundet, aber dieses ehemalige Bergwerk, aus dem der Stein stammt, mit dem Chisinau nach 1945 wiederaufgebaut wurde, lässt sich durchaus als unterirdische Weinstadt beschreiben. Wir sind in unserem Minibus viele Kilometer der Tunnel entlanggefahren, vorbei an großen ovalen Holzfässern, durch »Straßen« mit Namen wie Sauvignon- und Cabernet-Straße. Als wir zum Flaschenkeller kamen, gab es sogar einen Stau!

Die Angabe von zwei Millionen Flaschen in der »Goldenen Sammlung« bzw. der Schatzkammer klingt auch eher aufgerundet, aber ich schätze, dass jede der in die Felswand gehauenen Nischen etwa 600 Flaschen enthält, und die höchste Nummerierung der Nischen, die ich gesehen habe, war 1218. Das ist schon eine ziemliche Menge Flaschen, besonders wenn man bedenkt, dass sie erst seit 1969 für diesen »Nationalschatz« am Sammeln sind. Der Blick in den Hauptgang des Flaschenkellers ist atemberaubend, er wirkt tatsächlich unendlich. Ab jetzt wird mir jeder andere Flaschenkeller mickrig erscheinen.

»Wieder ein Beispiel für den Gigantismus des sowjetischen Systems«, flüstert Roy mir zu, »da wurde nicht gekleckert, sondern geklotzt; keine halben Sachen!«

Gerade als ich mich frage, ob es eine gute Idee ist, die Untergrund-Sonne noch länger zu betrachten, schiebt sich der Fels daneben mit einem Geräusch zur Seite, das mir aus den frühen James-Bond-Filmen vertraut ist. Dahinter liegt ein runder Raum im futuristischen Look der 1960er-Jahre, außer dass hier Bleiglas eine tragende Rolle spielt. Wo ist Dr. No und wie viel Zeit haben wir, um die Welt zu retten?

Stumm vor Erstaunen folgen wir unserem Tourguide in diese filmreife Kulisse, dann erklingt plötzlich Musik. Wir treten in einen wesentlich größeren Raum, in dem ein Musikertrio traditionelle moldawische Volksweisen für eine der zwei Gruppen spielt, die an großen Holztischen sitzen und offensichtlich mitten in einer Weinverkostung sind. Diese gemütliche unterirdische Wein-Walhalla wird von Holzvertäfelung dominiert, dann sehe ich jedoch mehrere große Aquarien mit tropischen Fischen am anderen Ende des Raums.

»Als ich Kind war, hatten wir ein Aquarium, und es war meine Aufgabe, es jeden Sonntagvormittag sauberzumachen«, sagt Roy.

»Als ich Kind war, hatten wir auch ein Aquarium, aber ich durfte nur meiner Mutter helfen, wenn sie es saubermachte«, entgegne ich. Das macht es nur noch deutlicher, dass die Ursprünge dieses Ortes in den 1960-er und frühen 70er-Jahren liegen.

Als wir weitergehen, teilt uns der Tourguide mit, wir würden nebenan verkosten, in dem »Großen Verkostungsraum«. Darin steht der längste Tisch, den ich je gesehen habe, hundert Personen können sicher daran sitzen. An einem Ende sind einige Plätze vorbereitet, ganz offensichtlich für uns. Der Tourguide besteht darauf, dass ich als theoretischer Gruppenleiter am Kopf Platz nehme, dann geht es los mit der Probe. Endlich Wein!

»Der erste Wein ist der 1990 Sauvignon blanc aus der Goldenen Sammlung«, erklärt der Tourguide, während eine Kellnerin uns einen strohgelben Wein einschenkt. »Er wurde nach 16 Jahren Fasslagerung abgefüllt.« 16 Jahre! Der größte Teil der trockenen Weißweine aus dieser überall auf Planet Wein mega-angesagten Sorte wird eher 16 Wochen nach der Lese abgefüllt! Und diese Weine sehen typischerweise nur das Innere von Edelstahltanks, während der Wein vor uns in einem der großen Holzfässer lag, die wir vorhin gesehen haben. Trotz diesem Hardcore-Ausbaustil zeigt der Wein immer noch die für diese Sorte charakteristischen grasigen und süßlich gemüsigen Aromen, er schmeckt reif, aber frisch und bemerkenswert lebhaft für sein Alter. Das einzige Problem ist, dass dieser Wein uns Profis zwar etwas Außergewöhnliches beweist, aber nicht besonders außergewöhnlich schmeckt.

»Das ist nur eine von vier solchen Kelleranlagen in Moldawien!«, schaltet sich Herr Oleg ein, der auch hier mit von der Partie ist, und das macht diese Szene nur noch extremer. Damals während des kalten Kriegs, als die halbe Welt damit beschäftigt war, Atombunker zu bauen, haben die Moldawier Weinbunker gebuddelt! Das Etikett, das rund um die Flasche reicht und irgendwie vertraut wirkt, ohne dass ich es einordnen kann, zeigt eine Karte dieser unterirdischen Weinstadt.

»Bis 1990 hatten wir hier unsere eigene Weinfabrik und haben Trauben gekauft. Jetzt kaufen wir die jungen Weine aus allen Teilen Moldawiens«, fährt der Tourguide fort, »Und vor drei Jahren haben wir hier 80 Hektar neue Weinberge angelegt.«

Plötzlich taucht eine Frau mittleren Alters in einem weißen Anzug auf, und alle erheben sich. Herr Oleg stellt sie als die Direktorin von Milestii Mici vor und sagt, sie sei hier seit 25 Jahren tätig, was bedeutet, dass sie während der Sowjetzeit ihren Job hier angefangen hat. Jetzt müssen wir mit der Probe nochmal von vorne beginnen, aber die Direktorin ist nur an dem interessiert, was ihr Herr Oleg zu erzählen hat, und das scheint eine Menge zu sein. Er blickt ihr dabei tief in die Augen. Entweder sind sie alte Freunde, oder er ist einfach ein richtiger Frauenheld.

Die Rotweine sind wesentlich spannender als die Weißen, besonders als wir zu denen aus der Sowjetzeit kommen. Codru ist eine moldawische Weinkategorie, von der mir Anna Karenina in Moskau erstmals erzählt hat, für sie war es der beste Wein, den sie vor dem Zusammenbruch der Sowjetunion getrunken hatte. Der 1987, den wir verkosten, ist ein Verschnitt aus 75 Prozent Cabernet Sauvignon und 25 Prozent Merlot. Er duftet nach Sauerkirschen und Paprika und schmeckt durch den schlanken Körper und den herben Nachhall beinahe wie ein guter Bordeaux. Auf alle Fälle übertrifft er alles, was wir im Westen mit »kommunistischem Wein« assoziieren.

»Warum trinken Sie die Weine nicht?«, fragt mich Herr Oleg abrupt, weil keiner von uns seine Gläser geleert hat. Ich versuche, ihm in versöhnlichem Ton klarzumachen, dass wir als professionelle Weinverkoster sicherstellen müssen, auch beim letzten Wein noch frisch genug zu sein, um ihn genauso sicher beurteilen zu können wie den ersten, doch ich merke sofort, in welche Ecke ich mich da boxe.

»Okay«, sage ich also, »am Ende der Probe werde ich ein ganzes Glas meines Lieblingsweins trinken, wenn ich dafür der Direktorin eine Frage stellen darf.« Ich habe gelesen, dass dieses Lieblingswein-Glas ein ritueller Abschluss moldawischer Weinproben sein soll. Er stimmt diesem Deal sofort zu, und alle scheinen zufrieden.

Als letzter Rotwein kommt ein 1986 Negru di Purcari, laut unserem Tourguide Moldawiens größter Wein, eine Cuvée aus dem französischen Cabernet Sauvignon, dem einheimischen Rara Neagra und der georgischen Sorte Saperavi; eine verrückte kosmopolitische Mischung! Die Aromen strömen förmlich aus dem Glas, und der Wein wirkt extrem lebhaft, obgleich er 14 Jahre im Fass lag. Er duftet zugleich hitzig, würzig und geheimnisvoll, schmeckt voll, mächtig, poliert und verabschiedet sich nur ganz allmählich nach jedem Schluck. Dass er keine Eichenaromen zeigt – alle Fässer, die wir gesehen haben, waren alt und geben kein Aroma an die Weine mehr ab –, trägt noch zum Charme dieses großen kommunistischen Weins bei.

Als ich Herrn Oleg sage, dass ich von diesem Wein ein ganzes Glas möchte, wird auch das Mittagessen serviert, die Musiker kommen herein und spielen uns zu Ehren irgendwelche halbwegs germanisch klingenden Melodien. Nachdem sie noch ein Kalinka als Zugabe absolviert haben, leere ich demonstrativ mein rituelles Glas.

»Ich vermute, dass Leonid Breschnew Milistii Mici ebenfalls besucht hat, und er hat sicher auf diesem Stuhl gesessen«, bemerke ich dann. »Was hat er damals gesagt?«, Sergei übersetzt jedoch nicht direkt, er sagt einfach gar nichts. Mir ist klar, dass ich sicher ein heißes

Thema angesprochen habe, denn Breschnew setzte während seiner Amtszeit als Erster Parteisekretär der Moldawischen SSR von November 1950 bis April 1952 Stalins Politik gegen die ethnischen Minderheiten um und ließ etwa eine Viertelmillion ethnische Rumänen deportieren. Die Sowjetunion wirft nach wie vor einen langen Schatten, und den spüren wir jetzt wegen meines offensichtlichen Fauxpas ziemlich kalt im Rücken. Aber Roy flüstert mir zu, ich solle mir keine Sorgen machen und auf meiner Frage bestehen. Also wiederhole ich sie im allerfreundlichsten und leicht naiven Ton. Dieses Mal übersetzt Sergei, worauf unsere Gastgeber etwas fassungslos wirken.

Herr Oleg holt tief Luft und sagt, Breschnew sei zwar 1976 hier gewesen, doch das sei vor der Zeit der heutigen Direktorin gewesen und niemand der Anwesenden wisse, was der Generalsekretär gesagt habe. Zu diesem Zeitpunkt war der Mann, der die Sowjetunion in die eisige militaristische Stagnation führte, bereits süchtig nach dem Schmerzmittel Nembutal, das er von seiner KGB-Krankenschwester bekam, also hat er vielleicht gar nichts Verständliches gesagt? Oder wollten sie sich nicht an seine Worte erinnern?

»Aber er hat mehr getrunken als Sie«, fügt Herr Oleg dann etwas spitz hinzu. »Moldawische Weine machen stark und gesund«, fährt er dann fort, »als der russische Premierminister Tschernomyrdin hier war, sagte er, ›wir Russen müssen diese Weine für unsere Gesundheit trinken, denn wir müssen gesund sein, um mehr Wodka trinken zu können.‹« Noch ein toller Spruch von dem heutigen Botschafter Russlands in der Ukraine!

Wir lachen alle, weil es eine gute Geschichte ist, aber während ich noch lache, denke ich über die politischen Dimensionen dieser Geschichte nach, und sie kristallisieren sich langsam heraus wie aus einer super-gesättigten Lösung. In diesem Witz, auf diese Weise und in dieser Situation erzählt, verbirgt sich ein zentraler Punkt zum Verständnis der modernen Geschichte. Da haben wir Gorbatschows Anti-Alkoholkampagne und die Abhängigkeit der Moldawier vom russischen Absatzmarkt und der Geneigtheit ihrer politischen Herren in Moskau. Diese Anlage wurde zweifellos gebaut, um Mitglieder des Politbüros und andere Moskauer VIPs zu beeindrucken. Wir füllen nur die Lücke, die sie hinterlassen haben.

»War Putin je hier?«, frage ich, ohne über die Konsequenzen nachzudenken.

»Er war in Moldawien, aber nicht hier«, antwortet Herr Oleg schroff. Ich vermute, es bestünde nur dann eine Chance, ihn hier zu sehen, wenn Vladimir Voronin Moldawien aus dem neuen Wirtschaftsverbund löst, den er mit Georgien, der Ukraine und Aserbaidschan gegründet hat. Aber vielleicht ist die Kluft zwischen Chisinau und Moskau auch schon zu tief, um einen solchen Schritt jetzt zu riskieren, denn damit würde er wirklich alle Brücken hinter sich abbrechen.

»Jelzin war natürlich ganz anders als Putin. Er trank«, fügt Herr Oleg hinzu und meint damit zweifellos, dass sie diesen russischen Präsidenten problemlos mit reichlichen Mengen besten moldawischen Weins zähmen konnten, und sogar den Hardliner Breschnew hier unten halbwegs besänftigen konnten, während diese alkoholische Verteidigungsstrategie mit dem trockenen Putin einfach nicht funktioniert.

Unser Tourguide wirkt jetzt ziemlich desorientiert, er ist offensichtlich am Ende seines Skripts und sein Englisch nicht gut genug, um dieses ganze politische Gerede zu verfolgen. Dann kommt eine Kellnerin mit noch einem Wein, und seine Augen leuchten plötzlich – ein Stichwort! Sie schenkt uns einen roten Schaumwein ein, der so tiefrot ist, dass er beinahe schwarz wirkt.

»Dieser Schaumwein ist der 1992 Moldova de Lux, und er ist aus der Sorte Pinot noir. Man kann die Bläschen nicht erkennen, wegen der tiefen Farbe«, sagt er und scheint hocherfreut, wieder im Mittelpunkt zu stehen. »In Moldawien ist der Schaumwein für die Verdauung, nach dem Essen.«

Der nahezu schwarze Schäumer ist zugleich wildfruchtig, strotzt vor herbem Gerbstoff und schmeckt leicht süßlich, bzw. der Geschmack schießt in alle Richtungen zugleich. Für uns Westler sprengt er eindeutig den Rahmen.

»Auch solche Weine gehörten zum Reich des Bösen!«, flüstert mir Roy zu.

Diese Worte und der Anblick der Miletii-Mici-Flasche vor mir auf dem Tisch erinnern mich ganz unvermittelt an einen weit zurückliegenden Abend in London.

Es ist Winter 1991/92, und ich sitze am Tisch einer Wohnung im Souterrain eines dieser beeindruckenden weißen Reihenhäuser in South Kensington. Vor jedem am Tisch stehen zwei Gläser mit Rotwein, deren Identität noch unbekannt ist, mit Ausnahme unseres Gastgebers, Graham Greene, eines führenden Londoner Weinhändlers. Wir spielen das beliebte Gesellschaftsspiel der britischen Weinprofiszene namens »Weinraten«, und es scheint, als hätten wir einen guten Start hingelegt, weil wir die erste der ritualisierten Fragen – »Alte Welt oder neue Welt?«, – zielsicher mit »alte Welt« beantwortet haben, das heißt mit Europa im Gegensatz zu Übersee, und unser Gastgeber dazu bejahend genickt hat. Die zweite der Fragen, die einem alles über die britische Perspektive der Weinwelt sagt, folgt sogleich: »Frankreich oder anderswo?«

Selbstsicher geben die Experten am Tisch einer nach dem anderen ihre Antwort ab. »Das muss Bordeaux sein!«, platzt Charles Dickens vor allen anderen heraus.

»Das ist nicht nur Bordeaux, sondern vom linken Ufer!«, ruft darauf Jane Austin ebenso überzeugt, und meint damit das linke Ufer der Gironde bei Bordeaux, also das Médoc.

»Der Wein im linken Glas ist eindeutig weniger gut als der im rechten, aber es sind beide zweifellos Grands Crus Classés aus dem Médoc«, konstatiert Thomas Hardy und hängt sich damit noch weiter aus dem Fenster.

Alles zusammen macht deutlich, dass die Runde vollkommen überzeugt ist, sie bewegte sich auf vertrautem Terrain und sei gerade dabei, zwei »ihrer« Weine zu beurteilen. In Kreisen wie diesem dominiert die alte Wein-Hierarchie mit Bordeaux an der Spitze nach wie vor – und schließlich ist es ja auch erst sechs Jahrhunderte her, dass

England am Ende des Hundertjährigen Kriegs Aquitanien an Frankreich verloren hat!

Ich sage gar nichts, weil es mir als einzigem am Tisch an dem nötigen Selbstvertrauen zu fehlen scheint. Doch ausnahmsweise entpuppt sich das als positiv, denn jetzt grinst unser Gastgeber beinahe schon hämisch und fragt noch einmal: »Ihr seid euch also einig, dass sie aus Frankreich sind?« Es stimmt, ich nicke dazu – warum tue ich das, obwohl ich eigentlich keine Ahnung habe, woher die Weine stammen könnten?

»Ich fürchte, Ihr liegt alle daneben. Möchte es jemand noch einmal versuchen?«, sagt Greene darauf süffisant. Alle sind sprachlos. Mehrere Gesichter am Tisch wirken, als ob in den Köpfen gewaltig gegrübelt wird, aber keiner sagt auch nur einen Piep, nachdem wir alle zusammen diesen spektakulären Absturz hingelegt haben. Greene verschwindet für einen Moment und kommt mit zwei Flaschen zurück, die dieselbe Form wie die von Bordeaux-Weinen haben, aber beinahe vollständig mit Etiketten umhüllt sind, die aussehen, als seien sie aus Löschpapier gemacht.

»Jemand hatte recht, dass der Wein im rechten Glas besser als der im linken ist«, sagt er gönnerhaft, »der links ist der 1977 und der rechts 1979. Beide sind aus Moldawien!«

Schreckenslaute und Überraschungsschreie von allen Seiten. Dickens ist fassungslos. Hardy und Austin greifen nach den Flaschen, um die Etiketten zu inspizieren, doch es handelt sich zum größten Teil um kyrillische Schrift. Lediglich die Rebsorte ist in lateinischen Buchstaben angegeben: Cabernet Sauvignon. Wir sind hereingefallen, weil die Weine die charakteristischen Aromen reifer Cabernet-Sauvignon-Trauben zeigen, fass- und flaschengereift, so herb und schlank wie guter reifer Rotwein aus Bordeaux. Sie senden genau die richtigen Signale für diese Gruppe von Bordeaux-fixierten britischen Wein-Experten aus, die dadurch direkt in die Falle ihrer eigenen Beschränktheit tappen.

Doch warum haben wir darauf nicht darüber diskutiert, wie so hervorragende Weine unter einem kommunistischen System entstehen konnten, aus unserer westlichen Sicht eigentlich ein Ding der Unmöglichkeit? Im Rückblick lautet die Frage jedoch, warum hatte ich dieses moldawische Wein-Erlebnis vollkommen vergessen? Allerdings ist die Antwort auf beide Fragen die gleiche: Es ist eine schmerzliche Wahrheit, die unsere westlichen Vorurteile einstürzen lässt wie ein Kartenhaus.

3. August 2007 »Die diesjährige Ernte an Winterweizen betrug nur 400 000 Tonnen statt einer Million Tonnen in einem normalen Jahr, und Mais werden wir vielleicht gar keinen ernten. Das liegt an der Hitzewelle, die bis vor ein paar Wochen herrschte. Sie haben Glück, dass Sie erst jetzt gekommen sind, es war 40 °C und heißer«, sagt Herr Oleg und klingt dabei beinahe absurd fröhlich, obgleich es eher eine Katastrophenmeldung zu sein scheint. »Wir werden Weizen und Mais aus anderen Ländern kaufen, und niemand wird hungern«, fügt er hinzu, als handle es sich um ein unwesentliches Problem.

»Aber wenn das zwei oder drei Jahre hintereinander passiert, dann stecken sie wirklich in tiefen Schwierigkeiten«, bemerkt Andreas leise zu mir. Er hat recht, und durch die globale Klimaerwärmung wird es immer wahrscheinlicher, dass eine solche Situation eintreten wird. Der Schock der letzten größeren Hungersnot in Moldawien ist in vielen Köpfen noch ziemlich präsent: 1946 sind 216 000 Menschen verhungert. Es ist noch eine offene Frage, ob Stalin das beabsichtigte. Wir sind auf dieses Thema gekommen, weil sich unser Minibus gerade von Chisinau durch die Steppen in Richtung Norden bewegt, vorbei an endlosen Feldern mit verkrüppelten, von der Hitze förmlich verbrannten Maispflanzen.

Gestern bot sich uns das gleiche Bild in den Steppen von Süd-Moldawien. Dort drehte es sich so gut wie ausschließlich um den Besuch einer Destillerie in bulgarischem Besitz, die sich als Wirtschaftssonderzone hinter Stacheldraht entpuppte. Was Steuern und Einfuhrzölle betraf, gehörte sie de facto zur EU, konnte sich aber der billigen Arbeitskräfte hier bedienen. Der Weinbrand lagerte in monströsen Stahltanks, die wie pensionierte U-Boote aus der Sowjetzeit aussahen und in denen Stapel von grob zerhauenen Eichenstämmen den Weinbrand schmecken ließen, als sei er in Holzfässern gereift. Mord an der Seele des Branntweins? Wir hatten zugeben müssen, dass dieser »Trick« erstaunlich gut funktionierte, obwohl das, was wir probiert hatten, für unseren Geschmack etwas zu stark mit Karamel gesüßt worden war.

Dann zeigte uns der bulgarische Chef seine 62 Hektar Weinberge, die merkwürdigerweise mit roten Sorten bepflanzt waren. Üblicherweise wird Weinbrand aus dem vergorenen und destillierten Most weißer Trauben hergestellt. Es stellte sich heraus, dass die Einheimischen so versessen auf rote Trauben sind, dass sie zwei Kilo weiße gegen ein Kilo seiner roten Cabernet-Sauvignon-Trauben tauschen – nach meinem Überschlag kommt er so an schätzungsweise 500 bis 600 Tonnen weiße Trauben pro Jahr.

Leider machten seine Weinberge keinen guten Eindruck, sie waren voller Mehltau und so chaotisch, dass die Trauben garantiert sehr ungleichmäßig reifen würden. Glücklicherweise hatten wir auf der Fahrt zu dieser Sonderzone die über 200 Hektar Weinberge in der Nähe der Stadt Ohreiul gesehen, die Château Vartely gehörten und trotz der Hitzewelle makellos aussahen. Wie überall auf Planet Wein entsteht auch hier Qualität nicht einfach aus Zufall, sondern basiert auf systematischer, aufmerksamer Arbeit.

»Ist der Süden ärmer als der Norden?«, fragt Andreas unsere Dolmetscherin, eine große, selbstsichere Frau namens Tatjana, von der wir bereits gestern viel über Moldawien erfahren haben.

»Der Süden leidet am meisten unter der Hitze im Sommer«, antwortet sie, »es ist der heißeste, trockenste und ärmste Teil des Landes. In den letzten Tagen hat es im Norden geregnet, aber nicht im Süden.«

Wir biegen von der Schnellstraße ab und sind bald auf asphaltierten, aber doch ziemlich einfachen Straßen, an denen häufig Walnussbäume wachsen. Ein von chaotischen Weinbergen umgebenes Dorf fliegt vorbei, dann staunen wir alle über Parzellen mit Buschreben, die ganz ohne Hilfe wachsen, andere, wo jede Rebe von einem Pfahl gestützt wird, das alte römische System, das in Deutschland Einzelpfahlerziehung heißt, und schließlich einige, in denen die Reben an Pyramiden gezogen sind, die aus Stöcken mit Schnur zusammengebunden sind.

Dann eröffnet sich uns plötzlich ein ganz erstaunlicher Blick: Tief in die Steppenlandschaft eingeschnitten schlängelt sich ein Fluss in einem steilen Tal. Die Landschaft dort unten ist saftig grün und von vielen weißen Kreidefelsen durchsetzt. Wir fahren in das Tal hinunter, und unsere Dolmetscherin erklärt, dass wir uns die alte Stadt Orheiul Vechi am Raut-Fluss anschauen werden, deren Anfänge bis ins dritte Jahrtausend vor unserer Zeitrechnung zurückreichen. Das klingt wie der erste Mann und die erste Frau und die Anfänge des Weinbaus in Moldawien.

Wir halten hier kurz, um eine Einheimische mitzunehmen, die unser Führer ist, und fahren dann zu einem alten Haus, das in dem vor über 200 Jahren üblichen Zustand restauriert worden ist.

»Ich werde oft gefragt, ob wir fließendes Wasser, Elektrizität und Telefon zu Hause hier im Ort haben, und die Antwort lautet ›ja‹«, erklärt sie uns mit Hilfe der Dolmetscherin, »aber hier liegen die Dinge natürlich anders.«

Das Haus ist einstöckig, weißgetüncht und besitzt ein Reetdach. Es ist heute vielleicht nicht richtig heiß, aber die Sonne ist sehr intensiv, und ich bin froh über das Dämmerlicht, das im Innern des »Hauptraums« herrscht, in dem Besucher empfangen wurden. Die Wände sind mit traditionellen Stoffen behangen, und nebenan sehen wir ein Spinnrad und einen Webstuhl, auf dem sie hergestellt wurden.

Wir gehen wieder hinaus und um das Haus herum zum steingemauerten Eingang des Weinkellers, der teilweise in den Berg gegraben und mit einer dicken Schicht Erde über dem Steingewölbe isoliert ist, und treten durch eine hölzerne Doppeltür. Innen ist es wunderbar kühl, und es gibt genug Licht, um arbeiten zu können. Ein hölzerner Trog zum Stampfen der Trauben steht neben zwei kleinen runden Fässern für die Weinlagerung. Alles ist einfach, hat aber sicher gut funktioniert und ist im großen europäischen Kontext des 18. Jahrhunderts keinesfalls als rückständig zu bezeichnen. Doch wo steht der moldawische Wein im heutigen weltweiten Kontext?

Herr Oleg verkündet, es sei jetzt Zeit fürs Mittagessen, also klettern wir wieder in den Minibus. Wenige Minuten später sitzen wir unter einer Pergola neben einem saftig grünen Gemüsegarten, der zu einem modernen zweistöckigen Haus gehört und dessen Besitzerin uns zwei Glaskrüge mit »Hauswein« auf den weißgedeckten Tisch stellt. Endlich Hauswein!

Der eine leuchtet sehr vielversprechend in dunklem Rubinrot, der andere jedoch ist bernsteinfarben, kein gutes Zeichen bei einem trockenen Weißwein, weil es auf Oxidation hindeutet. Weingläser werden dazu gebracht, und ich schenke etwas verzagt jedem einen kleinen Schluck von dem »weißen« Wein ein. Wieder ein Moment der Wahrheit.

Enorm gerbig, rau und rustikal steht der Weißwein tatsächlich kurz vor der kompletten Oxidation. Keiner von uns findet etwas Positives an ihm, und ich greife schnell nach dem Rotwein. Er schmeckt kernig und ein wenig sauer, aber hat auch schöne Beerenaromen zu bieten, ist nicht überladen mit Gerbstoff und eigentlich sehr angenehm erfrischend. Wir erklären ihn einstimmig nicht nur als trinkbar, sondern sogar als ziemlich gut für einen mit sicher primitiven Mitteln hergestellten Hauswein, aus Trauben von Reben, die vielleicht an diesen Stockpyramiden gewachsen sind. Auf etwas systematischere Weise hätte daraus sicher noch deutlich interessanterer Wein werden können, aber darum geht es nicht. Dies sind Weine, die zweifellos einen guten Eindruck davon vermitteln, wie moldawischer Wein schmeckte, als er vor über 200 Jahren in Kellern wie dem gerade von uns besichtigten gemacht wurde. Kein Wunder, dass die Moldawier traditionell Rotwein höher einschätzen als Weißwein.

Unsere Gastgeberin und ihr Mann kommen mit Platten, die üppig beladen sind mit allen Arten von mediterranen Gemüsen aus ihrem Garten. Wir sind alle sehr beeindruckt von den großartigen Tomaten, den gegrillten gelben Paprika und den Auberginen – es strotzt alles vor Aroma. Herr Oleg, die Dolmetscherin und der Fahrer sind jetzt tief im Gespräch am anderen Ende des Tisches, und endlich scheinen wir alle ganz entspannt.

Nach dem Gemüse wird uns eine goldgelbe Masse in Form und Größe eines kleineren runden Brotlaibs serviert. Die Dolmetscherin unterbricht ihre Unterhaltung, um uns zu erklären, dass es sich dabei um das moldawische Nationalgericht *mâmâligâ* handelt, eine Art von Polenta. Mit einer reichhaltigen Tomatensauce ist es herzhaft und nahrhaft, und nach einer Scheibe sind wir Touristen gezwungen, die weiße Fahne zu schwenken. Bald wird dieses Gericht im ganzen Land wegen der Missernte aus importiertem Mais zubereitet werden müssen. Angesichts des russischen Weinimportverbots scheinen sie allerdings ganz offensichtlich die Ruhe zu bewahren, vielleicht gehen sie mit diesem heftigen Schlag gegen ihren Nationalstolz auch ganz pragmatisch um?

Ein hochgewachsener Mann mit leicht ergrautem Haar taucht mit einem Kassettenrecorder und einem Mikrofon auf, und die Dolmetscherin sagt, er sei Radiojournalist und wolle uns interviewen. Sie scheint etwas nervös, für eine Sendung zu dolmetschen, aber der Journalist übergeht das einfach und schiebt das Mikro in meine Richtung. Als Erstes möchte er, dass ich mich vorstelle, und wie immer in dieser Situation frage ich mich, welchen Titel ich mir geben soll; bin ich eher Buchautor als Weinkritiker oder etwas ganz anderes? Nach kurzem Zögern sage ich, ich sei »Journalist und Kolumnist«, aber ich merke sofort, dass sie die Übersetzung durcheinander bringt und mich zum »Journalist und Kommunist« macht.

»Nein! Journalist und Kolumnist!«, schreie ich halb ins Mikro. Ich will auf gar keinen Fall mit der kommunistische Regierung Moldawiens assoziiert werden. Zur späten sowjetischen Zeit war Präsident Vladimir Voronin Chef des KGB in der Moldawien-SSR! Nach einigen Fragen wendet sich der Radiojournalist Roy zu, der ihn mit all der Begeisterung für die moldawische Weinkultur versorgt, die er sich ganz offensichtlich gewünscht hat, so dass wir keinen schlechten Eindruck beim moldawischen Rundfunk hinterlassen.

Als wir weiterfahren, dreht der Fahrer das Radio richtig auf und verwandelt den Minibus in eine rollende Disco. Dann kommen wir am oberen Rand des Raut-Tals an einem etwa zehn Hektar großen Grundstück mit Reben vorbei, doch Herr Oleg hat keine Ahnung, wem sie gehören; unser nächster Termin sei bei der modernsten Weinkellerei Moldawiens.

Wenige Minuten später halten wir am Straßenrand, und er deutet auf einen riesigen Stahlbogen, der von zwei Steinsäulen getragen wird. Oben auf dem Bogen steht der Name »Cricova«. Herr Oleg sagt, dies sei auch eine der unterirdischen Weinstädte im Staatsbesitz, aber nachdem wir das in den Steppen gestrandete Stück Futurismus gebührend bewundert haben, fahren wir weiter; unser Ziel liegt offenbar anderswo. Die Steppe fliegt vorbei, und mit dem Magen voll köstlicher Dinge fallen uns trotz der dröhnenden Musik allen die Augen zu.

Erst als wir abrupt halten und das Radio plötzlich verstummt, schrecke ich aus meinem *mâmâligâ*-Halbschlaf wieder auf. Wir stehen vor Stahltoren mit einem blauen Logo auf weißem Untergrund. Rechts neben den Toren erhebt sich ein ziemlich großer, halbfertiger Büroblock. Ich dachte, wir würden eine Weinkellerei besichtigen, warum fahren wir jetzt in eine Hightech-Fabrik? Dann sehe ich ein Schild, es handelt sich tatsächlich um das Wein-Unternehmen Acorex. Ich reibe mir den Schlaf aus den Augen und kontrolliere, dass ich tatsächlich Notizbuch, Stift und Digitalkamera dabei habe; das könnte vielleicht der wichtigste Termin unserer Reise werden. Herr Oleg führt uns in ein rundes Wachhaus, wo uns ein Sicherheitsmensch in Militäruniform weiße Laborkittel aushändigt. Ein junger Firmenangestellter teilt uns mit, dass er mit uns eine Besichtigungsrunde machen wird, dann wird der Handelsdirektor von Acorex für eine Verkostung zu uns stoßen.

Als wir den ausgedehnten Hof des aufwendig gesicherten Anwesens betreten, erklärt er uns, dass die Firma 1989 gegründet worden und das allererste Wein-Unternehmen des Landes im Privatbesitz sei. Es ist ein Joint Venture mit Partnern aus den USA, Singapur und Moldawien und beschäftigt italienische Berater. In dieser »Fabrik« wird so gut wie ausschließlich abgefüllt, und sie haben drei Weinfabriken im Süden, wo die Weinberge liegen. Wir folgen dem jungen Mann zu einer Seite des großen, kastenförmigen Hauptgebäudes und gehen dann eine Stahlgitter-Außentreppe in den dritten Stock hinauf.

Innen stehen riesige Edelstahltanks in langen Reihen, und um einen besseren Blick zu haben, steigen wir noch eine Betontreppe zu einem Laufsteg an ihrem oberen Ende hinauf. Unser Führer sagt, diese Ungetüme würden nur für die billigsten Weine genutzt, die früher beinahe ausschließlich nach Russland gegangen seien. Der Verlust dieses Marktes sei der Grund, warum die Bautätigkeiten an dem Bürogebäude unterbrochen wurden. Ich hatte angenommen, die Kellerausstattung sei aus dem Westen, aber es stellt sich heraus, dass die Tanks aus Ungarn stammen. Kein Zweifel, die Weinwelt hat sich seit 1989 grundlegend verändert. Unser Führer erklärt uns weiter, dass alle Weine mit Rebsortenbezeichnungen in wesentlich kleineren Tanks oder Fässern ausgebaut werden.

»Darunter auch Bastardo«, erwähnt er, eine traditionelle Sorte aus dem Douro-Tal in Portugal, »das ist das neue Modeding.« Bastardo? Ich meine, der Name klingt interessant, aber wo auf Planet Wein außer in ihrem Heimatland macht sich jemand ernsthaft Gedanken über diese obskure Sorte? Antwort: Bisher nirgendwo!

Wir gehen in einen viel kleineren Keller, in dem an der einen Seite Barriquefässer liegen, an der anderen neue Hightech-Gerätschaften blitzen. Er sagt, sie würden die Fässer grundsätzlich zuerst für Weißwein nutzen, der darin aber nur sechs Monate bleibe, und dann für Rotwein, der im allgemeinen ein Jahr im Fass lagere. Die ersten, 2005 gekauften Fässer, seien noch für Rotwein im Gebrauch.

Ein dynamisch wirkender junger Typ kommt herein und stellt sich uns in perfektem Englisch als Dumitru Chirchu vor, Acorex-Handelsdirektor und augenscheinend tatsächlich hocherfreut über diese ausländischen Besucher.

»Von Anfang an ging es hier um die Erzeugung hochwertiger Weine«, legt er voller Enthusiasmus los, »zuerst haben wir versucht, die Qualität in den bestehenden Kellereien zu verbessern, aber dann wurde uns klar, dass wir unsere eigene Kellerei bauen müssen, um unser Ziel zu erreichen. Es ist aber sehr wichtig, dass die erste Verarbeitung der Trauben – das Maischen, Keltern und die Gärung – in der Nähe der Weinberge geschieht. Danach kommen die Weine unter dem Schutz einer Edelgasdecke hierher. Umberto Minini, unser beratender Kellermeister, hat uns sehr geholfen, die Qualität zu steigern.«

Dumitru Chirchu zeigt uns verschiedene der Gerätschaften, dann gehen wir durch den ältesten Teil der Kellerei, vorbei an Reihen von U-bootartigen emaillierten Stahltanks in die Abfüllhalle. Abfüllanlagen sind eigentlich das Langweiligste in so einem Betrieb, aber für Chirchu ist es wichtig, weil es bis vor kurzem anscheinend eine Schwachstelle in der Kette von der Traube zum fertigen Wein darstellte. Wie er sagt: Was nützt all die Mühe, um die Aromen aus der Traube zu erhalten, wenn man ganz am Ende des Prozesses einen bedeutenden Teil davon verschenkt?

Nächster Halt ist eine Verkostung eben dieser Weine. Sobald wir durch die Tür des Labors treten, lässt sich unser Fahrer in den bequemsten der vorhandenen Stühle fallen. Er langweilt sich offenbar zu Tode in dieser diskofreien Zone, aber Chirchu zuckt mit keiner Wimper. Er schlägt vor, dass wir uns an einen der weißen Tische setzen, und holt professionelle Probiergläser, während er eine Liste der Exportmärkte des Unternehmens herunterrattert: Schweden, Kanada, USA, England, Holland, Belgien und Deutschland.

Der erste Wein ist ein Pinot grigio, ein 2006 mit dem pseudoitalienischen Markennamen Albastrele, aber sobald ich das Glas zur Nase hebe, wird mir klar, dass ich hier schon wieder einem Weinkritiker-Vorurteil zum Opfer falle, oder sollte ich das journalistische Engstirnigkeit nennen? Der Wein ist wie flüssiger Obstsalat, aber ohne einen Hauch von Kitsch, und zeigt eine angenehm lebhafte Säure, die günstigen Weinen aus dieser Sorte oft fehlt. Mit seinem strahlenden, an Melone und schwarze Johannisbeeren erinnernden Duft wirkt der 2005 Albastrele Sauvignon blanc noch frischer. Er ist Lichtjahre vom gerbigen, oxidativen Hauswein entfernt. Kein Wunder, dass diese beiden Weine an der Spitze der Exporterfolge stehen.

Leider ist der 2005 Chardonnay, der in den neuen Barriquefässern vergoren wurde, für unseren Geschmack einfach zu holzlastig; schade, der Wein schmeckt nach gut ausgereiften Trauben und ist abgesehen von der Eichen-Überdosis sehr gut gemacht.

Wir gehen zu den Rotweinen der gleichermaßen italienisch klingenden Marke Legenda über. Sowohl der 2004 Merlot als auch der 2005 Cabernet Sauvignon & Merlot sind füllig und fleischig mit reichlich, aber nicht dominierendem herben Gerbstoff. Dass wir die 14,5 Volumenprozent Alkohol nicht vordergründig schmecken, deutet auf sehr professionelle Arbeit in Weinberg und Keller hin.

»Zum Schluss kommt jetzt der erste Jahrgang eines neuen Acorex-Weins, aus getrockneten Trauben im Stil eines italienischen Amarone«, kündigt Chirchu begeistert an. »Und wie Sie wahrscheinlich wissen, gibt es bei uns die Tradition, dass am Ende einer Verkostung jeder ein ganzes Glas seines Lieblingsweins trinkt.«

Gleich beim ersten Schluck des 2003 Amaro aus dem Valea Perjei Gebiet ist mir klar, dass dies der beste Wein der Probe ist. Chirchu erklärt, 70 Prozent der Trauben seien Bastardo, dazu kämen Cabernet Sauvignon und Merlot, und der fertige Wein habe einige Gramm an unvergorener Restsüße aus den Trauben und volle 15 Volumenprozent Alkohol.

Dieser Wein ist nicht subtil, und er versucht auch nicht, subtil zu sein. Man könnte ihn auch mit »Wummmm!« beschreiben ... beinahe schwarz in der Farbe duftet er sehr einladend nach Dörrpflaumen, getrockneten Kirschen und Balsamico. Das steht dem ausladenden Wein ebenso gut wie der reichliche Gerbstoff, und trotz seiner buchstäblich atemberaubenden Opulenz brennt der Alkohol nicht im Geringsten. Gut, die Idee ist unverkennbar italienisch, aber dieser Wein schmeckt wie kein italienischer Amarone, an den ich mich erinnern kann. Das Ganze würde nicht aufgehen, wenn die Moldawier sich nicht so gut um die Reben gekümmert hätten und das Klima sich nicht so gut für diese Art von Wein eignen würde. Verdammt, diese kosmopolitische moldawische Weinkreation hat mit dem ersten Jahrgang voll ins Schwarze getroffen!

Chirchu fährt mit uns nach Chisinau zurück, und in unserem Diskobus ist die Atmosphäre sehr entspannt, während ich das große Glas Amaro spüre. Gerade als wir auf einem Boulevard in die Stadt rollen, der mich mit den beeindruckenden Steinfassaden an den Tverskaya in Moskau erinnert, fragt er uns, was wir von seinem Heimatland halten. Roy äußert sich begeistert zu Land, Leuten, Essen und Wein. Ich füge hinzu, dass manches für unsere westlichen Augen etwas chaotisch wirkt, aber nach einer Weile eine Art moldawischer Ordnung zu erkennen ist. Durch sein Lächeln wird mir klar, dass er weiß, was ich meine. Am besten hat uns die Offenheit und Energie seiner Generation gefallen, sie stimmt uns optimistisch für die Zukunft dieses kleinen Landes, in dem soviel vom Wein abhängt.

Dann muss er aussteigen, wir verabschieden uns, und ich frage mich, ob unser Optimismus angesichts der geopolitischen, wirtschaftlichen und klimatischen Situation nicht übertrieben ist. Alle unsere Probleme im Westen wirken lächerlich im Vergleich zu dem, womit Chirchu und seine Generation fertig werden müssen.

4. August 2007 Es ist vollkommen absurd und vollkommen unverdient, aber hier stehe ich um 4.20 Uhr morgens in der Lobby des Hotel Joly Alon und bin bestens drauf. Die Rezeptionistin wirkt etwas frustriert, weil ich nur eins der drei Weingläser zurückbringe, die sie uns gestern Abend geliehen hat, aber Roy und Andreas haben ihre noch. Ich versichere ihr, dass die beiden gleich mitsamt Gläsern auftauchen werden, weil wir um 4.30 Uhr in Richtung Flughafen abfahren müssen, aber am liebsten hätte sie das Geld dafür, hier und jetzt.

Um 4.25 Uhr erscheint Roy, der ebenso unverständlich frisch aussieht, wie ich mich fühle. Wie hat er das geschafft? Als ich gegen Mitternacht ins Bett gegangen bin, hatten wir eine Menge Wein in Bars getrunken, deren identisches Angebot sie als Teil einer kapitalistischen Monostruktur von Chisinau entlarvte, dann ein paar Flaschen im Park vor dem Hotel, und danach wirkte Roy ziemlich fertig.

»Ich habe einfach weiter getrunken«, erklärt er mir. Wir setzen uns hin und sprechen über die besten Weine des gestrigen Abends, den üppigen, aber knochentrockenen 2005 Pinot gris und den filigranen, duftenden 2005 Pinot noir von Château Vartely, und sind uns einig, dass sie genauso gut waren wie die Weine, die wir bei Acorex verkostet haben, aber noch eleganter. Das einzige Problem bestand darin, dass dieses Mal Sarah Connor auf dem Monsterbildschirm unseres Chisinau-Lieblingsrestaurants auftrat, deren Soul-Musik durch ihre eisige Professionalität vollkommen seelenlos wirkt. Im Rückblick stellen wir fest, dass wir auf der ganzen Reise zwar ein paar nicht so gute Weine erlebt haben, aber keinen einzigen seelenlosen der modernen Machart. Ich schaue auf die Uhr an der Wand: 4.35 Uhr.

»Andreas hat das Zimmer neben dir, hast du da was gehört, als du herunter gekommen bist?«, frage ich Roy. Gestern Abend hat unser Fotografenfreund gesagt, er werde seinen Wecker auf 3.30 Uhr stellen, um seine Ausrüstung zusammenzupacken. Wir müssen eigentlich sofort losfahren, um rechtzeitig am Flughafen zu sein. Roy springt die Treppe hinauf und kommt gleich wieder zurück: »Ich habe ihn geweckt, und er meinte, er habe vergessen, seinen Wecker auf Chisinau-Zeit umzustellen«, erklärt er, »aber er hat versprochen, sofort fertig zu sein.«

Doch zuerst erscheint Sergei in einem roten Trainingsanzug. Er wirkt kaputt und erkundigt sich etwas steif, wo unser Freund stecke. Jetzt flitze ich die Treppe hinauf. Die Tür von Zimmer 415 steht weit offen und enthüllt eine chaotische Landschaft von halbgepackten Taschen, in die der voll bekleidete Fotograf verzweifelt versucht, Kameras, Objektive und Kleidung zu stopfen. Sein Zimmer sieht aus, als ob es der FSB gerade auseinandergenommen hätte.

»Sergei wartet unten, wir müssen diesen Flug bekommen, oder willst du 500 Euro für ein neues Ticket bezahlen?!«, raunze ich ihn an.

»Fünf Minuten!«, lautet seine panisch-flehende Antwort.

»Maximal zwei!«, entgegne ich, obgleich mir klar ist, dass selbst fünf optimistisch ist.

Zwei Minuten später werden wir in der Lobby Zeugen eines Wunders: Andreas taucht wahrhaftig auf, schwer beladen mit zwei Rucksäcken und dickem Handgepäck. Nur Augenblicke später drückt unser Fahrer auch schon voller Energie aufs Gaspedal, und wir lehnen uns alle erleichtert zurück, so haben wir eine faire Chance, rechtzeitig am Flughafen zu sein.

»Shit, wo ist mein Pass?«, schreit Andreas plötzlich, aber mich kann nichts mehr schockieren. Er sucht panisch in allen Taschen, und Sekunden später fällt der Pass auf den Boden des Minibusses. Vielleicht schafft er es heute sogar noch nach Hause.

Am Flughafen bedanken wir uns bei Sergei, der soviel Geduld mit uns gehabt hat, und er überreicht uns jedem ein Souvenir. Ich bekomme einen Teller, der mit einem traditionellen Muster verziert ist und den Namen dieser Stadt trägt, Chisinau. Wir bedanken uns nochmals überschwänglich und bewegen uns dann in Richtung Check-in-Schalter. Kurz nach fünf Uhr morgens ist die Schlange nur kurz, und nach wenigen Minuten sind wir schon bei der Sicherheitskontrolle, wo Andreas die nächsten Schwierigkeiten hat.

Zuerst muss er das Flugpersonal davon überzeugen, dass sich in seiner Ausrüstung keine Waffen verbergen, dann, dass ihm das ganze Zeug tatsächlich gehört. Wir werden es nach Hause schaffen, aber er kann von Glück sagen, wenn er rechtzeitig zum Gate kommt. Vielleicht schießt er doch heute die besten Fotos der Reise?

23. August 2007 Mein Frau und unsere Freunde versuchen höflich zu sein, aber ich spüre genau, dass niemand am Tisch von dem Rotwein, den ich gerade eingeschenkt habe, wirklich beeindruckt ist. Ich verstehe das, ich bin auch nicht glücklich damit. Selbst Roy, der dieselben Erinnerungen damit verbindet, wirkt enttäuscht. Das ist ein ziemlicher Schock für mich, denn dieser Moment bei Milestii Mici, als wir den 1986 Negru di Purcari verkostet haben, war für mich ein Moment der Erkenntnis. Da wurde mir klar, dass die moldawische Weinkultur unter dem Sowjetsystem nicht gestorben war, sondern nur förmlich im Untergrund verschwunden. Statt Genuss zu bereiten und sozialen Zwecken zu dienen, musste sie für politische Ziele herhalten, aber das erhielt sie am Leben. Leider schmeckt diese Flasche, die ich in dem schicken Verkaufsraum von Milestii Mici erstanden habe, einfach nur müde und ausgetrocknet.

»Das ist nicht annähernd so gut wie das, was wir dort probiert haben«, sagt Roy und klingt dabei zutiefst frustriert, enttäuscht von den Kommunisten, die den Details nicht genug Aufmerksamkeit geschenkt haben, und den Kapitalisten, die das Ergebnis dann skrupellos als den gleichen Wein vermarktet haben, mit dem sie uns zuvor beeindruckt haben. Wie sollen unsere Freunde unsere Begeisterung nachvollziehen?

DAS EINSTIGE WEINREICH DES BÖSEN III
Auf der Suche nach dem Goldenen Wein-Vlies in Georgien

7. Juni 2008 Am Tresen des Cafés hier auf der Expo Georgia in Tbilisi, wo die alljährliche Weinmesse in vollem Gang ist, sahen sie aus wie Wraps, aber beim ersten Bissen entpuppten sie sich als scharfwürzige Hackfleischbällchen. Für mich als Marmelade-Butter-und-Toast-Süchtiger ist das ein ziemlich abwegiges Frühstück. Aber vielleicht hilft es mir, mich von dem Nachtflug von München nach Tbilisi zu erholen.

Die Taxifahrt vom Flughafen zum Hotel heute Morgen um drei Uhr war ein halluzinogenes Erlebnis. War ich in einer monströsen transkontinentalen Disco gelandet? Kinetische Lichtspiele tauchten den Fernsehturm und die Steinmauern der Altstadt in einen unendlich bunten Patchworkteppich, die Springbrunnen leuchteten wie Tiefsee-Ungeheuer, eine funkelnagelneue Steinsäule, gekrönt von der goldenen Figur des heiligen Georg mit dem Drachen beherrschte einen riesigen Platz und ließ Nelsons Säule am Trafalgar Square klein erscheinen. Irgendwie war es keine Überraschung, dass sich meine kurze Nacht auf Planet Marriott trotz allen Luxus ruhelos gestaltete.

Selbst in meiner Benommenheit war mir aber deutlich bewusst, dass sich diese überdrehte Show um die persönlichen Vorlieben des Mannes dreht, den die Georgier »Misha« nennen, ihren charismatischen, rhetorisch überaus begabten und durch sein Studium in den USA weltgewandt wirkenden Präsidenten Michail Saakaschwili. Der Mann scheint besessen von Springbrunnen und Denkmälern, aber auch das ist bei manchen westlichen Politikern und Investoren gut angekommen. Wie Mark Almond, Geschichtsdozent an der University in Oxford/Großbritannien in der International Herald Tribune am 13. Oktober letzten Jahres zitiert wurde, »Anthropologen wären nicht überrascht, dass die prägenden Jahre im kaukasischen Cockpit der Korruption unter Breschnew und Schewardnadse ehrgeizige

Menschen hervorgebracht haben, die wissen, wie man plausibel auftritt, wenn es darum geht, westliche Sponsoren anzulocken. Das von sich zu geben, was Big Brother hören wollte, war den Menschen in der sowjetischen Zeit in Fleisch und Blut übergegangen.« Da stellt sich für mich die Frage, inwiefern ich den Aussagen der georgischen Weinerzeuger glauben kann, oder werden sie mir nur das erzählen, was ich ihrer Meinung nach hören möchte?

Vor dieser Reise gingen mir aber ganz andere Fragen durch den Kopf. Letzten November schritt »Misha« gegen die Massen ein, die gegen die Festnahme des ehemaligen Verteidigungsministers Irakli Okruaschwili protestierten. Dieser hatte den Präsidenten der Geldwäsche, der Erpressung und des Machtmissbrauchs verschiedenster Art beschuldigt, der in dem Befehl an ihn gegipfelt habe, Badri Patarkazischwili zu ermorden, einen der zehn Milliardäre Georgiens und ein erklärter Gegner Saakaschwilis.

Höhepunkt von Saakaschwilis Einschreiten war das Stürmen des Fernsehsenders Imedi TV durch eine Spezialeinheit am 7. November. Der Grund für das Tränengas und die Schlagstöcke, mit denen sie gegen die Mitarbeiter des Senders vorgingen und die Einrichtung zerstörten, bestand in der Ausstrahlung von Okruaschwilis Anschuldigungen. Saakaschwili-Anhängern im Westen konnte das nicht entgehen, denn Imedi gehörte zwar Patarkazischwili, wurde aber von der in New York ansässigen News Corporation von Rupert Murdoch betrieben. Ein derart offensichtlicher und handgreiflicher Anschlag auf die Pressefreiheit ließ die seriöseren westlichen Nachrichtenmedien aus ihrer kaum hinterfragten Pro-Saakaschwili-Position aufschrecken und endlich gründliche Recherchen zur Führung dieses Landes anstellen. Zu dieser Zeit war deshalb eine Reise nach Georgien unvorstellbar, dann hatte die Lage sich wieder beruhigt, oder vielleicht auch nicht. Auf der Taxifahrt von Planet Marriott hier zur Expo bin ich an ganzen Reihen von Mannschaftswagen mit Bereitschaftspolizei vorbeigekommen; es scheint, als könnte es jeden Moment wieder zu Unruhen kommen. Wenn das der Fall ist, sitze ich hier in der Falle. Aber genug Politik, jetzt muss ich mich dem Wein zuwenden.

Zu Hause hatte ich schon einige positive Erlebnisse mit georgischen Weinen, allen voran eine private Verkostung, die die Wein- und Feinkosthandlung Goldhahn & Sampson im Prenzlauer Berg/ Berlin organisiert hatte. Obgleich manche der Weine fehlerhaft gewesen waren, war der größte Teil technisch absolut korrekt und recht angenehm, manche zeigten auch Charakter und Originalität. Eigentlich sollte das auch nicht überraschen, wenn man bedenkt, dass in Georgiens 48 000 Hektar Weinbergen 38 verschiedene autochthone Rebsorten zu finden sind.

Dann rief mich Petra Mayer an, eine alte Freundin, und sagte, sie habe die PR für eine Winzergruppierung namens Georgian Wine Family übernommen und ob ich nicht zu dieser Weinmesse kommen wolle. Nach kurzen Verhandlungen – obgleich mich das um eine vierstellige Eurosumme erleichtern wird, bestand ich darauf, meine Flüge selbst zu bezahlen; ich will in keiner Weise von »Misha« abhängig sein, und nicht die georgische Regierung, sondern die GTZ wird uns dort empfangen – stimmte ich zu, und da sitze ich nun und esse mein zweites Fleischbällchen. Petra Mayer hat mir gerade das Programm gegeben, das sie für meinen Kollegen André Dominé und mich zusammengestellt hat, so dass ich hier auf der Messe die Weine verkosten kann, deren Erzeuger wir nicht besuchen werden. Ein schneller Blick sagt mir, dass ich nur zu den Ständen der zwei großen Kellereien muss, Kindzmaraulis und Tbilvino. Ich sage ihr, dass ich dort zu finden bin, falls sie mich sucht, und ziehe los, immer noch ziemlich benommen.

Am Kindzmaraulis-Stand begrüßt mich ein hochgewachsener, flott gekleideter junger Georgier mit Bürstenhaarschnitt in perfektem Englisch. Er erklärt, dass das Unternehmen erst gut fünf Jahre alt ist und 500 Hektar Reben in dem Gebiet von Kakheti besitzt, nordöstlich von Tbilisi, wo 70 Prozent der Weinberge des Landes am Fuße des Großen Kaukasus liegen. Er scheint sehr überrascht, dass ich alle Weine verkosten möchte und dafür nur ein einziges Glas benötige.

Alle trockenen Weißweine, die er mir zeigt, sind nach der einheimischen Rebsorte benannt, aus der sie stammen, und für mich sind es alles neue Namen. Der 2007 Khikvi duftet intensiv nach Blüten und schmeckt voll und frisch, ohne säuerlich zu wirken. Der 2007 Kisi ist ein robuster Wein mit mehr Körper und etwas Gerbstoff, der wie ein Kräutergelee duftet, während der 2005 Mtsvane – Herr Bürstenschnitt sagt, das bedeute grün auf georgisch – in Duft und Geschmack an halbreife Pfirsiche erinnert, füllig und ein wenig ölig erscheint. Es sind keine weltbewegenden Weine, aber sie schmecken alle erfrischend anders als das inzwischen globalisierte und nivillierte Quartett französischer weißer Rebsorten Chardonnay, Pinot blanc, Pinot gris und Sauvignon blanc.

»Traditionell vergären die Leute in Kakheti die ganze Traube bei der Weißweinerzeugung, nicht nur den Most, wie sie es in Westeuropa tun«, erklärt Herr Bürstenschnitt dann stolz. »Der nächste Weißwein ist so erstanden, aber im Stahltank, nicht in den traditionellen Amphoren. Er heißt Kakhetian Royal, Jahrgang 2005.«

Schon beim Einschenken erkenne ich, dass es sich um einen vollkommen anderen Wein als die zuvor verkosteten handelt. Ich meine, dieser »Weißwein« ist bernsteinfarben, er gleicht einem alten Sherry. Etwas zögernd greife ich zum Glas und rieche daran. Da ist in der Tat eine Idee Sherry, aber vor allem der Duft bitterer Orangenmarmelade, Karamell, und ein Hauch von etwas Mineralischem. Der Geschmack ist nicht anders als wuchtig zu nennen, der Wein hat mehr Gerbstoff als viele schwere Rotweine, aber auch einen intensiven Traubengeschmack. Der einzige andere Weißwein, an den ich mich erinnern kann und der in diese Richtung ging, ist der Breg von Josko Gravner aus dem Friaul/Italien, der seit 2001 in Amphoren ausgebaut wird und wirklich nicht von schlechten Eltern ist. Aber das hier ist noch extremer, etwa wie 15 Runden mit Mike Tyson.

»Dasselbe Glas?«, fragt Herr Bürstenschnitt skeptisch, als ob mich dieser Wein nun endgültig überzeugt haben müsste, dass jeder Wein sein eigenes Glas braucht, ja, verdient, und dazu mindestens eine halbe Stunde meines Lebens. Der Royal hat vielleicht noch viel mehr verdient, aber ich habe nur bis heute Mittag Zeit für diese zwei Kellereien, deshalb insistiere ich höflich, und wir gehen zu den Rotweinen über. Zuerst kommt der 2006 Saperavi, aus der wichtigsten der einheimischen roten Sorten Georgiens, der voller Brombeer-, Pflaumen- und Wildkräuteraromen steckt, aber im Gerbstoff eher rustikal wirkt. Der 2006 Saperavi-Cabernet gefällt mir besser. Er stammt aus dem Untergebiet, nach dem das Unternehmen benannt ist. Obgleich die schwarze Johannisbeernote des Cabernet Sauvignon nicht gerade neu und spannend zu nennen ist, hat dieser französische Part den Wein doch positiv abgerundet, so wie es bei vielen teuren »Super-Tuscan«-Rotweinen der Fall ist.

»Der 2005 Saperavi Barrel Select hat in London eine Goldmedaille gewonnen«, sagt der smarte junge Georgier, als er mir den nächsten Rotwein einschenkt. »Er hat 18 Monate in Eichenfässern gelegen.« Ich rieche jedoch nur Tischlerei. Der Wein leidet unter übertriebenem Ehrgeiz, ist zu sehr mit dem Griff nach den Goldmedaillen in London und sonst wo in der großen weiten Weinwelt beschäftigt. Hinter der Holztäfelung lässt sich viel Gutes erahnen, und ich frage mich, wie er ohne diese ganze Eiche schmecken würde; vielleicht wäre er großartig? Wie auch immer, mir gefällt der unprätenziöse, aber ebenso kräftige 2005 Mukuzani besser, der nach dem Untergebiet von Kakheti benannt ist, in dem angeblich der beste Saperavi wächst. Hier ist eine Note, die mich an den Duft frisch gebratener Artischocken erinnert, und ich glaube die Intensität der Sonne schmecken zu können.

»Jetzt der rote 2005 Kakhetian Royal, der wie die weiße Version und zum größten Teil aus Saperavi gemacht ist. Diese Marke gehört exklusiv unserer Firma.« Beim ersten Schluck gerate ich förmlich ins Taumeln, als habe mich ein großes Raubtier aus dem wilden Kaukasus angesprungen, so mächtig ist der Wein, mit extrem viel herbem Gerbstoff, der ihm eine pulverige Textur verleiht. Teer und Kräuterlikör steigen mir deutlich in die Nase und verdrängen alles Fruchtige oder was sonst sich an dem Wein charmant nennen ließe. Es ist ein Alles-oder-Nichts-Wein, ebenso erstaunlich wie sein weißer Bruder. Es sind ganz offensichtlich nicht nur die autochthonen Sorten, die

die Weine Georgiens geschmacklich von denen Westeuropas unterscheiden, sondern von Fall zu Fall auch die Art, wie sie ausgebaut werden. In der Kombination zeichnet sich so eine alte und eigenständige Weinkultur ab. Man könnte sagen, dass dies die von Georgiern oft wiederholte Behauptung unterstützt, ihr Land sei die Wiege des Weins. Ob das nun tatsächlich zutrifft oder nicht, ist eine ganz andere Sache. Ich hoffe, auf dieser Reise auf einige der häufig zitierten Beweise für diese Behauptung zu treffen.

»Verkosten Sie auch halbtrockene Rotweine?«, erkundigt sich Herr Bürstenschnitt vorsichtig. Zu Hause wäre das der Moment für eine lahme Entschuldigung und einen schnellen Rückzug, weil süße deutsche Rotweine im allgemeinen billiger Blödsinn sind, aber ich glaube, dieser Stil hat hier eine solche Tradition, dass es in diesem Fall dumm wäre abzulehnen. Die ersten zwei Weine lassen mich jedoch kalt, sie schmecken zu sehr nach der Marmelade, die mir heute früh gefehlt hat, und meine Gedanken schweifen ab. Vielleicht sollte ich diesen Weinstil doch einfach vergessen und mich auf die »seriösen« Rotweine konzentrieren? Es würde das Arbeitspensum auf alle Fälle reduzieren.

Zwei junge Frauen in Minikleidern mit einem nicht zu entziffernden Werbeslogan in Kartuli, der georgischen Schrift, darauf, streifen vorbei, und ich folge ihnen mit den Augen – doch dann packt mich der nächste Wein am Kragen und zieht mich zurück zum Glas. Der 2006 Kindzmarauli Original duftet nach Pflaumenkompott, aber auch nach Blüten, und hier wird die Süße von herbem Gerbstoff und einer lebhaften Säure ausgewogen; eine Ausnahme?

Ich greife nach dem Werbematerial der Kellerei, bedanke mich bei Herrn Bürstenschnitt und mache mich auf die Suche nach dem Tbilvino-Stand. Dabei komme ich an einem Stand vorbei, an dem eine Gruppe von Musikern spielt, in wie ich annehme traditioneller georgischer Tracht, und höchstwahrscheinlich traditionelle georgische Volksmusik. In der Ecke steht jemand und schneidet Schinken mit etwas, das aussieht wie ein mittelalterliches Schwert. Es ist ein ziemlicher Gegensatz zu dem professionellen, modernen Stand, an dem ich gerade war, aber dann erreiche ich Tbilvino, das wieder eine Insel des modernen Marketing darstellt.

Dieses Mal empfängt mich eine sehr aufgeweckte junge Frau, ebenfalls in perfektem Englisch, und ich mache mich sofort ans Verkosten. Der trockene weiße 2005 Tsinandali duftet nach Wachs und Blüten und schmeckt unverkennbar nach Quitten. Die anderen Weißweine sind alle gut gemacht, könnten aber auch aus einer ganzen Reihe anderer Weinbauländer stammen. Die einzige Frage ist, wie man das deuten soll: globales Wein-Niveau oder globale Wein-Langeweile?

»Jetzt Rotwein?«, fragt sie und gießt mir ihren 2005 Saperavi aus Kakhetian ein. Das ist ein geschmeidiger, fruchtbetonter Wein der Art, wie es sie dank moderner Kellertechnik überall auf Planet Wein gibt. Doch trotz dieses Modernismus zeigt er eine gewisse Würze, die ganz eigen und ganz anders ist. Der 2005 Mukuzani, wiederum ein reiner Saperavi, gefällt mir noch besser, er wirkt lebendiger und kerniger.

Dann kommt ein 2002 Saperavi Special Reserve. Obgleich er nur 12 Monate im Eichenfass lag, ist auch dies ein schwerer Fall von den Traubencharakter überdeckender Holztäfelung. Massen von Eichenholz-Gerbstoff gehen auf meine Schleimhäute los, mein Mund fühlt sich an, als finde er nie wieder zu entspannter Normalität zurück. Wie konnte ihnen dieser Fehler unterlaufen, wenn ihre normalen, »ungetäfelten« Weine so gut sind? Dieser hier gehört zu den furchtbaren Kollisionen zwischen Saperavi und Eichenfässern, georgischer Genpool gegen importierte westeuropäische Ausbautechnik.

»Zeit fürs Mittagessen!«, sagt Petra plötzlich fröhlich neben mir und erspart mir damit eine peinliche Situation. Wir gabeln André auf und gehen hinaus in die parkartigen Anlagen des Expo-Zentrums und hinüber zu einer Holzterrasse zwischen einem Teich und einem kleinen, strohgedeckten Holzhaus in einem Kieferwäldchen. Es ist ein ganz anderes Bild als die Expo-Hallen, die zwar renoviert worden sind, aber ihren Sowjetzeiten-Ursprung nicht verleugnen können.

Petra stellt mich einem halbglatzigen, bärtigen Mann in schwarzem Trainingsanzug vor, der im Rollstuhl sitzt. Kaha Gvelsiani sagt, er sei der Vorsitzende der Expo Georgia und sehr erfreut, mich in seinem Heimatland begrüßen zu dürfen, aber auch ein wenig traurig, dass ich nicht einen Tag früher gekommen sei, um in der Jury der internationalen Weinverkostung mitzuwirken. Auch hier lauert eine peinliche Situation, weil ich absichtlich erst heute gekommen bin, um durch diese Jury-Geschichte nicht in irgendwelche Abhängigkeiten zu geraten. Gerade als ich am Überlegen bin, wie ich das wohl am elegantesten löse, rettet mich das just in diesem Moment servierte Essen.

»André möchte Wein«, sagt Petra, »er sei schließlich kein Wasser-Journalist.« Das hört sich gut an. André – er ruhig, vorsichtig und bedächtig – und ich könnten zwar kaum unterschiedlicher sein, aber er gehört zu den Kollegen, die ich sehr respektiere. Nur wenigen deutschen Weinjournalisten gelingt es so gut, Professionalität mit Lebensfreude zu verbinden, so dass unsere Expedition in die Provinz Kakheti, die morgen nach dem Frühstück beginnt, sicher ein vergnügliches Abenteuer wird.

»Ihr müsst die *Khachapuri* probieren, das ist das Nationalgericht«, informiert uns Petra und zeigt auf eine Platte mit dreieckigen Teilen, die wie Fladenbrot mit reichlich Käse aussehen. Das Zeug ist enorm lecker, aber auch enorm schwer. Die Kellnerin schenkt einen 2003 Saperavi Old Kakhetian Marani dazu ein. Petra erklärt uns, *Marani* sei eine georgische Bezeichnung für einen traditionellen Weinkeller und der Wein in einem solchen in *Kvevri* gemacht, Amphoren; ein einheimischer Wein, erzeugt mit einheimischen Methoden. Der Duft nach schwarzem Pfeffer ist auffallend und verführerisch, der Wein strotzt vor Gerbstoff, aber dieses Mal erinnert das Gesamtergebnis eher an Grace Jones als an Mike Tyson.

Wie in Moldawien scheinen Wein und Weinbrand hier einfach zusammenzugehören, denn unser erster Halt, nachdem wir die Expo verlassen haben, ist bei der Weinbrandbrennerei Sarajishvili. Vor den

Toren der Anlage weidet eine Herde Ziegen auf dem grünen Mittelstreifen der Hauptstraße, hinter den Mauern der Brennerei sind die Kiefern noch schöner als bei der Expo Georgia und Weinbrand liegt so schwer in der Luft, dass er ihren Duft vollkommen übertönt.

»Keine Sorge, wir müssen nicht unbedingt verkosten«, sagt Petra beruhigend.

»Wie sieht es mit dem Alkoholgehalt der Luft aus?«, entgegne ich halbironisch.

»Das ist der Anteil der Engel«, erklärt der Generaldirektor, Zurab Bubteishvili, und meint damit nach klassisch französischem Cognac-Vorbild den Weingeist, der sich aus den Fässern während der Lagerung verflüchtigt. Zusammen mit der Verzinsung der Bestände ist das der Hauptgrund, warum alte Weinbrände teuer sind. »Die ältesten und wertvollsten Brände lagern wir in Glas, um weitere Verluste zu vermeiden. Wir haben einzigartige Bestände alter Brände, aus jedem einzelnen Jahrgang des 20. Jahrhunderts. Sie werden den 1893 probieren!« Es scheint keine Gelegenheit zu geben, ähnlich alte Weine zu verkosten, also werde ich dem Alkohol die Stirn bieten und nicht einmal spucken.

Wir steigen in den weitläufigen, schummrigen Fasskeller hinunter, unser Gastgeber verschwindet und kommt kurz darauf mit Gläsern des 1893 zurück. Der ist ein wenig hitzig mit 56 Volumenprozent Alkohol, aber auch voll feuriger Würze. Dann gehen wir zurück ins Erdgeschoss und einen großen Empfangsbereich mit Bleiglasfenstern und ausladenden roten Polstermöbeln. Dort bekommen wir jeder ein Glas vom XO, einem Verschnitt verschiedener Jahrgänge, der bis zu 30 Jahren zurückreicht, aber im Durchschnitt 18 Jahre alt ist.

»Die Weine aus dem Westen Georgiens nahe der Schwarzmeerküste sind säurebetonter als die aus dem Osten in Kakheti, und dieser Unterschied ist auch in den Bränden zu erkennen, die daraus entstehen. Dieser ist ein Verschnitt der beiden, was bei uns im Betrieb die Norm darstellt.« So lernen wir also auch beim Weinbrand-Verkosten etwas über die Weine.

Ich bin kein großer Schnapstrinker, aber dieses Zeug hat wirklich ein erstaunliches Bouquet, in dem ich getrocknete Aprikosen, Feigen und Bananen, Vanille, Lilien, Gewürznelken und ich weiß nicht, was sonst noch alles erkennen kann. Mit mehr Zeit könnte ich mich hinsetzen und eine lange Adjektiv-Liste von der Art schreiben, wie sie den meisten meiner Kollegen so leicht von der Hand zu gehen scheint. Der XO ist superweich und zart und brennt überhaupt nicht. Cognac dieser Qualität habe ich bis jetzt nur ein- oder zweimal erlebt, aber ich kann mir gut vorstellen, wie Churchill hereingefallen ist, als Stalin ihm während der Jalta-Konferenz 1945 blind einen georgischen Branntwein einschenkte; er erinnert tatsächlich an einen sehr feinen alten Cognac.

»Viele Wein- und Weinbrandfirmen haben letztes Jahr zugemacht, aber wir haben überlebt. Dieses Jahr werden wir 1,2 Millionen Flaschen verkaufen, lediglich ein Fünftel dessen, was es in den besten Zeiten war, aber immer noch gut. Wir expandieren in Ost- und Mitteleuropa, aber auch Amerika, China und Deutschland.«

»Das Gute an Bränden ist, dass sie mit dem Alter nur noch besser werden«, bemerkt André treffend.

»Ich möchte nicht verkaufen, ich möchte nur lagern und reifen!«, ruft unser Gastgeber daraufhin, was sicher eine Übertreibung ist, aber auch verdeutlicht, dass ihm genau bewusst ist, wie entscheidend die lange Reife ist, um derart geschmeidige, raffinierte Brände wie den in unseren Gläsern zu erhalten.

Bereits auf der Weinmesse habe ich begonnen mich zu fragen, ob der Schock des russischen Importverbots auf die Spitzenerzeuger nicht auch einen positiven Effekt gehabt hat, ihnen vielleicht zu einer weltoffeneren Einstellung bei der Weinvermarktung verholfen hat, statt wie früher einfach nur alles an Russland zu verkaufen. Unmittelbar vor dem Importverbot sagte Knut Gerber, der Direktor des GTZ-Projekts in Georgien gegenüber einem Journalisten der deutschen Fachzeitschrift »Weinwirtschaft«, »ohne Absatzprobleme und die Überzeugung georgischer Winzer, den einzigen besten Wein herzustellen, sind die Weinbauern von der unabdingbaren Notwendigkeit weinbaulicher und kellertechnischer sowie kaufmännischer Reformen schwer zu überzeugen.« Das sind strenge Worte, und sie klingen nach ernsthafter Frustration.

Bei unserer Abfahrt grasen immer noch die Ziegen auf dem Mittelstreifen der Hauptstraße. Nino, unsere Führerin und Dolmetscherin erklärt, der nächste Halt sei Avlabari, der älteste Teil von Tbilisi. Als wir um eine Ecke biegen, fällt mir auf einem Hügel eine ziemlich große silberne Skulptur einer Frau auf, die ein Schwert und eine Art Trinkbecher in den Händen hält.

»Das ist die symbolische Figur der Mutter Georgien«, sagt Nino gefühlvoll, »in einer Hand hält sie ein Schwert für Feinde bereit und in der anderen einen Becher mit Wein für Freunde. Vor uns mit der Glaskuppel, das ist der Präsidentenpalast, der sich noch im Bau befindet.« Warum ist mir dieses monströse Gebäude nicht schon vorher aufgefallen? Es sieht beinahe wie eine Kopie des Berliner Reichstages aus. Plötzlich wird die Straße schmal und holprig, der Verkehr immer zäher. Petra und Nino entscheiden, die letzten paar hundert Meter zur Sameba-Kirche wie Pilger zu Fuß zu gehen, was Weinpilger wie André und mich nicht weiter stört.

Mit jedem Schritt entlang den steilen schmalen Straßen werden die Umrisse der Sameba größer. Hier handelt es sich ganz offensichtlich nicht um irgendeine Kirche, und der immer dichtere Strom von Georgiern, die sich um uns herum in diese Richtung bewegen, scheint das zu bestätigen. Als wir die Spitze des Hügels erreichen, erhebt sich die Sameba beinahe direkt vor uns. Auch wenn die Architektur sich von der mittelalterlicher Kathedralen in Westeuropa unterscheidet und die Ausmaße der Bögen enorm sind, die Kuppel ist sicher beinahe 100 Meter hoch, lassen mich die Details und die Ausstrahlung dieses Bauwerks doch keinen Augenblick daran zweifeln, dass es sich um ein mittelalterliches handelt. Nach dem tadellosen Zustand zu urteilen, ist es erst vor kurzem komplett restauriert worden.

»Die Sameba ist die Mutterkirche der georgischen orthodoxen Christen«, erklärt uns Nino, »sie wurde 2004 fertiggestellt.«

»2004?«, stottere ich ungläubig. Habe ich mich verhört?

»Ja, 2004«, bestätigt sie. »Die Kirche wurde von Artschil Mindioschvili entworfen, und er wurde unter über 100 Bewerbern ausgewählt. Baubeginn war 1996.«

Wo sonst auf der Welt werden neue Kirchen in dieser Größenordnung gebaut, die so historisch im Stil sind, aber zum Schluss nicht wie eine Kopie, sondern vollkommen authentisch wirken?

Antwort: Moskau! Ja, in der russischen Hauptstadt ist die Christ-Erlöser-Kirche in ähnlich historischem Stil und in einem ähnlich extremen Maßstab vor fünf Jahren fertiggestellt worden. Sie erhebt sich jetzt direkt neben dem Kreml und exakt an dem Ort des Originals, das auf Stalins Befehl Anfang der 1930er-Jahre abgerissen wurde. In beiden Fällen sind es auffällige Zeichen für die neue Bedeutung der traditionellen Kirchen, die unter dem offiziell atheistischen kommunistischen System ums Überleben kämpfen mussten, im georgischen Fall sogar in den Untergrund gezwungen wurden. Nur die Russische Orthodoxe Kirche durfte in Georgien offiziell bis zu einem gewissen Grad öffentlich aktiv sein.

Wir gehen in das Gotteshaus, und von innen wirkt das Ganze noch gewaltiger. Hunderte von Menschen aller Altersstufen sind hier versammelt, dennoch scheinen die 5000 Quadratmeter halbleer. Wie die Fassade ist auch hier alles aus glattem cremefarbenem Stein, der in dem flackernden Kerzenlicht eine ganz eigene Atmosphäre schafft. Ikonen hängen an den acht riesigen Säulen, die das Dach und die Außenwände tragen.

Wir sind immer noch ganz verdattert, als wir wieder vor der Kirche stehen. Nino sagt, als nächstes stehe das neue Business Center fast direkt neben der Statue von Mutter Georgien auf dem Programm, eine kurze Fahrt hinüber auf die andere Seite des Mtkvari-Flusses. Da wir unmittelbar neben der Statue parken, müssen wir sie auch genauer begutachten. In diesem Fall ist eindeutig, dass das gute Stück um die 70 Jahre auf dem Buckel haben muss. Das Business Center hingegen ist eine funkelnagelneue, unverhohlen gigantisch angelegte Stahl- und Glaskonstruktion, die auf einer Kuppe über der

Altstadt von Tbilisi wie ein Mutterschiff thront, das die wirtschaftlichen Ambitionen der neuen georgischen Elite in sich birgt und seine Antennen nach wirtschaftlich fortgeschrittenen Zivilisationen ausstreckt.

Mich überrascht dieses Center nicht, denn auf der Rückseite meines Stadtplans prangt eine Computersimulation eines noch monströseren Hochhauses namens Tbilisi Imperial, und die kostenlose Zeitung auf meinem Zimmer im Marriot ist voller Anzeigen für weitere futuristische Business Center; Wolkenkuckucksheime aus Glas und Stahl, die den Zugang zu den globalen Märkten des 21. Jahrhunderts versprechen.

Nino sagt, der Besitzer des Business Center sei Bsei Bidzina (Boris) Iwanischwili. Bei diesem Namen fällt mir sofort alles Mögliche ein. Zuerst einmal hat die Zeitschrift Forbes diesem Mann vor kurzem Rang 149 unter der Reichsten der Welt zuerkannt, und seit dem Tod von Badri Patarkazischwili wird er als reichster Georgier eingestuft. Iwanischwili ist vielleicht 52 Jahre alt, wie es in Forbes steht, oder aber 49, wie in seinem Myspace-Profil angegeben, sicher aber ist, dass ihm zwei Drittel der russischen Kredit Bank gehören. Er scheint eine Menge anderer Geschäftsinteressen zu haben, CNN-Moderator Larry King zu seinem weltumspannenden Freundeskreis zu zählen, einen privaten Tierpark in Georgien aufgebaut zu haben und eine sensationelle Sammlung moderner Kunst zu besitzen.

Durch letztere bin ich im Februar 2005 das erste Mal auf ihn aufmerksam geworden, als er durch den Kauf eines 1991 entstandenen Gemäldes von Peter Doig namens White Canoe, weißes Kanu, für beinahe sechs Millionen Pfund bei Sotheby's für Schlagzeilen sorgte. Das musste mir einfach auffallen, weil Doig und ich Anfang der 1980er-Jahre zusammen an der St. Martin's School of Art in London studiert haben und uns mehrmals begegnet sind, bevor er vor etwa fünf Jahren nach Trinidad zog. Eine indirekte Verbindung zu diesem Oligarchen über meinen ehemaligen Studienkollegen zu haben verstärkt ganz erheblich das bizarre Gefühl, das mich in der Sameba-Kirche überfiel.

8. Juni 2008 »Herzlich willkommen auf dem GTZ-Flug nach Telavi!«, verkündet Knut Gerber, als wir in seinem weißen Toyota Landcruiser vom Marriott um 9.48 Uhr loslegen. Jetzt sitze ich neben dem Mann, der mit diesen direkten Worten in der »Weinwirtschaft« zitiert wurde. Ich bin sehr gespannt, was er zu der gegenwärtigen Situation hier zu sagen hat.

»Möchtet ihr die Hardcore-Straße oder die Softie-Strecke?«, fragt uns der geborene Komiker am Steuer jedoch erst einmal. Es klingt wie »Süßes oder Saures?« »Hardcore!«, rufe ich ohne zu überlegen.

»Passieren auf der Strecke Unfälle?«, erkundigt sich André daraufhin mit spürbarer Nervosität.

»Ja, auf dieser Straße gibt es tödliche Unfälle«, entgegnet Knut Gerber voller Überzeugung, und André ist derart baff, dass die Diskussion damit beendet ist.

Wir verlassen Tbilisi auf der George-W.-Bush-Straße, die nach dem Besuch des damaligen US-Präsidenten hier bei seinem »jungen Freund« 2005 benannt ist. Einige Kilometer weiter kommen wir an einer kleinen Stadt vorbei, die vollständig aus Hütten besteht, die meisten davon aus Wellblech.

»Was ist das?«, fragt Petra, »das sieht wie eine südafrikanische Township aus!« Einer der wichtigsten Kunden ihrer PR-Agentur ist die südafrikanische Weinbranche.

»Das ist Lilo, einer der größten Märkte im Hinterhof Europas«, erklärt unser Führer, »in Lilo kann man so ungefähr alles kaufen, deshalb kommen Menschen aus dem ganzen südlichen Kaukasus hierher.«

»Seit wann sind Sie hier?«, frage ich ihn und überlege, wie alt er wohl ist. Ich schätze ihn auf Ende 40, aber er wirkt körperlich wesentlich fitter als meine Wenigkeit – was allerdings keine besondere Leistung darstellt.

»Seit Mai 2004«, entgegnet er, »hier in Georgien fördert die GTZ den öffentlich-privaten Dialog und hat ein Kompetenz-Zentrum für Wein, Marketing und Tourismus aufgebaut, um den privaten Sektor zu unterstützen.« Er hält inne und blickt mich lange forschend an, als versuche er etwas zu ergründen. »Möchten Sie wirklich etwas über Georgien erfahren?«

»Oh natürlich«, entgegne ich sofort, »ich möchte alles erfahren!«

»Okay, aber zuerst müssen wir hier zum Gombori-Pass abbiegen. Ich nenne diese Route Hardcore, weil ein Teil davon 2002 abgerutscht ist und seitdem nur notdürftig wiederhergestellt wurde. Dafür gibt es einen Grund, aber dazu kommen wir später.« Wir biegen links ab, und es wird sofort offensichtlich, dass diese Straße seit langem vernachlässigt worden ist.

»Georgien ist immer ein Transit-Land gewesen, ein Ort, an dem sich seit Jahrtausenden Handelswege kreuzen«, sagt er schließlich, und aus seinem Ton wird deutlich, dass dies der Anfang einer langen, tiefgreifenden soziokulturellen und wirtschaftlichen Betrachtung ist. »Die Seidenstraße war auch eine Route für den Sklavenhandel; Mädchen kamen in die Türkei und Jungen in den Iran. Viele von ihnen stammten aus dem Kaukasus.«

Ich weiß genug von der komplexen georgischen Geschichte, um mir darüber im Klaren zu sein, dass dieses Land keinesfalls immer ein friedlicher Handelsplatz war, sondern seine dunklen Seiten hat. Um 2100 vor unserer Zeitrechnung zogen die Hethiter hier durch, gefolgt von den Kelten um 1200, dann kamen etwa 300 Jahre später die Medäer und Perser. Ab 500 vor unserer Zeitrechnung gab es im westlichen Georgien fünf größere griechische Kolonien, und auf die griechische Herrschaft folgte ab 65 v. Chr. die römische. Nach dem Zusammenbruch des Römischen Reichs im vierten und fünften Jahrhundert wurde der Osten des Landes von den Persern eingenommen, dann eroberten 645 die Araber Tbilisi und den Westen. Was die meisten Georgier als die Blütezeit ihres Landes betrachten, endete mit den mongolischen Eroberungszügen, die 1225 mit der Zerstörung von Tbilisi begannen. Im 15. Jahrhundert war das Land wieder geteilt; der Westen wurde von den Türken beherrscht, der Osten von den Persern, die die Hauptstadt Tiflis nannten. 1783 fürchtete König Irakli II. eine weitere persische Invasion und handelte deshalb ein Abkommen mit dem russischen Reich aus, was allerdings die Perser nicht davon abhielt, Tbilisi 1795 erneut zu zerstören. Der Anschluss an Russland 1801 brachte endlich Ruhe, Wiederaufbau und für die Oberschicht Wohlstand.

Und das ist wirklich nur ein ganz grober Abriss der Geschichte Georgiens als Konfliktherd, und es unterstreicht, dass es sich nicht um ein normales europäisches Land handelt. Dieser Standpunkt reicht weit zurück in der Geschichte, mindestens bis zu den Grenzen Europas, wie sie Philipp Johann von Strahlenberg 1730 kartographierte und wie sie in der Folge von einer Reihe von Zaren anerkannt wurden. »Transkontinental« und »eurasisch« lauten im Allgemeinen die Begriffe, derer sich die Geographen unserer Zeit bedienen.

All das ist unbequem für die heutige Regierung, weil nach Artikel 10 der NATO Georgien eindeutig auf europäischem Boden liegen muss, um sich überhaupt für eine Mitgliedschaft zu qualifizieren. Trotz dieses Problems und ungeachtet der Tatsache, dass Georgien bis jetzt nicht zu einer Bewerbung aufgefordert wurde, habe ich gelesen, dass die NATO-Flagge bereits über den Militärstützpunkten flattert. Ich glaube das gerne, denn als wir heute Morgen losfuhren, wehte vor dem Parlament in Tbilisi die EU-Fahne.

»Während der Sowjetzeit ist hier alles etwas anders gelaufen«, fährt Knut Gerber fort und springt damit in der Geschichte weit nach vorn zu einem Punkt, an dem die Seidenstraße in den chinesisch-europäischen Handelsbeziehungen bereits seit fünf Jahrhunderten keine bedeutende Rolle mehr spielte. »Wer es sich von den Georgiern leisten konnte, flog mit einer Flugzeugladung Apfelsinen nach Moskau und kam mit einem nagelneuen Wolga zurück, die Taschen voller Geld.«

»Die russische Revolution von 1917 wurde von georgischen Banditen finanziert, von denen Stalin der bedeutendste war, und heute sind sämtliche Spielcasinos in Moskau in georgischer Hand« – die Enthüllungen von Knut Gerber nehmen kein Ende, und in meinem Kopf beginnen die Gedanken und Fakten zu wirbeln, nicht zuletzt wegen der kurvenreichen Straße, die uns hoch hinauf in derart grüne Felder führt, dass sie nahezu unnatürlich wirken.

»In Georgien gibt es drei grundlegende Dinge: den Clan, die Ehre und das Geld. Es ist eine clan-orientierte, traditionelle Kultur, die erst vor kurzem von westlichen und amerikanischen Werten unterwandert wurde. 80 Prozent des Landes sind Gebirge, und davon ist die Mentalität der Georgier nach wie vor bestimmt. Ich erkenne das, ich stamme aus dem Erzgebirge.«

»Wie funktioniert ein georgischer Clan?«, frage ich entschlossen.

»Nun, üblicherweise wird man sehr früh aufgenommen, mit vier oder fünf Jahren«, kommt die Antwort. »Es gibt Treffen, an denen alle Mitglieder teilnehmen müssen, aber die Clans sind natürlich nicht alle kriminell. Wenn ein Mitglied zu Geld kommt, dann teilt er es zwischen den anderen Mitgliedern seines Clans auf, statt es zur Bank zu bringen.«

Wir kommen durch ein Dorf, in dem kegelförmige Heustöcke mittelalterlicher Art neben liegengebliebenen Lastwagen stehen, deren brauchbare Teile bereits geplündert worden sind. Vor einer Schule erhebt sich eine imposante Statue des Nationalhelden Stalin, die sicher nicht in absehbarer Zukunft verschwinden wird. Die Dinge scheinen sich hier auf einer anderen Zeitschiene zu bewegen als in Tbilisi.

Dann haben wir den höchsten Punkt erreicht und holpern auf einem Stück Straße entlang, das eigentlich nur bloße Erde ist, notdürftig von einem Bagger glattgeschoben, zweifellos, um die beruhigende Nachricht einer wieder befahrbaren Verbindung verkünden zu können. Ich bin sehr froh, dass Knut Gerber auf seinem Allradwagen bestanden hat, obwohl die GTZ-Leute in Entwicklungsländern üblicherweise einen VW-Passat-Kombi bekommen. Der hätte einen Unfall auf dieser Straße leider sehr wahrscheinlich werden lassen. Der Höhenmesser sagt, dass wir uns 1639 Meter über dem Meeresspiegel befinden, und nach dem Blick aus dem Fenster zu urteilen, qualifizieren sich die wolkenumhangenen Berge um uns als einer der wildesten, abgelegensten Orte, an denen ich je gewesen bin.

Unvermutet wird die Straße dann breiter und wieder asphaltiert, der Hardcore-Teil scheint überstanden. André wirkt höchst erleichtert, und mein Magen schließt sich dem an. Ich hatte schon befürchtet, ich müsste das Fenster herunterkurbeln und das Planet-Marriot-Luxusfrühstück den Bergen überlassen. Wir halten kurz, um ein bisschen Luft zu schnappen und uns drei winzige aus Stein errichtete Kirchen zu betrachten, die gerade renoviert werden. Sie sehen wirklich alt aus, und Knut Gerber sagt, sie seien aus dem fünften bis siebten Jahrhundert, also errichtet, kurz nachdem der heilige Nino das Land Anfang des vierten Jahrhunderts zum Christentum bekehrt hatte.

Dann steigt die Straße ins Alazani-Tal hinunter – Kakheti! – durch dichte Wälder hindurch, die ebenso alt und unverändert wirken wie einige Kirchlein, die fast bis in die Zeit des heiligen Nino zurückreichen. In diesem Fall ist der Eindruck der Zeitlosigkeit jedoch ein Irrtum, denn noch vor einem Jahrzehnt hätten wir uns hier überhaupt nicht auf diese Weise bewegen können. Ein Grund für die Rosenrevolution, die 2003 zum Rücktritt von Präsident Eduard Schewardnadse führte, bestand darin, dass es beinahe unmöglich war, innerhalb Georgiens mit dem Auto von A nach B zu kommen, da einen fortwährend Uniformierte und/oder Bewaffnete anhielten und Wegezoll einforderten. Einer der ersten Amtsakte, die Saakaschwili als Präsident vornahm, bestand darin, die gesamte georgische Verkehrspolizei zu entlassen; sie waren alle an dieser Schurkerei beteiligt, die nicht nur den Verkehr, sondern auch die Wirtschaft, die Gesellschaft, einfach alles lähmte. Bevor er auf die unabhängigen Richter und die freie Presse losging, beseitigte »Misha« eine Menge schwerwiegender Probleme in Georgien.

»Unser nächster Halt ist in Ikalto, das früher eine Abtei und Philosophenschule war, deren Ursprünge bis ins siebte Jahrhundert zurückreichen«, erklärt Knut Gerber, als wir den Talboden erreichen. Leider sind die Drei- und Viertausender des Großen Kaukasus in Nebel gehüllt. Direkt neben der Klosterkirche von Ikalto stoßen wir auf eine Sammlung von den nach traditioneller georgischer Art in den Boden eingegrabenen *Kvevri*, die ganz offensichtlich gerade erst freigelegt worden sind. Unser Führer zeigt uns einen *Satsnakheli*, einen großen Steintrog, in dem die Trauben mit den Füßen gemaischt wurden. Wie zu Hause sind Religion, Philosophie und Wein in der geschichtlichen Vergangenheit Georgiens eng verwoben.

»Wie geht es der georgischen Wirtschaft?«, frage ich mich laut, als wir wieder auf der Hauptstraße das Tal entlangfahren.

»In gewissen Punkten war die wirtschaftliche Entwicklung hier zu schnell. Noch vor fünf Jahren kostete die günstigste Wohnung in Tbilisi um 80 US-Dollar pro Quadratmeter, jetzt ist es das Zehnfache!«, antwortet Knut Gerber. Das klingt ganz ähnlich wie Moskaus Immobilienboom beziehungsweise -blase.

»Ich vermute, dass ein paar Leute dabei gewaltig Geld verdient haben«, sage ich deshalb.

»Die Gerüchte lauten, dass der KGB während der Gorbatschow-Zeit das System mit den Millionären aufgebaut hat, um die sowjetische Wirtschaft zu stabilisieren«, lautet die Antwort, was die scheinbar aus dem Nichts aufgetauchten Oligarchen erklären würde. Aber das führt uns natürlich in beängstigend tiefe Wasser.

»In Georgien gibt es drei Stufen, die Politiker, die Oligarchen und die ... aber wenn man deren Namen weiß, dann lebt man gefährlich, besonders als Ausländer.«

»Die dritte Stufe ist die Mafia, oder?«, frage ich unverblümt.

Knut Gerber schweigt einen langen Moment, dann erzählt er uns statt zu antworten, wie ihm, nachdem er hier seinen Posten angetreten hatte, mehrere Einheimische geraten hätten, es wäre besser, nicht zuviel Georgisch zu lernen, weil er dann Dinge mitkriegen könnte, die er besser nicht wissen sollte. »Dann habe ich eine Georgierin geheiratet«, was danach klingt, als habe er letztendlich doch zuviel Georgisch gelernt und jene »Dinge« erfahren, die er jetzt nicht erwähnt, um uns nicht in eine ähnliche Situation zu bringen.

Im Landcruiser herrscht nahezu eisige Stille. Jetzt wird uns richtig bewusst, wie weit entfernt unsere gemütliche, ordentliche westliche Heimat liegt.

»Mir scheint, als seien die Politiker und die Oligarchen vielleicht nur Frontmänner für die dritte Stufe«, flüstere ich halb, der Konsequenzen des Wissens um die »Dinge« unsicher. Das würde erklären, warum von den etwa 850 Milliardären, die es weltweit gibt, zehn aus einem Land mit lediglich 4,5 Millionen Einwohnern und so gut wie keinen Bodenschätzen stammen.

»Vielleicht«, sagt Knut Gerber darauf, und wie er es sagt, klingt es wie eine Zustimmung. »Ich bin sehr froh, dass mich Maka, meine Frau, in dieser sehr eigenen kulturellen Umgebung beschützt. Doch jetzt kommen wir nach Telavi, der Hauptstadt von Kakhetian, es sind nur noch zehn Minuten bis zum Weingut Vinoterra. Zuerst muss ich Euch aber in Telavi noch etwas zeigen.«

Als wir Kakhetians ländliche Hauptstadt erreichen, biegen wir von der Hauptstraße auf eine breite Allee mit einem Grünstreifen und Bäumen in der Mitte, die durch eine einigermaßen gutsituiert wirkende Wohngegend ansteigt, bis wir zu einer Gruppe von verfallenen Wohnblocks aus den 1960er-Jahren kommen. Ein Schild auf einem davon verkündet Турист, Tourist: Dies war einst ein Hotel der Tourist-Kette für den unter der russischen Nomenklatura so beliebten Urlaub in der Sonne.

»In dem ehemaligen Hotel«, erzählt Knut Gerber, »werden seit 1991 Flüchtlinge aus Abchasien untergebracht, von denen es in Georgien beinahe eine Viertelmillion gibt.« Das ist nicht ganz so ernst wie das Palästinenser-Flüchtlingsproblem, aber doch ernst genug, wenn man die Zahl der Menschen mit den Jahren multipliziert, die sie bereits in diesem Zwischenzustand leben. Und wie bei den Palästinensern fällt einem die Vorstellung schwer, dass es ihnen je wieder möglich sein wird, in ihre Heimat zurückzukehren.

Während wir auf einer engen Straße zu Vinoterra fahren, zeigt sich endlich die Sonne, und der Anblick dort könnte kaum einen größeren Kontrast zu dem bilden, was wir gerade gesehen haben. Der Bau des L-förmigen Kellergebäudes ist noch nicht ganz abgeschlossen, aber mit einem Turm und einer raffinierten Backstein- und Kieselfassade gibt es eine architektonische Erklärung ab, die ganz bewusst alle westeuropäischen Traditionen an Weingutsbaustil ignoriert. Es ist etwa so weit von einem Bordeaux-Château entfernt wie eine japanische Pagode!

Ein kleiner drahtiger Mann mit Glatze taucht auf, wahrscheinlich um die 40, und Knut Gerber steigt aus, um ihn zu begrüßen. Dann stellt er sich uns in geübtem Englisch als George Dakishvili vor, Kellermeister und zusammen mit George Piradashvili Besitzer dieses unabhängigen Weinguts.

»Wir sind ein junger Betrieb, 2002 gegründet, und unser Plan ist, die Jahresproduktion von den gegenwärtigen 100 000 auf 200 000 Flaschen zu steigern, aber wir haben keine Eile, es hängt alles vom Verkauf ab«, erklärt er uns zugleich ehrgeizig und pragmatisch. »Wir erzeugen zwei verschiedene Stilrichtungen, konventionelle Weine in Tanks und Fässern und traditionelle, die in *Kvevri* ausgebaut werden. Ich zeige Ihnen unseren *Marani*.«

Wir folgen ihm in den ebenerdigen Teil der Kellerei, der bereits fertiggestellt scheint. Wenn dies ein herkömmliches Weingut westlicher Art wäre, dann würde ich den Keller als vollkommen leer beschreiben, doch die in Reihen angeordneten runden Öffnungen im ziegelsteingepflasterten Boden sind ganz offensichtlich die oberen Ränder von unter den Ziegelsteinen eingegrabenen Amphoren.

»Wir haben zehn große *Kvevri* mit jeweils 3000 Liter Fassungsvermögen und fünf kleine mit je 500«, hören wir, »es dauert vier bis fünf Stunden, um einen großen *Kvevri* zu putzen, zuerst mit Ätznatron, dann mit Zitronensäure.« An der Wand lehnen eine Reihe von hölzernen Werkzeugen für den Kvevri-Weinausbau, die nicht das Geringste mit den uns vertrauten Gerätschaften zu tun haben. Diese sehr alten, einfachen Werkzeuge vermitteln einen Eindruck davon, wie viel harte Arbeit mit dieser Ausbaumethode verbunden ist. Wir sind auf dem Weg hierher an einem *Kvevri*-Händler vorbeigekommen und haben dort die drei Meter hohen und eher schlanken als bauchigen Amphoren gesehen, die unten in einer scharfen Spitze enden. Allein die Vorstellung, was es bedeutet, den letzten Tropfen Wein vom Boden eines mehrere Meter tiefen, schmalen Tontopfs hoch zu bekommen!

»Es scheint, dass diese Art der Weinbereitung mindestens 5000 Jahre zurückreicht. Mein Großvater hat mir erzählt, was sein Großvater ihm erzählt hat, und ganz wie sie füge ich keine Hefe hinzu«, fährt er fort, »aber ein paar moderne Geräte benutze ich schon. Ich bin sehr froh über meinen neuen Edelstahl-Rebler, um die Trauben zu entrappen, und obgleich wir die Trauben mit den Füßen stampfen, tun wir das in einer Edelstahlwanne, die viel leichter zu säubern ist. Es ist gut zu wissen, dass der Wein sauber ist und keine Probleme hat.«

Der *Satsnakheli*, der Traubenstampftrog, hat beinahe genau dieselbe Form wie die alte steinerne Version, die wir gerade in Ikalto gesehen haben, blitzt aber, und das scheint mir eine Einstellung zu verkörpern, die uralte Methoden mit moderner Wissenschaft verbindet. Ich frage ihn, wie die typischen Weine der Einheimischen aus dem *Kvevri* schmecken.

»In Georgien werden jedes Jahr etwa 50 Millionen Liter Hauswein produziert, aber ich würde sagen, davon sind nur fünf bis zehn Prozent trinkbar«, entgegnet er, ebenso pragmatisch wie zuvor. Und dann kommt der Moment der Wahrheit, um herauszufinden, ob sich uralte Methoden wirklich mit moderner Wissenschaft in Einklang bringen lassen: die Verkostung.

Wir gehen zum anderen Ende des Weingutsgebäudes, in einen sehr großen Raum, in dessen Mitte ein riesiger Tisch voller Essen steht. In diesem Land muss man als Gast auf ein üppiges Frühstück und zwei ausgedehnte, reichliche Mahlzeiten täglich eingestellt sein. Ich bin froh, dass es eine kurze Reise ist, sonst würde ich wahrscheinlich tatsächlich platzen.

George Dakishvili setzt sich an den Kopf des Tisches und bittet André und mich, rechts und links von ihm Platz zu nehmen. Dann schenkt er den ersten Wein ein, einen konventionell im Tank ausgebauten 2005 Weißwein aus Tsinandali. Es ist ein guter Wein, recht voll und geschmeidig, aber er hebt sich nicht von der Masse der gut gemachten Weine modernen Stils ab, die wir in diesem Land bereits erlebt haben. Wenn er und sein Kollege mit diesem Wein international erfolgreich sein wollen, dann müssen sie ihn entweder sehr günstig anbieten oder aber auf irgendeine Weise mehr Aroma und Geschmack in die Flasche bekommen, sonst werden sie gegen ihre Mitbewerber keine Chance haben. Der zweite Weißwein hingegen ist eine ganz andere Geschichte, er leuchtet bernstein- statt strohfarben.

»Das ist ein 2004 aus der Sorte Kisi, im *Kvevri* ausgebaut«, bestätigt unser Gastgeber, »er lag vier bis fünf Monate darin.« Der Wein trifft meinen Gaumen wirklich wie ein Schlag, mit Massen von Gerbstoff, Aromen und Mineralstoffen, die der gärende Most und dann der junge Wein in diesen Monaten aus den Traubenhäuten gelöst haben. Dass er knochentrocken ist, betont noch den an sich schon extremen Aufbau des Weins, wer nicht daran gewöhnt ist, sehr kräftige und intensive Weine zu verkosten, wird die Begegnung mit diesem wilden Ding wahrscheinlich als schockierend oder sogar brutal empfinden. Doch die Aromen gefallen mir, sie erinnern mich an Quittengelee und geröstete Mandeln mit einem Hauch von Sherry – aber auch ich muss zugeben, dass der Wein besser duftet als er schmeckt.

Dasselbe gilt für den nächsten Weißwein – oder sollte ich Bernsteinwein sagen? – wieder einen 2004 aus dem *Kvevri*, dieses Mal aus der Sorte Mtsvane. Er wirkt weniger mächtig, weniger extrem und wild, die Gerbstoffe gezügelter. Der Duft erinnert mich an gebratene Artischocken, und ich glaube, das ist es auch, was André meint, als er von der »Frucht« des Weins spricht. Er ist reifer, lebhafter und subtiler im Duft als der Kisi davor, aber ebenso weit entfernt von unseren herkömmlichen westlichen Vorstellungen eines trocknen Weißweins – auf seine eigene Weise jedoch sehr stimmig. Mit jedem Schluck lernt mein Gaumen mehr von dieser neuen Weißweinsprache und ich mehr über den eigenartigen Wein.

»Wie lange können diese Weine lagern?«, erkundigt sich André.

»Mit diesem Gerbstoff sind zehn bis 20 Jahre kein Problem«, lautet die überzeugte Antwort, dann erhebt sich unser Gastgeber und kommt mit einer Flasche und einer Karaffe mit Rotwein zurück.

»Für die Rotweine verwenden wir ausschließlich Saperavi, der Name bezeichnet etwas, das färbt«, erklärt er, während er uns aus der

Flasche einschenkt. »Dies ist ein 2003 Saperavi, der etwa 20 Tage im *Kvevri* gegoren hat und dann in Fässern lagerte, gebrauchten Barriques.« Auf dem Etikett steht Old Kakhetian Marani, es ist der gleiche Wein, den wir auf der Weinmesse zum Mittagessen getrunken haben. Wiederum wirkt er üppig und mächtig, nahezu imposant, aber dabei ausgewogen statt schwer, einseitig oder tintig. Ich lasse ihn über meinen Gaumen rollen und verfalle seinem Zauber.

»Der letzte Wein ist der 2005 desselben Weins, der genauso ausgebaut worden ist und nächsten Monat abgefüllt wird«, sagt unser Gastgeber.

Der Wein ist ähnlich dicht in der Farbe, vielleicht mit einem Hauch mehr Violett aufgrund seiner Jugend. Doch die wilden Beeren, der schwarze Pfeffer und die anderen Gewürze wirken hier noch anziehender, und obgleich der Wein noch konzentrierter scheint als der 2003, kommt er mir auch eleganter vor. Er ist sehr nahe an einer perfekten Balance. Unabhängig in welchem Kontext – europäisch oder transkontinental, westlich oder östlich – ist dies ein großer Wein, der ohne Probleme neben manchen sehr teuren Weinen berühmter Erzeuger aus Frankreich, Italien oder anderswo auf Planet Wein bestehen würde. Ich könnte mich stundenlang mit ihm beschäftigen, um diesen neuen Geschmackskontinent zu erforschen. André strahlt förmlich vor Vergnügen.

Was macht diesen Wein so bemerkenswert? Ich glaube nicht, dass sein Geheimnis einfach nur Tradition plus Moderne heißt, sondern sich dahinter ein ganzer Komplex von Faktoren verbirgt, angefangen mit dieser ganz besonderen Rebsorte, die hier unter genau den richtigen Bedingungen wächst, und dazu eine beinahe ideal verlaufene Witterungsperiode. Nicht weniger wichtig ist die Einfühlsamkeit dieses Kellermeisters, dem es gelingt, uralte Methoden und moderne Wissenschaft auszubalancieren, so dass keines von beiden das Ergebnis dominiert. Das erinnert mich an etwas, das François Mitjavile von Tertre Roteboeuf in St. Emilion/Bordeaux einmal gesagt hat: »Zuviel Natur und das Ergebnis ist Essig statt Wein, aber zuviel Mensch und der Wein ist langweilig!«

Die Amphore in der beleuchteten Vitrine vor mir ist aus einer Vielzahl von Scherben wieder zusammengesetzt worden. Sie ist wesentlich bauchiger in der Form als die heutzutage eingesetzten *Kvevri* und scheint aus einer frühen Epoche des georgischen Weinbaus zu stammen. Wie alt ist sie? Wenn sie nicht mindestens ein paar Jahrhunderte auf dem runden Buckel hätte, würde das Weingut Shumi, das wir gerade besuchen, ihr in seinem Weinmuseum sicher nicht einen solchen Ehrenplatz einräumen.

»Dies ist einer der ältesten noch existierenden *Kvevri*«, murmelt unser nervöser Führer, ebenfalls ein George, in holprigem Englisch, »er scheint aus dem 12. Jahrhundert vor Christus zu stammen.« Vor kurzem haben amerikanische Forscher die Beschreibung der Himmel in der »Odyssee« mit astronomischen Daten verglichen und sind zu dem Schluss gekommen, dass das einzige Jahr, dass laut heutigen wissenschaftlichen Erkenntnissen in diese Darstellung passt, 1128 vor Christus ist. Das sollte also das Jahr sein, in dem Jason mit seiner Truppe auf der Suche nach dem Goldenen Vlies von Griechenland nach Georgien gesegelt ist, und es scheint sich um konkrete Menschen zu handeln und nicht nur um einen mythischen Helden – und sie hätten Wein aus diesem *Kvevri* trinken können!

»Wir haben noch ältere Ausstellungsstücke«, sagt George und geht mit uns zu einer anderen Vitrine, in der ganze Reihen aus Scherben zusammengesetzter Krüge zu sehen sind. Ich sehe ein kleines Schild, auf dem steht, dass es sich dabei um Trinkgefäße aus der ersten Hälfte des zweiten und aus dem dritten Jahrtausend vor unserer Zeitrechnung handeln soll. Das heißt konkret, dass sie zwischen 3500 und 5000 Jahre alt sind. Ich weiß, dass es aus dem östlichen Irak noch ältere Funde im Zusammenhang mit dem Weinbau gibt, aber das hier geht trotzdem wesentlich weiter zurück als alles, das wir etwa aus dem alten Griechenland kennen. George verkündet, es sei jetzt Zeit, die neue Kellerei anzuschauen, und wir folgen ihm auf eine Art Empore mit Blick über blitzende, aufrecht stehende Edelstahltanks, ältere, liegende Emailtanks und Barriquefässer. Dann gehen wir auf die Terrasse des Weinguts zurück, wo sich uns ein wesentlich interessanterer Blick über den Boden des Alazani-Tals bietet, das jetzt in der Sonne liegt, obgleich sich die mächtigen Gipfel immer noch hinter den Wolken verbergen. Eine angenehme Brise erfrischt uns nach dem Ausflug in die ferne Vergangenheit.

George möchte, dass Knut Gerber die Weine erläutert, aber unser patenter Begleiter will davon nichts wissen: »Es ist deine Tour, also musst du auch das machen.« Gerber drängt George dazu, sich mit uns auseinanderzusetzen.

»Der erste Wein ist ein trockener Weißwein, ein 2007 aus Tsinandali«, erklärt George also, »es ist ein Wein europäischer Art. Warum ich das sage? Weil wir im Gegensatz dazu unsere eigene Ausbaumethode haben.« Es ist interessant, wie er die traditionellen georgischen Methoden den europäischen gegenüberstellt; in puncto Wein behaupten die Georgier, keine Europäer zu sein. Der Wein ist frisch, angenehm fruchtbetont und riecht, als könne er ziemlich säurebetont schmecken, entpuppt sich aber als überraschend weich.

»Ich kenne deutsche Weißweine, und ich mag Riesling sehr gern«, sagt George und klingt plötzlich gar nicht mehr nervös, sondern richtig leidenschaftlich, »aber hier haben wir warme Tage und warme Nächte, wenn die Trauben reifen, so dass sie mehr Aroma und Säure verlieren als in Deutschland. Diese Aromen stammen aus der Hefe und von der Reife.« Das war sehr mutig und ehrlich. Jetzt haben wir was über das Klima von Kakheti gelernt.

»Jetzt ein 2006 Saperavi, der in Eiche gelagert wurde«, sagt George und schenkt den nächsten Wein ein. Der scheint in zwei Richtungen gleichzeitig zu wollen, ist fruchtig bis hin zu einer kitschigen Beerennote, schmeckt aber auch stark röstig, ja sogar verbrannt, als hätte jemand die Beeren auf den heißen Grill geworfen. Knut Gerber hat eine kurze Auseinandersetzung mit George auf Georgisch und wirkt plötzlich frustriert. Er erklärt, dass er hier Proben der »Georgian Wine Family« erwartet hat, einer Winzergruppierung, zu der auch Shumi gehört, damit wir sie zusammen verkosten könnten, doch dass wir die wir nun heute Abend und ohne ihn werden verkosten müssen. Als George den nächsten Wein einschenkt, einen dieser halbtrockenen Rotweine, entscheidet Knut Gerber, dass er aufbrechen muss, um rechtzeitig zum Abendessen zu Hause bei seiner Frau in einem Dorf westlich von Tbilisi zu sein, und die Verkostung endet abrupt. Wir bedanken uns bei George, der georgisch verheiratete Erzgebirgler bringt uns zu unserem Hotel und düst dann los.

Trotz des plötzlichen Endes unserer Tour habe ich das Gefühl, in den wenigen Stunden heute mehr über Georgien und seine Weine gelernt zu haben als in all den Jahren zuvor. Ich falle aufs Bett, ziemlich erschöpft, den Bauch noch voll georgischer Köstlichkeiten vom Mittagessen bei Vinoterra … Als ich die Augen wieder öffne, haben sich die Wolken um die Berggipfel etwas gelockert, der Himmel leuchtet ein wenig rosa, und die Felder und Weinberge in der Talebene schimmern golden. Es ist schwierig, sich eine schönere Weinlandschaft vorzustellen, aber ich vermute, dass sie nicht immer so aussieht und diese Schönheit auch nicht bedeutet, dass sich die Winzer hier nicht mit den üblichen Pilzkrankheiten und tierischen Schädlingen herumschlagen müssen, die die Trauben bedrohen. Was auch immer dieser Ort ist, ein Weinparadies ist er nicht.

Ich gehe hinaus auf die Hotelterrasse, wo Petra und André bereits sitzen. Wie nicht anders zu erwarten, dreht sich das Gespräch um Knut Gerber und das, was er uns heute erzählt hat. Wir sind uns einig, dass Gerber für viel Bewegung hier gesorgt hat. Dann schaut André auf die Uhr und sagt, es sei sieben; Zeit, nach unserem Taxifahrer zu suchen und uns zur Verkostung der »Georgian Wine Family« zu bewegen, dem nächsten Schritt in unserem Crashkurs zum Thema Saperavi & Co.

In der Lobby wirft uns ein westlicher Europäer mittleren Alters in goldbeknöpftem, dunkelblauem Blazer bedeutungsvolle Blicke über den Rand seiner Ray-Ban-Piloten-Sonnenbrille zu. Er sieht aus, als habe er etwas zu verkaufen und sei auf der Suche nach Käufern. Er stellt sich uns schließlich als Melchiorre Martignani vor, Besitzer der gleichnamigen italienischen Firma, die Spritzgeräte für den Weinberg verkauft. Er ist heute Abend mit von der Partie, obgleich wir definitiv die falschen Adressaten für seine Ware sind.

Wir steigen alle in das Taxi, das vor dem Hotel wartet und daraufhin sofort losschießt – allerdings im Rückwärtsgang! Nach ein oder zwei Minuten, während der Fahrer sich schier den Hals verdreht, um zu sehen, wo er überhaupt hinfährt, legt er ebenso abrupt den Vorwärtsgang ein und biegt in eine breite neue Straße ein. Er macht den Eindruck, als würde er gerne so richtig aufs Gas treten, um den schlechten Start wettzumachen, aber die Straße ist voller brauner Kühe unter der Obhut eines Hirten. Irgendwie gelingt es ihm, sich zwischen den wiegenden Leibern hindurchzuschlängeln, und dann liegt endlich die hindernisfreie Straße vor ihm, und er düst los, endlich Action!

Nach einer Weile wird die Straße schmaler und führt durch Wald, dann klingelt das Mobiltelefon unseres Fahrers, und er hält am Straßenrand. Wir tauschen erstaunte Blicke, doch dann schaue ich aus dem Fenster und mir fällt auf, wie unglaublich schön die Bäume, ja die ganze Landschaft in der Abendsonne aussehen. Das allein macht diesen Moment der Stille zu etwas ganz Besonderem, für das sich diese lange und verrückte Reise ebenso gelohnt hat wie für all die Weine. Schließlich fahren wir weiter, und nach wenigen Minuten lässt er uns vor einem großen weißen Haus aussteigen, das wie ein Ausflugslokal aussieht, außer dass keinerlei Ausflügler weit und breit zu sehen sind, und auch kein Schild irgendeiner Art.

Petra wirkt jedoch zuversichtlich, deshalb gehen wir mit ihr hinein, wo uns ein stämmiger älterer Mann auf Englisch empfängt, der genug Selbstbewusstsein ausstrahlt, um einen wichtigen Posten in der Politik oder an der Spitze eines bedeutenden Unternehmens zu bekleiden. Petra hat mir bereits erzählt, dass David Maisuradze der Kellermeister ist, der das Weingut Telavi aufgebaut hat, einen der ersten georgischen Erzeuger, der in der Zeit nach 1991 wirklich professionell arbeitete. Inzwischen besitzt er sein eigenes kleines Weingut und berät außerdem eine Reihe von Erzeugern, unter ihnen mehrere Mitglieder der »Georgian Wine Family«. Er geht mit uns auf eine kleine Terrasse hinaus, wo ein Tisch zum Abendessen gedeckt ist. Es ist jetzt ziemlich frisch, und ich bin froh, dass ich einen Pullover unter meinem Jackett trage.

Es folgt ziemliches Chaos, da David Maisuradze entscheidet, dass die Weingläser vollkommen ungeeignet sind, das Mineralwasser zu salzig und die Limonade mit Birnengeschmack keine Alternative. Er stellt uns seine zwei Söhne vor, von denen der ältere vielleicht 16 ist. Dieser erklärt uns, dass er für seinen Vater übersetzen wird, weil dessen Englisch nicht gut genug sei, doch zuerst müssen Gläser und Wasser für uns organisiert werden.

Während wir uns also in Geduld üben, werden wir von unserem italienischen Verkäufer aufgeklärt, dass die Spritzgeräte der meisten Winzer nicht nur veraltet seien, sondern auch aus sowjetischer Produktion und daher vollkommen ungeeignet. Doch würden eine Menge wohlhabender Russen hier jetzt investieren, was für ihn zweifellos potentielle Verkäufe bedeutet.

Dann fügt er plötzlich hinzu: »Das andere Problem ist, dass ich vom Mittagessen noch bis oben hin voll bin, und in Kürze wird es wieder ein riesiges Essen geben!« Da spricht er mir aus der Seele.

Das Geräusch von ploppenden Korken lässt André reflexartig Notizbuch und Kugelschreiber zücken, dann kommt die georgische Wein-Eminenz mit einem Karton mit Weingläsern unterm Arm zurück und erzählt uns, während er sie auspackt, die Geschichte der »Georgian Wine Family«. »Vor etwa einem Jahr beschlossen vier kleine selbständige Firmen, Wein unter einer gemeinsamen Marke zu vermarkten und dass nur die besten Weine unter dieser Marke angeboten werden sollten. Seitdem sind drei weitere Unternehmen dazu gestoßen, so dass es jetzt sieben Mitglieder gibt. Die Idee dahinter ist, dass georgischer Wein von zuverlässig hoher Qualität auf den globalen Absatzmärkten erhältlich sein soll.«

Das klingt gut. Die Frage ist, ob es mehr darstellt als diese Computersimulationen vom neuen Business Center in Tbilisi, mehr als nur noch ein weiteres georgisches Luftschloss. Aus dem Wald weht plötzlich ein Schwall kalter Luft herüber, und ich wünschte, ich hätte zwei Pullover angezogen. Doch dann wird endlich der erste Wein eingeschenkt.

David Maisuradzes 2006 aus Tsinandali riecht nach frisch aufgeschnittenem Sellerie, ein Aroma, das ich eigentlich mit Silvaner und Weißburgunder verbinde. Er wirkt voll, cremig und doch sehr frisch und bleibt lange am Gaumen; es ist eindeutig der beste trockene Weißwein im uns vertrauten Ausbaustil, der uns bis jetzt gezeigt wurde. Mithilfe seines Sohnes erklärt uns David Maisuradze, dass der Wein aus den Sorten Rkatisteli und Mtsvane entstanden ist, der Most ganz klar war, als er in den Tank kam, die Gärung sehr kühl gehalten wurde und beinahe einen Monat dauerte. Das klingt vertraut und ähnelt den Grundlagen guter deutscher Weine.

Der andere wirklich überzeugende Weißwein ist der 2007 Chardonnay vom Weingut Kakhuri, der nach Lemon Pie duftet und einen Hauch nach Rauch. Das Spiel zwischen Frucht, Körper und frischer Säure ist mehr als gelungen. Damit ist klar, dass Georgien gute trockene Weißweine in einer dem westlichen Gaumen bereits vertrauten Stilrichtung hervorbringen kann, und »globale Absatzmärkte« klingt zunehmend realistischer.

Als der erste Rotwein in unsere Gläser kommt, habe ich ganz allmählich das Gefühl, doch wieder ein paar Happen essen zu können. Der beste der leichteren Saperavis ist der 2004 Mukuzami von Weingut Kakhuri, der diskret nach frischen Kräutern duftet, schlank und herb wirkt, aber nicht überladen mit Gerbstoff. David Maisuradzes 2005 Saperavi von 45 Jahre alten Reben aus dem Gebiet Akhasheni ist dagegen ein mächtiger Wein, der ganz offensichtlich aus superreifen Trauben erzeugt worden ist. Sowohl die Aromen als auch die üppige »Süße« erinnern mich an jungen Vintage Port, werden aber von kräftigem, herbem Gerbstoff aufgewogen, der nicht einen Tick übertrieben wirkt. »Nur 30 000 Flaschen«, sagt sein Erzeuger, aber das scheint mir eine ziemliche Leistung bei dieser Qualität. Der Wein hat zweifellos viele Jahre vor sich.

Petra und André gefällt er auch, allerdings finden sie die röstige Eichennote etwas zu auffällig. Sie lässt sich nicht verleugnen, ist aber nicht aufdringlicher als in vielen berühmten und teuren europäischen Rotweinen. So gesehen kann ich damit leben. Doch es stimmt natürlich, dass die Eichenaromen im Wein zu einer Art Firnis geworden sind, wie der, mit dem Ölgemälde überzogen werden, damit sie schön glänzen. Das Problem ist, dass wir uns an einen bestimmten Typus von mächtigen, herben Rotweinen – Schwergewichtler in Geschmack und Preis – mit Eichennote so gewöhnt haben, dass wir irritiert oder enttäuscht reagieren, wenn sie fehlt, oft ohne überhaupt den Grund nennen zu können, obgleich Holz nichts mit Trauben zu tun hat.

Meine Kollegen Fabian und Cornelius Lange haben mir nach einer Verkostung von Schwergewichtler-Rotweinen, bei der wir uns vor kurzem in Zürich trafen, erst richtig die Augen geöffnet. Während der Diskussion nach der Probe sagte Cornelius: »Diese Weine sind alle sehr ähnlich gemacht; geschmacklich werden sie alle stark vom Eichenholz bestimmt.« Fabian fügte hinzu: »Der gesamte Raum duftete nach Holz, als wir hereinkamen!«. Ich hatte das Gefühl, die beiden hätten mir eine Fassdaube über den Kopf gezogen, so schlagartig begriff ich plötzlich. Warum war mir das nicht vorher schon aufgefallen? War ich vielleicht auch schon genauso süchtig nach der Eichendosis wie viele andere und bemerkte sie deshalb nicht mehr, wenn Schwergewichtler-Rotweine eingeschenkt wurden? Die eigentliche Frage aber ist, ob es den Trauben, aus denen diese Weine erzeugt wurden, an positiven Aromen fehlte, so dass sie mit viel Eiche aufgepäppelt werden mussten? Und wenn nicht, warum waren sie dann mit soviel holzigem Make-up zugekleistert worden?

David Maisuradze hat uns jetzt als letzten trockenen Rotwein seinen 2005 Mukuzani eingeschenkt, der zwei Jahre im Holz verbracht hat. Hier gibt es keine Diskussion, dass die Eiche viel zu dominant ist, der Geruch nach verbranntem Holz den größten Teil der Fruchtaromen überdeckt. Noch schlimmer ist, dass die Gerbstoffe aus dem Holz sich mit denen aus den Trauben verbündet haben und nun eine monolithische, gerbige Masse bilden. Warum sollte ich einen so sinnlos schweren Wein trinken?

»Für mich sollte das Holz dem Wein dienen, und nicht der Wein dem Holz«, sagt André, »was meinst du, Stuart?«

»Ich habe was gegen Sklaverei«, sage ich etwas mürrisch, weil das für mich den Wein am treffendsten beschreibt. Warum hat er einen solchen Wein gemacht? Die Antwort lautet zweifellos, um der Welt zu beweisen, dass er in der Lage ist, einen roten Schwergewichtler zu erzeugen.

Eine Frau taucht auf mit Platten voller *Khatchapuri*, großartig aussehender Tomaten, Gemüse und Brathähnchen. Der Tisch füllt sich schnell, und bis auf den italienischen Verkäufer, dem bereits der Anblick von Essen unangenehm zu sein scheint, langen wir alle zu, als hätten wir den ganzen Tag noch nichts bekommen. Etwas ist mir jetzt ebenso so klar wie meine Unfähigkeit, unabhängig von Hunger und Appetit *Khatchapuri* zu widerstehen.

Nach der Unabhängigkeit von Russland 1991 rannten die georgischen Weinmacher ins große Weinmarketing-Casino, setzten alle ihre Chips auf rot und waren froh, bis zu 60 Millionen Flaschen jährlich nach Russland zu exportieren. Sie dachten kaum über andere Möglichkeiten nach – etwa auf schwarz zu setzen oder die Chips auf die Zahlen zu verteilen –, das heißt, sie erschlossen so gut wie keine anderen Märkte. Alles war prima, bis die kleine weiße Kugel im Roulette-Rad auf eine schwarze Zahl fiel und alle ihre Chips auf dem Tisch an die Bank gingen, das heißt, das russische Importverbot ruinierte beinahe die gesamte Weinbranche.

In ihrem Schock wandten sie sich zuerst den anderen Märkten aus der Sowjetzeit zu, wie der Ukraine, Polen und Kasachstan, aber das brachte den Export nur auf 15 Millionen Flaschen, und inzwischen wissen sie, dass sie globale Märkte brauchen, ob es ihnen nun passt oder nicht. Doch sind sie in der Lage, ihre Weine in Ländern wie den USA, Japan, Deutschland, Schweden oder Brasilien effektiv zu präsentieren? Sie haben schließlich wenig Erfahrung darin. Aber wenn sie es nicht schnellstens lernen, dann werden sie in diesen globalen Märkten nicht viel Wein loswerden. Auch in Zeiten des Internets ist die internationale Weinvermarktung eine sehr handfeste Angelegenheit, wenn man nicht der günstigste Anbieter ist, und das kann nicht Georgiens Rolle sein, dafür müssen sie zuviel investieren.

Leider sagt mir mein Bauch unangenehme Dinge, die nichts mit zuviel Essen zu tun haben. Ich fürchte, worauf die georgische Weinbranche wirklich wartet, ist, dass die Russen wieder auftauchen, nett sind und rufen: »Lasst uns wieder Freunde sein!« – zurück in die goldene Zeit des einfachen Absatzes und schneller Profite! Doch dieser Wunschtraum wird sich nicht erfüllen, nicht zuletzt, weil Saakaschwili & Co Georgien in exakt die entgegengesetzte Richtung zu drängen scheinen: ISO, WTO, NATO, EU! Bereits am 2. Oktober 2006 habe ich in der »Welt« gelesen, dass kaum ein Tag vergeht, an dem der amerikanische Botschafter Saakaschwili nicht zurückpfeifen müsse, weil er es übertreibt. Inzwischen weiß er, dass Bush an Georgien denkt, und es bleiben ihm nur noch wenige Monate Bush-Zeit, bevor die Wahlen in den USA für ganz neue Spielregeln sorgen werden.

Die Frau kommt wieder, dieses Mal mit einer großen Schüssel Erdbeeren. Unser italienischer Freund vergisst plötzlich seine Hoffnungen auf Verkäufe von Spritzgeräten, schnappt sich ein paar Weingläser und schaufelt sie voller Erdbeeren. Er verlangt nach weißem Zucker, den die Frau umgehend organisiert.

»Dies ist ein kriminelles System!«, sagt er mit einem satanischen Grinsen, meint dabei aber ganz offensichtlich weder die georgische Mafia, noch die italienische oder auch die russische, »eine Erdbeere mit null Kalorien und eine Menge Zucker mit tausend Kalorien, und dann gibt man Rotwein dazu.« Nach viel Umrühren gibt er jedem von uns ein Glas und sagt, wir sollten die Erdbeeren mit der Gabel essen, es gehe nicht um die Flüssigkeit. Wir müssen alle zugeben, dass der Cocktail unseres italienischen Erdbeerkönigs auf ähnliche Art gut schmeckt, wie ein Rotwein aus richtig reifen Trauben mit einer Menge Eiche gut schmecken kann, wenn das Ganze gekonnt gemacht ist. Ich hätte allerdings viel lieber die reinen Beeren gegessen, sie sahen phantastisch aus, bevor sie in das kriminelle System gerieten.

David Maisuradze schenkt uns schließlich den letzten Rotwein ein; sein Sohn sagt, es handle sich um den 2007 roten Eiswein seines Vaters, aus bei minus 12 °C gelesenen Saperavi-Trauben. Mit großer Skepsis greifen wir zu den Gläsern, aber der Wein strotzt vor Fruchtaromen – rotes Johannisbeergelee und Himbeerpüree! –, ist supersaftig und wunderbar erfrischend trotz beträchtlicher Süße. Und das ist natürliche Süße, wie die Süße reifer Erdbeeren. So verrückt wie der Wein ist, haben wir doch endlich reinen Saperavi im Glas und ohne Make-up und so schön wie Knut Gerbers Frau, deren Bild wir auf seinem Mobiltelefon gesehen haben.

9. Juni 2008 Das graue Stahltor gleitet zur Seite und gibt den Blick auf eine alte Frau frei, die den Hof des Weinguts Telavi mit einem Reisigbesen fegt. Die Szene wirkt, als stamme sie aus einem historischen Film, aber sie gehört genauso zur georgischen Gegenwart wie die alten Frauen, die am Straßenrand Erdbeeren aus großen Blecheimern verkaufen. Ich wollte anhalten und welche kaufen, um sie zu kosten, ohne roten Wein oder weißen Zucker – der italienische Erdbeerkönig geht heute seine eigenen Verkaufswege, der wäre kein Problem gewesen, aber wir haben diesen Termin bei Telavi.

Unser Führer ist heute Giogi Samanishvili von Samtrest, der Weinaufsichtsbehörde des Landwirtschaftsministeriums, so dass wahrscheinlich jeder Fehltritt unsererseits den höheren Gewalten zu Ohren kommen wird. Unser Mercedes-Minibus hält gegenüber dem anscheinend wirklich alten Hauptgebäude – Telavi ist 1915 gegründet worden –, das zweistöckig ist und vor kurzem renoviert und dabei in historischem Denkmal-Gelb gestrichen wurde. Als wir aussteigen, begrüßt uns die Labordirektorin, in grünem Kittel und fließendem Deutsch. Ihr Name ist Tamara Gurgenishvili, und sie erzählt, dass der Betrieb, als er gegründet wurde, ausschließlich mit Amphoren gearbeitet hat, jetzt aber so gut wie nur Tanks einsetzt. Die Firma ist ein ganz und gar georgisches Privatunternehmen mit 450 Hektar Weinbergen und der größte Exporteur des Landes, mit der Ukraine, Polen, Holland, Kasachstan, China, Japan, USA, Kanada, den baltischen Staaten, Großbritannien und Deutschland als Haupt-Absatzmärkten. Das bedeutet, der ehemalige Sowjetblock und »globale Märkte«, also Chips auf einer Reihe von schwarzen Zahlen, anscheinend haben sie die realistische Überlegung angestellt, dass die kleine weiße Kugel nicht so schnell wieder auf eine rote Zahl fallen wird.

Während wir zum Betriebsrundgang losziehen, erfahren wir, dass Telavi früher eine Menge Trauben zugekauft hat, das aber seit dem russischen Importverbot nicht mehr tut. Die diesjährige Produktion wird nur bei etwas über zwei Millionen Flaschen liegen, was der Weinbergsfläche entspricht.

»Manche dieser Tanks sehen ein bisschen verlottert aus«, sagt sie und deutet auf Reihen von hohen blaugestrichenen Stahltanks, die offensichtlich seit langem intensiv genutzt werden, »aber unter der Isolierung sind sie aus Edelstahl. Die neue Technologie ist ab 1997 aus Italien gekommen, und jetzt sind alle unsere Gärtanks aus Edelstahl.« Wenn unser italienischer Erdbeerkönig damals nicht schon hier war, dann ist er seinen Landsleuten gefolgt.

Im Kelterhaus ist alles ganz modern, wenn auch vielleicht nicht der letzte Schrei. Telavi scheint eine richtige Wein-Werkstatt zu sein, keine blitzende Show, um Besucher zu beeindrucken, und das ist schließlich auch nicht notwendig, um guten Wein zu machen. Von dort gehen wir in den Hauptreifekeller, wo hinter stehenden Tanks mit weißen Stahlisolierungsmänteln Barriquefässer in langen Reihen liegen – Hunderte von alten und neuen Barriquefässern – und, ganz hinten und ein wenig verloren, mehrere liegende emaillierte Stahltanks.

Als wir wieder in dem alten Gebäude stehen, sagt Tamara Gurgenishvili, sie hätten acht ihres Sortiments von insgesamt 28 Weinen für uns zum Verkosten vorbereitet. Beim Frühstück war ich ziemlich schockiert gewesen, als Petra uns mitteilte, dieser Betrieb, von dem die ersten georgischen Weine stammten, die mich überhaupt beeindruckt hatten, wolle uns nach all diesem Aufwand an Zeit und Kosten nur drei Weine zeigen! »Wir wollen alles verkosten!«, protestierte ich ziemlich vehement, André stimmte mir zu, und Petra versprach, ihr Möglichstes zu tun.

Jetzt atme ich einmal tief durch und wiederhole meinen Wunsch nach mehr Weinen. Einen Moment lang herrscht beklemmende

Stille, während der mein Blick an einer dürren tropischen Topfpflanze hängen bleibt, die in einer Ecke hinter Tamara Gurgenishvili steht. Dann kommt die Antwort, sie wolle sehen, was sie tun könne, und die Verkostung beginnt mit den gewohnt angenehmen, aber alles andere als bemerkenswerten trockenen Weißweinen europäisch-westlichen Stils.

»Dies hier ist neu«, sagt unsere Gastgeberin dann, als sie einen lachsfarbenen Wein einschenkt, »unser allererster Saperavi Rosé, ein gerade abgefüllter 2007.« Ich sehe, wie Andrés Augen aufleuchten, als er daran riecht. Ich muss zugeben, dass ich am Anfang dieser Reise skeptisch war, aber Saperavi kann ganz offensichtlich alles hervorbringen, von leichten, fruchtbetonten Rotweinen bis zu würzig mächtigem, obendrein süßen, und wie wir hier sehen, auch trockenen Rosé. Die einzige andere ähnlich vielseitige rote Sorte, die ich kenne, ist der Spätburgunder.

Der erste Rotwein ist ein »normaler« 2006 Saperavi. Wenn diese Art von Rotwein – voll reifer Frucht, kräftig, aber nicht schwer, und anziehend genug, um sich leicht trinken zu lassen – in der georgischen Weinbranche allgemein weit verbreitet wäre, dann wäre der Erfolg auf den globalen Märkten quasi garantiert, es müsste nur noch etwas handfeste Vermarktung dazukommen, also potentielle Käufer dazu bewegt werden, die Weine halbwegs unvoreingenommen zu verkosten.

Wenn die Weine dann verkostet werden und sie dem einen oder anderen gefallen, setzt die zweite Phase ein. Während dieser muss den Weinen, an denen langsam das Interesse geweckt wird, ein menschliches Gesicht zugeordnet werden. Das können charismatische Winzer sein, aber auch andere Botschafter wie erfolgreiche Sommeliers oder Köche aus dem Erzeugergebiet. Entscheidend ist, dass sie gut verständlich, aber auch leidenschaftlich über die Weine reden können.

Es folgt mehr Saperavi in Form des 2005 Mukuzani, der mir aus mehreren Verkostungen in Berlin bereits vertraut ist. Auch dieses Mal duftet er intensiv nach Holunderbeeren, schwarzem Pfeffer und

Rauch, verbindet gekonnt und ausgewogen viel reife Frucht mit reichlich Gerbstoff.

»Der nächste Wein ist ein erster Versuch«, sagt Tamara Gurgenishvili dann vorsichtig, »wir machen alle anderen Weine mit europäischen Methoden, aber dieser stammt aus dem *Kvevri*. Er heißt Satrapezo, das bedeutet ein heiliges Abendmahl.« Also kommen nicht nur kleine Erzeuger wie Vinoterra zurück zu *Kvevri* und versuchen, traditionelle alte Methoden mit der Gegenwart zu verbinden. Es scheint eine richtige Bewegung zu sein, die nur noch Namen und Slogan braucht, damit das PR-Gewitter losbrechen kann.

Ich habe befürchtet, der 2003 Satrapezo würde tintig schwarz aussehen nach 45 Tagen im *Kvevri* und 24 Monaten im Barrique, aber der Wein ist kaum dunkler als das, was wir zuvor verkostet haben. Ich nehme einen tiefen Atemzug von dem Bouquet, und das ist wirklich nichts für empfindsame Gemüter, sondern intensiv würzig, mit ausgeprägten Teer- und Balsamnoten. Ich zögere kurz, bevor ich einen Schluck nehme – ob es wohl tatsächlich klug ist, etwas, das so intensiv riecht, in den Mund zu nehmen? –, aber genau deswegen bin ich schließlich gekommen, also los. Der Gerbstoff ist genauso massiv, wie ich erwartete, und in dieser schinken- und wurstfreien Situation wirkt der Wein übermächtig, aber er ist ganz offensichtlich für eine üppig beladene georgische Tafel bestimmt, nicht eine labor-ähnlich nüchterne Verkostung. Unter diese Bedingungen könnte selbst ein mittelgewichtiger Chianti viel zu herb wirken.

»Der Wein hat eine vegetative Note von den Rappen, und mir gefällt die Eiche nicht«, sagt André plötzlich sehr ernst. »Er ist in Eichenfässern gereift, und die Note daraus im Wein bleibt im Abgang hängen … aber diese Kraft ist sehr beeindruckend.« Stille. Ich bin nicht sicher, ob ich dieser Analyse so ganz zustimme, aber es stimmt, sie haben den Hardcore-Ausbau vielleicht etwas übertrieben, wahrscheinlich auch in dem Ehrgeiz, den ultimativen georgischen Rotwein zu erzeugen. Der letzte Schluck aus dem Glas schmeckt aber eindeutig viel harmonischer als der erste. Gewöhne ich mich daran, oder muss dieses Heavy-Metal-Monster weiter reifen, um sich zu entspannen?

»Halbsüße und süße Rotweine aus der Mikrozone Kindzmarauli machen zehn Prozent aller georgischen Weinexporte aus«, hören wir dann, »früher, vor dem russischen Importverbot, haben wir davon einmal 15 000 Flaschen als eine Lieferung nach Russland geschickt!« Der laute Beerenduft des 2005 Kindzmarauli wirkt ziemlich kitschig, und er schmeckt zwar saftig, aber eher weich, was die Süße sehr stark hervortreten lässt. Aber wenn Russland zurückkommt, ist alles vergeben und vergessen … Ich ziehe den 2005 Khvanchkara aus der Provinz Ratcha bei weitem vor, der nach allen möglichen wilden Kräutern duftet und mich an manche Kräuterliköre erinnert, die aber alle nicht so beerig wirken. Und er schmeckt wesentlich weiniger, nicht so süß, alle Elemente sind wunderbar miteinander verbunden.

»Wieder ein wunderbarer süßer Rotwein aus Georgien!«, sagt André. »Aber wird das zu Hause jemanden interessieren?« Das ist eine berechtigte Frage, aber jetzt müssen wir gehen, also verabschieden wir uns, klettern alle in den Minibus und rollen durch das graue Stahltor. Ich frage mich, ob wir je Weinberge aus der Nähe sehen werden.

»Stop! Stop!«, ruft Petra, nachdem wir wenige 100 Meter gefahren sind. Was ist los? »Hier ist eine Bäckerei, das müsst ihr sehen«, erklärt sie, und wir steigen wieder aus und gehen mit ihr über die Straße in einen kleinen Flachbau, in dessen »Schaufenstern« kein Glas ist. Abgesehen davon erinnert mich diese Straße mit den kleinen Häusern an Orte im Burgenland/Österreich, nahe der ungarischen Grenze. In der Bäckerei holt eine Frau mittleren Alters mit ihren beiden Söhnen gerade die letzten Laibe aus dem Tone, einem eiförmigen Lehmofen. Er sieht genau wie die Tandur-Lehmöfen aus, in denen in Indien Brot gebacken wird, und die 25 Zentimeter langen, flachen ovalen Brote, die jetzt auf Holzregalen abkühlen, sind dem indischen *Naan*-Fladenbrot sehr ähnlich. Wir haben solches Brot hier jeden Tag gegessen, warum ist mir diese Verbindung nicht vorher schon aufgefallen?

»Das ist *Kartuli puri*, traditionelles georgisches Brot«, sagt Petra, »man muss es frisch essen.« Puri ist auch ein Hindi-Wort für Brot, allerdings wird Puri in Indien fritiert. Trotzdem ist es wieder ein Beweis dafür, dass die georgische Kultur das Produkt einer Vielfalt anderer Kulturen ist, die hier am Fuße des Großen Kaukasus aufeinandergestoßen sind, und nicht einfach die östlichste Erweiterung Westeuropas.

Dieses Mal empfängt uns George Dakishvili in seiner Funktion als oberster Kellermeister von Teliani Valley, einem der größten und erfolgreichsten Weingüter Georgiens, und er scheint dabei ebenso glücklich wie gestern in seinem eigenen kleinen Unternehmen. Wir sitzen in dem Labor dieses kastenartigen Fossils aus der Sowjetzeit, das sowohl ein Folklore-Museum als auch eine Fotowand vorweisen kann, auf der die Besuche des amerikanischen Jazzmusikers Herbie Hancock und von Denis Dubourdieu, Önologie-Professor an der Universität von Bordeaux, festgehalten sind. Dakishvili schenkt seinen 2007 Sauvignon blanc ein, der uns sofort klar macht, warum Telianis zweitwichtigster Exportmarkt nach der Ukraine die USA sind. Für uns im Westen ist dieser Wein aus einer uns vertrauten Sorte, in einem uns vertrauten Stil gemacht, der uns aber trotzdem aufhorchen lässt: »Moment mal, was ist das?«

Ich meine, ein stimmungsvolles, monochromes Gemälde von diesen Bergen könnte leicht wie das ach so stimmungsvolle Etikett von Cloudy Bay in Marlborough/Neuseeland ausfallen, dem erfolgreichsten Erzeuger von trockenem Sauvignon blanc weltweit. Cloudy Bay ist sogar der erfolgreichste Produzent in Sachen trockener Weißwein, wenn man die erzeugte Menge – Gerüchte sprechen von nahezu zwei Millionen Flaschen jährlich – und den erzielten Preis in Betracht zieht, nämlich mindestens 25 Euro pro Flasche im Einzelhandel. Doch dieser Wein in meinem Glas ist alles andere als der Versuch, Cloudy Bay zu imitieren.

Im Vergleich zu diesem Korb voller frisch geschnittener Kräuter und leuchtender Johannisbeeren ist Cloudy Bay ganz Stachelbeere,

Maracuja und Selbstherrlichkeit. Kein Wunder, dass Telianis Sauvignon blanc den Wettbewerb der Winexpo Georgia gewonnen hat; er schmeckt, als sei unser Gastgeber wohlvertraut mit Dubordieus Forschungen zu den Aromen des Sauvignon blanc und habe sie auf kreative Weise auf die Situation hier übertragen.

»Jetzt die Rotweine?«, fragt er, und unser Verlangen nach Saperavi-Erleuchtung ist auch nach all den Verkostungen der letzten Tage ungestillt. Zuerst kommt ein 2007 Saperavi – wie kann ein so günstiger Rotwein so voller Pfeffer- und Holunderaromen stecken, soviel Fleisch auf den Rippen haben und doch so vergnüglich wirken? Ich versuche, unserem Gastgeber ein paar seiner Tricks zu entlocken.

»Reife Trauben und 15 Tage Maischegärung«, sagt er. »Viele Rotweine hier verbringen nur wenige Tage auf der Maische.« Das erklärt vielleicht, warum uns manche der weicher wirkenden Saperavis kalt gelassen haben; sie haben nicht genug Gerbstoff und Geschmack aus den Beerenhäuten extrahiert und sind dadurch zwar fruchtig, aber auch simplistisch und ein wenig langweilig. Während manche Rotweine auf der Jagd nach Goldmedaillen im Keller zu weit getrieben werden – der Holzspecht lässt grüßen! –, werden andere abgerundet und auf weich getrimmt, damit sie möglichst vielen Konsumenten unauffällig die an den globalen Soft-Rotwein gewöhnte Kehle hinunterfließen.

Der 2007 Tvishi, ein süßer Rotwein aus dem Gebiet dieses Namens in Ratcha, riecht noch besser, voller Blüten und Gewürze, ist auf nahezu erotische Weise saftig, vielleicht wegen der wunderbar lebendigen Säure, und kein bisschen zu süß. Der nächste Rotwein, ein 2006 Kindzmarauli, bestätigt, dass George Dakishvili wirklich ein besonderes Talent für die richtige Balance dieser verrückten süßen Weine hat. Der hier duftet nicht nur hinreißend nach roten Pflaumen, sondern spielt auch eine fetzige Jazzmelodie und tanzt dazu über meinen Gaumen. André sieht aus, als schwebe er im Saperavi-Himmel.

»Es ist eigentlich ganz einfach, diesen Wein zu machen«, erklärt das bescheidene Genie uns gegenüber, »wir haben einen 50 000-Liter-Edelstahltank mit reifen Saperavi-Trauben gefüllt und ihn nach einer Woche Gärung sehr schnell von 22 °C auf null heruntergekühlt, was die Gärung gestoppt hat. Später haben wir ihn filtriert und im Januar nach der Lese abgefüllt.«

Das erinnert mich an die Erdbeeren, die wir gerade zum Abschluss unseres Mittagessens bekommen haben, dieselbe Art von kleinen, runden, tieffarbenen Erdbeeren, die ich aus dem Minibus heute morgen am Straßenrand in diesen Blecheimern gesehen habe. Dieses Mal war es das pure Erdbeer-Erlebnis, unbeeinträchtigt von Rotwein oder Zucker, aber die Früchte sahen ziemlich weich aus, zu Hause hätte ich sie als überreif abgelehnt. Deshalb war die Welle von Süße und Aroma, die mich dann traf, eine umso größere Überraschung.

Unsere Gastgeber verabschieden uns natürlich, wie könnte es anders sein, mit noch einem abendlichen Festmahl. Wir sind im Restaurant Chardin 12, in der Shardeni Street 12 in Tbilisi. Diese Straße ist nicht nach dem berühmten französischen Maler des 18. Jahrhunderts benannt, sondern nach Sir John Chardin, der 1686 den ersten Augenzeugenbericht über Georgien in englischer Sprache veröffentlichte. 322 Jahre danach muss ich ihm zustimmen, dass »Georgien ein so fruchtbares Land ist, wie man es sich nur vorstellen kann, wo es sich sowohl sehr gut als auch sehr günstig leben lässt«.

So gesehen scheint es sehr passend, dass der neuzeitliche Name des Landes auf das Griechische *georgos* zurückgeht, was soviel heißt wie »die, die das Land pflügen«. Er ist soviel poetischer, auch europäischer und damit uns vertrauter, als der ursprüngliche Name *Sakartwelo*, Land der Kartwelier, den die Georgier untereinander benutzen. Ebenfalls mehr als angemessen finde ich, dass die Worte für Wein aller bedeutenderen europäischen Sprachen anscheinend vom georgischen *ghvino* abstammen, selbst wenn dieses Land nicht die Wiege des Weins ist. Zumindest ist es der Ort, an dem die Weinerzeugung auf die längste, kontinuierliche Geschichte verweisen kann.

Während der Wein fließt und *Khachapuri* auf den Tisch kommen, lernen wir westeuropäische Fremdkörper, dass wir *Megobari* sind, Freunde, oder wörtlich: jemand, der aus derselben Schüssel gegessen hat. Als ich über den georgischen Dichter Shota Rustaveli gelesen habe, der auf der Philosophenschule von Ikalto studierte, stieß ich auf einige Zeilen in »Der Ritter im Pantherfell« von ihm, die die von uns erfahrene Gastfreundschaft perfekt beschreiben:

Fürs Festmahl und Wein auszugeben ist besser als
Unseren Reichtum zu horten.
Was wir geben, macht uns reicher
Was gehortet wird, ist verloren.

24. Februar 2009 An einem grauen Nachmittag laufe ich die Raumerstraße auf der Südseite des supercoolen Helmholtzplatzes in Berlin-Prenzlauer Berg in Richtung des Weinrestaurants Weinstein entlang. Es fällt mir plötzlich ein, dass ich unbedingt nochmals nach Georgien muss, um mir endlich die Weinberge anzuschauen. Es fällt mir sehr schwer zu verstehen, wie Menschen, deren nationale Identität sich dadurch definiert, dass sie den Boden pflügen und Reben pflegen, es nicht für nötig erachtet haben, uns diese Böden und diese Reben zu zeigen. War es die Sorge, wir könnten diese tendentiell flachen Weinberge wenig beeindruckend oder gar langweilig finden?

André Dominé und mir war vollkommen klar, dass es durch die langen Sonnenstunden und den geringen Niederschlag in Kakheti – im Durchschnitt nur 400 Millimeter jährlich – möglich ist, hervorragende Rotweine in flachen Lagen zu erzeugen. Oder lag es daran, dass die Spritzgeräte aus der Sowjetzeit tatsächlich derart unzureichend sind und die Weinberge deshalb nicht so aussehen, wie sie es gerne hätten? Auch davon bin ich nicht richtig überzeugt, denn Weine wie die besten von uns verkosteten entstehen nicht aus Trauben, die von Fäulnis oder tierischen Schädlingen befallen sind.

Mein Interesse an einer weiteren Reise nach Georgien war vorübergehend durch eine Lungenentzündung verdrängt worden, die mich unmittelbar nach meiner Rückkehr aus Tbilisi ereilt hatte. Eine grausame Woche lang fühlte ich mich nahe dem Abgrund, dann folgten fünf langsame Wochen der Erholung. Ich war gerade wieder auf den Beinen, als der Krieg zwischen Georgien und Russland losbrach und nur Nicolas Sarkozys gewagter diplomatischer Tanz den Einmarsch in Tbilisi verhinderte – zum x-ten Mal in der Geschichte der Stadt, mit wer weiß welchen Folgen für ihre Einwohner.

Kurz nachdem klar wurde, dass Sarkozys Einschreiten die russischen Truppen gestoppt hatte, rief mich der georgische Weinhändler George Tchelidze an, dessen Firma www.weinheimat.de die Weine von Telavi nach Deutschland importiert, und sagte sehr bewegt: »Endlich können wir wieder atmen. In den letzten Tage hatte ich das Gefühl, nicht einmal das wagen zu können.« Plötzlich wurden die Buchstaben und Bilder auf Zeitungspapier und Bildschirmen schrecklich lebendig, als bezögen sie sich auf Geschehnisse vor den Toren Berlins und nicht im fernen Kaukasus.

Als ich aus dem »Tagesspiegel« von dem Krieg erfuhr, hatte ich keine Zweifel daran, dass Saakaschwili den Konflikt verschärft hatte, in dem er georgische Truppen in Südossetien einmarschieren ließ, während Putin zur Eröffnungszeremonie der Olympischen Spiele in Beijing war. Ich vermutete, dass »Misha« den Befehl zur Bombardierung der südossetischen Hauptstadt Tskhinvali auf seinem Mobiltelefon erteilte, so wie er alles mit dem Mobiltelefon zu erledigen scheint. Einige Tage später während eines russischen Luftangriffs bezahlte er für seine Tollkühnheit beinahe mit dem Leben, aber Sarkozy rettete ihn, und er gewann schnell seine Fassung zurück. Eine Weile lang fürchtete ich, die Schießereien könnten wieder losgehen.

Doch stattdessen verlagerte sich der Konflikt auf das Medienfeld, als Saakaschwilis Regierung eine Geschichte veröffentlichte, dass die Russen bereits schwere Geschütze durch den Rokistunnel nach Südossetien geschickt hätten, bevor er seinen Angriffsbefehl gegeben habe. Dieses nachträgliche Argument der Selbstverteidigung wirkte nicht überzeugend, nicht zuletzt, weil die Beweise dafür im Nachhinein leicht gefälscht worden sein konnten. Wieder spielte »Misha« mit großer Unverfrorenheit Georgiens schlechte Karten am großen geopolitischen Pokertisch, in der Hoffnung, dass die USA alles riskieren und ihm bessere Karten zuspielen würden.

Der Gegensatz zu der vorsichtigen Art, mit der Moldawien mit seinen Gebietskonflikten und der schwierigen Beziehung zu Moskau umgeht, ist auffällig; im Vergleich mit Georgien spielen sie ein schlechtes Blatt sehr gekonnt aus und werden vielleicht mit mehr Chips nach Hause gehen, als sie ursprünglich zum Tisch gebracht haben.

Durch den Krieg hat Georgiens Infrastruktur Schäden in Höhe von einer Milliarde US-Dollar erlitten und was der damalige Premierminister Lado Gurgenidse als »die unangenehmen Folgen eines Systemschocks« beschrieb. Das nenne ich eine positive Interpretation eines Teilkollapses der Wirtschaft, nachdem die Wachstumsrate 2007 bei 12 Prozent lag! Es wird eine schwierige Zeit für die Menschen in Georgien werden, und für die Weinbranche ist die Situation alles andere als hilfreich.

Die wirtschaftlichen Folgen des Krieges waren für Russland auch nicht förderlich, denn nach einer Welle patriotischer Gefühle nach seinem Ende zogen Investoren und Unternehmen 300 Milliarden US-Dollar aus Russland ab, im denkbar schlechtesten Moment angesichts der sinkenden Ölpreise und der weltumspannenden Finanzkrise. Der Rubel musste unzählige Male abgewertet werden, und 300 000 Russen wurden arbeitslos. Selbst Putin wirkt jetzt besorgt, dass die schlechten alten Tage der 1990er-Jahre zurückkehren könnten und seine enorme Popularität vielleicht im Schwinden begriffen ist. Die Russen im Allgemeinen scheinen unbeeindruckt von dieser Entwicklung, als hätten sie schon immer gewusst, dass die Party irgendwann zu Ende sein würde und sie Putin nie ganz getraut hätten. Dieses Bewusstsein steckt auch sicher hinter dem ungezügelten Verhalten von vielen jungen Russen.

Westliche Kommentatoren machen häufig den Fehler, die Geschehnisse als Beginn eines neuen kalten Kriegs darzustellen, während es sich um das neue große Spiel handelt; eine Rückkehr zur

Geopolitik des 19. Jahrhunderts, jetzt mit Bodenschätzen, vor allem Energievorkommen, statt Territorialansprüchen als hauptsächliche Konfliktquelle. Das neue große Spiel wird in ganz Zentralasien und entlang den Transportrouten gespielt, die die dort geförderte fossile Energie nach Osten und Westen bringen, und seit die russischen Wissenschaftler Sagalevich und Chilingarow auf dem Meeresboden am Nordpol am 2. August 2007 eine russische Flagge aufstellten, auch nach Norden in die Arktis.

Ich wollte meinen georgischen Künstlerfreund Nika Bakhia sofort nach meiner Rückkehr aus seiner Heimat treffen, aber nachdem ich wieder einigermaßen in Form war, hatte sich auf meinem Schreibtisch ein solcher Haufen Arbeit angesammelt, dass wir das nicht schafften, bevor er zur Weinlese nach Georgien musste. Jetzt ist er wieder in Berlin und hat versprochen, eine Probe seines neuen Weins mit ins Weinstein zu bringen. Als ich in die Lychener Straße einbiege, sehe ich ihn dort im Eingang stehen. Ich gehe über Straße, er sieht mich und lächelt mir entgegen. Ich vermute, er freut sich, dass wir uns acht Monate nach unserem ersten Treffen endlich wieder sehen.

Drinnen setzen wir uns an einen der langen Tische vorn am Fenster. Roy Metzdorf, der Weinstein-Chef, steckt seinen Kopf um die Ecke und sagt »hallo«, dann sind wir wieder allein.

»Ich habe jetzt zwei Hektar Weinberge in Anaga in Kakheti«, sagt Nika aufgeregt, und seine dunklen Augen leuchten, »mein Eltern waren beide Physiker und hatten mit dem Dorfleben so gut wie nichts zu tun. Ich bin in Tbilisi aufgewachsen, aber als Kind habe ich einen alten Winzer kennengelernt. Er war um die 100 Jahre alt.« Das erinnert mich daran, wie George Dakishvili gesagt hat, sein Großvater habe ihm alles beigebracht, was er von seinem Großvater gelernt hatte. »Möchtest du meinen Wein probieren?«

Und ob ich will! Ich bin ganz aufgeregt vor Spannung, als Nika eine kleine Mineralwasserflasche aus seiner Tasche zieht. Sie ist mit einem Fanta-Schraubverschluss aus Plastik verschlossen und bis zum obersten Rand mit einer tiefdunkelroten Flüssigkeit gefüllt. Das ist bei weitem nicht das erste Mal, dass ich einen Wein verkoste, der in einem derart banalen Behältnis von exotischen Orten transportiert wurde, und häufig sind es außergewöhnliche Weine gewesen.

»Mein Vater hat diese Probe vor etwa einem Monat aus einem der *Kvevri* gezogen, in denen der Wein nach wie vor lagert. Es ist ein 2008 Saperavi aus einem Weinberg namens Tzarapi, den ich durch großes Glück kaufen konnte.«

Ich bitte Roys Bruder Marc, der heute Tresendienst hat, um zwei große Rotweingläser, dann schenkt Nika von dem Wein ein. Er duftet würzig und wild, geheimnisvoll nach Weihrauch. Hier auf heimatlichem Boden zögere ich keinen Moment, einen Schluck von diesem zweifellos monströs kräftigen Rotwein zu nehmen. Und er ist tatsächlich mächtig, in Körper und Gerbstoffgehalt, aber er zeigt auch diese gewisse »Süße«, die nur superreife Trauben einem trockenen Wein verleihen können. In der Textur balanciert er exakt auf dem Grat zwischen köstlich und zu anspruchsvoll. Nachdem ich ihn geschluckt habe, hält ein frischer, herber Eindruck extrem lange an. Der embryonal junge Wein schmeckt aber noch ein wenig ungehobelt, doch das ist nur eine Zeitfrage. Ich sprudele das alles in mehr oder weniger diesen Worten hervor, und mein Freund hört mir aufmerksam zu.

»Saperavi ist ein dichter, voller Wein, und ich möchte dieses Potential umsetzen. Ich habe vom ersten Jahrgang, 2007, zuviel verschenkt, um überhaupt etwas zu verkaufen, aber 2008 wird unter meinem Namen abgefüllt und verkauft. Mein Ziel sind 10 000 Flaschen pro Jahr in ein paar Jahren, aber das ist die Grenze, weil ich nicht ganz zum Winzer werden möchte. Ich bin zuerst einmal Künstler.« Ja, Nika ist ein multikultureller Künstler, kein vollberuflicher Weinbauer.

Die 2600 Flaschen dieses Weins stellen bereits eine große Leistung dar, denn mit dem zweiten Versuch hat er direkt zu der ersten Liga der georgischen Weinerzeuger aufgeschlossen, und er wird seinen Wein exportieren, zumindest nach Deutschland.

Roy taucht auf und entschuldigt sich, dass er leider weg muss. Ich drücke ihm mein Glas in die Hand. Er nimmt einen Schluck, worauf sich Erstaunen auf seinem Gesicht ausbreitet. »Wow, das hat Power!«, sagt er und verschwindet.

Ich frage Nika nach Einzelheiten zum Wein, möchte etwa wissen, wie die *Kvevri* mit einem Holzdeckel und darüber einer Lehmschicht verschlossen werden, um den Wein vor Oxidation zu schützen. Das interessiert mich im Moment noch mehr als zuvor, weil ich jetzt ebenfalls einen Weinberg habe, wenn auch nur für ein Jahr.

Ich erzähle Nika, dass ich einen Weinberg gepachtet habe, um all das in die Praxis umzusetzen, was ich in den zwei Semestern als Gasthörer an der Fachhochschule für Weinbau in Geisenheim im Rheingau lerne, und denke dabei, dass das Lichtjahre von seinem Leben als Künstler entfernt liegt.

»Wein verbindet uns«, sagt er.

DIE WEIN-HOBBITS
oder: Weinbau, yes, you can!

23. September 2006 Plötzlich umgeben mich fröhliches Stimmengewirr, Musikgeklinge und eine Menge anderer Geräusche. Willkommen bei der Jahrgangspräsentation der Weine des KKR! Der »Klitzekleine Ring« ist ein neuer Zusammenschluss von Moselwinzern, die nicht ins hergebrachte Schema passen und sich für keinen der etablierten Klubs qualifizieren; weder den exklusiven »Großen Ring« (der Sektion Mosel, Saar und Ruwer des bundesweiten VDP) noch seinen ebenso ernst zu nehmenden Mitbewerber, den »Bernkasteler Ring«, oft auch »Kleiner Ring« genannt. Die elf Betriebe, die sich zu dieser neuen Formation zusammengetan haben, haben keine Probleme damit, die »Kleinsten« zu sein, und für eine klitzekleine Veranstaltung ist das hier schon sehr beeindruckend.

Der weitläufige Saal mit den Steinmauern wirkt, als ob König Arthur und seine Ritter ihren runden Tisch gerade beiseite geräumt, aber die Kerzen in den Leuchtern stehen gelassen hätten. Tatsächlich ist das hier der »Alte Rittersaal«, und in seiner pseudo-mittelalterlichen Schlichtheit stellt er einen auffälligen Gegensatz zu Traben-Trarbachs beeindruckender Sammlung von Jugendstilbauten gleich ums Eck dar. Es ist erst die zweite Auflage dieser jährlich stattfindenden KKR-Veranstaltung, und die mehrere hundert Gäste, die gekommen sind, scheinen ausnahmslos bester Laune zu sein. Keine Frage, dieses Event ist wesentlich entspannter als die Versteigerungen des Großen und des Bernkasteler Rings, die vor ein paar Tagen stattfanden. Wie üblich zogen diese sich bleiern über endlose Stunden hin, bis auch der letzte Funke der Begeisterung beim Publikum verflogen war. Die »Großen« haben zweifellos den Faden verloren. Sie bekommen zwar immer noch einige Weine zu beeindruckenden Preisen los, aber ihre finanzkräftigen Kunden sind größtenteils grauhaarig. Junge und neue Weinfans dagegen können sie kaum noch begeistern. Ich bahne mir einen Weg durch die Menge und suche nach meinem Freund Matthias Adams, der eine ziemlich gute Story hergibt. Wir haben uns bei einer Weinpräsentation beim Weingut Dr. Loosen aus Bernkastel/Mosel vor etwa acht Jahren in Berlin kennengelernt – Ernst Loosens Großvater mütterlicherseits war ein Adams. Matthias arbeitete damals für KPMG in Berlin, oftmals absurd lange Stunden. Nach ein paar Jahren, schon ziemlich desillusioniert, zog es ihn nach München und in den Finanzvorstand des Chip-Produzenten Infineon, wo die Situation aber auch nicht viel anders wurde. Er begann über den Kauf eines Weinguts nachzudenken, und ich nahm an, dass er an langfristige Investition des Familienerbes dachte und sich selbst dabei als Geschäftsführer und Finanzmanager sah. Dann brach er plötzlich seine Zelte in München und bei Infineon ab und verschwand vom Radarschirm, bis ich Gerüchte hörte, er habe eine neue Freundin, eine Winzerin, und sei bei ihr eingezogen. Es klang, als habe er eine grundlegende Wende in seinem Leben vollzogen.

Dann fiel mir der »Focus« vom 21. Februar 2004 in die Hände, mit der Titelstory »Die Mittdreißiger Generation Ratlos«. Auf der Seite 148 lehnte Matthias Adams seitengroß an einem Weinfass. »Jetzt mit ganzem Herzen Winzer« stand groß darüber. Wenige Monate später besuchte ich ihn im Weingut Freiherr von Racknitz in Odernheim. Ich muss zugeben, dass der Weingutsname in meinen Ohren zuerst nicht nur aristokratisch, sondern auch ziemlich arrogant klang. Vor meinem inneren Auge tat sich ein Märchenschloss auf mit vielen Bediensteten für all die schweren Aufgaben in Weinberg und Keller. Doch was wirklich dahinter steckte, war die energische junge Geisenheim-Absolventin Luise von Racknitz und ein Haufen Halbruinen.

Haus und Keller waren verhältnismäßig gut erhalten im Vergleich zu dem dachlosen Gerippe des Klosters Disibodenberg, wo Hildegard von Bingen von 1106 bis 1151 lebte. Und dann gab es da noch die »alten« Reben in der Lage Disibodenberg über der Glan, einem Nebenfluss der Nahe. Luise von Racknitz zögerte keine Sekunde, mir diese Veteranen im strömenden Regen zu zeigen, obwohl es ein ziemlicher Marsch vom Gutshaus zu dem steilen Hang war. Glücklicherweise hatte ich schwarze Lack-Jeans angezogen, denn im Weinberg kroch der nasse Matsch sogar in die mir geliehenen Gummistiefel. Die Reben entpuppten sich als genauso alt wie Luise, und der Riesling aus ihnen war der einzige 2003 Racknitz-Wein, der nicht nur frisch, sauber und korrekt schmeckte. Auf unserem Rundgang im Weingut erzählte mir Luise, dass manchmal verrückte Leute wegen der Verbindung zu Hildegard von Bingen bei ihnen auftauchten, und ich war froh, den nur mit einem Sack und einem Strohhut bekleideten Mann zu verpassen.

Nach meinem Besuch ging es im Hause Racknitz/Adams sehr schnell voran. Sie kauften 1,5 Hektar Weinberge in Niederhausen, darunter eine kleine Parzelle in der berühmten Lage Hermannshöhle. Zwei Monate später heirateten sie, und letztes Jahr erstanden sie drei Hektar im Schlossböckelheimer Königsfels, einer einst hoch angesehenen Lage, die von ihrem bisherigen Besitzer sträflich vernachlässigt wurde. Ich war erstaunt, als Matthias mir erzählte, wie ihn die Arbeit in diesem Weinberg begeisterte; endlose, anstrengende Stunden, in denen sie die nicht mehr brauchbaren Reben herausrissen und die anderen wieder in Form brachten.

Eine anonyme Quelle meinte, all dies sei Teil einer Midlife-Krise bei Matthias Adams, die früh und heftig zugeschlagen habe. Hier in Traben-Trarbach ist das Weingut Freiherr von Racknitz Gast-Aussteller, und so habe ich die Gelegenheit zu sehen, ob sie mit ihren Weinen nennenswerte Fortschritte gemacht haben. Der größte Teil der 2004 Weine ließ mich eher kalt, jetzt steht wieder ein Moment der Wahrheit bevor. Weil Matthias ein Freund ist, könnte das für mich schmerzhafter ausfallen als für ihn. Denn ein *Gonzo*-Weinjournalist kann unter gar keinen Umständen einem befreundeten Winzer die Sache einfacher machen als den Winzern, mit denen er menschlich nicht zurechtkommt; das wäre korrupt. Aus diesem Grund bin ich etwas nervös. Ich meine, was soll ich gegebenenfalls sagen außer »Entschuldigung, aber …«?

Da sind sie, Matthias mit schon schütterem Haar und die hochschwangere Luise, hinter einem Tisch mit sechs Weinflaschen, und sie haben mich bereits gesehen. Ich dränge mich durch die Menge und schüttele ihnen die Hand. Sie wirken wesentlich entspannter, als ich mich fühle. Ich strecke mein Glas hin, und Matthias schenkt mir den ersten Wein ein.

»2005 Niederhäuser Kerz«, sagt er, so dass ich mir nicht den Hals verrenken muss, um den Weinbergsnamen auf dem Etikett zu erkennen. Mist! Der 2004 dieses Weins war einer der uninteressantesten des Jahrgangs bei von Racknitz, sauber und korrekt, aber auch nicht mehr. Ich rieche etwas verzagt am Inhalt meines Glases und registriere den Duft weißer Pfirsiche und etwas mineralisch Kühles. Der Wein schmeckt ausdruckstark, geradlinig und sehr klar, mit einer ausgeprägten, aber nicht aggressiven Säure – wesentlich beeindruckender als der vorhergehende Jahrgang. Doch das ist erst einer von sechs Weinen.

Der nächste Riesling, den mir Matthias einschenkt, ist der 2005 Niederhäuser Klamm, dessen Duft mich an Goldparmänen erinnert, saftiger und üppiger wirkt, aber trotzdem richtig trocken ist. Es ist ein guter Wein, aber … Der dunkle, gefährliche 2005 Schloßböckelheimer Königsfels macht das jedoch mehr als wett. Nach der etwas wilden Hefenote zu urteilen, muss er lange gegoren haben, aber daneben fallen mir sein Brombeeraroma und die sehr intensive Würze auf. Kraftvoll, komplex, geschmeidig und lang anhaltend ist dies ein mächtiger Wein für ein Gebiet, in dem die Rieslinge in weniger guten Jahren dünn und säuerlich ausfallen können. Jetzt verstehe ich, warum sie den finanziellen Ruin riskiert haben, um diesen Weinberg zu kaufen. Wie viele Flaschen gibt es davon?

»Nur 1300, weil wir so viele Reben ausreißen und neu pflanzen mussten«, sagt Matthias, »jetzt die 2005 Niederhäuser Hermannshöhle.« Dieser Wein wirkt wesentlich eleganter, aber auch noch viel unentwickelter, mit der Zeit wird er sicher charmanter werden, vielleicht schon in einem halben Jahr. Die Rieslinge aus diesem Teil der Nahe können extrem langlebig sein. Es folgt der 2005 Disibodenberg, mit einem kühlen Kräuterbouquet, als habe jemand direkt hier auf dem Tisch eine Handvoll Minze und Dill gehackt. Trotz ziemlich pointierter Säure ist es ein gestandener, muskulöser Wein.

»Zum Schluss der 2005 Niederhäuser Rosenheck, der einzige Wein, der nicht durchgegoren und deshalb nicht trocken ist«, erklärt Matthias. Mit nur 8,5 Volumenprozent Alkohol springen mir seine kaleidoskopisch wirkenden Fruchtaromen aus dem Glas entgegen. Es ist wissenschaftlich bewiesen, dass wir Aromen bei niedrigem Alkoholgehalt umso intensiver wahrnehmen, einer der Gründe, warum trockene Moselrieslinge mit wenig Alkohol nicht so begeistern können. Dass die ersten drei Weine auf dem Racknitz-Tisch hier nur bei zwölf Volumenprozent liegen, hilft also zweifelsohne, allerdings kommt auch so nur das zum Ausdruck, was überhaupt da ist. Dass mir die Racknitz-Weine diesmal soviel besser gefallen, liegt in erster Linie daran, dass Luise und Matthias in ihren Weinbergen hart gearbeitet haben und dann im Keller alles vermieden haben, was dem Charakter oder der Harmonie der Weine hätte schaden können.

»Sehr gut, wirklich sehr gut!«, sage ich erleichtert zu den beiden. Nach dem, was ich gerade verkostet habe, gehören sie jetzt zu den führenden Winzern an der Nahe! Das ist eine ziemlich beeindruckende Position für jemanden wie Matthias, der vor nicht allzu langer Zeit noch zu den Ober-Schreibtischtätern gehörte. Aber jetzt muss ich mich den Moselweinen widmen.

Konstantin Weiser habe ich vor wenigen Monaten kennengelernt, und wenn uns nicht Traben-Trarbachs Spitzenwinzer Daniel Vollenweider vorgestellt hätte, dann wäre es mir schwer gefallen, seine Geschichte überhaupt zu glauben. Weisers einzige Verbindung zur Mosel war bis dahin ein Jahr als Kellermeister bei einem Weingut ein kurzes Stück flussaufwärts von hier in Enkirch. Die alten Weinregeln besagen, dass man in einem traditionellen Weingebiet nur Wein machen kann, wenn man entweder in den Weinbau hineingeboren wird oder aber sich mit Taschen voller Geld Eintritt erkauft. Aus dieser Sicht ist es einfach unmöglich, in einem bayerischen Dorf namens Ried geboren zu werden, eine Bankausbildung zu absolvieren, dann auf Wein umzusatteln und in derselben Liga wie die echten Winzer zu spielen.

Diese eingeschränkte und beschränkte Sichtweise ist bereits 2000 ernsthaft in Frage gestellt worden, als Daniel Vollenweider aus Chur in der Schweiz von Verwandten und Freunden Geld lieh, 1,4 Hektar atemberaubend steile Weinberge in der unbekannten Lage Wolfer Goldgrube kaufte und damit das Weingut Vollenweider aus der Taufe hob. Bereits wenige Jahre später wurde er von der Weinpresse mit Lob überschüttet und das zu Recht; seit dem Jahrgang 2002 stehen seine Weine unter der Gesamtheit dieses über 9000 Hektar großen Gebiets mehr als gut da. Dieses Jahr hat er seine Palette um einen neuen Weinberg erweitert, den 0,5 Hektar großen Schimbock, und daraus einen absolut erstaunlichen Wein gemacht. Kein anderer Riesling, den ich kenne, schmeckt so würzig wie der 2005 Schimbock, und diese ganze Würze wird von der natürlichen Süße des Weins aufgewogen, so dass das Endergebnis üppig und beinahe trocken wirkt.

Inzwischen bewirtschaften Konstantin Weiser und seine Freundin Alexandra Künstler, die im Sozialmanagement arbeitet, 1,8 Hektar Reben in der Lage Enkircher Ellergrub. Sie präsentieren heute die ersten sechs Weine des Weinguts Weiser und hoffen ganz offensichtlich, in Daniel Vollenweiders Fußstapfen zu treten. Wenn ihnen das gelingt, dann werden diese alten Regeln wirklich alt aussehen. Aber wie gut kann ein Newcomer hier an der Mosel mit dem ersten Jahrgang sein? Es ist ein ziemlich spezieller Ort für den Weinbau, sowohl in dem Sinn, dass hier ganz besondere Weine wachsen können, aber auch durch die ganz eigenen Bedingungen, die in den steilen Weinbergen mit ihren Devonschieferböden herrschen. Diese Böden sind sehr steinig und sehr sauer, und das Klima in dem engen, sich windenden Tal ist von hoher Luftfeuchtigkeit, häufigem Nebel und viel Regen geprägt.

Zu alldem kommt, dass alte Weinberge wie die, die Konstantin Weiser und Alexandra Künstler gekauft haben, in sehr engen Reihen im Einzelpfahlsystem angelegt sind – jede Rebe an einem Pfahl, ohne verbindende Drähte –, das auf die Römer zurückgeht. Es ist ein sehr anspruchsvolles System, das gemeistert werden will, wenn die stressige Wartezeit bis zur Lese – üblicherweise Anfang Oktober – mit hochwertigen Riesling-Trauben belohnt werden soll. Das ist wesentlich schwieriger, als im Garten hinter dem Haus Rosen oder Tomaten zu ziehen.

Alexandra Künstler sieht ein bisschen erwachsener aus, aber Konstantin Weiser wirkt beinahe lächerlich jung, und in seinem Gesicht sind keinerlei Hinweise auf die harte Arbeit in den Reben an den steilen Hängen zu erkennen. Eigentlich sieht er wie ein Student mit sehr ehrgeizigen Zielen aus, der aber bis jetzt noch morgens lieber ausschläft, als pünktlich in der Uni aufzutauchen. Ich verkoste die sechs Rieslinge ziemlich schnell, um ein Gefühl für die Reihe als Ganzes zu bekommen – den normalen feinherben, Spätlese feinherb, Kabinett, Spätlese, Auslese und Beerenauslese. Sie sind eine engverbundene Moselfamilie, trotz der beträchtlichen Unterschiede in Körper und Süße verbindet sie der filigrane, rassige Stil, die überschwänglichen Fruchtaromen und eine wunderbare mineralische Frische. Wenn ich es nicht besser wüsste, wäre ich überzeugt, dass sie von jemandem mit mehreren Generationen Moselweintradition stammten. Ich gratuliere den beiden zu diesem Wunder, und ich nehme an, dass es erst der Anfang ihrer Geschichte ist, wenn bereits der erste Jahrgang so gut ausfällt.

Mein kurzer Besuch der mittelalterlichen Toiletten entpuppt sich als ziemlicher Schock – wenn die zuständigen Beamten diese Treppen ohne Geländer und Notausganghinweis sähen! Als ich wieder hochkomme, scheint es noch voller als vorher zu sein, und ich suche nach einem Tisch, der nicht von Weinfreunden belagert wird. Da drüben ist einer, mit einem Bär von Kerl dahinter, in weißem Leinenhemd und einem Dreitagebart. Der Verkostungsliste zufolge muss das zwischen Thorsten Melsheimer vom Weingut Melsheimer in Reil und dem Weingut Paul Moog Nachf. das Weingut O. aus Traben-Trarbach sein. Aber was zum Teufel bedeutet »O.«?

Wer mit dem Vokabular der SM-Szene vertraut ist, könnte leicht voreilige Schlüsse ziehen, und ich bin froh, dass ich heute nicht diese schwarzen Lackjeans angezogen habe. Die Etiketten jedenfalls sind weiß mit einem großen goldenen O. in der oberen rechten Ecke, und sie sehen überhaupt nicht SM-mäßig aus.

»Möchten Sie probieren?«, fragt mich der Bär, worauf ich nicke.

Als erstes schenkt er mir eine 2005 Riesling Spätlese feinherb aus der Lage Trarbacher Kräuterhaus ein, und schon beim ersten Riechen ist mir klar, dass hier der Lagenname Programm ist, so intensiv duftet der Wein nach Kräutern. Er ist schlank, elegant und trocken, aber stilistisch irgendwie ganz anders als die Weine der etablierten Betriebe.

»Ich bin Olaf Schneider, und das ist mein erster Jahrgang«, sagt der Bär. »Im Moment habe ich nur 0,2 Hektar, alles in der Lage Kräuterhaus. Außerdem repariere ich Fernseher, Videogeräte, Mobiltelefone und Computer.« Das ist noch wesentlich extremer als Daniel Vollenweider, der einen ganz normalen Abschluss auf der Weinbauschule in Wädenswil absolviert hat. Selbst Konstantin Weisers Werdegang wirkt halbwegs konventionell im Vergleich zu Schneiders, da er seit 2000 bei einer Reihe von bekannten Erzeugern im Rheingau, der Pfalz und der Mosel, der Wachau in Österreich, Burgund in Frankreich und Gisbourne/Neuseeland gearbeitet hat. Daneben hat er seinen Weinbautechniker auf der Weinbauschule in Weinsberg gemacht, zwar ein niedrigerer Abschluss als Vollenweiders, aber doch ein systematisches Studium an einer der besten Institutionen auf diesem Gebiet.

»O.« hat nichts Derartiges vorzuweisen und arbeitet in einer ganz anderen Branche, so dass er den alten Weinregeln zufolge vollkommen ungeeignet für den Weinbau sein sollte und unfähig, gute Weine mit eigenständigem Stil zu erzeugen. Letzterer setzt die Beherrschung der technischen Seite von Weinan- und ausbau voraus, was theoretisch im ersten Jahr ohne jegliche Ausbildung oder Erfahrung unmöglich ist.

»Ich habe vor, meinen Weinbergsbesitz zu erweitern«, sagt der Bär.

Erweitern? Auf 0,3 Hektar? Ich meine, mit 50 Prozent mehr wäre er immer noch auf der kleinen Seite von winzig. »Dieses Jahr hoffe ich auch, einen Wein aus der Lage Trarbacher Ungsberg zu machen, eine großartige Lage im Kautenbach-Tal, die vollkommen in Vergessenheit geraten ist. Vielleicht kann ich da sogar einen ganzen Hektar bekommen.« 500 Prozent Wachstum in einem Jahr!? Das klingt schlichtweg absurd, oder bin ich zu altmodisch, ist meine Sichtweise im Gegensatz zu seiner zu sehr von diesen alten Regeln beeinflusst? Ich muss seine anderen Weine verkosten und herausfinden, ob der erste vielleicht nur ein Zufallstreffer war.

Er schenkt mir seine 2005 Riesling Spätlese ein, ein ziemlich stattlicher Kerl, ganz wie er selbst, mit einem spannenden Spiel zwischen saftiger natürlicher Restsüße und rassiger Säure. Die 2005 Riesling Auslese ist noch cremiger, durch die an Kräuter und Brombeeren erinnernden Aromen jedoch kein bisschen zu süß. Und die 2005 Beerenauslese schraubt die Aromenkonzentration und die Fülle noch einen Zacken höher. Alle vier Weine sind sehr gut und zeigen wie die von Weiser einen eigenen, durchgehenden Stil. Bereits im ersten Jahrgang haben die »O.«-Weine zu einer eigenen Ästhetik gefunden! Damit gehören die alten Weinregeln endgültig in die Tonne. Wie zum Teufel hat er das geschafft?

»Reife Trauben, der Most fließt von der Korbkelter ins Fass und von dort in die Flasche«, entgegnet er sachlich, anscheinend eine vereinfachte Beschreibung seiner Arbeitsweise, aber auch ein Hinweis darauf, dass er die Weine so wenig wie möglich bewegt.

»Hallo, Thorsten Melsheimer meinte, wir sollten uns Ihnen vorstellen. Ich bin Christa, und das ist mein Mann Wolfgang, Christa und Wolfgang Höhler-Brockmann«, unterbricht uns eine Frau mittleren Alters da. Ihr Mann scheint ein wenig älter zu sein. Vor kurzem habe ich im Melsheimer-Keller eine Weinflasche mit einem roten Etikett gesehen, auf dem in großen Buchstaben stand: »Christa & Wolfgang«.

Thorsten Melsheimer hat mir erklärt, die beiden seien zwei der vielen Hobbits, die er im Keller habe. Hobbits, sagte er, seien eine neue Art von Winzern. Den Hobbywinzern gehe es in erster Linie darum, einen günstigen Hauswein mit möglichst geringem Aufwand zu erzeugen, und natürlich um eine weintrunkene Lese. Die Hobbits hingegen strebten Spitzenqualität an, ihnen sei klar, dass man dazu eine gute Lage brauche, und sie schreckten vor der harten Arbeit, die damit an der Mosel verbunden ist, nicht zurück.

Für Melsheimer ist die positive Seite der Hobbits, dass sie bereit sind, sich um kleine Parzellen von Reben in Steillagen zu kümmern – wie zum Beispiel in der Lage Reiler Mullay-Hofberg, wo seine aufregendsten Rieslinge wachsen – die er selber nicht bearbeiten möchte und die sonst verwildern würde. So tragen die Hobbits dazu bei, nahezu die gesamte Lage in gutem Zustand zu halten.

»Wir haben drei Terrassen im Mullay-Hofberg«, sagt Christa.

»Drei sehr steile, alte Terrassen«, ergänzt Wolfgang etwas matt.

»Es sind 106 tragende Reben, und wir haben 102 weitere gepflanzt«, erzählt sie weiter. »2004 war unser erster Jahrgang, da hatten wir nur 50 Liter. 2005 hatten wir 75 Liter mit 103° Oechsle!« Das bedeutet vollkommen reife Trauben, wahrscheinlich mit ein bisschen Edelfäule.

»Wir sind vor kurzem von Prag nach Pünderich an die Mosel gezogen, um näher bei den Reben zu sein«, erklärt er. »Ich war ein Verbindungsmann zwischen der tschechischen und der deutschen Polizei.« Wie kam das alles zustande, als sie in Prag lebten?

»Wir sind im Urlaub an die Mosel gekommen und haben im Gästehaus der Melsheimers gewohnt«, sagt sie, als sei ihr Abenteuer eine logische Konsequenz davon, und ganz offensichtlich scheinen sie das Ganze so zu sehen. Leider haben sie ihren Wein nicht dabei, und morgen muss ich nach Hause. Wir kommen überein, dass es irgendwann eine Gelegenheit geben wird.

Dann müssen sie gehen, und ich schlängele mich durch die Massen zu den Tischen der KKR-Mitglieder, deren Weine ich noch nicht verkostet habe. Plötzlich höre ich das gefährliche Lachen des Berliner Weingroupies Hannah Teufel neben mir. Wir umarmen uns, was glücklicherweise harmlos ist. Sie sieht ungewohnt aus in weißem

T-Shirt und weißen Jeans. Ich meine, ein Teufel in weiß! Sie erzählt mir, dass sie ihre beiden Kinder der Obhut eines Babysitters überlassen habe und dass das jüngste bei dieser Gelegenheit erst zum dritten Mal aus Pulver angerührte Milch bekäme, ansonsten sei es »jeden Morgen die Brust«.

Vorsichtig erkundige ich mich, was sie hier überhaupt tut, und erfahre, dass sie ursprünglich aus Kröv stammt, dem nächsten Ort flussaufwärts von Traben-Trarbach am linken Moselufer, und mit Thorsten Melsheimers Frau Steffi zur Schule gegangen ist. Warum habe ich das nicht schon viel früher herausgefunden? Schlechte Recherche.

»Hallo, ich bin Wolfgang Lüchtrath, Kabarettist, und das ist meine Frau Susanne. Wir leben in Köln, haben aber einen Weinberg in Reil. Ich habe gehört, Sie seien an Leuten wie uns interessiert.«

»Der Weinberg ist 611 Quadratmeter groß«, sagt sie. »Es war sein Geschenk zum 40. Geburtstag.«

»Ich bin an der Mosel geboren«, erklärt Wolfgang Lüchtrath, »jetzt komme ich so oft wie möglich, um im Weinberg zu arbeiten.«

»Was sagen die Leute in Köln dazu?«, frage ich, in der Annahme, dass manche das sicher ziemlich verrückt finden.

»Wenn ich meinen Weinberg in Köln erwähne, dann sagt ungefähr jeder fünfte etwas wie ›das könnte ich mir auch vorstellen‹, was dazu geführt hat, dass unsere Freunde dreimal soviel Moselwein trinken als früher, und das sind nicht unsere Weine, denn letztes Jahr hatten wir nur 100 Liter.«

Einer von fünf! Warum sind es so viele?

»Es ist etwas Besonderes, ich meine, es ist nicht wie Sport in einem Verein, und es ist etwas, das nicht weltweit verbreitet ist. Es ist harte Arbeit, aber man weiß, dass zum Schluss etwas Gutes dabei herauskommt«, entgegnet er nachdenklich.

»Aber viele der Freunde, die kommen, um uns zu helfen, sind schockiert, wie schwer die Arbeit ist, wie hart es ist, zehn Stunden im Dreck herumzukriechen«, platzt sie heraus, »das Wetter ist immer schrecklich, wenn ich mitkomme!«

»Von denen, die mitkommen und uns einen Tag im Weinberg helfen, ist nach dieser Erfahrung vielleicht noch einer von vier interessiert«, erklärt er. Aber immerhin, einer von vier von einer von fünf sind fünf Prozent. Wenn man das mit der Zahl von erwachsenen Weintrinkern in Köln multipliziert, kommt man auf Zigtausende. Und das ist nur eine Stadt. Wie viele potentielle Hobbits gibt es in ganz Deutschland? Wahrscheinlich liegt diese Zahl irgendwo bei einer Million.

»Nach einem Tag Weinbergsarbeit sind aber selbst die Freunde, denen es zu anstrengend war, bei der Weinverkostung sehr glücklich«, fügt sie hinzu, »sie haben dann alle viel mehr Respekt als vorher für den Moselwein.«

»Ich weiß nicht, ob Thorsten es Ihnen erzählt hat, aber ich recherchiere für ein Buch, in dem die Hobbits auch vorkommen werden. Was halten Sie von dem Titel ›Weinhelden wie wir?‹ erkundige ich mich und frage mich innerlich, ob Alexander Osang es mir wohl übel nimmt, wenn ich seinen Titel stehle.

»Aber wir wollen keinen Heldentod sterben!«, entfährt es ihm schlagartiger, als ich es je bei Harald Schmidt auf eine unerwartete Frage erlebt habe.

Nein, der Titel kommt nicht in Frage, selbst wenn die Vorstellung von normalen Menschen, die zehn Stunden im Dreck umherkriechen, um Wein zu machen, der es mit dem der Profis aufnehmen kann, durchaus etwas Heldenhaftes hat. Hobbits passt viel besser, weil es sich um normale Menschen handelt, die entschieden haben, Wein zu machen, der ebenso gut ist wie der der Profis. Die Bezeichnung lässt sich für jeden von Christa und Wolfgang Schneider über Olaf Schneider bis hin zu Matthias Adams anwenden. Sie sind alle Außenseiter im besten Sinne des Wortes.

Ich habe hier nur zwei Stunden verbracht und bin dabei auf eine ganz neue Perspektive beim Wein gestoßen, die aufs Neue verdeutlicht, dass die alten Weinregeln der Vergangenheit angehören. Gelobt sei der große Gott des Weins!

29. September 2006 Neben mir am Steuer sitzt Helmut Dolde, Naturwissenschaftslehrer am örtlichen Gymnasium, der mich gerade am Bahnhof von Nürtingen, südlich von Stuttgart, abgeholt hat. Es dämmert schon, und der Himmel legt eine ziemlich gute Imitation von einem der unheimlicheren Meisterwerke von Caspar David Friedrich hin.

»Wir fahren direkt südlich entlang dem Neuffener Tal, und vor uns liegt die Schwäbische Alb, ein Plateau aus weißem Jurakalk. Das ist derselbe Gesteinstyp wie im Jura und an der Côte d'Or im Burgund«, erklärt er.

Wir kommen in eine württembergische Kleinstadt – das Ortsschild sagt mir, dass es sich um Linsenhofen handelt – und an einem historischen Gebäude vorbei, in dem zweifellos die Gemeinschaftskelter des Ortes untergebracht war, bevor jeder Winzer und die Genossenschaft eine eigene hatte.

»Hier ist unsere *Garage Winery*!«, sagt er, als wir vor einem der typischen Vorortshäuser in der Beurener Straße halten. Kann Doldes intensiv mineralischer, trockener 2005 Silvaner Vulkan mit nur 11,5 Volumenprozent Alkohol – einer der eigenständigsten Weißweine seit Jahren – wirklich aus der Garage dieses Hauses stammen?

Vom Esstisch aus bietet sich mir eine Szene typisch deutscher bürgerlicher Gemütlichkeit. Mein Gastgeber kommt mit den Händen voller Weinflaschen zurück; die Verkostung. Inzwischen ist es draußen dunkel, und ich kann keinerlei Geräusche der Außenwelt hören.

»Hier im Neuffener Tal war nie jemand Vollerwerbswinzer, und deshalb sind die alten Silvaner-Reben auch nicht herausgerissen und durch neue, angesagtere Sorten ersetzt worden. Mühe und Kosten fürs Neupflanzen hätten sich nicht gelohnt. 50 Jahre alte Silvaner-Reben sind in Deutschland sehr selten! Und es ist Goldener Silvaner, der sich genetisch von den modernen Klonen unterscheidet, die aus dem Grünen Silvaner selektioniert wurden.«

Als ersten Wein schenkt er seinen 2005 Silvaner aus diesen 50 Jahre alten Reben ein, der für einen Dolde-Wein ziemlich viel Alkohol hat:

zwölf Volumenprozent. Der Grund für die allgemein niedrigen Alkoholwerte liegt in der hohen Lage der Weinberge, bis zu 525 Meter über dem Meeresspiegel. Alle 100 Meter fällt die Durchschnittstemperatur um 0,65 °C, und alle biologischen Prozesse sind temperaturabhängig. Die um 3,5 °C geringere Wärme seiner Lagen im Vergleich zu denselben Weinbergen auf Meereshöhe verlangsamt nicht nur die Photosynthese und verringert somit den Zuckergehalt der Trauben, sondern verzögert auch den gesamten Wachstumszyklus, so dass die Lese Ende Oktober und Anfang November stattfindet, wenn es bereits kühl oder sogar kalt ist. Die Höhenlage hat einen ähnlichen Effekt, wie er beim Weinbau in hohen Breitengraden zu beobachten ist, aber die Sonne steht hier nicht tief am Himmel und die Tageslänge wird nicht beeinflusst – länger im Sommer, kürzer im Winter – wie an nördlicheren (oder auf der südlichen Halbkugel südlicheren) Orten. Vor der globalen Klimaerwärmung waren die Lagen hier durch die Höhe wirklich grenzwertig für den Weinbau, genauso wie europäische Anbauorte, die wesentlich nördlicher als der 50. Breitengrad liegen. Im Auto hat mir Helmut Dolde erzählt, dass die Trauben früher oft nicht ausreiften; ein Grund dafür, dass die Anbaufläche im Neuffener Tal auf ganze 22 Hektar geschrumpft ist. Jetzt erscheint es wie der ideale Ort, um Weine zu erzeugen, die leicht im Körper sind, aber viel Charakter haben.

Genau das beschreibt auch den Wein in meinem Glas mit seiner wunderbar floralen Frische und der Brillanz eines Diamanten. Klar, mit einem Körper wie dem von Kate Moss wird er keine Blindverkostungen gewinnen, denn bei denen scheinen immer die Pamela Andersons unter den Weinen die Aufmerksamkeit der Jury auf sich zu ziehen und das höchste Lob zu ernten. Der Effekt verstärkt sich noch, wenn Kellertricks im Spiel waren, die hochhackigen Schuhen und Pushup-BHs gleichen … Aber beim Trinken kann dieser Wein einen hochprozentigen Silvaner, der mit speziellen Aromahefen vergoren wurde, um ihn schneller attraktiver erscheinen zu lassen, durchaus in den Schatten stellen.

»Ich habe auch den Jahrgang 2004 von diesem Wein mitgebracht, damit Sie einen Eindruck von den Jahrgangsschwankungen bekommen«, sagt mein sehr aufmerksamer, aber ruhig wirkender Gastgeber, als er den nächsten Wein einschenkt. Er schmeckt etwas runder als der 2005, obgleich er ebenfalls nur zwölf Volumenprozent Alkohol hat, und ist verdammt nahe an der perfekten Harmonie, mit einem wirklich intensiven mineralischen Nachgeschmack; ein großer Garagenwein! Aber wie sieht es hier mit den viel später reifenden Riesling-Trauben aus?

»Das ist der nächste Wein, der 2005 Riesling ›Weißer Jura‹, der auf unserem höchstgelegenen Weinberg wächst, direkt unter der Hohenneuffen-Burg, 525 Meter hoch«, kommt die Antwort, zusammen mit dem nächsten Glas Wein. Es gibt nur einen höher gelegenen Weinberg in Deutschland, den Hohentwieler Olgaberg bei Singen, nicht weit vom westlichen Ende des Bodensees, wo die Reben bis auf 530 Meter reichen, aber das Staatsweingut Meersburg hat dort Müller-Thurgau, Weißburgunder, Sauvignon blanc und ab 2008 auch Riesling. Man muss nach Südtirol in den Vintschgau oder das Schweizer Rhône-Tal fahren, um Riesling von noch deutlich höheren Lagen zu finden.

Schwarze Johannisbeeren, Stachelbeeren und Holunderblüten strömen mir aus dem Glas entgegen, aber der Wein ist superschlank und besitzt eine sehr pikante Säure, die man entweder großartig oder dominant findet – ich fürchte, bei den meisten wird letzteres der Fall sein, weil sie wirklich sehr ausgeprägt ist.

»Wenn wir den noch später gelesen hätten, wäre er noch besser, harmonischer«, sagt Helmut Dolde, und obgleich in seiner Stimme Bedauern mitschwingt, klingt er doch überzeugt. Es ist klar, dass sich dieser Fehler dieses Jahr ganz sicher nicht wiederholen wird.

»Wie lange machen Sie das schon?«, erkundige ich mich vorsichtig.

»Wir haben ganz klein angefangen, meine Frau Hedwig und ich«, sagt er darauf. »1982 haben wir die Trauben von unserm ersten Weinberg gelesen, der 300 Quadratmeter groß war. Seit 2003 übernehmen wir die gesamten Trauben von zwei jungen Winzern, die aus der

Neuffener Genossenschaft ausgetreten sind, und dadurch haben wir uns auf 1,5 Hektar vergrößert.« Die meisten professionellen Winzer lachen darüber, und die meisten meiner Kollegen auch. Doch ein so kleines Unternehmen hat auch viele Vorteile, etwa dass man nicht viele Kunden braucht, um jedes Jahr alles zu verkaufen. So lässt sich die Vermarktung auf einem Mindestniveau halten, statt jedem potentiellen Kunden hinterher zu rennen, wie es manche der großen Weingüter tun müssen, ganz zu schweigen von den noch größeren Genossenschaften. Auch das Problem hoher Lohnkosten stellt sich hier nicht, durch das größere Betriebe oft zu Mechanisierung und Rationalisierung gezwungen werden, die der Weinqualität abträglich und/oder umweltschädigend sind.

»Warum machen Sie das?«, bohre ich vorsichtig weiter, aber die Atmosphäre ist jetzt so entspannt, dass ich wahrscheinlich alles fragen könnte.

»An der klimatischen Grenze zu arbeiten ist spannend«, antwortet er, und es klingt, als sei ein Aspekt dieses Unternehmens ein langfristiges, vielschichtiges wissenschaftliches Experiment, während ein anderer die Herausforderung ist, Weine zu erzeugen, die in der ersten Liga mitspielen können. Es ist mehr als erstaunlich, diese Kombination an einem Ort zu finden, der auf den meisten Weinbergskarten von Deutschland noch nicht einmal vermerkt ist, noch dazu in einer buchstäblichen *Garage Winery.* Aber schließlich hat die Geschichte von Microsoft auch in einer Garage angefangen!

14. November 2007 Direkt vor dem Eingang zum Admiralspalast an der Berliner Friedrichstraße bietet mir ein Typ mittleren Alters ein Ticket für die Rolling Riesling Show heute Abend an. Er hat eine Karte zu viel und will von mir den vollen Preis, 24 Euro. Ich deute wortlos auf die Pressekarte, die ich um den Hals hängen habe. Und dann setze ich mich beinahe auf den Allerwertesten vor Überraschung – die stämmige Gestalt vor mir ist unverkennbar Jochen Beurer vom gleichnamigen Weingut in Stetten-Kernen! Was tut der hier? Er erzeugt die bemerkenswertesten Rieslinge Württembergs –

ganz Würze und Mineralien, jeder ein einzigartiger Wein – und hat mich letztes Jahr mit Helmut Dolde bekannt gemacht.

»Ich muss die Tesch-Show einfach sehen, das ist der einzige Termin, der möglich war, da bin ich!«, erklärt er mir. Es ist die letzte Station einer Woche Tour durch Deutschland, die der immer noch junge Nahewinzer Dr. Martin Tesch zusammen mit dem legendären Gitarrenbauer Gibson aus Nashville/Tennessee auf die Beine gestellt hat. Sie haben die Musiker organisiert, er hat sich um den Wein gekümmert, und bei Locations und Logistik haben sie kooperiert. Tesch ist einer der jungen Winzer, die den deutschen Wein in einen völlig neuen Kontext stellen und damit die Beziehung zwischen Konsumenten und Produkt radikal neu definieren. Der Konsument wird nicht mehr als passiver Verbraucher eingestuft, sondern der Wein wird ihm auf eine moderne Art und Weise vermittelt im Glauben, dass er ziemlich viel davon aufnehmen kann und will. Das ist auch eine starke Ermutigung für »Normalos«, die mit dem Gedanken spielen, mit Weinbau zu experimentieren oder gar unkonventionelle Winzer zu werden. Aber kann diese Verbindung von Wein und Musik wirklich funktionieren? Wird die Musik ihn nicht überschatten, ihn an den Rand der Wahrnehmung schieben? Oder anders herum: Wenn die Leute die Weine ernst nehmen und sich darauf konzentrieren – wollen sie dann Rockmusik hören? Und vor allem: Können die knochentrockenen Tesch-Rieslinge und ein junger Gitarrist namens Hanan Rubinstein, von dem ich noch nie gehört habe, den clubartigen Saal im fünften Stock des Admiralspalasts bei diesem Eintrittspreis füllen?

All diese Fragen gehen mir durch den Kopf, als ich mit Jochen Beurer und meiner Frau die Treppen hinaufsteige. Als wir hineinkommen, sehe ich eine Menge mir unbekannter Menschen, was mir ein gutes Zeichen zu sein scheint, denn was soll die ganze Aktion, wenn diese Tour nicht auch Leute erreicht, die keine Hardcore-Tesch-Fans sind? Der hochgewachsene, schwarzgekleidete Doc Martin, wie Hannah Teufel den Wein-Star des Abends zu nennen pflegt, kommt uns entgegen.

»Wie lief es bis jetzt?«, frage ich ihn. Es klingt wie eine vollkommen banale, langweilige Journalistenfrage, aber ich habe gehört, dass es schon eine ganze Menge Aufregung gab.

»In Düsseldorf waren wir in einem renovierten Fabrikgebäude, es war halb elf, und auf der Bühne rockte eine zehn Mann starke Band, da rückte die Polizei an und drehte uns die Verstärker ab! Aber mir geht es nicht darum, die Leute zuzudröhnen oder zu schockieren, es geht um Qualität.«

»Also hast du die Woche überlebt?«, frage ich weiter.

»Es war ziemlich hart. Im Winter werde ich viel schlafen«, lautet die etwas reuevolle Antwort.

Er entschuldigt sich, es ist 20 nach sieben, und in zehn Minuten geht es los. Also gehen wir hinüber in den Saal, wo bereits mehrere hundert Menschen warten. Gibson-Gitarren hängen von der Decke und stimmungsvolle Fotos aus der Rockszene an den Wänden. Die Bühne ist leer bis auf eine Reihe von Tesch-Weinflaschen; die leuchtenden Farben ihrer Kapseln bilden einen Mini-Regenbogen.

Ursula zieht mich in eine Ecke, um mir zwei neue amerikanische Freunde vorzustellen; Sabrina und Brendan müssen Anfang 20 sein. Noch mehr neue Gesichter. Ich entschuldige mich, dass ich soviel Notizen mache, »aber es ist eine Story.«

»Wie, die Veranstaltung, der Abend?«, fragt Sabrina.

»Ja … und das Leben, das Universum, alles«, sage ich. Ich meine, alles ist miteinander verbunden in einem gigantischen Netz, das so komplex ist, dass wir nur einige der einfachsten und offensichtlichsten Verbindungen erkennen und verfolgen können.

Da taucht Roy Metzdorf vom Weinstein auf. »20 Minuten vor dem Einlass stand hier noch gar nicht viel drin, wir sind gerade so fertig geworden!«, sagt er, aber ich vermute, das gehört mit zum Rock'n'Roll. Dann muss er sich um irgendetwas anderes kümmern, und ich sehe meinen Kollegen Niko Rechenberg, der für seine Website www.Nikos-Weinwelten.de Flyer verteilt.

Doc Martin betritt die Bühne, die Menge jubelt. Er greift sich das Mikro und verkündet: »Tesch ist eine Farm mit Reben. Gibson war erst einer unserer Kunden, dann ein bedeutender Kunde. Bis jetzt war das größte Ding, das wir zusammen gemacht haben, der VIP-Bereich beim Rock am Ring. Ich dachte, größer geht nicht, aber die Gibson-Leute meinten: ›Wir machen noch mehr!‹ Ich habe wissenschaftliche Vorträge gehalten, aber bis zu dieser Tour habe ich nie auf einer Bühne gestanden, nie ein Publikum unterhalten. Und in dieser Woche hatten wir 3000 Gäste, das ist für einen Farmer ein echter Hammer.«

Er sagt, wir sollen unsere Gläser leeren – bei denen, die ich um mich herum sehen kann, ist das längst passiert – weil der erste Wein der Verkostung eingeschenkt wird.

»Erst Wein, dann Musik. Wir beginnen mit dem 2006 Riesling Unpluggged.« Als der mit dem Jahrgang 2001 lanciert wurde, war das der Startschuss für den neuen Kurs beim Weingut Tesch. »Wir wollten den alten Naturwein-Witz neu erzählen, aber das ist eine Krankheit, an der man sterben kann! Im ersten Jahr verloren wir 40 Prozent unserer Kunden, aber die neuen, die dann allmählich dazukamen, waren unglaublich interessant.«

Der Wein ist nach der MTV-Serie benannt, in der berühmte Sänger und Gruppen ohne Verstärker spielen, weil dem Wein nichts hinzugefügt und auch sonst nichts getan wurde, um ihn aufzupumpen und imposanter erscheinen zu lassen. Ende 2003 hatte er sich bereits etabliert und eine Fangemeinde, auch ohne das Lob der auffallend stummen Weinkritiker. Es waren ganz andere Veröffentlichungen, vor allem Wirtschafts- und Designzeitschriften, die auf Tesch aufmerksam wurden. Beim Punk Rock geschah 1976/77 das gleiche, Gruppen wie die Sex Pistols und Siouxsie and the Banshees mieden die übliche Rockmusik-Presse und wurden durch die allgemeinen Medien berühmt. So gesehen sind die Akustik-Weine von Tesch ein Punk-Phänomen.

Während ein kleiner Kellnertrupp den Wein ausschenkt, springt Doc Martin von der Bühne zu mir herunter. »Ich muss dir Joni Mitchell vorstellen. Sie hat den Rammstein-Fanclub geleitet. Sie ist die Mutter von Mitch Mitchell von Gibson Deutschland.« Wir gehen zum nächsten Stehtisch hinüber, wo er mich mit einer Frau mit langem dunklen Haar bekannt macht, die für ihr Alter ziemlich sexy wirkt. Mit dem Wein im Glas springen wir in den Sattel und reiten in den Wind.

Der Blitz trifft meine Zunge, Hunderte von Zungen zugleich, der Wein ist elektrisch, selbst ohne Verstärker! Donner rollt durch die Menge, aber der Doc ist schon wieder auf der Bühne, um uns durch den 2006 Sturm zu führen.

»Auf der Tour hatten wir ein paar Probleme mit Alkohol, also bitte benutzt die Spuckgefäße, wenn ihr den Wein nicht trinken wollt. Wir verkosten jetzt unsere fünf Einzellagen-Rieslinge aus 2006. Drei davon sind bereits ausverkauft, wir mussten sie für diese Tour zurückkaufen, und heute Abend werden wir die restlichen Flaschen leeren!«

Joni Mitchell ist ganz offensichtlich sehr fasziniert von dem Riesling-Ding, fasziniert auf genau die Art, wie Tesch es mir von vielen Rockmusikern beschrieben hat. Ich dachte, Wein interessiert niemanden auf diese Weise, außer die langweiligen Weinfreaks – alles Quatsch!

»Zuerst der Löhrer Berg, der mit der Grünen Ausstattung, dessen Name darauf zurückgeht, dass er nach dem Dreißigjährigen Krieg ein buchstäblich leerer Berg war«, erklärt der Doc, »dann ließ ihn der Fürstbischof von Mainz 1688 mit Riesling bepflanzen. Es war seine Riesling Factory.« Das klingt wie eine Mischung von Andy Warhol und Karl der Große, aber die Limettenfrische und die Kräuteraromen plätschern und glucksen in meinem Mund, ein Bach, der direkt in die tiefen metaphysischen Höhlen meines Unterbewusstseins fließt. Dann folgen nacheinander die trockenen Rieslinge aus den Lagen Krone (sonnengelb), Königsschild (türkisblau), Karthäuser (braunrot) und auf eine Weise, die nicht leicht in Worte zu fassen ist, passen diese Farben zum Duft und Geschmack der Weine.

»Wir machen keine Pauschal-Weine«, sagt Doc Martin als Antwort auf eine Frage aus dem Publikum. »Als Letztes kommt der St. Remigiusberg, mit der orangfarbenen Ausstattung, der auf sehr jungem vulkanischen Boden wächst, er ist sehr mineralisch, das heißt salzig. Das ist der letzte Blitzschlag auf dieser Tour. Es war eine total verrückte Woche, jetzt ist es Zeit für die Musik. Danke!« Tesch verschwindet von der Bühne, ein schwarzer Fleck.

Ein etwas stämmiger, bärtiger Kerl in T-Shirt und Jeans kommt ans Mikro und stellt Hanan Rubinstein vor, »aus New York, nimmt zur Zeit seine erste Platte auf.« Er spielt solo, womit er einen schweren Stand haben könnte nach der vielstimmigen Würze dieses Weins mit seiner wogenden Bassstimme. Doch dann erscheint der Künstler selbst, der wahrscheinlich Anfang 20 ist und Brad Pitt als hässliches Entlein erscheinen lässt. Alle jubeln, er nimmt seine Gitarre, setzt sich auf einen Stuhl am Mikro und legt los. »She turned her head away from me, she's got me so misunderstood!«, – sie hat sich von mir abgewandt, sie hat mich so gar nicht verstanden ...Aber das Publikum hat Tesch bestens verstanden: Weinbau rockt.

25. Mai 2008 Es hat lange gedauert – es gab einen Plan, dann wurde er verschoben, neu angesetzt, nochmals ein paar Tage verschoben – aber schließlich ist es soweit: Hobbit-Tag an der Mosel! Endlich kann ich hier bei Thorsten Melsheimer in Reil die ganzen Weine dieser neuen Art von Hobbywinzern im Moseltal verkosten.

Normalerweise verkoste ich nicht gerne so viele Weine auf einmal, es ist nicht nur anstrengend, sondern irgendwann ist auch der Punkt erreicht, an dem es unglaublich schwierig ist zu entscheiden, ob ich diesen Wein gerne trinken würde – und darum geht es letztendlich. Trotzdem habe ich entschieden, vor den Hobbitweinen alle Weine des letzten Jahrgangs von Thorsten Melsheimer zu probieren. Das macht nicht nur Sinn, weil viele von den Hobbits ihre Weine bei ihm ausbauen, sondern er ist auch ein guter Maßstab. Er hat letztes Jahr den Rieslingpreis der Zeitschrift »Vinum« gewonnen, und dorthin einen ungewöhnlichen Weg zurückgelegt. Den Ort Reil, die Lage Mullay-Hofberg und den ehemaligen Volleyballspieler kannten bis vor kurzem eigentlich nur seine treuen Kunden. Auch die Hobbits starten von ganz unten, das verbindet sie.

Die Melsheimer-Weine erweisen sich als sehr beeindruckend, vom »einfachen« trockenen Riesling mit strahlendem Zitrusduft und lebhafter Säure bis hin zur trockenen Riesling Spätlese aus der Parzelle Kellerchen im Mullay-Hofberg mit ihrer mineralischen Spearmint-Art und einer an Heike Makatsch erinnernden Silhouette. Die Riesling Spätlese aus der Parzelle Schaf derselben Lage wirkt trotz der natürlichen Restsüße wild und gefährlich. Auch dies sind alles andere als gefällige Pauschalweine.

Dann gehen wir in einen großen Raum mit Jugendstil-Eichentäfelung und dementsprechenden Möbeln, und er gibt mir eine Liste der Hobbits, denen er in seinem Keller Unterschlupf gewährt hat. Inzwischen gibt es zehn von ihnen hier unten! Ganz oben auf der Liste steht das älteste Mitglied, der Club »St. Christoph Freunde«, einer elf Mann starken Gruppe, die 1991 anfingen, 0,3 Hektar im Mullay-Hofberg zu bewirtschaften. Während wir auf die Hobbits warten, erklärt mir Melsheimer, dass er für alle den gesamten Ausbau macht, »mit Reinzuchthefe, aber ansonsten nach ihren Wünschen«.

Plötzlich fühle ich mich wie ein unvermutet durchlöcherter Zeppelin, der schnell an Höhe verliert, während das Gas aus seiner Hülle entweicht, gleich werde ich vollends abstürzen. Wenn er diese Arbeit für sie erledigt, werden dann nicht sämtliche Weine wie Melsheimer-Weine schmecken?

Doch bevor ich noch eine Bemerkung dazu machen kann, trifft auch schon der erste seiner Untermieter ein, und seine äußerliche Unauffälligkeit nimmt mich augenblicklich gefangen. Mit wadenlangen Jeans, Sandalen und einem mandarinfarbenen Sweatshirt sieht er aus wie ein Nachbar, der gerade zufällig auf dem Fahrrad vorbeigekommen ist, und vielleicht ist das sogar der Fall bei diesem wunderschönen Frühlingswetter. Andere folgen ihm, unter ihnen Wolfgang Hill, den ich von der KKR-Veranstaltung vor anderthalb Jahren wiedererkenne. Von ihren Mienen wird klar, dass sie alle gespannt sind auf die Weine der anderen und manche sich freuen, dass die Verkostung – eine lange Reihe von Flaschen auf einem Tisch in der Mitte des Raumes – so aufgebaut wird, dass man ordentlich trinken kann, ohne dass dies groß auffallen würde. Und warum nicht? Ich trinke schließlich selber ganz gern, und besonders beim Moselwein nicht wenig …

»Ich denke, wir sollten anfangen«, sagt Melsheimer, vielleicht aus der Befürchtung, dass sich das Ganze sonst bis weit in den Abend hinziehen könnte. »Wir beginnen mit jemandem, der heute leider nicht kommen konnte, Christoph Hack aus Köln. Er verdient sein Geld mit Lederdesign, ihr könnt euch seine Sachen auf www.lederware.de anschauen, wenn es euch interessiert. Er und seine Freunde haben 0,1 Hektar im Mullay-Hofberg, und 2007 hatten sie einen trockenen Riesling Kabinett. Sie machen die ganze Weinbergsarbeit außer der Spritzung, das übernehmen wir für sie.«

Der Wein ist ein wenig mager und rustikal mit einer sehr ausgeprägten Säure, aber er ist solide gemacht und trinkt sich gut. Der zweite Wein von den St. Christoph Freunden, ebenfalls ein trockener Riesling Kabinett aus dem Mullay-Hofberg, ist ziemlich ähnlich gestrickt, und für mich gehören beide zum alten Reich des einstigen Hobbywinzertums; ich schmecke hier keinen Ehrgeiz, in der ersten Liga mitzuspielen, oder den Willen, im Weinberg all die Arbeit zu leisten, die das erfordern würde.

Es gibt eine Unterbrechung durch das Eintreffen eines Holländers. Im ersten Moment bin ich nicht sicher, ob es sich vielleicht um einen Hausgast der Melsheimers handelt, ich meine, vielleicht ist er einfach aus Zufall hierher geraten? Aber dann stellt er sich auf eine für einen Hobbywinzer nahezu absurd professionelle Weise vor.

»Mein Name ist Jan-Paul Driessen, und wie Sie hören können, stamme ich aus Holland. Ich habe am ersten Januar dieses Jahres mit dem Weinbau an der Mosel begonnen. Jan Klein vom KKR hat mir zehn Reihen mit 400 Reben in der Lage Enkircher Steffensberg verpachtet. Wenn alles gut geht, dann kann ich Ihnen in einem Jahr meinen ersten Wein zeigen.« Die Hobbit-Geschichte breitet sich über die Staatsgrenzen hinaus aus!

»›AIX‹ ist eine Gruppe in Aachen, zu der auch das Restaurant Brunnenhof gehört, wo der Wein verkauft wird«, sagt Melsheimer, während er den nächsten Wein einschenkt, »sie sollten eigentlich längst da sein, aber wir müssen einfach vorankommen.« Hat diese Eile vielleicht auch damit zu tun, dass es ihm lieber ist, wenn ich manche dieser Weine ohne die Anwesenheit ihrer Erzeuger verkoste? Der 2007 Riesling Kabinett feinherb aus dem Mullay-Hofberg ist ein leichter, pikanter Wein mit einem gewissen Swing, aber auch er wirkt eher grobgestrickt.

Damit sind wir beim 2007 Riesling Kabinett feinherb von Christa und Wolfgang Höhler-Brockmann, die heute leider nicht kommen konnten. Obgleich sie hier leben, muss er beruflich während der Woche in Berlin sein, was ihr Leben natürlich kompliziert macht – oder vielleicht sollte man das das normal-verrückte Leben eines Hobbits nennen?

»Dieses Jahr hatten sie 160 Liter«, sagt Melsheimer und klingt dabei ehrlich beeindruckt, »sie haben wirklich jede einzelne Rebe richtig gehätschelt.« Alle 208!

Das Ergebnis im Glas duftet nach Pfirsich und Zitrone, schmeckt durch und durch reif, mit einer eleganten Säure und einem Hauch unvergorener Süße, die perfekt aufeinander abgestimmt sind, so dass der Wein über meinen Gaumen gleitet wie ein Drachenflieger, der zu einer punktgenauen Landung ansetzt. Er schmeckt noch besser als Melsheimers eigener 2007 Riesling Kabinett, der ganz ähnlich ausgebaut wurde, aber etwas weniger ausdrucksvoll scheint. Dieser Wein ist vollkommen anders als alle Hobbywinzer-Weine, die ich bis jetzt verkostet habe, er ist der Beweis, dass die Bezeichnung Hobbit keine Phantasie ist, sondern für eine neue Form des Weinbaus steht.

Es folgt der Vinum Westfalicum, von zwei Typen aus Münster/Westfalen, die ein Weingeschäft haben. Auf dem Papier ist ihr Wein beinahe identisch mit dem von Christa und Wolfgang, ebenfalls ein 2007 Riesling Kabinett feinherb aus dem Mullay-Hofberg, aber er schmeckt wesentlich rassiger und schlanker. Wenn ich es nicht besser wüsste, würde ich ihn für einen sehr guten Melsheimer-Wein halten. In der Annahme, dass dies nur als Kompliment aufgefasst werden kann, spreche ich meine Meinung laut aus.

»Mit dem Unterschied, dass ich einen 100-Liter-Tank füllen konnte und noch etwas übrig hatte«, lacht mein Gastgeber daraufhin.

Der Kleine König ist der Wein von Wolfgang Lüchtrath, den ich ebenfalls bei der KKR-Veranstaltung vor anderthalb Jahren getroffen habe.

»Er ist eher ein Schauspieler, der Kabarett macht als ein Kabarettist«, erklärt Melsheimer, »und der Wein stammt zwar aus dem Mullay-Hofberg, aber aus der Parzelle Pfefferberg, die erst ziemlich spät am Tag Sonne bekommt und dann ziemlich früh wieder im Schatten liegt. Außerdem ist es 60 Prozent Kerner und der Rest Riesling.« Der Wein hat den Eisbonbon-Ton, den Kerner oft zeigt, ist ziemlich markig, aber er besitzt auch echten Charakter, wie sein Erzeuger.

Immer mehr Hobbits kommen herein. »Hier riechts gut!«, ruft einer von ihnen, als er durch die Tür tritt.

»Das sind wir, die du da riechst!«, ruft der Holländer zurück. Touché!

Wolfgang Hill drängt sich zu uns durch, weil der nächste Wein der ist, den er zusammen mit Ruth und Eberhard Duchstein von der Buchhandlung Reuffel in Koblenz macht. Er erklärt mir, dass ihr Kleine Fluchten nicht verkauft, sondern nur bei manchen Veranstaltungen in der Buchhandlung ausgeschenkt wird. Er stammt aus einer vollkommen anderen Lage, dem Enkircher Steffensberg, und ist ein 2007 Riesling Kabinett trocken.

Das ist wieder ein sehr ausdrucksvoller Wein mit reifen Aromen, wie der von Christa und Wolfgang, aber er riecht und schmeckt doch ganz anders. Er erinnert mich an eine Birnentarte mit Mandeln und Zimt, die ich früher gebacken habe, und ist in der Säure wesentlich weicher als alle anderen Weine, die wir bis jetzt verkostet haben. Wiederum hat der Faktor Melsheimer sicher dafür gesorgt, dass die Qualität der Trauben im Keller nicht verlorenging, aber seinen Stil hat er ihm ganz und gar nicht aufgezwungen.

»Ich fahre die Trauben mit dem ältesten Traktor von ganz Enkirch zu Thorsten!«, sagt Hill voller Stolz. »Bevor wir mit Thorsten gearbeitet haben, gingen die Trauben an die Moselland-Genossenschaft.«

Das bedeutet einen Wechsel vom Partner der riesigen Winzergenossenschaft des Gebiets zum Dasein als einer der kleinsten selbständigen Winzer.

Melsheimer sagt, damit seien wir am Ende der offiziellen Hobbit-Probe, aber er habe ein paar Freunde eingeladen, die ohne seine Hilfe einige sehr kleine Rebparzellen bewirtschaften und aus den Trauben Wein machen.

Ein großer, eher junger Kerl in Jeans und T-Shirt stellt sich als Jürgen Moog aus Traben-Trarbach vor: »Ich unterrichte Biologie, Chemie, Geographie und Mathematik an der Realschule in Wittlich. Ich habe 0,25 Hektar Reben geerbt, aber die sind zwischen drei verschiedenen Lagen aufgeteilt. Es ist ziemlich viel Arbeit für die kleine Menge an Wein, aber ich hab schon immer gerne draußen gearbeitet.«

Er stellt seine vier Flaschen am Ende der mittlerweilen beeindruckend langen Reihe auf den Tisch und erklärt, es handle sich um 2007 Riesling. Plötzlich ist es auffallend ruhig, als sei den anderen bewusst, dass hier jemand ist, der das Ganze mit einer anderen Art von Professionalität angeht – oder hat er einfach nur mehr Selbstvertrauen, weil er es gewohnt ist, vor einer Gruppe zu stehen und den Ton anzugeben?

Die Weine unterscheiden sich geschmacklich deutlich voneinander, aber jeder von ihnen ist ein »Klassiker« und passt genau in die etablierte Weinstilistik der führenden Erzeuger des Gebiets. Der Riesling Spätlese feinherb aus der Lage Trarbacher Kräuterhaus duftet nach Blüten und erinnert mich an die Hecken in meinem Heimatland an einem sonnigen Frühlingsmorgen – nicht nur die Blüten, sondern auch die nassen Blätter und der Geruch der Erde. Er ist so filigran wie das Spitzentaschentuch einer alten Dame. Die Riesling Spätlese mit natürlicher Restsüße aus dem Trarbacher Gaispfad ist beinahe das Gegenteil, stark und rassig, ein Säure-Peitschenknall treibt die Süße förmlich von der Zunge. Ich würde sagen, dass diese Unterschiede aus den einzelnen Lagen stammen, statt ihren Ursprung im Keller zu haben.

»Sie sind alle gleich ausgebaut«, bestätigt Moog meine Vermutung, »in alten Holzfässern vergoren, dann in Edelstahltanks umgezogen.« Nach allem, was er sagt, arbeitet er tatsächlich in derselben Tradition wie die führenden Winzer.

Michael Heimes und Margit Trös-Heimes sind ein lässig, aber schick gekleidetes Paar mittleren Alters und Besitzer einer 0,38 Hektar großen Parzelle im Mullay-Hofberg, von der ein Drittel relativ flach ist, die anderen zwei Drittel aber im Steilhang liegen. Er hat vier Jahre lang, von 2001 bis 2005, daran gearbeitet, die Trockenmauern zu restaurieren, während sie ihm den Weinbau beigebracht hat.

»Ich bin Landschaftsarchitekt«, sagt er, was vielleicht die Arbeit an den Mauern erklärt, »in unserer Gesellschaft werden Pflanzen üblicherweise wie Dinge behandelt und nicht wie lebende Wesen.« Das hätte ich nicht erwartet nach ihrem Aussehen!

Ihr Wein, ein 2007 Riesling Kabinett, wirkt ein wenig grün, hat aber viel Frucht und ist superklar. Hier hat jemand im Keller wirklich ganz klare Vorstellungen gehabt, aber vielleicht sind die Trauben eine Idee zu früh gelesen worden. Die beiden stimmen mir zu und sind entschlossen, diesen Fehler nicht zu wiederholen.

»Das ist das Schöne am Weinbau. Neues Jahr, neues Glück!«, sagt sie fröhlich.

Das enge blaue T-Shirt, das der athletische junge Typ trägt, der die nächsten Flaschen auf den Tisch setzt, stellt beeindruckende Muskeln zur Schau. Er scheint kein Gramm Fett am Körper zu haben. Andrzej Greszta stammt aus der Nähe von Lubin in Polen und erzählt, er sei zuerst als Saisonarbeiter für die Lese gekommen, wie so viele seiner Landsleute, habe dann aber entschieden, sich ernsthafter damit zu beschäftigen.

»Ich habe den Weinbau von Daniel Vollenweider gelernt«, sagt er, »jetzt bin ich dabei, mich selbständig zu machen. 2006 war mein erster Jahrgang. Das sind meine vier Weine aus 2007.« Klingt super, aber ist es wirklich ein taugliches Unternehmensmodell, vorausgesetzt, dass sich Weinbau einfach so lernen lässt?

Seine 2007 Spätlese trocken aus der Lage Kröver Steffensberg ist gut, aber ich ziehe die halbtrockene und die feinherbe Version vor, wegen der reichlich vorhandenen Säure schmecken sie mir trocken genug, sind muskulös und straff wie er selbst. Die Energie des vierten Weins, der saftigen, aber extrem spannungsgeladenen 2007 Kröver Letterlay Riesling Auslese ist umwerfend, sie wäre in jeder Verkostung von Moselweinen ein Star.

Das Interessante ist, wie jeder dieser Hobbits eine ganz eigene Persönlichkeit mit ganz unterschiedlicher Geschichte darstellt, lediglich die Unbekümmertheit, mit der sie sich über die Konventionen hinwegsetzen, nach denen gewisse Dinge angeblich unmöglich oder unpassend sind, sowie ihre Begeisterung für die Mosel verbindet sie.

»Das ist das Großartige an der Mosel«, schaltet sich Melsheimer ein, »man kann quasi mit nichts anfangen, weil die meisten Weinberge auch beinahe nichts kosten.«

»Ingmar Püschel aus Hürth am Rand von Köln, ich bin heute der letzte in der Reihe.« Er muss etwa so alt wie Greszta sein, der Typ, der mir jetzt die Hand schüttelt, wirkt aber neben dem durchtrainierten Polen wie ein Federgewicht. Im Vergleich mit den anderen Hobbits scheint er vor Enthusiasmus förmlich zu vibrieren, was zu seinem enorm saftigen, aromatischen 2006 Wein passt, den ich vor einer Weile beim Weingut O. in Traben-Trarbach verkostet habe.

»Ich bin Geiger von Beruf, spiele aber nicht mehr oft, seit ich mich um meinen Sohn Gustav kümmere und Winzer geworden bin. 2005 hatte ich nur 20 Liter, 2006 waren es aber schon 170 mit 145° Oechsle, eine Auslese. Ich habe die Trauben hier gekeltert, aber den Wein im Keller unseres Hauses ausgebaut.« Ein Vorort-Winzer! Ein solches Wesen habe ich zum ersten Mal 1986 in Mountain View bei San Francisco kennengelernt, aber in Deutschland schien die Vorstellung damals schlichtweg absurd. Ich meine, die Aufsichtsbeamten hier hätten so jemand förmlich gesteinigt! Ich hatte immer den Eindruck, dass das Schlimmste, was man möglicherweise in der Bundesrepublik Deutschland tun könnte, darin bestünde, mit einem Unternehmen in improvisierten Räumlichkeiten einfach loszulegen, statt zweckgebunden zu bauen, einzurichten und auszustatten, um den Vorschriften zu genügen. Ehrlich zu schreiben, ohne auf Schockwirkungen oder Seitenhiebe aus zu sein, schien aus denselben Gründen falsch: aus offizieller Sicht wirkte es anscheinend unkontrolliert, ja, sogar schmutzig.

»Die Pumpe habe ich mit einer Bohrmaschine angetrieben«, fährt er fort. Von solchen Pumpen habe ich auch schon gehört, aber diese Geschichten kamen aus Ostdeutschland, wo mutige Winzer sich den Regeln widersetzten, denen zufolge sie sämtliche Trauben an die Gebietsgenossenschaft hätten abliefern müssen. Püschel sagt, das einzige Mal, dass er seine Pumpe eingesetzt hat, führte das zu einem dreiviertelstündigen Stromausfall im Gebiet. Der große Weingott ist allmächtig, selbst wenn das kaum jemand versteht und die meisten es als eine Art Voodoo ansehen würden.

Doch die Geschichte entpuppt sich als noch exzentrischer, kein Wunder, dass er inzwischen in eine Kellerecke beim Weingut O. gezogen ist. Dort passen seine kleinen Tanks gut ins Bild, weil es noch nie mehr als 500 Liter von einem Wein gab. Die drei 2007 Weine, alle aus der Lage Kröver Steffensberg, die mir Püschel zeigt, kosten alle zwölf Euro pro Flasche, unabhängig von der Flaschengröße – die beiden Spätlesen sind ganze Flaschen, die Auslese halbe – ernst zu nehmende Preise für einen Hobbit.

»Die trockene Spätlese ist supertrocken«, sagt er, als ich nach dem ersten Glas greife. »Ich wollte das ausprobieren, und es war nicht schwierig, den Wein so weit zu vergären.« Er schmeckt ein bisschen streng, hat aber viel Substanz und zeigt keinerlei Anzeichen von Unreife. Der Duft erinnert mich an rote Stachelbeeren, und die Säure ist recht prägnant. Diese Art von Balance ist ziemlich ungewöhnlich und gewagt in diesem Kontext; die meisten Hobbits scheinen den Feinherb-Stil mit einem Touch unvergorener Traubensüße zu bevorzugen, der die Fruchtaromen betont und die Moselriesling-Säure abrundet.

»Wann hast du gelesen?«, fragt der polnische Schwergewichtler, und ich kann den freundschaftlichen Wettstreit zwischen den beiden spüren. Offensichtlich gefällt ihm der Wein, oder er findet ihn zumindest interessant.

»Am 20. Oktober«, kommt die Antwort. Ungefähr um diese Zeit haben die Spitzenwinzer die Trauben aus ihren besten Lagen geholt. »Ich war ein bisschen eingeschränkt, weil ich nur 0,05 Hektar hatte, aber dieses Jahr sind es 0,25, und irgendwann werde ich einen ganzen Hektar haben. Vorausgesetzt, ich kann gute Flächen im Steffensberg bekommen.«

Die Riesling Spätlese und Auslese sind sehr beeindruckende Weine, voller Beeren- und Gewürzaromen und dabei spannungsgeladen wie die Feder einer altmodischen Taschenuhr.

»Rieslinge aus den besten Lagen von Kröv brauchen mindestens bis zum Herbst nach der Lese, bevor sie ein bisschen Arsch zeigen!«, sagt ihr Erzeuger.

»Stellt der Ruf von Kröv für dünne, süße Weine, die unter der Großlage Nacktarsch verkauft werden, für Sie kein Problem dar?«, frage ich. Auf dem Etikett dieser Weine ist oft ein Junge abgebildet, dem der nackte Hintern versohlt wird, was wie eine billige Kopie einer Zille-Zeichnung aussieht, dem Berliner Künstler, der das Arbeiterleben in der Stadt Ende des 19. und Anfang des 20. Jahrhunderts dokumentiert hat.

»Ich nehme an, ich habe mich an den Weinbau im Schatten des Nacktarsch gewöhnt«, sagt er ernst.

Hobbits sind vielleicht kleine Wesen im Vergleich mit ihren größeren und bekannteren Cousins, den Mosel-Spitzenwinzern, aber sie sind fleißig und mutig. Sie hätten dieses Tal schon lange bevölkern können. Der Grund, dass sie hier erst vor kurzem aufgetaucht sind, ist der riesige Schatten, den der Kröver Nacktarsch und die anderen gruselig kitschigen Weinprodukte der 1970er und -80er-Jahre über den westdeutschen Wein insgesamt warfen.

Der größte Teil der Weinbranche lebte damals vor allem von Weinen, an denen sich keiner stören sollte – ganz nach dem Motto: Wir sind keine Nazis mehr, bitte trinkt unseren süßen Wein und sagt uns, dass wir auch süß sind. Das funktionierte nach dem Prinzip des kleinsten gemeinsamen Nenners: der süße Babygeschmack, der in uns allen steckt. Die Lebenserwartung dieses Systems war jedoch begrenzt, denn die Absatzsteigerungen basierten bald auf Preisreduktionen und gerieten in eine sich immer schneller drehende Abwärtsspirale, die wiederum eine Rationalisierung der Produktion erzwang, um die Kosten weiter zu reduzieren – bis sie irgendwann nicht mehr reduziert werden können. Das war natürlich der Seelenmord des Weins! Da platzte die billige süße deutsche Weinblase. Die Kombination des Umschwungs in der Weinmode und der Unmöglichkeit, auf der Basis minimaler Gewinnmargen als Winzer dauerhaft zu wirtschaften, führte letztendlich zu grundlegenden Umwälzungen. An diesem Punkt sorgten junge dynamische Winzer wie Ernst Loosen von Weingut Dr. Loosen in Bernkastel/Mosel und Gunter Künstler von Weingut Franz Künstler in Hochheim/Rheingau weltweit für Aufsehen mit Deutschlands »neuen« Weinen. Deutschland befreite sich vom Schatten des Nacktarsch, und neues Leben entstand in den Weingebieten der Republik.

Dieser Umschwung wurde zuerst außerhalb von Deutschland wahrgenommen, machte sich aber auch hier allmählich durch die Wein-Medien bemerkbar, und in den 1990er-Jahren schien der Weinbau hier für immer mehr Freidenker attraktiver als in der Toskana oder in Südafrika. Leute wie Daniel Vollenweider bewiesen, dass es funktionierte, und ohne irgendeine offizielle Erklärung und Änderungen der Weinbauvorschriften, -regelungen oder gar -gesetze – auch ein Zeichen dafür, dass die alten Weinregeln überholt sind – machten sich die ersten Hobbits ans Werk, etwa um die Jahrhundertwende, als sich die jungen, wilden Winzergruppen wie die »Südpfalz ConneXion« formierten. Es waren zwei Seiten eines komplexen und weitreichenden Phänomens, das ich die »Wein-Wende« nenne, weil es beim deutschen Wein eine Veränderung herbeiführte, die ebenso grundlegend war wie das soziopolitische Erdbeben von 1989/90.

Eine Reihe der jungen, wilden Winzergruppen bekamen schnell Aufmerksamkeit und Anerkennung, nicht zuletzt, weil ihre Mitglieder eine ordentliche Menge Wein zu verkaufen hatten und sich der etablierten kommerziellen Kanäle bedienen konnten. Die allermeisten Hobbits hingegen waren wirtschaftlich gesehen mikroskopisch klein und wurden daher meist von den Journalisten, die auf sie stießen, als irrelevant betrachtet. Dadurch wurden sie für die Medien quasi unsichtbar, bis sich einige von ihnen zusammentaten und den KKR bildeten, womit sie gemeinschaftlich die kritische Masse der öffentlichen Wahrnehmung erreichten. Zu meiner Schande muss ich gestehen, dass sie auch mir nicht vorher aufgefallen sind, aber jetzt ist ihre Botschaft mir klar. Jeder kann Winzer werden: Yes, you can! Vor der Haustür, genauso wie ganz weit weg, ändert sich alles. Wenn wir glauben, dass ein Mord begangen wurde, dann ist es eine Art optische Täuschung, weil wir uns an ein völlig überholtes Bild des Weins klammern. Aber wenn wir die Gegenwart wahrnehmen, ohne nach einer heilen Welt des Weins zu suchen, stellen wir fest: Die Seele des Weins ist nicht tot, sie ist sogar höchst lebendig und wandelt sich immer weiter.

Weitere Informationen, Texte und Kontaktadressen zu »Wein weit weg« finden Sie unter www.stuartpigott.de.